ANDREW ROSS SORKIN

Die Unfehlbaren

GOLDMANN
Lesen erleben

Buch

Im September 2008 meldete die amerikanische Investmentbank Lehman Brothers in den USA Milliardenverluste. Der Zusammenbruch der Bank, die eigentlich zu groß und wichtig war, um sie pleite gehen zu lassen, markiert den Höhepunkt der vor allem durch haltlose Immobilienspekulationen hervorgerufenen Finanzkrise, die auf die ganze Welt übergriff und bis heute andauert. Andrew Ross Sorkin schildert in einer brillanten Erzählung die Ursachen der sich anbahnenden Katastrophe sowie die Rettungsversuche anderer Bankhäuser und der amerikanischen Regierung. Schließlich ging es darum, den völligen Kollaps der internationalen Finanzwelt zu verhindern. Wir erleben Vermessenheit und mangelnde Einsichtsfähigkeit der Banker und werden Zeuge hektischer Verhandlungen rund um den Globus, der Auseinandersetzungen der Banker untereinander sowie der Versuche von Seiten der amerikanischen Regierung, Druck auf die Akteure auszuüben und neue Regeln durchzusetzen. Die meist abstrakt erscheinende Welt des Finanzwesens erhält bei Sorkin Gesichter, und das Geschehen in den Banken wird auch in seinen psychologischen Dimensionen begreifbar. Kritiker lobten das Buch als die ultimative Darstellung der Finanzkrise.

Autor

Andrew Ross Sorkin, geboren 1977, arbeitet für die Wirtschafts- und Finanzseiten der *New York Times* und ist Herausgeber von *Dealbook*, einer Finanzwebsite der *New York Times*. Für seine journalistischen Arbeiten wurde er bereits mit mehreren renommierten Preisen ausgezeichnet.

Andrew Ross Sorkin

Die Unfehlbaren

Wie Banker und Politiker nach der Lehman-Pleite darum kämpften, das Finanzsystem zu retten – und sich selbst

Mit einem Vorwort
von Gabor Steingart

Aus dem Englischen
von Ursel Schäfer, Enrico Heinemann
und Helmut Dierlamm

GOLDMANN

Die Originalausgabe erschien 2009 unter dem Titel
»Too Big to Fail: The Inside Story of How Wall Street and Washington
Fought to Save the Financial System – and Themselves«
bei Viking/ Penguin Group (USA).

Die deutsche Ausgabe wurde in Absprache mit dem Autor
geringfügig geändert und mit einem aktuellen Vorwort versehen.

Die beteiligten Personen und ihre Zuständigkeiten sind
in einer Übersicht am Ende des Buches aufgeführt.

FSC
www.fsc.org
MIX
Papier aus verantwortungsvollen Quellen
FSC® C014496

Verlagsgruppe Random House FSC-DEU-0100
Das FSC®-zertifizierte Papier *München Super* für dieses Buch
liefert Arctic Paper Mochenwangen GmbH.

1. Auflage
Vollständige Taschenbuchausgabe Juli 2012
Wilhelm Goldmann Verlag, München,
in der Verlagsgruppe Random House GmbH

In Kooperation mit dem SPIEGEL-Verlag, Hamburg
Lektorat: Andreas Wirthensohn
Umschlaggestaltung: UNO Werbeagentur, München
in Anlehnung an die Umschlaggestaltung
der Originalausgabe (www.buero-jorge-schmidt.de)
Umschlagabbildung: © Getty Images
KF · Herstellung: Str.
Druck und Einband: GGP Media GmbH, Pößneck
Printed in Germany
ISBN: 978-3-442-10239-6

www.goldmann-verlag.de

Inhalt

7 Vorwort von Gabor Steingart

17 Vorbemerkung des Autors
19 Prolog
25 Kapitel eins
50 Kapitel zwei
70 Kapitel drei
95 Kapitel vier
110 Kapitel fünf
126 Kapitel sechs
150 Kapitel sieben
166 Kapitel acht
177 Kapitel neun
192 Kapitel zehn
223 Kapitel elf
245 Kapitel zwölf
265 Kapitel dreizehn
311 Kapitel vierzehn
346 Kapitel fünfzehn
380 Kapitel sechzehn
411 Kapitel siebzehn
442 Kapitel achtzehn
469 Kapitel neunzehn
512 Kapitel zwanzig
524 Epilog
538 Nachwort zur deutschen Ausgabe

552 Dank
557 Anmerkungen und Quellen
602 Bibliografie
604 Personen- und Firmenverzeichnis
617 Die beteiligten Personen

Vorwort

von Gabor Steingart

Oliver Stone hat den falschen Film gedreht. Statt der fiktiven Story von *Wall Street 2* hätte er besser Andrew Ross Sorkins *Die Unfehlbaren (Too Big to Fail)* in Kinobilder verwandeln sollen. Die Geschichte, die in diesem Buch erzählt wird, besitzt alles, was ein gutes Drehbuch besitzen muss: Tempo und Dramatik, starke Hauptfiguren und einprägsame Dialoge, vor allem aber einen Erzählstrang, der der Wirklichkeit nicht entliehen, sondern mit einem großen Satz entsprungen ist.

Die Geschichte vom Aufstieg und Niedergang der Investmentbank Lehman Brothers, die detailgenaue Erzählung der sich anschließenden Wall-Street-Rettung durch das Weiße Haus, das Finanzministerium und die US-Notenbank gewinnt in Sorkins Erzählung eine Authentizität, die über all das hinausgeht, was wir normalerweise mit einem »Sachbuch« verbinden. Ich kenne jedenfalls kein Buch der jüngeren Zeit, das mit mehr Details aufwarten kann und das diese Details in so eleganter Weise zu erzählen vermag.

Genau genommen hat Sorkin zwei Bücher in einem geschrieben: *Die Unfehlbaren* lässt sich als Geschichtsbuch lesen, das die historischen Ereignisse der beginnenden Kernschmelze im weltweiten Finanzsystem erzählt. Er selbst spricht von einer »Chronik des Versagens«.

Genauso gut können wir es aber als Science-Fiction betrachten, als einen Zukunftsroman, der davon kündet, was passiert, wenn nichts passiert. Ein Markt ohne Ordnung, das ist die eigentliche Botschaft des Buches, schafft am Ende immer nur eine Anarchie, in der ökonomische Verwüstung und menschliche Tragödien einander bedingen. Man kann dem heutigen Weltfinanzsystem vieles nachsagen, aber nicht, dass es Stabilität hervorbringt.

Zwar ist das Weltfinanzbeben fürs Erste beendet, aber die Urkräfte, die sich in den damaligen Ereignissen entladen haben, sind nicht verschwunden. Im Innern des Weltfinanzsystems grummelt es. Es herrscht – schon wieder oder immer noch – die alte Mischung aus Gier und Größenwahn, aus exzessivem Risikoappetit und einem Bezahlsystem, das diesen Appetit verstärkt, anstatt ihn zu dämpfen. »Jeder Tag ist Kampf. Du musst den Feind töten«, hören wir einen der Protagonisten in Sorkins Wall-Street-Drama sagen. Diese Kultur hat überlebt. Sie wurde zu keinem Zeitpunkt infrage gestellt, zumindest nicht von den Akteuren.

Sorkin schreibt, dass die Mächtigen der New Yorker Banken sich selbst als Finanzgenies sahen, als Männer, die »eine neue Ära erschaffen haben, in der mit geringem Risiko Gewinne zu machen sind«. Sie glaubten, lernen wir in seinem Werk, dass die amerikanische Art des Umgangs mit den modernen Finanzinstrumenten »der Goldstandard für die ganze Welt sein würde«.

Diese Vorstellung spukt noch immer in den Köpfen der meisten Akteure herum, auch in dem von Goldman-Sachs-Chef Lloyd Blankfein. Ich würde es Sorkin nicht glauben, wenn ich diesem Mann nicht selbst begegnet wäre, und zwar just an jenem 13. Oktober 2008, als er zu US-Finanzminister Hank Paulson einbestellt war. Blankfein wusste nicht, was der Minister von ihm wollte. Aber seiner Stimmung tat das keinen Abbruch. Er hatte, bevor er sich zu Paulson fahren ließ, ein paar europäische Journalisten in sein Washingtoner Büro geladen. Er wollte uns demonstrieren, dass er und Goldman Sachs ganz die Alten seien, dass die Krise sie nur härter gemacht habe, wobei er schon das Wort Krise nicht mochte. Das sei ein Hurrikan gewesen, der da über die Finanzindustrie hinweggefegt sei, sagte er, der perfekte Sturm. Man konnte seinen Auftritt als sehr selbstbewusst bezeichnen – oder als ignorant.

Wenige Stunden später saß der kleine, energiegeladene Mann dem Finanzminister gegenüber, der Blankfein und den anderen führenden Investmentbankern eröffnete, dass er die Banken durch den Erwerb von Anteilen verstaatliche. Damit hatte der Blitz nun immerhin auch in seinem Haus eingeschlagen. Sorkin beschreibt diese Schlüsselszene, als die Politik für einen historischen Moment das Primat über die Wirtschaft zurückerkämpft hatte, mit großer Präzision. Beim Lesen glaubte ich zu spüren, wie Blankfein gelitten hatte. Schon für diese Überlieferung bin ich Sorkin dankbar.

Blankfein blieb auf seinem Posten. Er verrichte doch nur »Gottes Werk«, teilte er der Weltöffentlichkeit später mit. Mittlerweile hat Goldman Sachs den aufgezwungenen Staatsanteil wieder abgeschüttelt, und Gewinne, Gehälter und Boni bewegen sich auf dem Vorkrisenniveau.

Sorkin entführt uns in diese Welt des permanenten Wahnsinns, die wir verharmlosend Investmentbanking nennen. Es ist eine Welt, in der die Wirklichkeit der Warenwelt und die Wirklichkeit der Geldgeschäfte getrennte Leben führen. In den 1970er-Jahren war der Wert aller Währungsgeschäfte noch doppelt so groß wie der Wert des tatsächlichen Handelsvolumens. Heute übertrifft die Währungsspekulation den Handel um das Zwanzigfache. Der Wert aller Zinsderivate betrug 1995 erst 18 Billionen Dollar, heute dagegen 400 Billionen Dollar. Obwohl das globale Weltsozialprodukt sich in dieser Zeit nur verdoppelt hat, konnte sich der Wert der Zinsspekulationen verzwanzigfachen.

Die Blütezeit des Investmentbanking hatte begonnen. Vierzig Prozent aller US-Unternehmensgewinne stammten 2007 aus dem Finanzgewerbe. Es war das Jahr, als die Spekulationsblase im US-Immobilienmarkt ihre größte Ausdehnung erreicht hatte. Oder, wie Sorkin schreibt, es war das Jahr, als jeder ein Hausdarlehen bekam, »der in der Lage war, seinen Namen auf ein entsprechendes Formular zu setzen«.

Es ist eine Welt des schnellen Reichtums, weshalb in diesem Buch pausenlos Helikopter und Privatflugzeuge gestartet werden. Es ist aber vor allem eine Welt voller Rätsel, die selbst dem orts- und sachkundigen Autor zu schaffen macht. »Nie zuvor habe ich eine so spektakuläre Selbstzerstörung geschichtsträchtiger Institutionen erlebt«, schreibt Sorkin. Und fügt in großer Offenheit hinzu: »Am Ende dieser ungewöhnlichen Phase stehen wir vor einem gigantischen Puzzle –, einem Rätsel – das wir lösen müssen, wenn wir aus unseren Fehlern lernen wollen.«

Doch will die Welt wirklich lernen? Wir begegnen zumindest an der Wall Street jenen Spielern, die für die letzte Krise verantwortlich waren und die sich – mit Ausnahme von Lehman-Brothers-Chef Richard Fuld junior – wieder erholt haben. Selbst die Trader von Lehman sind heute wieder aktiv, nur tragen sie jetzt das Firmenemblem der britischen Barclays Bank auf ihren Visitenkarten. Im großen Weltfinanztheater fand keine wirkliche Neubesetzung statt, womit die Bedeutung dieses Buches konserviert wird.

Die Banken sind durch das Ausscheiden einiger Konkurrenten sogar noch größer, noch mächtiger, noch arroganter und damit auch noch gefährlicher geworden. Das Problem des »moral hazard«, einer moralischen Fehlsteuerung der Finanzindustrie, ist durch die Rettung der Banken zu einer konkreten Gefahr geworden. Man kann mit Fug und Recht sagen: Indem die USA die Krise bekämpften, bereiteten sie die nächste vor.

Nie zuvor wurde ein vergleichbar großer Geldbetrag ausgegeben – die SPIEGEL-Dokumentation hat einen Betrag von weltweit 15 Billionen Dollar errechnet –, um eine einzelne Industrie zu retten und die von ihr verursachte Wachstumsdelle auszugleichen. Das Rettungsgeld entspricht dem 35-Fachen des deutschen Staatshaushaltes und dem 120-Fachen dessen, was die führenden fünf Investmentbanken der USA seit der Jahrtausendwende verdient haben.

Die meisten Beteiligten wurden gerettet, nicht bestraft. Sie wurden genau genommen sogar belohnt, wenn man an den milliardenschweren Einsatz von Steuerzahlergeld denkt und an die niedrigen Zinsen der westlichen Notenbanken, zu denen seither auch die Investmentbanken unkomplizierten Zugang haben. Die Spekulation mit dem Geld fremder Menschen wurde im Zuge der Krisenbekämpfung jedenfalls nicht beendet, sie wurde stimuliert, weshalb die Bankbosse aus alledem andere Schlüsse gezogen haben als das gemeine Publikum.

Durch diese Geldspritze, auch das wissen wir heute, wirkt die Weltfinanzkrise bis in die Gegenwart fort. Wir nennen sie jetzt nur Schuldenkrise. Denn die enormen Summen, die damals zur Rettung des Banksektors und wenig später zur Stützung der Konjunktur aufgewandt wurden, belasten heute die staatlichen Haushalte. Wall Street lebt, aber viele Staaten blieben verletzt zurück.

Die Staatsschulden in den USA, aber auch in Europa haben sich durch die Kosten der Weltenrettung enorm gesteigert. Der tiefe Fall Griechenlands und die ihm folgende Krise des Euro sind auch ein Nachbeben jener Ereignisse, die im Büro von Richard Fuld ihren Ausgang nahmen. »Uns wird nichts passieren«, hatte Fuld dem damaligen Finanzminister Paulson versichert. Das mögen auch die Regierungschefs der südeuropäischen Länder gedacht haben, die bis vor Kurzem sorglos immer neue Schulden auftürmten.

Es gibt ein Leben nach dem Tod, zumindest für Berufsspekulanten. Das Wort »Krise« haben die Banker in Schanghai, London, Frankfurt und New York bereits aus ihrem Leben ausgebucht wie die Kaufhäuser die unverkäuflichen Restposten aus dem Sommerschlussverkauf. Es wird wieder gezockt. Es wird wieder gefeiert. Und es wird wieder klotzig verdient.

Inmitten einer noch immer kriselnden Weltwirtschaft scheffelt die Finanzelite erneut Milliarden. Goldman Sachs, JP Morgan, Morgan Stanley: An der Wall Street sind die Verlierer von gestern schon wieder Gewinner. Sie verkaufen die Zukunft und oft genug auch die Zeit danach. Vergessen die Tage, da New Yorker Investmentbanker neben ihren Umzugskartons auf den Straßen standen. Verdrängt jene Szene, als ein einsamer Demonstrant am Goldman-Sachs-Hochhaus stand und hinaufrief: »Ihr Versager, dann springt doch.«

Es scheint eine Ewigkeit her, dass Präsident Barack Obama nach New York gereist kam, um in der Federal Hall, Wall Street Nummer 26, wo einst die Gründungsväter der Republik über die Rolle des Staates im Wirtschaftsleben debattierten, folgende Sätze zu sagen:

»Ich möchte, dass Sie meine Worte hören: Wir werden nicht zu jenen Tagen rücksichtslosen Verhaltens und unkontrollierter Exzesse zurückkehren, an denen diese Krise ihren Anfang nahm. Zu jenen Tagen, an denen viele bloß auf schnelle Beute und aufgeblähte Boni aus waren.«

Es rührte sich keine Hand, was den Präsidenten aber nicht beirrte: »Deshalb brauchen wir strenge Regeln. Das alte Verhalten, das zur Krise geführt hat, darf keinen Bestand haben. Wir dürfen der Geschichte nicht erlauben, dass sie sich wiederholt.«

Andrew Ross Sorkin hat ein Buch gegen das Vergessen geschrieben. Es ist das Werk zu den Ermahnungen Obamas. Es ist eine Abrechnung mit jenen, die unsere modernen, vernetzten Gesellschaften mehr gefährden als Naturkatastrophen. Das moderne Erdbeben ist handgemacht, und Sorkin kennt die Hände, die hier ihre Finger im Spiel haben. Es ist seine Welt, die Welt des amerikanischen Investmentbanking, in der er seit über einem Jahrzehnt lebt und recherchiert und schreibt. Diese Nähe verleiht dem Buch seine Eindringlichkeit.

Die Vergangenheit, die das Buch beschreibt, ist zurückgekehrt. Die Ernüchterung ist verflogen, der Konsens, den die Krise für eine kurze Zeit bewirkt hatte, ist wieder aufgekündigt. Die Banker betrachten sich weiter als Teil einer weltweiten Risk-Taking-Industrie, auch wenn sich gerade erst gezeigt hat, dass sie die Risiken, die sie eingehen, gar nicht tragen können. Weltweit lassen sie nun wieder die Kurse in die Höhe sausen. Den Aktienindex Dow Jones, der die gesamte amerikanische Wirtschaft vom Superstar Google bis zum kranken Riesen General Motors repräsentiert, haben sie erneut auf den alten Höchststand von 10 000 Punkten getrieben.

Die Investoren sind – vor allem dank der Politik des billigen Geldes, wie sie derzeit überall im Westen verfolgt wird – derart üppig mit Geld ausgestattet, dass sich die nächste Übertreibung ankündigt. »Der Countdown zur nächsten Krise hat begonnen«, schlagzeilte unlängst die britische *Financial Times.* Der Harvard-Ökonom Kenneth Rogoff hält den Alarm nicht für übertrieben, sondern für geboten: »Die Frage ist nicht, ob diese Spekulationsblase platzt, sondern wann.«

Das Neue ist, dass diese Spekulationsblase vom Staat gewollt und gefördert ist. Denn das Geld, das derzeit die Märkte überflutet, stammt aus den Tresoren der Regierungen und den Notenpressen der Zentralbanken. Von dort strömt es in die Händlerräume der Banken, bevor es sich über die Aktien- und Rohstoffmärkte ergießt.

Der Staat hat für die Spekulanten die beste aller Welten geschaffen. Erst nahmen die Regierungen ihnen die wertlosen Papiere mit den faulen Hypothekenkrediten ab, dann drängten sie den

Banken billiges Eigenkapital auf, und nun versorgt der Staat die Geldhäuser täglich mit Liquidität zu einem Zinssatz nahe der Nulllinie. »Für die überlebenden Banken sind das die profitabelsten Zeiten, die es jemals gegeben hat«, sagt Bill Winters, Chef des Investmentbanking von JP Morgan.

Die privaten Firmen und auch viele Konsumenten haben aus der Krise ihre Lehren gezogen, wie man an den Sparquoten ablesen kann. Selbst in den USA, dem Land der vielen Kreditkarten, herrscht neuerdings Genügsamkeit. Vier Prozent des Einkommens landeten im Durchschnitt des vergangenen Jahres auf dem Konto. Das hat es seit zwanzig Jahren nicht mehr gegeben.

Die Rolle des Big Spender aber ist auf den Staat übergegangen. Nicht mehr die Familie aus Nevada und der Single aus Los Angeles treiben den Boom, sondern die Regierung. Die Unvernunft wurde verstaatlicht. »Man muss wirklich kein Genie sein, um sich quasi umsonst Geld vom Staat zu leihen und damit eine Heidenkohle zu verdienen«, sagt Joe Perella, lange Chef der Investmentabteilung von Morgan Stanley und heute Chef einer New Yorker Finanzberatungsfirma.

So fließt denn das weltweite Investorengeld weiterhin in ein Finanzsystem, das sich seit jenen dramatischen Tagen der Lehman-Pleite kaum verändert hat. Der Ruf nach strengerer Kontrolle und mehr Sicherheitsgarantien steht zwar jeden Tag in der Zeitung, aber im Alltag wirken diese neuen Regeln bisher nicht. Auch die gefürchteten Credit Default Swaps, also jene Finanzprodukte, die wie Aktien aussehen, aber im Innern aus Krediten unbekannter Herkunft bestehen, sind wieder groß in Mode.

Der neueste Schrei im Finanzkasino heißt jetzt Re-Remics, kurz für »Resecuritization of real-estate mortgage investment conduits«. Die alten, unverkäuflichen Wertpapierpakete wurden dafür aufgeschnürt und die darin enthaltenen Hypothekenkredite neu sortiert. Die vermeintlich guten bekamen – wieder mal – das Gütesiegel Triple-A der Ratingagenturen. Eine neue Runde im Spiel der Spekulanten hat begonnen.

Die Verkäufer der hochriskanten Papiere sind die alten, vorneweg die Experten der New Yorker Citigroup. Über 45 Milliarden Dollar hatte die amerikanische Regierung in den Bankgiganten stecken müssen, um sein Überleben zu sichern. Nun wird dort der Wahnsinn 2.0 gestartet.

Die Banker haben aus der Krise gelernt, aber die falsche Lektion: Sie dürfen alles riskieren, so ihre Erfahrung, und sie werden nie bestraft. Der Staat ist ihre Rückversicherung. Es gebe an den Finanzmärkten keine Todesstrafe für Leichtsinn, klagte einmal der deutsche Bankenaufseher Jochen Sanio. Dennis Kucinich, Kongressabgeordneter und Mitglied des Finanzreformausschusses in Washington, fragt sich: »Was sollte die Banken davon abhalten, wieder das ganze System an den Rand des Abgrunds zu fahren?«

Wer Sorkins Buch gelesen hat, kennt die Antwort. Der Autor erzählt uns scheinbar von der letzten Krise – und in Wahrheit doch schon von der nächsten.

Die Unfehlbaren

Größe, so heißt es, ist kein Verbrechen. Aber Größe kann schädlich werden infolge der Mittel, durch welche sie erreicht wurde, oder der Zwecke, zu welchen sie eingesetzt wird.

LOUIS BRANDEIS, *Other People's Money. And How the Bankers Use It,* 1913

Für meine Eltern Joan und Larry
und meine geliebte Frau Pilar

Vorbemerkung des Autors

Dieses Buch ist das Ergebnis von über 500 Stunden Interviews mit mehr als 200 Personen, die direkt in die Ereignisse im Zusammenhang mit der Finanzkrise involviert waren. Dazu zählen Chefs und Manager von Wall-Street-Unternehmen, Mitglieder von Verwaltungsräten, amtierende und ehemalige Mitarbeiter der US-Regierung, Mitarbeiter ausländischer Regierungen, Banker, Anwälte, Wirtschaftsprüfer und Berater. Viele haben mir Material überlassen wie Notizen, E-Mails, Diktate, interne Präsentationen, Entwürfe, Memoranden, Kalender, Telefonlisten, Abrechnungen und Kostenaufstellungen – das alles bildet die Grundlage dieses Buches. Über viele Stunden rekonstruierten sie die Details von Gesprächen und unterschiedlichen Meetings, auch von solchen, die als vertraulich gegolten hatten.

In Anbetracht der nach wie vor geführten Kontroversen um die Ereignisse – zu dem Zeitpunkt, da dies geschrieben wird, laufen noch mehrere strafrechtliche Untersuchungen, und zahllose zivilrechtliche Klagen sind anhängig –, stellten sich die meisten Gesprächspartner nur unter der Bedingung für Interviews zur Verfügung, dass sie anonym bleiben konnten. Aus diesem Grund und weil jede Szene anhand von mehreren Quellen überprüft wurde, dürfen die Leser nicht schließen, dass die Person, die zitiert wird oder deren Gefühle beschrieben werden, selbst die entsprechenden Informationen gegeben hat. In vielen Fällen kam die Information tatsächlich von dem oder der Betreffenden, aber oft auch von Augenzeugen oder Ohrenzeugen am Telefon (häufig Mithörende einer Telefonkonferenz) oder von jemandem, der oder die unmittelbar nach dem Gespräch unterrichtet wurde, und wo immer möglich wurden Gesprächsnotizen oder schriftliche Aufzeichnungen mit verwendet.

Es wurde schon viel über die Finanzkrise geschrieben, und in diesem Buch versuche ich, auf der außerordentlichen Arbeit aufzubauen, die meine Journalistenkollegen in der Wirtschaftspresse geleistet haben; ihre Artikel zitiere ich in den Anmerkungen. Darüber hinaus hoffe ich, dass es mir gelungen ist, die erste genaue Chronologie eines Zeitabschnitts zu liefern, der zu den schlimmsten Phasen in unserer Geschichte gehört. Die Protagonisten dieser Erzählung waren überzeugt, dass sie in den wirtschaftlichen Abgrund blickten – und möglicherweise hatten sie mit dieser Einschätzung recht.

Galileo Galilei hat gesagt: »Alle Wahrheiten sind leicht zu verstehen, wenn man sie erst entdeckt hat; es kommt darauf an, sie zu entdecken.« Ich hoffe, dass ich zumindest ein paar Wahrheiten entdeckt habe und dass es mir dabei gelungen ist, ein wenig zum besseren Verständnis der oftmals verwirrenden Ereignisse auf den Finanzmärkten in den letzten Jahren beizutragen.

Prolog

Jamie Dimon stand in der Küche seiner Wohnung an der Park Avenue und goss sich einen Kaffee ein in der Hoffnung, das werde gegen seine Kopfschmerzen helfen. Er hatte zwar einen leichten Kater, aber die Kopfschmerzen hatten einen anderen Grund: *Er wusste zu viel.*

Es war kurz nach sieben Uhr morgens am Samstag, dem 13. September 2008. Dimon, der Chef von JP Morgan Chase, der drittgrößten Bank in Amerika, hatte den gestrigen Abend bei einer Krisensitzung der Notenbank von New York verbracht, zusammen mit einem Dutzend Chefs von Konkurrenzfirmen an der Wall Street. Sie sollten einen Plan zur Rettung von Lehman Brothers entwerfen, der viertgrößten Investmentbank des Landes – andernfalls bestand die Gefahr, dass die Kollateralschäden sich über die Märkte ausbreiten würden.

Für Dimon war das ein schreckliches Dilemma, und sein Gehirn arbeitete auf Hochtouren, als er von dem Treffen nach Hause eilte. Er kam schon zwei Stunden zu spät zu der Dinnerparty, zu der seine Frau Judy eingeladen hatte. Die Verspätung war ihm unangenehm, denn die Party wurde für die Eltern des Freundes ihrer Tochter ausgerichtet, die er bei dieser Gelegenheit kennenlernen sollte.

»Ehrlich, sonst bin ich nie so spät dran«, sagte er zur Begrüßung und hoffte, Verständnis zu finden. Er wollte möglichst wenig über die Besprechung sagen und ließ nur ein paar Andeutungen fallen. »Nun, ich will keinen Hehl daraus machen, dass die Situation sehr ernst ist«, teilte er seinen leicht alarmierten Gästen mit, während er sich einen Martini mixte. »Morgen steht alles in der Zeitung.«

Und tatsächlich berichteten die Samstagszeitungen in großer Aufmachung über die Neuigkeiten, die er angedeutet hatte. An die Küchentheke gelehnt, schlug Dimon das *Wall Street Journal* auf und las die Schlagzeile des Hauptartikels: »Für Lehman wird die Zeit knapp. Krise weitet sich aus.«[1]

Dimon wusste, dass Lehman Brothers das Wochenende womöglich nicht überstehen würde. JP Morgan hatte in den vergangenen Tagen Lehmans Bücher im Hinblick auf einen möglichen Kredit geprüft und war nicht überzeugt gewesen. Er hatte zudem beschlossen, zusätzliche Sicherheiten von Lehman zu verlangen aus Angst vor einem Zusammenbruch. In den nächsten 24 Stunden, das war Dimon klar, würde Lehman entweder gerettet sein oder ruiniert. Doch in Anbetracht dessen, was er alles wusste, machte Dimon sich wegen anderer Dinge mehr Sorgen als wegen Lehman. Auch Merrill Lynch, eine weitere Ikone der Wall Street, steckte in Schwierigkeiten, und er hatte gerade seine Leute angewiesen, zu überprüfen, ob JP Morgan genügend Sicherheiten von Merrill hatte. Außerdem rechnete er damit, dass bei dem Versicherungsgiganten American International Group (AIG) neue Gefahren zutage treten würden, von denen die Öffentlichkeit bisher noch wenig mitbekommen hatte – AIG war ein Klient von JP Morgan, und sie waren verzweifelt darum bemüht, Geld zu dessen Rettung zusammenzubringen. Nach seiner Einschätzung blieb AIG nur noch etwa eine Woche, um eine Lösung zu finden, sonst würden auch sie in die Knie gehen.

Von der Handvoll Führungsleute, die über die heraufziehende Krise beraten hatten – die Regierungsvertreter eingeschlossen –, war Dimon in einer besonders ungewöhnlichen Situation. Er verfügte am ehesten über vollständige Informationen beinahe in Echtzeit. Dieser »Handelsfluss« ermöglichte ihm, die Schwachstellen im Finanzsystem auszumachen, auch die Schwachstellen in den Sicherheitsnetzen, die nach Auffassung anderer alle retten sollten.

Dimon spielte den schlimmstmöglichen Ausgang durch. Um halb acht ging er in seine Bibliothek und rief zwei Dutzend Mitglieder seiner Führungsmannschaft zu einer Telefonkonferenz zusammen.

»Wir werden eine Woche erleben, wie es sie in Amerika noch nicht gegeben hat, und wir müssen uns auf den allerschlimmsten

Fall einstellen«, sagte er. »Wir müssen die Firma schützen. Es geht um unser Überleben.«

Seine Leute hörten aufmerksam zu, aber niemand verstand so recht, was Dimon ihnen mitteilen wollte.

Wie die meisten Akteure an der Wall Street – darunter auch Richard S. Fuld junior, der Chef von Lehman, der schon so lange regierte wie kaum ein anderer – glaubten auch die Teilnehmer der Telefonkonferenz, dass die Regierung eingreifen und das Schlimmste verhindern würde. Dimon war bestrebt, diese Illusion zu zerstreuen.

»Das ist Wunschdenken. Nach meiner Einschätzung wird Washington keine Investmentbank retten. Im Übrigen sollten sie das auch nicht tun«, sagte er nachdrücklich. »Ich möchte, dass Sie alle wissen, dass das eine Sache auf Leben und Tod ist. Ich meine das wirklich ernst.«

Und dann ließ er die Bombe platzen, über die er den ganzen Morgen nachgedacht hatte. Es war das apokalyptische Szenario.

»So sieht es aus«, fuhr er fort. »Wir müssen uns darauf vorbereiten, dass Lehman Brothers Insolvenz anmeldet.« Er machte eine Pause. »Und möglicherweise Merrill Lynch auch.« Eine weitere Pause. »Und AIG ebenfalls.« Noch eine Pause. »Und Morgan Stanley.« Und nach einer letzten, langen Pause: »Und vielleicht auch Goldman Sachs.«

Die Reaktion war ein kollektives Aufstöhnen.

Wie Dimon in der Telefonkonferenz vorausgesagt hatte, brachten die nächsten Tage den Beinahezusammenbruch des Finanzsystems, der eine Rettungsaktion der Regierung erforderlich machte, wie es sie in der modernen Geschichte noch nicht gegeben hatte. Nicht einmal 18 Monate waren vergangen, seit die Wall Street ihre profitabelste Ära gefeiert hatte, und nun stand sie am Rand einer epochalen Katastrophe. Billionen von Dollar hatten sich in Nichts aufgelöst, die Finanzlandschaft hatte sich komplett verändert. Das Desaster würde ohne Zweifel etliche lieb gewordene Prinzipien des Kapitalismus erschüttern. Die Vorstellung, dass Finanzgenies eine neue Ära erschaffen hatten, in der mit geringem Risiko Gewinne zu machen waren, und dass die amerikanische Art des Umgangs mit Finanzinstrumenten der Maßstab für die ganze Welt sein sollte, war offiziell tot.

Als die Auflösung einsetzte, sahen viele an der Wall Street einen Markt, wie sie ihn noch nie zuvor erlebt hatten: geschüttelt von Angst und Chaos, die keine unsichtbare Hand bezähmen konnte. Sie mussten die schwierigsten Entscheidungen ihrer Karriere oder gar ihres Lebens treffen vor dem Hintergrund verwirrender Gerüchte und immer neuer politischer Schwenks, gegründet auf Zahlen, die bestenfalls Schätzungen waren. Einige entschieden klug, einige hatten Glück, und einige trafen Entscheidungen, die sie später zutiefst bereuten. In vielen Fällen ist es heute noch zu früh, um wirklich sagen zu können, ob die Entscheidung richtig war.

Im Jahr 2007, als die Spekulationsblase ihr größtes Ausmaß erreicht hatte, war der Finanzdienstleistungssektor eine Geldmaschine und derart angeschwollen, dass er mehr als 40 Prozent der Unternehmensgewinne in den Vereinigten Staaten lieferte. Finanzprodukte – einschließlich eines neuen Arsenals von Wertpapieren, die so komplex waren, dass selbst viele Vorstände und Aufsichtsräte sie nicht verstanden – spielten als Triebkräfte der amerikanischen Volkswirtschaft eine immer größere Rolle. Ein besonders wichtiger Teil dieses Systems war die Hypothekenbranche; ihre Darlehen waren der Rohstoff, aus dem die Wall Street ihre raffinierten Kreationen schuf, welche sie dann neu verpackte und weltweit verkaufte.

Der Wall-Street-Moloch, der sich aus dem Kollaps der Dotcom-Blase und der Krise nach dem 11. September erhoben hatte, war zu einem großen Teil ein Produkt des billigen Geldes. Infolge der Sparwut in Asien, verbunden mit ungewöhnlich niedrigen Zinsen in Amerika während der Amtszeit von Notenbankchef Alan Greenspan (der nach der Rezession 2001 das Wirtschaftswachstum wieder ankurbeln wollte), wurde die Welt mit Geld überschwemmt.

Den schlagenden Beweis, dass die Liquidität außer Rand und Band geraten war, bot der Markt für Subprime-Hypotheken mit hohem Ausfallrisiko. Auf dem Höhepunkt der Spekulation auf dem Immobilienmarkt wollten die Banken praktisch jedem ein Darlehen verkaufen, der in der Lage war, seinen Namen auf ein entsprechendes Formular zu setzen. Ein potenzieller Käufer konnte behaupten, ein sechsstelliges Gehalt zu beziehen, ohne irgendwelche Unterlagen vorlegen zu müssen, und schon verließ er die Bank mit einer 500 000-Dollar-Hypothek; einen Monat später bekam er obendrauf noch eine Hausbesitzer-Kreditlinie. Natürlich schossen die Immobilienpreise in die Höhe, und als der Immobilienmarkt gänzlich heiß gelaufen war, verwandelten sich ganz normale Menschen in Spekulanten, kauften Häuser und schöpften ihre Kreditlinien bis zum Letzten aus für neue Geländewagen und schnelle Boote.

In gewisser Weise wurde die Wall Street ein Opfer ihrer eigenen Cleverness, weil ihre hypothekenbesicherten Produkte schließlich so kompliziert waren, dass in einem fallenden Markt niemand mehr sagen konnte, wie viel sie wirklich wert waren. (Zu dem Zeitpunkt, da dies geschrieben wird, rechnen die Experten immer noch.) Ohne Preis aber war der Markt gelähmt. Und ohne Zugang zu Kapital konnte die Wall Street nicht mehr funktionieren.

Rückblickend betrachtet war diese Spekulationsblase wie jede Spekulationsblase ein Beispiel für das, was der schottische Autor Charles Mackay »Zeichen des Wahns und der Massenverblendung« genannt hat. Die Banken schufen nicht eine schöne neue Welt des risikolosen Investierens, sondern eine Bedrohung für das gesamte Finanzsystem.

In diesem Buch freilich geht es weniger um die theoretische Seite, sondern vor allem um die Menschen aus Fleisch und Blut, um die Realität hinter den Kulissen in New York, Washington und in Europa – um die Vorgänge in den Büros, in den Wohnungen und in den Köpfen der Leute, die das Schicksal der Wirtschaft in der Hand hielten – in jenen kritischen Monaten nach dem 17. März 2008, dem Montag, an dem JP Morgan einwilligte, Bear Stearns zu übernehmen, und an dem die Verantwortlichen in der amerikanischen Regierung sich endlich dazu durchrangen, die größte staatliche Rettungsaktion in der Wirtschaftsgeschichte des Landes in die Wege zu leiten.

Seit zehn Jahren beobachte ich die Wall Street und ihre Geschäfte für die *New York Times*, und ich hatte das Glück, in einer Zeit berichten zu können, in der es eine Reihe bemerkenswerter Entwicklungen in der amerikanischen Wirtschaft gegeben hat. Aber nie zuvor habe ich so tief greifende und dramatische Veränderungen unternehmerischer Paradigmen und eine so spektakuläre Selbstzerstörung geschichtsträchtiger Institutionen erlebt.

Am Ende dieser ungewöhnlichen Phase stehen wir vor einem gigantischen Puzzle – einem Rätsel –, das wir lösen müssen, wenn wir aus unseren Fehlern lernen wollen. Dieses Buch ist ein Versuch, die Teile nach und nach zusammenzusetzen.

Im Kern ist das vorliegende Buch eine Chronik des Versagens – eines Versagens, das die Welt in die Knie gezwungen und Fragen nach dem Wesen des Kapitalismus aufgeworfen hat. Es ist ein intimes Porträt der beteiligten und häufig ratlosen Personen, die dafür gekämpft haben – oft unter großen persönlichen Opfern, aber genauso oft auch zur eigenen Rettung –, der Welt und sich selbst einen noch viel schlimmeren Ausgang zu ersparen. Es wäre beruhigend, sagen zu können, dass alle in diesem Buch vorgestellten Personen in der Lage waren, ihre eigenen Sorgen, ob klein oder gewaltig, beiseitezulassen zugunsten einer gemeinsamen Anstrengung, um das Schlimmste doch noch zu verhindern. Manche waren dazu fähig. Aber wie Sie sehen werden, waren sie bei ihren Entscheidungen nicht gefeit gegen erbittertes Konkurrenzdenken und Machtstreben, die von jeher zur Wall Street und zu Washington dazugehören.

Letzten Endes handelt dieses Drama von Menschen, von der Fehlbarkeit von Personen, die glaubten, sie wären zu groß, um scheitern zu können.

Kapitel eins

Der 17. März 2008 begann kühl in Greenwich, Connecticut. Um fünf Uhr morgens war es noch dunkel bis auf die Scheinwerfer des Mercedes, der in der Einfahrt stand. Sie erleuchteten Pfützen von Schneematsch auf dem Rasen des knapp fünf Hektar großen Grundstücks.[1] Der Fahrer hörte die Steine auf dem Weg knirschen, als Richard S. Fuld junior aus der Vordertür trat und zum Wagen kam, wo er auf dem Rücksitz Platz nahm.

Der Mercedes bog nach rechts und fuhr auf der North Street in Richtung des engen, kurvenreichen Merritt Parkway, sein Ziel war Manhattan. Fuld schaute aus dem Wagenfenster in den Nebel, der eine Reihe großzügig dimensionierter Villen einhüllte: Dort wohnten die Bosse von Wall-Street-Firmen und die Hedgefonds-Manager. Die meisten Häuser hatten während des zweiten »Gilded Age« für achtstellige Summen ihre Besitzer gewechselt und waren aufwendig renoviert worden. Und eben diese Blütezeit näherte sich nun, ohne dass sie es ahnten – am wenigsten Fuld –, einem abrupten Ende.

Fuld blickte in sein eigenes sorgenvolles Gesicht, das sich im Wagenfenster spiegelte. Die tiefen Falten unter seinen müden Augen bildeten dunkle Halbmonde und zeugten davon, dass er nur vier Stunden geschlafen hatte, nachdem sein Flugzeug kurz vor Mitternacht auf dem Westchester County Airport gelandet war. Die letzten 72 Stunden waren die Hölle gewesen. Fuld, Chef von Lehman Brothers, der viertgrößten Firma an der Wall Street, und seine Frau Kathy hätten eigentlich noch in Indien sein und dort ihre milliardenschweren Kunden mit üppigen Thalis, Bergen von Naan und Palmenwein verwöhnen sollen.[2] Für seinen vom Jetlag geplagten Körper war es zwei Uhr am Nachmittag.

Zwei Tage zuvor hatte Kathy ihn geweckt, als er in seiner Gulfstream, die auf einem Militärflughafen in der Nähe von Neu-

Delhi parkte, ein Nickerchen machte. Finanzminister Henry M. Paulson war am Bordtelefon. Aus seinem Büro im gut 12 000 Kilometer entfernten Washington teilte Paulson ihm mit, Bear Stearns, die riesige Investmentbank, werde entweder verkauft oder am Montag bankrott sein. Lehman werde die Auswirkungen des Bebens mit Sicherheit spüren. »Sie sollten am besten zurückkommen«, sagte Paulson. Fuld wollte so schnell wie möglich wieder nach Hause und fragte Paulson, ob er ihm helfen könne, von der Regierung eine Überflugerlaubnis für Russland zu erhalten; das würde die Flugzeit um mindestens fünf Stunden verkürzen. Paulson lachte. »Das machen sie nicht mal für mich.«

26 Stunden später war Fuld nach Zwischenstopps in Istanbul und Oslo wieder zu Hause in Greenwich.

Fuld ließ die Ereignisse des letzten Wochenendes immer wieder vor seinem geistigen Auge ablaufen: Bear Stearns, die kleinste, aber aggressivste der Big Five, der fünf großen Investmentfirmen an der Wall Street, hatte einem Verkauf zugestimmt – *für sage und schreibe 2 Dollar pro Aktie!* Und verkauft wurde sie an niemand anderen als Jamie Dimon von JP Morgan Chase. Zu allem Überfluss hatte die Federal Reserve noch eingewilligt, für bis zu 30 Milliarden Dollar Verluste aus Bears schlechtesten Anlagen geradezustehen, um Dimon das Geschäft schmackhaft zu machen. Als Fuld die Zahl 2 Dollar zum ersten Mal von seinen Leuten in New York gehört hatte, glaubte er, das Bordtelefon habe einen Teil des Betrags verschluckt.

Auf einmal sprachen alle von einem Sturm auf die Bank, als schriebe man das Jahr 1929. Am Donnerstag, als Fuld nach Indien aufgebrochen war, hatte es Gerüchte gegeben, in Panik geratene Investoren würden sich weigern, mit Bear zu handeln, aber er hätte sich nie vorgestellt, dass der Zusammenbruch so schnell kommen würde. In einer Branche, die vom Vertrauen der Anleger abhing – Investmentbanken werden im wahrsten Sinn des Wortes über Nacht von anderen finanziert unter der Annahme, dass sie am nächsten Morgen noch existieren –, weckte der Crash von Bear Stearns ernsthafte Zweifel am eigenen Geschäftsmodell. Und die Leerverkäufer, die darauf spekulieren, dass eine Aktie billiger wird, nicht teurer, und Gewinn einstreichen, wenn die Aktie absackt, lauerten auf jedes Zeichen von Schwäche, wie die Westgoten bei der Belagerung von Rom. Auf dem Rückflug hatte Fuld einen kurzen Augenblick daran gedacht, Bear selbst zu kaufen. Sollte er? *Konnte* er? Nein, die Situation war einfach zu surreal.

JP Morgans Griff nach Bear Stearns war, das erkannte Fuld, eine Rettungsaktion für die Bankbranche – und für ihn selbst. Es war clever von der Regierung gewesen, den Vermittler zu spielen; der Markt hätte einen Zusammenbruch in dieser Größenordnung einfach nicht verkraftet. Das Vertrauen, das es all diesen Banken ermöglichte, Milliarden von Dollar zwischen ihnen hin und her zu schieben, wäre erschüttert worden. Fuld fand auch, dass der Notenbankchef Ben Bernanke eine kluge Entscheidung getroffen hatte, als er das Diskontfenster der Notenbank erstmals für eine solche Firma geöffnet hatte. Dadurch bekam sie Geld zu demselben niedrigen Zinssatz, den die Regierung den großen Geschäftsbanken anbietet. Damit hatte die Wall Street eine Überlebenschance.

Fuld wusste, dass Lehman, das kleinste Institut der verbliebenen großen Vier, als Nächstes in der Schusslinie stehen würde. Die Aktie von Lehman war am Freitag um 14,6 Prozent gefallen, da hatte eine Aktie von Bear noch 30 Dollar gekostet. *Passierte all das wirklich?* Vor gut 24 Stunden in Indien hatte er ehrfürchtig gedacht, wie weltumspannend doch die Macht der Wall Street war, wie sie Finanzmärkte rund um den Globus kolonisierte. Sollte es damit vorbei sein?

Während der Chauffeur ihn in die Stadt brachte, rollte er mit dem Daumen den Trackball seines BlackBerry, als hätte er eine Gebetskette in der Hand. Die amerikanische Börse öffnete erst in viereinhalb Stunden, aber er wusste bereits, dass es ein schlechter Tag werden würde. Der Nikkei, der wichtigste japanische Aktienindex, war um 3,7 Prozent gefallen. In Europa gab es Gerüchte, die große niederländische ING-Bank werde alle Geschäfte mit Lehman Brothers und den anderen Broker-Dealern stoppen,[3] den Wertpapierhändlern, die auf eigene Rechnung und für Kunden mit Wertpapieren Geschäfte machten – die Geschäfte, aus denen die Wall Street nun einmal bestand.

Yep, sagte sich Fuld, *das wird eine richtige Horror-Show.*

Als der Wagen auf den West Side Highway einbog, weiter unterwegs in Richtung Midtown Manhattan, rief Fuld seinen alten Freund Joseph Gregory an, die Nummer zwei bei Lehman. Es war jetzt kurz vor halb sechs, und Gregory, der in Lloyd Harbor auf Long Island[4] lebte und schon lange nicht mehr mit dem Auto in die City fuhr, war gerade dabei, für den täglichen Weg zur Arbeit in seinen Hubschrauber zu steigen.[5] Er liebte die Bequemlichkeit dieser Art der Fortbewegung. Sein Pilot landete auf dem West Side Heliport, von dort brachte ihn ein Fahrer zu den Lehman-Büros in einem Wolkenkratzer am Times Square. Auf diese Weise brauchte er weniger als 20 Minuten von Haustür zu Haustür.

»Hast du die Scheiße schon gesehen?«, fragte Fuld Gregory, und meinte damit das Gemetzel auf den asiatischen Märkten.

Während Fuld auf dem Rückflug von Indien gewesen war, hatte Gregory ein Lacrosse-Match seines Sohnes in Roanoke, Virginia, verpasst und stattdessen das ganze Wochenende im Büro an einem Schlachtplan gearbeitet.[6] Die Börsenaufsicht und die Notenbank hatten ein halbes Dutzend Aufpasser zu Lehman geschickt, die ein Auge auf die Angestellten hatten, während sie die Positionen von Lehman durchgingen.

Fuld war äußerst besorgt, und wie Gregory fand, hatte er allen Grund dazu. Aber sie hatten schon andere Krisen durchgestanden. *Sie würden überleben. Sie überlebten immer.*

Im letzten Sommer, als die Immobilienpreise abstürzten und Banken, die sich übernommen hatten, die Kreditvergabe massiv zurückfuhren, hatte Fuld stolz verkündet: »Haben wir Zeug in den Büchern, das wir nur schwer wieder loswerden? Ja. Wird es uns umbringen? Natürlich nicht.«[7] Die Firma schien damals unverwundbar. Drei Jahre lang hatte Lehman so viel Geld verdient, dass sie mittlerweile in einem Atemzug mit Goldman Sachs genannt wurden, der großen Geldmaschine der Wall Street.

Während Fulds Mercedes über die verlassene Fiftieth Street brauste, transportierten städtische Arbeiter gerade Absperrgitter, die später am Tag bei der Parade zum St. Patrick's Day die Menschenmassen zurückhalten sollten, hinüber zur Fifth Avenue. Der Wagen hielt am Hintereingang zum Lehman-Hauptquartier, einem imposanten Bau mit viel Glas und Stahl, der gut ein persönliches Denkmal für Fuld hätte sein können. Er war, wie Gregory oft sagte, »der Lizenzinhaber«. Er hatte Lehman durch die Tragödie des 11. September und das anschließende Chaos geführt,[8] als die Firma ihre Büros gegenüber dem World Trade Center aufgeben musste und die Angestellten in Zimmern im Sheraton-Hotel arbeiteten, bis Lehman 2001 den neuen Büroturm von Morgan Stanley kaufte.[9] Mit den vielen riesigen LED-Fernsehschirmen ringsherum war das Gebäude für Fulds Geschmack ein bisschen vulgär, aber weil die Immobilienpreise in New York City unaufhörlich kletterten, hatte sich der Kauf als ein sagenhaftes Investment erwiesen, und das gefiel Fuld.

Der einschüchternde Flur im 31. Stock mit den Büros der Vorstandsmitglieder von Lehman, im Firmenjargon »Club 31« genannt, war beinahe leer, als Fuld aus dem Aufzug trat und zu seinem Büro ging.

Er hängte Mantel und Jackett in einen Schrank neben seiner privaten Toilette und begann dann mit seinen täglichen Ritualen. Als Erstes schaltete er seinen Bloomberg-Terminal ein und holte sich CNBC auf den Bildschirm. Inzwischen war es kurz nach sechs Uhr. Eine seiner beiden Assistentinnen, Angela Judd oder Shelby Morgan, würde innerhalb der nächsten Stunde im Büro eintreffen.

Beim Blick auf die Future-Märkte (dort wetten Investoren, wie sich bestimmte Aktien nach Börseneröffnung entwickeln werden) war der Lehman-Kurs wie ein Schlag ins Gesicht: Absturz um 21 Prozent. Reflexartig rechnete Fuld: Persönlich hatte er gerade 89,5 Millionen Dollar auf dem Papier verloren, und der Börsenhandel hatte noch nicht einmal begonnen.

Um 7.40 Uhr war Hank Paulson in der Leitung. Dow Jones Newswire meldete, dass die DBS Group Holdings, die größte Bank in Südostasien, in der letzten Woche ein internes Memo hatte zirkulieren lassen mit einer Anweisung an ihre Händler, möglichst keine neuen Transaktionen mit Bear Stearns und Lehman durchzuführen.[10] Paulson war besorgt, dass Lehman Handelspartner verlieren könnte, denn das wäre der Anfang vom Ende.

»Uns wird nichts passieren«, beteuerte Fuld und wiederholte, was er Paulson schon am Wochenende gesagt hatte: dass die

Einnahmeseite von Lehman solide aussah, wie er am Dienstag öffentlich mitteilen wollte. »Damit ist erst mal die Luft raus aus diesem ganzen Mist.«

»Halten Sie mich auf dem Laufenden«, erwiderte Paulson.

Eine Stunde später herrschte in allen Handelssälen in der City helle Aufregung. Fuld saß wie gebannt vor den beiden Bloomberg-Bildschirmen auf seinem Schreibtisch, als der erste Kurs der Lehman-Aktie ermittelt wurde: minus 35 Prozent. Die Ratingagentur Moody's bestätigte ihr A1-Rating für die langfristigen Schuldverschreibungen der Bank,[11] aber den Ausblick hatte sie von positiv auf stabil gesenkt. Auf dem Rückflug von Indien hatte Fuld mit Gregory und dem Leiter der Rechtsabteilung von Lehman, Tom Russo, darüber diskutiert, ob man die Ertragszahlen vorzeitig schon heute bekannt geben sollte, vor Börseneröffnung, und nicht erst am nächsten Tag, wie ursprünglich geplant. Es gab keinen zwingenden Grund, abzuwarten. Die Zahlen sahen gut aus. Fuld war so zuversichtlich gewesen, dass er vor der Abreise nach Asien eine optimistische interne Botschaft an die Beschäftigten aufgezeichnet hatte. Aber Russo hatte ihm die vorzeitige Veröffentlichung der Zahlen ausgeredet, weil er fürchtete, das könnte wie ein Akt der Verzweiflung wirken und Angst schüren.

Die Lehman-Aktie fiel unterdessen immer weiter, und Fuld begann nicht nur an dieser Entscheidung zu zweifeln, sondern auch an unzähligen anderen. Er wusste seit Jahren, dass für Lehman Brothers der Tag der Abrechnung kommen würde – und, schlimmer noch, dass es dabei ihn treffen könnte. Rein intellektuell wusste er natürlich um die Risiken, die mit billigen Krediten verbunden waren und damit, dass man sich noch zusätzlich Geld lieh, um im richtig großen Stil spekulieren zu können – an der Wall Street hieß das »Leverage«, Hebelwirkung. Aber wie alle anderen an der Wall Street konnte er solche Gelegenheiten einfach nicht vorbeiziehen lassen. Die Gewinne durch aggressiv optimistische Wetten auf die Zukunft waren einfach zu groß. »Wir pflastern die Straße mit billigem Teer«, war der Satz, den er immer zu seinen Kollegen sagte.[12] »Wenn das Wetter umschlägt, werden die Schlaglöcher umso tiefer und hässlicher.« Jetzt waren sie da: Schlaglöcher, so weit das Auge reichte, und er musste zugeben, dass es noch schlimmer aussah, als er je erwartet hätte. Aber tief in seinem Herzen war er überzeugt, dass Lehman es schaffen würde. Etwas anderes konnte er sich einfach nicht vorstellen.

Gregory setzte sich auf den Stuhl vor Fulds Schreibtisch, sie verständigten sich ohne Worte. Beide lehnten sich nach vorn, als CNBC unten auf dem Bildschirm mit der Laufzeile fragte: »Wer wird der Nächste sein?«

»Verdammt«, knurrte Fuld. Ungläubig hörten sie zu, wie ein Kommentator nach dem anderen eine Grabrede auf ihre Firma hielt.

Nach einer Stunde war der Kurs der Lehman-Aktien um 48 Prozent gefallen.

»Leerverkäufe! Alles Leerverkäufe!«, bellte Fuld, »das passiert doch hier!«

Russo, der seinen geplanten Familienurlaub in Brasilien abgesagt hatte, setzte sich neben Gregory. Der 65-Jährige mit dem Habitus eines Professors war einer der wenigen Vertrauten, die Fuld außer Gregory in der Firma hatte. An diesem Morgen jedoch goss er weiter Öl ins Feuer, indem er Fuld von den Gerüchten erzählte, die an der Börse kursierten: Ein paar »Hedgies«, wie die Hedgefondsmanager an der Wall Street despektierlich heißen, hatten Bear Stearns systematisch in die Knie gezwungen, indem sie ihre Brokerkonten strapazierten und eine Versicherung gegen die Bank kauften – eine sogenannte CDS (Credit Default Swap), ein Kreditderivat zum Handel mit Ausfallrisiken – und dann ihre Aktie leer verkauften. Russos Gewährsleuten zufolge machte eine Geschichte die Runde, wonach die Leerverkäufer, die Bear Stearns zu Fall gebracht hatten, am Sonntagmorgen gemeinsam im Hotel Four Seasons in Manhattan gefrühstückt und mit Champagner aus Flaschen zum Stückpreis von 350 Dollar auf den Deal angestoßen hatten. Stimmte die Geschichte? Wer konnte das sagen?

Die drei Lehman-Verantwortlichen planten ihren Gegenangriff, als Erstes das Morgenmeeting mit den leitenden Angestellten, die inzwischen mit den Nerven fertig waren. Wie konnten sie das

Gerede über Lehman an der Wall Street in eine andere Richtung lenken? Anscheinend kam jedes Gespräch über Bear über kurz oder lang auf Lehman. »Lehman wird Bear womöglich noch vor Karfreitag in den Beichtstuhl folgen«, orakelte Michael McCarty,[13] Optionsstratege bei Meridian Equity Partners in New York, gegenüber Bloomberg Television.

Im Lauf des Vormittags bekam Fuld Anrufe von allen Seiten, von Kunden, Handelspartnern, CEOs der Konkurrenz, und alle wollten wissen, was los war. Manche verlangten beruhigende Versicherungen, andere boten solche an.

»Geht's dir gut?«, fragte John Mack, CEO von Morgan Stanley und ein alter Freund. »Was ist da draußen los?«

»Mir geht es gut«, erwiderte Fuld, »aber die Gerüchte überschlagen sich. Zwei Banken wollen uns nicht mehr« – das war Wall-Street-Jargon für die verblüffende Tatsache, dass die Banken keine Geschäfte mehr mit Lehman machen wollten. Die neuesten Gerüchte besagten, die Deutsche Bank und HSBC hätten den Handel mit Lehman eingestellt. »Aber wir sind okay. Wir haben einen Haufen Liquidität, also ist das kein Problem.«

»In Ordnung, wir werden den ganzen Tag Geschäfte mit euch machen«, versicherte ihm Mack. »Ich rede mit meinem Trader. Sag mir Bescheid, wenn ihr etwas braucht.«

Fuld wandte sich hilfesuchend an seine wichtigsten Stellvertreter. Er rief im Londoner Büro an und sprach mit Jeremy Isaacs, der dort die Geschäfte von Lehman leitete. Nach dem Gespräch mit Fuld sagte Isaacs zu seinen Leuten: »Ich denke nicht, dass wir heute Nachmittag kaputtgehen, aber ich bin nicht hundertprozentig sicher. Im Moment passiert gerade eine Menge seltsamer Dinge.«[14]

Richard Severin Fuld junior war in einem wohlhabenden Viertel von Harrison in Westchester County im Bundesstaat New York aufgewachsen, wo seine Familie die United Merchants & Manufacturers besaß,[15] eine Textilfirma, deren jährlicher Umsatz zuletzt über eine Milliarde Dollar betrug. United Merchants war von seinem Großvater mütterlicherseits, Jacob Schwab, 1912 mitbegründet worden als Cohn-Hall-Marx Company.

Weil Fulds Vater nicht gewollt hatte, dass sein Sohn in das Familiengeschäft einstieg, hatte der Großvater Jacob Schwab sich an seine langjährige Bank, ein Wall-Street-Unternehmen namens Lehman Brothers, gewandt und seinem Enkel für den Sommer 1966 einen Teilzeitjob in deren unbedeutendem Außenposten in Denver verschafft. In dem Büro in Denver arbeiteten drei Leute, und Fuld war das Mädchen für alles: Die meiste Zeit kopierte er Dokumente (es war noch die Zeit vor der Einführung des Fotokopierers) und erledigte Botengänge.[16] Aber der Job war für ihn eine Offenbarung. Was er sah, begeisterte ihn. Die Männer im Handelssaal schrien und arbeiteten mit einem Feuereifer, den er nie zuvor erlebt hatte. *Hier gehöre ich hin,* sagte er sich. Dick Fuld war bei sich angekommen.

Was ihn anzog, war nicht die Erfüllung eines lebenslangen Traums, mit dem Geld anderer Leute zu spielen, sondern etwas ganz Intuitives, ein instinktives Gefühl, dass er hier am richtigen Platz war. »Ich bin regelrecht in das Investmentbanking hineingestolpert«, bekannte er Jahre später.[17] »Als ich damit konfrontiert wurde, stellte ich fest, dass ich es verstand, alles passte.«

Allerdings gab es einen Mann in der Firma, den er nicht mochte: Lewis L. Glucksman war ein ungehobelter, schlampig gekleideter Boss aus der Zentrale, der hin und wieder im Büro in Denver auftauchte, die Mannschaft anfuhr und einschüchterte. So sehr Fuld einen Job im Finanzbusiness haben wollte, er schwor sich, niemals für diesen Tyrannen zu arbeiten.

Nachdem Fuld mit einem Semester Verspätung im Februar 1969 das College abgeschlossen hatte, ging er für ein Sommerpraktikum zu Lehman. Diesmal arbeitete er in dem herrlichen, im Stil der italienischen Renaissance erbauten Gebäude One William Street im Herzen der Wall Street.[18] Er wohnte weiterhin bei seinen Eltern und pendelte in die Stadt. Er arbeitete in der Abteilung, die mit Geldmarktpapieren handelte: hauptsächlich kurzfristige Schuldverschreibungen, mit denen die Unternehmen ihre alltägliche Geschäftstätigkeit finanzieren.

In Fulds Augen war der Job perfekt – bis auf ein wesentliches Detail: Er unterstand Glucksman, der genauso lästig war wie schon in Denver.

Fuld kümmerte sich nicht weiter darum. Für ihn war der Job bei Lehman nur eine Zwischenstation. Er hatte mittlerweile internationale Betriebswirtschaft als Hauptfach an der University of Colorado gewählt und wollte seinen MBA machen. Als das Praktikum zur Hälfte vorüber war, ging er zu Glucksman und fragte, ob er ihm eine Empfehlung schreiben könne.

»Warum zum Teufel wollen Sie den MBA?«, knurrte Glucksman. »Man geht zur Uni, um danach einen Job zu bekommen. Ich biete Ihnen einen Job an.«

Doch Fuld wollte bei seinem Plan bleiben.

»Wir kommen nicht miteinander aus«, gab er zurück. »Sie schreien mich an.«

»Bleiben Sie hier, und Sie müssen nicht für mich arbeiten«, erwiderte Glucksman.

Fuld willigte ein, bei Lehman zu bleiben, und bereitete gleichzeitig abends seinen Abschluss an der New York University vor. Er war weiter für untergeordnete Tätigkeiten zuständig, unter anderem hatte er die neueste technische Errungenschaft der Firma zu bedienen, eine Videokamera. Eines Tages nahm er ein Interview mit Glucksman auf, als dieser mitten in der Aufnahme fragte: »Wer ist hinter der Kamera?« Fuld streckte den Kopf vor.

»Was zum Teufel machen Sie da?«, fragte Glucksman. »Kommen Sie gleich morgen früh in mein Büro.«

Als Fuld am nächsten Morgen in Glucksmans Büro erschien, erklärte dieser ihm, es sei lächerlich, dass er »diese idiotischen Hilfsarbeiten« mache. »Warum arbeiten Sie nicht für mich?«

»Kriege ich eine Gehaltserhöhung?«, erwiderte Fuld.

Die beiden wurden rasch Freunde, und Fuld begann seinen Aufstieg in der Firma. Sein Gehalt belief sich auf 6000 Dollar im Jahr, rund ein Zehntausendstel der Summe, die er dreißig Jahre später als CEO von Lehman bekommen sollte. Ende des Jahres konnte er bei seinen Eltern ausziehen in eine eigene Einzimmerwohnung, die er für 250 Dollar pro Monat in 401 East Sixty-fifth Street gemietet hatte. Zur Arbeit fuhr er mit einem orangeroten Pontiac GTO, und oft nahm er Kollegen mit, unter anderem den jungen Roger C. Altman, der später stellvertretender Finanzminister wurde.

Glucksman erkannte sich in Fuld wieder, wie er selbst als junger Händler gewesen war. »Er ließ sein Urteil nicht von seinen Gefühlen beeinflussen«, sagte Glucksman,[19] der 2006 verstorben ist.[20] »Dick begriff, wann ein Kauf ein Kauf war und wann ein Verkauf ein Verkauf war. Er war ein Naturtalent.«

Jeden Morgen spürte Fuld sein Herz vor Aufregung klopfen, wenn er den Handelssaal mit den vielen Menschen betrat. Der Lärm. Das Fluchen. Nur durch eigene Cleverness überleben. Nur dem eigenen Instinkt vertrauen. Er liebte das alles. Und zufälligerweise war er gerade in dem Augenblick zu Lehman gestoßen, als die Firma vor einem großen Umbau stand, der ihm enorm zugutekommen sollte.

Seit der Gründung 1850 war Lehman Brothers das Bankhaus für einen Großteil der unternehmerischen Ikonen des 20. Jahrhunderts.[21] Emanuel Lehman, der mit seinen Brüdern Henry und Mayer erst wenige Jahre zuvor aus Bayern eingewandert war, hatte sein erstes Geschäft in Montgomery in Alabama gegründet. Dort handelten die Brüder mit Baumwolle, dem wichtigsten Umsatzbringer vor dem Bürgerkrieg. 20 Jahre später eröffneten die drei ein Geschäft in Manhattan, und sie wirkten an der Gründung der New Yorker Baumwollbörse mit. In New York wurde aus dem Handelshaus rasch eine Investmentbank, die neue Firmen wie Sears, Woolworth, Macy's und die Elektrofirma RCA unterstützte. (Die Entsprechung wäre heute eine gemeinsame Hausbank von Apple, Google, Microsoft und Intel.)

In Fulds erstem Jahr in der Firma starb ihr legendärer Seniorpartner Robert Lehman, Emanuels Enkel, der Lehman durch die Wirtschaftskrise von 1929 geführt und danach zu einem Schwergewicht in der Finanzbranche gemacht hatte. Der aristokratische Lehman, Yale-Absolvent, hatte in den glorreichen Jahren von Lehman regiert und war der Bankier einiger der größten und einflussreichsten US-Firmen zu Beginn des amerikanischen Jahrhunderts gewesen.

In den 1960er-Jahren lag Lehman bei der Vermögensverwaltung auf dem zweiten Platz hinter Goldman Sachs. Aber weil es Robert Lehman und den anderen Partnern absolut nicht gefiel, dass Unternehmenskunden mit ihren Finanzierungswünschen zu Goldman gehen mussten, beschlossen sie, eine eigene Abteilung für den Handel mit Geldmarktpapieren aufzumachen.[22] Als Leiter dieser Abteilung holten sie Lewis Glucksman von der mächtigen Investmentbank A. G. Becker an der Wall Street.

Als Fuld an Bord kam, war Glucksmans Abteilung auf dem besten Weg, die wichtigste Gewinnquelle für Lehman zu werden. Im Handelssaal ging es laut und chaotisch zu, überall standen überquellende Aschenbecher und Tassen mit lauwarmem Kaffee, auf den Bildschirmen und unter den Telefonen lagen Papierstapel. Glucksman hatte die Fenster verdunkeln lassen, um eine Atmosphäre wie in einem Spielcasino in Las Vegas zu schaffen; die Trader sollten sich nur auf ihre Quotron- und Telerate-Schirme konzentrieren, damals die Standardausstattung an der Wall Street. Telefone flogen durch den Raum, Papierkörbe bekamen Tritte ab. Und wie in einem Casino in Vegas hing über allem abgestandener Zigarettenrauch. Es war ein eigenes Universum, fernab der gediegenen Welt der Bankiers, aber es wurde immer mehr zum Herzen von Lehman Brothers.

Fuld ist zwar nur knapp einsachtzig groß, aber von eindrucksvoller Präsenz; er war eindeutig ein Gewinn in dem Haifischbecken, das Glucksman leitete. Er hat pechschwarzes Haar und eine breite, beeindruckend eckige Stirn über tief liegenden dunklen, beinahe mürrisch blickenden Augen. Weil er Fitnessfan war und Gewichte stemmte, wirkte er wie jemand, mit dem man sich lieber nicht anlegen wollte, und er strahlte die dazu passende Intensität aus. Während sein Blick fest auf die grünen Bildschirme der frühen Computerära geheftet blieb, rief er seine Trades wie Maschinengewehrsalven aus.

Bei Lehman stand Fuld bald in dem Ruf, geradlinig zu sein und keinen Unsinn zu dulden. Einmal trat er an den Tisch des Supervisors im Händlersaal, Allan S. Kaplan (der später Lehmans Vizevorsitzender wurde), um ein Geschäft abzeichnen zu lassen; das war damals die Aufgabe des Supervisors. Kaplan, ein Mann mit einem runden Gesicht, der immer eine Zigarre in der Hand hielt, telefonierte, als Fuld auftauchte, und übersah ihn geflissentlich. Fuld wartete, runzelte seine eindrucksvollen Augenbrauen, wedelte mit dem Papier in der Luft und signalisierte deutlich, was er wollte.

Kaplan deckte den Telefonhörer mit der Hand ab und wandte sich aufgebracht dem jungen Trader zu. »Ihr denkt immer, ihr seid die Wichtigsten hier«, explodierte er. »Dass nichts anderes zählt als eure Trades. Ich werde dieses verdammte Papier erst unterzeichnen, wenn nichts anderes mehr auf meinem Schreibtisch liegt!«

»Versprochen?«, fragte Fuld.

»Ja«, erwiderte Kaplan, »dann mache ich es.«

Fuld beugte sich herab, wischte mit dem Arm einmal über Kaplans Schreibtisch, und Dutzende Papiere flatterten zu Boden. Noch bevor das erste dort angekommen war, fragte Fuld bestimmt, aber nicht laut: »Unterschreiben Sie jetzt?«[23]

Zu der Zeit war Fuld in der Firma – und zunehmend auch außerhalb – als »der Gorilla« bekannt, ein Spitzname, gegen den er nichts einzuwenden hatte. Jahre später, als er in der Führungsetage saß, hatte er sogar einen Plüschgorilla in seinem Büro[24] – bis zum 11. September 2001, als Lehman seine Büroräume in Lower Manhattan gegenüber dem ehemaligen World Trade Center aufgeben musste.

Einige Jahre nach seinem Einstieg bei Lehman registrierte Fuld ein neues Gesicht in der Hypothekenabteilung. Während Fuld dunkel und grüblerisch war, war der Neue blass und offen. Er stellte sich gleich vor – eine Geste, die Fuld gefiel – und streckte die Hand aus wie ein Mann, der sich in seiner Haut wohlfühlt: »Hi, ich bin Joe Gregory.« Es war der Beginn einer Verbindung, die fast vier Jahrzehnte halten sollte.

Vom Temperament her war Gregory das genaue Gegenteil zu Fuld: persönlicher und umgänglicher. Er blickte zu Fuld auf, der bald sein Mentor wurde.

Einmal nahm Fuld, der noch als CEO seinen Leuten Vorschriften machte, wie sie sich kleiden sollten, Gregory zur Seite und sagte ihm, sein Kleidungsstil lasse zu wünschen übrig. Für Fuld gab es nur ein akzeptables Outfit: dunkler Anzug, frisch gebügeltes weißes Hemd und eine dezente Krawatte. Glucksman könne es sich leisten, erklärte er, mit Suppenflecken auf der Krawatte und heraushängendem Hemd herumzulaufen, aber sie beide seien nicht Glucksman. Am nächsten Wochenende ging Gregory zu Bloomingdale's und kleidete sich neu ein. »Ich gehörte zu den Leuten, die Dick nicht enttäuschen wollten«, sagte Gregory später zu einem Freund.[25]

Wie Fuld hatte auch Gregory keine von den renommierten Universitäten besucht, sondern einen Abschluss an der Hofstra University gemacht. Und wie Fuld war er in den 1960er-Jahren durch puren Zufall zu Lehman gekommen. Eigentlich hatte er Lehrer für Geschichte an der Highschool werden wollen, doch nach einem Sommerjob als Bote bei Lehman beschloss er, in die Finanzbranche einzusteigen. In den 1980er-Jahren pendelten Gregory und drei andere Lehman-Mitarbeiter, die rasch Karriere gemacht hatten, gemeinsam von Huntington an der Nordküste von Long Island in die Stadt. Bei der morgendlichen Fahrt zur Arbeit diskutierten sie, welche Handelsstrategien sie im Lauf des Tages ausprobieren wollten. In der Firma hießen die vier »die Huntington-Mafia«.[26] Sie fuhren immer gemeinsam. Oft waren sie auch nach der Arbeit noch zusammen und spielten Streetball in der firmeneigenen Turnhalle.

Fuld wie auch Gregory stiegen unter Glucksman, der selbst ein brillanter Trader war, rasch auf. Fuld war eindeutig Glucksmans Favorit. Jeden Morgen saßen Fuld und James S. Boshart – ein weiterer aufsteigender Stern – bei Glucksman, lasen sein Exemplar des *Wall Street Journal*, und Glucksman gab seine Kommentare ab. »Handle nie blind!«, sagte er immer, und meinte damit, man dürfe nie zum Telefon greifen, wenn man den aktuellsten Kurs einer Aktie nicht kannte.

Glucksmans nachlässige Erscheinung war, wie sie bald erkannten, ein politisches Bekenntnis, denn er hegte tiefen Groll gegen das, was er als die Privilegien und Allüren der Ivy-League-Investmentbanker in der Firma ansah. Die Rivalität zwischen Bankern und Tradern an der Wall Street ist fast eine Art Klassenkampf. Investmentbanking gilt als Kunst, Börsenhandel eher als Sport, etwas, wozu man Geschicklichkeit braucht, aber nicht unbedingt

Verstand oder Kreativität. So ungefähr dachte man. Die Händler standen immer eine Stufe tiefer in der Hackordnung, selbst als sie die höchsten Umsatzzuwächse generierten. Der kampflustige Glucksman förderte diese Mentalität des »wir gegen sie« in seiner Händlermannschaft noch. »Scheißbanker!«, war eine feste Redewendung.[27]

Eines Tages hörte Glucksman, dass Peter Lusk, in den 1970er-Jahren ein erfolgreicher Banker im Lehman-Büro in Los Angeles, 368 000 Dollar ausgegeben hatte, um sein Büro mit Kristalllüstern, Holzvertäfelungen und einer Bar auszustatten. Glucksman nahm umgehend ein Flugzeug an die Westküste und marschierte geradewegs in Lusks Büro. Es war niemand drin. Entsetzt schaute sich Glucksman das Verschönerungswerk an, suchte dann auf dem Schreibtisch einer Sekretärin nach einem Stück Papier, schrieb darauf in Großbuchstaben eine Nachricht und klebte sie an die Bürotür: »Sie sind gefeuert!«[28]

Und dabei beließ er es nicht. Er holte ein zweites Papier, schrieb noch einen Zusatz zu seiner Nachricht und klebte sie unter die erste Nachricht: »Und Sie werden Lehman Brothers jeden Cent zurückzahlen, den Sie für dieses Büro ausgegeben haben.«

Glucksman, Fuld, Gregory und der Rest von Glucksmans innerstem Zirkel brachten die nächsten zehn Jahre damit zu, um die Erhaltung von Lehmans Autonomie und Identität zu kämpfen. »Es war wie zehn Jahre im Gefängnis«, erinnerte sich Gregory später.[29] Zur Stärkung ihrer Solidarität rief Glucksman einmal Fuld und seine anderen Toptrader in einem Konferenzraum der Firma zusammen. Er hatte viele Bleistifte der Stärke zwei in der Hand; zunächst konnte sich niemand erklären, warum. Dann reichte er jedem Trader einen Bleistift und sagte ihnen, sie sollten die Stifte in der Mitte durchbrechen, was sie taten, ganz ernsthaft, ohne zu lachen oder nur zu lächeln. Dann drückte er Fuld ein Bündel Bleistifte in die Hand und sagte zu ihm, er solle versuchen, sie alle auf einmal zu zerbrechen. Fuld, »der Gorilla«, konnte es nicht.

»Haltet zusammen, dann werdet ihr weiterhin Großes erreichen«, sagte Glucksman nach dieser philosophischen Demonstration.[30]

Den Händlern und Managern von Lehman passte es nicht, Teil eines Finanzsupermarkts zu sein – schon der Name »Shearson Lehman« (nach dem Zusammenschluss mit Shearson, der Brokerabteilung von American Express) klang so gewöhnlich. Zu allem Überfluss hatte die neue Firma geradezu byzantinische Managementstrukturen. Fuld wurde 1993 neben J. Tomilson Hill Co-Präsident und Co-COO (Chief Operating Officer, operativer Geschäftsführer) der Shearson Lehman Brothers Holding. Sie unterstanden einem Chef von Shearson, der wiederum einem Chef bei American Express unterstand, Harvey Golub. Ein Schützling von Fuld, T. Christopher Pettit, leitete die Abteilung für Investmentbanking und Wertpapierhandel. Niemand wusste, wer für was verantwortlich war – und ob überhaupt jemand verantwortlich war.

Fulds größte Stunde als Anführer kam nach den Anschlägen vom 11. September. Während um ihn herum buchstäblich die Welt einstürzte, verbreitete er ein Gemeinschaftsgefühl, das half, die Firma zusammenzuhalten. Am Tag nachdem die Flugzeuge in die beiden Türme geflogen waren, nahm Fuld an einer Besprechung der New Yorker Börse teil, bei der beraten wurde, wann sie wieder öffnen sollte. Auf die Frage, ob Lehman in der Lage wäre, zu handeln, antwortete er mit Tränen in den Augen: »Wir wissen nicht einmal, wer noch lebt.«

Letztlich hatte Lehman nur einen Angestellten verloren. Aber die Firmenzentrale im World Financial Center war so schwer beschädigt, dass man die Räume nicht mehr nutzen konnte. Fuld improvisierte und brachte seine 6500 Angestellten erst einmal im Sheraton-Hotel auf der Seventh Avenue unter; ein paar Wochen später verhandelte er persönlich mit seinem Erzrivalen Morgan Stanley über den Kauf eines Gebäudes, das Morgan Stanleys neue Zentrale hätte werden sollen, aber nie bezogen worden war. Einen Monat nach den Anschlägen arbeitete Lehman Brothers in den neuen Räumen, als wäre nichts passiert. Aber der Umzug hatte doch noch ein Opfer gefordert: Fulds Plüschgorilla war in dem Durcheinander verloren gegangen, er wurde nicht ersetzt. Gregory sagte später, sowohl Fuld wie die Firma seien inzwischen über so etwas hinaus.

Fuld redete zwar viel über Veränderungen, aber er krempelte die Firmenkultur von Lehman nicht komplett um, sondern nahm nur punktuelle Anpassungen vor. Er etablierte eine subtilere Version der paranoiden, allzeit kampfbereiten Weltsicht, die Glucksman propagierte. Die martialische Parole galt weiter: »Jeder Tag ist ein Kampf. Du musst den Feind töten.«[31] Aber Börsenhändler und Banker gingen sich nicht mehr gegenseitig an die Kehle, und zumindest eine Zeit lang tobten weniger interne Kämpfe bei Lehman. »Ich versuchte, die Investmentbanker dahin zu bringen, dass sie die Produkte verstanden, die sie verkauften«, sagte Glucksman, lange nachdem Fuld schon CEO geworden war.[32] »Wir waren eine der ersten Firmen, die Investmentbanker in den Handelssaal brachten – und Dick ist weit über das hinausgegangen, was ich geschafft hatte, als ich die Firma verlassen habe.«

Schließlich kam Fuld zu dem Ergebnis, dass Lehman zu konservativ war, zu abhängig vom Handel mit Schuldverschreibungen aller Art. In Anbetracht der gewaltigen Gewinne, die Goldman Sachs mit der Investition von eigenem Geld machte, wollte er eine Aufteilung von Lehman. Gregory wurde dazu auserkoren, die Vision seines Chefs umzusetzen. Er war zwar nicht von Natur aus detailbesessen und auch kein Risikomanager, aber er spielte eine zentrale Rolle bei den immer aggressiveren Wetten der Firma und führte Lehman auf neue Geschäftsfelder wie Geschäftsimmobilien, Hypotheken und fremdfinanzierte Kreditvergabe. Und im Zuge einer galoppierenden Hausse stiegen Lehmans Gewinne und der Aktienkurs in ungekannte Höhen. Gregory bekam als Belohnung dafür im Jahr 2007 fünf Millionen Dollar direkt und 29 Millionen in Aktien. (Fulds Gesamtpaket belief sich im gleichen Jahr auf 40 Millionen Dollar.[33])

Gregory übernahm auch die unangenehmen Gespräche, die Fuld führen musste. Bei unerfreulichen Personalangelegenheiten kam die Rüge in der Regel von Gregory. Der Gemaßregelte sprach unweigerlich nur von dem »neuen Arschloch«, mit dem er gerade zu tun gehabt hatte. Im Büro hieß Gregory »Darth Vader«. Fuld wusste nichts davon, aber Gregorys strenges Regiment war regelmäßig Gesprächsstoff am Wasserspender.

Manche von Gregorys Einstellungsentscheidungen wirkten sehr unorthodox. 2005 machte er den Leiter der Abteilung für festverzinsliche Wertpapiere, Bart McDade, der ein Experte in der Welt der Schuldverschreibungen war, zum Leiter der Aktienabteilung, wovon er eindeutig sehr wenig verstand. 2007, als die Immobilienblase kurz vor dem Platzen stand, musste Gregory immer wieder die Frage beantworten, warum so viele Manager, die er ins Immobiliengeschäft versetzt hatte, so wenig Erfahrung auf dem Gebiet mitbrachten. »Die Leute müssen eine breite Erfahrung haben«, erwiderte Gregory.[34] »Es kommt auf das Ganze an, nicht auf den Einzelnen.«

Von den Einzelnen, die Gregory förderte, war niemand so umstritten wie Erin Callan, eine attraktive Blondine, die gern hochhackige Schuhe im Stil von *Sex and the City* trug.[35] Gregory machte die damals 41-jährige Callan im September 2007 zur Finanzchefin von Lehman, zum Erstaunen aller Insider. Callan war zweifellos klug, aber sie wusste herzlich wenig über die Anleihegeschäfte von Lehman und hatte keine Ahnung von Bilanzierungsregeln. Eine andere Frau in der Firma, Ros Stephenson, war wütend über die Ernennung von Callan und beklagte sich bei Dick Fuld, der wie immer Gregory den Rücken stärkte.

Callan brannte darauf, ihren Kollegen zu beweisen, dass sie wie Fuld eine erfahrene Kämpferin war. Ihr Aufstieg in die höchsten Etagen der Finanzbranche war, soweit das überhaupt ging, noch unwahrscheinlicher gewesen als der von Fuld. Sie war eine von drei Töchtern eines New Yorker Polizeibeamten, hatte 1990 einen Abschluss an der NYU Law School gemacht und danach bei der großen Wall-Street-Kanzlei Simpson Thacher & Bartlett als Anwältin in der Steuerabteilung angefangen. Lehman Brothers war einer der großen Kunden von Simpson gewesen.

Nach fünf Jahren dort griff sie eines Morgens zum Telefon und rief ihre Kontaktperson bei Lehman an. »Wäre es verrückt, wenn jemand wie ich an der Wall Street arbeiten wollte?«[36]

Nein, war es nicht. Lehman stellte sie ein, und ihre Chance kam schon bald, als eine Änderung im Steuerrecht einen Boom bei Wertpapieren auslöste, die wie Schuldtitel besteuert wurden. Callan kannte sich im Steuerrecht aus und war bald sehr versiert darin, solche komplexen Investments für Klienten wie General Mills zu strukturieren. Sie war gescheit, zuverlässig, kompetent und stieg schnell auf. Innerhalb weniger Jahre war sie für die Abteilungen globale Finanzdienstleistungen und globale Finanzanalyse innerhalb der Firma zuständig. Hedgefonds wurden Topkunden an der Wall Street, und 2006 vertraute man Callan die höchst sensible Aufgabe an, die Beziehungen zwischen dem Investmentbanking von Lehman und den Hedgefonds zu kontrollieren.

In dieser Rolle festigte sie ihren Ruf in der Branche, indem sie der Fortress Investment Group dabei half, als erster amerikanischer Verwalter von Hedgefonds und Private-Equity-Fonds an die Börse zu gehen. Später kümmerte sie sich um den Börsengang eines weiteren Fonds, der Och-Ziff Capital Management Group. Für Lehmans wichtigsten Hedgefonds-Kunden, Ken Griffins Citadel Investment Group, organisierte sie den Verkauf von Anleihen mit fünf Jahren Laufzeit im Wert von 500 Millionen Dollar, eine bahnbrechende Emission eines Hedgefonds.[37]

Bald fiel sie Joe Gregory auf, der sehr an Vielfalt glaubte. Er erkannte, dass die Welt sich änderte und dass Lehman wie der Rest der Finanzbranche nicht länger eine Enklave weißer Männer sein konnte. Jemanden zu fördern, der jung, klug *und* eine Frau war, würde gut für Lehman sein und ein gutes Licht auf ihn werfen. Es schadete auch nicht, dass Callan im Fernsehen einfach großartig aussah.

Zu frühmorgendlicher Stunde am 17. März wälzte sich Erin Callan in ihrem Bett in ihrem Apartment im Time Warner Center ruhelos hin und her. Der bevorstehende Tag sollte der Höhepunkt ihrer Karriere werden: Sie hatte die Chance, ganz allein die Flammen auszutreten, die Lehman zu verschlingen drohten – und ihren Kritikern in der Firma zu zeigen, dass sie sich geirrt hatten.

In wenigen Stunden sollte sie Lehman Brothers repräsentieren – vor dem Markt, vor der Welt. Sie würde die entscheidende Telefonkonferenz leiten, bei der Lehmans Quartalsergebnisse erläutert werden sollten. Scharen von Finanzanalysten aus dem ganzen Land würden zuhören, viele davon bereit, Lehman beim geringsten Anzeichen von Schwäche in der Luft zu zerreißen. Nach der Präsentation der Zahlen würde es Fragen geben, und in Anbetracht all dessen, was vor sich ging, würden es möglicherweise sehr harte Fragen sein, und sie würde schnell reagieren müssen. Von ihren Antworten hing buchstäblich das Überleben der Firma ab.

Schließlich gab sie die Hoffnung auf, noch etwas Schlaf zu finden, stieg aus dem Bett und holte sich das *Wall Street Journal,* das vor ihrer Wohnungstür lag. Die Titelgeschichte beruhigte ihre Nerven nicht im Geringsten, die Überschrift lautete: »Lehman im Zentrum eines Sturms.« Sie wurde als eine der wichtigsten Lehman-Managerinnen genannt, die sich bemühte, Gerüchte über den angeschlagenen Zustand der Firma zu zerstreuen. Das gefiel ihr.

Obwohl Callan kaum geschlafen hatte, war sie hellwach, Adrenalin zirkulierte durch ihren schlanken Körper. Mit einem Kaffee in der Hand ging sie nach unten. Für den Anlass hatte sie einen eleganten schwarzen Hosenanzug ausgewählt, den ihre persönliche Einkäuferin bei Bergdorf Goodman besorgt hatte.[38] Die Haare hatte sie sich für einen Fernsehauftritt später in *Closing Bell with Maria Bartiromo* auf CNBC geföhnt.

Unter dem Vordach des Time Warner Center wartete sie auf ihren Fahrer. Sie hoffte, das hier würde nur vorübergehend ihre Adresse sein. Mit ihrem neuen Titel und dem erwarteten Einkommen wollte sie sich etwas Schickeres suchen, sie verhandelte bereits über den Kauf ihrer Traumwohnung:[39] 200 Quadratmeter im 31. Stock von Nummer 15 Central Park West, eine der begehrtesten Adressen in New York City. In dem von Robert A. M. Stern entworfenen Kalksteingebäude wohnten so legendäre Finanzleute wie Lloyd Blankfein von Goldman Sachs, Sanford Weill von Citigroup, der Hedgefonds-Maestro Daniel Loeb und der Rockmusiker Sting.[40] Sie plante, für die Finanzierung des Kaufpreises von 6,48 Millionen Dollar einen Kredit in Höhe von 5 Millionen aufzunehmen.[41] Während sie in den Fond des Firmenwagens einstieg, dachte sie daran, wie viel heute morgen auf dem Spiel stand – einschließlich ihrer neuen Wohnung.

Dick Fuld atmete in seinem Büro bei Lehman tief durch und bereitete sich vor, Finanzminister Paulson live auf CNBC anzuschauen. Er griff nach der Fernbedienung und drehte die Lautstärke höher. Matt Lauer von der *Today*-Show führte das Interview, das gleichzeitig von NBC und CNBC gesendet wurde.

»Ich will gar nicht viele Worte machen«, begann Lauer,[42] »sondern ich möchte mit Ihnen über die Worte sprechen, die der Präsident nach der Begegnung mit Ihnen am Montag verwendete. Er sagte: ›Finanzminister Paulson hat mich ins Bild gesetzt, und es ist eindeutig, dass wir vor schwierigen Zeiten stehen.‹«

Paulson, dem man ansah, dass ihm Schlaf fehlte, stand im Presseraum des Weißen Hauses und horchte konzentriert auf die Fragen, die durch einen Ohrhörer in seinem linken Ohr kamen.

Lauer fuhr fort: »Ich möchte dem etwas gegenüberstellen, was Alan Greenspan kürzlich in einem Artikel geschrieben hat.« Ein Foto von Greenspan tauchte auf, dazu das Zitat: »Die gegenwärtige Finanzkrise in den Vereinigten Staaten wird rückblickend wahrscheinlich als die schlimmste seit dem Ende des Zweiten Weltkriegs beurteilt werden.«

»Klingt ›wir stehen vor schwierigen Zeiten‹ da nicht nach der Untertreibung des Jahres?«, fragte Lauer in seiner wie immer höflichen, aber insistierenden Art.

Paulson schien einen Augenblick aus dem Konzept zu geraten, dann fing er sich wieder und verkündete, was er wohl für eine beruhigende Botschaft hielt: »Matt, an unseren Kapitalmärkten gibt es Turbulenzen, seit August ist das so. Wir sind an der Sache dran, wir suchen einen Ausweg. Ich habe großes Vertrauen in unsere Märkte, sie sind widerstandsfähig, und sie sind flexibel, aber es wird eine Weile dauern, und wir konzentrieren uns darauf.«

Fuld wartete zunehmend ungeduldig darauf, dass Lauer nach den Folgen des Verkaufs von Bear Stearns fragen würde. »Die Notenbank hat am Wochenende ungewöhnliche Maßnahmen ergriffen, um mit der Lage bei Bear Stearns fertig zu werden«, sagte Lauer schließlich. »Manche Leute fragen: ›Reagiert die Notenbank entschiedener, wenn an der Wall Street etwas passiert, als wenn Privatleute irgendwo im Land in Schwierigkeiten geraten, der berühmte kleine Mann auf der Straße?‹«

Jetzt schäumte Fuld. Lauers Frage war nur ein weiteres Beispiel für die Tendenz der Massenmedien, komplexe Finanzthemen in den Kategorien des Klassenkampfs darzustellen: auf der einen Seite die Wall Street – und Paulson, der ehemalige Chef von Goldman –, auf der anderen Seite alle braven Hausfrauen der Nation, das Publikum der *Today*-Show.

Paulson schwieg einen Augenblick und wählte seine Worte sorgfältig. »Lassen Sie mich sagen, dass die Situation von Bear Stearns für die Anteilseigner von Bear Stearns sehr schmerzhaft ist, deshalb glaube ich nicht, dass sie denken, sie seien hier gerettet worden.« Offensichtlich versuchte er eine Botschaft auszusenden: Die Bush-Regierung finanziert keine Rettungspakete. Punkt.

Dann zitierte Lauer von der Titelseite des *Wall Street Journal* die Frage: »›Hat die Regierung einen Präzedenzfall geschaffen, dass strauchelnde Finanzfirmen gestützt werden, wenn ihre traditionelleren Instrumente nicht mehr zu wirken scheinen?‹ Mit anderen Worten, sie sagen, ist das jetzt der neue Stil der Zukunft, Herr Minister? Können sich Finanzfirmen, die in Schwierigkeiten geraten, in Zukunft an die Regierung wenden, damit sie ihnen unter die Arme greift?«[43]

Das war eine höchst brisante Frage; nur wenige Abende zuvor hatte Paulson in einer Telefonkonferenz mit allen CEOs der Wall Street über »moral hazard« diskutiert – den wolkigen ökonomischen Begriff dafür, was passiert, wenn jeder, der ein Risiko eingeht, vor den Folgen des Scheiterns geschützt ist. Es ist geradezu eine Einladung, noch größere Risiken einzugehen.

»Nun, noch einmal, wie ich schon gesagt habe, ich denke nicht, dass die Anteilseigner von Bear Stearns den Eindruck haben, wir hätten sie gerettet«, sagte Paulson. »Der Fokus ist klar, wir konzentrieren uns ganz darauf, was für das amerikanische Volk am besten ist und wie wir die Auswirkungen des Zusammenbruchs auf die Kapitalmärkte möglichst gering halten können.«

Erin Callan setzte sich an ihren Schreibtisch, schaltete den Bloomberg-Terminal ein und wartete darauf, dass Goldman Sachs seine Quartalszahlen bekannt geben würde. Die Märkte würden darin ein grobes Barometer sehen, wie es weitergehen würde. Wenn Goldman gute Zahlen vorlegte, wäre das auch ein positiver Schub für Lehman.

Als die Goldman-Zahlen auf dem Bildschirm auftauchten, war sie begeistert. Sie waren gut: 1,5 Milliarden Dollar Gewinn. Ein Rückgang zwar gegenüber den 3,2 Milliarden Dollar im letzten Jahr, aber wer hatte keinen Rückgang gegenüber dem letzten Jahr zu verzeichnen? Goldman hatte die Erwartungen locker übertroffen. So weit, so gut.

Am Morgen hatte Lehman Brothers bereits eine Pressemitteilung zu den Ergebnissen des ersten Quartals herausgegeben. Callan wusste natürlich, dass die Zahlen vertrauenerweckend waren. Das Unternehmen meldete einen Gewinn von 489 Millionen Dollar oder 81 Cent pro Aktie, 57 Prozent weniger als im vorherigen Quartal, aber über den Erwartungen der Analysten.[44]

Die ersten Reaktionen der Nachrichtenagenturen waren positiv. »Lehman hat die Schwarzseher mit diesen Zahlen überrumpelt«, sagte Michael Holland von der privaten Investmentfirma Holland & Company gegenüber Reuters.[45] Michael Hecht, Analyst bei Bank of America Securities, bezeichnete die Quartalsergebnisse als »alles in allem ordentlich«.[46]

Um zehn Uhr, eine halbe Stunde nach Börseneröffnung, ging Callan in den Besprechungsraum des Vorstands im 31. Stock. Zwar hatten Lehmans Ergebnisse die Märkte einigermaßen beruhigt, doch es hing immer noch viel von ihrem Auftritt ab. Natürlich würden alle Zuhörer die gleiche Frage stellen: Inwiefern unterschied sich Lehman von Bear Stearns? Wie war es um Lehmans Liquidität bestellt? Wie bewertete Lehman sein Immobilienportfolio? Konnten die Investoren Lehmans »Noten« (der Bewertung seiner Anlagen) wirklich trauen? Oder wollte Lehman allen etwas vorgaukeln?

Callan hatte Antworten auf all diese Fragen. Sie war bestens vorbereitet, hatte die Zahlen parat und war immer wieder durchgegangen, was sie sagen wollte. Sie hatte die Zahlen am Wochenende sogar in einem Raum mit lauter Mitarbeitern der Börsenaufsicht repetiert – sicher nicht das angenehmste Publikum –, und sie waren zufrieden gewesen. Sie kannte die Zahlen im Schlaf und wusste genau, was gesagt werden musste. Sie wusste auch, wie es gesagt werden musste.

Die Märkte zollten ihren Zahlen Beifall. Die Lehman-Aktie kletterte, die Renditedifferenz der Firmenanleihen gegenüber den Staatsanleihen wurde kleiner. Die Investoren erkannten, dass das Risiko, Lehman könnte stürzen, geringer geworden war. Callan musste jetzt noch die Akzente setzen. Sie trank einen Schluck Wasser. Nachdem sie vier Tage praktisch nonstop geredet hatte, war sie heiser.

»Alles bereit?«, fragte Ed Grieb, der Leiter der Abteilung Finanzkommunikation bei Lehman.

Callan nickte und begann.

»Es ist keine Frage, dass es in den letzten Tagen eine ungewöhnlich große Volatilität gegeben hat, nicht nur in unserem Bereich, sondern auf dem gesamten Markt«, sagte sie ins Mikrofon, und Dutzende von Finanzanalysten hörten ihr zu.[47] Sie sprach ruhig und flüssig. In der nächsten halben Stunde ging sie die Zahlen der einzelnen Geschäftsbereiche von Lehman durch, erläuterte genau die Besonderheiten oder, im Jargon der Wall Street, die »Farbe«. Ganz besonders betonte sie Lehmans Bemühungen, den Anteil der Fremdfinanzierung zu reduzieren und die Liquidität zu erhöhen. Sie legte alle Details peinlich genau, in erschöpfender Detailfülle, dar.

Die Präsentation war eine Sternstunde. Die Analysten schienen beeindruckt von ihrer Offenheit, ihrer Faktenkenntnis, ihrer Selbstsicherheit und ihrer Bereitschaft, anzuerkennen, dass die Probleme außergewöhnlich groß waren.

Aber die Präsentation war noch nicht alles, danach kamen die Fragen. Als Erste meldete sich Meredith Whitney, Analystin bei Oppenheimer, die sich im letzten Herbst einen Namen als schonungslose Bankenkritikerin gemacht hatte mit der Voraussage, dass Citigroup die Dividende werde kürzen müssen. Erin Callan hielt wie alle anderen Lehman-Manager im Raum den Atem an, als sie warteten, was Whitney sagen würde. »Das war großartig, Erin«, begann Whitney zur allgemeinen Verblüffung. »Ich bin wirklich beeindruckt von Ihren Ausführungen. Und ich bin sicher, den anderen geht es genauso.«[48]

Callan bemühte sich, ihre Erleichterung nicht deutlich werden zu lassen. Sie wusste, sie hatte es geschafft. Wenn sie Whitney überzeugt hatte, war alles in Ordnung. Noch während sie sprach, kletterte die Lehman-Aktie weiter in die Höhe. Die Märkte waren also auch überzeugt. Am Ende des Börsentags stand die Aktie um 14,74 Dollar oder 46,4 Prozent höher bei 46,49 Dollar[49], das war der größte Gewinn an einem Tag seit dem Börsengang 1994. William Tanona, Analyst bei Goldman Sachs, hob seine Empfehlung für Lehman von »neutral« auf »kaufen« an.

Als alles vorüber war, war die Erleichterung bei Lehman mit Händen zu greifen. Gregory ging zu Callan hinüber und umarmte sie. Später, auf dem Weg hinunter zu den Anleihehändlern, kam sie bei Peter Hornick vorbei, der für den Handel mit Kreditverbriefungen zuständig war. Er streckte ihr seine hochgereckte Hand entgegen, und sie schlug ein.[50]

Für einen kurzen, glücklichen Augenblick schien bei Lehman Brothers alles gut zu sein.

Doch draußen meldeten sich bereits die Skeptiker zu Wort. »Ich glaube nicht eine einzige Zahl, weil ich nicht glaube, dass sie die Verbindlichkeiten in ihren Büchern richtig bewertet haben«, sagte Peter Schiff, Präsident und Chefstratege von Euro Pacific Capital, gegenüber der *Washington Post.*[51] »Die Leute werden feststellen, dass die ganzen Gewinne, von denen sie reden, nur Makulatur sind.«

Am anderen Ende der Stadt kam ein vorausschauender junger Hedgefondsmanager namens David Einhorn, der sich gerade auf einem Flug von Los Angeles die Nacht um die Ohren geschlagen hatte und ins Büro geeilt war, um die Telefonkonferenz anzuhören, zu demselben Schluss: Lehman war ein Kartenhaus. Einhorn war einer der »Hedgies«, über die sich Fuld so empört hatte. Und er war so einflussreich, dass er mit einer einzigen Bemerkung Märkte bewegen konnte. Er hatte schon eine Menge Geld darauf gewettet, dass Lehman viel verwundbarer war, als Callan behauptete, und er war bereit, die ganze Welt wissen zu lassen, was er dachte.

Kapitel zwei

In einer grünen Wohngegend im Nordwesten von Washington ging Hank Paulson in seinem Wohnzimmer auf und ab, wie üblich mit dem Handy am Ohr. Es war Ostersonntag, genau eine Woche nach der Übernahme von Bear Stearns, und Paulson hatte seiner Frau Wendy versprochen, dass sie eine Radtour im Rock Creek Park machen würden, dem großen öffentlichen Park gleich in ihrer Nähe, der die Stadt in zwei Hälften teilt. Wendy hatte sich das ganze Wochenende über ihn geärgert, weil er so viel Zeit am Telefon verbrachte.

»Komm, nur eine Stunde«, drängte sie ihn. Schließlich gab er nach. Es war das erste Mal seit über einer Woche, dass er versuchen würde, sich mit etwas anderem zu beschäftigen als mit der Arbeit.

Da läutete das Telefon erneut.

Der Finanzminister hörte ein paar Sekunden zu und rief dann aus: »Da würde ich am liebsten kotzen!«[1]

Am anderen Ende der Leitung war Jamie Dimon. Er saß in seinem holzgetäfelten Büro im achten Stock der Zentrale von JP Morgan mitten in Manhattan mit Blick über die noch kahle Park Avenue. Er hatte Paulson gerade etwas gesagt, was der nicht hören wollte: Dimon hatte beschlossen, sein Angebot für Bear Stearns von 2 Dollar pro Aktie zu »korrigieren« und den Preis auf 10 Dollar anzuheben.[2]

Die Mitteilung kam nicht ganz unerwartet. Paulson, der sehr hartnäckig sein konnte, hatte Dimon die Woche über praktisch jeden Tag angerufen (und dafür seine allmorgendliche Joggingrunde mindestens einmal unterbrochen), und aus diesen Gesprächen wusste er, dass ein höherer Preis für Bear im Bereich des Möglichen war. Seit Bekanntgabe des geplanten Deals hatte Paulson sich wie Dimon Sorgen darüber gemacht, dass verärgerte

Bear-Aktionäre gegen die Übernahme stimmen könnten als Protest gegen den niedrigen Preis. Das würde dann einen neuerlichen Sturm auf die Firma auslösen.

Trotzdem ärgerte sich Paulson über Dimons Entscheidung. Er hatte erwartet, dass Dimon den Preis höchstens um ein paar Dollar anheben würde – vielleicht auf 8 Dollar je Aktie, aber sicher nicht in den zweistelligen Bereich.

»Das ist mehr, als wir besprochen haben.« Inzwischen flüsterte Paulson mit seiner unverkennbar rauen Stimme ins Telefon. Er konnte kaum glauben, was er da hörte. Gerade einmal eine Woche zuvor, als Dimon signalisiert hatte, er sei bereit, 4 Dollar pro Aktie zu zahlen, hatte Paulson ihn inoffiziell instruiert, den Preis zu senken. »Ich könnte mir etwas Symbolisches vorstellen wie einen oder zwei Dollar pro Aktie«, sagte er.[3] Schließlich war Bear ohne die Bereitschaft der Regierung, für 29 Milliarden Dollar Schulden geradezustehen,[4] insolvent, und Paulson wollte nicht als derjenige erscheinen, der seinen Freunden an der Wall Street aus der Patsche half.

»Ich sehe nicht ein, warum sie überhaupt etwas bekommen sollen«, hatte er zu Dimon gesagt.

Bisher wusste außer Dimon niemand, dass der Finanzminister der Vereinigten Staaten hinter dem ursprünglichen läppischen Verkaufspreis steckte, und Paulson wollte, dass das auch so blieb. Wie die meisten Konservativen glaubte er immer noch an das Prinzip der »unsichtbaren Hand«: die verbreitete Vorstellung neoklassischer Ökonomen, dass staatliche Intervention nur die allerletzte Möglichkeit sein dürfe.

Als ehemaliger CEO verstand Paulson Dimons Position nur zu gut. Auch er wollte wieder Ruhe in die Märkte bringen, denn es war eine nervenaufreibende Woche gewesen. Nach der Bekanntgabe des Verkaufspreises von 2 Dollar pro Anteil hatten die Aktionäre und die Beschäftigten von Bear praktisch rebelliert[5] und gedroht, nicht nur den Deal zu vereiteln, sondern den gesamten Markt durcheinanderzubringen. In der eilends geschlossenen Vereinbarung über das Geschäft hatte Dimon einen eklatanten Fehler gefunden, für den er seine Anwaltskanzlei Wachtell, Lipton, Rosen & Katz verantwortlich machte: Die Aktionäre von Bear konnten gegen den Deal stimmen, und dann wäre JP Morgan immer noch in der Pflicht und müsste die Geschäfte von Bear für ein ganzes Jahr garantieren.

Dimon erzählte Paulson, wie Ed Moldaver, seit vielen Jahren Broker bei Bear – »ein Arschloch«, wie Dimon befand –, ihn öffentlich bloßgestellt hatte auf einer Konferenz, die Dimon einberufen hatte, um den Angestellten von Bear das Geschäft zu erklären. »Das ist keine Heirat mit vorgehaltener Waffe«, hatte Moldaver vor Hunderten von Bear-Mitarbeitern geschimpft, »das ist eine Vergewaltigung.«[6]

Nun eröffnete Paulson Dimon am Telefon, dass er es in Washington mit einer ähnlichen Revolte zu tun hatte, denn die meisten Leute in der Regierung dachten, an der Wall Street seien alle gierig und überbezahlt, und eine Schuldenübernahme für ein Wall-Street-Unternehmen war ungefähr so populär wie eine Steuererhöhung. »Sie prügeln von allen Seiten auf mich ein«, vertraute er Dimon an.

Zu allem Überfluss war es auch noch das Jahr der Präsidentschaftswahl. Am Montag, einen Tag nach Bekanntgabe des Bear-Stearns-Deals, hatte die demokratische Bewerberin Hillary Clinton, damals in den Meinungsumfragen leicht vorn, die Schuldenübernahme kritisiert. Dabei war sie sogar so weit gegangen, die Rettung für Bear Stearns mit den Problemen der Bush-Regierung im Irak zu vergleichen.

Barney Frank, der demokratische Vorsitzende des Finanzdienstleistungsausschusses im Repräsentantenhaus, war nicht ganz so scharf gewesen. Aber auch er machte aus dem Deal einen Vorwurf an Paulsons Chef, Präsident Bush. »All die Jahre, in denen die Republikaner dereguliert haben und diese ganzen neuen Finanzinstrumente unkontrolliert wuchern konnten, haben es ihnen ermöglicht, dass sie einen großen Teil der Wirtschaft als Geiseln nehmen können«, kritisierte Frank.[7] »Und wir müssen das Lösegeld bezahlen, ob es uns gefällt oder nicht.«

Zwar war die Kritik an dem Rettungsplan eine der wenigen Fragen, in denen Republikaner und Demokraten in Washington übereinstimmten, aber die Republikaner lehnten ihn aus anderen Gründen ab. Die Konservativen glaubten, der Markt werde alles regeln und staatliches Eingreifen würde die Dinge nur verschlimmern. »Vor allem keinen Schaden anrichten!«, zitierten sie den Eid des Hippokrates. Vielleicht floss ein bisschen Blut, aber kreative Zerstörung gehörte nun einmal zu den Kosten des Kapitalismus. Gemäßigte Republikaner wurden unterdessen mit Klagen ihrer Wähler überschüttet, die fragten, warum diejenigen, die dafür verantwortlich waren, dass ihre Rentensparpläne an Wert verloren hatten, überhaupt Geld der Steuerzahler bekommen sollten.

Alle sprachen von »unter die Arme greifen« – Paulson hasste die Formulierung. Soweit es ihn betraf, hatte er gerade geholfen, die amerikanische Wirtschaft zu retten. Es war nicht so, dass die Regierung einfach Geld verteilte – es war eher so, wie Wasser aus einem sinkenden Schiff zu schöpfen. Er begriff nicht, warum niemand in Washington den Unterschied sah.

Aber er wusste auch, dass auf einer bestimmten Ebene verdammt viel zu zahlen sein würde, egal, als wie zutreffend sich seine Prognose erwies. Während Präsident Bush öffentlich ihn und den Deal lobte, schäumte er privat vor Wut. Bush hatte verstanden, dass die Rettungsaktion nötig war, aber er konnte sich auch vorstellen, wie politisch Kapital daraus geschlagen werden würde. »Dafür werden sie uns schlachten, nicht wahr?«, hatte er Paulson gefragt in der Gewissheit, dass die Antwort ja lauten würde.

Paulson musste nicht daran erinnert werden, wo der Präsident in dieser Angelegenheit stand. Am Dienstag vor dem Deal mit Bear Stearns hatte Paulson einen Nachmittag im Oval Office verbracht und Bush zu der Rede beraten, die er am folgenden Freitag vor dem Economic Club of New York im Hilton-Hotel halten sollte.[8] Bushs Manuskript enthielt einen Satz, wonach es keine staatlichen Rettungsaktionen geben werde.

»Sagen Sie das nicht«, mahnte Paulson nach einem Blick auf das Manuskript.

»Warum?«, fragte Bush. »Wir werden niemanden retten.«

Da überbrachte ihm Paulson die schlechte Nachricht: »Es könnte erforderlich werden, so schlimm das auch klingt.«[9]

Alles in allem hatte sich die Situation zu Paulsons schlimmstem Albtraum entwickelt: Die Wirtschaft war zu einem Spielball der Politik geworden, sein Ruf stand auf dem Spiel, und er musste nach den Regeln von Washington agieren.

Weil Henry Paulson wusste, wie die Dinge in der amerikanischen Hauptstadt liefen, hatte er im Frühjahr 2006 den Job des Finanzministers nicht nur einmal, sondern zweimal abgelehnt. Er kannte Washington, seine erste Stelle nach dem College war im Verteidigungsministerium gewesen, und danach hatte er ein paar Jahre unter Nixon im Weißen Haus gearbeitet.[10] So hatte er eine klare Vorstellung von den Risiken, die mit dem Job verbunden waren. »Ich werde da hingehen und werde mit diesen Leuten nicht arbeiten können, und dann werde ich mit einem ramponierten Ruf wieder weggehen. Denkt nur daran, wie die Leute über Snow und O'Neill geredet haben«, sagte er.[11] Seine Vorgänger John Snow und Paul O'Neill waren beide als Genies auf ihren jeweiligen Gebieten nach Washington gekommen und beschädigt wieder gegangen.

Henry Paulson quälte sich monatelang mit seiner Entscheidung. Wenn es nach ihm ging, hatte er bereits den besten Job auf der Welt: Er war CEO von Goldman Sachs, dem renommiertesten Finanzinstitut an der Wall Street. In seiner Funktion reiste Paulson viel durch die Welt, dabei konzentrierte er seine Aufmerksamkeit sehr auf China, wo er mittlerweile so etwas wie ein inoffizieller US-Botschafter des Kapitalismus war. Er hatte vermutlich engere Beziehungen zu chinesischen Politikern geknüpft als irgendjemand sonst in Washington einschließlich der Außenministerin Condoleezza Rice.

Joshua Bolten, Präsident Bushs neuer Stabschef, drängte Paulson ganz besonders, nach Washington zu kommen.[12] Er hatte den Präsidenten davon überzeugt, dass Paulsons enge Verbindungen nach China ein großer Vorteil sein konnten angesichts des rasanten und geopolitisch bedeutsamen Aufschwungs der chinesischen Wirtschaft. Bolten kannte Paulson aus beruflichen Zusammenhängen gut. Er hatte selbst einmal für Goldman Sachs gearbeitet, in den 1990er-Jahren als Lobbyist der Firma in London und kurzzeitig als Stabschef für Jon Corzine, als dieser Chef von Goldman Sachs gewesen war.

Aber Bolten kam nicht recht voran bei Henry Paulson – oder vielmehr bei der Familie Paulson. Paulsons Frau Wendy verabscheute die Politik des Präsidenten, obwohl ihr Ehemann 2004 im Wahlkampf ein »Pionier« für Bush gewesen war[13] – so hießen die Spendensammler, die mehr als 100 000 Dollar für die Wiederwahlkampagne des Präsidenten eingesammelt hatten. Seine Mutter Marianna war so bestürzt über den Gedanken, dass sie in Tränen ausbrach. Paulsons Sohn, Manager bei der Nationalen Basketballvereinigung, und seine Tochter, Reporterin beim *Christian Science Monitor*, waren zunächst ebenfalls dagegen.

Auch Paulsons Mentor John Whitehead gehörte zu den Kritikern. Der ehemalige Goldman-Chef war für viele in dem Unternehmen eine Vaterfigur. Er hatte unter Reagan im Außenministerium gearbeitet und fand, der Schritt ins Finanzministerium wäre ein großer Fehler. »Diese Regierung ist gescheitert«, sagte er zu Paulson.[14] »Es wäre sehr schwierig, da etwas zu bewegen.«

In einem Interview mit dem *Wall Street Journal* im April wies Paulson immer noch alle Gerüchte zurück, dass er Kandidat für das Finanzministerium sei: »Ich liebe meine Arbeit. Ich glaube wirklich, dass ich den besten Job habe, den es in der Wirtschaft gibt. Ich gedenke noch lange hierzubleiben.«[15]

Unterdessen drängte Bolten immer weiter. Ende April nahm Paulson eine Einladung zu einem Treffen mit dem Präsidenten an. Aber Goldmans Stabschef John F. W. Rogers, der während der Amtszeiten von Reagan und Bush senior für James Baker gearbeitet hatte, machte ihm klar, er könne nur zu dem Treffen gehen, wenn er den Job annehmen wolle. »Man kann mit dem Präsidenten nicht unverbindlich über ein Jobangebot plaudern.« Rogers' Argument war nicht zu widerlegen, und so rief Paulson notgedrungen an und sagte ab.

Doch im selben Monat waren Paulson und seine Frau Gäste bei einem Mittagessen im Weißen Haus zu Ehren des chinesischen Präsidenten Hu Jintao. Nach dem Essen machten sie einen Spaziergang, und als sie am Finanzministerium vorbeikamen, blickte Wendy ihren Mann an.

»Ich hoffe, du hast nicht wegen mir abgelehnt. Denn wenn du das wirklich machen willst, ist es für mich in Ordnung.«

»Nein, deshalb habe ich nicht abgelehnt.«

Einige hielten Paulsons Ablehnung nicht für endgültig, obwohl er sich so offensichtlich sträubte. Rogers beispielsweise glaubte, dass sein Chef sich insgeheim den Job wünschte. Am ersten Sonntagnachmittag im Mai quälte er sich in seiner Wohnung in Georgetown mit der Frage, ob er Paulson womöglich einen schlechten Rat gegeben hatte. Schließlich griff er zum Telefon und rief Bolten an. »Ich weiß, dass Hank Ihnen abgesagt hat, aber wenn der Präsident ihn wirklich will, sollten Sie noch mal fragen.«

Als Bolten noch einmal anrief und sein Ansinnen wiederholte, überlegte Paulson, ob er wirklich aus Angst vor einem Misserfolg ablehnte. Bei Goldman stand er in dem Ruf, dass er Probleme förmlich suchte. Lief er jetzt vor Problemen davon?

Paulson ist gläubiger Anhänger der Christlichen Wissenschaft (Christian Science), und wie die meisten Angehörigen dieser Glaubensgemeinschaft bewundert er zutiefst die Schriften von Mary Baker Eddy, die mit dem Anspruch, zur Konzentration des frühen Christentums auf das Heilen zurückzukehren, 1879 in Boston die »First Church of Christ, Scientist« gegründet hatte. »Furcht ist die Quelle der Krankheit«, hatte sie geschrieben. Die Furcht muss »ausgetrieben werden, um das Gleichgewicht für Gott wiederherzustellen«.[16]

Paulson zweifelte bereits, ob die Ablehnung des Jobs als Finanzminister wirklich richtig gewesen war, als sich nach Bolten auch James Baker meldete. Baker, die graue Eminenz der Republikanischen Partei, vertraute ihm an, dass er dem Präsidenten gesagt hatte, er halte ihn, Paulson, mit Abstand für am besten geeignet für das Amt. Paulson war sehr geschmeichelt und versicherte Baker, er werde noch einmal ernsthaft darüber nachdenken.

In derselben Woche gab ihm John Bryan, CEO von Sara Lee und ein langjähriger Freund, Aufsichtsrat bei Goldman und ein Kunde von Paulson aus seiner Zeit als Investmentbanker in Chicago, folgenden Rat: »Hank, das Leben ist keine Generalprobe. Du wirst nicht mit achtzig dasitzen wollen und deinen Enkeln erzählen, dass du einmal gebeten wurdest, Finanzminister zu werden. Du solltest ihnen erzählen, wie es war, Finanzminister zu sein.«

Am 21. Mai nahm Paulson das Amt schließlich doch an, aber weil das Weiße Haus erst noch eine Überprüfung durchführen und die Ernennung erst in der Woche darauf öffentlich bekannt machen wollte, war er in der unangenehmen Situation, dass er am Wochenende auf der alljährlichen Konferenz der Goldman-Partner in Chicago niemandem sagen konnte, dass er zurücktreten würde. (Ironischerweise war als Gastredner der jugendliche Senator von Illinois geladen, Barack Obama.) Da die Zeitungen – von seinen Kollegen ganz zu schweigen – weiter wild spekulierten, ob er in die Regierung gehen würde oder nicht, versteckte sich Paulson die meiste Zeit in seinem Hotelzimmer.

Nach Wall-Street-Standards war Paulson ein rätselhafter Sonderfall, ein Titan, der kein Interesse daran hatte, im noblen Stadtviertel Carnegie Hill das Leben eines Multimillionärs zu führen. Paulson war ein geradliniger Mann aus dem Mittleren Westen, aufgewachsen auf einer Farm in der Nähe von Chicago und ehemaliger Pfadfinder. Er und Wendy mieden sorgsam die Partyszene von Manhattan und versuchten, so oft wie möglich vor neun Uhr abends ins Bett zu kommen. Sie beobachteten lieber Vögel im Central Park – Wendy leitete morgens Führungen für die gemeinnützige Naturschutzorganisation Nature Conservancy – nicht weit entfernt von ihrer 100-Quadratmeter-Wohnung mit zwei Schlafzimmern, einer bescheidenen Residenz für einen der höchstbezahlten Manager an der Wall Street. Paulson hatte eine Armbanduhr aus Plastik, und jeder Gedanke, Geld auszugeben, wurde sofort von Wendy vertrieben, die Tochter eines Marineoffiziers war; ihre Sparsamkeit sorgte dafür, dass er mit beiden Beinen auf dem Boden blieb. Eines Tages kam Paulson mit einem neuen Kaschmirmantel von Bergdorf Goodman nach Hause, Ersatz für seinen alten Mantel, den er seit zehn Jahren trug. »Warum hast du dir einen neuen Mantel gekauft?«, fragte Wendy. Am nächsten Tag gab Paulson den Mantel zurück.

Und obwohl er so erfolgreich Spenden für Präsident Bush gesammelt hatte, entsprach er nicht dem Bild des republikanischen Hardliners. Als überzeugter Umweltschützer besaß er nur ein Auto, einen Toyota Prius, und er bekam reichlich negative Schlagzeilen – und massive Kritik von einigen Goldman-Sachs-Aktionären –, als er 2006 270 000 Hektar Land, das Goldman Sachs auf der südamerikanischen Inselgruppe Tierra del Fuego besaß, der Wildlife Conservation Society schenkte. Paulson war zufällig WCS-Vorsitzender, und sein Sohn war einer der Berater. Damals konnte noch niemand die Ironie erkennen: Goldman hatte das ökologisch sensible Land einst als Teil eines Portfolios von Hypothekenausfällen bekommen.

Paulson hatte die an ihn gerichteten Erwartungen schon immer übertroffen. Obwohl er für einen Footballspieler nicht sehr groß war – einsachtundachtzig, 87 Kilo schwer –, spielte er für Dartmouth in der Mannschaft der Eliteuniversitäten, Spitzname »The Hammer« oder »Hammering Hank«. Aber im Gegensatz zu seinen Teamkollegen, die gern Partys feierten, bei denen reichlich Bier floss, hatte er im Kühlschrank seiner Studentenverbindung nur Orangensaft und Ginger Ale. (Seine spätere Frau lernte er kennen, als sie in Wellesley studierte; eine Kommilitonin und in mancher Hinsicht Konkurrentin von Wendy war Hillary Rodham. Wendy war Sprecherin des Jahrgangs 1969, Hillary Präsidentin der Studentenschaft.) 1968 beendete er als einer der besten zehn Prozent das College mit einem Abschluss in englischer Literatur und wurde in die akademische Gemeinschaft Phi Beta Kappa aufgenommen.

Nach Washington kam er erstmals 1970 nach dem Studium an der Harvard Business School. Damals besaß er nicht einmal einen Anzug. Dank einem Empfehlungsschreiben eines seiner Lehrer in Dartmouth bekam er eine Stelle im Mitarbeiterstab des Vizeverteidigungsministers, und schon bald legte er die Fertigkeiten an den Tag, die ihn später bei Goldman Sachs so erfolgreich machten. In nur zwei Jahren stieg er in die Verwaltung des Weißen Hauses auf, wurde stellvertretender Direktor des Rates für innere Angelegenheiten, den damals John Ehrlichman leitete; Ehrlichman wurde später im Zusammenhang mit der Watergate-Affäre wegen Verschwörung, Behinderung der Justiz und Meineid verurteilt. Paulson war für die Verbindungen zum Finanz- und zum Handelsministerium zuständig. »Aus der Tatsache, wie rasch [Hank] von einer untergeordneten Position im Pentagon ins Weiße Haus gelangte, muss man folgern, dass er ziemlich genau mitbekam, was um ihn herum passierte«, erinnerte sich der Freund und ehemalige Goldman-Angestellte Kenneth Brody.[17] »Aber im Zusammenhang mit Watergate fiel sein Name nie.«

Als Wendy 1973 schwanger wurde, wollte Paulson mehr Geld verdienen. Er kehrte dem Weißen Haus unter Nixon den Rücken und sah sich nach einem Job im Finanzbereich um – aber nur, wenn das nicht bedeutete, dass er in New York leben musste. Er sprach mit einer Reihe von Finanzunternehmen in Chicago, und von allen Angeboten, die er erhielt, gefielen ihm die von zwei Firmen in Manhattan mit großen Niederlassungen in Chicago am besten: Salomon Brothers und Goldman Sachs. Er entschied sich für Goldman, nachdem ihm unter anderem Robert Rubin, Goldman-Partner und später Finanzminister, Gus Levy, eine Legende bei Goldman, und John Whitehead versichert hatten, er könne bei Goldman arbeiten, ohne in »Gotham City« New York wohnen zu müssen. Sein Gehalt belief sich auf 30 000 Dollar.

Die Verbindung zu Goldman war der eine Punkt, bei dem Paulson aufpassen musste, so lästig er das auch fand. Er wusste, dass Verschwörungstheorien über Goldmans angeblichen Einfluss in Washington jedes Mal ins Kraut schossen, wenn ein Spitzenmanager von Goldman einen Job in der Regierung bekam; so war es gewesen, als Robert Rubin Finanzminister unter Clinton geworden war, und sogar bei Jon Corzines Wahl zum Senator von New Jersey, obwohl er zuvor bei Goldman ausgebootet worden war. (Rubin, inzwischen bei Citigroup, hatte ihn vor der Amtsübernahme ermahnt, bei Kontakten mit Goldman vorsichtig zu sein.)

In den ersten Wochen im neuen Amt, als dunkle Wolken am ökonomischen Himmel aufzogen, aber noch niemand ein Unwetter vorhersagte, konzentrierte sich Paulson darauf, die Stimmung im Ministerium zu verbessern. Er besuchte Abteilungen, wohin sich seit Jahren kein Regierungsmitglied mehr verirrt hatte, und ließ den Fitnessraum im Untergeschoss neu ausstatten.[18] Fitness war ihm sehr wichtig; wann immer es Wendy gelang, ihn vom Telefon loszueisen, fuhren sie mit dem Fahrrad in der Hauptstadt herum.

Schon sehr früh machte sich Paulson Sorgen um die Märkte. In der ersten Besprechung mit Präsident Bush und dessen Wirtschaftsberatern, am 17. August 2006 in Camp David, warnte Paulson, eine Wirtschaftskrise sei überfällig. »Wenn da draußen ein Haufen Zunder herumliegt, ist es nur eine Frage der Zeit, bis es zu brennen anfängt«, sagte er.[19] »Es gibt solche Phasen alle sechs, acht, zehn Jahre, und es gibt eine Menge Übertreibungen.«[20]

Paulson machte klar, dass die Regierung mit mindestens einem ernsthaften Problem zu tun haben würde: den Hypothekenausfällen, die schon erste Weiterungen zeigten. Bear Stearns und andere waren in dem Bereich stark engagiert, und er musste einen Weg finden, die Broker-Dealer notfalls »abwickeln« zu können.[21] Traditionelle Banken konnten auf die Einlagensicherung (FDIC) zurückgreifen, und die Notenbank schützte sie vor einem Bankrott; Einlagensicherung und Notenbank hatten eine fertige Strategie, eine strauchelnde Bank in Zwangsverwaltung zu nehmen und dann zu verkaufen. Aber gegenüber Investmentbanken wie Goldman Sachs, Morgan Stanley, Merrill Lynch, Bear Stears und Lehman Brothers hatte die FDIC keine Handhabe, und wenn er keine Zugriffsmöglichkeit bekomme, sagte Paulson bei dem Treffen, könne es Chaos im Markt geben.

Am 27. März 2008 um halb neun Uhr morgens, genau drei Tage nachdem der Deal mit Bear neu aufgerollt worden war, trafen sich Paulson und seine Leutnants zu einer Besprechung. Paulson kam von seinem üblichen Training im Fitnessclub des Ritz-Carlton-Hotels nur ein paar Blocks entfernt. Seine Berater Bob Steel, Jim Wilkinson, David Nason, Michele Davis, Phillip Swagel, Neel Kashkari und einige andere drängten sich in seinem Büro im dritten Stock des Finanzministeriums direkt über dem Rosengarten des Weißen Hauses, von wo aus man einen spektakulären Blick auf das Washington Monument im Süden hat.

Paulson setzte sich in eine Ecke des Raums mit der hohen Decke, die Wände dekoriert mit Dutzenden Fotos von Vögeln und Reptilien, die seine Frau gemacht hatte. Einige Berater nahmen auf der blauen Samtcouch Platz, andere blieben an seinen Mahagonischreibtisch gelehnt stehen, auf dem vier Bloomberg-Bildschirme flimmerten.

Paulson hielt jeden Morgen um halb neun solche Besprechungen mit seinem Stab ab, ausgenommen jeden zweiten Freitag, da frühstückte er mit Notenbankchef Ben Bernanke. Eigentlich war ihm halb neun schon zu spät, aber er hatte es mit Regierungsangestellten zu tun, und er hatte das Tempo ohnehin schon ziemlich angezogen. Die meisten hochrangigen Mitarbeiter in seinem Team bekamen um die 150 000 Dollar im Jahr, und wahrscheinlich jeder von ihnen hätte in der Privatwirtschaft deutlich mehr verdienen können.

Paulson wanderte durch den Raum und analysierte das Ende von Bear, als David Nason ihn unterbrach. Der 38-jährige Nason, Direktor der Abteilung Kontrolle der Finanzinstitute, war 2005 ins Finanzministerium gekommen und war der politische Stratege. Als Republikaner und Anhänger freier Märkte hatte er in diesem Gremium schon seit Monaten gewarnt, dass es einen ähnlichen Sturm wie auf Bear Stearns auch auf andere Banken geben könnte. Er und andere hochrangige Beamte des Finanzministeriums waren zu dem Schluss gekommen, dass das Broker-Dealer-Modell der Wall Street – bei dem die Banken darauf zählen konnten, dass jederzeit Geld von Investoren zur Verfügung stand – ein Pulverfass war. Bear hatte sie gelehrt, wie rasch eine Bank zusammenbrechen konnte; in einer Branche, deren Lebenssaft das Vertrauen der Investoren war, war es ein empfindliches Gut. Aber wie gefährlich die Gesamtsituation auch sein mochte, Nason lehnte staatliche Rettungsaktionen kategorisch ab, das Konzept ging ihm gegen den Strich.

Stattdessen sagte Nason in der Besprechung, das Finanzministerium müsse seine Bemühungen auf zwei Fronten konzentrieren: Einmal müsse es die Kompetenz erhalten, eine Investmentbank in eine geordnete Insolvenz zu führen, die die Märkte nicht verschreckte; und vor allem müsse es die Banken drängen, sich mehr Geld zu beschaffen. In den zurückliegenden sechs Monaten war es amerikanischen und europäischen Banken, darunter Citigroup,

Merrill Lynch und Morgan Stanley, gelungen, 80 Milliarden Dollar neues Kapitel zu mobilisieren, in vielen Fällen durch den Verkauf von Anteilen an sogenannte »Staatsfonds« in China, Singapur und am Persischen Golf. Aber das reichte eindeutig nicht aus, und die Banken waren bereits gezwungen gewesen, die Investoren mit den ganz besonders tiefen Taschen anzuzapfen.

Da der Fall Bear Stearns gelöst schien, konzentrierte Paulson an dem Morgen seine ganze Aufmerksamkeit auf den mutmaßlich nächsten Krisenherd: Lehman Brothers. Die Investoren hatten sich vielleicht von Erin Callans Auftritt bei der Bekanntgabe der Quartalszahlen hypnotisieren lassen, aber Paulson wusste es besser. »Sie könnten ebenfalls insolvent sein«, sagte er den Anwesenden in aller Ruhe. Er machte sich nicht nur Sorgen über die Bewertung ihrer Anlagen, die ihm übertrieben optimistisch erschien, sondern auch darüber, dass sie kein neues Geld aufgetrieben hatten – nicht einen Cent. Paulson vermutete, dass Fuld unsinnigerweise Widerstand leistete, weil er die Aktien nicht verwässern wollte, schließlich hatte er selbst über 2 Millionen davon in seinem Besitz.

Paulsons Analyse der Situation von Lehman war stark gefärbt durch das Bild, das man in seiner Zeit bei Goldman von Lehman gehabt hatte: Lehman spielte einfach nicht in derselben Liga. Mindestens einmal in seiner Zeit bei Goldman hatte Paulson Lehman als »Gangsterbande« bezeichnet, trotzdem respektierte er die ambitionierte Firmenkultur, das aggressive Agieren der Lehman-Banker. Und sie waren schon beinahe übertrieben loyal; es war eine verschworene Gemeinschaft, die ihn an die Partner bei Goldman erinnerte.

Aber etwas an Fuld machte ihn nervös. Fuld ging Risiken ein – fast schon leichtsinnig nach Paulsons Einschätzung. »Er ist wie eine Katze, er hat neun Leben«, sagte er einmal bei einer Mitarbeiterbesprechung. Paulson glaubte, dass sein alter Kollege bei Goldman, Bob Rubin, Fuld Anfang 1995 unwissentlich gerettet hatte, als Rubin, damals Finanzminister, Mexiko in der Peso-Krise geholfen hatte. Lehman hatte ein Vermögen auf den Peso gewettet, ohne die Wette abzusichern, und hatte falsch gelegen. Paulson erinnerte sich noch gut an den Moment – und erzählte seinem

Stab davon –, weil es damals Vorwürfe gegeben hatte, Rubin habe die internationale Hilfsaktion gestartet, um Goldman Sachs zu retten.

Paulson jedenfalls warf Fuld – ob nun zu Recht oder nicht – in einen Topf mit der »Nachhut« an der Wall Street, mit Finanziers wie Ken Langone und David Komansky, der Sorte Leute, die regelmäßig groß im San Pietro in Manhattan speisten und mit Richard Grasso befreundet waren, einem Symbol für Exzess. Paulson war Mitglied im Vergütungsausschuss der New Yorker Börse gewesen, der Börsenchef Grasso 190 Millionen Dollar Abfindung genehmigt hatte. Fuld hatte dem Ausschuss ebenfalls angehört, Langone war der Vorsitzende gewesen. Nach der öffentlichen Empörung über die Summe wollte Paulson Grasso loswerden. In seinen Augen war Grasso nicht einfach gierig gewesen, sondern hinterlistig. Eliot Spitzer, der Generalstaatsanwalt von New York, damals auf dem Höhepunkt seiner Macht, wurde eingeschaltet und klagte sowohl Grasso wie Langone an. In der anschließenden Auseinandersetzung lernte Paulson Grassos Leute zu verabscheuen, die ihn, wie es schien, bereitwillig vor einen Bus gestoßen hätten, wenn es ihren Zielen dienlich gewesen wäre.

Aber als Finanzminister musste er diplomatisch sein, und als Diplomat musste er gute Beziehungen zu allen CEOs an der Wall Street pflegen. Sie waren wichtige Verbündete, seine Augen und Ohren auf den Märkten. Wenn er Informationen über Investmentmöglichkeiten brauchte, holte er sie sich am liebsten direkt von ihnen und nicht von irgendjemandem im Finanzministerium, der solche Dinge am Schreibtisch ausbrütete und keine direkten Kontakte nach draußen hatte.

Nach seinem ersten Monat im Amt, im Sommer 2006, rief Paulson Fuld an. Er erreichte Fuld beim Golfspielen mit einem Freund in Sun Valley, wo er ein Haus besaß. Fuld hatte soeben am siebten Loch abgeschlagen, als sein Handy klingelte. Obwohl Mobiltelefone auf dem Golfplatz verboten waren, nahm er das Gespräch an, und niemand protestierte.

»Ich weiß, dieser Anruf ist vielleicht ein bisschen ungewöhnlich«, begann Paulson. »Schließlich gehen wir uns schon seit Jahren gegenseitig an die Gurgel.«

Fuld lachte, geschmeichelt angesichts der Tatsache, dass Paulson ihn als einen ebenbürtigen Gegner ansah.

»Ich würde Sie gerne von Zeit zu Zeit anrufen«, fuhr Paulson fort, »um über die Märkte zu sprechen, über Geschäfte, Konkurrenz; um herauszufinden, worüber Sie sich Gedanken machen.«

Fuld war erfreut und sagte das Paulson auch.

Nach diesem Gespräch unterhielten sie sich regelmäßig. Tatsächlich verließ sich Paulson sehr auf Fulds Gespür für den Markt, und umgekehrt teilte er Fuld seine eigenen Einschätzungen mit, die Fuld als die offizielle Lesart betrachtete. Fast war Paulson selbst überrascht – nachdem die Spitze von Goldman Fuld so verunglimpft hatte –, dass er Fuld umgänglich und eindrucksvoll zupackend fand. Paulson traute ihm zwar immer noch nicht ganz, aber er wusste, dass er mit Fuld würde arbeiten können.

Doch in Anbetracht des aktuellen Klimas auf dem Markt waren ihre letzten Telefongespräche sehr heikel, und das nächste würde noch heikler werden.

Am Ende der Morgenbesprechung verteilte Paulson eine Reihe von Aufgaben an seine Mitarbeiter. Neel Kashkari und Phil Swagel sollten so schnell wie möglich den Entwurf eines apokalyptischen Weißbuchs fertigstellen, in dem sie darlegten, welche Haltung die Regierung zu einer eventuellen Rettung des Finanzsystems einnehmen sollte, falls die Kernschmelze begann.

Als sich die Versammlung auflöste, nahm der Finanzminister Bob Steel zur Seite, um ihm zu sagen, welche Aufgabe er für sich selbst vorgesehen hatte. »Ich werde mich mit Dick beraten.«

Eine Stunde später hatte seine Assistentin Christal West Dick Fuld am Apparat.

»Dick, wie geht's?«, begrüßte ihn Paulson.

»Ich halte mich«, erwiderte Fuld.

Seit dem Bear-Deal hatten sie einige Male telefoniert, aber über nichts Substanzielles geredet. Das war nun anders. Sie sprachen über das Auf und Ab an der Börse und über die Aktie von Lehman. Alle Banken litten, aber die Lehman-Aktie wurde ganz besonders geprügelt, auf Jahressicht hatte sie 40 Prozent verloren. Am meisten Sorge bereitete, dass die Leerverkäufer Blut witterten, was bedeutete, dass die Short-Position – die Wette, dass die

Lehman-Aktie noch viel tiefer fallen würde – anwuchs und über 9 Prozent aller Lehman-Aktien ausmachte. Fuld hatte versucht, Paulson dazu zu bewegen, dass er Christopher Cox, den Chef der Börsenaufsicht, einschaltete; er sollte die Leerverkäufer hindern, dass sie weiter auf seine Firma eindroschen.

Paulson verstand Fulds Anliegen, aber er wollte erst einmal wissen, wie es mit Lehmans Plänen aussah, sich frisches Kapital zu beschaffen. Fuld hatte von einigen seiner Topinvestoren bereits gehört, dass sie die Idee gut fanden, vor allem solange die Presse noch relativ freundlich über die Firma berichtete.

»Es wäre ein echtes Zeichen der Stärke«, sagte Paulson in der Hoffnung, Fuld zu überzeugen.

Zu Paulsons Überraschung stimmte Fuld zu und bekannte, dass er bereits ernsthaft darüber nachgedacht habe. Einige Besitzer von Firmenanleihen hätten ihn gedrängt, sich auf der Grundlage des positiven Quartalsberichts Geld zu beschaffen.

»Wir denken daran, uns an Warren Buffett zu wenden«, berichtete Fuld. Das war eine sorgfältig kalkulierte Bemerkung; Fuld wusste, dass Paulson mit dem legendären Investor aus Omaha befreundet war. Zwar tat Buffett bei jeder Gelegenheit kund, dass er Investmentbanker generell verachtete, trotzdem hatte er einige Jahre lang über das Chicagoer Büro von Goldman eigene Geschäfte abgewickelt, und Paulson und Buffett waren dabei Freunde geworden.

Wenn Warren Buffett in eine Firma investierte, war das das höchste Gütesiegel in der Finanzwelt.[22] Die Märkte würden begeistert sein. »Sie sollten ihn festnageln«, sagte Paulson, erleichtert darüber, dass Fuld endlich Schritte in diese Richtung unternahm.

Fuld versicherte noch einmal, dass er genau dies vorhabe. Aber er hatte noch eine Bitte: »Könnten Sie Warren etwas ausrichten?«

Paulson zögerte; er überlegte kurz, dass es wahrscheinlich keine gute Idee war, wenn der Finanzminister Deals an der Wall Street einfädelte. Noch komplizierter wurde die Situation dadurch, dass Buffett ein Kunde von Goldman war.

»Lassen Sie mich darüber nachdenken, Dick. Ich melde mich wieder«, sagte Paulson.

Am 28. März saß Warren Buffett, der legendäre Value-Investor, in seinem Büro im Hauptquartier seiner Firma Berkshire Hathaway in Omaha, arbeitete an dem einfachen Holzschreibtisch, den schon sein Vater benutzt hatte, und wartete auf den Anruf von Dick Fuld. Der Anruf war am Tag zuvor von Hugh »Skip« McGee angekündigt worden, einem Lehman-Banker, der sich bei David L. Sokol gemeldet hatte, dem Chef von MidAmerican Energy Holdings, einem Unternehmen im Besitz von Berkshire Hathaway. (Buffett erhält praktisch täglich solche Anrufe, deshalb maß er ihm keine besondere Bedeutung zu.)

Er kannte Fuld nicht sehr gut, hatte ihn nur ein paar Mal gesehen. Bei ihrer letzten Begegnung hatte er bei einem Abendessen im Finanzministerium zwischen Fuld und dem ehemaligen Notenbankchef Paul Volcker gesessen. Buffett war wie üblich in einem unauffälligen Anzug von der Stange und mit großer Hornbrille erschienen. Er hatte verschiedene Leute begrüßt, und kurz bevor das Dessert serviert wurde, hatte er es geschafft, ein Glas Rotwein umzustoßen, dessen Inhalt sich auf Fuld ergoss. Der zweitreichste Mann der Welt (nach Bill Gates) lief dunkelrot an, während die anderen Gäste am Tisch – darunter Jeffrey Immelt von General Electric, Jamie Dimon von JP Morgan Chase und der ehemalige Finanzminister Robert Rubin – höflich zusahen. Fuld hatte zuerst versucht, mit einem Lachen über das Missgeschick hinwegzugehen, doch der Rotwein war direkt in seinem Schoß gelandet. Seither waren sich die beiden nicht wieder begegnet.

Als Buffetts langjährige Assistentin Debbie Bosanek mitteilte, Dick Fuld sei in der Leitung, setzte Buffett seine Cola light mit Kirschgeschmack ab und griff nach dem Hörer.

»Warren, hier ist Dick. Wie geht es Ihnen? Bei mir ist Erin Callan, meine Finanzchefin.«

»Hallo«, erwiderte Buffett in gewohnt freundlichem Ton.

»Wie Sie wahrscheinlich wissen, versuchen wir Geld aufzutreiben. Unser Aktienkurs ist im Keller. Das ist eine tolle Gelegenheit. Der Markt begreift unsere Story einfach nicht«, sagte Fuld, bevor er sein Angebot unterbreitete. Er erklärte, Lehman bemühe sich um eine Investition von 3 bis 5 Milliarden Dollar. Nach einigem Hin und Her machte Buffett einen Vorschlag: Er signalisierte Interesse an einem Investment in Vorzugsaktien mit einer Dividende von 9 Prozent und Optionen für den Bezug von Lehman-Aktien zum Preis von 40 Dollar. Am Freitag hatte die Lehman-Aktie bei 37,87 Dollar geschlossen.

Es war ein aggressives Angebot. Neun Prozent Dividende waren ein teurer Vorschlag: Wenn Buffett zum Beispiel 4 Milliarden investierte, hätte er Anspruch auf eine Ausschüttung von 360 Millionen Dollar pro Jahr. Aber das war nun mal der Preis, wenn man den Namen Buffett »mieten« wollte. Trotzdem sagte Buffett, selbst über ein Geschäft zu diesen Konditionen müsse er noch einmal gründlich nachdenken. »Lassen Sie mich ein paar Zahlen wälzen, und dann melde ich mich wieder«, verabschiedete er Fuld.

In Omaha war Buffett schon ein wenig in sich gegangen, unsicher, ob er wirklich noch einmal Geld in eine Investmentbank stecken wollte. 1991 hatte er Salomon Brothers gerettet, als das legendäre New Yorker Investmenthaus auf der Kippe gestanden hatte, aber ihm war rasch klar gewesen, dass er die Gepflogenheiten der Wall Street einfach nicht ertragen konnte. Falls er nun Lehman zu Hilfe kommen sollte, würde alle Welt seine Beteiligung unter die Lupe nehmen, und er wusste genau, dass es nicht nur um sein Geld ging, sondern um seinen Ruf.

Obwohl Buffett selbst oft mit Absicherungen und Derivaten agiert hatte, verachtete er die Gesinnung der Börsenhändler und die gewaltigen Abfindungen, die Leute reich machten, die in seinen Augen weder sonderlich intelligent waren noch echte Werte schufen. Er vergaß nie, wie empört er gewesen war, als Salomon 900 Millionen Dollar an Boni ausbezahlt hatte, und endgültig hatte es ihm die Sprache verschlagen, als John Gutfreund, der Chef von Salomon, 35 Millionen Dollar allein dafür forderte, dass er seinen Sessel räumte und das Chaos, das er angerichtet hatte, anderen überließ. »Sie haben sich das Geld geschnappt und sind davongerannt«, sagte Buffett einmal. »Es war so offensichtlich, dass es nur darum ging, dass die Mitarbeiter sich bereicherten. Die Investmentbanker verdienten kein Geld, aber sie fühlten sich wie Adlige. Und sie hassten die Händler nicht zuletzt deshalb, weil die Händler das Geld verdienten und deshalb mehr Einfluss hatten.« Buffett beschloss, an dem Abend in seinem Büro zu bleiben und sich Lehmans Geschäftsbericht von 2007 ganz genau anzuschauen. Er holte sich eine weitere Cola und nahm sich dann Lehmans 10-k-Report vor, den formellen Geschäftsbericht, den die Börsenaufsicht alljährlich verlangte. Da läutete das Telefon, und Hank Paulson meldete sich. *Das war doch kein Zufall.*

Paulson begann, als wollte er einfach mit Buffett plaudern; er wusste nur zu gut, dass er sich auf einem sehr schmalen Grat zwischen Bankenaufseher und Geschäftsvermittler bewegte. Doch schnell lenkte er das Gespräch auf die Situation von Lehman Brothers. »Wenn du an Bord kämst, würde allein dein Name die Märkte sehr beruhigen«, sagte er, sorgfältig darauf bedacht, seinen Freund nicht zu bedrängen. Zugleich machte er in seiner umständlichen Weise klar, dass er nicht für Lehmans Buchführung bürgen würde – schließlich hatte Buffett jahrelang erlebt, wie er in der Führung von Goldman Sachs gegen andere Firmen gewettert hatte, die seiner Einschätzung nach bei ihren Investitionen wie bei ihrer Buchführung zu aggressiv gewesen waren.

Als langjähriger Freund war Buffett mit Paulsons Sprechweise vertraut: Paulson war ein direkter Typ, und wenn er etwas wirklich wollte, sagte er das auch. Diesmal hielt sich Paulson eher zurück. Die beiden versicherten, dass sie im Kontakt bleiben würden, und wünschten sich eine gute Nacht.

Buffett kehrte zu Lehmans Bericht für die Börsenaufsicht zurück. Wenn ihm eine Zahl oder ein Punkt auffiel, notierte er sich die betreffende Seite auf dem Deckblatt. Nach nicht einmal einer Stunde war das Deckblatt voller Seitenzahlen. Das war ein Alarmsignal, denn Buffett hatte eine einfache Regel: In eine Firma, zu der er so viele Fragen hatte, konnte er nicht investieren, selbst wenn er Antworten auf seine Fragen bekam. Er hörte auf zu lesen mit dem Gefühl, dass er wohl eher nicht investieren würde.

Am Samstagmorgen rief Fuld wieder an, und es stand gleich ein Problem im Vordergrund, das nichts mit Buffetts Bedenken zu tun hatte. Fuld und Callan meinten, Buffett habe 9 Prozent Dividende und Optionen »über 40« verlangt – was heißen sollte, der Ausübungspreis der Optionen läge 40 Prozent über dem aktuellen Wert. Buffett dachte natürlich, er hätte gesagt, der Ausübungspreis der Optionen läge bei 40 Dollar pro Aktie, nur ein bisschen über dem aktuellen Preis. Eine Weile redeten sie komplett aneinander vorbei. Ganz offenbar hatte es ein Missverständnis gegeben, und Buffett fand, dass es so in Ordnung war. Das Gespräch endete.

In New York sagte ein verärgerter Fuld zu Callan, er halte Buffetts Angebot für absurd teuer, sie sollten sich bei anderen Investoren umschauen.

Bis Montagmorgen schaffte es Fuld, 4 Milliarden Dollar wandelbare Vorzugsaktien mit einem Zinssatz von 7,25 Prozent und 32 Prozent Wandelprämie an eine Gruppe großer Investmentfonds zu verkaufen, die bereits Anteile an Lehman besaßen. Für Lehman war das finanziell ein sehr viel besseres Geschäft als das, was Buffett angeboten hatte, aber es brachte ihnen nicht das Vertrauen, das mit dem Namen Buffett verbunden gewesen wäre.

Später rief Fuld Buffett an und informierte ihn, dass er bei der Kapitalbeschaffung Erfolg gehabt habe. Buffett gratulierte ihm, fragte sich aber insgeheim, ob sich Fuld auf ihn berufen hatte, um die Sache zu erleichtern.

Zwar brachte Buffett das Thema nie zur Sprache, aber er fand es seltsam, dass Fuld mit keinem Wort eine Nachricht erwähnt hatte, die am Wochenende aufgetaucht war: »Lehman von Betrug in Höhe von 355 Millionen Dollar betroffen.« Zwei Angestellte der Marubeni-Bank in Japan hatten Lehman mit gefälschten Dokumenten und Hochstaplern um 355 Millionen betrogen.

Wieder einmal dachte Buffett an seine Erfahrung mit Salomon: John Gutfreund und die Rechtsabteilung von Salomon hatten ihm verschwiegen, dass die Firma in eine gigantische Manipulation mit Schatzwechseln verwickelt war, ein Skandal, der Salomon beinahe zu Fall brachte.

Solchen Leuten kann man einfach nicht trauen.

Kapitel drei

Am Mittwochabend, dem 2. April 2008, nahm ein aufgeregter Timothy F. Geithner den Lift hinunter zur Haupthalle des Ronald Reagan National Airport in Washington.[1] Er war soeben mit einem US-Airways-Shuttleflug von New York gekommen, und von seinem Fahrer, der ihn normalerweise aus Sicherheitsgründen draußen erwartete, war nichts zu sehen.

»Wo zum Teufel ist er?«, blaffte Geithner seinen wichtigsten Mitarbeiter Calvin Mitchell an, der mit ihm hergeflogen war.

Geithner, der jugendliche Präsident der Notenbank von New York, ließ sich selten Stress anmerken, aber in diesem Augenblick war er deutlich angespannt. Vor nicht einmal drei Wochen hatte er in letzter Sekunde den Deal perfekt gemacht, der Bear Stearns vor der Insolvenz gerettet hatte, und morgen sollte er sich und seine Handlungen zum ersten Mal vor dem Bankenausschuss des Senats – und vor der Welt – erklären. Alles musste perfekt ablaufen.

»Geht niemand dran«, brummte Mitchell, der den Fahrer über sein Handy zu erreichen suchte.

Die Notenbank schickte normalerweise einen speziellen Wagen für Geithner, der inzwischen daran gewöhnt war, in dem Raumschiff zu leben, das die größte Bank der Welt darstellte. Sein Leben war bis zur letzten Minute durchgeplant, das passte zu seiner pünktlichen, akribischen und sehr organisierten Persönlichkeit. Er war extra am Abend vor der Anhörung in die Hauptstadt geflogen, weil er fürchtete, dass genau so etwas – ein Problem mit seinem Fahrer – passieren könnte.

Auf dem Flug hatte er das Manuskript studiert, an dem er die ganze Woche herumgebastelt hatte. Einen Punkt wollte er absolut klar vermitteln, und die betreffende Passage überarbeitete er wieder und wieder. Bear Stearns war nach seiner Auffassung kein isoliertes Problem, wie anscheinend jeder dachte. So unpopulär es sein mochte, das laut zu sagen, aber er wollte die Tatsache betonen, dass Bear Stearns – mit ihrem hohen Anteil an Fremdkapital war die Bank praktisch täglich auf Geldzuflüsse von anderen angewiesen, um im Geschäft bleiben zu können, und in Beziehungen mit Hunderten anderen Institutionen verstrickt – Symptom eines viel größeren Problems war, das das gesamte Finanzsystem des Landes betraf.

»Das bedeutendste Risiko ist ein systemisches: Wenn diese Entwicklung ungebrochen weitergeht, wäre das Ergebnis eine größere Wahrscheinlichkeit, dass es vielfach zu Insolvenzen kommt mit schweren und anhaltenden Schäden für das Finanzsystem und letztlich für die Wirtschaft insgesamt«, schrieb er auf.[2] »Das ist kein theoretisches Risiko, und es ist auch nichts, was der Markt allein lösen kann.« An diesen Gedanken feilte er und machte sich auf dem Klapptisch, auf dem das Essen serviert wurde, weiter Notizen, bis das Flugzeug landete.

An dem Wochenende des 15. März hatte Geithner und nicht, wie die Presse meldete, sein Chef Ben Bernanke Bear Stearns vor dem Kollaps bewahrt und den 29-Milliarden schweren staatlichen Auffangschirm aufgespannt, der den widerstrebenden Jamie Dimon von JP Morgan schließlich bewegt hatte, die Verbindlichkeiten der Firma zu übernehmen.[3] Die Garantie schützte Kapitalgeber und Vertragspartner – die Tausende von Investoren, die mit Bear Geschäfte machten – und verhinderte einen tödlichen Schlag gegen das Weltfinanzsystem; zumindest wollte Geithner das den Senatoren sagen.

Die Mitglieder des Bankenausschusses würden das nicht unbedingt genauso sehen, wahrscheinlich würde Geithner bei der Anhörung Skepsis oder offene Ablehnung entgegenschlagen. In ihren Augen war der Bear-Deal ein Indiz für einen wichtigen, aber nicht unbedingt willkommenen politischen Kurswechsel. Geithner war bereits vehement kritisiert worden, aber in Anbetracht des Umfangs der Intervention konnte man nichts anderes erwarten. Trotzdem war es ärgerlich, wenn Politiker mit dem Begriff »moral hazard« um sich warfen, als hätten sie ihn gerade neu gelernt.

Bedauerlicherweise hatte nicht nur der Chor der Uninformierten und Unwissenden den Deal kritisiert. Sogar Freunde und Kollegen wie der ehemalige Notenbankchef Paul Volcker nannten die Rettung von Bear in einem Atemzug mit der berüchtigten Weigerung der Bundesregierung, in den 1970er-Jahren der Stadt New York aus ihrer verzweifelten finanziellen Lage zu helfen[4] (festgehalten in der denkwürdigen Schlagzeile der New Yorker *Daily News:* »Ford an City: Verrecke«[5]). Die mit etwas mehr Sachverstand unterfütterten Stellungnahmen argumentierten in etwa so: Nie zuvor hatte die Notenbank einem privaten Institut so viel Geld geliehen. Warum hatte sie es ausgerechnet in diesem Fall getan? Schließlich ging es nicht um unschuldige Fließbandarbeiter, sondern um hoch bezahlte Banker, die leichtsinnige Risiken eingegangen waren. Hatte man Geithner und damit das amerikanische Volk zum Narren gehalten?

Geithner hatte Unterstützer, aber das waren in der Regel Leute, die sich aus gutem Grund mit dem heiklen Zustand der Finanzbranche auskannten. Richard Fisher, Geithners Pendant bei der Notenbank von Dallas, hatte ihm eine E-Mail geschickt: »Illegitimi non carborundum – Lass dich von den Bastarden nicht unterkriegen.«

So gerne Geithner es gesagt hätte, er gedachte nicht, den Senatoren mitzuteilen, dass die Krise ihn überrascht hatte. Von seinem Büro hoch oben in der steinernen Festung, die die Notenbank von New York darstellt, hatte er seit Jahren gewarnt, die explosionsartige Ausbreitung der Kreditderivate – aller möglichen Formen von Versicherungen, die Investoren kaufen konnten, um sich vor Ausfällen von Geschäftspartnern zu schützen – mache das Finanzsystem letztlich nicht weniger, sondern stärker verwundbar, weil die Gefahr eines Dominoeffekts bei Ausfällen bestehe. Der Boom an der Wall Street könne nicht von Dauer sein, hatte er immer wieder betont, man müsse die notwendigen Vorsichtsmaßnahmen ergreifen. All das hatte er in seinen Reden immer wieder gesagt, aber hatte man ihm zugehört? Tatsächlich kümmerte sich außerhalb der Finanzwelt niemand sonderlich um das, was der Notenbankchef von New York zu sagen hatte. Es ging immer nur um Greenspan, Greenspan, Greenspan und dann um Bernanke, Bernanke, Bernanke.

Als er nun am Flughafen stand, fühlte sich Geithner erschöpft, im Augenblick allerdings hauptsächlich deshalb, weil sein Fahrer nicht aufgetaucht war. »Wollen Sie nicht einfach ein Taxi nehmen?«, fragte Mitchell.

Geithner, vermutlich der zweitmächtigste Zentralbankchef Amerikas hinter Bernanke, stellte sich zu zwei Dutzend anderen Leuten in die Schlange am Taxistand.

Er klopfte seine Taschen ab und schaute dann verlegen zu Mitchell: »Haben Sie Geld dabei?«

Hätte Tim Geithners Leben ein paar Monate zuvor nur einen etwas anderen Verlauf genommen, wäre er jetzt womöglich CEO von Citigroup, nicht ihr Regulierer.

Am 6. November 2007, als die Kreditkrise erste Opfer forderte, meldete Sanford »Sandy« Weill, der Architekt des Citigroup-Imperiums und einer der größten privaten Anteilseigner, für halb vier ein Telefongespräch mit Geithner an. Zwei Tage zuvor hatte der CEO von Citigroup, Charles O. Prince III., nach Ankündigung eines Rekordverlusts zurücktreten müssen.[6] Weill, ein jovialer Mann der alten Schule, der das ungeschliffene Talent des jungen Jamie Dimon erkannt und entwickelt hatte, wollte Geithner den Vorschlag unterbreiten, an Bord zu kommen: »Was halten Sie davon, Citigroup zu leiten?«

Geithner war zu diesem Zeitpunkt seit vier Jahren bei der Notenbank von New York. Das Angebot interessierte ihn, aber er hatte sofort Skrupel wegen eines möglichen Interessenskonflikts. »Ich bin nicht der Richtige«, sagte er fast reflexartig.[7]

In der Woche darauf konnte er jedoch an praktisch nichts anderes denken: die Arbeit, das Geld, die Verantwortung. Er sprach mit seiner Frau Carole darüber und überlegte, wenn er mit ihrem Hund Adobe in Larchmont spazieren ging, dem wohlhabenden Vorort rund eine Stunde von der City entfernt. Sie führten bereits ein angenehmes Leben – er verdiente 398 200 Dollar im Jahr,[8] sehr viel Geld für einen Bankenaufseher –, aber verglichen mit ihren Nachbarn am Maple Hill Drive waren sie eindeutig nur Mittelklasse. Er hatte keine teuren Angewohnheiten, bis auf den 80-Dollar-Haarschnitt einmal im Monat im Gjoko Spa & Salon,[9] aber da seine Tochter Elise, elfte Klasse in der Highschool, und sein Sohn Benjamin, achte Klasse, in absehbarer Zeit aufs College gehen würden, konnte er das Geld durchaus gebrauchen.

Schließlich rief er seinen alten Freund Robert Rubin an, den ehemaligen Finanzminister und jetzt Direktor bei Citigroup, um sich zu vergewissern, dass er keinen Fehler machte. Rubin war seit langem Geithners Mentor, und er sagte ihm ganz freundlich, dass er Vikram Pandit für den Posten favorisiere; Geithner empfahl er, in seinem Amt zu bleiben. Aber allein die Tatsache, dass Geithner für einen solchen Job in Erwägung gezogen wurde, war ein wichtiges Maß dafür, dass er in der Finanzwelt neuerdings hoch im Kurs stand, und ein Signal für das Vertrauen, das er sich erworben hatte.

In seiner Zeit bei der Notenbank hatte er überwiegend einen gewissen Mangel an Respekt seitens der Wall Street registriert. Das mochte damit zu tun haben, dass er nicht den Background hatte, mit dem die Leute aus der Finanzbranche normalerweise gut zurechtkamen. In der 95-jährigen Geschichte der Notenbank hatte es acht Präsidenten der New Yorker Notenbank gegeben – und alle hatten zuvor an der Wall Street gearbeitet, entweder als Banker oder als Anwalt oder als Volkswirt. Geithner hingegen hatte im Finanzministerium Karriere gemacht, die ehemaligen Minister Lawrence Summers und Robert Rubin hatten ihn gefördert. Seine Autorität war auch dadurch ein wenig beeinträchtigt, dass er mit seinen 46 Jahren immer noch wie ein Teenager aussah und dass er gern zum Snowboarden ging – und dass er öfter das Wort »Scheiße« benutzte.[10]

Manche Beamte, Journalisten und sogar einige Banker in Washington mochten Geithner; mit seiner flinken Intelligenz und seinem trockenen, selbstironischen Humor wirkte er ein bisschen wie ein Philosoph im politischen Geschäft: Obwohl er bei Sitzungen oft den Eindruck erweckte, er sei abgelenkt und höre nicht richtig zu, gab er am Ende, nachdem alle gesagt hatten, was sie sagen wollten, eine messerscharfe Zusammenfassung der Diskussion mit einer klaren Gliederung.

Einige hingegen bewerteten solche Auftritte als Masche eines Kontrollfreaks. Jeden Monat lud die New Yorker Notenbank die

Häuptlinge der Wall Street zu einem Mittagessen ein, also die Leute, die Geithners Büro kontrollierte, und jeden Monat lümmelte Geithner in seinem Sessel, scharrte mit den Füßen, nippte an einer Cola und schwieg. Er gab sich genauso rätselhaft wie Greenspan, eines seiner Vorbilder, aber er hatte nicht die Statur, es durchzuziehen, jedenfalls ganz sicher nicht vor lauter Wall-Street-Größen.

»Er ist zwölf!«[11]

Das war die Reaktion eines völlig perplexen Peter G. Peterson, ehemaliger CEO von Lehman Brothers und Mitbegründer der Beteiligungsfirma Blackstone Group, bei seiner ersten Begegnung mit Geithner im Januar 2003. Peterson hatte die Suche nach einem Nachfolger für William McDonough organisiert, der sich nach einem Jahrzehnt am Ruder der New Yorker Notenbank zurückzog. McDonough, ein umgänglicher ehemaliger Banker der First National Bank of Chicago, war dadurch bekannt geworden, dass er im September 1998 die Chefs von 14 Investment- und Geschäftsbanken zu einer 3,65 Milliarden schweren Rettungsaktion für den implodierenden Hedgefonds Long-Term Capital Management verdonnert hatte.[12]

Petersons Suche war nicht einfach gewesen, von seinen Topfavoriten zeigte keiner Interesse. Als er einen Kandidaten nach dem anderen auf seiner Liste abarbeitete, stieß er schließlich auf den unbekannten Namen Timothy Geithner und vereinbarte ein Treffen. Dabei fiel ihm Geithners leise Sprechweise, fast ein Murmeln, unangenehm auf, und auch seine schmächtige, jugendliche Erscheinung störte ihn.

Larry Summers, der Geithner empfohlen hatte, versuchte Petersons Bedenken zu zerstreuen. Er sagte, Geithner sei viel härter, als es auf den ersten Blick scheine, und »er war der Einzige, der je mit mir zu tun hatte und in mein Büro marschierte und zu mir sagte: ›Larry, in dem Punkt liegen Sie vollkommen daneben.‹«

Geithners Direktheit war Ergebnis einer Kindheit, in der er sich immer wieder auf neue Leute und neue Situationen hatte einstellen müssen.[13] Er war aufgewachsen wie Kinder von Armeeangehörigen: immer wieder umgezogen von einem Land ins nächste, je nachdem, wohin sein Vater Peter Geithner, Experte für internationale Entwicklung, geschickt worden war, erst im Auftrag der United States Agency for International Development, der Behörde für Entwicklungszusammenarbeit, und dann für die Ford Foundation. Als Tim in die Highschool kam, hatte die Familie bereits in Rhodesien (dem heutigen Simbabwe), Indien und Thailand gelebt. Die Geithners waren fest im öffentlichen Dienst verwurzelt. Sein Großvater mütterlicherseits, Charles Moore, war Berater und Redenschreiber von Präsident Eisenhower gewesen, und sein Onkel Jonathan Moore arbeitete im Außenministerium.

Tim Geithner trat in die Fußstapfen seines Vaters, Großvaters und Onkels und ging ans Dartmouth College, wo er einen Abschluss in Regierungs- und Asienstudien ablegte. In den frühen 1980er-Jahren tobte in Dartmouth ein Kulturkampf, der noch angefacht wurde, als auf dem Campus eine rechts orientierte Zeitschrift erschien, *The Dartmouth Review.* Die Zeitschrift, die prominente Autoren wie Dinesh D'Souza und Laura Ingraham hervorbrachte, veröffentlichte eine Reihe brisanter Geschichten,[14] unter anderem eine Liste der Mitglieder der schwulen Studentenorganisation und eine Kolumne gegen positive Diskriminierung, die in sogenanntem »Black English« verfasst war. Liberale Studenten in Dartmouth nahmen die Herausforderung an und protestierten gegen die Publikation. Geithner versuchte zu vermitteln und überzeugte die Protestierer, ihre Empörung zu kanalisieren und eine eigene Zeitschrift herauszugeben.[15]

Nach dem College ging Geithner an die Johns Hopkins School of Advanced International Studies und machte dort 1985 seinen Master. Im selben Jahr heiratete er seine Liebe aus Dartmouth, Carole Sonnenfeld. Sein Vater war Trauzeuge, als sie im Sommerhaus der Familie in Cape Cod heirateten.

Dank einer Empfehlung des Dekans von Johns Hopkins bekam Geithner einen Job in der Beratungsfirma von Henry Kissinger.[16] Er recherchierte für ein Buch von Kissinger und hinterließ dabei einen sehr positiven Eindruck bei dem ehemaligen Außenminister.[17] Geithner lernte schnell, wie man sich im Umfeld der Mächtigen behauptet, ohne ein Speichellecker zu werden; er begriff intuitiv, wie man ihnen das Wissen um ihre Wichtigkeit zurückspiegelte. Mit Kissingers Unterstützung ging er dann ins Finanzministerium und wurde stellvertretender Finanzattaché an der US-Botschaft in Tokio. Dort dominierte er mit seinem Kampfgeist den Tennisplatz im Diplomatenviertel. Auf dem Tennisplatz konnte er zudem informelle Gespräche mit den Japan-Korrespondenten der großen Zeitungen, mit Diplomaten und japanischen Partnern führen.

Während seiner Zeit in Japan beobachtete Geithner direkt vor Ort, wie die absurd aufgeblähte Volkswirtschaft seines Gastlandes erst eine gigantische Inflation produzierte und dann in einer spektakulären Deflation kollabierte. Durch seine Arbeit dort wurde Larry Summers, damals stellvertretender Finanzminister, auf ihn aufmerksam, und Summers brachte ihn in immer verantwortungsvollere Positionen. Während der Asienkrise 1997 und der Rubelkrise 1998 agierte Geithner hinter den Kulissen als Angehöriger des »Komitees zur Rettung der Welt«[18], wie das Magazin *Time* schrieb; er half, Rettungspakete von mehr als 100 Milliarden Dollar für Entwicklungsländer zu schnüren. Bei jedem Vorschlag für eine Rettungsaktion wurde Geithner automatisch in Summers' Büro bestellt. In dieser Hinsicht hatte Geithner Glück: Er war Spezialist für den Teil der Welt, in dem es brannte. Dabei verfeinerte er auch seine diplomatischen Fertigkeiten, die er in Dartmouth erstmals an den Tag gelegt hatte, und vermittelte oft in Auseinandersetzungen zwischen Summers, der in der Regel für ein aggressives Eingreifen plädierte, und Rubin, der eher zur Vorsicht neigte.

Als im Frühjahr 1997 die südkoreanische Wirtschaft beinahe zusammenbrach, wirkte Geithner daran mit, die amerikanische Reaktion zu konzipieren. An Thanksgiving[19] rief er Summers zu Hause an und erläuterte ganz ruhig, warum die Vereinigten Staaten helfen mussten, die Situation zu stabilisieren. Der Plan, der nach vielen Diskussionen in der Clinton-Administration auf dem Tisch lag – man wollte Seoul zusätzlich zu einem 35-Milliarden-Paket des Internationalen Währungsfonds mit Milliarden von Dollar helfen –, wies große Ähnlichkeit mit Geithners ursprünglichem Vorschlag auf. Im Jahr darauf wurde Geithner zum Finanzstaatssekretär für internationale Angelegenheiten befördert.

Geithner blieb weiterhin eng mit Summers verbunden, mit dem er sich ausgeklügelte Scherze erlaubte. Mehr als einmal schrieb Geithner, wenn Summers irgendwo eine Rede hielt, die Meldung über die Rede um und zitierte Summers absichtlich falsch. Wenn Summers dann ins Finanzministerium zurückkehrte, hielt Geithner ihm die gefälschte Meldung hin, als wäre es die echte, und schaute in aller Seelenruhe zu, wie Summers explodierte und drohte, den Journalisten anzurufen und eine Korrektur zu verlangen, bis Geithner die Sache aufklärte. Die beiden wurden so enge Freunde, dass sie zusammen mit einigen anderen Mitarbeitern des Finanzministeriums Kurse an der Tennisakademie von Nick Bollettieri, bei dem auch Andre Agassi und Boris Becker trainierten, in Florida besuchten. Tennis war für den athletischen Geithner die ideale Sportart, dort waren die gleichen Fähigkeiten gefragt wie in der Politik. »Tim ist kontrolliert, beständig und hat gute Grundschläge«, sagte Lee Sachs, ein ehemaliger Beamter im Finanzministerium, über ihn.[20]

Nach dem Ende von Clintons Amtszeit ging Geithner zum Internationalen Währungsfonds, und von dort holte man ihn zur Zentralbank von New York. Obwohl Geithner für eine demokratische Regierung gearbeitet hatte, brachte ihn Peterson, ein gut vernetzter Republikaner, für den Job ins Spiel.

Die Leitung der Zentralbank von New York ist das zweithöchste Amt im amerikanischen Zentralbanksystem und mit immenser Verantwortung verbunden. Die New Yorker Bank ist Auge und Ohr der Regierung beim Finanzkapital des Landes, außerdem verantwortlich für den Umgang mit einem Großteil der Schuldtitel des Finanzministeriums. Von den zwölf regionalen Banken im Notenbanksystem ist nur der Präsident der New Yorker Fed ständiges Mitglied in dem Ausschuss, der die Zinssätze beschließt.[21] Weil das Leben in New York sehr kostspielig ist, bekommt der Präsident der dortigen Fed das Doppelte des Notenbankchefs.[22]

Trotz seiner Eigenheiten wuchs Geithner nach und nach in seine Aufgabe hinein und zeichnete sich schon bald als umsichtiger Konsensbildner aus. Er arbeitete zudem sorgfältig daran, seine

Wissenslücken zu füllen, machte sich kundig über Derivatemärkte und entwickelte dabei einige Skepsis gegenüber dem Begriff der Risikostreuung. Nach seiner Auffassung konnte die Streuung von Risiken nur die Folgen ansonsten isolierter Probleme verschärfen – eine Sicht, die sein erster Boss bei der Zentralbank, Alan Greenspan, nicht teilte.

»Die Veränderungen haben scheinbar dazu geführt, dass das Finanzsystem Schocks besser absorbieren kann, aber sie haben das Risiko nicht aus der Welt geschafft«, sagte Geithner in einer Rede im Jahr 2006.[23] »Sie haben nicht damit aufgeräumt, dass die Märkte von Zeit zu Zeit Anfälle von Manie und Panik erleiden. Sie haben die Möglichkeit nicht eliminiert, dass ein großer Finanzintermediär scheitert. Und sie können den Rest des Finanzsystems nicht davor bewahren, dass die Folgen eines solchen Scheiterns spürbar werden.«

Geithner war klar, dass der Boom an der Wall Street irgendwann zu Ende gehen würde, und er wusste aus seiner Zeit in Japan, dass er nicht gut enden würde. Natürlich konnte er nicht wissen, wann genau und wie das passieren würde, und selbst noch so viel Lernen und Vorbereitung konnten ihn nicht für die Ereignisse wappnen, die Anfang März 2008 ihren Lauf nahmen.

Matthew Scogin steckte seinen Kopf in Robert Steels Büro im Finanzministerium. »Bereit für eine weitere Runde Grillen?«

Seufzend blickte Steel seinen Chefberater an, aber er wusste, dass es sein musste. »Okay. Gehen wir.«

Hank Paulson sollte zusammen mit Geithner, Bernanke und Cox, dem Chef der Börsenaufsicht, an diesem 3. April vor dem Bankenausschuss aussagen; Alan Schwartz von Bear Stearns und Jamie Dimon von JP Morgan sollten später noch kommen. Aber Paulson war auf einer Dienstreise in China, die nicht verschoben werden konnte, und so musste sein Stellvertreter Steel einspringen.[24]

Wie Geithner war Steel außerhalb der Finanzwelt weitgehend unbekannt, und er sah seinen Auftritt vor dem Bankenausschuss deshalb in gewisser Weise als Chance, sich zu präsentieren. Sein Stab versuchte, ihn für das übliche Verfahren in Washington vorzubereiten: indem sie ihn immer wieder »grillten«. Dabei übernahmen die einzelnen Mitarbeiter die Rollen bestimmter Senatoren und löcherten Steel dann mit den Fragen, die die Politiker mit großer Wahrscheinlichkeit stellen würden. Das Verfahren sollte gewährleisten, dass Steel unter Beschuss so klar und sachkundig wie möglich reagierte.

Steel war ein erfahrener und gewandter Redner und auch zuvor schon vor Kongressausschüssen aufgetreten, aber dabei hatte nicht annähernd so viel auf dem Spiel gestanden wie diesmal. Außer harten Fragen zu dem, was das »Bear-Wochenende« hieß, würde, damit rechnete er, noch ein anderes Thema auftauchen: Fannie Mae und Freddie Mac, die beiden sogenannten staatlich geförderten Unternehmen (*government sponsored enterprises*), die Hypotheken aufkauften. Die GSEs, die für die Entstehung der Immobilienblase verantwortlich gemacht wurden, waren seit Jahrzehnten politische und ideologische Streitpunkte, aber nie wurde so hitzig darüber debattiert wie derzeit.

Es war sogar denkbar, dass die Senatoren in Anbetracht des Zusammenbruchs von Bear eins und eins zusammenzählten. Zu den ersten Opfern der Kreditklemme hatten zwei Hedgefonds von Bear Stearns gehört, die große Positionen an Wertpapieren hielten, welche mit Subprime-Hypotheken besichert waren. Solche Hypotheken mit hoher Ausfallwahrscheinlichkeit höhlten nun das Vertrauen in den Immobilienmarkt aus – und auf diesem Markt dominierten Fannie und Freddie; sie vergaben über 40 Prozent aller Hypotheken,[25] von denen die meisten rasant an Wert verloren. Das wiederum infizierte die Kreditvergabe durch die Banken in allen Bereichen. »Ihre Sicherheiten schwappen wie Wasser durch alle Finanzinstitutionen«, hatte Paulson über Fannie und Freddie gesagt.[26]

Steel war mit seiner raschen Auffassungsgabe und seinem charmanten Auftreten ein besserer Kommunikator als Paulson und stahl seinem Chef, der selbst bei Routinesitzungen im Finanzministerium ins Stottern geriet, oft die Show. Die beiden kannten sich seit 1976,[27] damals hatte Steel nach einem Abschluss an der Duke University im Chicagoer Büro von Goldman Sachs angefangen. Wie Paulson kam Steel aus einfachen Verhältnissen, er war ganz in der Nähe des Campus der Duke University aufgewachsen.[28] Sein Vater hatte erst Musikboxen gewartet und später Lebensversicherungen verkauft, seine Mutter hatte einen Teilzeitjob in einem Psychiatrielabor an der Universität. Bei Goldman war Steel ein ehrgeiziger Banker und aufstrebender Star; 1986 ging er nach London, baute dort das Geschäftsfeld Beteiligungskapital auf und wirkte daran mit, dass Goldman in Europa Fuß fassen konnte.

Vor vier Jahren jedoch – Steel besaß mittlerweile weit über 100 Millionen Dollar, weil er beim Börsengang von Goldman Partner gewesen war – hatte er beschlossen, sich zurückzuziehen; er hatte in verschiedenen leitenden Positionen für die Firma gearbeitet, hatte aber keine Aussicht, ganz an die Spitze aufzurücken. Obwohl er immer noch eine triumphale Rückkehr in die private Finanzwirtschaft plante, wollte er wie viele Ehemalige von Goldman eine Zeit lang im Staatsdienst arbeiten. Nachdem er sich im öffentlichen Sektor einen Namen gemacht hatte, unter anderem als Dozent an der John F. Kennedy School of Government in Harvard, nahm er am 10. Oktober Paulsons Angebot an und ging als Staatssekretär für inländische Finanzen ins Finanzministerium.

Als Steel nun zusammen mit Scogin für eine letzte Runde Grillen den Besprechungsraum betrat, wusste er, dass er gut aufpassen musste. Die Kollegen David Nason, Stabschef Jim Wilkinson und Michele Davis, zuständig für öffentliche Angelegenheiten und Leiterin der Planungsabteilung, saßen bereits mit einer kleinen Gruppe auf der anderen Seite des Tisches.

Die Frage, die allen auf den Nägeln brannte, würde kommen: Welche Rolle hatte die Regierung bei den Verhandlungen gespielt, die zu dem ursprünglichen Angebot von 2 Dollar pro Bear-Aktie geführt hatten? Kein Mitarbeiter des Finanzministeriums hatte die leiseste Ahnung, was die anderen Zeugen – Jamie Dimon von JP Morgan und Alan Schwartz von Bear Stearns – bei ihrer Befragung später am Tag darüber sagen würden, was tatsächlich passiert war.

Steel wusste, dass Paulson auf einen niedrigeren Preis gedrängt hatte, um die eindeutige Botschaft auszusenden, dass Aktionäre nicht von einem Rettungspaket der Regierung profitieren durften. Aber niemand im Finanzministerium hatte das jemals bestätigt, und zu Paulsons Wohl wie zu dem aller anderen war es wohl am besten, nicht zuzugeben, was tatsächlich geschehen war. Am Sonntagnachmittag, dem 16. März, hatte Paulson Dimon angerufen und ihm gesagt: »Ich denke, das sollte zu einem sehr niedrigen Preis über die Bühne gehen.«

Steel wusste, das er dieses Thema bei der Anhörung meiden musste. Das war zwingend, denn Davis und andere hatten bei solchen Grillstunden und bei anderen Gelegenheiten betont, er dürfe sich auf keinen Fall in eine Diskussion verwickeln lassen, ob 2 Dollar ein angemessener Preis waren – oder auch 10 Dollar. Er solle sich vielmehr auf Paulsons allgemeine Sorge konzentrieren, dass Aktionäre nicht mit Geld der Steuerzahler entschädigt werden dürften. Und noch wichtiger: Sie hatten Steel ermahnt, absolut unnachgiebig bei der Position zu bleiben, dass das Finanzministerium den Bear-Deal nicht ausgehandelt hatte. Wenn er überhaupt reagierte, sollte er auf die Fed verweisen; sie war die einzige Regierungsbehörde, die rechtlich korrekt Teil einer solchen Transaktion sein konnte.

Bevor das Rollenspiel begann, setzte Nason Steel noch über eine wichtige Entwicklung in Kenntnis. Er berichtete von einigen kürzlich geführten Unterredungen mit dem Stab von Senator Richard Shelby, dem maßgeblichen Republikaner im Bankenausschuss des Senats. »Shelby wird Schwierigkeiten machen«, warnte ihn Nason.

Das war eine Untertreibung. Shelby war mit Paulsons Leistung ganz und gar nicht zufrieden, nicht nur wegen der Rettungsaktion für Bear Stearns, sondern auch im Zusammenhang mit einem anderen Vorhaben: Eine Regelung in Bushs Konjunkturpaket, das nur Tage nach der Rettungsaktion vorgelegt wurde, hob die Obergrenze für Hypotheken, die Fannie Mae und Freddie Mac kaufen konnten, erheblich an. Tagelang hatte Shelby nicht auf Anrufe des Finanzministers reagiert, und schließlich hatte Paulson seine Mitarbeiter angebrüllt: »Weiß er eigentlich nicht, dass ich der Finanzminister bin?«

Auch vor Senator Jim Bunning mussten sie sich in Acht nehmen, er galt als puristischer Vertreter der Lehre, »die Märkte wissen es am besten«. »Senator Jim Bunning, Republikaner, Kentucky«, kommentierte Steel scherzhaft, als bei der Grillsitzung ein Bild von Bunning hochgehalten wurde. »Was wir hier machen? Ja, ist alles Mist. Wir sind Sozialisten. Danke, Senator.«

Die Vorbereitungen gingen weiter bis wenige Minuten vor Steels Aufbruch zur Anhörung. Das wichtigste Ziel war nun, Steel und damit das Finanzministerium vor irgendwelchen Überraschungen in letzter Minute zu schützen. Die Mitarbeiter kämmten sorgfältig die Morgenzeitungen durch, um nur keine neue Enthüllung über Bear Stears oder eine harsche Kritik eines Kolumnisten zu übersehen, die dann womöglich ein Senator bei der Anhörung zitieren könnte. Glücklicherweise war da nichts.

Steel fuhr das kurze Stück vom Finanzministerium zum Kapitol in einem Dienstwagen des Ministeriums, begleitet von seinen Mitarbeitern. Im Raum für die Anhörungen im Dirksen-Gebäude des Senats herrschte rege Betriebsamkeit, Fernsehteams bauten ihre Ausrüstung auf, Fotografen testeten das Licht. Steel setzte sich. Er bemerkte, dass Alan Schwartz von Bear Stearns bereits anwesend war, obwohl er erst am Nachmittag angehört werden sollte, und grüßte ihn. Direkt links neben Steel saß Geithner, rechts von ihm Cox und neben Cox Bernanke. Da saßen die Männer in einer Reihe, auf denen mehr als auf jemand sonst in der Welt die Verantwortung ruhte, die globalen Finanzprobleme zu lösen.

»War das eine gerechtfertigte Rettungsaktion, um einen Systemkollaps der Finanzmärkte zu verhindern«, fragte Seantor Christopher Dodd,[29] Demokrat aus Connecticut und Vorsitzender des Ausschusses, »oder wurde da, wie manche gesagt haben, einer Wall-Street-Firma mit 30 Milliarden Steuergeld geholfen, während die Durchschnittsamerikaner nicht mehr wissen, wie sie ihre Hypotheken bezahlen sollen?«

Das Feuerwerk begann praktisch sofort. Die Ausschussmitglieder kritisierten die Kontrolle der Bankenaufseher über die Finanzunternehmen scharf. Vor allem aber fragten sie, ob die Finanzierung der Übernahme von Bear Stearns nicht einen gefährlichen Präzedenzfall geschaffen hatte, der andere Firmen ermutigen würde, riskante Wetten einzugehen, in dem beruhigenden Wissen, dass für Verluste der Steuerzahler geradestehen würde.

Bernanke beeilte sich, die Position der Regierung zu erläutern. »Unsere Absicht war es, das amerikanische Finanzsystem und die amerikanische Wirtschaft zu schützen. Ich glaube, wenn das amerikanische Volk versteht, dass es uns um die gesamte Volkswirtschaft ging und nicht um eine einzelne Wall-Street-Firma, dann hätte es mehr Verständnis für die Schritte, die wir unternommen haben.«

Dann kam die Frage, auf die man Steel vorbereitet hatte: Hatte der Finanzminister den Preis von 2 Dollar pro Aktie festgelegt?

»Nun, Sir, der Finanzminister und andere Angehörige des Ministeriums waren an den Verhandlungen in diesen sechsundneunzig Stunden, wie Sie sie beschreiben, aktiv beteiligt«, antwortete Steel. »Es gab viele Diskussionen in alle Richtungen.«

Und er fuhr fort: »Bei einem solchen Zusammenschluss gibt es viele Vereinbarungen und Bedingungen. Ich denke, dem Finanzministerium ging es um zwei Dinge. Einmal das, was Notenbankchef Bernanke vorgeschlagen hat: dass ein Zusammenschluss in sicheren Händen für den Markt insgesamt eine konstruktive Lösung wäre; und zweitens, zu bedenken, dass Investmentfonds und Geld der Regierung mit im Spiel waren. Darauf hat Finanzminister Paulson hingewiesen. Es gab die Ansicht, dass der Preis nicht sehr hoch oder eher im unteren Bereich liegen sollte – da die Regierung involviert war, war man dieser Ansicht. Aber im Hinblick auf die Einzelheiten wurde der Deal ausgehandelt – die Transaktion wurde zwischen der Notenbank von New York und den beiden beteiligten Parteien verhandelt.«

Größtenteils behaupteten sich die Notenbank, das Finanzministerium und die Börsenaufsicht gut in der Befragung durch den Bankenausschuss. Aber sie taten das überwiegend, indem sie die Rettung von Bear als einen Akt extremer Verzweiflung darstellten, wie er einmal im Leben vorkommt, nicht als Ausdruck einer neuen politischen Linie. Unter den gegebenen Umständen sei es eine vernünftige Reaktion, wenn eine sehr große Bank zu kollabieren drohte, deren Zusammenbruch das gesamte Finanzsystem mit in den Abgrund reißen würde.

Diese Lage, erklärte Geithner dem Ausschuss, erinnerte sehr an 1907 oder auch an die Weltwirtschaftskrise, und er stellte eine direkte Verbindung zwischen Panik an der Wall Street und dem wirtschaftlichen Wohlergehen des Landes her: »Ohne entschlossenes politisches Handeln wären die Folgen Einkommensverluste für Arbeitnehmerfamilien, höhere Kreditkosten für Wohnen, Bildung und die Ausgaben des täglichen Lebens, Verluste bei der Alterssicherung und steigende Arbeitslosigkeit.«

Und deshalb hätten sie zum Wohl des ganzen Landes gehandelt, womöglich der ganzen Welt, so Steel. Und dank ihrer Bemühungen, erklärte er voller Zuversicht den Senatoren, sei es gelungen, das Loch im Deich zu stopfen.

Jamie Dimon suchte nach einer Metapher.

Er saß in einem Konferenzraum am Ende des Gangs hinter dem Büro von Senator Charles Schumer, verfolgte die Vormittagsberatungen im Parlamentsfernsehen und beriet gleichzeitig mit seinem Kommunikationschef und engen Vertrauten Joseph Evangelisti. Wie konnte er sich für den niedrigen Preis rechtfertigen, den er für Bear gezahlt hatte, ohne dazustehen, als hätte er auf Kosten der Steuerzahler ein Geschenk erhalten?

»Der Durchschnittsbürger muss verstehen, dass wir ein großes Risiko eingegangen sind«, instruierte ihn Evangelisti, während sie verschiedene Strategien erwogen. »Wir müssen das in ganz klarer Sprache kommunizieren.«

Anders als Steel hatte Dimon nicht in Rollenspielen in seinem Büro an der Park Avenue geprobt. Stattdessen betrieb er Vorbereitungen in letzter Minute in diesem Besprechungszimmer, das ihm ein Mitarbeiter des Senats überlassen hatte, damit er nicht auf dem Gang warten musste.

Dimon hatte eine klare Linie, wie er die Übernahme von Bear Stearns kurz und knapp erklären wollte: »Ein Haus zu kaufen ist nicht dasselbe, wie ein brennendes Haus zu kaufen.«[30] Das würde reichen, das verstand jeder.

Die Botschaft, die er vermitteln wollte, war ganz einfach: Zwar mochte es angebracht sein, das Handeln der Beamten von Fed und Finanzministerium unter die Lupe zu nehmen, aber er hatte nichts Ungewöhnliches getan. Es war nicht seine Aufgabe, die Interessen der amerikanischen Steuerzahler zu schützen, nur die seiner Aktionäre. Wenn ihm etwas Sorge bereitete, dann, dass der Bear-Deal für sie womöglich mehr Probleme brachte, als er löste.

Obwohl Dimon öffentlich Demut an den Tag legte, war ihm durchaus bewusst, was für einen Coup er persönlich gelandet hatte. Aus der Sicht der Finanzpresse war die Übernahme von Bear Stearns ein großer Sieg. Die Medien waren immer ein bisschen auf ihn fixiert gewesen und hatten ihn gern als Pfennigfuchser dargestellt, als einen Manager, der die Tageszeitungen abbestellte, um Kosten zu sparen[31] – alles andere als ein Visionär. Nun, da JP Morgan mit einem Satz an die Spitze der Bankenbranche gesprungen war, galt Dimon als so etwas wie die Reinkarnation von John Pierpont Morgan, dem Finanzier aus dem 19. Jahrhundert, der geholfen hatte, die Panik von 1907 abzumildern.

Dimon, schrieb die *New York Times,* »ist auf einmal der Banker, über den heute am meisten geredet wird – und wohl der mächtigste«.[32] Für das *Wall Street Journal* war er »auf dem besten Weg, zum Retter der Wall Street zu werden«.[33] Und *Barron's* hatte nur eine schlichte Zeile: »Alle jubeln Jamie Dimon zu!«[34]

Angesichts von so viel Lobhudelei war es Dimon fast schwindlig bei dem Gedanken an seinen Auftritt in der Anhörung heute. Während die meisten CEOs es hassen, vor den Kongress gezerrt zu werden – Alan Schwartz von Bear Stearns hatte seinen Auftritt tagelang mit dem Washingtoner Spitzenanwalt Robert S. Bennett geprobt –, sah Dimon in der Tatsache, dass er zum ersten Mal dem Kongress Rede und Antwort stehen würde, eine Auszeichnung.

Am Abend vor der Anhörung rief er seine Eltern an und sagte ihnen noch einmal genau, wann und wo die Anhörung im Fernsehen übertragen wurde.

Jamie Dimons Erfolg kommt nicht ganz überraschend, denn er ist Banker in der dritten Generation. Sein Großvater war aus dem türkischen Smyrna nach New York gekommen, hatte seinen Namen von Papademetriou zu Dimon geändert und als Aktienhändler gearbeitet, was damals nicht als Glamour-Job galt. Jamies Vater Theodore – der seine Mutter Themis beim Flaschendrehen kennengelernt hatte, als sie beide zwölf Jahre alt waren – war ebenfalls Broker, und zwar ein überaus erfolgreicher. Theodore hatte so gut verdient, dass er mit seiner Familie von Queens in eine Wohnung an der Park Avenue ziehen konnte, wo Jamie und seine beiden Brüder Peter und Ted aufwuchsen. Als Jamie neun Jahre alt war, fragte sein Vater seine Söhne, was sie einmal werden wollten. Peter, der älteste, wollte Arzt werden. Ted, Jamies Zwillingsbruder, wusste es noch nicht. Aber Jamie wusste es und verkündete selbstbewusst: »Ich will reich werden.«[35]

Jamie Dimon besuchte die Browning School an der Upper East Side in Manhattan und studierte dann Psychologie und Ökonomie an der Tufts University. Anschließend ging er nach Harvard und war dort bald bekannt – für seine Arroganz ebenso wie für seine Intelligenz. Ziemlich am Anfang des Herbstsemesters in seinem ersten Studienjahr in Harvard ging der Professor in einem Einführungskurs über Ablaufplanung eine Fallstudie zum Lieferkettenmanagement bei einer Cranberry-Genossenschaft durch. Mitten in seinen Ausführungen stand Dimon auf und unterbrach ihn: »Ich glaube, Sie irren sich!«[36] Während der Professor Dimon noch verwirrt anschaute, marschierte er zur Tafel und schrieb die Lösung des Lieferkettenproblems auf. Und Dimon hatte recht, wie der Professor notgedrungen zugeben musste.

In den Sommerferien arbeitete Dimon bei Goldman Sachs und bat den wohlbeleibten, Zigarre rauchenden Sandy Weill, der erfolgreich einen Deal nach dem anderen einfädelte, um Ratschläge zu seinem Berufsweg. Die Dimons und die Weills waren seit Mitte der 1970er-Jahre befreundet, damals hatte Sandys Brokerfirma Shearson Hammill gekauft, wo Dimons Vater leitender Broker war. An der Tufts University hatte Jamie Dimon einmal eine Seminararbeit über die Übernahme von Shearson durch Hayden Stone geschrieben; seine Mutter hatte die Arbeit Weill gezeigt,[37] der von der Analyse beeindruckt gewesen war.

»Kann ich das Leuten hier im Haus geben?«, fragte Weill Dimon.[38]

»Natürlich«, erwiderte Dimon. »Bekomme ich einen Job für den Sommer?« Weill sagte mit Freuden zu.

Nach dem Abschluss an der Harvard Business School erhielt Dimon Angebote von Goldman Sachs, Morgan Stanley und Lehman Brothers. Weill lud Dimon in seine Wohnung an der Upper East Side ein und machte ihm ebenfalls ein Angebot: Dimon könne sein Assistent bei American Express werden, wo Weill nun an der Spitze stand, nachdem er Shearson für fast 1 Milliarde Dollar verkauft hatte. »Ich werde dir nicht sehr viel bezahlen«, sagte Weill zu dem 25-jährigen Dimon,[39] »aber du wirst eine Menge lernen, und wir werden viel Spaß haben.« Dimon war überzeugt.

Tatsächlich war die gemeinsame Zeit von Weill und Dimon bei American Express nur kurz. Obwohl Weill einmal getönt hatte: »Die Juden werden American Express übernehmen!«,[40] erlebte er, dass er weiter von der weißen, protestantischen Hierarchie kleingehalten wurde und keine eigenen Geschäfte machen durfte. Seine Kollegen und der Verwaltungsrat stellten ihn zunehmend kalt, und so verließ er American Express 1985; Dimon, dessen Talente CEO James Robinson aufgefallen waren, wurde gebeten zu bleiben. Dimon war an einem Punkt in seinem Leben, wo viele andere sich für Sicherheit entschieden hätten: Seine Frau hatte soeben ihr erstes Kind zur Welt gebracht. Aber er entschloss sich, mit Weill zu gehen, obwohl sich Weill noch nicht für einen neuen Job entschieden und erst einmal ein kleines Büro gemietet hatte. Als die Monate vergingen und Dimon beobachtete, wie Weill jeden Tag nach dem Mittagessen mit ein paar Martinis auf der Bürocouch sein Nickerchen machte,[41] fragte er sich, ob er womöglich die falsche Entscheidung getroffen hatte. Wie es aussah, brachte Weill nichts zustande, und Dimon überlegte, ob sein Mentor womöglich sein Pulver verschossen hatte.

Dann, nach einem gescheiterten Versuch von Weill, Bank of America zu übernehmen, schlugen zwei Manager von Commercial Credit, einer Darlehensbank in Baltimore, die Subprime-Kredite vergab, Weill und Dimon vor, die Firma von ihrer Mutter zu kaufen. Weill brachte 6 Millionen aus seinem Vermögen auf (Dimon investierte 425 000 Dollar), und die Firma wurde ausgegliedert. Weill übernahm die Leitung, Dimon die Geschäftsführung, und in dieser Funktion reduzierte er geradezu obsessiv die Kosten. Nach einer harten Schlankheitskur wurde Commercial Credit zum Eckstein eines neue Finanzimperiums, das Weill und Dimon mit mehr als 100 Übernahmen zusammenbauten. 1988 kehrten beide mit dem Kauf von Primerica,[42] der Mutterfirma des Brokerhauses Smith Barney, für 1,65 Milliarden Dollar an die Wall Street zurück. 1993 erwarben sie für 1,2 Milliarden Shearson von American Express.[43]

Dimons Ruf wuchs zusammen mit dem von Weill. Sie waren ein Team: Weill der Stratege, der die Deals einfädelte; der über zwanzig Jahre jüngere Dimon der Zahlenfresser und das Organisationsgenie. Aus der Beziehung zwischen Mentor und Schützling war so etwas wie ein altes, kampferprobtes Ehepaar geworden. In den Büros von Primerica im Zentrum von Manhattan stritten der Boss und sein Finanzchef oft heftig, ihre Stimmen hallten in den Fluren wider. Bei Besprechungen verdrehte Dimon die Augen, wenn er fand, dass Sandy etwas Dummes sagte.

»Du bist ein Arschloch!«, brüllte Weill ihn an.[44]

»Nein, du bist das Arschloch!«, schrie Dimon zurück.

1996, nachdem sie für 4 Milliarden Travelers gekauft hatten,[45] brauchten sie jemanden, der sich um das Asset-Management kümmerte. Weill drängte Dimon, seine 37 Jahre alte Tochter Jessica Bibliowicz auf den Posten zu hieven; sie leitete damals das Investmentfondsgeschäft bei Smith Barney. Dimon und Bibliowicz kannten sich seit Teenagertagen, aber sie galt nicht als Spitzenmanagerin, und er hatte Bedenken, ihr einen so einflussreichen Job zu übertragen. Ein leitender Manager warnte Dimon: »Nimm sie. Du bist erledigt, wenn du es nicht tust.«[46] Doch Dimon blieb bei seiner Meinung und sagte Weill und anderen, sie sei nicht geeignet für den Job; sie hätten bessere, erfahrenere Manager, die dafür infrage kämen.

Im Jahr darauf teilte Bibliowicz mit, dass sie die Firma verlassen werde. Sie gab Dimon nicht die Schuld an ihrer Entscheidung, sondern versuchte, die positiven Aspekte ihres Abgangs hervorzuheben. »Jetzt können wir wieder Vater und Tochter sein«, sagte sie zu Weill.[47] Aber Weill war wütend, und seine

Beziehung zu Dimon wurde nie wieder so wie vorher, immer öfter flammten Spannungen auf, während die Firma weiter rasant expandierte. Travelers übernahm 1997 Salomon, und Weill machte Deryck Maughan, einen Briten, der geholfen hatte, Salomon Brothers durch einen Skandal mit Schatzwechseln zu steuern, zum zweiten CEO von Salomon Smith Barney neben Dimon. Die Teilung der Macht war zwar logisch, missfiel Dimon aber im höchsten Maß.

Noch schwerer wog die Kränkung nach der 83 Milliarden schweren Fusion mit Citicorp,[48] dem Geschäft, bei dem die Regeln des US-Finanzsystems neu geschrieben wurden und die Trennung zwischen Geschäftsbanken und Investmentbanken, die aus der Zeit der Weltwirtschaftskrise datierte – bekannt als Glass-Steagall Act von 1933 –, durch einen Gesetzesvorschlag des republikanischen Senators Phil Gramm aus Texas und des republikanischen Abgeordneten Jim Leach aus Iowa aufgehoben wurde. Dimon hatte unermüdlich daran gearbeitet, dass das Geschäft zustande kam, doch als dann die 18 Sitze im Verwaltungsrat des fusionierten Unternehmens zwischen Travelers und Citicorp aufgeteilt wurden, musste er feststellen, dass für ihn kein Platz war. Zwar wurde er zum Präsidenten des Unternehmens ernannt, aber nur eine Mitarbeiterin war ihm direkt unterstellt, die Finanzchefin Heidi Miller.

Die unhaltbare Situation explodierte, ein paar Tage nachdem die neue Citigroup ein enttäuschendes drittes Quartal gemeldet hatte – Folge eines turbulenten Sommers, in dem Russland in Zahlungsschwierigkeiten geraten und der Hedgefonds Long-Term Capital beinahe zusammengebrochen war. An dem Wochenende war eine viertägige Konferenz der leitenden Mitarbeiter im West Virginia Resort in Greenbrier anberaumt, das mit einem Abendessen in festlicher Garderobe und Tanz enden sollte. Steve Black, einer von Dimons engsten Verbündeten bei Smith Barney, trat auf die Maughans zu und bat Maughans Frau zum Tanz, was in Anbetracht der Konflikte innerhalb der Firma als Geste der Versöhnung gemeint war. Aber Deryck Maughan revanchierte sich nicht und ließ Blacks Frau allein am Rand der Tanzfläche stehen. Wütend ging Black auf Maughan los.

»Schlimm genug, wie Sie mich behandeln«, rief er. »Aber meine Frau werden Sie nicht so behandeln!«[49] Black schien sein Gegenüber schlagen zu wollen, er drohte: »Ich hau Ihnen eine rein!«

Dimon versuchte einzugreifen und folgte Maughan, als er den Ballsaal verließ. »Ich habe nur eine ganz einfache Frage: Wollten Sie Blackies Frau brüskieren oder nicht?«

Maughan sagte nichts, drehte sich um und wollte weitergehen. Erbost packte Dimon ihn und zog ihn zu sich, dabei riss er einen Knopf von Maughans Jacke ab.

»Sie drehen mir nicht den Rücken zu, wenn ich mit Ihnen rede!«, brüllte er.[50]

Weill fand Dimons Reaktion höchst unangemessen, als er davon erfuhr. Eine Woche später bestellten er und sein Co-CEO John Reed Dimon in das Konferenzzentrum der Firma in Armonk, New York, und forderten ihn auf, zurückzutreten.[51]

Wie sich herausstellte, war es das Schlimmste und das Beste zugleich, was Dimon passieren konnte. Genau wie Weill nach seinem Ausscheiden bei American Express ließ er sich Zeit bei der Suche nach einem neuen Job und lehnte mehrere Angebote ab – angeblich auch ein Angebot des Internethändlers Amazon.[52] Dimon kannte sich außerhalb der Bankenwelt nicht wirklich aus, und er wollte warten, bis sich auf seinem Feld eine Gelegenheit ergab. Schließlich übernahm er die Leitung von Bank One, einem zweitklassigen, ziemlich chaotischen Institut in Chicago. Das war die Plattform, nach der er Ausschau gehalten hatte, und er begann, die Organisation zu straffen und die Bilanz in Ordnung zu bringen. 2004 war er in der Lage, einen Deal mit JP Morgan abzuschließen, mit dem er sich als Nachfolger für CEO William Harrison in Stellung brachte.

JP Morgan, einst das stolzeste Geldhaus an der Wall Street, war ins Mittelfeld zurückgefallen, als seine Konkurrenten immer weiter aufstiegen. Dimon brachte sein eigenes Team von Kostenkillern und Integrationsexperten mit und machte sich an die Arbeit.[53] Die Managergehälter wurden drastisch gekürzt, Fitnessräume geschlossen, Telefonanschlüsse aus den Waschräumen entfernt, die tägliche Lieferung frischer Blumen wurde abbestellt. Die Mitarbeiter sogen hörbar die Luft ein, wenn Dimon aus seiner Brusttasche einen handgeschriebenen Zettel zog, auf dem er seine täglichen Aufgaben notierte. Auf der einen Seite standen die Dinge, die er erledigen musste, auf der anderen Seite die Namen derjenigen, »die mir noch etwas schulden«, wie er sagte.

2008 wurde JP Morgan Chase praktisch für alles gelobt, was Citigroup – die Bank, die Dimon mit aufgebaut hatte – nicht war. Im Gegensatz zur Citigroup nutzte JP Morgan Größeneffekte zu seinem Vorteil, beseitigte Doppelungen und verkaufte Hypotheken an Inhaber von Girokonten und umgekehrt. Dimon, von Natur aus paranoid, durchschaute die komplizierten Zusammenhänge von praktisch jedem Aspekt des Bankgeschäfts (anders als viele seiner CEO-Kollegen) und reduzierte Risiken; aus jedem Firmenbereich wurden Gewinne buchstäblich herausgequetscht. Vor allem aber erwies sich Dimon, als die Kreditkrise immer weitere Kreise zog, als unendlich viel vorsichtiger als seine Konkurrenten. Die Bank setzte viel weniger Fremdkapital ein, um die Renditen zu steigern, und betrieb nicht annähernd in gleichem Umfang außerbilanzielle Tricksereien. Während die anderen Banken schwer ins Straucheln gerieten, nachdem der Markt für Subprime-Hypotheken zusammengebrochen war, wankte JP Morgan nicht einmal. Einen Monat bevor im Zusammenhang mit Bear Stearns Panik ausbrach, prahlte Dimon auf einer Investorenkonferenz[54] noch damit, die Bilanz seiner Firma stehe »wie eine Festung«.

»Eine Bilanz wie eine Festung ist [sic] auch eine Menge Liquidität, das können wir wirklich sagen.« Und er fügte hinzu: »Das kommt uns für die Zukunft sehr zugute.«

Sein Fazit lautete: »Ich weiß nicht, ob es Chancen geben wird. Nach meiner Erfahrung bieten Konstellationen wie die jetzige Chancen, aber nicht unbedingt sofort.«

Eine Chance kam schneller, als er dachte.

Am Donnerstag, dem 13. März, feierten Dimon, seine Frau und ihre drei Töchter seinen 52. Geburtstag mit einem Abendessen im griechischen Restaurant Avra an der East Forty-eighth Street.[55] Dimons Handy – das für Familienmitglieder und Notfälle in der

Firma – klingelte, als sie kaum mit dem Essen begonnen hatten, gegen 18 Uhr. Ungehalten nahm Dimon den Anruf an.

»Jamie, wir haben ein ernstes Problem«, sagte Gary Parr, Banker bei Lazard Asset Management, der Bear Stearns vertrat. »Können Sie mit Alan sprechen?«

Schockiert ging Dimon vor die Tür. Seit Wochen gab es Gerüchte um Bear, aber der Anruf bedeutete, dass alles viel schlimmer war, als er sich vorgestellt hatte. Nach wenigen Minuten rief Alan Schwartz, CEO von Bear Stearns, an und teilte Dimon mit, die Firma habe kein Geld mehr und brauche Hilfe.

»Wie viel?«, fragte ein konsternierter Dimon und bemühte sich, ruhig zu bleiben.

»Es könnten 30 Milliarden werden.«

Dimon pfiff leise in die Nacht – das war zu viel, viel zu viel. Trotzdem bot er Schwartz Hilfe an, so weit er konnte. Er legte auf und rief sofort Geithner an. JP Morgan könne so viel Geld nicht so schnell aufbringen, sagte er Geithner, werde sich aber an einer Lösung beteiligen.

Am nächsten Tag, Freitag, dem 14. März, schleuste die Notenbank über JP Morgan ein Darlehen zu Bear Stearns, das den aktuellen Liquiditätsengpass überbrückte und Bear 28 Tage Zeit gab, einen Rettungsplan auszuarbeiten. Weder die Notenbank noch das Finanzministerium wollten die Situation jedoch so lange ungeklärt lassen, und am Wochenende drängten sie Dimon zur Übernahme. Ein Team von 300 Leuten von JP Morgan richtete sich in den Büros von Bear ein, und sie informierten Dimon und seine Manager, was sie gefunden hatten.

Bis Sonntagmorgen wusste Dimon genug. Er sagte Geithner, JP Morgan werde sich zurückziehen; die Probleme mit der Bilanz von Bear reichten so tief, dass sie praktisch unergründlich seien. Geithner wollte Dimons Rückzug jedoch nicht akzeptieren und drängte ihn, Bedingungen zu nennen, wie der Deal doch noch zustande kommen könnte. Schließlich gelangten sie zu einer Übereinkunft über einen 30-Milliarden-Kredit gegen Bears dubiose Sicherheiten; im Falle eines Verlusts würde JP Morgan auf der ersten Milliarde sitzen bleiben.

Diese abschließenden Verhandlungen interessierten den Bankenausschuss des Senats natürlich sehr. Hatte JP Morgan im Wissen um seine Druckmittel übermäßig hart mit der Regierung verhandelt, auf Kosten der Steuerzahler?

Dimon, der mit seinem silbernen Haar und perfekt gebügelten weißen Manschetten, die unter dem Jackett hervorlugten, beinahe aristokratisch wirkte, klang weder defensiv noch entschuldigend, als er schilderte, welche Ereignisse zu dem Deal mit Bear geführt hatten. »Es war keine Verhandlungsposition«, sagte er ganz ruhig.[56] »Es war die reine Wahrheit.« Nach seiner Darstellung lag die Wahrheit auf der Hand: Er und Geithner waren die Guten, die unter schwierigen Bedingungen die Sache gerettet hatten. »Eines kann ich mit Überzeugung sagen«, teilte er den Ausschussmitgliedern mit. »Wenn die privaten und staatlichen Beteiligten, die heute vor Ihnen sitzen, nicht in bemerkenswerter Weise zusammengearbeitet hätten, um den Kollaps von Bear Stearns zu verhindern, dann stünden wir heute alle vor ganz anderen Schwierigkeiten.«

Letzten Endes wurden bei der Anhörung an dem Tag keine Schuldigen gefunden, gab es keine legendären Worte und heroischen Momente. Aber die amerikanische Öffentlichkeit bekam einen ersten Eindruck von den Personen, die sie in den nächsten sechs Monaten noch sehr genau kennenlernen sollte, und erhaschte einen seltenen, wenn auch noch unscharfen Blick auf den kleinen Kreis der Akteure ganz oben an der Spitze der Hochfinanz. Die Senatoren hatten sich noch längst kein Bild von dem Bear-Deal gemacht. Wie nötig war er tatsächlich gewesen? Und hatte er wirklich ein Problem gelöst oder nur eine größere Abrechnung vertagt?

Von allen Ausschussmitgliedern war Bunning, der bedingungslose Anhänger der freien Märkte, am kritischsten – und vielleicht am weitsichtigsten. »Ich bin sehr beunruhigt über den Zusammenbruch von Bear Stearns«, sagte er, »und mir gefällt der Gedanke nicht, dass die Notenbank mit der Rettung der Firma zu tun hat … Das ist Sozialismus, zumindest habe ich das so gelernt.«[57]

Und ahnungsvoll fügte er hinzu: »Und was passiert, wenn Merrill oder Lehman oder ein anderer der Nächste ist?«

Kapitel vier

An einem bemerkenswert nassen Abend am Freitag, dem 11. April 2008, ging Dick Fuld die Stufen des Finanzministeriums hinauf, vorbei an der drei Meter hohen Bronzestatue von Alexander Hamilton, die über dem Südeingang wacht. Er folgte einer persönlichen Einladung von Hank Paulson zu einem privaten Abendessen zum Abschluss eines G7-Gipfels und zum Auftakt der jährlichen Frühjahrsberatungen von Weltbank und Internationalem Währungsfonds.[1] Auf der Gästeliste standen die einflussreichsten Wirtschaftspolitiker und Strategen, darunter zehn CEOs von der Wall Street und etliche mächtige Finanzminister und Notenbankchefs aus aller Welt, unter anderem Jean-Claude Trichet, der Präsident der Europäischen Zentralbank.

Fuld war einigermaßen optimistisch – sicher nicht so verzweifelt wie noch vor Kurzem. Lehmans Mitteilung zwei Wochen zuvor, dass man 4 Milliarden frisches Kapital beschaffen wolle, hatte die Aktie stabilisiert, zumindest fürs Erste.[2] Der gesamte Markt ging steil nach oben, getrieben durch Kommentare von Lloyd Blankfein, dem Chef von Goldman Sachs, der bei der Hauptversammlung seiner Firma mit großer Emphase gesagt hatte, bei der Kreditkrise sei das Schlimmste vermutlich vorbei. »Wir sind dem Ende näher als dem Anfang.«[3]

Das sollte nicht heißen, dass sich die dunklen Wolken über der Finanzwelt gänzlich verzogen hatten. Noch am Morgen hatte Fuld in Manhattan in der New Yorker Notenbank an einer hitzigen Besprechung mit Tim Geithner teilgenommen und ihn beschworen, etwas wegen der Leerverkäufer zu unternehmen, die, wie er meinte, nur gerade Luft holten. Erik Sirri, Leiter der Abteilung für Börsengeschäfte und Märkte bei der Börsenaufsicht, drängte Fuld immer wieder, Beweise für illegale Machenschaften vorzulegen: »Geben Sie mir etwas in die Hand, einen Namen, irgendetwas.« Fuld, der den ehemaligen Harvard-Professor Sirri für einen markttheoretischen Eiferer ohne Erfahrungen in der realen Welt hielt, erwiderte, er habe nichts Konkretes. Er wisse nur, was er wisse.

Jetzt, am Abend, während Fuld über den Marmorboden mit dem schwarz-weißen Schachbrettmuster durch die Gänge des Finanzministeriums geführt wurde, versuchte er, den Kopf frei zu bekommen, und richtete sich auf einen schönen Abend ein.

Das Abendessen fand im sogenannten Treasury Cash Room statt; bis Mitte der 1970er-Jahre hatte man dort Staatsanleihen gegen Bargeld eintauschen können, daher der Name »Cash Room«. Er war 1869 eingerichtet worden, um das Vertrauen in das neue, während des Bürgerkriegs eingeführte Papiergeld – den »Greenback« – zu stärken. Heute, fast eineinhalb Jahrhunderte später, mangelte es wieder an Vertrauen.

Fuld hatte schon die ganze Woche ungeduldig auf das Abendessen gewartet, weil er hoffte, er würde dabei mit Paulson unter vier Augen sprechen können. In den letzten Wochen hatten sie mehrfach telefoniert, aber in Anbetracht dessen, was auf dem Spiel stand, war ein direktes Gespräch wichtig. Das würde Fuld die Gelegenheit geben, den Finanzminister von der Ernsthaftigkeit seiner Anstrengungen zu überzeugen und herauszubekommen, wie Lehmans Position in Washington tatsächlich war.

In der Prozession der Leute aus dem Finanzsektor, die nacheinander den Cash Room betraten, bemerkte Fuld einen alten Freund, John Mack, CEO von Morgan Stanley; er war einer der wenigen Anwesenden, die genau wussten, was Fuld durchmachte. Von allen CEOs an der Wall Street fühlte Fuld sich Mack am engsten verbunden, sie beide leiteten am längsten große Finanzunternehmen, und gelegentlich trafen sie sich mit ihren Ehefrauen zum Abendessen.

In dem Raum waren noch etliche andere Männer, denen Fuld die Hand schüttelte, obwohl er sie nicht sehr gut kannte – und schon gar nicht ahnte er, dass sie bald bedeutende Rollen in seinem Leben spielen würden. Einer war Bob Diamond, der amerikanische Chef des Investmentbankings von Barclays Capital, dem britischen Finanzgiganten. Fuld hatte ein paar Mal mit ihm gesprochen, meistens wenn er Spenden für seine karitativen Anliegen sammelte. Diamond war höflich, aber auffallend kühl, als Fuld ihn begrüßte, vielleicht weil Fuld ihn einmal zu einem Kaffee eingeladen hatte, ohne daran zu denken, dass er in London lebte, nicht in New York – ein Patzer, den Diamond nicht vergessen hatte. Fuld begrüßte auch Diamonds Kontrolleure, den britischen Finanzminister Alistair Darling und Mervyn King, den Gouverneur der Bank of England. Die Hochfinanz war im Allgemeinen eine kleine Welt, und in diesem Augenblick ahnte noch keiner der Anwesenden, wie klein sie tatsächlich geworden war.

Während Fuld sich einen Weg durch die Menge bahnte, hielt er nach Paulson Ausschau, denn er wollte möglichst noch vor dem Abendessen mit ihm sprechen. Doch dann entdeckte ihn Paulson, gekleidet in einen blauen Anzug, der ihm eine Nummer zu groß zu sein schien, zuerst. »Ihr strengt euch wirklich richtig an«, sagte Paulson, als er die Hand ausstreckte, »die Kapitalbeschaffung war der richtige Schritt.«

»Danke«, erwiderte Fuld, »wir bemühen uns.«

Paulson bedankte sich auch für den »gedankenreichen« Austausch, der zwischen Tom Russo, dem Leiter der Rechtsabteilung, und Rick Rieder, dem Verantwortlichen für die globale Strategie bei Lehman, auf der einen Seite und Paulsons Stellvertreter Bob Steel und Senator Judd Gregg auf der anderen Seite in die Wege geleitet worden war. Russo hatte einen Plan befürwortet, der vorsah, dass die Regierung eine spezielle Institution schaffen würde – Russo sprach von einer »good bank« –, die Wall-Street-Firmen zu zusätzlicher Liquidität verhelfen sollte, indem sie ein Auffangnetz für ihre besonders toxischen Anlagen aufspannte, aber er war auf Widerstand gestoßen. Es würde einfach zu sehr nach einem weiteren Rettungsprogramm aussehen, und dazu war Washington nicht bereit – noch nicht.

»Ich mache mir über eine ganze Menge Dinge Sorgen«, sagte Paulson jetzt zu Fuld und wies insbesondere auf einen neuen Bericht des IWF hin, der besagte, die Wertberichtungen im Zusammenhang mit Hypotheken und Immobilien könnten sich im Lauf der nächsten zwei Jahre auf 945 Milliarden Dollar summieren.[4] Paulson sagte weiter, er sei auch besorgt über das gigantische Ausmaß an Fremdfinanzierung (die Verschuldungsquote),[5] mit dem die Investmentbanken weiterhin operierten, um ihre Renditen aufzupeppen. Das erzeuge weitere enorme Risiken im System.

Die Zahlen in diesem Bereich waren tatsächlich besorgniserregend. Lehman Brothers hatte eine Verschuldungsquote von 30,7 zu 1; Merrill Lynch stand mit 26,9 zu 1 nur geringfügig besser da. Paulson wusste, dass Merrill Lynch wie Lehman bis zum Hals in ausfallgefährdeten Anlagen steckte, und sprach von den Herausforderungen, vor denen John Thain (der bei Goldman Paulsons Nummer zwei gewesen war) mit seiner eigenen Bilanz stand. Aber Fremdfinanzierung und die Probleme von Merrill Lynch waren in dem Augenblick nicht Fulds Hauptsorge; ihn ärgerten immer noch die Leerverkäufer, und wieder einmal drängte er Paulson, etwas dagegen zu unternehmen. Wenn man sie im Zaum halten könnte, würde das Lehman und anderen Unternehmen Luft verschaffen, wieder auf die Beine zu kommen und ihre Bilanzen in Ordnung zu bringen. Aber wenn die Leerverkäufer weiter auf sie einprügeln durften, würde die Gesamtsituation sehr viel hässlicher werden.

Als ehemaliger CEO konnte Paulson Fulds Ärger gut verstehen. Leerverkäufer kümmerten sich nur um ihre eigenen Gewinne und machten sich keine großen Gedanken, was ihr Handeln für das ganze System bedeutete. »Ich bin einverstanden«, sagte Paulson. »Wenn es da Übeltäter gibt, werden wir sie aus dem Geschäft drängen.«

Aber Paulson fragte sich auch, ob Fuld nicht womöglich die Leerverkäufer als Entschuldigung nahm, um sich nicht um die wirklichen Probleme bei Lehman kümmern zu müssen. »Wissen Sie, die Kapitalerhöhung war zwar gut, aber nur ein Schritt«, mahnte Paulson. »Dabei darf es nicht bleiben.« Er erinnerte Fuld daran, dass der Kreis potenzieller Interessenten für Lehman nicht eben groß war.

»Schauen Sie, Dick«, fuhr er fort. »Nicht viele Leute da draußen sagen: ›Ich brauche eine Investmentbanking-Abteilung.‹ Sie müssen langsam über Ihre Optionen nachdenken.«

Das war ein nicht eben subtiler Hinweis, über den Verkauf der gesamten Firma nachzudenken. Zwar ärgerte sich Fuld ein bisschen über das Gespräch, aber sie hatten ähnliche Diskussionen schon früher geführt, und so nahm er Paulson Ermahnungen nicht allzu schwer.

Die Gäste setzten sich, und in allen Tischreden spielte der bedrohliche Zustand der Wirtschaft eine große Rolle. Die Kreditkrise war nicht nur ein amerikanisches Problem, sie hatte die ganze Welt erfasst. Mario Draghi, Chef der italienischen Zentralbank und ein ehemaliger Partner bei Goldman Sachs, sprach ganz offen von seinen Sorgen über globale Geldmarktfonds. Jean-Claude Trichet sagte in seiner Rede, sie müssten sich auf allgemeine Anforderungen an die Eigenkapitalquoten einigen – wie viel Geld ein Institut haben musste im Verhältnis zu dem, was es sich leihen konnte – und, noch wichtiger, über Standards für Fremdfinanzierung und Liquidität, die seiner Einschätzung nach besonders aussagekräftige Indikatoren dafür waren, ob ein Institut einem »Sturm auf die Bank« standhalten konnte.

Als Fuld an dem Abend endlich seinen Wagen samt Fahrer vor dem Gebäude des Finanzministeriums gefunden hatte, tippte er eine E-Mail an Russo in seinen Blackberry. »Dinner mit Paulson gerade zu Ende«, schrieb er um 21.52 Uhr.[6]

Ein paar Notizen

1. Stehen im Ministerium gut da.
2. Kapitalbeschaffung hat ihnen gefallen.
3. Gedanken von Ihnen + von Reiders haben sie beeindruckt.
4. Wollen die schlechten HFnds [Hedgefonds] killen +
   die anderen an die Kandare nehmen.
5. Alle G7-Staaten sollen mitmachen.
   Mn Stds [Standards für marktnahe Bewertung]
   Kap Stds [Kapitalstandards]
   Lev + Liq Stds [Standards für Leverage und Liquidität]
6. HP [Hank Paulson] besorgt wegen ML [Merrill Lynch]
   Insgesamt lohnend,
   Dick

Am nächsten Dienstag, dem 15. April, gingen Neel Kashkari und Phillip Swagel eilends am Pförtnerhaus des Finanzministeriums vorbei zu dem schwarzen Suburban des Ministers, wo Hank Paulson und Bob Steel bereits auf sie warteten. Die drei wurden um drei Uhr – in zehn Minuten – in der Notenbank im Stadtteil Foggy Bottom erwartet, und sie waren spät dran.

Kashkari und Swagel waren ein seltsames Paar. Kashkari, dunkel und mit kahlem Schädel, kleidete sich immer noch wie der Investmentbanker, der er bis vor Kurzem gewesen war. Swagel, hell mit dunklem Haar und Brille, sah eher wie ein etwas merkwürdiger Beamter aus. Er hatte zuvor an der Uni gearbeitet, wirkte fit und jünger als sein 34-jähriger Kollege, obwohl er tatsächlich acht Jahre älter war.

Paulson wollte seine jungen Berater zu dem Treffen mit Ben Bernanke mitnehmen, damit sie ein vertrauliches Memo präsentierten, das sie verfasst hatten – ein Memo mit weitreichenden Implikationen für das zusehends instabilere Finanzsystem.

Auf Paulsons Bitte hatten sie nichts weniger unternommen, als einen Plan zu Papier zu bringen, was im Falle einer Kernschmelze der Finanzmärkte zu tun war; sie hatten die Schritte skizziert, die das Finanzministerium einleiten müsste, und welche Befugnisse erforderlich wären, um eine neue Weltwirtschaftskrise zu verhindern. Ihrem Memo hatten sie den provokanten Titel gegeben: »Das Glas zerbrechen: Ein Plan für die Rekapitalisierung der Banken.«[7] Wie ein Feueralarmknopf hinter einer Glasscheibe sollte der Plan nur im Notfall benutzt werden, doch mit jedem Tag, der verging, sah es mehr danach aus, als würde ihr Vorschlag nicht nur den Notfall durchspielen.

Während der Suburban zu Bernankes Büro brauste, blieb Kashkari, den selten etwas erschütterte, ruhig. Nach einem kurzen Intermezzo als Satelliteningenieur hatte er als Investmentbanker für Goldman Sachs in San Francisco gearbeitet, wo niemand ihm sagen musste, dass er gut in seinem Job war.[8] Er liebte Besprechungen mit Kunden und testete gern sein Verkaufstalent; wie Paulson war er zupackend, ein Machertyp. Und wie Paulson hatte ihm seine Art, erst zu handeln und dann Fragen zu stellen, mitunter Ärger eingebracht, auch wenn niemand an seinem scharfen Verstand zweifelte.

Kashkari hatte immer für die Regierung arbeiten wollen. Er hatte Paulson nur einmal getroffen, ihm aber nach seiner Wahl zum Finanzminister einen Glückwunsch auf der Mailbox hinterlassen. Zu seiner Überraschung hatte Paulson am nächsten Tag zurückgerufen: »Danke. Ich würde mich freuen, wenn Sie zu mir ins Finanzministerium kämen.«

Kashkari buchte sofort einen Flug nach Washington, und unterwegs legte er sich sorgfältig das Angebot zurecht, das er Paulson unterbreiten wollte. Sie trafen sich im Old Executive Office Building, wo Paulson vorübergehend untergebracht war, bis der Senat ihn bestätigt hatte. Kashkari hatte kaum mit seinen Ausführungen begonnen, da bemerkte er einen zerstreuten, leicht ärgerlichen Ausdruck auf dem Gesicht des Ministers. Kashkari unterbrach sich mitten im Satz.

»Hören Sie«, begann Paulson, »ich habe Folgendes vor. Ich möchte ein kleines Team zusammenstellen, das an politischen Themen arbeiten wird, alle möglichen Themen, was nötig ist, damit bestimmte Dinge geregelt werden. Wie klingt das?«

Erstaunt begriff Kashkari: *Er bietet mir einen Job an!*

Die beiden besiegelten ihre Vereinbarung per Handschlag, da fiel Paulson noch ein wichtiges Detail ein: »Oh, noch etwas. Sind Sie Republikaner?« Wie das Glück es wollte, war Kashkari Republikaner. Paulson brachte ihn zur Tür und zeigte ihm den Weg zum Personalbüro des Weißen Hauses ein paar Blocks weiter. Kashkari war bald an Bord gekommen, und jetzt sollte er das größte Verkaufsgespräch seiner Karriere führen – mit dem mächtigsten Mann der Weltwirtschaft.

Drei Worte hatten Ben Bernanke von dem Augenblick an verfolgt, als er am 1. Februar 2006[9] das Amt des Notenbankchefs angetreten hatte: »Schwer zu überbieten.« Die Worte fielen unweigerlich im Zusammenhang mit dem Mann, für den der Enthüllungsjournalist der *Washington Post*, Bob Woodward, auch den Beinamen »der Maestro« geprägt hatte: Alan Greenspan, in der Fiskalpolitik das, was Warren Buffett unter den Investoren war. Greenspan hatte die Notenbank in einer Zeit ungekannten Wachstums geleitet, einem spektakulären Bullenmarkt, der in der Amtszeit von Reagan begonnen und über zwanzig Jahre gedauert hatte. Die meiste Zeit begriff niemand außerhalb der wirtschaftswissenschaftlichen Profession, was Greenspan tat oder auch nur sagen wollte. Seine verklausulierten öffentlichen Äußerungen waren legendär und trugen nur noch mehr zu dem Mythos bei, er sei ein großer Denker.

Bernanke hingegen war die meiste Zeit seines Berufslebens Collegeprofessor gewesen, und zu dem Zeitpunkt, als er Nachfolger des damals 80-jährigen Greenspan werden sollte, erschien sein wissenschaftliches Spezialgebiet – die Weltwirtschaftskrise und die Fehler der Notenbank in den 1920er- und 1930er-Jahren – abseitig.[10] Es mochte der Heilige Gral der Makroökonomie sein, herauszufinden, was die Gründe der Weltwirtschaftskrise gewesen waren, aber für die Bewerbung um ein Schlüsselamt der Regierung hatte das scheinbar wenig Relevanz. Wirtschaftliche Krisen dieser Dimension gehörten nach allgemeiner Einschätzung der Vergangenheit an.

Doch im Sommer 2007 neigte sich Amerikas zweite Blütezeit nach dem Gilded Age dem Ende zu, und Greenspans Reputation lag in Trümmern. Sein Glaube an die Selbstheilungskräfte der Märkte hatte sich als verhängnisvoll kurzsichtig erwiesen, seine kryptischen Bemerkungen erschienen im Rückblick als Geschwätz eines irregeleiteten Ideologen.

Bernanke, der Spezialist für die Weltwirtschaftskrise, war ein ganz anderer Typus, obwohl er Greenspans Glauben an den freien Markt teilte. In seiner Analyse der Krise teilte Bernanke die Ansichten der Ökonomen Milton Friedman und Anna J. Schwartz, die in ihrem Buch *A Monetary History of the United States, 1867–1960* (erstmals veröffentlicht 1963) behauptet hatten, die Notenbank habe die Wirtschaftskrise verursacht, weil sie nicht sofort billiges Geld in das System gelenkt hatte zur Ankurbelung der Wirtschaft. Die späteren Bemühungen seien nicht ausreichend gewesen und zu spät gekommen. Unter Herbert Hoover hatte die Notenbank genau das Gegenteil getan: Sie hatte die Geldversorgung verknappt und die Wirtschaft abgewürgt.

Bernankes Ansichten veranlassten viele Beobachter zu der optimistischen Erwartung, er werde ein unabhängiger Notenbankchef sein und sich nicht von der Politik hindern lassen, zu tun, was er für richtig hielt. Die Kreditkrise war sein erster echter Test, aber inwiefern würde sein Wissen um die ökonomischen Fehler achtzig Jahre zuvor ihm helfen, die aktuelle Krise zu bewältigen? Das hier war kein geschichtliches Ereignis, es passierte in Echtzeit.

Die Tür zum Büro des Notenbankchefs ging auf, und Bernanke begrüßte die Gruppe aus dem Finanzministerium freundlich. Wie Swagel hatte er die zurückhaltende Umgangsweise des Akademikers, aber er war ungewöhnlich gewandt im Smalltalk. Er zeigte Paulson und den anderen sein Büro, dann nahmen sie an einem kleinen Couchtisch Platz. Neben dem obligatorischen Bloomberg-Terminal hatte Bernanke eine Baseballkappe der Washington Nationals auf seinem Schreibtisch liegen.

Nach ein paar Minuten zog Swagel den zehnseitigen Entwurf für das Paper zum Thema »Break the Glass« hervor. Kashkari warf seinen Kollegen einen hilfesuchenden Blick zu und begann dann zu sprechen.

»Ich denke, wir alle verstehen das politische Kalkül hier, wir kennen die Grenzen dessen, was wir legal tun können. Wie bekommen wir die Macht, einen Kollaps zu verhindern?« Bernanke nickte beifällig, und Kashkari fuhr fort. »Nun, wie Sie wissen, haben wir im Finanzministerium in Abstimmung mit Mitarbeitern der Notenbank in den letzten Monaten verschiedene Optionen eruiert, und ich denke, wir haben hier den Rahmen des Möglichen abgesteckt. Das ist für den Fall gedacht, dass wir es, sollte es zum Schlimmsten kommen, aus der Schublade holen und dem Kongress sagen können: ›Hier ist unser Plan.‹«

Kashkari blickte zu Bernanke, der den Text eingehend studiert und den Plan sofort erfasst hatte: »Das Finanzministerium erwirbt durch eine Auktion 500 Milliarden Dollar von Finanzinstituten. Die Preise für die unterschiedlichen Sicherheiten festzulegen wird eine große Herausforderung sein. Das Finanzministerium wird Bieter nicht mit Geld, sondern mit neuen Staatsanleihen bezahlen. So ein Anlagentausch macht es überflüssig, dass die Notenbank Anlagen sterilisieren muss. Das Finanzministerium wird das Management der Portfolios privaten Asset-Managern übertragen, die den Ertrag für die Steuerzahler maximieren und die Positionen im Lauf der Zeit (möglicherweise in einem Zeitraum von bis zu zehn Jahren) auflösen sollen.«

Bernanke wählte seine Worte vorsichtig, als er fragte, wie sie auf die Zahl von 500 Milliarden Dollar gekommen seien.

»Wir sprechen über schätzungsweise 1 Billion an toxischen Wertpapieren«, erklärte Kashkari. »Aber wir müssen nicht das ganze schlechte Zeug kaufen, um eine Bresche zu schlagen. Sagen wir, die Hälfte. Es könnten aber auch 600 Milliarden sein.«

Bernanke vertiefte sich weiter in das Papier, und Kashkari und Swagel genossen einen Augenblick lang die Situation: Sie informierten den Hüter des Tempels – wie die Notenbank oft genannt wird – über die Bedingungen einer möglicherweise historischen Rettungsaktion für das Bankensystem. Eine staatliche Intervention in dieser Größenordnung war mindestens in den letzten fünfzig Jahren nicht in Erwägung gezogen worden; die Rettung der Spar- und Darlehenskassen Ende der 1980er-Jahre war im Vergleich dazu ein Klacks gewesen.

Wenn der Kongress dem Plan »Break the Glass« zustimmte – mit diesem Problem mussten sie sich später befassen –, hatten sie bereits ausgearbeitet, dass das Finanzministerium die Notenbank von New York beauftragen sollte, die Auktion der Giftpapiere der Wall Street durchzuführen. Gemeinsam würden sie qualifizierte Investoren im privaten Sektor suchen für die Verwaltung der Wertpapiere, die die Regierung erwarb. Die New Yorker Notenbank sollte dann die erste von zehn wöchentlichen Auktionen durchführen und hypothekenbesicherte Papiere im Wert von 50 Milliarden Dollar kaufen. Die Auktionen würden, so hoffte man, den bestmöglichen Preis für die Regierung bringen. Zehn ausgewählte Manager sollten sich um jeweils 50 Milliarden für einen Zeitraum von bis zu zehn Jahren kümmern.

Kashkari wusste, dass der Vorschlag sehr kompliziert war, unterstrich aber, dass er das Risiko wert war, denn so, wie sich die Dinge entwickelten, konnte man kaum auf eine »sanfte Landung« hoffen. Drastisches Handeln war erforderlich. »Ein Gesetz muss dem Finanzministerium vorübergehend erlauben, die Wertpapiere zu kaufen und den Kauf zu finanzieren«, sagte er, »und es muss die Obergrenze für die Schulden anheben, denn gegenwärtig haben wir nur Spielraum für bis zu 400 Milliarden.«

Und er fuhr fort: »Aber weil wir dabei stark auf den privaten Sektor zurückgreifen würden, würde sich der Aufwand für die Regierung in Grenzen halten: Zum Beispiel müsste das Finanzministerium nicht in größerem Umfang Leute einstellen. Aber wir müssen auch an optische Wirkung denken. Deshalb kämen nur öffentliche Finanzinstitute infrage, keine Hedgefonds und keine ausländischen Banken.«

Dann fasste Kashkari zusammen, was er und seine Kollegen im Finanzministerium pro und contra ihres Vorschlags ermittelt hatten. Der erste und wichtigste Punkt war: Wenn die Regierung handelte, würden die Banken weiter Kredite vergeben – aber nicht, so hoffte man, in der verantwortungslosen Weise, die überhaupt erst zu der Krise geführt hatte. Das wichtigste Gegenargument war, dass ihr Vorschlag, wenn er funktionierte, »moral hazard« erzeugte: Die Risikobereitschaft würde zunehmen, weil diejenigen, die Risiken eingingen, nicht die finanziellen Folgen zu tragen hatten.

Als Nächstes präsentierten die beiden Mitarbeiter des Finanzministerium Alternativvorschläge, und zwar vier an der Zahl:

Der Staat verkauft den Banken Versicherungen, die sie vor weiteren Wertverlusten ihrer toxischen Papiere schützen.
Die Notenbank vergibt »non-recourse loans« (rückgriffsfreie Darlehen) an die Banken wie bei der Übernahme von Bear Stearns durch JP Morgan.
Die Federal Housing Agency refinanziert Darlehen individuell.
Das Finanzministerium investiert direkt in die Banken.

Beim Zuhören strich sich Bernanke über seinen Bart, und hin und wieder kommentierte er einen Satz mit einem Lächeln. Das Treffen endete ohne Ergebnis bis auf den Beschluss, den Plan in die Schublade zu legen, bis – und falls – er benötigt würde, aber

Kashkari freute sich, dass der Notenbankchef für ihre Überlegungen ein so offenes Ohr gehabt hatte. Tatsächlich hatte Bernanke aufmerksamer zugehört als sein eigener Boss Hank Paulson, als Kashkari mit ihm zum ersten Mal über die Möglichkeit gesprochen hatte, auf den Finanzmärkten zu intervenieren.

Alle in Paulsons innerem Zirkel im Finanzministerium hatten mitbekommen, dass Kashkari an einem späten Abend im März in Paulsons Büro geplatzt war. Paulson war ungewöhnlich guter Laune und plauderte mit seinem Stabschef Jim Wilkinson.

»Hank, ich möchte über Rettungspakete sprechen«, hatte Kashkari die beiden unterbrochen.

»Was wollen Sie? Gehen Sie«, hatte Paulson unwillig reagiert.

»Schauen Sie, wir sprechen hier darüber, wie wir den politischen Rückhalt bekommen, dass wir wirklich handeln können. Dafür müssen wir nachweisen können, dass wir es versucht haben. Der nächste Präsident wird hereinkommen und sagen: ›Das sind die Schritte, die man hätte unternehmen sollen, aber die Vorgängerregierung war nicht willens oder nicht in der Lage, sie zu tun und so weiter und so weiter.‹ Wissen Sie, was das bedeutet? Der nächste Präsident wird die Geiseln nach Hause holen. Obama! *Obama wird die Geiseln nach Hause holen!*«

Paulson lachte auf bei dem Gedanken, dass Obama von dieser Krise in ähnlicher Weise profitieren sollte, wie Ende der 1970er-Jahre Ronald Reagan von dem Drama um die Geiseln im Iran profitiert hatte. Er deutete auf Kashkari.

»Haha, Obama bringt die Geiseln heim. Tatsächlich? Raus hier!«

In London wurde ein mit grauen und rötlichen Wolken bedeckter Abendhimmel im April gerade dunkel, als bei Bob Diamond, dem Chef von Barclays Capital, das Telefon läutete. Diamond hatte in seinem Büro in Canary Wharf im boomenden Finanzbezirk von East London, auch bekannt als The City, stillvergnügt das Putten geübt, und um das Loch in seinem Teppichboden lagen ein Dutzend Golfbälle verstreut. Die Wände ringsum waren mit Memorabilien der Boston Red Sox dekoriert, die zum einen Besucher aus New York City quälen sollten – von dort kamen viele Besucher – und zum anderen daran erinnerten, dass Diamond, der aus New England stammte, ein eingeschworener Sox-Fan war.[11]

Er mochte es gar nicht, wenn er während seiner kurzen Auszeiten unterbrochen wurde, aber in dem Fall war er glücklich, dass er den Schläger weglegen und den Anruf annehmen konnte. Am Apparat war sein Freund Bob Steel, den er gerade bei seinem letzten Besuch in Washington bei einer Dinnerparty im Finanzministerium kurz getroffen hatte.

Die beiden waren befreundet, seit sie im Jahr 2005 gleichzeitig in den Verwaltungsrat von Barclays eingetreten waren.[12] Sie kamen aus unterschiedlichen Teilen des Landes und unterschiedlichen Teilen des Business: Steel aus Durham in North Carolina war bei Goldman für Aktien zuständig gewesen; Diamond aus Springfield in Massachusetts hatte zuvor als Anleihehändler bei Morgan Stanley und Credit Suisse gearbeitet. Aber sie erkannten gleich Ähnlichkeiten bei sich: Beide stammten aus Mittelschichtfamilien und hatten sich ihr Collegestudium selbst verdient.

Ihre Karrierewege waren auf den letzten Etappen nahezu identisch gewesen: Steel und Diamond, zwei Yankees an Queen Elizabeths Hof, hatten in London ordentlich für Aufsehen gesorgt. Für Steel war der Erfolg gekommen, als er Goldmans Aktienhandel in Europa aufbaute, eine Großtat, an die sich sein ehemaliger Boss Hank Paulson immer erinnerte. Diamond wiederum hatte aus einer kleinen Investmentbank mit 3000 Angestellten ein Londoner Schwergewicht mit aktuell 15 000 Beschäftigten gemacht. Ein Viertel der Gewinne der Bank wurde mittlerweile von Barclays Capital erwirtschaftet.

Die beiden Männer waren Freunde geblieben, nachdem Steel aus dem Verwaltungsrat von Barclays ausgeschieden und mit Paulson ins Finanzministerium gewechselt war. Beide konnten jederzeit zum Telefon greifen und sicher sein, dass der andere abheben würde, was auch der Grund des Anrufs sein mochte.

»Hör mal, zu meinen Jobs hier gehört auch das Brainstorming«, sagte Steel nach der Begrüßung ein wenig steif zu Diamond, »und, nun ja, ich soll verschiedene Szenarios skizzieren. In dem Zusammenhang habe ich eine Frage an dich.«

Steels ungewohnt förmlicher Ton überraschte Diamond, und er fragte: »Ist das eine offizielle Sache, Bob?«

»Nein, nein. Also, ich rufe nicht für jemand anderen an«, versicherte er. »Die Märkte haben sich ein bisschen beruhigt, aber ich versuche mir vorzustellen, was passieren könnte, wenn die Dinge sich wieder verschlechtern und wir, nun ja, auf ein bestimmtes Niveau kommen.«

»Okay, schieß los.«

Steel holte tief Luft und stellte dann seine Frage: »Gibt es einen Preis, zu dem es für dich interessant wäre, Lehman zu kaufen? Und wenn es so wäre, was bräuchtest du von uns?«

Diamond war einen Augenblick sprachlos. Das Finanzministerium, so viel begriff er, versuchte eine Strategie zu formulieren für den Fall, dass Lehman in die gleiche Situation geraten sollte wie Bear Stearns. Aus ihrer langjährigen Freundschaft wusste er, dass Steel ein nüchterner Pragmatiker war, nicht jemand, der einfach so Versuchsballons steigen ließ.

»Darüber muss ich erst mal nachdenken, auf die Schnelle habe ich keine Antwort«, sagte Diamond vorsichtig.

»Ja, aber bitte denk darüber nach«, insistierte Steel.

»Sag niemals nie«, antwortete Diamond, und beide lachten. Das war Diamonds üblicher Kommentar, wenn Reporter ihn wegen möglicher Akquisitionen bedrängten, aber zum ersten Mal hatte er die Formel Steel gegenüber verwendet.

Steel wusste ganz genau, dass Barclays Capital seine Präsenz in den Vereinigten Staaten ausbauen wollte; der Wunsch stand Diamond praktisch auf seine maßgeschneiderten Anzüge aus der Savile Row geschrieben. Er hatte von Grund auf eine große Investmentbank aufgebaut, die ein Phänomen in London war, aber dabei hatte er sich immer gewünscht, ein einflussreicher Akteur an der Wall Street zu werden. Dass er dieses Ziel rastlos verfolgte, erklärte, warum er 1992 so plötzlich bei Morgan Stanley ausgeschieden[13] und zu Credit Suisse First Boston gewechselt war; dabei hatte er einen Großteil der Repohändlermannschaft mitgenommen und sich den Zorn von John Mack zugezogen. Vier Jahre später war Diamond zu BZW gegangen, deren Reste das Fundament für Barclays Capital bildeten.

Lehman war ein logischer Fusionskandidat, wenn Diamond – und natürlich sein Chef und der Verwaltungsrat in London – aus Barclays über Nacht eine mächtige Investmentbank in New York machen wollten. Aber er wusste, dass es ein teurer Kauf sein würde, solange Dick Fuld an der Spitze stand. Doch eine solche Gelegenheit würde sich nicht oft bieten.

An der Wall Street wusste man zu der Zeit nicht, dass Barclays über einen anderen Kauf nachdachte: Diamond hatte Verhandlungen mit UBS über den Kauf seiner Investmentsparte geführt und plante, noch in derselben Woche zu weiteren Gesprächen nach Zürich zu fliegen. Das teilte er Steel nun mit, wies ihn aber darauf hin, dass die Gespräche mit der UBS noch weitgehend in den Präliminarien steckten und er keinesfalls etwas davon nach außen dringen lassen wolle. Es konnte gut sein, dass der Deal nicht zustande kommen würde.

Lehman war jedenfalls eine ganz andere Liga. Es würde nicht einfach werden, die Führung für eine Akquisition dieser Größenordnung zu gewinnen; die Direktoren waren immer noch ängstlich, nachdem sie Monate zuvor einen teuren Bieterkrieg um die holländische Bank ABN AMRO verloren hatten.[14] Aber Lehman war die viertgrößte Investmentbank in den Vereinigten Staaten. Wenn Lehman mit einem deutlichen Abschlag zu bekommen war, dann musste man diese Chance einfach ernsthaft prüfen.

»Ja«, sagte Diamond zu Steel, »das ist wirklich etwas, worüber man nachdenken sollte.«

Kapitel fünf

Jim Cramer, der hyperaktive Börsenexperte von CNBC, sprach erstaunlich leise und unaufgeregt, wenn er nicht im Fernsehen auftrat. Höflich teilte er dem Wachpersonal vor dem Hauptquartier von Lehman Brothers an der Ecke Seventh Avenue und Fiftieth Street mit, er werde zu einem Arbeitsfrühstück mit Dick Fuld erwartet.[1] Er ging durch die Drehtür, vorbei an Lehmans Sprengstoffspürhund, einem Labrador namens Bella, zum Empfang, wo er die vertrauten Sicherheitsmaßnahmen über sich ergehen ließ. Wie üblich sah er ein bisschen zerknittert aus. Im Wartebereich im 32. Stock wurde er so feierlich begrüßt, als wäre er ein wichtiger Kunde, der über ein Milliardengeschäft verhandeln wollte. Erin Callan, die Finanzchefin, war anwesend, ebenso Gerald Donini, Leiter der Abteilung Global Equities und ein Nachbar von Cramer in Summit in New Jersey.

Fuld, der verbissen seinen heiligen Krieg gegen die Leerverkäufer führte, hatte Cramer persönlich eingeladen. Inzwischen war ihm klar, dass er einen Verbündeten in seinem Kampf brauchte, aber es hatte niemand mitmachen wollen. Cox nicht, Geithner nicht und Paulson auch nicht, trotz ihres jüngsten Gesprächs im Finanzministerium. Aber vielleicht konnte Cramer mit seiner starken TV-Präsenz und seinen Verbindungen tief in die Welt der Hedgefonds hinein eine Hilfe sein, die Debatte zu beeinflussen und den Kurs der Lehman-Aktie in die Höhe zu bringen.

Fuld kannte Cramer seit einem Jahrzehnt. Nach der Auflösung von Long-Term Capital Management 1998 ging das Gerücht, Lehman sei in dem Fonds sehr engagiert und werde womöglich als Nächster in Schwierigkeiten geraten. In dieser Situation hatte Cramer, damals ein neues Gesicht auf CNBC, Fuld sehr den Rücken gestärkt, als er im Fernsehen erklärte, Lehman müsse nur eigene Aktien zurückkaufen, um die Abwärtsspirale aufzuhalten und die

Leerverkäufer wegzudrängen. Am Morgen danach hatte Fuld, der Cramer nicht persönlich kannte, ihn in seinem Büro angerufen und mitgeteilt: »Ich kaufe eine Million Lehman-Aktien für einunddreißig Dollar.« Bald darauf waren die Aktien gestiegen.

Tatsächlich hatte die Wall Street einige Züge einer Shakespeare-Tragödie angenommen, und Cramer spielte darin den komischen Part, der für erleichterndes Lachen sorgt. Wortgewandt und wild dreinblickend, sprach er bei seinen Fernsehauftritten oft so schnell, dass man meinte, sein Kopf würde gleich platzen allein von der Anstrengung, seine Ideen auszudrücken. Aber an der Wall Street wusste man, dass hinter seinen Mätzchen und Marotten ein scharfer Verstand steckte. Er hatte einen Hedgefonds gemanagt und schon früh TheStreet.com gegründet, eine einflussreiche Website zum Thema Investieren; er besaß profunde Kenntnisse, wie die Märkte funktionierten.

Fuld und Cramer respektierten sich mittlerweile als pragmatische Kämpfernaturen, trotz ihrer ausgeprägten Charakterunterschiede. Cramer, der Medienstar, war durch und durch Harvard-Absolvent, hatte einmal bei Goldman gearbeitet und zählte Eliot Spitzer, Generalstaatsanwalt und die Nemesis der Wall Street,[2] zu seinen besten Freunden. Fuld verabscheute die Absolventen der Eliteuniversitäten, sah sich gern als Anti-Goldman, und Kommunikation war noch nie seine Stärke gewesen. Aber er respektierte die Tatsache, dass Cramer immer ehrlich war und sagte, was er dachte, wie unpopulär seine Ansichten auch sein mochten.

Nachdem eine Bedienung von Lehman ihre Essensbestellung aufgenommen hatte, erläuterte Fuld dem aufmerksam zuhörenden Cramer seine Punkte: Lehman arbeite hart daran, den Anteil von Fremdkapital zu reduzieren und bei den Investoren wieder Vertrauen aufzubauen. Obwohl im ersten Quartal 4 Milliarden neues Kapital hereingeflossen seien, glaube er, Fuld, weiter fest, dass eine »Intrige der Leerverkäufer« verhindere, dass der Aktienkurs die wahren Verhältnisse widerspiegele. Lehman sei unterbewertet.

Cramer nickte zustimmend. »Das denke ich auch«, sagte er, »die Leerverkäufer sind wirklich ein Problem – sie liegen regelrecht auf der Lauer.«

Fuld war erfreut, einen Zuhörer zu haben, der seine Sicht teilte. Ihm war durchaus bewusst, dass sein Problem mit den Leerverkäufern ein Thema berührte, das Cramer sehr am Herzen lag: die sogenannte »Uptick Rule«.[3] Diese Bestimmung hatte die Börsenaufsicht 1938 eingeführt, um zu verhindern, dass Investoren eine fallende Aktie immer weiter leer verkaufen konnten. (Bevor eine Aktie leer verkauft werden kann, muss der Preis steigen als Indiz dafür, dass aktive Käufer auf dem Markt sind. Theoretisch verhindert die Regel, dass eine Aktie steil nach unten geht und Leerverkäufer auf die Abwärtsspirale aufspringen.) 2007 hatte die Börsenaufsicht diese Regel aufgehoben; nach Ansicht von Cramer und anderen Kritikern war ihre Entscheidung von Ideologen der Marktwirtschaft beeinflusst worden, die keine noch so sanfte Bremse im System haben wollten. Seither warnte Cramer jeden, den er zu fassen bekam, dass ohne diese Vorsichtsmaßnahme Leerverkäufer freie Hand hätten, einen Blitzkrieg gegen gute Unternehmen anzuzetteln und ihre Aktien in den Keller zu prügeln.

Aber bis zur jüngsten Krise hatten nicht viele auf seine mahnenden Worte hören wollen. Die Wall-Street-Firmen stimmten der Abschaffung bereitwillig zu, weil ihre Hedgefondskunden es wünschten – bis sie selbst ins Visier von Leerverkäufern gerieten und Hilfe suchten.

»Sie können ein wichtiger Verbündeter für mich sein im Kampf gegen die Abschaffung dieser Regel«, sagte Cramer.

Fuld bedachte die Begeisterung seines Besuchers, während er insgeheim die Vor- und Nachteile abwog, wenn er den Namen seiner Firma mit dem Feldzug dieses Starmoderators verband. Cramer hatte vermutlich recht damit, dass die Abschaffung der Regel Lehman schadete, aber Fuld wusste auch, dass die Arbitrage-Abteilung von Lehman Hedgefondskunden hatte, die Leerverkäufe tätigten, und Lehman verdiente eine Menge Geld damit. Er wollte sie ganz bestimmt nicht verprellen, und gleichzeitig war ihm klar, dass die Debatte über die Frage ihre Berechtigung hatte. Die Restriktionen mochten zum Schutz gedacht gewesen sein, Fuld wusste jedoch sehr gut, dass Investoren sie mithilfe von Optionen und Derivaten umgehen konnten.

Donini, der seine Zweifel hatte, dass die Uptick Rule Lehmans größtes Problem war, schaltete sich im Sinne von Fuld ein. »Was wollen Sie erreichen, Jim?«, fragte er.

»Die Leerverkäufer machen große Unternehmen kaputt«, erwiderte Cramer. »Sie haben Bear Stearns zerstört, und jetzt versuchen sie Lehman zu zerstören. Ich will, dass das aufhört.« Vielleicht wollte er damit auch Fulds Ego schmeicheln.

»Wenn das Ihr Ziel ist und wenn Sie glauben, dass die Leerverkäufer das Problem verursachen«, sagte Donini, »dann denke ich nicht, dass Sie das über die Uptick Rule erreichen.« Donini setzte Cramer auseinander, dass seiner Ansicht nach das wahre Problem auf dem Markt die »nackten Leerverkäufe« waren. Normalerweise leiht sich bei einem Leerverkauf der Investor die Aktie von einem Broker, verkauft sie und hofft dann, dass sie fällt, damit er sie zu einem niedrigeren Kurs zurückkaufen kann; die geliehenen Aktien gibt er zurück, und die Differenz ist sein Gewinn. Aber bei einem nackten Leerverkauf – der illegal ist – leiht sich der Investor die zugrunde liegenden Aktien nicht und lässt so zu, dass der Markt manipuliert wird.

Doninis Antwort hatte Cramer neugierig gemacht, aber auch verärgert. Man hatte ihn eingeladen, er hatte seine Hilfe angeboten, und nun wurde sein Angebot abgelehnt. Er versuchte das Thema zu wechseln und zu Lehmans Schwierigkeiten zurückzukehren. »Nun, geben Sie mir doch Munition, damit ich eine positive Geschichte erzählen kann«, schlug er vor.

Erin Callan spürte, dass die Spannung stieg, und schaltete sich zum ersten Mal ein. »Wir haben gerade dieses unglaubliche Portfolio von Peloton gekauft, und es hat sich schon rentiert«,[4] sagte sie, sichtlich erfreut, eine gute Nachricht verkünden zu können.

Aber Cramer wirkte nicht überzeugt, denn er wusste einiges über Peloton. Peloton war ein Hedgefonds in London, initiiert von Ron Beller, einem ehemaligen Manager von Goldman, dessen Ehefrau zum Beraterkreis von Premierminister Gordon Brown gehörte. Peloton war einmal unter den Topfonds weltweit gewesen, aber ins Straucheln geraten und hatte seine Vermögenswerte praktisch zum Schleuderpreis veräußert. »Oh je«, sagte Cramer mit so viel Taktgefühl, wie er aufbringen konnte, »mich überrascht, dass das eine gute Nachricht sein soll, schließlich sind sie mit dreißig zu eins fremdfinanziert, und das meiste ist, wie man hört, Schrott.«

»Nein«, entgegnete Fuld mit Nachdruck, »das war ein echtes Schnäppchen.«

Cramer schien nicht überzeugt. »Eines ist mir wirklich nicht klar. Wenn man mit Goldman spricht, hört man, dass Goldman versucht, die Fremdfinanzierung radikal zu reduzieren, und Sie sagen auch, ›ich will raus aus der Fremdfinanzierung‹, aber tatsächlich machen Sie das Gegenteil.«

Fuld gefiel der Ton nicht mehr, und er erwiderte: »Was wir machen, ist, dass wir wirklich substanzielle Portfolios kaufen, von denen wir glauben, dass sie erheblich mehr wert sind, und wir gehen aus solchen raus, von denen wir glauben, dass sie weniger wert sind.«

Callan sagte, dass Lehman rasch seine Verschuldungsquote abbaue. Sie sagte auch: »Wir haben Anlagen in den Büchern, bei denen wir uns sehr sicher sind, dass sie unterbewertet sind.« Die nächsten zehn Minuten erzählte sie Cramer von Wohnimmobilien in Kalifornien und Florida, die der Firma gehörten, zwei Märkten, die von der Krise besonders hart getroffen worden waren, und sie ließ erkennen, dass sie damit rechnete, dass diese Märkte bald wieder anspringen würden.

Fuld war unterdessen zu der Überzeugung gelangt, dass eine Allianz mit Cramer nur Probleme schaffen würde. Er wechselte das Thema und versuchte, Informationen aus Cramer herauszubekommen. »Nun, und was hören Sie da draußen? Wer ist hinter uns her?«

Fuld war überzeugt, dass die beiden mächtigsten Finanziers des Landes, Steven A. Cohen von SAC Capital Advisors in Greenwich in Connecticut und Kenneth C. Griffin von der Citadel Investment Group in Chicago, sowohl für den Ansturm der Leerverkäufer wie für die Gerüchte verantwortlich waren, auch wenn er die beiden nicht direkt beim Namen nannte.

»Es sind Lügner!«, sagte er über die Leerverkäufer. »Ich denke, Sie können guten Gewissens rausgehen und sagen, dass sie Lügner sind.«

Cramer sah das zwar genauso, aber er machte klar, dass er sich ohne mehr Informationen nicht aus dem Fenster lehnen und die Lehman-Aktie stützen würde. »Ich kann sagen, dass die Leute bei den Gerüchten skeptisch sein sollen«, bot er an und fügte noch hinzu: »Warum wenden Sie sich nicht an die Regierung? Wenn Sie denken, dass es so schlimm ist, dass Sie es mit einem echten Bärenangriff zu tun haben und die Leute die Unwahrheit erzählen, warum sagen Sie das nicht der Börsenaufsicht?«

Fuld war jetzt erheblich gereizt und entgegnete nur: »Warum nennen Sie mir nicht einfach die Namen derjenigen, die Ihnen gegenüber schlecht über uns reden?«

Cramer reichte es allmählich. »Hören Sie, da ist niemand. Ich mache meine Arbeit, und meine Arbeit bringt mich zu der Ansicht, dass Sie einen Haufen Mist kaufen und nicht genug Mist verkaufen und dass Sie deshalb dringend Bargeld brauchen.«

Fuld mochte es gar nicht, wenn man ihm so zusetzte.

»Das muss ich kategorisch zurückweisen. Wir waren vollkommen transparent. Wir brauchen kein Bargeld, wir haben Tonnen von Bargeld. Unsere Bilanz ist so gut wie nie zuvor.«

Aber Cramer blieb skeptisch. »Wenn das stimmt, warum gelingt es Ihnen dann nicht, das viele Geld in einen höheren Aktienkurs zu verwandeln, indem Sie ein paar von Ihren Anleihen kaufen?«

Mit einer verächtlichen Geste brachte Fuld die Unterredung zu einem Ende.

»Ich sitze im Verwaltungsrat der Notenbank von New York«, beschied er Cramer. »Warum sollte ich Sie anlügen? Die sehen alles.«

Es war Mitte Mai, und David Einhorn arbeitete an einem Vortrag.

Einhorn, ein Hedgefondsmanager, der Einlagen von über 6 Milliarden Dollar verwaltete, bereitete einen Vortrag bei der Ira W. Sohn Investment Research Conference vor, einer Veranstaltung, zu der alljährlich rund tausend Leute strömen, die bis zu 3250 Dollar dafür zahlen, dass sie zuhören dürfen, wie prominente Investoren Aktien in den Himmel heben oder auf sie einprügeln.[5] Die Zuhörer nehmen in der Regel ein paar gut durchdachte Investmentratschläge mit und wissen, dass ihre Teilnahmegebühr an eine gute Sache geht: den Tomorrow's Children Fund, der krebskranken Kindern hilft.[6]

Einhorn war 39 Jahre alt und sah mindestens zehn Jahre jünger aus. Er saß in seinem Büro einen Block vom Grand Central Terminal entfernt und überlegte sich, was er sagen wollte. Seine Firma Greenlight Capital hatte nur sieben Analysten und ein paar Büroangestellte; in den Räumen ging es so ruhig zu wie in einem Wellness-Hotel. Niemand brüllte Orders in ein Telefon, keine triumphierenden Gesten unter Kollegen.

Greenlight war bekannt für seinen geduldigen, rationalen Investmentstil. »Wir fragen als Erstes, welches Wertpapier unterbewertet sein könnte«, erklärte Einhorn einmal.[7] »Wenn wir eine Vermutung haben, nehmen wir es unter die Lupe und schauen, ob es wirklich billig ist oder nicht. Damit wir investieren können, müssen wir verstehen, warum sich diese Chance bietet, und wir müssen überzeugt sein, dass wir deutlich mehr wissen als die Person, mit der wir das Geschäft machen wollen.« Im Gegensatz zu den meisten Fonds setzt Greenlight kein Fremdkapital ein, um in größerem Stil spekulieren zu können.

Die Analysten von Einhorn verbrachten ihre Tage damit, Geschäftsberichte und Bilanzen zu studieren, und saßen dabei in Räumen mit so launigen Namen wie »Nichtwiederkehr-Raum«[8], eine Anspielung auf einen Begriff aus der Bilanzierung für einen Gewinn oder Verlust, der wahrscheinlich nicht noch einmal auftreten wird – damit peppen die Unternehmen manchmal ihre Berichte auf. Für Einhorn war das ein Alarmzeichen, er nutzte es als Hinweis auf ein Unternehmen, bei dem er auf einen Kursrückgang setzen konnte. Zu den Unternehmen, die ihm bei seinen jüngsten Recherchen in diesem Sinn aufgefallen waren, gehörte auch Lehman Brothers; er fand, Lehman wäre ein ideales Thema für seinen Vortrag. Darüber zu spekulieren, wie solide Lehman dastand, mochte inzwischen zwar das beliebteste Klatschthema an der Wall Street sein, aber Einhorn machte sich bereits seit dem letzten Sommer Sorgen um die Firma.

Am Donnerstag, dem 9. August 2007, sieben Monate vor dem Zusammenbruch von Bear, war Einhorn in Rye im Bundesstaat

New York lange vor Sonnenaufgang aufgestanden, hatte Berichte gelesen und E-Mails geschrieben. Die Schlagzeilen an diesem Tag waren ihm sehr merkwürdig vorgekommen. Den ganzen Sommer über hatte die Implosion der Schrotthypotheken die Kreditmärkte erschüttert, und zwei Hedgefonds von Bear Stearns mit großen Positionen in hypothekenbesicherten Wertpapieren waren bereits kollabiert.

Nun teilte BNP Paribas, die große französische Bank, mit, dass sie Rückzahlungen aus zwei großen Geldmarktfonds aussetzen werde.[9]

Wie Bernanke sagte auch Einhorn seine Pläne für das Wochenende ab, weil er sich ein genaueres Bild machen wollte, was da vor sich ging. »Das sind französische Arbeitnehmer, sie haben ein Geldmarktkonto, mit dem sie nichts verdienen. Sie legen ihr Geld nur dort an, damit sie jederzeit darüber verfügen können; das ist Sinn und Zweck eines Geldmarktkontos. Man kann nicht den Geldmarkt einfrieren«, erklärte er seinem Team.

Einhorn rief seine sieben Analysten zusammen und erteilte ihnen einen Sonderauftrag. »Wir machen etwas, was wir normalerweise nicht machen«, eröffnete er ihnen. Normalerweise betrieben sie peinlich genaue Nachforschungen zu einer Firma oder einer Idee, diesmal sollten sie sich stattdessen – am Samstag und Sonntag – einen Überblick verschaffen, welche Firmen viele Schrottpapiere in ihren Büchern hatten. Einhorn wusste, dass damit die Probleme begonnen hatten, aber jetzt interessierte ihn die Frage, wohin das führen konnte. Jede Bank, die Anlagen hatte, die mit fallenden Immobilienwerten besichert waren – womöglich fein säuberlich zu verbrieften Produkten verschnürt, sodass manche Firmen gar nicht wussten, dass sie so etwas besaßen –, konnte in Gefahr sein. Das Projekt bekam den Namen »Der Kreditkorb«.[10]

Bis Sonntagabend hatte sein Team eine Liste mit 25 Firmen, bei denen Greenlight auf Kursverluste wetten konnte, darunter Lehman Brothers, auf die Einhorn bereits eine Woche zuvor eine sehr kleine Short-Position abgeschlossen hatte aus dem Gefühl heraus, dass der Kurs der Lehman-Aktie – damals 64,80 Dollar – zu hoch war.

In den nächsten Wochen wurden immer wieder Namen aus dem Kreditkorb entfernt, die nicht für Short-Positionen infrage kamen, und Greenlight konzentrierte sich auf eine Handvoll Firmen, darunter immer noch Lehman.

Im September legten die Banken nacheinander ihre Quartalszahlen vor. Einhorn hörte sehr genau zu, was Lehman in seiner Telefonkonferenz am 18. September über seine Ergebnisse im dritten Quartal verlauten ließ – und er war beunruhigt.

Zum einen wirkte Chris O'Meara, damals Finanzchef von Lehman, wie viele andere an der Wall Street übermäßig optimistisch. »Es ist noch früh, und wir können zu weiteren Quartalen nichts sagen, aber wie schon erwähnt, denke ich, dass wir das Schlimmste dieser Kreditmarktkorrektur überstanden haben«, teilte O'Meara den Analysten mit.[11]

Aber etwas anderes fiel noch mehr ins Gewicht: Einhorn glaubte, dass Lehman ein zweifelhaftes Bilanzierungsmanöver verschwieg, das so der Firma erlaubt hatte, Rekordeinnahmen zu verbuchen, als der Wert ihrer Schulden fiel, und zwar mit dem Argument, theoretisch hätte es diese Schulden zu einem niedrigeren Preis zurückkaufen und die Differenz als Gewinn einstreichen können. Andere Firmen an der Wall Street hatten es genauso gemacht, aber Lehman ging damit verschwiegener um als die anderen und weigerte sich, genaue Zahlen zu nennen.

»Das ist verrückte Bilanzierung. Ich weiß nicht, wie sie darauf gekommen sind«, sagte Einhorn seinen Leuten.[12] »Es bedeutet, dass der Tag, bevor du bankrott bist, der profitabelste Tag in der Geschichte deiner Firma ist, weil du sagen kannst, dass alle Schulden wertlos sind. Du nennst das dann Einnahmen. Und darauf zahlen sie doch tatsächlich ihre Boni, ich kann es nicht begreifen.«

Sechs Monate später hatte Einhorn aufmerksam bei Lehmans Telefonkonferenz am 18. März 2008 zugehört und mit großem Erstaunen zur Kenntnis genommen, dass Erin Callan einen optimistischen Ausblick präsentierte. Tatsächlich beschäftigte ihn seither die Tatsache, dass Callan als Hauptverteidigerin von Lehman auftrat. Wie konnte eine Steueranwältin, die nicht aus dem Finanzsektor kam und erst seit einem halben Jahr Finanzchefin war, diese komplizierten Bewertungen verstehen? Wieso war sie so sicher, dass ihre Bewertungen korrekt waren?

Den Verdacht, dass Callan der Sache womöglich nicht gewachsen war – oder dass Lehman seine Zahlen schönfärbte –, hegte er, seit er im letzten November die Gelegenheit gehabt hatte, direkt mit ihr und einigen ihrer Kollegen zu sprechen. Er hatte einen Besuch bei Lehman arrangiert, um ein genaueres Bild von den Zahlen der Firma zu bekommen, und wie viele Unternehmen es bei großen Investoren tun, hatte Lehman einige seiner Topleute geschickt.

Aber etwas an dem Termin gefiel ihm nicht. Er hatte wiederholt gefragt, wie oft die Firma bestimmte illiquide Anlagen wie Immobilien neu bewertete. Als Konzept ist die marktnahe Bewertung simpel, aber die konkrete Umsetzung ist kompliziert. In der Vergangenheit hatten sich die meisten Banken selten, wenn überhaupt, die Mühe gemacht, einen Dollarbetrag für illiquide Anlagen wie Immobilien oder Hypotheken festzusetzen, die sie zu behalten gedachten. Die meisten Banken stellten die illiquiden Investitionen zu dem Preis, den sie dafür bezahlt hatten, in ihre Bilanzen ein, statt den Aufwand zu betreiben und ihren Marktwert zu einem bestimmten Stichtag zu ermitteln. Wenn sie die Anlagen später doch verkauften und mehr dafür bekamen, als sie bezahlt hatten, verzeichneten sie einen Gewinn; wenn sie weniger bekamen, war es ein Verlust. Aber diese einfache Rechenweise änderte sich 2007, als eine neue Bilanzierungsregel, FAS 157, eingeführt wurde. Nun galt: Wenn eine Bank eine illiquide Anlage besaß – zum Beispiel das Grundstück, auf dem ihre Zentrale stand –, musste sie diese Anlage genauso behandeln wie eine Aktie. Wenn der Markt für solche Anlagen allgemein in die Höhe ging, musste sie in ihren Büchern den neuen Wert führen und die Anlage »heraufsetzen«, wie die Händler sagen. Und wenn sie an Wert verlor, musste man sie »herabsetzen«. Natürlich wollte niemand den Wert seiner Anlagen herabsetzen. Das Ganze mochte eine interessante theoretische Übung sein – die Gewinne und Verluste werden erst mit dem Verkauf der Anlage »realisiert« –, aber die marktnahe Bewertung hatte auch eine praktische Folge: Eine Firma, die viele Anlagen herabgesetzt hat, ist weniger wert.

Nun wollte Einhorn wissen, in welchem Rhythmus Lehman seine Anlagen neu bewertete: täglich, wöchentlich oder einmal im Quartal.

Für ihn war das eine entscheidende Frage, denn da die Werte praktisch aller Anlagen immer weiter fielen, wollte er verstehen, wie genau die Firma darauf achtete, die Verluste in ihrer Bilanz abzubilden. O'Meara hatte behauptet, Lehman bewerte täglich neu, doch im Gespräch sagte der Controller, es werde nur einmal im Quartal neu bewertet. Erin Callan hatte das gesamte Gespräch am Telefon mitgehört und musste auch die widersprüchlichen Angaben mitbekommen haben, aber sie schaltete sich nicht ein. Einhorn sagte nichts dazu, registrierte das aber als einen weiteren Punkt, der gegen Lehman sprach.

Ende April sagte er bereits offen seine Meinung zu den Problemen, die er bei Lehman sah, so etwa bei einer Präsentation vor Investoren: »Im Hinblick auf die Bilanzsituation und die Geschäftsfelder steht Lehman nicht grundsätzlich anders da als Bear Stearns.«[13]

Einhorns Kommentar war am Markt weitgehend unbeachtet geblieben, hatte aber Empörung bei Lehman ausgelöst und zu einem einstündigen Telefongespräch zwischen ihm und Erin Callan geführt, bei dem sie erneut versuchte, seine Fragen zufriedenstellend zu beantworten und seine Sicht auf Lehman zu verändern. Aber Einhorn spürte, dass sie hinter ihrer scheinbaren Verbindlichkeit etwas verstecken wollte.

Als er sich nun auf die bevorstehende große Rede Ende Mai 2008 vorbereitete, erinnerte er sich an dieses Gespräch mit Callan, und er fand, er müsse Lehman in den Mittelpunkt seiner Ausführungen stellen. Er beschloss, sich ein letztes Mal an Callan zu wenden, und schickte ihr eine E-Mail des Inhalts, dass er vorhabe, ihr früheres Gespräch in seiner Rede bei der Ira W. Sohn Investment Research Conference zu zitieren.

Sie antwortete sofort und verzichtete auf jegliche freundliche Floskeln: »Ich kann es nur so verstehen, dass Sie mir eine Falle gestellt haben, und jetzt werden Sie aus dem Gespräch herauspicken, was in Ihre Argumentation passt.«[14]

Einhorn war feindselige Reaktionen von Firmen gewohnt – wer in der Finanzbranche geliebt werden wollte, spekulierte nicht mit

Short-Positionen. Er schickte eine harsche E-Mail zurück: »Ich weise die Unterstellung entschieden zurück, dass ich in irgendeiner Weise unaufrichtig mit Ihnen war. Sie hatten keinerlei Grund anzunehmen, dass unser Gespräch vertraulich wäre.« Und dann schrieb er seine Rede fertig.

Am 21. Mai stand Einhorn auf dem Flur vor der Frederick P. Rose Hall im Time Warner Center und wartete, dass er mit seiner Rede an die Reihe kam.

Sein Auftritt war um fünf Minuten nach vier vorgesehen, kurz nach Börsenschluss – die Organisatoren der Konferenz hatten den Zeitpunkt genau geplant. In Anbetracht seiner Stellung in der Branche und dessen, was er sagen wollte – und angesichts der im Publikum versammelten Finanzkraft –, konnte er ohne Weiteres die Märkte erschüttern, vor allem die Lehman-Aktie.

Unter den Investorenkonferenzen – und davon gibt es viele – war das hier eine wirklich wichtige. Die Hedgefondsbranche ist berühmt dafür, sehr abgeschottet zu sein, aber heute waren die wichtigsten Akteure anwesend. Im Publikum saßen Titanen wie Carl Icahn, Bill Miller und Bill Ackman. Schätzungen zufolge verwalteten die Zuhörer an diesem Tag über 500 Milliarden Dollar.

Aus einer Ecke des Saals beobachtete Einhorn, wie sein Vorredner Richard S. Pzena, ein erfolgreicher Value-Investor, zum Ende kam, nachdem er offensichtlich seine Zeit überzogen hatte, und abschließend seine Vorschläge für Investments unterbreitete.

»Kaufen Sie Citigroup«, sagte er; mit 21,06 Dollar, dem Schlusskurs am aktuellen Börsentag, seien sie ein unbedingter Kauf. »Das ist ein klassischer Wert. Im Augenblick herrscht viel Stress, aber wenn wir das hinter uns haben, hat Citigroup enormes Potenzial.«[15]

Sollte ein Investor diesem Rat gefolgt sein, so hat er einen enormen Verlust gemacht. Aber an diesem Nachmittag applaudierte das Publikum freundlich in Erwartung des Hauptredners.

Einhorn sah seinen Auftritt nicht nur als Gelegenheit, über Lehman zu sprechen, sondern auch, um Werbung für sein neues Buch zu machen, das den Titel *Fooling Some of the People All of the Time* (Ein paar Leute die ganze Zeit zum Narren halten) trug.

Es war aus einer Rede hervorgegangen, die er 2002 bei ebendieser Veranstaltung gehalten hatte – eine Rede, die ihm seinerzeit Ärger mit der Notenbank eingebracht hatte. Darin hatte er kritische Fragen zu den Bilanzierungsmethoden von Allied Capital gestellt, einer Beteiligungsfirma mit Sitz in Washington, die auf mittlere Unternehmen spezialisiert war. Am Tag nach seiner Rede waren die Aktien von Allied um fast 11 Prozent gefallen, und der damals 33-jährige Einhorn war über Nacht ein Held der Investoren geworden – und ein Schurke für all jene, gegen die er wettete.[16]

Nach dieser Rede, die zufälligerweise sein erster öffentlicher Auftritt war, hatte er erwartet, dass die Bankenaufseher seinen Vorwürfen, bei Allied habe es Betrügereien gegeben, nachgehen würden. Stattdessen kam die Börsenaufsicht zu *ihm* und untersuchte, ob er mit seinen Kommentaren Kursmanipulation betreiben wollte.[17] Allied ging in die Gegenoffensive. Ein Privatermittler im Dienst von Allied beschaffte sich durch ein Manöver hart am Rande der Legalität (er gab sich als jemand anderer aus) Aufzeichnungen von Einhorns Telefongesprächen.

Einhorns Auseinandersetzung mit Allied hatte sechs Jahre gedauert. Heute würde er sich am Rednerpult einen Gegner von einem ganz anderen Kaliber vornehmen.

Einhorn legte seine Notizen vor sich auf das Rednerpult. Bei einem Blick ins Publikum bemerkte er, dass allein in den vorderen Reihen Dutzende BlackBerrys leuchteten. Die Investoren machten sich Notizen und gaben sie so schnell wie möglich an ihre Büros weiter.

Die Börse war zwar geschlossen, aber für Aktienhändler ist jede kleine Information Gold wert, egal, wann sie kommt. Es gibt immer eine Gelegenheit, irgendwo Geld damit zu verdienen.

Einhorn begann seine Rede in dem leicht nasalen Tonfall eines Mannes aus dem Mittleren Westen, indem er die ganze Allied-Geschichte noch einmal erzählte und dann den Bogen zu Lehman Brothers schlug.

»Ein zentraler Punkt, auf den ich vor sechs Jahren bei Allied gestoßen bin, waren ihre unangemessenen Bewertungen, weil sie bei Investments, die sich in der letzten Rezession nicht ausgezahlt hatten, keine Wertberichtigungen vornehmen wollten«, sagte er zu seinen Zuhörern.[18] »Dieses Thema ist in der gegenwärtigen Kreditkrise in einem viel größeren Umfang wieder aufgetaucht.«

Damit drückte er aus, dass Lehman seine Verluste im letzten Quartal nicht eingestanden hatte, und diesmal ging es um sehr viel mehr Geld.

Nachdem Einhorn seine provokante These in den Raum gestellt hatte, erzählte er eine Anekdote.

»Kürzlich hatten wir den CEO eines Finanzunternehmens bei uns im Büro. Seine Firma hatte ein paar Hypothekenpapiere zu den Anschaffungskosten in den Büchern. Der CEO erzählte mir das Übliche: Die Papiere seien immer noch mit AAA geratet, die Firma glaube nicht, dass der Wertverlust dauerhaft sei, es gebe keinen liquiden Markt, um einen Preis für solche Papiere zu ermitteln.

Ich erwiderte: ›Alles gelogen!‹, und hielt ihm entgegen, dass es sehr wohl einen liquiden Markt für die Papiere gebe und sie vermutlich 60 bis 70 Prozent an Wert verloren hätten gegenüber dem Kaufpreis. Nur die Zeit könne zeigen, ob der Verlust dauerhaft sei oder nicht.

Er überraschte mich mit dem Eingeständnis, ich hätte recht. Zu seiner Rechtfertigung sagte er, wenn er etwas anderes erzählte, würden die Buchprüfer ihn zu einer Wertberichtigung in der Bilanz zwingen.«

Von da leitete Einhorn erneut zu Lehman Brothers über und sagte, er habe stark den Eindruck, dass die Firma den Wert ihrer Immobilienanlagen aufblähe und nicht bereit sei, das volle Ausmaß ihrer Verluste einzugestehen aus Angst, die Lehman-Aktie werde daraufhin abstürzen.

Einhorn berichtete, dass er Erin Callan bei der mittlerweile berühmten Telefonkonferenz am Tag nach dem Ausverkauf von Bear Stearns genau zugehört hatte.

»Bei der Telefonkonferenz benutzte die Finanzchefin von Lehman, Erin Callan, vierzehn Mal das Wort ›großartig‹, sechs Mal sprach sie von ›Herausforderung‹, vierundzwanzig Mal fielen Worte wie ›stark‹ und ›hart‹ und so weiter. Acht Mal sagte sie ›unglaublich‹«, listete er auf.

»Ich würde ›unglaublich‹ in einem anderen Wortsinn zur Beschreibung dieses Berichts verwenden.«

Nach diesem rhetorischen Feuerwerk erzählte Einhorn, wie er beschlossen hatte, sie anzurufen. Während die relevanten Zahlen auf eine Leinwand hinter ihm projiziert wurden, führte er aus, wie er Callan dazu befragt hatte, warum Lehman bei den besonders toxischen Papieren, den Kreditverbriefungen (CDOs, »collateralized debt obligations«) im ersten Quartal nur 200 Millionen Dollar von 6,5 Milliarden abgeschrieben hatte – obwohl allein 1,6 Milliarden Papiere in diesem Pool schlechter als »investment grade« geratet waren.

»Ms. Callan sagte, sie verstehe meine Frage und werde darauf zurückkommen«, sagte Einhorn. »In einer E-Mail nach dem Gespräch lehnte sie es ab, eine Erklärung für die geringe Wertberichtigung zu geben, und schrieb stattdessen, nach dem gegenwärtigen Kursgeschehen erwarte Lehman ›weitere Verluste‹ im zweiten Quartal. Warum haben sie die Papiere im ersten Quartal nicht niedriger bewertet?«

Einhorn sagte weiter, er habe sich auch über eine Differenz von 1,1 Milliarden Dollar bei der Bewertung von sogenannten Level-3-Assets gewundert – Anlagen, für die es keine Märkte gibt und die nur nach firmeninternen Modellen bewertet werden –, zwischen dem, was bei der Telefonkonferenz zu den Quartalszahlen mitgeteilt wurde, und dem, was Lehman ein paar Wochen später an die Börsenaufsicht übermittelte.

»Ich fragte Lehman: ›Meine Frage lautet direkt: Haben Sie die Level-3-Assets irgendwann zwischen der Mitteilung an die Presse und der Abgabe des Berichts für die Börsenaufsicht um mehr als eine Milliarde Dollar niedriger bewertet?‹ Sie haben geantwortet: ›Nein, ganz und gar nicht!‹ Aber sie konnten die Differenz nicht erklären.«

Einhorn räusperte sich vernehmlich und beendete seine Rede dann mit einer Warnung.

»Ich hoffe, dass Mr. Cox und Mr. Bernanke und Mr. Paulson ein wachsames Auge darauf haben, welche Risiken Lehman für das Finanzsystem darstellt, und dass sie Lehman bewegen werden, die eigenen Verluste anzuerkennen und sich frisches Geld zu beschaffen – hoffentlich bevor die Steuerzahler einspringen müssen.

In den letzten Wochen hat sich Lehman sehr über Leerverkäufer beklagt. Wissenschaftliche Untersuchungen und unsere Erfahrungen lehren: Wenn das Management eines Unternehmens das tut, ist es immer ein Zeichen, dass das Management versucht, die Investoren von schwerwiegenden Problemen abzulenken.«

Innerhalb von Minuten, nachdem Einhorn das Rednerpult verlassen hatte, hatte sich seine Botschaft in den Finanzkreisen verbreitet. Lehman standen harte Stunden bevor, wenn am nächsten Tag die Börse wieder eröffnete. Tatsächlich fielen Lehman-Aktien um 5 Prozent.

Auf dem Weg den Broadway hinauf zu einer Party im Restaurant Shun Lee West, bei der Einhorns neues Buch gefeiert werden sollte, blätterte er durch das Programm der Konferenz, die er soeben verlassen hatte. Dabei fiel ihm etwas ins Auge, was ihm ein reumütiges Lächeln entlockte.

Lehman Brothers war einer der Sponsoren der Veranstaltung und hatte 25 000 Dollar dafür bezahlt, dass er öffentlich die Glaubwürdigkeit der Firma in Zweifel ziehen konnte.

Kapitel sechs

»Wer hat geredet?«[1] Dick Fuld konnte seine Wut kaum beherrschen. Er sah aus, als könnte er im nächsten Augenblick über den Tisch springen und jemanden erwürgen.

An diesem Mittwoch, dem 4. Juni, hatte sich die Führungsspitze von Lehman um einen Konferenztisch versammelt. Den Topmanagern war sichtlich unbehaglich, sie saßen schweigend da.

Fuld hielt ein Exemplar des *Wall Street Journal* von diesem Tag in der Hand. Auf Seite C1 stand zu lesen, was er soeben als »den schlimmsten Verrat in meiner Karriere« bezeichnet hatte. Es hatte ihm buchstäblich den Atem verschlagen, als er am Morgen die Überschrift erblickt hatte – »Lehman sucht im Ausland nach Kapital«[2] – und dazu die Unterzeile mit dem verheerenden Detail: »Angesichts des fallenden Aktienkurses könnte sich die Wall-Street-Firma bei ihren Bemühungen um Kapital nach Korea wenden.«

Der geheime Plan, an dem er im letzten Monat fieberhaft gearbeitet hatte, um die Kritiker zu widerlegen und Stärke zu demonstrieren, war kein Geheimnis mehr, eine undichte Stelle drohte alle Anstrengungen zunichte zu machen.

In den letzten Wochen hatte Fuld oft mit der Reporterin Susanne Craig gesprochen, in offiziellen Interviews und in Hintergrundgesprächen, die nicht zur Veröffentlichung gedacht waren. Aber ganz sicher hatte er über Korea nie ein Wort verloren. Craigs Artikel war kurz und traf den Nagel auf den Kopf. Sie wusste, dass Lehman Gespräche mit der südkoreanischen Staatsbank Korea Development Bank führte; sie wusste, dass es eine große internationale Fusion wäre und dass Kunho Cho, Lehmans höchster Vertreter in Seoul, die Fäden zog. Diese zentralen Details konnte sie nur erfahren haben, wenn jemand, der Bescheid wusste – einer der Manager, die an diesem Morgen um den Konferenztisch saßen –, die Geschichte hatte durchsickern lassen.

Diese Affäre folgte unmittelbar auf David Einhorns Kampagne gegen Lehman – seit Einhorns Vortrag im Mai war die Aktie um 22,6 Prozent gefallen –, und sie war ein weiteres PR-Desaster. Fuld hatte oft erlebt, dass Banker ein bisschen zu offen über ihre Kunden plauderten, aber das hier betraf die Firma, der er sein Leben gewidmet hatte, und deren Überleben. Eine solche Loyalitätsverletzung traf ihn zutiefst.

Einen Tag zuvor hatte es Gerüchte gegeben, bei Lehman bräuchten sie so verzweifelt Geld, dass sie das Diskontfenster der Notenbank in Anspruch genommen hätten.[3] Das stimmte nicht, aber die Lehman-Aktie verlor trotzdem 15 Prozent.[4]

In den letzten beiden Wochen hatte Fuld praktisch täglich auf solche Gerüchte reagieren müssen, denn Einhorns Worten schenkten die Investoren so viel Glauben, dass sie an der Glaubwürdigkeit von Lehmans Äußerungen zweifelten. Nach Fulds Einschätzung hatte Einhorn genau das beabsichtigt. Fulds Co-Verwaltungschef Scott Freidheim hatte sicher mit der Hälfte der PR-Leute in der Stadt gesprochen und verzweifelt versucht, einen Gegenangriff gegen Einhorn und die Leerverkäufer in die Wege zu leiten. »Warum glauben die Leute diesem Kerl, was er über uns erzählt?«, fragte Freiheim Joele Frank und Steve Frankel, zwei Krisenspezialisten. »Wir können nicht jeden haarklein widerlegen, der etwas behauptet«, sagte er zu einem anderen PR-Mann, Steven Lipin. Inzwischen hatte Lehman eine klare Marschroute für Gespräche mit den Medien formuliert: kein Improvisieren mehr, weitere Fehler durften sie sich nicht erlauben.

Fuld fand, dass Craigs Bericht zu weit ging, selbst wenn der Coup legitim war. In seinem Zorn kam es ihm vor, als hätte sie es bewusst darauf angelegt, Lehman zu schaden, genau wie Einhorn. Der Artikel erweckte den Anschein, als ginge es bei Lehman zu wie auf dem Schulhof einer Highschool: lauter Geschwätz und Tratsch. Fuld hatte Craig immer für eine vertrauenswürdige Journalistin gehalten, von denen es höchstens eine Handvoll gab. In der Vorwoche hatte sie sogar gefragt, ob sie an einigen Managementbesprechungen bei Lehman teilnehmen könnte – natürlich eine lächerliche Anfrage, aber er hatte sie trotzdem höflich abgelehnt. »Ich helfe gern, aber das kann ich nicht erlauben.«

Als Craig Fuld an diesem Nachmittag wegen ihrer Geschichte anrief, fiel er erbarmungslos über sie her. »Sie spielen die verantwortungsbewusste Journalistin, aber Sie sind nicht besser als alle anderen. Bei uns haben Sie nichts mehr verloren!«, schrie er und knallte den Hörer auf. Tatsächlich verkündete er unmittelbar darauf eine neue Regel: Niemand von Lehman, auch nicht die PR-Abteilung, durfte jemals wieder mit dem *Wall Street Journal* reden.

Lehmans Kommunikationschef Andrew Gowers war außer sich, als er von Fulds Diktat erfuhr: »Ich begreife nicht, wie um Himmels willen uns diese Strategie bei der Kommunikation in dieser Situation helfen soll, wenn wir der größten Finanzzeitung im Land die Tür vor der Nase zuschlagen«, beklagte er sich bei Freidheim.

Freidheim zuckte die Achseln. »Ich weiß es nicht. Es ist eine Sache zwischen Dick und der Zeitung.«

Scott Freidheim wusste, wer geredet hatte, oder glaubte es wenigstens zu wissen.

Mit 42 Jahren war Freidheim das jüngste Mitglied von Fulds innerem Kreis. Sein Vater war CEO von Chiquita gewesen, und Scott Freidheim war für Fuld der ideale Mitarbeiter: ein loyaler Macher mit Killerinstinkt. Als Co-Verwaltungschef von Lehman war er weniger Banker, sondern ein hoch bezahlter Stratege. Fulds Kritiker sahen in ihm eines von Fulds Schoßhündchen, einen unwissenden Beschützer des Throns, der Fuld vor hässlichen Wahrheiten abschirmte. Freidheim war ein Mann im Stil von Joe Gregory: Er besaß ein riesiges Haus in Greenwich und eine Flotte dauernd wechselnder Autos; kürzlich hatte er das »mobile Büro« gekauft, das einmal einem seiner Freunde, dem Hedgefondsmogul Eddie Lampert, gehört hatte: ein schwarzer GMC Denali mit Internetanschluss. Darin ließ er sich nun jeden Tag nach Manhattan fahren. »Ist er nicht großartig!«, begeisterte er sich, als er, begleitet vom Titelsong von *Mission: Impossible,* Kollegen das Fahrzeug vorführte.

Nach der angespannten Unterredung mit Fuld wegen der Geschichte im *Journal* war Freidheim entschlossen, die undichte Stelle für seinen Boss zu finden. Tatsächlich hatte er am Abend zuvor gemerkt, dass etwas nicht stimmte, nachdem er eine Reihe verwirrender Telefongespräche mit Craig und mit Lehmans Sprecherin Kerrie Cohen geführt hatte. Er war ärgerlich, weil er einfach keine klare Antwort bekam, was am nächsten Tag in der Zeitung stehen würde.

Früh am Morgen platzte Finanzchefin Erin Callan in sein Büro, was sie höchst selten tat, und erkundigte sich in aller Unschuld nach der Story. »Wird der Aktienkurs jetzt wohl steigen?«

Nach dieser Frage war Freidheim klar, dass es ihre Idee gewesen sein musste, die Information durchsickern zu lassen. Wie viele andere bei Lehman war auch Freidheim zu der Überzeugung gelangt, dass Callan den falschen Job hatte, und ihre unbekümmerte Selbstsicherheit ging ihm zunehmend auf die Nerven. Gegenüber den Medien trat sie auf, als spielte sie in einer Reality-Show. Es mochte sein, dass sie die Telefonkonferenz zu den Quartalsergebnissen im März gerettet hatte, aber inzwischen zweifelte er an Gregorys Entscheidung, sie nach dem Motto »Vielfalt unter den Mitarbeitern« einzustellen. Er konnte es nicht glauben, dass sie einfach so, ohne sich mit jemandem zu beraten, zu Einhorn gegangen war, bevor dieser seinen Vortrag gehalten hatte – seit einer Woche bemühte er sich nun schon, diesen Brand zu löschen. Und im April war er wütend gewesen, als Craig sie in einem anderen Artikel des *Journal* als die Mitarbeiterin bei Lehman gerühmt hatte, die »Klartext«[5] rede, als wären alle anderen unglaubwürdige Lügner. Callan wusste einfach nicht, wo die Grenzen verliefen. Auf ihrem Schreibtisch hatte sie einen Miniatur-Privatjet stehen, und der Presse erzählte sie bereitwillig von ihrer persönlichen Assistentin, die für sie einkaufte, ohne jegliches Gespür dafür, welche Ressentiments das weckte. Am schlimmsten war, dass sie sich ein Foto rahmen ließ, das sie zeigte, wie sie aus einer Limousine ausstieg; es stammte aus einem lobhudelnden Artikel des *Portfolio*-Magazins von Condé Nast, in dem sie als »Die mächtigste Frau an der Wall Street«[6] vorgestellt wurde. Dieses Foto hängte sie in ihrem Büro auf; Gregory musste sie auffordern, es wieder abzunehmen.

Freidheim war nun auf dem Kriegspfad. Er rief die Sicherheitsleute an und befahl, die Telefonlisten zu durchsuchen. Und bald hatte er, was er für den entscheidenden Beweis hielt: Callan hatte in der Tat am Tag zuvor mit Craig gesprochen. Ob das bedeutete, dass sie wirklich die Reporterin über die Koreareise informiert hatte, musste noch geklärt werden, aber mit der Telefonliste hatte er einen Grund, mit Fuld über sie zu sprechen.

In Fulds Büro saß bereits Gregory, und Freidheim berichtete beiden, was er herausgefunden hatte. Er schloss mit dem Satz, dass er persönlich Callan zu dem Telefongespräch befragen wolle, und fügte hinzu: »Möglicherweise müssen wir sie feuern.«

Ihr Mentor Gregory war bestürzt über die Vorwürfe. Niemand werde gefeuert, und wenn es nach ihm gehe, werde niemand Callan auf die Sache ansprechen. »Bei ihr läuft zu viel zusammen.« Fuld nickte. Er konnte es sich einfach nicht leisten, seine Finanzchefin zu verlieren, nicht in der gegenwärtigen Situation, nicht einmal, wenn sie wirklich das Undenkbare getan und die Informationen an die Presse gegeben haben sollte.

Tief im Herzen wusste Fuld, dass sein koreanisches Gambit eine Verzweiflungstat war. Lehmans Ableger in Seoul war im Grunde eine Fata Morgana; seine Aktivitäten waren so unbedeutend, dass Fuld sich nie damit beschäftigt hatte. Außerdem hatte ihn schon seit Langem praktisch jeder im Büro gewarnt, dass die Verantwortlichen in Korea zu ernsthaften Zweifeln Anlass gaben. Die ganze Sache hing an zwei Männern: Kunho, einem gut vernetzten Banker mit tadellosen Manieren, der allem Anschein nach einfach unfähig war, ein Geschäft zustande zu bringen; und Min Euoo Sung, einem ehemaligen Banker von Lehman Brothers in Südkorea, der aus der Firma ausgeschieden war und es geschafft hatte, einen prestigeträchtigen neuen Job als Chef der Korea Development Bank (KDB) zu ergattern. Fuld hatte Min immer gemocht – Jahre zuvor, als Mitarbeiter der Woori Financial Group, hatte Min Lehman mit ins Boot geholt, als ein ins Trudeln geratenes 8,4-Milliarden-Dollar-Portfolio mit Anleihen zum Kauf stand –,[7] aber einige andere bei Lehman wunderten sich über Mins Ernennung und ebenso einige Mitarbeiter der KDB. Sie hatten seine

Referenzen für unzureichend befunden[8] und vergeblich versucht, die Ernennung zu verhindern.

Min war jedoch nicht zu erschüttern, er hatte große Visionen. Bei einem Essen mit seinen neuen Kollegen sang er ein Lied mit dem Titel »Leopard auf dem Klimandscharo«[9] als Ausdruck seines Wunsches, eine mächtige Figur in der Finanzwelt zu werden. Die Situation bei Lehman bot die erste Chance, diesem Ziel näher zu kommen. Bevor Min noch seinen neuen Job offiziell angetreten hatte, hatte er sich an seinen Freund Kunho gewandt und gefragt, wie es mit einem Deal sei. Kunho wiederum hatte Jesse Bhattal, den in Tokio ansässigen charmanten Leiter von Lehmans Asien- und Pazifikgeschäft, eingeschaltet, und so entwickelte die Idee langsam Dynamik.

Was blieb Fuld anderes übrig, als diese Karte zu spielen? In weniger als einer Woche, am 9. Juni, musste Lehman den ersten Quartalsverlust – atemberaubende 2,8 Milliarden Dollar – seit der Loslösung von American Express bekannt geben. Die Aktie hatte bereits 18 Prozent innerhalb von nur drei Tagen verloren. Fuld musste Kapitel auftreiben, und inzwischen griff er nach jedem Strohhalm. Er hatte seinen alten Freund Hank Greenberg, den ehemaligen Chef von AIG, gedrängt, Geld in seine Firma zu stecken, hatte sich bemüht, General Electric zu einer Investition zu bewegen, aber weder bei dem einen noch bei dem anderen konnte er sicher sein, dass es funktionieren würde.

Sicher hatte Fuld einigen Grund zu glauben, dass mit den Koreanern eine konstruktive Vereinbarung ausgehandelt werden könnte. Am Montag bevor das Lehman-Team nach Asien aufgebrochen war, hatte Fulds Chefstratege David Goldfarb die Erwartungen seines Chefs noch angestachelt.

»Korea klingt vielversprechend«, schrieb Goldfarb in einer E-Mail, die er auch an Gregory sandte.[10] »Sie wollen wirklich umstrukturieren und ins Finanzdienstleistungsgeschäft einsteigen und suchen wohl einen Türöffner, der wir sein könnten. Hank [Greenberg] oder GE wäre mir immer noch lieber, aber wenn das nicht klappt, könnten wir uns durchaus auf die Koreaner einlassen. In Anbetracht der Beziehung zwischen Kunho und ES [Min] könnte das eine reale Möglichkeit werden. Wenn wir 5 Milliarden bekämen, könnten wir aggressiv auf den Markt gehen und für 2 Milliarden einen Haufen eigene Aktien kaufen (und Einhorn schwer treffen!!). Es ist noch eine Menge zu tun, habe mit Jesse und Kunho gesprochen. Klingt, als meinten die Koreaner es ernst und wollten etwas wirklich Aggressives tun. Könnte ein interessanter Zeitpunkt für sie sein, um Aufmerksamkeit auf sich zu lenken, weg von den schneller wachsenden asiatischen Volkswirtschaften.«

Am 1. Juni war ein kleines Team von Lehman-Bankern vom Teterboro Airport in New Jersey in der firmeneigenen Gulfstream nach Korea gestartet.[11] Der ranghöchste Mann an Bord, Tom Russo, der Leiter der Rechtsabteilung von Lehman, hatte wenig Fusionserfahrung, aber als Vertrauter von Fuld konnte er als verlässlicher Zuhörer und Zuschauer wirken. Mark Shafir, Leiter des Bereichs Fusionen und Akquisitionen (und Bruder von Robert Shafir, den Gregory kurzerhand aus der Firma gedrängt hatte), hatte bei Fusionen das Sagen und wurde unterstützt von Brad Whitman, einem talentierten Akquisitionsexperten, der den größten Teil seines Berufslebens damit zugebracht hatte, aus den vielen verschiedenen Telekommunitionsfirmen des Landes durch Zusammenschlüsse eine Handvoll mächtiger Player zu machen. Schließlich gehörten zu der kleinen Gruppe noch Larry Wieseneck, Leiter der Abteilung weltweite Finanzgeschäfte, und der Anwalt Jay Clayton von Sullivan & Cromwell. Sie sollten gleich nach der Ankunft mit Kunho und Bhattal zusammentreffen.

Mit einem Tankstop in Anchorage brauchte die Maschine 19 Stunden bis Seoul. Die Lehman-Leute kamen erschöpft an und ließen sich von einer Fahrzeugkolonne in ihr Hotel am Stadtrand bringen. Das Shilla war ein sonderbares Haus mit einer Lobby, die wie ein Raumschiff aussah, aber wenigstens hatte es eine Bar.[12]

Bei dem ersten Gespräch in Seoul kamen sie mit zwei rangniederen Vertretern von KDB und Hana Financial zusammen, die ebenfalls ein Investment erwogen.[13] Shafir und Whitman begriffen sofort, dass dieses Geschäft wohl nicht zustande kommen würde. Die beiden koreanischen Firmen hatten keine Anwälte mitgebracht und sich keine eigenen amerikanischen Berater geholt. Und Min, noch nicht offiziell als Chef von KDB im Amt, konnte an den Gesprächen nicht teilnehmen.

»Das ist Mist!«, rief Wieseneck nach Ende der ersten Runde aus, bei der man über einleitende Worte nicht hinausgekommen war. Selbst im weiteren Verlauf der Gespräche wussten die Lehman-Leute nicht genau, mit wem sie da eigentlich sprachen. Einmal führte Russo eine, wie er fand, produktive Unterredung mit einem Mann, der, wie sich dann herausstellte, ein externer Steuerberater war. »Sich auf Kunho zu verlassen ist wie die letzte Chance in der letzten Runde«, beklagte sich Shafir gegenüber seinen amerikanischen Kollegen am ersten Abend an der Bar, »und du stellst jemanden auf, der das ganze Jahr keinen Schlag getroffen hat.«

Lehman wollte die Gespräche bei einem Preis von 40 Dollar pro Aktie beginnen, aber am Abend des ersten Tags stand die Aktie bei 30 Dollar. Niemand, auch nicht diese Koreaner, die so wild auf eine Fusion waren, würde einen Aufschlag von 33 Prozent bezahlen. Die Sache wurde zunehmend unwahrscheinlich.

Bei den Gesprächen gab es nichts zu essen, und so waren die Lehman-Banker fast am Verhungern, als sie in ihr Hotel zurückkehrten, wo das Essen in der Regel schrecklich schmeckte.

Aber weder die suboptimale Unterbringung noch die Unberechenbarkeit der Koreaner konnte Russos Begeisterung dämpfen: Er würde es schaffen. »Sie werden einschlagen«, sagte er seinen Kollegen, sekundiert von Kunho und Bhattal. »Sie werden 10 Milliarden investieren. Sie werden mit Anleihen einverstanden sein.«

Nein, werden sie nicht, dachte Shafir. *Sie werden nichts dergleichen tun.*

Die Gruppe drängte sich in einem Zimmer um ein Telefon mit Freisprecheinrichtung, und Russo rief Fuld in New York an. »Dick, ich habe ein sehr gutes Gefühl dabei.« Russo klang begeistert. »Ich denke, wir haben eine siebzigprozentige Chance, dass wir mit diesen Jungs etwas auf die Beine stellen.«

Fulds Freude über die Nachricht währte jedoch nicht lange. Am 5. Juni kehrte die Gruppe mit leeren Händen nach New York zurück; alle Bemühungen, wenigstens zu einer rudimentären Vereinbarung zu kommen, waren gescheitert. Die Koreaner hatten sich offensichtlich durch den dramatischen Einbruch der Lehman-Aktie abschrecken lassen und womöglich ein solches Geschäft nicht gewagt. Selbst Russo hatte seine Zuversicht verloren. »Mit diesen Jojos bringen wir keine Einigung zustande.«

Nur Augenblicke nachdem Fuld davon erfahren hatte, brüllte er, frustriert wie eh und je, den Flur hinunter Steven Berkenfeld an.

»Haben Sie gesagt, man kann den Koreanern nicht trauen?«

»Ich glaube nicht, dass ich es so ausgedrückt habe.«

»Doch, haben Sie«, insistierte Fuld, »und Sie hatten recht.«

Der Deal mit den Koreanern versandete jedoch nicht einfach. Ein paar Tage später rief Min Fuld an und sagte, er wolle immer noch etwas unternehmen. Fuld sah als einzigen Weg, dass die Koreaner sich einen richtigen Berater suchten. Deshalb rief er Joseph Perella an, den Guru auf dem Feld Fusionen und Akquisitionen, der kurz zuvor eine neue Firma gegründet hatte, Perella Weinberg Partners.

»Hören Sie, ich habe etwas für Sie«, teilte Fuld Perella mit. »Sie werden einen Anruf von ES bekommen. Kennen Sie ihn? Er hat einmal für mich gearbeitet.«

Fuld sagte sehr klar, was er sich von dem Geschäft erwartete. »Unsere Aktie steht bei 25 Dollar. Unser Buchwert beträgt 32 Dollar. Wir brauchen einen Aufschlag, damit sind wir bei 35 bis 40 Dollar.«

Perella übertrug das Projekt seinem Kollegen Gary Barancik; er fand die Bedingungen nicht gut. KDB war ein nationales Institut mit einem lokalen Zuschnitt, wie es ihm schien. Für einen riskanten internationalen Deal waren sie einfach nicht gerüstet. »Das ist so, als würde die Energieversorgung von Long Island versuchen, etwas in Russland zu kaufen«, sagte er zu Barancik.

Aber er versprach, sie würden ihr Möglichstes tun.

Skip McGee, ein 48-jähriger Texaner, pendelte jede Woche von Houston nach New York, wo er das Investmentbanking von Lehman leitete. Jeden Sonntagabend gegen 19.30 Uhr nahm er ein Privatflugzeug, das er über das NetJets-Konto der Firma abrechnete. Gegen Mitternacht landete er in New York und fuhr zu seiner Mietwohnung an der Upper West Side. Donnerstagabends flog er erster Klasse mit Continental zurück nach Houston.

McGee war ein klassischer Banker der alten Schule, kumpelhaft und sehr ehrgeizig. Nach einem Abschluss *summa cum laude* in Princeton und anschließendem Jurastudium hatte er fast zwei Jahrzehnte bei Lehman gearbeitet, zuerst als Banker für die Ölsucher vor seiner Haustür, dann war er aufgestiegen zum Leiter der gesamten Investmentbanking-Abteilung und Mitglied von Fulds vielgepriesenem Exekutivkomitee geworden.

Seit einiger Zeit hatten McGee und sein Team erhebliche Bedenken gegen die Art, wie die Firma geführt wurde. Seine Abteilung, die Firmenkunden bei Fusionen und Börsengängen beriet, hatte 2007 ihr bestes Jahr gehabt mit einem Erlös von 3,9 Milliarden Dollar.[14] Trotzdem sank wegen der Sorge, was in den anderen Abteilungen vor sich ging – vor allem im Bereich der Immobilieninvestitionen –, der Kurs der Lehman-Aktien, aus denen zu einem wesentlichen Teil die Bonuszahlungen für die Mitarbeiter bestritten wurden. Schlimmer noch: Die dauernden Gerüchte und Schlagzeilen über Lehmans möglicherweise angeschlagene Gesundheit erschwerten es allmählich seinem Team, neue Kunden anzuwerben, denn die zögerten verständlicherweise, sich an Lehman zu wenden. Es war so schlimm geworden, dass manche Kunden darauf bestanden, eine Klausel in ihre Vereinbarungen mit Lehman aufzunehmen, wonach die »Schlüsselperson« – der Lehman-Mitarbeiter, der für sie zuständig war – sie weiter betreuen würde, falls Lehman verkauft werden oder bankrottgehen sollte.

McGee hatte einen Monat zuvor mit Fuld über seine Befürchtungen gesprochen, als er darum gebeten hatte, die Zuständigkeit für die Bemühungen um Kapitalbeschaffung zu erhalten, die bis dahin hauptsächlich bei den Managern im 31. Stock gelegen hatte; nach McGees Einschätzung hatten sie nicht genügend Erfahrung in dieser Art Geschäften. »Sie haben eine Investmentbanking-Abteilung, die so etwas täglich macht«, sagte McGee zu Fuld. »Das ist doch verrückt. Eigentlich sollte ich gehen, wenn Sie der Investmentbank das nicht zutrauen.« Fuld stimmte zu, und

McGees »Fußsoldaten« – Shafir und Whitman – waren bei dem Ausflug nach Korea mit dabei.

Aber seit diesem Gespräch hatte sich die Situation von Lehman weiter verschlechtert. Alle wussten, dass die Bekanntgabe des nächsten großen Quartalsverlusts die Lage erneut verschärfen würde. Auf allen Stufen der Hierarchie brodelte Unmut, und der richtete sich nicht mehr nur ausschließlich gegen Erin Callan, die, zu der Erkenntnis waren die Banker inzwischen gelangt, nur ein Symptom eines größeren Problems darstellte.

Mittlerweile machten sie eine andere Person für den Großteil von Lehmans Problemen verantwortlich – die riskanten Spekulationen mit Gewerbeimmobilien, die Berufung von leitenden Mitarbeitern in Jobs, für die sie nicht qualifiziert waren –, und das war Joe Gregory. McGee und Gregory waren nie besonders gut miteinander ausgekommen, sie waren beide zu eigenwillig. Und in den letzten Monaten hatte Gregory laut überlegt, McGee aus dem Weg zu räumen, indem er ihm eine neue Abteilung für Terminhandel in Houston übertrug; McGee zeigte daran kein sonderliches Interesse.

Am Sonntag vor der Vorabbekanntgabe der Quartalszahlen, am 8. Juni, als alle im 31. Stock die Zahlen noch einmal durchgingen, erschien McGee in Golfhemd und Freizeithose in Fulds Büro, um die Zahlen und Prognosen der Investmentbanking-Abteilung zu besprechen. Als er damit fertig war, sagte er, im Aufbruch begriffen: »Wenn wir das hinter uns haben, müssen wir uns einmal ernsthaft unterhalten.«

»Worüber?«, fragte Fuld.

»Über einen Wechsel in der Führungsspitze«, platzte McGee heraus.

»Was?« Fuld war abgelenkt durch die Zahlen, die vor ihm lagen.

»Nun, wir können das Gespräch auch gleich führen.« McGee stand auf und schloss die Tür. Gregorys Büro lag nur ein paar Schritte entfernt.

Er setzte sich wieder und sagte rundheraus: »Sie müssen Joe entlassen.«

Fuld war wie vom Donner gerührt. »Joe Gregory steht nicht zur Diskussion«, sagte er mit erhobener Stimme. »Er arbeitet seit fünfundzwanzig Jahren mit mir zusammen. Das ist nicht fair. Ich könnte nicht mehr in den Spiegel schauen.«

»Ob fair oder nicht, Sie müssen wegen Joe etwas unternehmen«, erwiderte McGee. »Ihr zweiter Mann hat Ihnen keine guten Dienste geleistet. Er ist überfordert. Er hat fatale Personalentscheidungen getroffen, und er schützt Sie nicht vor Risiken.«

Um McGee daran zu erinnern, dass er als Mitglied des Exekutivkomitees mit dafür verantwortlich war, wichtige Entscheidungen gemeinsam mit den anderen zu treffen, sagte Fuld: »Das gesamte Exekutivkomitee *ist* der Risikoausschuss.«

McGee begriff, dass er so sein Ziel nicht erreichte, und sagte vorsichtig: »Sie sind ein großartiger Anführer, aber in den Geschichtsbüchern wird stehen, dass es Ihre Achillesferse war, sich von schwachen Leuten einwickeln zu lassen, die Ihnen sagen, was Sie hören wollen.«

Fuld hatte den letzten Teil von McGees Worten kaum mitbekommen, weil er über Gregory nachdachte. »Das mache ich nicht«, sagte er schließlich und beendete die Unterredung.

McGee verließ Fulds Büro mit der Überzeugung, dass Gregorys Job erheblich sicherer war als sein eigener.

Nachdem McGee gegangen war, saß Fuld wie gelähmt da. Er konnte sich die Firma ohne Gregory nicht vorstellen. Aber nichts, was gerade passierte, ergab einen Sinn. Die Firma, die er eigenhändig mit aufgebaut hatte, bröckelte überall, wohin er auch blickte.

Bei Neuberger Berman, Lehmans Vermögensverwaltung,[15] rebellierten die leitenden Angestellten offen und versuchten, sich von dem Durcheinander im Hauptquartier zu befreien. Lehman hatte Neuberger 2003 gekauft, und solange die Zeiten gut waren, war es ein nützlicher Bereich gewesen, der ziemlich zuverlässig seinen Beitrag zur Firmenbilanz leistete. Aber als die Lehman-Aktie ihre Talfahrt begann, gerieten die Angestellten von Neuberger in Panik. Sie hatten sich an den stetigen Einkommensfluss gewöhnt, der daher kam, dass sie das Geld reicher Leute verwalteten, und der war nun in Gefahr, weil sie einen großen Teil ihrer Bonuszahlungen in Aktien erhielten.

Eine Woche zuvor, am 3. Juni, hatte Judith Vale, die für Neuberger einen 15 Milliarden Dollar schweren Nebenwertefonds managte, eine E-Mail an alle Mitglieder des Exekutivkomitees (mit Ausnahme von Fuld) geschickt. Darin hatte sie verlangt, dass die Topmanager auf ihre Bonuszahlungen verzichteten und Vorbereitungen für eine Ausgliederung von Neuberger trafen.[16]

»Die Stimmung bei NB ist gefährlich im Keller, hauptsächlich weil Lehman-Aktien einen erheblichen Teil unserer Vergütung ausmachen, und insofern ist unsere Vergütung an etwas geknüpft, auf das wir keinen Einfluss haben«, schrieb sie. »Viele glauben, dass ein großer Teil der Probleme bei Lehman struktureller Natur ist und nicht allein zyklisch bedingt. Die ›alte‹ Firma Neuberger (mit Sitz in 605 Third Street) ist noch weitgehend intakt. Doch in unserem Geschäft geht es um Menschen, und die weitere Gesundheit von Neuberger hängt davon ab, dass die Leistungsträger und die unterstützenden Mitarbeiter erhalten bleiben. Kürzen Sie nicht wegen Managementfehlern, die anderswo gemacht wurden, die Bonuszahlungen an die Leute von NB.«

George H. Walker IV., der Leiter von Lehmans Abteilung Investmentmanagement und ein Cousin von Präsident Bush, versuchte sofort, Vales Kritik die Spitze zu nehmen.

»Entschuldigung, Leute«, schrieb er an alle, die Vales E-Mail erhalten hatten. »Die Vergütungsfrage, die sie anspricht … ist ein spezielles Problem für eine kleine Handvoll Personen bei Neuberger und sicher nicht so wichtig, dass sich das EK [Exekutivkomitee] jetzt damit beschäftigt. Es tut mir leid, und ich entschuldige mich.«

Der E-Mail-Wechsel wurde an Fuld weitergeleitet, der daraufhin schrieb: »Kein Grund zur Sorge – das sind einfach Leute, die nur an das eigene Konto denken.« *Gab es überhaupt noch Loyalität in der Firma?*

Joe Gregory führte immer noch den Titel eines COO, aber nach Ansicht vieler Verantwortlicher bei Lehman hatte er sich schon vor Jahren in entrückte Sphären davongemacht. Wenige stellten ihren persönlichen Reichtum so demonstrativ zur Schau wie er.[17] Der tägliche Helikopterflug zur Arbeit war nur der Anfang. Mit seiner Frau Niki hatte er für rund 19 Millionen Dollar ein Haus in Bridgehampton gekauft, und obwohl es komplett eingerichtet war, ließ er es von seinem Innenarchitekten völlig neu gestalten. Er fuhr einen Bentley und schickte seine Frau mit dem Privatjet zum Shoppen nach Los Angeles. Aber trotz seines extravaganten Lebensstils, der schätzungsweise 15 Millionen Dollar jährlich kostete, hatte er den größten Teil seines Geldes in Lehman-Aktien investiert. Um an Bargeld zu kommen, hatte er im Januar 2008 751000 Lehman-Aktien in ein Margenkonto eingebracht, was ihm je nach Kurs der Aktie ermöglichte, einen Kredit von rund 40 Millionen Dollar aufzunehmen.

Doch nicht an Gregorys Ausgabengebaren nahmen die Lehman-Mitarbeiter Anstoß. Er hatte viel Geld, und er war offensichtlich nicht der Einzige, der gern damit um sich warf. Seltsam waren vielmehr seine Verantwortlichkeiten. Selbst in seiner besten Zeit hatte Gregory nie große Fusionen eingefädelt oder selbst erfolgreiche Deals abgeschlossen. Sein Job war es, uneingeschränkt Fulds Vertrauter zu sein, und so lange er das war, blieb alles Weitere ihm überlassen. Er gefiel sich in der Rolle des Philosophenkönigs in der Firma, predigte gern über Vielfalt am Arbeitsplatz und war ein treuer Anhänger der Theorien, die Malcolm Gladwell in seinem Bestseller *Blink* ausgebreitet hatte. Er verteilte Exemplare des Buchs und hatte den Autor sogar einmal zu einem Vortrag eingeladen, damit er den Mitarbeitern erzählte, dass sie bei schwierigen Entscheidungen ihrem Gefühl vertrauen sollten. In einer Branche, die davon lebte, Daten zu analysieren, plädierte Gregory für das Bauchgefühl.

Außerdem setzte er auf den Myers-Briggs-Typindikator, der, basierend auf Prinzipien der Jung'schen Psychologie, 16 verschiedene Persönlichkeitstypen unterschied. (Eine typische Frage in dem Test lautet: »Konzentrieren Sie sich lieber auf die äußere Welt oder auf Ihre Innenwelt?«) Gregory verwendete bei Personalentscheidungen die Ergebnisse des Myers-Briggs-Tests. Er war fest davon überzeugt, dass Erfahrung überschätzt wird; wenn man kluge, begabte Leute hat, kann man sie überall einsetzen, denn Talent schlägt Erfahrung. Gregory schwelgte darin, Menschen hin und her zu schieben, er spielte Schach mit Karrieren.

Sein bis dahin größtes Experiment war die Ernennung von Erin Callan zur Finanzchefin gewesen. Er und Callan waren seitdem so unzertrennlich, dass viele glaubten – obwohl es nie Beweise dafür gab –, dass sie über die Arbeit hinaus miteinander verbunden waren. Um die Zeit, als Callan Finanzchefin wurde, hatte sie sich von ihrem Ehemann Michael Thompson getrennt, einem ehemaligen Vizepräsidenten von Lehman, der aus der Firma ausgeschieden war.

Gregory liebte die Rolle des Mentors für jüngere Führungskräfte wie Callan, und er war sich seiner Stellung in Fulds Hierarchie genau bewusst: Wenn ein schwieriges Gespräch geführt werden musste, sah er das als seine Aufgabe an. In dieser Hinsicht waren Gregory und Fuld totale Gegensätze: Fuld wirkte nach außen hart und ruppig, hatte aber weiche Seiten; er konnte regelrecht sentimental sein und rang mit schwierigen Entscheidungen, besonders wenn es um Personalangelegenheiten ging. Gregory hingegen war der gesellige Typ, er kämpfte für seine Untergebenen und formulierte hochfliegende Ziele für die Firma. Außerdem spendete er großzügig an wohltätige Organisationen,[18] vor allem an solche, die gegen Brustkrebs kämpften, denn seine Frau Niki hatte die Krankheit überlebt. Und er arbeitete ein ganzes Jahr daran, ein Mentorenprogramm zwischen Lehman und dem traditionell schwarzen Spelman College in Atlanta auf die Beine zu stellen – eine Seltenheit an der Wall Street.

Aber wenn es um die Loyalität von Lehman-Mitarbeitern ging, konnte Gregory rücksichtslose, aus einer momentanen Verärgerung geborene Entscheidungen treffen. Im Sommer 2006 hatte Fuld Führungskräfte zu Beratungen in sein Ferienhaus in Sun Valley in Idaho eingeladen. Alex Kirk, zuständig für globale Kreditprodukte, der Gregory bereits als illoyaler Unruhestifter aufgefallen war, sollte eine Präsentation halten, konnte aber wegen Krankheit nicht anreisen. Als es ihm besser ging, beschloss er, die Präsentation über Video abzuwickeln, und als Gregory bemerkte, wie gut Kirk wieder aussah, war er wütend. Er nahm Kirk die Krankheit nicht ab und fasste sein Fernbleiben als eine Kränkung von Fuld auf. »Ich will, dass er rausgeschmissen wird«, schrie er. Kirks Verbündete in der Firma mussten sich an Bart McDade wenden, den Leiter der Aktienabteilung von Lehman, damit er Gregory zur Besinnung brachte. Schließlich setzten sich die kühleren Köpfe durch.

Charlie Gasparino, ein hartnäckiger Reporter von CNBC, bearbeitete Lehmans Sprecherin Kerrie Cohen, um die Bestätigung dafür zu erhalten, was ihm jemand gesteckt hatte: Gregory und Callan sollten gefeuert werden. Als nicht zur Veröffentlichung bestimmte Hintergrundinformation teilte Cohen ihm mit, das sei ein haltloses Gerücht.

Aber Gasparino blieb skeptisch und drängte sie, ihren Boss Freidheim zu fragen. »Ich habe die Information, dass Joe und Erin die Firma verlassen. Wenn Sie es nicht sagen, werde ich es tun.«

Wenn Gasparino drohte, mit Informationen, die die Märkte bewegen konnten, an die Öffentlichkeit zu gehen – Reportertaktik, um Quellen zum Reden zu bringen –, gaben die meisten Verantwortlichen widerstrebend nach. Freidheim glaubte zwar nicht, dass Personalveränderungen anstanden, aber bevor er öffentlich etwas sagte, ging er zu Fuld ins Büro.

»Ich muss mich mit meinem Namen verbürgen«, sagte er. »Deshalb muss ich wissen, ob Sie auch nur darüber nachdenken.«

»Nein«, erwiderte Fuld, »das steht nicht zur Debatte.«

»Gut, dann werde ich mit Joe sprechen müssen«, erwiderte Freidheim, »denn ich muss wissen, dass auch er nicht darüber nachdenkt. Ich werde nur mit meinem Namen geradestehen, wenn ich weiß, dass es ausgeschlossen ist.«

»Absolut ausgeschlossen«, lautete Gregorys Antwort auf Freidheims Frage. »Sagen Sie Gasparino, dass Sie mit mir gesprochen haben und die Antwort nein ist.«

Mit Gasparino fertig zu werden war leicht im Vergleich zu der Aufgabe, den wachsenden Druck in der Firma in den Griff zu bekommen. Banker und Trader waren unruhig, nervös und verärgert.

Spät an jenem Nachmittag leitete Skip McGee eine E-Mail von Benoît D'Angelin an Fuld weiter. D'Angelin, ehemaliger Co-Chef des Investmentbanking, war lange McGees Ansprechpartner im

Londoner Büro von Lehman gewesen, inzwischen hatte er die Firma verlassen und einen Hedgefonds gegründet. McGee versuchte, Fuld einen gar nicht mehr subtilen Hinweis zu geben.[19]

> Sehr viele Banker haben sich in den letzten Tagen bei mir gemeldet. Die Stimmung ist wirklich schlecht … und zum ersten Mal mache ich mir echte Sorgen, dass die harte Arbeit, die wir in den letzten 6 bis 7 Jahren investiert haben, in kurzer Zeit zunichte gemacht werden könnte. Nach meiner Einschätzung müssen zwei Dinge rasch passieren.
> 1. Einige der leitenden Manager dürfen nicht mehr so arrogant auftreten und müssen intern zugeben, dass große Fehler gemacht wurden. Sie können sich nicht weiter hinstellen und sagen »Wir sind großartig, und der Markt versteht es nicht.«
> 2. In der obersten Managementebene müssen sehr bald Veränderungen erfolgen. Die Leute können und WERDEN nicht verstehen, dass niemand für den Schlamassel einsteht und alles weitergeht wie bisher.

Fuld las die Mail mit düsterer Miene und schrieb McGee zurück, er werde mit den Top-Investmentbankern essen gehen und ihnen Gelegenheit geben, ihre Klagen vorzubringen.

Zu dem Zeitpunkt wusste Fuld nicht, dass die Palastrevolte bereits im Gang war. Eine Woche zuvor hatten 15 Händler gemeinsam in dem privaten Links Club an der East Sixty-second Street Ecke Madison zu Abend gegessen. Thema des Abends war, wie man Fuld dazu bringen konnte, Joe Gregory zu entlassen. Sollte Fuld sich nicht dazu durchringen, so ihre Vereinbarung, würden sie mit kollektivem Rücktritt drohen.

Jeff Weiss, Leiter der Abteilung Finanzinstitute, nahm an dem Abendessen nicht teil, auch nicht Gerald Donini, aber beide wurden über eine Konferenzschaltung zu den entscheidenden Punkten der Erörterung zugeschaltet. Weiss riet von einer Konfrontation mit Fuld ab. »Dick wird das nicht gut aufnehmen. Er wird sich nicht bewegen, wenn ihr ihn in die Enge drängt. Wartet ab. Die Dinge entwickeln sich in die richtige Richtung. Lassen wir der Sache ein paar Tage ihren Lauf.«

Bei der Sitzung des Exekutivkomitees am nächsten Morgen wirkte Fuld erschöpft, wie ein Boxer, der eine Runde zu viel im Ring stand. Er war immer noch kampflustig, wusste aber, dass er es anders versuchen musste. Wenn er die Firma zusammenhalten wollte, musste er versöhnlicher sein.

»Es gibt eine Menge Unruhe«, räumte er ein. »Wir haben nicht zusammengehalten. Wir haben Fehler gemacht.« Dann schlug er vor, dass alle Anwesenden nacheinander ihre Meinung zu der Frage äußern sollten: Wie können wir wieder Vertrauen herstellen?

Alle waren dabei: Joe Gregory, Tom Russo, Skip McGee, Bart McDade, Steven Berkenfeld sowie einige andere per Telefon. Alle bis auf Erin Callan, die immer noch Telefongespräche mit Investoren führte.

Fuld forderte Skip McGee auf zu beginnen. »Die Stimmung war noch nie so schlecht«, sagte McGee. »Wir müssen öffentlich zugeben, dass wir Fehler gemacht haben. Wir tun immer noch so, als hätten wir nichts falsch gemacht. Das können wir doch besser.«

Nach einer Pause fuhr McGee ruhig fort: »Wir brauchen eine Veränderung an der Spitze.«

»Was soll das heißen?« Fuld klang ungehalten.

»Wir müssen uns der Verantwortung stellen – die Märkte wollen das, und unsere Leute wollen es auch.«

McGee erwähnte Gregory nicht namentlich, aber alle am Tisch wussten, wen er im Sinn hatte. Tatsächlich hatte Gregory bei einer Sitzung des Exekutivkomitees einen Monat zuvor seinen Rücktritt angeboten. »Wenn eine Kugel abgefangen werden muss, werde ich die Kugel abfangen«, hatte er stoisch gesagt. Damals hatten das alle als Rhetorik abgetan, Worte, die sich leicht sagen ließen, wenn wenig Aussicht bestand, dass sie Realität würden.

Fuld ließ die Runde fortsetzen. Alle am Tisch äußerten sich, formulierten verschiedene Vorschläge, aber niemand unterstützte McGees Aufruf zu einer Veränderung.

Russo, der McGee die ganze Zeit nicht aus den Augen ließ, sagte etwas zur Bedeutung von Teamwork, und Gregory griff das auf. »Wir müssen mit dem ganzen besserwisserischen Gerede aufhören. Wir sitzen alle in einem Boot. Im Lauf der Jahre haben wir viele Entscheidungen getroffen, *wir alle zusammen*. Manche Entscheidungen waren besser, andere nicht so gut, aber wir können das *gemeinsam* durchstehen.«

Während die anderen sprachen, tippte McGee unter dem Tisch eine Nachricht an seinen Kollegen Jeff Weiss in seinen Blackberry: »Ich bin tot.«

Zurück in seinem Büro, rief er seine Frau Susie in Houston an und sagte ihr ohne Umschweife: »Kann sein, dass ich Ende der Woche nicht mehr hier arbeite.«

An jenem Nachmittag brodelte im 31. Stock die Gerüchteküche. Verschiedene Gruppen in immer neuer Zusammensetzung versuchten sich auszumalen, was wohl als Nächstes passieren würde. Erin Callan hatte zwar an der Sitzung des Exekutivkomitees nicht teilgenommen, aber sie hatte sicher gehört, was dort erörtert worden war. Sie war überzeugt, dass ihr Stuhl wackelte, nicht Gregorys, und hoffte, dass sie einen anderen Job in der Firma bekommen könnte, wenn sie als Finanzchefin abtreten müsste. Deshalb schickte sie Fuld eine aus zwei Sätzen bestehende E-Mail ohne Betreffzeile: »Nur um das klarzustellen, ich bin absolut bereit, mich meiner Verantwortung zu stellen. Ich denke, dass ich so eng mit der Performance und dem öffentlichen Bild der Firma verbunden bin, dass es sinnvoll sein könnte, jemand anderem meine Rolle zu übertragen.«[20]
Fuld antwortete nicht.

Am Mittwoch, dem 11. Juni, traf sich Fuld in dem holzgetäfelten Speisesaal im 32. Stock mit den Investmentbankern;[21] die Lehman-Aktie war bis dahin um weitere 21 Prozent gefallen. Fuld wusste, dass es hart für ihn werden würde. Es war McGees Show.

Und er hatte recht: Es ging fünf gegen einen. McGee, Ros Stephenson, Mark Shafir, Jeffrey Weiss und Paul Parker stürzten sich auf die Chance, ihrem Boss zu sagen, warum er Veränderungen im Management vornehmen müsse. *Die Immobilieninvestitionen brächten die Firma um. Gute Leute habe man ziehen lassen, während unerfahrene wie Erin Callan in Positionen gehievt wurden, die eine Nummer zu groß für sie waren. Joe Gregory sei unaufmerksam und habe keine Ahnung von Risiken. Wenn es ein Problem gebe, dann sei er es.*

»Also, die Antwort lautet, jemand muss bezahlen«, sagte Mark Shafir.

»Joe arbeitet seit dreißig Jahren mit mir zusammen«, feuerte Fuld zurück. »Er ist großartig in dem, was er macht, seine Karriere ist großartig. Er hat viel für diese Firma getan. Sie verlangen von mir, dass ich ihn in die Wüste schicke, nur weil wir ein schlechtes Quartal hatten?«

»Es ist nicht nur ein schlechtes Quartal«, wandte McGee ein, »es geht viel tiefer.«

Fuld schwieg und blickte auf das Essen vor sich, das er nicht angerührt hatte. »Soll das heißen, ich sollte auch ...?«

»Nein, nein!«, riefen die Banker. Sie wollten ganz gewiss nicht Fulds Rücktritt, das wäre der Todesstoß für Lehman. Aber so, wie es war, könne es nicht weitergehen; Fuld müsse den inneren Kreis durchbrechen, der ihn von der Firma abschirmte, und sich mehr mit dem Tagesgeschäft befassen.

Diese Kritik ließ Fuld gelten. »Ich akzeptiere das als Feedback«, sagte er. »Ich will es machen, ich werde das Richtige machen.« Aber er weigerte sich immer noch, Gregory zu entlassen.

»Was werden Sie nach diesem Treffen erzählen?«, fragte er die Banker.

»Dass der Kerl es nicht kapiert«, erwiderte Weiss ohne Umschweife.

»Ich habe es verstanden«, sagte Fuld.

Die Banker erhoben sich und gingen zu den Aufzügen, niemand wusste, was Fuld tun würde. Es schien unwahrscheinlich, dass er Gregory entlassen würde; nichts deutete darauf hin, dass er einen so drastischen Schritt unternehmen würde. Aber McGee und die anderen waren erleichtert, dass Fuld sie wenigstens angehört hatte.

Während die anderen beim Essen saßen, machte sich Gregory in seinem Büro zu schaffen. Er wusste von den Gerüchten – er hatte mitbekommen, dass der Wind ihm ins Gesicht blies. Fuld hatte oft genug von der schlechten Stimmung in der Firma gesprochen, und Gregroy war klar, dass er unter Beschuss stand. Auch die schnippischen Kommentare und die Gerüchte waren ihm nicht entgangen. Gregory hatte sich immer auf eines konzentriert, auf das, was er »Kultur« nannte, und nun sah er, wie sie sich auflöste.

Der Zerfall seiner eigenen Macht hatte bereits Monate zuvor begonnen. Fuld stützte sich zunehmend auf Bart McDade, den Leiter der Aktienabteilung, einen der beliebtesten Mitarbeiter in der Firma: ehrlich, diszipliniert und klug, vielleicht mehr, als für ihn gut war. Nach dem Beinahezusammenbruch von Bear Stearns hatte Fuld McDade zu seinem »Risikomann« gemacht.

McDade hatte lange in der Anleiheabteilung gearbeitet, sie erfolgreich geleitet, bis er 2005 in die weniger profitable Aktienabteilung geschoben wurde. Viele sahen darin ein klassisches Joe-Gregory-Manöver, um einen möglichen Rivalen aus dem Weg zu räumen. Aber vielleicht, so sahen es andere, folgte Joe Gregory einfach seiner Intuition und entschied, dass ein Talent wie McDade überall dort eingesetzt werden konnte, wo es am nötigsten war.

McDade war zu höflich, um vor den anderen Mitgliedern des Exekutivkomitees etwas zu sagen, aber er hatte privat mit Gregory über dessen Rolle bei Lehman gesprochen und ein paar deutliche Sätze darüber gesagt, dass es um »das Beste für die Firma« ging. Und McDade hatte Fuld klarzumachen versucht, wenn auch nicht so nachdrücklich wie McGee, dass Gregory seine Glaubwürdigkeit verloren hatte. Inzwischen war das fast allen Mitarbeitern klar.

Kaum war Fuld wieder in seinem Büro, kam Gregory herein.

»Ich denke, ich sollte abtreten«, sagte er zögernd.

»Was geht hier vor?« Fuld machte eine abwehrende Handbewegung. »Geh zurück in dein Büro. Ich habe 51 Prozent Stimmenanteil, und das wird nicht passieren.«

Fünf Minuten später suchte Fuld Gregory auf, der die Sache inzwischen mit Russo diskutierte.

Gregory sagte, er sei überzeugt, der Markt wolle, dass Lehman handle. »Sie wollen, dass Köpfe rollen. Dein Kopf kann es nicht sein. Ich muss es tun.«

»Es liegt nicht an dir«, erwiderte Fuld. »Es ist eine Krankheit, jede Firma hat sie. Es ist nicht dein Fehler.«

Russo, der bisher geschwiegen hatte, schaltete sich ein. »Dick, ich glaube, Joe hat recht.« Unter diesen Umständen sei es das Beste für die Firma.

Fuld begriff langsam, dass er sich in das fügen musste, was die meisten für unvermeidlich hielten. Er kämpfte mit den Tränen und murmelte: »Das gefällt mir nicht, es gefällt mir ganz und gar nicht.«

Erin Callan war in ihrem Büro, als Gregory ihr die Nachricht überbrachte: Er werde gehen, aus Loyalität zu Lehman. Als ihr Mentor habe er eine letzte Bitte: Er bitte sie, ebenfalls zurückzutreten. Sein Rücktritt werde intern wirken, aber an der Wall Street zähle ihr Name. »Wir sollten es gemeinsam tun.«

Trotz ihrer E-Mail an Fuld wirkte Callan erschüttert, sie konnte nicht glauben, dass es so weit gekommen war.

Minuten später ging sie zu Fuld. »Ich habe meine Glaubwürdigkeit bei unseren Investoren verloren und denke, ich sollte zurücktreten«, sagte sie mit zitternder Stimme.

Wieder war Fuld getroffen und hatte Tränen in den Augen. Aber er hatte schon anderes durchgestanden. Er konnte weitermachen. Als er wieder allein in seinem Büro war, begann er, das Puzzle neu zusammenzusetzen. Er rief Jeff Weiss an.

»Also, ich höre«, sagte er zu Weiss.

»Hm, okay.« Weiss wusste nicht recht, worauf Fuld hinauswollte.

»Ich höre«, wiederholte Fuld, wie um mitzuteilen, dass Weiss' Vorschläge bei dem Essen beherzigt werden sollten.

»Muss ich sagen, wie ich über Bart McDade denke?« Weiss machte deutlich, dass er McDade als Gregorys Nachfolger haben wollte.

»Nein«, entgegnete Fuld, »nicht nötig.«

Abends saß McGee mit einem befreundeten Kollegen beim Essen im Maloney & Porcelli, einem Steakhaus an der Fiftieth Street, als sein Telefon klingelte. Es war Fuld. McGee ging hinaus, unter das grüne Vordach des Restaurants, und nahm dort den Anruf entgegen.

»Okay, ich wollte nur sagen, dass ich auf euch gehört habe, und ich habe es gemacht.«

»Wie?« McGee verstand nichts.

Fuld antwortete nicht.

»Ich bin vielleicht ein Idiot aus Texas«, setzte McGee nach, »aber geht es ein bisschen deutlicher?«

»Ich habe auf euch gehört. Ich habe es gemacht«, wiederholte Fuld.

Er sagte McGee, er solle am nächsten Morgen Punkt acht Uhr zu einer außerordentlichen Sitzung des Exekutivkomitees erscheinen.

Nun verstand McGee.

Am Donnerstagmorgen erhielt Kerrie Cohen ab sechs Uhr in der Früh telefonische Nachrichten von Charlie Gasparino.[22]

»Hey, Kerrie. Am besten rufen Sie mich gleich zurück, denn es gibt ein Problem … Ihr habt ausdrücklich etwas dementiert, was ich gehört habe, und nun sieht es ganz danach aus, als sei es doch so. Rufen Sie mich bitte sofort zurück! Sofort heißt sofort. Bei der Sache sollte mir niemand zuvorkommen – sonst haben Sie ein erhebliches Glaubwürdigkeitsproblem und Lehman auch. Also rufen Sie mich bitte an.« Zwanzig Minuten später hatte er die nächste Nachricht hinterlassen: »Rufen Sie mich sofort an! Ich meine es ernst.«

Cohen war um halb sechs ins Büro gerufen worden, um zusammen mit Scott Freidheim die Presseerklärung zu formulieren, in der Gregorys Ausscheiden und Callans Entscheidung, ihren Job niederzulegen, mitgeteilt werden sollten. Callan hatte mit Fuld eine Übereinkunft getroffen, dass sie einen anderen Job in der Firma erhielt. Und auch Gregory blieb dabei, obwohl darüber in der Pressemitteilung nichts gesagt wurde; Fuld wollte ihn als außerordentlichen Berater auf der Gehaltsliste von Lehman behalten, damit er weiter Rentenansprüche und Jahre für seine betriebliche Altersversorgung sammeln konnte. Gregorys Karriere war beendet, aber sein alter Freund ließ ihn nicht fallen. In

Fulds Presseerklärung hieß es: »Joe ist seit dreißig Jahren mein Partner und hat wesentlichen Anteil daran, wo wir heute sind und was wir als Firma erreicht haben. Für uns beide war das eine der schwersten Entscheidungen, die wir je getroffen haben.«

Freidheim half auch, eine Erklärung für die Mitarbeiter vorzubereiten. »Unsere Glaubwürdigkeit hat sehr gelitten. Die gegenwärtige Situation auf den Märkten zwingt uns, eine Reihe von Maßnahmen zu ergreifen, um wieder Vertrauen zu gewinnen.«[23]

Zur Abwechslung stand an diesem Morgen einmal nichts Neues über Lehman in den Zeitungen.

Als Fuld ins Büro kam, gab ihm Freidheim einen Entwurf der Presseerklärung zum Durchlesen, und dann begann die Sitzung des Exekutivkomitees. Fuld wirkte sehr mitgenommen.

»Das ist das Härteste, was ich jemals getan habe«, sagte er und schilderte Gregorys Rolle als Freund und Geschäftspartner. »Joe opfert sich für das ganze Team.«

»Ich habe immer gesagt, wenn jemand die Kugel abfangen muss, dann sollte ich es sein«, erwiderte Gregory. »Sorgen wir dafür, dass es nicht vergebens ist.«

Fuld sah aus, als würde er gleich die Fassung verlieren. Gregory griff nach seiner Hand und sagte ruhig: »Es ist in Ordnung.«

»Wollen Sie etwas sagen?«, wandte sich Fuld an Callan.

»Nein, nein.« Sie wischte sich eine Träne weg.

Fuld kündigte an, dass er Bart McDade als Nachfolger für Gregory vorschlagen wolle. »Er ist der beste Mann für das operative Geschäft, den wir haben.«

Aber das war nicht die Stunde, um McDades Ernennung zu feiern. Als die Sitzung endete, umarmte Fuld Gregory und schaute ihm dann hinterher, wie er langsam den Konferenzraum verließ.

Kapitel sieben

Am Nachmittag des 11. Juni führte der unglaublich jugendlich wirkende, 45-jährige Präsident von Merrill Lynch, Greg Fleming, in der Firmenzentrale ein Gespräch mit Kunden, als seine Sekretärin ihm einen Zettel mit dem Vermerk »dringend« hinschob. Larry Fink, der Chef des Vermögensverwaltungsgiganten BlackRock, war am Telefon und wollte unbedingt mit Fleming reden.

Fleming konnte sich nicht vorstellen, was so wichtig sein sollte, dass es die Unterbrechung rechtfertigte, aber in Anbetracht der Turbulenzen an der Börse war er bereit, ans Telefon zu gehen. Am Morgen hatte es das Gerücht gegeben, BlackRock wolle womöglich Lehman Brothers übernehmen; Fink hatte die Spekulationen noch angeheizt, als er später am Tag auf CNBC erklärt hatte: »Lehman ist nicht in der gleichen Situation wie Bear Stearns. Lehman Brothers ist so strukturiert, dass es keine Liquiditätskrise geben wird.«[1]

Die beiden Manager waren befreundet – Fink, ein 55-jähriger Finanzexperte, hatte Fleming und seinem Team Büroräume zur Verfügung gestellt, als sie nach den Anschlägen vom 11. September ihre Zentrale in Manhattan verlassen mussten –, und ihre beiden Firmen waren Partner, seit Fleming 2006 daran mitgewirkt hatte, das 539 Milliarden Dollar schwere Asset-Management von Merrill Lynch mit BlackRock zu fusionieren für die Gegenleistung von knapp 50 Prozent Anteil an der Firma.[2] Der Deal hatte BlackRock, lange bekannt als Anleihehändler, in den Club der Geldhäuser katapultiert, die mehr als eine Billion Dollar verwalteten, und Fink, der in den 1980er-Jahren mitgeholfen hatte, den Markt für hypothekenbesicherte Wertpapiere aufzubauen, war dadurch zu einem noch einflussreicheren Broker an der Wall Street geworden.

»Was zum Teufel ist da los?«, schrie Fink beinahe atemlos vor Ärger ins Telefon, kaum dass Fleming sich gemeldet hatte. »Sag mir einfach, was verdammt noch mal da vorgeht! Wie konnte er das machen? Wie konnte er mir das antun?«

»Larry, beruhige dich«, erwiderte Fleming, »wovon sprichst du?«

»*Thain!*«, bellte Fink und meinte damit John Thain, den CEO von Merrill Lynch. »CNBC meldet, dass er BlackRock verkauft. Was zum Teufel denkt er sich?«

»Larry, davon weiß ich nichts«, erwiderte Fink ehrlich erstaunt. »Wann hat er das gesagt?«

»In einer Rede! Heute verkündet er der ganzen Welt, dass der Anteil verkauft wird. Welcher Idiot macht so was?«, schrie Fink, immer noch hoch erzürnt.

»Ich wusste nicht, dass John eine Rede gehalten hat, aber …«

»Wir haben eine Sperrfrist, Greg! Du weißt das, John weiß es. Er braucht meine Erlaubnis. Er hat mich nicht angerufen, nichts! Er hat verdammt noch mal nicht das Recht, BlackRock zu verkaufen!«

»Larry, ich weiß, dass wir eine Vereinbarung über eine Sperrfrist haben. Beruhige dich und hör einen Augenblick zu«, drängte Fleming.

»Es ist nicht zu fassen.« Fink konnte sich nicht beruhigen. »Welcher Verkäufer verkündet vor aller Welt, dass er verkaufen will? Wie kann man nur so dumm sein!«

»Soweit ich weiß, will niemand bei Merrill etwas an der Beziehung ändern, die wir mit euch haben«, erwiderte Fleming. »BlackRock ist für uns eine strategisch wichtige Anlage. Ich werde mich informieren, was da passiert ist, und dann sprechen wir drei darüber«, versicherte er und beendete das Gespräch.

Fleming wusste nur von einem Auftritt Thains: Am Tag zuvor hatte er bei einer vom *Wall Street Journal* veranstalteten Konferenz eine Rede gehalten, und darin hatte BlackRock kaum eine Rolle gespielt. Tatsächlich hatte Thains objektive Einschätzung, in welchem Zustand sich die Finanzbranche befand, Fleming beeindruckt. »Alle verschlanken ihre Bilanzen. Es war viel zu viel Fremdkapital im System, viel zu viel Kredit, viel zu lange«, hatte Thain gesagt, beinahe in der Rolle des weisen Staatsmanns.[3] »Wir alle machen uns Sorgen über das, was wir in den Zeitungen lesen.«[4]

Fleming rief in Thains Büro an und erfuhr, dass er nicht da war. Fleming wusste, dass Merrills Bilanz immer düsterer aussah: Sie steckte voller Subprime-Kredite, die die Firma nicht losgeworden war, und wahrscheinlich brauchten sie dringend Geld. Aber Fleming rechnete nicht damit, dass Thain wirklich BlackRock verkaufen wollte, schließlich hielten viele das für Merrills bestes Pferd im Stall. Eine Verkaufsabsicht mitzuteilen würde den Druck auf Merrill nur noch erhöhen.

Wie Lehman Brothers kämpfte Merrill mit seiner eigenen Vertrauenskrise. In den letzten Monaten hatte Thain den Investoren wiederholt versichert, dass die Firma ihre Anlagen konservativ bewertete und kein zusätzliches Kapital brauchen werde. Aber die Investoren waren skeptisch geblieben, und die Aktie von Merrill hatte auf Jahressicht 32 Prozent verloren.[5]

Merrill hatte Thain, Paulsons ehemalige Nummer zwei bei Goldman Sachs, erst sieben Monate zuvor geholt, damit er half, wenigstens den Anschein von Ordnung wiederherzustellen, nachdem die Firma den größten Verlust in ihrer Geschichte eingefahren und sich von ihrem bisherigen CEO Stan O'Neal getrennt hatte. Damals hatte Larry Fink noch gedacht, er wäre der ideale Kandidat für den Job, bis er auf der Website der *New York Post* lesen musste, dass Thain das Rennen gemacht hatte. Sein eigenes Vorstellungsgespräch hätte noch in der gleichen Woche stattfinden sollen, das erklärte vielleicht einen Teil seines Ärgers über Thain.

Thain, ein ultrapenibler Manager, der bei manchen »der Roboter«[6] hieß, war dem Verwaltungsrat von Merrill aufgefallen, weil er neuerdings im Ruf stand, er habe ein besonderes Talent dafür, strauchelnde Firmen wieder auf die Beine zu bringen. Er hatte bei Goldman rasch Karriere gemacht und war dann zur New Yorker Börse (NYSE) gewechselt, um ihren nach der Empörung über die gigantische Abfindung für Richard Grasso ramponierten Ruf wiederherzustellen. Ironischerweise hatte Fink damals der Findungskommission angehört, die Thain ausgewählt hatte.[7] Bei der NYSE führte Thain (dessen Vergütung wenig überraschend gegenüber derjenigen Grassos um 16 Millionen Dollar gekürzt wurde) einen radikalen Umbau durch und erschütterte die exklusiven, anachronistischen Gepflogenheiten an der größten Börse der Welt. Er beseitigte Privilegien – schloss den holzgetäfelten Speisesaal und entließ den hauseigenen Friseur[8] – und machte die Börse zu einem gewinnorientierten, börsennotierten Unternehmen. Er legte sich mit der mächtigen, verschworenen Gemeinschaft der Parketthändler und Spezialisten an, die vergebens protestierten, als Thain sie ins Zeitalter des Computerhandels zwang.

Thain ist in Antioch in Illinois aufgewachsen, einer Kleinstadt westlich des Lake Michigan, und galt schon lange als talentierter Problemlöser. Als Student am Massachusetts Institute of Technology hatte er ein Praktikum bei Procter & Gamble absolviert und dabei an einem Fließband, das er überwachte, etwas beobachtet: Die Arbeiter stellten Seife her, und jedes Mal, wenn das Fließband durch ein technisches Problem stillstand, mussten sie warten, bis es wieder lief und sie an die Arbeit zurückkehren konnten.[9] Der Praktikant erklärte nun den Arbeitern, dass es keinen Grund gab, die Arbeit zu unterbrechen – sie konnten weiter Seifenstücke herstellen und so lange in Kartons stapeln, bis das Fließband wieder lief. Auf diese Weise würden sie keine Einbußen bei ihren Akkordprämien haben. Thain überzeugte sie, indem er selbst mit anpackte und Seifenstücke stapelte.

Sein öffentliches Image als gefühlloser Technokrat war vielleicht nicht ganz gerecht, Thain hatte durchaus seine Schwächen. Mit seiner Ingenieurausbildung vermittelte er bisweilen den Eindruck, sehr schematisch zu denken und wenig fantasievoll zu sein. »Im Gespräch erklärte er Dinge manchmal so detailreich, dass man schließlich nicht mehr wusste, wovon er überhaupt redete«, erzählte Steve Vazquez, ein Mitschüler von der Highschool.[10] Bei einer Besprechung bei Goldman 1999 sagte Thain einmal zu einer Runde von Bankern und Anwälten: »Würde es Ihnen was ausmachen, mir gelegentlich in den Hintern zu kriechen?«[11] Er hielt das für eine witzige Bemerkung. Die anderen waren nicht dieser Meinung.

Der Vorfall, der Fink so in Rage versetzt hatte, war, wie Fleming schließlich herausfand, nur ein weiteres Beispiel dafür, dass Thain für manche Dinge einfach kein Gespür hatte. Thain hatte an einer Telefonkonferenz mit Investoren der Deutschen Bank teilgenommen, und dabei hatte Michael Mayo, der Analyst, der die Konferenz leitete, ihn gefragt: »Nun, ich glaube, Sie sagten, Sie seien nicht recht zufrieden mit BlackRock und Bloomberg. Unter welchen Umständen könnte es Ihrer Ansicht nach sinnvoll sein, sich von diesen Investments zu trennen?«[12]

Thain war immerhin so klug, dass er das als eine hypothetische Frage verstand. Natürlich müsse Merrill all seine Anlagen anschauen und überlegen, welche in harte, kalte Dollars umgewandelt werden könnten; im aktuellen Umfeld müsse das jede Investmentbank tun. »Ende letzten Jahres, als wir überlegt haben, wie wir uns frisches Kapital beschaffen können, haben wir verschiedene Optionen geprüft, auch den Verkauf von Stammaktien und wandelbaren Aktien«, antwortete Thain.[13] »Aber wir haben auch daran gedacht, einige unserer wertvollen Aktiva zu Geld zu machen wie Bloomberg oder BlackRock. Und wenn wir noch mehr Geld brauchen sollten, werden wir den Prozess weiterführen und prüfen, welche Alternativen wir haben und welche unter dem Aspekt der Kapitaleffizienz am sinnvollsten für uns sind.«

Thains Antwort mochte ihn selbst absolut überzeugt haben, aber weil er immer wieder gesagt hatte: »Wir haben reichlich Kapital für die Zukunft«,[14] sahen die Investoren darin einen nicht sehr subtilen Hinweis, dass die Lage sich geändert hatte, und damit war der Schaden angerichtet. Innerhalb von 72 Stunden hieß es, Merrill sei »die verwundbarste Brokerfirma nach Lehman«.[15]

Einen einzigen Tag lang hatte John Thain den Job, den er seit jeher wollte:[16] Er war CEO von Goldman Sachs. Leider war dieser Tag der 11. September 2001. Weil der amtierende CEO Hank Paulson in einem Flugzeug nach Hongkong saß, als die Anschläge erfolgten, war Co-Präsident Thain der höchstrangige Mitarbeiter in der Goldman-Zentrale im Gebäude Broad Street 85, und jemand musste nun die Kontrolle übernehmen. (Der zweite Co-Präsident John Thornton war in Washington auf einer Konferenz der Brookings Institution.)

Thain war schon lange überzeugt, dass es seine Bestimmung war, eines Tages Goldman zu führen. In den Weihnachtsferien

1998 hatte er bei der Palastrevolte mitgemacht – sie vielleicht sogar angezettelt –, die Jon Corzine hinauskatapultiert und Hank Paulson an die Spitze gebracht hatte. In Robert Hursts Wohnung an der Fifth Avenue waren Thain und Thornton übereingekommen, dass sie Paulson unterstützen würden.[17] Aber sie glaubten, sie hätten im Gegenzug eine informelle Zusicherung erhalten: Paulson sagte, er wolle nur für eine Übergangszeit von zwei Jahren CEO sein, bis er nach Chicago zurückgehen könne, und die beiden nahmen an, dass Paulsons Job dann an sie vererbt werden würde. Während Corzine in Telluride in Colorado Ski fuhr, schlossen sie ihren Pakt.[18]

Für Thain, seit vielen Jahren Corzines Leutnant und Freund,[19] war es eine sehr schmerzhafte Entscheidung, aber die Unterstützung von Paulson – den er aus ehrlicher Überzeugung für besser geeignet für den Chefposten hielt als Corzine – ermöglichte ihm, seine eigene Karriere voranzutreiben. Weil er der Mensch war, der Corzine im Vorstand am nächsten stand, fiel ihm die Aufgabe zu, Corzine die Nachricht zu überbringen,[20] und er musste mit ansehen, wie sein Boss mit den Tränen kämpfte. Am 11. Januar 1999 erhielten die Goldman-Partner, viele gerade erst aus den Ferien zurück, eine knappe E-Mail: »Jon hat beschlossen, den Titel des CEO abzugeben.«[21]

Aber nach zwei Jahren an der Spitze machte Paulson keine Anstalten, abzutreten. Er wusste, wie viel Arbeit noch zu leisten war, und hatte Zweifel, ob seine potenziellen Nachfolger der Aufgabe gewachsen wären. Thain war wie alle Seniorpartner bei Goldman sündhaft reich geworden, beim Börsengang hatte er Aktien im Wert von mehreren Hundert Millionen Dollar bekommen.[22] Nun begriff er, dass sein Boss in absehbarer Zeit nirgendwohin gehen würde, und sein Traum, Goldman zu leiten, würde genau dies bleiben: ein Traum. Thain und Paulson kamen gut miteinander aus, aber jetzt herrschte eine unterschwellige Spannung. Thain ärgerte, dass Paulson sich nicht an das gehalten hatte, was seines Erachtens vereinbart worden war, und Paulson fragte sich, ob Thain, den er als talentierten Finanzmann schätzte, wirklich genügend Urteilsvermögen besaß, um CEO werden zu können. Auch Thains Art, seinen Reichtum zur Schau zu stellen, die gar nicht zu Goldman passte, irritierte Paulson. Thain blieb zwar in mancher Hinsicht unauffällig – zum Beispiel tauchte er nie in der Klatschpresse auf –, aber er hatte sich in Rye ein vier Hektar großes Anwesen gekauft und besaß fünf BMWs.[23] Auch Thains feste Urlaubsgewohnheiten behagten Paulson nicht: Normalerweise arbeitete Thain hart, aber er beharrte darauf, um Weihnachten zwei Wochen nach Vail zu fahren,[24] eine Woche Urlaub über Ostern zu nehmen und weitere zwei Wochen im Sommer. Für einen Mann wie Paulson, der praktisch 365 Tage im Jahr arbeitete, war das schwer zu verdauen. 2003 war Thain wie Thornton klar, dass Paulson bleiben würde. Thornton beschloss aus Frust darüber, dass er nicht befördert worden war, die Firma zu verlassen. Bald nach seinem Ausscheiden lud er Thain zum Abendessen ein.[25]

»Du kannst dich nicht auf Hanks Wort verlassen«, sagte er zu Thain. »Wenn ich du wäre, würde ich gehen.«

Nur wenige Monate später ernannte Paulson einen ehemaligen Rohstoffhändler namens Lloyd Blankfein zum Co-Präsidenten neben Thain. Der Aufstieg von Blankfein, der seine eigene Hausmacht in der Firma aufbaute – nicht nur politisch, sondern auch finanziell, weil er für den Geschäftsbereich zuständig war, aus dem 80 Prozent des Gewinns von Goldman kamen –, war das Signal für Thain, dass es Zeit war, den Ausstieg vorzubereiten.

Paulson verschlug es die Sprache, als Thain in sein Büro kam und ihm eröffnete, er werde ausscheiden und als CEO zur New Yorker Börse gehen.[26] In dieser neuen Position war er dann sehr erfolgreich.

Vier Jahre später, im Herbst 2007, als sich die Kreditkrise verschärfte, erlitten mehrere große Banken hohe Verluste und entließen ihre Chefs. Thain war ein natürlicher Kandidat für Firmen, die sich nach einer Verbesserung umschauten. (Tatsächlich hatte ihn nicht nur Merrill Lynch als CEO in Erwägung gezogen, sondern auch Citigroup, neben Tim Geithner.) Er überlegte hin und her – und diskutierte mit seiner Frau Carmen –, ob er das Angebot annehmen sollte, falls Merrill Lynch ihm den Job tatsächlich anbieten würde. Er hatte seine eigene detailierte Prüfung an den Büchern von Merrill vorgenommen und zufrieden registriert, dass das Unternehmen trotz rund 90 Milliarden Dollar an zweifelhaften Krediten und Derivaten in der Bilanz lebensfähig war. Und mehr noch: Er sah die Chance, CEO eines großen Brokerhauses zu werden und endlich das zu erreichen, was ihm bei Goldman nicht gelungen war. Angesichts seiner Kontakte und seines Rufs konnte Merrill Lynch zu der Ausgangsbasis werden, von der aus er Goldman auf ihrem eigenen Terrain schlagen konnte. Er rechnete, dass es mindestens fünf Jahre dauern würde; den Verwaltungsräten von Merrill sagte er, er werde zwei Jahre brauchen, um die Bilanz in Ordnung zu bringen, und drei Jahre, um die Firma in die nächste Dimension zu führen. Schließlich nahm er die Position an und erhielt 15 Millionen Dollar Antrittsgeld[27] sowie ein Jahresgehalt von 750 000 Dollar. Der Verwaltungsrat gewährte ihm außerdem Aktienoptionen, die ihm weitere 72 Millionen einbringen würden, wenn es ihm gelang, den Kurs der Merrill-Aktie auf über 100 Dollar zu steigern. Auf die Nachricht hin, dass Thain an Bord kommen sollte, stieg die Aktie um 1,6 Prozent auf 57,86 Dollar, aber von dort war es noch ein weiter Weg bis zu dem Punkt, an dem er die Option ausüben konnte.

Gleich nach seinem Eintritt machte er sich daran, die Kapitalbasis von Merrill zu stärken, um so Problemen vorzubeugen. Dabei hatte er das Ende von Drexel Burnham Lambert vor Augen, der Firma von Michael Milken, die 1990 Bankrott gegangen war. »Drexel ist an einem Liquiditätsproblem gescheitert«, sagte er einmal bei einer morgendlichen Besprechung des Risikoausschusses und erklärte, dass die Firma nicht genug flüssiges Geld gehabt habe. »Liquidität ist das Wichtigste.« Im Dezember und Januar beschaffte sich Merrill 12,8 Milliarden Dollar von zwei Staatsfonds, Temasek Holdings aus Singapur und der Kuwait Investment Authority, sowie von verschiedenen Investoren.[28]

Gleichzeitig begann Thain das Reich seines Vorgängers O'Neal zu zerschlagen. Bei seinem ersten Besuch hatte er bemerkt, dass die Sicherheitsleute in der Zentrale von Merrill genau gegenüber von Ground Zero mehrere Aufzüge nur für ihn reserviert hatten. Thain ging zu einem Aufzug, und sobald er ihn betrat, stiegen alle Angestellten aus. »Was ist los, warum gehen Sie raus?«, fragte er.

»Wir können nicht in einem Aufzug mit Ihnen fahren«, erklärten ihm die Angestellten.

»Das ist doch verrückt«, erwiderte er, »kommen Sie zurück.« Die Sicherheitsleute wies er an, keinen Aufzug mehr für ihn zu blockieren. Kosten reduzierte er auch, indem er eines der G-4-Flugzeuge der Firma und einen Helikopter verkaufte.[29] Kein Sparpotenzial war zu gering: Statt der frischen Schnittblumen, die sich Merrill bislang für rund 200 000 Dollar im Jahr geleistet hatte, mussten künftig Seidenblumen genügen.[30]

Andererseits – seinen Mitarbeiter entging das Paradox nicht – gab Thain viel Geld für Talente aus. Ende April stellte er mit Zustimmung des Verwaltungsrats einen alten Freund von Goldman ein, Thomas K. Montag, und machte ihn zum Leiter der Abteilung Handel mit Kapitalmarktprodukten. Merrill zahlte für seine Abwerbung allein ein Antrittsgeld von 39,4 Millionen Dollar, obwohl Montag erst im August kommen sollte.[31] Im Mai holte Thain Peter Kraus ebenfalls von Goldman, dem er vertraglich eine Abfindung von 25 Millionen Dollar garantierte.[32]

Und dann war da noch Thains Büro.[33] Seine Frau hatte entschieden, dass es dringend renoviert werden musste. O'Neals weiße Kunststoffmöbel passten überhaupt nicht zum übrigen Dekor; einen Raum neben seinem Büro hatte O'Neal in ein persönliches Fitnessstudio mit Trimmrad und Gewichten verwandeln lassen. Thain heuerte den prominenten Innenarchitekten Michael S. Smith an (der unter anderem Steven Spielberg und Dustin Hoffman zu seinen Kunden zählte) und ließ ihn sein Büro, die Konferenzräume und den Empfangsbereich neu gestalten inklusive einem neuen Anstrich, einem neuem Teppichboden und komplett neuen elektrischen Leitungen. Auf Details achtete Thain nicht sonderlich, nur an einem war ihm gelegen: dass Smith seinen Lieblingsschreibtisch aus seinem alten Büro in der Börse zu Merrill holte. Smith präsentierte Merrill eine Rechnung über 800 000 Dollar für seine Dienste und dazu eine Liste der Gegenstände, die er gekauft hatte, unter anderem einen Teppich für 87 000 Dollar, ein Büfett für 68 000 Dollar und eine Kommode für 35 115 Dollar. Die Angestellten in der Rechnungsabteilung, die die Schecks ausstellten, waren angesichts solcher Verschwendungssucht dermaßen empört, dass sie Kopien der Quittungen machten, die sie dann später gegen Thain verwendeten.

Doch mit all seinen Bemühungen, die Moral bei Merrill zu stärken, erreichte Thain anscheinend genau das Gegenteil. In den Handelsräumen wurde »39,4« – eine Anspielung auf Montags Bonus – eine beliebte Floskel, die man anstelle eines Schimpfworts verwendete. Während die leitenden Mitarbeiter Thain für seine klugen Bemühungen, frisches Kapital zu beschaffen, lobten, gab es unzufriedene Stimmen, die ihm vorwarfen, dass er sich als Manager entweder zu sehr um Kleinigkeiten kümmere oder ganz im Gegenteil zu wenig. Als er eine neue Stabschefin einstellte, May Lee, versäumte er, bestimmte Personen im engeren Führungskreis davon zu unterrichten. An ihrem ersten Tag saß sie auf einmal bei einer Vorstandssitzung mit am Tisch. Robert McCann, für das Brokergeschäft zuständig, kam herein, bemerkte das fremde Gesicht und schaute Thain fragend an. »Oh, das hätte ich Ihnen vielleicht erzählen sollen«, sagte Thain beiläufig, »das ist meine neue Stabschefin.«

Mehrere Vorstandsmitglieder verärgerte er mit seinen großspurigen Auftritten in den Medien, bei denen er sich als der große Retter von Merrill inszenierte. Er holte Margaret Tutwiler, unter Präsident Bush senior Sprecherin des Außenministeriums, als Leiterin der Kommunikationsabteilung. Einige in der Firma glaubten, er habe Ambitionen auf das Amt des Finanzministers, falls der republikanische Präsidentschaftskandidat John McCain die Wahl gewinnen sollte.[34]

An jenem 11. Juni, als Larry Fink so aufgebracht wegen BlackRock anrief, war klar, dass das Geld, das sich Merrill Lynch im letzten Dezember bei den beiden Staatsfonds Temasek und KIA beschafft hatte, nicht ausreichte – und dass solche Geschäfte letztlich viel kostspieliger waren, als es zunächst ausgesehen hatte. Gemäß den Vereinbarungen hatten die Investoren Anspruch auf zusätzliche Zahlungen als Kompensation für etwaige Verwässerungen ihrer Anteile, wenn Merrill Lynch neue Aktien zu einem niedrigeren Preis ausgeben sollte. Der Kurs der Merrill-Aktien war unterdessen stark gefallen. Um eine Milliarde Dollar an neuem Kapital zu bekommen, musste die Firma bis zu dreimal so viel für die Entschädigung der Investoren des Jahres 2007 aufwenden. Thain rechnete zudem damit, dass das zweite Quartal schlechter ausfallen würde als das erste, obwohl er natürlich noch nicht wusste, wie schlecht es tatsächlich sein würde.

Merrills Probleme wurden nun auch für andere an der Wall Street offensichtlich und nährten den Eindruck, dass Thain die Firma nicht im Griff hatte. Der Bankenanalyst Mayo sagte Thain bei der Telefonkonferenz, die den Ärger mit Fink auslöste: »Der Eindruck ist ein bisschen ›einfach drauflos‹, wenn Sie Verluste machen, beschaffen Sie sich einfach mehr Geld. Vielleicht ist das auch nur der Eindruck der Branche. An welchem Punkt sagen Sie, wir müssen den Problemen zuvorkommen?«[35]

»Ich stimme da nicht mit Ihnen überein«, entgegnete Thain. »Wir haben Ende des Jahres 12,8 Milliarden Dollar neues Kapital beschafft, und wir haben nur 8,6 Milliarden verloren. Wir haben beinahe 50 Prozent mehr bekommen, also mehr, als wir verloren haben. Das war auch schon im ersten Quartal so, damals waren es 2,7 Milliarden gegenüber 2 Milliarden Verlust. Wir haben unser Kapital erhöht.«

Aber das sollte nicht reichen.

Ein paar Wochen nach Thains Ernennung zum CEO von Merrill Lynch stand er vor einer besonders heiklen Aufgabe. Er rief seinen Vorgänger Stan O'Neal an (der gerade ein Abfindungspaket für sich ausgehandelt hatte, das sich auf 161,5 Millionen Dollar summierte) und fragte, ob sie sich treffen könnten. Beide wollten vermeiden, dass in den Zeitungen über ihr Treffen berichtet würde, und so verabredeten sie sich zum Frühstück im Büro von O'Neals Anwalt in Manhattan.[36]

Nach ein paar einleitenden Freundlichkeiten blickte O'Neal Thain an und fragte: »Also, warum wollten Sie mich sprechen?«

Thain wusste, wenn jemand auf dieser Welt erklären konnte, was bei Merrill Lynch schiefgegangen war und warum sie sich bis zu 27,2 Milliarden Dollar Subprime-Kredite und andere riskante Investments aufgeladen hatten[37] – mit anderen Worten, was an der Wall Street schiefgegangen war –, dann O'Neal.

»Nun, wie Sie wissen, bin ich neu, und Sie waren fünf Jahre lang Chef«, begann Thain vorsichtig. »Ich würde gern Ihre Version hören, alles, was Sie über die Vorgänge hier wissen. Wer wer ist und so weiter. Das wäre für mich sehr hilfreich und für Merrill.«

O'Neal schwieg einen Augenblick, griff zum Obstteller und schaute dann Thain an: »Tut mir leid, ich glaube nicht, dass ich der Richtige bin, um diese Frage zu beantworten.«

O'Neal war von einem anderen Schlag als die meisten Topleute bei Merrill, nicht zuletzt, weil er Afroamerikaner ist – eine deutliche Veränderung gegenüber den irischen Katholiken, die in der Vergangenheit Merrill Lynch geleitet hatten.[38] Sein Werdegang ist in jeder Hinsicht eine Erfolgsgeschichte. O'Neal, dessen Großvater als Sklave geboren wurde, verbrachte einen großen Teil seiner Kindheit in einem Holzhaus ohne eigene Toilette im östlichen Alabama. Als er zwölf war, zog sein Vater mit der Familie in eine Sozialwohnung in Atlanta und fand bald Arbeit in einem Montagebetrieb von General Motors. GM wurde für Stan O'Neal der Weg aus der Armut. Nach der Highschool ging er ans General Motors Institute (heute die Kettering University), eine Ingenieurschule, und absolvierte dort einen dualen Ausbildungsgang: Sechs Wochen arbeitete er am Fließband in Flint in Michigan, daran schlossen sich sechs Wochen Schule an. Mit Unterstützung von GM besuchte er anschließend die Harvard Business School und machte 1978 dort seinen Abschluss. Eine Zeit lang arbeitete er im Finanzzentrum von GM in New York, von dort holte ihn ein ehemaliger GM-Finanzchef, der inzwischen bei Merrill Lynch war, in die Junkbondsabteilung des Brokerhauses. Dank harter Arbeit und der Unterstützung mächtiger Mentoren stieg O'Neal rasch auf. Er wurde Leiter der Junkbondsabteilung, die sich bald an die Spitze der Wall-Street-Rankings schob, der sogenannten »Tabelle«. 1997 wurde O'Neal Co-Leiter des Bereichs institutionelle Anleger, im Jahr darauf Finanzchef und 2002 CEO von Merrill Lynch.

Die Firma, an deren Spitze er nun stand, war 1914 von Charles Merrill gegründet worden, einem untersetzten Mann aus Florida, der bei seinen Freunden »Schönwetter-Charlie« hieß. Er hatte sich zum Ziel gesetzt, die Wall Street zu den Durchschnittsamerikanern zu bringen.[39] Charles Merrill eröffnete Brokerbüros in fast hundert Städten überall im Land, die durch Fernschreiber mit der Zentrale verbunden waren. Durch Werbeaktionen half er, den Aktienmarkt zu demokratisieren und zu entmystifizieren; so konnten beispielsweise die Teilnehmer eines Wettbewerbs, der von dem Frühstücksflockenhersteller Wheaties gesponsert wurde, Aktien gewinnen. Stärker noch als der Investmentfondsgigant Fidelity oder eine Bank wurde Merrill Lynch mit seinem Logo, das einen Bullen zeigte, mit der neuen Schicht von Investoren nach dem Zweiten Weltkrieg identifiziert. Der Anteil der Amerikaner, die Aktien besaßen – entweder direkt oder indirekt über Investmentfonds und Pensionskassen –, stieg zwischen 1983 und 1999 auf mehr als das Doppelte; 1999 war beinahe die Hälfte des Landes am Markt investiert. Merrill Lynch war »bullish für Amerika« (ein Werbeslogan aus dem Jahr 1971), und Amerika war genauso »bullish« für Merrill Lynch.

Im Jahr 2000 war aus der »donnernden Herde« jedoch eine »phlegmatische Herde« geworden – ein bisschen zu dick und zu behäbig. In den 1990er-Jahren war Merrill Lynch in einen Kaufrausch verfallen, hatte seine globale Expansion vorangetrieben und die Zahl seiner Mitarbeiter auf 72 000 aufgebläht (gegenüber 62 700 bei Morgan Stanley, dem größten Rivalen). Unterdessen litt sein traditionell stärkstes Geschäftsfeld, das Aktiengeschäft mit Privatkunden, durch den Aufstieg von Onlinebrokern wie E*Trade und Ameritrade. Und weil ein großer Teil des Investmentbankings von Merrill Lynch auf Masse ausgerichtet war und nicht auf Gewinn, war Merrill nach dem Dotcom-Crash am Aktienmarkt im Jahr verwundbar durch hohe Kosten und geringe Gewinnmargen zuvor.

O'Neal wollte die Kosten bei Merrill Lynch drastisch senken und die Firma wieder groß machen, indem er sie auf riskantere, aber auch lukrativere Geschäftsfelder führte. O'Neals Vorbild dafür war Goldman, die aggressiv auf eigene Rechnung spekulierten und nicht nur einfach im Auftrag ihrer Kunden handelten. O'Neal studierte aufmerksam Goldmans Quartalszahlen und verlangte Performance von seinen Leuten. Zufällig wohnte O'Neal im selben Gebäude wie Lloyd Blankfein von Goldman, das erinnerte ihn praktisch täglich daran, welchem Ziel er nachjagte. Blankfein und seine Frau bezeichneten O'Neal scherzhaft als »Doppler Stan«, denn wann immer sie ihm in der Lobby begegneten, war er in Bewegung, oft lief er einfach im Kreis herum, wie sie meinten, um ein Gespräch zu vermeiden.

O'Neal zwang Merrill eine Veränderung auf, die zumindest in den ersten Jahren die Gewinne sprudeln ließ. 2006 verdiente Merrill Lynch durch Geschäfte mit eigenem Geld und Geld der Kunden 7,5 Milliarden Dollar gegenüber 2,6 Milliarden im Jahr 2002. Beinahe über Nacht wurde Merrill ein großer Player im boomenden Geschäft mit privatem Beteiligungskapital. Doch gerade als Merrill sich immer mehr mit Hypotheken einließ, kamen vom Immobilienmarkt die ersten Krisensignale. Falls die Führungsleute von Merrill sich Sorgen machten, zeigten sie es zumindest nicht, denn sie hatten reichlich Anreiz, bei ihrem eingeschlagenen Kurs zu bleiben. Die 700 Millionen Dollar an Gebühren, die durch die Schaffung und den Verkauf der Kreditverbriefungen (CDOs) anfielen, erzeugten hohe Bonuszahlungen, obwohl nicht einmal alle CDOs verkauft wurden. (Die Bilanzierungsregeln erlaubten es den Banken, eine Verbriefung unter bestimmten Bedingungen als Verkauf zu behandeln.) O'Neal erhielt 2006 Bonuszahlungen in Höhe von 46 Millionen Dollar.[40]

Als sich die Lage am Markt verschlechterte, wurde offensichtlich, dass die Maßeinheiten, mit denen sie rechneten, keine Entsprechung in der Realität hatten. Zwei Wochen nach der Verwaltungsratssitzung im Juli schickten Fleming und sein Co-Präsident Ahmass Fakahany einen Brief an die Direktoren von Merrill und informierten sie, dass die Positionen der Firma sich verschlechterten.[41]

O'Neal wurde unterdessen immer unnahbarer und grüblerischer und spielte obsessiv Golf, dreizehn Runden, oft an Werktagen und fast immer allein, in altehrwürdigen Clubs wie Shinnecock Hills in Southampton.

Merrills Portfolio an Kreditverbriefungen verlor im August und September weiter an Wert. Anfang Oktober rechnete die Firma mit einem Quartalsverlust von rund 5 Milliarden Dollar, zwei Wochen später waren es bereits 7,9 Milliarden. In seiner Verzweiflung unterbreitete O'Neal ein Fusionsangebot an Wachovia.[42] Am Sonntag, dem 21. Oktober, aß er mit den Verwaltungsräten von Merrill zu Abend, und im Zusammenhang mit den Optionen der Firma zur Sanierung ihrer Bilanz erwähnte er auch, dass er mit Wachovia gesprochen hatte. Fast schon prophetisch sagte er über die Unruhe auf dem Markt: »Wenn das lange anhält, werden wir und alle Firmen, die sich durch Übernacht-Kredite und Repogeschäfte kurzfristig finanzieren, ein Problem bekommen.« Die Verwaltungsräte gingen kaum darauf ein. Sie empörte, dass er unautorisiert Fusionsverhandlungen aufgenommen hatte. »Aber es ist meine Aufgabe, Optionen zu prüfen«, protestierte O'Neal. Zwei Tage später trafen sich die Verwaltungsräte ohne ihn und kamen überein, ihn zu entlassen. Kaum jemand hatte Mitleid mit ihm. Ein ehemaliger Kollege sagte dem *New Yorker:* »Ich würde Stan nicht mal als Fensterputzer nehmen. Was er Merrill Lynch angetan hat, war absolut kriminell.«[43]

An einem Morgen gegen Ende Juni verließ der New Yorker Bürgermeister Michael Bloomberg seine Wohnung in einem Brownstone-Gebäude an der Seventy-ninth Street, stieg hinten in seinen schwarzen Suburban ein und ließ sich zu einer Frühstücksverabredung ins Zentrum bringen. Während seine Leibwächter draußen warteten, ging Bloomberg, wie üblich die Nadel mit der amerikanischen Flagge am Revers, ins New York Luncheonette, ein Imbisslokal an der Fiftieth Street schräg gegenüber einem Parkplatz, und begrüßte John Thain. Bloomberg aß sehr gern in diesem Lokal; kürzlich hatte er einen möglichen Präsidentschaftskandidaten hierher mitgebracht, Barack Obama.

Zwar kannte Bloomberg John Thain persönlich nicht besonders gut, aber ihn verband eine lange, fruchtbare Zusammenarbeit mit Merrill Lynch. Merrill hatte den Finanzdatenkonzern, der seinen Namen trug, von Anfang an unterstützt. Bloomberg war früher Partner bei Salomon Brothers gewesen, dem großen Anleihehändler, und hatte sich dort um das Informationssystem gekümmert; 1981 gründete er seine eigene Agentur. Merrill beteiligte sich an der Finanzierung und war der erste Kunde, der eines der Geräte kaufte, die Finanzdaten in Echtzeit für Börsenhändler übermittelten. 1985 erwarb Merrill für 30 Millionen Dollar einen 30-prozentigen Anteil an Bloomberg LP, reduzierte ihn später aber um ein Drittel.

Als Michael Bloomberg Bürgermeister von New York wurde, brachte er seinen 68-prozentigen Anteil in einen Treuhandfonds ein und zog sich aus der Geschäftsführung zurück – allerdings nicht ganz, bei schwierigen Themen wie dem, das John Thain zur Sprache bringen wollte, war er immer noch präsent. Thain versuchte verzweifelt, Kapital aufzutreiben. Nach dem Debakel mit Larry Fink war er überzeugt, dass er die Anteile an BlackRock behalten sollte, und nun wollte er Bloomberg bewegen, dass er Merrills 20-Prozent-Beteiligung an seiner Firma zurückkaufte. Sollte der Bürgermeister jedoch das Geschäft ablehnen, war unklar, ob Merrill das Recht hatte, seine Anteile auf dem freien Markt zu verkaufen. Der Vertrag war 1986 abgefasst worden, und sie beide wussten, dass er nicht eindeutig war.

Bloomberg und Thain saßen in einer Ecke, tranken Kaffee und unterhielten sich angeregt. Beide waren ehemalige Anleihehändler und begeisterte Skifahrer und verstanden sich überraschend gut.

»Wir würden das gern im Sommer über die Bühne bringen«, sagte Thain und versuchte, möglichst beiläufig zu klingen, um nur ja keinen Verdacht aufkommen zu lassen, er könnte in Panik sein. Nach einer halben Stunde waren sie sich einig, die Sache weiterzuverfolgen.

Das war der Rettungsring, auf den Thain gehofft hatte, und sobald er sich vom Bürgermeister verabschiedet hatte, eilte er zurück in sein Büro und wies Fleming an, sofort mit der Arbeit an dem Projekt zu beginnen.

Kapitel acht

Jamie Dimons Besprechung um zehn Uhr zog sich in die Länge.

»Sagen Sie Bob, dass ich in einer Minute da bin«, wies er seine Assistentin Kathy an.

Robert »Bob« Willumstad und Dimon hatten beide zu Sandy Weills Team gehört, das Finanzimperien schuf. Zu unterschiedlichen Zeitpunkten wurden sie beide als seine Erben an der Spitze der gigantischen Citigroup gehandelt, die sie mit aufgebaut hatten, aber letzten Endes bekamen sie beide keine Chance, die Führung zu übernehmen. In den zehn Jahren seit Dimons erzwungenem Ausscheiden waren sie in engem Kontakt geblieben.[1]

Willumstad, ein großer, weißhaariger Mann, wirkte wie der Archetyp eines Bankers aus Manhattan. Er saß an diesem Vormittag Anfang Juni geduldig im Wartebereich im achten Stock von JP Morgan im ehemaligen Bürogebäude von Union Carbide.

Wie Dimon hatte Weill auch Willumstad ausgebootet.[2] Nach seinem Ausscheiden im Juli 2005 hatte Willumstad die Beteiligungsgesellschaft Brysam Global Partners gegründet,[3] die in Unternehmen im Bereich Kreditgeschäft mit Privatkunden in Lateinamerika und Russland investierte. Seine Partnerin Marge Magner war ebenfalls eine Exilantin von Citigroup.[4] Unter Jamie Dimon hatte sich JP Morgan zum größten Investor in Willumstads Fonds entwickelt, dessen Büroräume direkt gegenüber von JP Morgans Firmenzentrale auf der anderen Seite der Park Avenue lagen. Willumstad und Magner hatten Brysam zu einer profitablen Firma gemacht. Aber Willumstad hatte noch eine andere, viel einflussreichere Position: Er war Verwaltungsratsvorsitzender des Versicherungsgiganten American International Group (AIG),[5] und das war der Grund für seinen Besuch bei Dimon.

»Ich denke über etwas nach und könnte deinen Rat gebrauchen«, begann Willumstad, ein Mann der leisen Töne, nachdem er endlich in Dimons Büro geführt worden war. Er berichtete, dass der Verwaltungsrat von AIG ihn soeben gefragt hatte, ob er interessiert sei, CEO zu werden; der amtierende CEO Martin Sullivan werde wahrscheinlich im Lauf der Woche entlassen werden. Als Verwaltungsratsvorsitzendem fiel Willumstad die Aufgabe zu, am nächsten Tag in die Zentrale von AIG zu gehen und Sullivan mitzuteilen, dass sein Job in Gefahr war.

»Ich bin mit meiner Position zufrieden«, sagte Willumstad sehr ernsthaft, »niemand macht mir Vorschriften.«

»Nur ich!«, erwiderte Dimon, einer seiner größten Finanziers, lachend.

Willumstad erklärte, er denke seit einigen Monaten daran, die Führung zu übernehmen, seit die Kreditkrise AIG erreicht und es sich abgezeichnet hatte, dass er eine Chance bekommen würde, an die Spitze aufzusteigen. Er rang sehr mit sich: Einerseits hatte er sich schon immer gewünscht, einmal Chef einer Wall-Street-Firma zu sein, andererseits war er 62 Jahre alt und hätte nun Zeit für andere Dinge wie etwa Autorennen.

Eine gute halbe Stunde diskutierten Willumstad und Dimon die Vor- und Nachteile, wenn Willumstad die Führung von AIG übernahm. Willumstad wusste besser als die meisten anderen, wie tief die Probleme des Unternehmens reichten; sie zu lösen wäre eine wahre Herkulesaufgabe. Die prekäre Lage von AIG brachte ihn immer wieder zu demselben Ergebnis: »Ich sollte den Job als Übergangslösung annehmen.«

Dimon schüttelte den Kopf. »Quatsch«, kommentierte er, »entweder du willst es machen oder nicht.«

»Ich weiß«, räumte Willumstad ein, »ich weiß.«

»Du bringst hier einiges durcheinander«, fuhr Dimon fort. »Erstens ist eine Interimsführung eine komplexe und komplizierte Sache, und als Interimschef hättest du dieselben Aufgaben wie als Chef auf Dauer. Wenn ich der Verwaltungsrat wäre, würde ich einen Interimschef nicht zulassen, und wenn es um mich ginge, würde ich es nicht machen. Es ist, als würdest du dir selber die Eier abschneiden.«

»Zarb denkt auch, dass nur alles oder nichts möglich ist.« Willumstad sprach von Frank Zarb, dem ehemaligen Verwaltungsratsvorsitzenden von AIG. »Er möchte nicht drei Chefs in drei Jahren haben und einen vierten, der schon wartet.«

»Du weißt, wenn du die Sache richtig machen willst, brauchst du mindestens zwei Jahre«, skizzierte Dimon die Perspektive für eine grundlegende Veränderung. »Die Frage ist, willst du zurück in den Sattel oder nicht? Wenn du zurückwillst, erinnere dich, wie hart der Sattel ist.«

Willumstad nickte zustimmend. Aber noch eine andere Sache beschäftigte ihn. »Mir gefällt das Bild nach außen nicht. Es sieht aus, als würde ich Martin rauswerfen und mich selbst auf seinen Stuhl setzen.« Dimon versicherte ihm, das sei kein größeres Problem.

Der Verwaltungsrat wollte, dass Willumstad den Posten annahm, seine Frau Carol fand, er sollte es tun – sie war schon immer der Ansicht, er sei um den Chefposten bei Citigroup betrogen worden –, und nun war auch Dimon dieser Meinung.

Die Firma, deren Leitung Willumstad übernahm, war eine der spektakulärsten Erfolgsgeschichten in der amerikanischen Wirtschaft. American International Group hatte 1919 in einem kleinen Büro in Shanghai als American Asiatic Underwriters begonnen.[6] Fast ein halbes Jahrhundert später hatte die Firma Niederlassungen überall in Asien, Europa, dem Nahen Osten, in Nord- und Südamerika, aber mit ihrem bescheidenen Börsenwert von 300 Millionen Dollar[7] und Versicherungspolicen im Wert von rund 1 Milliarde Dollar war die Aktiengesellschaft wahrlich kein Schwergewicht.

Doch 2008 wurde das Wort »bescheiden« selten in Verbindung mit AIG verwendet. Binnen weniger Jahrzehnte war AIG zu einer der weltgrößten Finanzfirmen herangewachsen, mit einem Börsenwert von knapp unter 80 Milliarden Dollar[8] (sogar nach einem schweren Einbruch des Aktienkurses Anfang des Jahres) und Aktiva im Wert von über 1 Billion in den Büchern. Diese phänomenale Expansion war hauptsächlich der Cleverness und Dynamik eines Mannes zu verdanken: Maurice Raymond Greenberg, für seine Freunde »Hank« nach Hank Greenberg, dem legendären Baseballspieler der Detroit Tigers, und in der Firma nur »MRG«.

Greenberg hatte eine harte Kindheit und Jugend gehabt, die einem Roman von Dickens hätten entstammen können.[9] Sein Vater Jacob Greenberg war Taxifahrer und hatte einen Süßwarenladen an der Lower East Side von Manhatten; er starb während der Weltwirtschaftskrise, als Hank gerade einmal sieben war. Seine Mutter heiratete ein zweites Mal, einen Milchbauern, und die Familie zog in einen ländlichen Teil des Bundesstaats New York. An den meisten Tagen musste Hank noch vor dem Morgengrauen aufstehen und helfen, die Kühe zu melken. Als er 17 war, fälschte er sein Geburtsdatum, damit er zur Army gehen konnte. Zwei Jahre später war er einer der Soldaten, die am D-Day am Omaha Beach in der Normandie an Land gingen, und gehörte der Einheit an, die das Konzentrationslager Dachau befreite. Nach seiner Rückkehr in die Vereinigten Staaten, wo er Jura studieren wollte, kämpfte er dann auch noch im Koreakrieg und wurde mit einem Bronze Star ausgezeichnet.

Nach dem Einsatz in Korea kam Greenberg wieder nach New York und arbeitete für 75 Dollar pro Woche als Anwärter zum Versicherungsvertreter bei Continental Casualty,[10] wo er rasch zum stellvertretenden Vizepräsidenten aufstieg mit der Zuständigkeit für Unfall- und Krankenversicherung. 1960 warb Cornelius Vander Starr, der Gründer des Unternehmens, aus dem später der Versicherungsgigant AIG wurde, Greenberg an.

Nach außen hin war das größte Drama von AIG Greenbergs Versuch, eine Dynastie zu begründen; stattdessen löste er einen erbitterten Kampf an der Spitze aus.[11]

Jeffrey Greenberg, sein Sohn, hatte an der Brown University und an der Georgetown University Jura studiert und wurde darauf vorbereitet, einmal die Nachfolge seines Vaters anzutreten. Aber 1995 schied er nach mehreren Zusammenstößen mit seinem Vater bei AIG aus, nachdem er 17 Jahre für das Unternehmen gearbeitet hatte. Zwei Wochen zuvor war sein jüngerer Bruder Evan Vizepräsident mit exekutiven Befugnissen geworden, seine dritte Beförderung in weniger als 16 Monaten, und damit Jeffreys direkter Rivale. Nach Jeffreys Weggang lief alles auf Evan zu, den einstigen Hippie, der viele Jahre keinerlei Interesse gezeigt hatte, seinem Vater nachzufolgen. Doch Evan geriet schon bald in Konflikt mit dem Patriarchen, der nichts von seiner Macht abgeben wollte, und wie vor ihm Jeffrey verließ auch Evan die Firma. Jeffrey wurde CEO von Marsh & McLennan, dem größten Versicherungsmakler der Welt, Evan wurde CEO von Ace Ltd., einem der weltgrößten Rückversicherer.

Letztlich aber brachten Zusammenstöße mit den Aufsichtsbehörden, nicht mit Familienmitgliedern, Hank Greenberg zu Fall. Eigensinnig und kampflustig wie immer, legte sich Greenberg einfach zum falschen Zeitpunkt mit den Behörden an. Nach dem Zusammenbruch von Enron und einer ganzen Reihe von Unternehmensskandalen, die zu Beginn des neuen Jahrhunderts die Schlagzeilen beherrschten, hatten Regulierer und Staatsanwälte den Mut, Unternehmen, die nicht kooperierten, hart anzufassen. Im Jahr 2003 zahlte AIG 10 Millionen Dollar für die Beilegung eines Verfahrens, das die Börsenaufsicht in Gang gebracht hatte; der Vorwurf lautete, AIG habe einem Mobiltelefonhändler in Indiana geholfen, Verluste von 11,9 Millionen Dollar zu verstecken.[12] Die Vergleichssumme war relativ hoch, wie die SEC einräumte, weil AIG versucht hatte, wichtige Dokumente zurückzuhalten, und den Ermittlern anfangs eine Erklärung geliefert hatte, die später durch diese Dokumente widerlegt wurde.

Im Jahr darauf, nach einem weiteren Konflikt mit staatlichen Ermittlern, stimmte AIG der Zahlung von 126 Millionen Dollar zur Regulierung straf- und zivilrechtlichter Vorwürfe zu, wonach sie PNC Financial Services geholfen hätten, faule Kredite in einem Volumen von 762 Millionen Dollar aus den Büchern zu bekommen.[13] Zu dem Vergleich gehörte unter anderem, dass über eine Abteilung von AIG eine Aussetzung der Strafverfolgung verhängt wurde; das bedeutete, das Justizministerium würde die strafrechtlichen Vorwürfe nach 13 Monaten fallen lassen, wenn die Firma sich an die Vereinbarungen hielt.[14] (Die große Wirtschaftsprüfungsgesellschaft Arthur Andersen war nach der Anklageerhebung im Zusammenhang mit Enron zusammengebrochen, deshalb bevorzugte die Regierung die sanftere Keule der Aussetzung der Strafverfolgung als eine Art Bewährungsprobe – bisher hatte man das hauptsächlich in Verfahren wegen Drogenmissbrauchs praktiziert.)

Diese AIG-Abteilung, die 13 Monate lang unter Bewährung gestellt worden war, AIG Financial Products Corp., kurz FP, wurde dann zum Ground Zero für die Finanzschwindler, die beinahe das gesamte Unternehmen zerstörten.

Schon bevor Willumstad den Chefposten erhielt, hatten die Probleme bei FP ihn voll und ganz in Anspruch genommen. Die Schwierigkeiten bei AIG schwelten, seit Greenberg 2005 nach einem weiteren großen Bilanzierungsskandal hatte zurücktreten müssen.[15] Der New Yorker Generalstaatsanwalt Eliot Spitzer hatte sogar mit Strafverfolgung gedroht nach Ermittlungen wegen einer Transaktion zwischen AIG und einer Filiale von General Re, einer Versicherung im Besitz von Warren Buffett, die AIGs Liquiditätsreserven um 500 Millionen aufgebläht hatte.[16]

Ende Januar 2008 saß Willumstad in seinem Eckbüro bei Brysam Global Partners, als er etwas Merkwürdiges in einem Monatsbericht bemerkte, der an die Mitglieder des Verwaltungsrats von AIG gegangen war: Die FP-Gruppe hatte Subprime-Hypotheken von über 500 Milliarden Dollar versichert, hauptsächlich für europäische Banken. Diese Geschäfte waren ein ziemlich cleveres Stück Finanzakrobatik. Um den Vorschriften Genüge zu tun, durften die Banken eine bestimmte Verschuldungsquote im Verhältnis zu ihrem Eigenkapital nicht überschreiten. Das Schöne an der Versicherung durch AIG war – zumindest für eine kurze Zeit –, dass sie den Banken ermöglichte, ihre Verschuldungsquote zu erhöhen, ohne dass sie frisches Kapital brauchten, denn sie waren ja versichert.

Willumstad rechnete und war entsetzt: Da die Hypothekenausfälle rasant zunahmen, würde AIG bald astronomische Summen bezahlen müssen.

Er kontaktierte sofort PricewaterhouseCoopers, die externen Wirtschaftsprüfer von AIG,[17] und bestellte sie für den nächsten Tag zu einer geheimen Besprechung in sein Büro; gemeinsam wollte man beraten, wie es mit der in Schwierigkeiten geratenen Abteilung weitergehen sollte. Niemand befand es für nötig, den noch amtierenden CEO Sullivan von dem Termin zu unterrichten.

Anfang Februar hatte der Bilanzprüfer AIG angewiesen, angesichts der jüngsten Einbrüche auf dem Markt jede einzelne Kreditausfallversicherung neu zu bewerten. Tage später teilte das Unternehmen verlegen mit, man habe bei den Bilanzierungsmethoden »materielle Schwächen« entdeckt – eine harmlos klingende Umschreibung für einen Haufen Probleme. Zugleich musste AIG reumütig die Verlustprognosen für November und Dezember revidieren: von 1 Milliarde auf 5 Milliarden Dollar.

Im Mai meldete AIG miserable Zahlen für das erste Quartal: 9,1 Milliarden Dollar Abschreibungen bei Kreditderivaten und 7,8 Milliarden Dollar Verlust[18] – der größte jemals angefallene Verlust. Standard & Poor's setzte daraufhin das Rating von AIG um eine Stufe auf AA minus herab. Vier Tage später, am 12. Mai, meldete das *Wall Street Journal,* das Management einer der profitabelsten Abteilungen von AIG, der Flugzeugleasing-Firma Lease Finance Corp., wolle eine Abspaltung von der Mutterfirma entweder durch Ausgliederung oder durch Verkauf.[19]

Hank Greenberg, mittlerweile 83 Jahre alt, drängte AIG unter Hinweis auf die schlechten Quartalszahlen und die Bemühungen um eine Kapitalerhöhung von 7,5 Milliarden Dollar, die Jahreshauptversammlung zu verschieben. »Ich bin angesichts des Niedergangs einer großen Firma ebenso besorgt wie Millionen anderer Investoren«, schrieb er in einem offenen Brief.[20] »Das Unternehmen befindet sich in einer Krise.«

Unterdessen hatten auch andere große Anteilseigner von AIG im Privaten begonnen, auf Veränderungen zu drängen. Zwei Tage vor der Hauptversammlung am 14. Mai 2008 traf ein Fax in Willumstads Büro bei Brysam ein: Es kam von Eli Broad, einem ehemaligen AIG-Direktor, der 1998 sein gewaltiges Rentenversicherungsgeschäft SunAmerica gegen Aktien im Wert von 18 Milliarden Dollar an AIG verkauft hatte; er war ein enger Geschäftsfreund von Greenberg. Zwei einflussreiche Fondsmanager, Bill Miller von Legg Mason Capital Management und Shelby Davis von Davis Selected Advisers, schlossen sich Broads Position an. Die Gruppe hielt knapp 4 Prozent der AIG-Aktien und wünschte ein Treffen, um »Schritte« zu diskutieren, »wie die Führung verbessert und die Glaubwürdigkeit wiederhergestellt werden kann«.[21]

Am nächsten Abend fuhren Willumstad und ein anderer AIG-Verwaltungsrat, Morris Offit, zu Broads Apartment im Sherry-Netherland-Hotel an der Fifth Avenue, um sich dort mit den drei Investoren zu treffen.[22] Zu ihnen gesellte sich noch Shelbys Sohn Chris Davis, Portfoliomanager in der Firma seines Vaters. In seinem luxuriösen Wohnzimmer mit spektakulären Ausblicken auf den Central Park und die Skyline von New York kam Broad rasch auf seine Klagen über Sullivan und die schlechten Ergebnisse der Firma zu sprechen.

Willumstad hörte kurz zu und unterbrach ihn dann. »Hören Sie, bevor Sie weitermachen, muss ich eines klarstellen. Wir stecken mitten in der Kapitalbeschaffung, deshalb kann ich Ihnen nicht mehr als das sagen, was ich auch schon allen anderen gesagt habe. Aber wir versuchen gern, Ihre Fragen zu beantworten.« Von diesem Punkt an war der Abend für alle Beteiligten ungemütlich und zäh, denn Willumstad und Offit konnten nicht viel mehr sagen, als dass der Verwaltungsrat ihre Sorgen verstand. »Sie sagen uns nichts, was wir nicht schon wüssten«, musste Broad erkennen.

Obwohl der Druck der Anteilseigner wuchs, die Sullivans Rücktritt wünschten, schien er am Morgen vor der Hauptversammlung guter Dinge zu sein. Er ging im Konferenzraum im achten Stock des AIG-Hochhauses herum, schüttelte Hände und begrüßte Aktionäre. Mit einem Investor plauderte er angeregt über den 2:0-Sieg von Manchester United gegen Wigan Athletic am letzten Sonntag, mit dem Manchester am letzten Spieltag Chelsea doch noch den Meistertitel entrissen hatte. Der Triumph war eine Feder, mit der Sullivan und AIG sich schmücken konnten: AIG hatte 100 Millionen Dollar an Manchester überwiesen, damit die Spieler vier Jahre lang ihr Firmenlogo auf ihren Trikots trugen.[23] Davon abgesehen gab es wenig, was verärgerte Aktionäre besänftigen konnte. Die Schlagzeile im *Wall Street Journal* lautete am nächsten Tag denn auch treffend: »AIG bietet Mitgefühl, nicht viel mehr.«[24]

Trotz der Beteuerungen von Willumstad und Offit, dass AIG sich bemühe, seine Liquidität zu erhöhen, führte die Entscheidung, Kapital zu beschaffen, nur zu neuen Zusammenstößen. JP Morgan und Citigroup drängten AIG massiv, weitere Abschreibungen vorzunehmen und diese öffentlich mitzuteilen. Zu diesem Zeitpunkt musste AIG weitere 10 Milliarden Dollar an neuen Sicherheiten für die Swaps beibringen, die das Unternehmen an Goldman und andere verkauft hatte.[25] Die Banker von JP Morgan wussten, was man sich an der Wall Street erzählte, und sie wussten auch, wie erheblich die Bewertungen anderer von den Bewertungen von AIG abwichen. In den Augen der Banker waren die Finanzverantwortlichen bei AIG Amateure. Nicht ein Einziger beeindruckte sie: nicht Sullivan und auch nicht der Finanzchef von AIG, Steven J. Bensinger.

Die Verachtung war wechselseitig, denn auch die AIG-Verantwortlichen fühlten sich von der Arroganz der Leute von JP Morgan abgestoßen. Sie und die Banker von Citigroup waren mit einer der größten Kapitalerhöhungen überhaupt betraut worden und erhielten ein ansehnliches Honorar für ihre Dienste: jeweils über 80 Millionen Dollar. Dass sie nun AIG so von oben herab belehrten, wie sie ihre Anlagen zu bewerten hätten, hatte nur den einen Effekt, dass AIG auf stur schaltete.

JP Morgan drängte AIG weiter zur Offenlegung. Bei einer sonntäglichen Telefonkonferenz über die Kapitalerhöhung sprach Sullivan persönlich, und diesmal klang er nicht so fröhlich wie sonst. »Hören Sie, wir lassen das jetzt. Ich denke, entweder kommen Sie zu uns an Bord, oder wir werden ohne Sie weitermachen müssen.«

Die Vertreter von JP Morgan legten auf und diskutierten ihre Optionen. Steve Black, der sich aus South Carolina zugeschaltet hatte, wurde beauftragt, Sullivan zurückzurufen. »Okay, Sie wollen, dass wir uns nicht einmischen. Gut, wir halten uns zurück. Aber dann werden wir bei der Kapitalbeschaffung nicht mitmachen, und wenn man uns fragt, warum wir ausgestiegen sind, werden wir sagen müssen, dass wir eine Meinungsverschiedenheit hatten und dass es unterschiedliche Ansichten über die potenziellen Verluste bei einigen Ihrer Vermögenswerte gibt.«

Angesichts dieser Drohung blieb AIG nichts anderes übrig, als nachzugeben; sie brauchten das Geld unbedingt und konnten es sich nicht leisten, dass ein Zerwürfnis mit ihrer wichtigsten Bank öffentlich wurde. Die Verantwortlichen von AIG ärgerten sich ein weiteres Mal, als der Disput über die Bewertungen an die Öffentlichkeit drang und JP Morgan nicht wollte, dass der Name der Bank damit in Verbindung gebracht wurde; in den Unterlagen war nur von »einem weiteren nationalen Finanzdienstleister« die Rede.

An dem großen Konferenztisch bei Simpson Thacher wandte sich Willumstad nur wenige Augenblicke, nachdem die AIG-Direktoren ihn zum neuen CEO gewählt hatte, an den Verwaltungsrat.

Er unterstrich, dass es dringlich sei, mit Greenberg Frieden zu schließen. Greenberg war der größte Aktionär von AIG, ihm gehörten 12 Prozent des Unternehmens, und die zahlreichen Konflikte mit ihm waren ein teures Vergnügen. »Er wird immer in der einen oder anderen Weise mit der Firma verbunden sein«, fügte Willumstad noch hinzu.

Nach der Sitzung des Verwaltungsrats fuhr Willumstad zu seinem Apartment an der Upper East Side zurück. Einigermaßen nervös wählte er Greenbergs Nummer, denn Greenberg machte es einem nie leicht. Es dauerte ein bisschen, bis er ihn am Telefon hatte.

»Hank? Hallo, hier ist Bob Willumstad. Ich möchte Ihnen mitteilen, dass soeben der Verwaltungsrat getagt und beschlossen hat, Martin abzulösen …«

»Gute Entscheidung«, unterbrach ihn Greenberg.

»… und dass morgen eine Pressemitteilung rausgeht, dass ich der neue CEO bin.«

Einen Augenblick herrschte peinliche Stille in der Leitung. »Na dann, Glückwunsch, Bob«, sagte Greenberg schließlich sehr leise.

»Hören Sie, Hank. Ich weiß, dass es eine Menge Konflikte zwischen Ihnen und der Firma gegeben hat. Aber ich will einen Neuanfang und sehen, ob wir die Konflikte irgendwie lösen können.«

»Ich bin bereit«, erwiderte Greenberg, »ich möchte der Firma helfen, mit ihren Problemen fertig zu werden.«

Die beiden vereinbarten, im Lauf der Woche einmal abends zusammen zu essen.[26] Als Willumstad auflegte, war er überzeugter denn je, dass die Einigung mit Greenberg sein musste. Sie würde sogar dem Aktienkurs helfen. Aber Greenberg war ein harter Verhandler, und eine Vereinbarung würde Zeit und Geduld brauchen.

Das Problem war: Willumstad wusste nicht, wie viel Zeit er noch hatte.

Kapitel neun

Am Freitag, dem 27. Juni, bummelte Lloyd Blankfein über den Platz vor seinem Hotel in Sankt Petersburg. Er war erschöpft von dem neunstündigen Flug in einer Gulfstream, die ihn, seine Frau Laura sowie Gary D. Cohn, den Präsidenten und COO von Goldman, nach Russland gebracht hatte. Die übrigen Mitglieder des Goldman-Verwaltungsrats würden erst einige Stunden später eintreffen, und da es ein angenehm warmer Nachmittag war, beschloss Blankfein, einen Blick auf die umliegenden Sehenswürdigkeiten zu werfen. Für den Abend war für die Mitglieder des Verwaltungsrats und deren Gattinnen eine Privatführung in der Eremitage vorgesehen.

Während in der gesamten Finanzwelt Chaos herrschte, hatte Blankfein am Abend vor der Sitzung des Goldman-Verwaltungsrats durchaus Grund zur Zufriedenheit. Sein Unternehmen erwies sich einmal mehr als das leistungsstärkste an der Wall Street, trotzte es doch dem schwersten Sturm an den Märkten seit Menschengedenken – zumindest bislang noch.

Und gäbe es für dieses Treffen einen besseren Ort als Russland? Was China für die Industrieproduktion war, war Russland für Rohstoffe, und die waren augenblicklich Trumpf – allem voran das Öl, das gegenwärtig 140 US-Dollar pro Barrel kostete[1] und von dem Russland Millionen Barrel pro Tag förderte.[2] All dies ließ Blankfein für einen Augenblick die Probleme zu Hause vergessen.

Der Goldman-Verwaltungsrat unternahm jedes Jahr eine viertägige Geschäftsreise ins Ausland. Seitdem Blankfein vor zwei Jahren das Ruder von Hank Paulson übernommen hatte, bestand er darauf, dass das Treffen in einem der BRIC-Staaten – ein Kürzel für Brasilien, Russland, Indien und China – stattfand. Schon deshalb, weil die Benennung für diese vier großen Wirtschaftsmächte, die an Wohlstand und Einfluss gewannen, von einem Ökonomen aus dem Haus Goldman stammte.[3] Blankfein wollte den Worten Taten folgen lassen.

Nach der ersten Station Sankt Petersburg, wo sich der Verwaltungsrat über die Finanzsituation informieren und die Geschäftsstrategien überprüfen wollte, erwartete die Mitglieder ein zweitägiger Aufenthalt in Moskau. Der Personalchef von Goldman, John F. W. Rogers, hatte seinen Einfluss geltend gemacht, um Russlands schwierigen Premierminister Wladimir Putin für eine Teilnahme an der Sitzung zu gewinnen. Dessen antikapitalistische Ideologie verhieß für eine Partnerschaft mit den USA wenig Gutes.

Als Blankfein am Reiterstandbild Nikolaus' I. vorbei zum Hotel Astoria zurückschlenderte, kam er ins Grübeln: *Was wäre, wenn der Ölpreis sinken würde, zum Beispiel auf 70 Dollar pro Barrel? Und was würde dies für Goldman bedeuten?* Trotz seiner nachweislichen Erfolge räumte Blankfein ein, »paranoid« zu sein, wie er öfter von sich selbst behauptete.

Der Aufenthalt in Russland beschwor unangenehme Erinnerungen herauf. 1998 war für Goldman hier einiges schiefgelaufen: Der Kreml hatte die Welt damals mit der Ankündigung überrascht, dass er seine Schulden nicht mehr bedienen könne,[4] und die Märkte weltweit auf Talfahrt geschickt. Durch »Ansteckung«, wie es genannt wurde, geriet kurz darauf der Hedgefonds Long-Term Capital Management in Schwierigkeiten.[5]

Die Folge von Ereignissen verursachte gewaltige Handelsverluste bei den Firmen an der Wall Street. Für Goldman Sachs war der Schaden so groß gewesen, dass das Institut seinen geplanten Börsengang hatte verschieben müssen.

Während der gegenwärtigen Turbulenzen waren Goldman Schläge, wie sie Lehman Brothers, Merrill Lynch, Citigroup oder sogar Morgan Stanley getroffen hatten, bislang erspart geblieben. Blankfein hatte ein gewieftes Team, wusste aber auch, dass bei ihren Ergebnissen Glück eine große Rolle gespielt hatte. »Ich bin überzeugt, dass wir etwas besser sind«, hatte er gesagt. »Aber eben nur *etwas* besser.«[6]

Sicher: Auch Goldman hatte ein Portfolio an toxischen Anlagen, war stark fremdfinanziert und hatte wie die Konkurrenz auf den klammen Märkten mit Problemen der Refinanzierung zu kämpfen. Aber sie konnten für sich in Anspruch nehmen, dass sie um die giftigsten Papiere, die ganz auf dem brüchigen Fundament zweitklassiger Hypotheken ruhten, klugerweise einen großen Bogen gemacht hatten.

Michael Swenson und Josh Birnbaum, zwei Hypothekenhändler von Goldman, sowie Finanzchef David Viniar hatten geholfen, die gegenteilige Wette abzuschließen: Sie hatten auf Kursverluste des sogenannten ABX-Index gesetzt, der im Wesentlichen aus einem Korb aus Derivaten bestand, die an zweitklassig abgesicherten Wertpapieren hingen.[7] Hätten sie das nicht gemacht, hätten die Ereignisse für Goldman – und Blankfein – einen ganz anderen Verlauf nehmen können.

Auf dem Weg zurück zum Hotel fielen Blankfeind unweigerlich die vielen Mercedes-Limousinen auf, die die Straße verstopften. Sie waren das sichtbarste Zeichen für die augenblicklich im Land stattfindende Konsumorgie: Russlands Oligarchen, die sich nicht nur am Öl, sondern auch an Eisen, Nickel und zahlreichen weiteren, immer teurer werdenden Rohstoffen bereicherten, gönnten sich Riesenjachten, Gemälde von Picasso und englische Fußballmannschaften. Konnte Russland noch vor zehn Jahren seine Schulden nicht mehr bedienen, so war es heute die am schnellsten wachsende Wirtschaft mit einem Bruttoinlandsprodukt von 1,3 Billionen Dollar.

Goldman hatte mit Russland eine komplizierte Geschichte, die weit hinter die Russlandkrise von 1998 zurückreichte. Einst hatte Franklin D. Roosevelt Sidney Weinberg, dem legendären Chef von Goldman, den Posten des US-Botschafters in der Sowjetunion angeboten. »Ich spreche kein Russisch«, wehrte Weinberg das Ansinnen ab. »Mit wem zum Teufel könnte ich dort reden?«[8]

Nach dem Zusammenbruch der Sowjetunion gehörte Goldman zu den ersten westlichen Geldhäusern, die versuchten sich dort zu etablieren. Drei Jahre nach dem Fall der Berliner Mauer ernannte die Regierung von Boris Jelzin Goldman zu seinem Berater in Finanzdingen.[9]

Da die Gewinnaussichten sich als trügerisch erwiesen, zog sich das Unternehmen 1994 aus dem Land zurück, kehrte schließlich aber wieder.[10] 1998 half Goldman der russischen Regierung, Staatsanleihen in einem Volumen von 1,25 Milliarden Dollar zu verkaufen. Als diese sich zwei Monate später wegen der faktischen Zahlungsunfähigkeit des Staates praktisch als wertlos erwiesen, zog sich das Institut erneut aus Russland zurück. Jetzt unternahm Blankfein den dritten Anlauf mit dem eisernen Entschluss, endgültig auf dem russischen Markt Fuß zu fassen.

Am nächsten Morgen um acht Uhr eröffnete Goldmans Verwaltungsrat seine Sitzung in einem Konferenzsaal, der im Parterre des 1912 eröffneten und nach John Jacob Astor IV. benannten Hotels Astoria lag. In einen Blazer und khakifarbene Hosen gekleidet, gab Blankfein dem Verwaltungsrat in der wie üblich unspektakulär verlaufenden Sitzung einen Überblick über die Geschäftsergebnisse. Entscheidender war vielleicht die anschließende Zusammenkunft. Als Sprecher trat Tim O'Neill auf, ein langjähriger Mitarbeiter, der außerhalb des Unternehmens praktisch unbekannt war, aber als wichtigster Strategieplaner für Goldman große Bedeutung besaß. Seine Vorgänger waren unter anderem Peter Kraus und Eric Mindich gewesen, die beide als Goldman-Superstars galten. Auch hatte O'Neill definitiv Blankfeins Ohr.

Die Mitglieder des Verwaltungsrats hatten drei Wochen zuvor einen gedruckten Lagebericht erhalten, und sie verstanden die Bedeutung dieser Sitzung: O'Neill würde Pläne für das Überleben der Firma in Krisenzeiten skizzieren. Er war gewissermaßen der »Brandschutzbeauftragte«, der vor einem Ernstfall routinemäßig alle Notausgänge checkt.

Sie standen vor folgendem Problem: Goldman verfügte im Gegensatz zu traditionellen Geschäftsbanken über keine eigenen Einlagen, die per Definition eine stabilere Finanzierungsbasis darstellten. Stattdessen stützte sich das Institut wie Broker-Dealer zumindest teilweise auf den Markt der Repogeschäfte – Rückkaufvereinbarungen, die es den Unternehmen ermöglichten, Wertpapiere als Sicherheiten zur Darlehensaufnahme zu verwenden. Goldman finanzierte sich tendenziell eher langfristig und vermied es, anders als beispielsweise Lehman Brothers, sich in

Abhängigkeit vom kurzfristigen Geldmarkt zu begeben, war aber dennoch den Launen des Marktes unterworfen.

Repogeschäfte waren freilich ein zweischneidiges Schwert. Einerseits konnte eigenes Geld zur Aufnahme von gewaltigen Summen an Fremdkapital genutzt werden – zum Beispiel 1 Dollar für 30 Dollar Kredit, eine gängige Praxis in der Branche. Bank-Holdinggesellschaften wie JP Morgan Chase, die von der Notenbank reguliert wurden, unterlagen mit Blick auf kreditfinanzierte Wetten weitaus stärkeren Beschränkungen. Dagegen stand, dass sich das Geld rasch verflüchtigen konnte, sollte das Vertrauen in das Unternehmen schwinden.

Unter dem zustimmenden Nicken Blankfeins trug O'Neill seine Pläne vor. Was Bear Stearns widerfahren war, so erklärte er, sei kein einmaliges Ereignis gewesen. Schon lange vor Ausbruch der Krise habe das Modell des selbständigen Broker-Dealers als Dinosaurier gegolten. Blankfein hatte hautnah miterlebt, wie Salomon Smith Barney in der Citigroup aufgegangen war und Morgan Stanley mit Dean Witter fusioniert hatte. Jetzt, nach dem Untergang von Bear Stearns und angesichts des drohenden Konkurses von Lehman, hatte Blankfein allen Grund zur Sorge.

Sein fulminanter Aufstieg an die Spitze von Goldman führte Blankfein deutlich vor Augen, wie rasch der Wind drehen konnte: Vor einem Jahrzehnt war er noch der kleine dicke Typ mit Bart gewesen, der zu Golfpartien des Unternehmens lange Baumwollstrümpfe getragen hatte.[11] Heute war er Chef des renommiertesten und profitabelsten Hauses an der Wall Street.

Sein steiler Aufstieg war in gewissem Sinn typisch für Goldman Sachs. Wie der Gründer Marcus Goldman und der langjährige Goldman-Chef Sidney Weinberg war Blankfein ein Sohn jüdischer Eltern aus einfachen Verhältnissen. In der Bronx geboren, wuchs er in Linden Houses auf, einem Wohnbauprojekt im bitterarmen Brooklyner Viertel East New York. In Linden Houses hörte man durch die Wände die Gespräche der Nachbarn mit und roch, was zum Abendessen gekocht wurde. Blankfeins Vater arbeitete als Sortierer bei der Post, seine Mutter war Empfangsdame.[12]

Als Teenager verkaufte er während der Spiele der New York Yankees im Stadion Getränke. 1971 beendete er die Thomas Jefferson Highschool als Jahrgangsbester. Als 16-Jähriger nahm er, unterstützt durch Stipendien, an der Harvard University das Studium auf – als erster Student seiner Familie. Seine Hartnäckigkeit offenbarte sich auch in anderen Bereichen. Um seiner Freundin, einer Studentin aus Kansas City, nahe zu sein, nahm er im Sommer einen Ferienjob bei Hallmark an.[13] Die Beziehung hielt nicht lange.

Nach dem College besuchte er die Harvard Law School. Nach einem Abschluss 1978 trat er in die Kanzlei Donovan, Leisure, Newton & Irvine ein. Mehrere Jahre lang pendelte er ständig in Flugzeugen zwischen New York und Los Angeles hin und her. An seinen seltenen ruhigen Wochenenden fuhr er mit einem Kollegen zum Blackjack-Spielen nach Las Vegas. Ihrem Chef hinterließen sie einmal die Mitteilung: »Falls wir Montag nicht kommen, haben wir den Jackpot geknackt.«[14]

Derweil war Blankfein auf dem besten Weg, Teilhaber des Unternehmens zu werden, erlebte 1981 aber eine »Prelife Crisis«, wie er es nannte.[15] Er fand, dass er nicht zum Steueranwalt gemacht war, und bewarb sich bei den Banken Goldman Sachs, Morgan Stanley und Dean Witter. Bei allen dreien erhielt er Absagen, bekam aber einige Monate später bei Goldman doch einen Fuß in die Tür.

Ein Headhunter hatte ihn für J. Aron & Company entdeckt, ein eher unbekanntes Rohstoff-Handelsunternehmen. Gesucht wurde nach einem graduierten Juristen, der komplexe Probleme lösen und seine Lösungen Kunden präzise erklären konnte. Als Blankfein seiner Verlobten Laura, die ebenfalls Konzernanwältin war, eröffnete, dass er eine Stelle als Händler für Goldmünzen und -barren annehmen würde, brach sie in Tränen aus.[16]

Mehrere Monate später, Ende Oktober 1981, kaufte Goldman Sachs J. Aron auf[17] und machte Blankfein damit zu einem seiner Angestellten.

Nach den Ölschocks und den hohen Inflationsraten am Ende der 1970er-Jahre hatte die Führung von Goldman beschlossen, das Rohstoffgeschäft auszuweiten. J. Aron gab der Investmentbank eine starke Basis für den Handel mit Gold und Metallen – und zudem eine internationale Präsenz mit einem bedeutenden

Geschäft in London. Zeichneten sich die Goldman-Angestellten durch ein diszipliniertes und diskretes Auftreten aus, so traten J. Arons Mitarbeiter wild und lautstark auf. Als Goldman deren Handelsoperationen schließlich in die Broad Street 85 verlegt hatte, sahen die tadellos gekleideten und gepflegten Manager von Goldman verblüfft, wie die neuen Händler mit gelockerten Krawatten und hochgekrempelten Ärmeln Preise brüllten und Flüche ausstießen. Bisweilen wurde mit der Faust auf den Tisch gehauen oder heftig das Telefon zu Boden geschleudert,[18] Manieren, die nicht zu Goldman passten. Und während Goldman auf seine Unternehmenskultur und kalkulierte Hierarchie stolz war, hatte J. Aron für Förmlichkeiten nichts übrig. Als Blankfein nach seinem Eintritt dort gefragt hatte, welchen Titel er bekomme, hatte man ihm geantwortet: »Sie dürfen sich Contessa nennen, wenn sie wollen.«[19]

Der Holländer Mark Winkelman erhielt bei Goldman die Aufgabe, den ungehobelten Haufen zur Räson zu bringen. Winkelman war einer von Goldmans ersten ausländischen Gesellschaftern – bekannt für seine analytische Brillanz –, und er erkannte in einer Zeit, da die Computer kleiner und leistungsstärker wurden, als einer der ersten Manager an der Wall Street die Bedeutung der Technik für den Handel. Auf den kurz gewachsenen Blankfein wurde er erstmals aufmerksam, als dieser einem Händler das Telefon entriss, der gerade wegen eines Verlustes einen Kunden anbrüllen wollte.[20]

Als im folgenden Jahr während des ersten größeren Stellenabbaus bei Goldman Mitarbeiter von J. Aron entlassen wurden, nahm Winkelman Blankfein unter seine Fittiche. Auch in anderer Hinsicht hatte Blankfein Glück. Goldman hatte sich zu einem größeren Vorstoß in den Handel mit festverzinslichen Wertpapieren, Rohstoffen und Währungen und zur Übernahme größerer Risiken entschlossen. Das Unternehmen, ein Pionier bei Geldmarktpapieren und führend bei der Finanzierung kommunaler Projekte, war bei festverzinslichen Werten verglichen mit Salomon Brothers und anderen bislang eher erfolglos. Winkelman und Jon Corzine brachten diesen Geschäftsbereich auf Vordermann und rekrutierten dafür Talente bei Salomon.

Winkelman machte Blankfein wegen dessen geschliffener Diplomatie und offensichtlicher Intelligenz zum Chef von sechs Händlern im Devisengeschäft und später zum Chef der gesamten Abteilung.

Robert Rubin, der mit Stephen Friedman die Abteilung für festverzinsliche Wertpapiere leitete, war gegen diesen Schritt.

»Es hat noch nie geklappt, einem Verkäufer eine Führungsposition in einer anderen Handelsabteilung des Unternehmens zu geben«, sagte Rubin Winkelman. »Sind Sie sich ihrer Sache wirklich sicher?«[21]

»Ich schätze Ihre Erfahrung, Bob. Aber ich glaube, dass er es schon richtig macht«, antwortete Winkelman. »Lloyd ist ein engagierter und sehr intelligenter Typ mit einem forschenden Kopf. Das stimmt mich zuversichtlich.«

Seine geschäftlichen Fähigkeiten stellte der junge Jurist bald dadurch unter Beweis, dass er ein Geschäft für einen muslimischen Kunden so strukturierte, dass dabei das Zinsverbot des Korans respektiert blieb.[22] Der komplexe 100-Millionen-Dollar-Deal, bei dem es auch um die Absicherung von Terminverträgen aus dem Standard & Poor's 500 Index ging, war zu jener Zeit der größte, den Goldman jemals abgeschlossen hatte.

Blankfein war zudem ein ernsthafter Leser, der in den Urlaub stapelweise Bücher zu historischen Themen mitnahm. Nie protzig oder selbstgefällig auftretend, verkörperte er auf fast ideale Weise die Unternehmenskultur von Goldman, wo es nie hieß »ich habe«, sondern immer nur »wir haben diesen Abschluss getätigt«.

Winkelman war am Boden zerstört, als er 1994 bei der Besetzung der Spitzenjobs bei Goldman zugunsten von Corzine und Hank Paulson übergangen wurde.[23] Blankfein, der 1988 Gesellschafter geworden war, gehörte zu den vier Managern, die seine Zuständigkeiten übernahmen. Winkelman schied aus dem Unternehmen aus.

1998 führte Blankfein als Co-Chef der Abteilung für festverzinsliche Wertpapiere, Devisen und Rohstoffe einen der profitabelsten Geschäftsbereiche des Unternehmens, galt aber nicht als offenkundiger Kandidat für den Spitzenposten.

Am Ende machte Paulson Blankfein, überzeugt durch dessen scharfen Verstand, zu seinem Co-Präsidenten und drängte damit John Thain aus dem Unternehmen. Blankfein rasierte sich den Bart ab, verlor gut 22 Kilo und gab das Rauchen auf. Als Paulson im Mai 2006 Finanzminister wurde, verkündete er, dass er Blankfein zu seinem Nachfolger erkoren hatte.[24]

So weit Blankfein sich zurückerinnerte, gab es bei Goldman von jeher Überlegungen über die Notwendigkeit des Zusammengehens mit einem Partner. 1999 hatte er unter Paulsons Führung geheime Fusionsgespräche mit JP Morgan geführt, nachdem das Unternehmen an die Börse gegangen war. Als Paulson eines Abends in sein Apartment zurückkehrte und es ihm wie Schuppen von den Augen fiel, endeten abrupt die Gespräche: »Von Gesetzes wegen würden wir Morgan kaufen«, erinnerte er sich später, »aber JP Morgan war so viel größer als Goldman Sachs, dass in Wahrheit *sie uns* übernehmen und dann beerdigen würden. Außerdem wusste ich, dass wir irgendwie all das hinbekommen würden, was sie beherrschten.«[25]

Während der ersten Amtszeit von US-Präsident Clinton befasste sich der Kongress mit einem Gesetzentwurf zur Aufhebung des Glass-Steagall Act von 1933, der eine Trennung von Geschäfts- und Investmentbanken sowie anderen Finanzdienstleistern vorsah. Lobbyisten von Goldman Sachs überredeten damals den Ausschuss, der an der Vorlage arbeitete – sie sollte 1999 als Gramm-Leach-Bliley Act verabschiedet werden –,[26] zu einer kleinen Abänderung, die man für den Fall anstrebte, dass Goldman je eine Bank-Holdinggesellschaft werden würde: Jede Bank, die ein Elektrizitätswerk besaß, sollte dieses auch als Bank-Holdinggesellschaft weiterhin besitzen dürfen. Natürlich besaß Goldman als einzige Bank ein Kraftwerk.

Über dieses historische Ereignis dachte Blankfein nach, als O'Neill seine Präsentation mit einer Reihe Fragen abschloss: Müssen wir eine Geschäftsbank werden? Was würde die Umwandlung bringen? Wie können wir Einlagen nutzen? Wie bauen wir einen Grundstock an Einlagen auf?

Blankfein ergriff rasch das Wort, um zur Diskussion zu ermuntern. »Mit Einlagen lassen sich nur bestimmte Aktivitäten finanzieren«, erinnerte er die Runde.

Unter sechs Meter hohen Kandelabern im Konferenzsaal setzten sich die Direktoren und Führungskräfte mit einer Reihe unterschiedlicher Ideen wie dem Aufbau einer Internetbank oder der Ausweitung des Privatkundengeschäfts auseinander. Nach einstündiger Debatte lenkte O'Neill mit einem weiteren Vorschlag das Gespräch in eine andere Richtung: dem Kauf einer Versicherungsgesellschaft.

Auf den ersten Blick erschien das Versicherungsgeschäft als eine noch radikalere Richtungsänderung als die Umwandlung in eine Geschäftsbank. Blankfein wies allerdings darauf hin, dass beide Geschäftsbereiche mehr Ähnlichkeiten als Unterschiede zeigten. So, wie Banken die Einlagen von Kunden zur Geldanlage nutzten, taten dies auch die Versicherer mit eingenommenen Beiträgen. Nicht zufällig war Warren Buffett in dieser Branche ein bedeutender Akteur. Er nutzte die Geldeingänge aus seinen Versicherungsgesellschaften zur Finanzierung anderer Geschäftsfelder. Entsprechend ähnelte das »versicherungstechnische Risiko«, wie es im Jargon hieß, Goldmans Prinzipien beim Risikomanagement.

Allerdings konnte Goldman nicht jeden beliebigen Versicherer aufkaufen. Die Gesellschaft musste so groß sein, dass der Kauf in Goldmans stolze Bilanz ein größeres Loch reißen würde. Auf O'Neills Liste ganz oben stand die American International Group (AIG), die nach bestimmten Maßstäben der weltgrößte Versicherungskonzern war. Ihre Aktie war in jüngster Zeit gefallen und deswegen möglicherweise auch billig zu erwerben. Ein Deal mit AIG war kein ganz neuer Gedanke. Eine mögliche Fusion war in der Broad Street 85 hinter vorgehaltener Hand seit Jahren im Gespräch gewesen. Die beiden vorigen Chefs von Goldman, John Whitehead und John Weinberg, beide Freunde Hank Greenbergs, hatten diesem eine Fusion zu einem späteren Zeitpunkt vorgeschlagen.

Jeder in der Gruppe hatte zu AIG eine Meinung. Rajat K. Gupta, Senior Partner Emeritus von McKinsey & Company, war von dem

Gedanken ebenso begeistert wie John H. Bryan, der ehemalige CEO von Sara Lee und einer der engsten Freunde Paulsons.

Bill George, der ehemalige Chef des Medizintechnikriesen Medtronic, zeigte sich etwas skeptischer, und Gary Cohn bekannte sich sogar dazu, dass ihn dieser Gedanke nervös mache. Alle blickten erwartungsvoll auf ein Mitglied des Verwaltungsrats: Edward Liddy.

Als Chef von Allstate, dem wichtigsten KFZ- und Hausversicherer, besaß Liddy als einziger der Runde Erfahrungen mit der fraglichen Branche. Etwa fünf Jahre zuvor hatte er sogar versucht, sein Unternehmen an AIG zu verkaufen. Greenberg hatte das allerdings herablassend mit den Worten zurückgewiesen: »Ich finde, sie sollten es behalten.«

Immer wenn auf früheren Verwaltungsratssitzungen das Thema Versicherung aufs Tapet gekommen war, hatte Liddy verhalten reagiert. »Das ist eine ganz andere Baustelle«, hatte er gewarnt, und dieser Meinung war er noch jetzt, so verlockend ein Deal mit AIG auch erscheinen mochte. »Ein Zusammengehen mit AIG bringt nichts«, betonte er.

Die Morgensitzung endete ohne Entscheidung im Hinblick auf AIG, aber nach dem Mittagessen kam der Versicherer aus einem ganz anderen Grund erneut ins Gespräch. Wie andere Unternehmen an der Wall Street wickelte der Versicherungsriese über Goldman Geschäfte ab, die er ebenfalls mit Wertpapieren absicherte. Allerdings gab es ein Problem: AIG bewertete seine Papiere weitaus höher als Goldman. Dass sich Goldmans Bilanzprüfer PricewaterhouseCoopers (PWC) mit der Sache befasste, war ein weiterer Haken. PricewaterhouseCoopers arbeitete zugleich für AIG.

In einer Präsentation per Videokonferenz informierte ein leitender Angestellter von PWC von New York den Verwaltungsrat über den Streit mit AIG darüber, wie dessen Portfolio »für den Markt zu benoten« sei.[27] Bei Goldman sah man es eher so, dass AIG, so fasste es Blankfein vor dem Verwaltungsrat, »den Anschein benotete«.

Seltsamerweise stellte keiner der Anwesenden die entscheidende Verbindung her: Niemand kam auf den Gedanken, den

Streit um die Sicherheiten als einen Hinweis darauf zu werten, dass sich Goldmans Überlegungen zu einer Fusion mit AIG als verheerender Fehlschlag erweisen könnten – dass der Versicherer in ernsthaften Schwierigkeiten steckte und zur Überbrückung der Klemme auf eine Überbewertung seiner Sicherheiten zurückgegriffen hatte. Stattdessen wurde auf der Nachmittagssitzung Kritik an PricewaterhouseCoopers laut: »Wie soll das funktionieren? PWC vertritt zwei Institute und befasst sich mit Sicherheiten, um deren Bewertung beide unübersehbar miteinander streiten?«, fragte Goldmans Co-Präsident John Winkelried spitz.

Damit stand PWC schon zum zweiten Mal während einer Verwaltungsratssitzung von Goldman in der Kritik. Vom Streit um die Sicherheiten mit AIG hatte der Verwaltungsrat zum ersten Mal im November 2007 erfahren. Damals ging es bei den Einschätzungen um eine Differenz von über 1,5 Milliarden Dollar. Nervös begann Goldman, sich mit dem Abschluss von Kreditausfallversicherungen vor den Folgen eines möglichen Konkurses von AIG zu schützen – für relativ wenig Geld, da mit so einem Bankrott damals niemand ernsthaft rechnete. Mit ganzen 150 Millionen Dollar hatte sich Goldman gegen Ausfälle in Höhe von 2,5 Milliarden Dollar abgesichert.

Für den Verwaltungsrat ging der Tag in Sankt Petersburg angenehm zu Ende. Da es auch nach 22 Uhr noch hell war, unternahmen die 13 Direktoren mit ihren Gattinnen Bootsfahrten durch die geschichtsträchtigen Kanäle der Stadt.

Am Sonntag flogen sie weiter nach Moskau: Der zweite Teil des Treffens fand im Hotel Ritz-Carlton am Rande des Roten Platzes statt. Ein Gastredner beim Abendessen war Michail Gorbatschow. Obwohl kürzlich Dmitri Medwedew zum neuen Staatspräsidenten gewählt worden war, lag die Macht in Russland faktisch nach wie vor in den Händen seines Vorgängers Wladimir Putin.[28] Viele ausländische Investoren befürchteten, Russlands Bemühungen um eine freie Marktwirtschaft könnten sich rasch verflüchtigen, insbesondere im Licht des Zugriffs der Mächtigen auf die Energiewirtschaft.

Gorbatschow, der die Veränderungen und somit letztlich den Untergang der kommunistischen Herrschaft angestoßen hatte, überraschte die Direktoren durch eine seltsame Verbundenheit mit dem Kreml: »Inzwischen verwirklicht Russland sein Potenzial als demokratischer Staat, indem es sich für neue Ideen und ausländische Investitionen öffnet.« Einige witzelten, dass dieses Hotel bestimmt verwanzt sei.

Am Spätnachmittag traf zufällig eine weitere Schlüsselfigur der amerikanischen Finanzwelt in Moskau ein. Minister Henry Paulson machte Zwischenstation auf einer fünftägigen Europareise, die ihn später nach Berlin, Frankfurt und London führen würde. Höhepunkt, so hoffte er, würde London. Er hatte eine, wie er meinte, wichtige Rede für Chatham House vorbereitet, eine Denkfabrik für internationale Angelegenheiten am St. James's Square. Verfasst mithilfe seines Staatssekretärs David Nason, sollte die Rede eine Revision der Finanzmarktregulierung ankündigen. Da ihm Banken wie Lehman Brothers weiterhin Kopfzerbrechen bereiteten, musste er neue Instrumentarien zum Umgang mit angeschlagenen Finanzhäusern einfordern. Er wollte die Probleme bewältigen, solange die Lage noch stabil erschien.

Paulson hatte auf dem Flug nach Russland letzte Änderungen an seiner Rede vorgenommen, weil ihm nach der Ankunft in Moskau dazu wenig Zeit bleiben würde. »Um der Wahrnehmung zu begegnen, dass einige Institute zu groß seien, um sie in Konkurs gehen zu lassen, müssen wir die verfügbaren Instrumente verbessern, um eine geordnete Insolvenz großer, komplexer Finanzinstitute zu erleichtern«, würde er in London sagen. »Wie der ehemalige Notenbankpräsident Alan Greenspan häufig anmerkte, besteht das eigentliche Problem nicht darin, dass ein Institut zu groß oder zu eng mit anderen verflochten ist, um in Konkurs gehen zu können. Das Problem besteht vielmehr darin, dass es zu groß und verflochten ist, um es rasch liquidieren zu können. Unsere heutigen Instrumente sind begrenzt.«[29]

Es war ein riskanter Schachzug, der Welt zu verkünden, dass der Regierung die Macht fehle, um einen größeren Bankrott im Vorfeld zu verhüten: Eine solche Haltung konnte das Vertrauen der Märkte weiter unterminieren. Andererseits musste es gesagt und, mehr noch, Abhilfe geschaffen werden.

Am Samstagabend traf sich Paulson im Oval Dining Room des Spaso House,[30] der Residenz des amerikanischen Botschafters in Moskau, zum Abendessen mit seinem russischen Amtskollegen Alexej Kudrin. Für Sonntag hatte Paulson einen vollen Terminkalender, darunter ein halbes Dutzend Treffen, ein Radiointerview und informelle Begegnungen mit Medwedew und Putin.[31] Zuvor hatte er gegenüber Journalisten erklärt, er wolle mit den Russen über »beste Praktiken« für große staatliche Investmentfonds, sogenannte Staatsfonds, diskutieren, die hauptsächlich mit den reichen Staaten des Nahen Ostens verbunden waren.[32]

Nach dem Essen am Samstagabend hatte er noch einen allerletzten Termin. Er hatte Tage zuvor erfahren, dass sich der Goldman-Sachs-Verwaltungsrat zur gleichen Zeit wie er in Moskau aufhalten würde, und deshalb Jim Wilkinson beauftragt, für ihn ein Treffen zu arrangieren – kein offizielles, sondern ein rein geselliges um der alten Zeiten willen.

Verdammt noch mal, dachte Wilkinson. Das Finanzministerium und er hatten schon genug Ärger mit Verschwörungstheorien um Goldman Sachs, die in Washington und an der Wall Street ständig in Umlauf kamen. Ein privates Treffen mit dem Verwaltungsrat? *In Moskau?*

In den fast zwei Jahren seiner Amtszeit als Finanzminister hatte sich Paulson privat mit keinem Verwaltungsrat irgendeiner Firma getroffen, abgesehen von einem Blitzbesuch auf einer Cocktailparty, die Larry Finks BlackRock für die Direktoren im Hotel Emirates Palace in Abu Dhabi veranstaltet hatte.

Besorgt wegen möglicher Auswirkungen einer solchen Begegnung, suchte Wilkinson telefonisch beim Justiziar des Finanzministeriums um Zustimmung nach. Bob Hoyt war wegen der »Optik« über ein solches Treffens ganz und gar nicht begeistert, sagte aber, solange es ein »gesellschaftliches Ereignis« bleibe, verstoße es gegen keine ethischen Richtlinien.

»Behandeln wir das diskret«, hatte Wilkinson zu Rogers gesagt, als beide die Einzelheiten koordinierten. Sie kamen überein, dass die Goldman-Direktoren nach ihrem Essen mit Gorbatschow Paulson in seiner Hotelsuite aufsuchen würden. Der Finanzminister würde das »gesellschaftliche Ereignis« in seinem offiziellen Kalender unerwähnt lassen.

Am Abend fuhr Goldmans Führungsriege in einem Bus zum ungefähr ein Dutzend Häuserblocks entfernten Marriott Grand Hotel in der Twerskaja-Straße. Angesichts des Sicherheitsprotokolls und der Pracht in der Moskauer Innenstadt fühlten sich manche in einen Spionagethriller versetzt. Dann schritten sie durch die hell erleuchtete Vorhalle mit der riesigen Fontäne und wurden nach oben zur Suite des Finanzministers geleitet.

»Nur hereinspaziert!«, begrüßte ein beschwingter Paulson seine Besucher, schüttelte Hände und drückte ungestüm einige der Gäste an sich.

Im Verlauf der nächsten Stunden gab Paulson den alten Freunden Geschichten aus seiner Amtszeit und Prognosen zur wirtschaftlichen Entwicklung zum Besten. Sie fragten ihn, ob eine weitere Bank wie Lehman in Schieflage geraten könne. Er redete darüber, dass die Regierung genug Macht erhalten müsse, um in Schwierigkeit geratene Unternehmen abwickeln zu können, ein Vorgeschmack auf seine anstehende Rede. »Jedenfalls sehe ich es persönlich so«, sagte er, »dass uns schwierige Zeiten bevorstehen. Aber aufgrund der historischen Erfahrungen glaube ich, dass wir zum Jahresende wieder rauskommen können.«

Blankfein griff diesen Kommentar am nächsten Morgen beim Frühstück gegenüber einem der Direktoren auf: »Keine Ahnung, warum er so etwas sagt«, meinte er zweifelnd. »Es kann doch nur schlimmer werden.«

Kapitel zehn

An einem Nachmittag Ende Juni trat Dick Fuld in die geschäftige Lobby des Hilton Hotels an der Sixth Avenue, Ecke Fifty-third Street. Er war spät dran und deshalb umso nervöser wegen des bevorstehenden Treffens. Bart McDade war erst seit wenigen Tagen Lehmans neuer Präsident, und er hatte an Fuld schon eine verblüffende Forderung: Er verlangte, dass Michael Gelband und Alex Kirk wiedereingestellt würden, zwei leitende Händler, die Joe Gregory entlassen hatte.[1] Die beiden, die Gregory immer »die Neinsager« genannt hatte, hatten sich stets besonders kritisch dazu geäußert, dass die Firma im Lauf der Jahre immer höhere Risiken eingegangen war.

»Wir brauchen die beiden«, hatte McDade zu Fuld gesagt. »Sie kennen die Positionen.« Damit meinte er Lehmans Bestand an Giftpapieren, die sie immer noch zu verkaufen hofften. McDade erklärte weiter, beide hätten die Unterstützung »der Truppen im Handelssaal«, und das sei wichtig, um wieder Vertrauen zu gewinnen.

McDade hatte Fuld in der Sache keine Wahl gelassen. Und in Anbetracht der Tatsache, dass Fuld McDade soeben die Verantwortung für das operative Geschäft übergeben hatte, fand er, er müsse sich zum Wohl von Lehman McDades Wünschen fügen, so unangenehm es für ihn sein mochte, dass seine eigene Entscheidungskompetenz öffentlich infrage gestellt wurde. Aber bevor er tat, wie ihm geheißen, sagte er zu McDade: »Hören Sie, Sie stellen keinen der beiden wieder ein, bevor ich nicht mit ihnen gesprochen habe.«

Und nun war Fuld auf dem Weg zu einem Vieraugengespräch mit Gelband, den er seit über einem Jahr nicht mehr gesehen hatte.

Die Spannung war greifbar, als beide in einem dunklen Konferenzraum Platz nahmen. »Wir müssen reinen Tisch machen«, begann Fuld und gestand damit ein, dass es offene Fragen gab.

»Damit das klar ist: Ich will von Ihnen hören, dass Sie zurückkommen, verdammt noch mal.«

Gelband, ein großer, kräftiger Mann mit kurz geschorenem Haar, gefiel Fulds aggressiver Ton gar nicht, für Einschüchterung und Bluffs hatte er keine Geduld. Aus seiner Sicht tat er Fuld einen Gefallen, wenn er in diesem Durcheinander zurückkehrte. Ironischerweise hatte man ihm, bevor er einwilligte, zu Lehman zurückzukehren, angeboten, Joe Cassanos Nachfolger bei AIG zu werden.

»Was meinen Sie, Dick?«, fragte Gelband.

»Das letzte Mal, als wir gesprochen haben, beziehungsweise nicht das letzte Mal, aber als Sie noch in der Firma waren und wir über Ihren Bonus gesprochen haben, hatte ich den Eindruck, dass Ihnen das nicht passte, und das hat mich sehr geärgert, denn Sie haben 2006 einen Haufen Geld verdient«, erwiderte Fuld und goss sich ein Glas Wasser ein.

Gelband hielt das für eine ungewöhnliche Art, eine Unterredung zu beginnen, die nach seiner Erwartung so etwas wie eine Versöhnung hätte sein sollen. Sie hatten in dem Jahr, als er ausgeschieden war, eine offene Diskussion über seinen Bonus geführt. Er hatte damals über 25 Millionen Dollar bekommen, konnte sich aber nicht erinnern, dass er sich allzu laut darüber beklagt hätte. »Das ist interessant, denn ich hatte kein Problem damit«, sagte Gelband. »Ich war sogar vollkommen zufrieden.«

»Nun, Joe hat mir etwas anderes gesagt«, kommentierte Fuld.

Einen Augenblick ließen sie ihre Differenzen beiseite und sprachen über die Firma. Sie beschworen die besseren Zeiten herauf und erörterten Lehmans Zukunftsperspektiven. Es war klar, dass die Firma ihre Positionen so schnell wie möglich abbauen und versuchen musste, einen möglichst guten Preis dafür zu erzielen. Gelband sagte, er werde eine Bestandsliste aller Anlagen erstellen müssen, um eine Vorstellung zu bekommen, wie viel sie wert waren. Fuld berichtete ihm auch, dass er vorhabe, zusätzliches Kapital zu beschaffen.

»Eines müssen Sie wissen«, sagte Gelband, als sich ihre Unterredung dem Ende näherte. »Ich komme einzig und allein wegen Bart zurück.«

Wie Fuld wusste, war Gelband ein langjähriger Freund von McDade; sie waren Studienkollegen an der University of Michigan Business School gewesen,[2] und McDade hatte Gelband zu seinem ersten Vorstellungsgespräch bei Lehman verholfen. »Nun, also, Bart kümmert sich um das Tagesgeschäft«, erwiderte Fuld und versuchte beiläufig zu klingen, »aber ich hoffe, es hat auch mit mir zu tun.«

Gelband schaute ihn fragend an und erwiderte: »Nein, nein, es hat nur mit Bart zu tun.«

Am Wochenende des 4. Juli gingen Hank und Wendy Paulson am Strand von Little St. Simons Island spazieren[3] und entdeckten eine Karettschildkröte, die im Sand ihre Eier ablegte. Für Naturliebhaber wie die Paulsons war das ein ganz besonderer Augenblick, sie blieben stehen und bestaunten das Geschehen. Paulson war auf die kleine Insel unmittelbar vor der Küste von Georgia, knapp 100 Kilometer südlich von Savannah, geflogen, um sich nach einem regelrechten Wirbelsturm aus Arbeit und Reisen ein paar Tage zusammen mit seiner Frau zu erholen. Paulson flog gern auf diese Insel, auf der viele seltene Vögel und Reptilien lebten, wenn er den Kopf frei bekommen wollte. Er liebte die Insel so sehr, dass er und seine Frau 2003 drei Viertel der 4000 Hektar für 32,6 Millionen Dollar gekauft hatten.[4]

Die Reise nach Europa war ein Erfolg gewesen. Sein Vortrag in London, wo er über die Notwendigkeit gesprochen hatte, ein Sicherheitsnetz für Investmentbanken aufzuspannen, um zu verhindern, dass die Erschütterung durch einen Zusammenbruch sich auf das ganze System ausbreitete, war aufmerksam zur Kenntnis genommen worden. Bei dem anschließenden Empfang in Downing Street Nr. 10 hatte Premierminister Gordon Brown ihn beglückwünscht zu seiner »vorausschauenden Haltung und dem Bestreben, den Problemen einen Schritt voraus zu sein«.

Als Paulson nun den Strand entlangschlenderte, fand er es schwierig, abzuschalten. Er hatte nach wie vor große Befürchtungen, wie es in nächster Zukunft mit der Wirtschaft weitergehen würde, und er hatte das auf seiner Reise auch immer wieder betont: »Die US-Wirtschaft … bekommt Gegenwind aus drei

Richtungen: von hohen Energiepreisen, von den Turbulenzen an den Kapitalmärkten und weiterhin vom Immobilienmarkt.«[5] Von seinen Sorgen um das System abgesehen, bereitete ihm die Situation von Lehman Brothers unmittelbar Kopfschmerzen. Er hatte von seiner Hütte auf der Insel aus an diesem Tag schon mit Fuld telefoniert, und es wurde zunehmend klar, dass Lehman keinen Käufer finden würde. Die meisten großen Staatsfonds aus dem Nahen Osten und Asien hatten im Dezember schlechte Erfahrungen mit Investments bei anderen US-Banken gemacht und verspürten wenig Neigung, bei Lehman zu investieren, zumindest nicht zum gegenwärtigen Zeitpunkt. Paulson fürchtete, dass Fuld bald keine Wahlmöglichkeiten mehr haben würde.

So sehr dies alles Paulson auch beschäftigte, er sprach nicht darüber; er erörterte nie Berufliches mit Wendy. Das Thema Lehman war aber auch noch aus einem anderen Grund in der Familie Paulson tabu: Hanks jüngerer Bruder Richard Paulson arbeitete als Anleihehändler im Chicagoer Büro von Lehman.[6] Sie vermieden das Thema stets sorgfältig, wenn sie sich trafen, aber Hank Paulson wusste, wenn Lehman zusammenbrach, würde sein Bruder seinen Job verlieren.

Paulson musste noch mit einem weiteren Verlust rechnen: Sein Stellvertreter Bob Steel stand auf der Liste der Kandidaten für die Führung von Wachovia, der riesigen Bank mit Sitz in Charlotte, die soeben ihren CEO entlassen hatte, nachdem sie am Immobilienmarkt 708 Millionen Dollar verloren hatte.[7] Paulson und Steel hatten im Juni über diese Möglichkeit gesprochen, als die Lage noch ruhiger war, und Paulson hatte Steel sogar ermuntert, das Angebot in Betracht zu ziehen. Aber nun sah es so aus, als würde Steel tatsächlich gehen, und dann musste Paulson eine große Lücke füllen. Der Zeitpunkt hätte nicht ungünstiger sein können: Steel war auch für Fannie Mae und Freddie Mac zuständig, die beiden Hypothekenfinanzierer, die den Immobilienboom getrieben hatten und nun vor dem Ende standen.

Am Montagnachmittag, als Paulson mit einem privat gecharterten Flugzeug am Dulles Airport gelandet war,[8] hatten sich seine schlimmsten Befürchtungen bewahrheitet. Die Finanzmärkte gingen in die Knie, aber Paulson konnte nicht genau sagen, warum. Freddie sackte am Montag zunächst um 30 Prozent ab, erholte sich dann etwas und beendete den Tag mit einem Minus von 17,9 Prozent.[9] Die Aktien von Fannie fielen um 16,2 Prozent auf ihren tiefsten Stand seit 1992.[10] Andere Finanzwerte litten ebenfalls, Lehman-Aktien verloren über 8 Prozent. Und während Paulson eine schlechte Nachricht nach der anderen zur Kenntnis nehmen musste, teilte Steel ihm mit, dass er den Job bei Wachovia bekommen habe, am Dienstag werde es offiziell bekannt gegeben.

Spät an diesem Montagabend blätterte Paulson zu Hause in seinem Wohnzimmer Stapel von Faxen durch, die ihm seine Büroleiterin im Ministerium geschickt hatte. Eines war der Bericht, der die Panik ausgelöst hatte: Bruce Harting, Analyst bei Lehman Brothers, schrieb, die geänderten Bilanzierungsregeln könnten dazu führen, dass Fannie und Freddie sich zusammen 75 Milliarden Dollar an frischem Kapital beschaffen müssten.[11] Der Bericht ließ alle Ängste wegen der beiden Hypothekengiganten wiederaufleben und erinnerte die Investoren, wie dünn ihre Absicherung war, wenn die Immobilienkrise sich zuspitzte. Wenn das Vertrauen in die GSEs schwand – Unternehmen, bei denen der Markt glaubte, sie hätten die Rückendeckung der Steuerzahler –, würde die gesamte US-Wirtschaft in Gefahr geraten.

Paulson merkte, dass das Unbehagen wegen Fannie und Freddie wuchs. Auf CNBC versuchte an diesem Dienstagmorgen James B. Lockhard III., der Vorsitzende des Office of Federal Housing Enterprise Oversight, das Fannie und Freddie kontrollierte, die Märkte zu beruhigen. »Beide Unternehmen verfügen über ausreichend Eigenkapital«, sagte er. »Beide Unternehmen arbeiten an den Problemen und haben erfahrene Leitungsteams.«

Paulson hatte für diese Einschätzung nur ein Wort und ließ das auch seine Mitarbeiter wissen: »Quatsch.«

Seit Monaten diskutierte er mit seinen Leuten Möglichkeiten, Fannie und Freddie abzuwickeln, sollte es zum Schlimmsten kommen – nach seiner Einschätzung war ihre Situation viel wichtiger für das langfristige Wohlergehen der Wirtschaft als die von Lehman und anderen Investmentbanken. Aber er wusste, dass man nur zu leicht in politische Auseinandersetzungen über die umstrittenen Unternehmen geraten konnte, die in den Boomzeiten so aufgetreten waren, als wäre Immobilieneigentum geradezu ein Menschenrecht. Die Kritiker hielten Fannie und Freddie vor, dass sie bis zum Hals in ausfallgefährdeten Krediten steckten; ein Jahr zuvor hatte Paulson die Debatte über Fannie und Freddie mit dem Satz kommentiert, es sei »fast ein heiliger Krieg«.[12]

Nach dem Ausverkauf am Montag erholten sich die Aktien der beiden Unternehmen am Dienstag wieder ein bisschen, aber sie blieben unter 20 Dollar, und es gab noch andere Anzeichen von Nervosität. Kreditausfallversicherungen für die Kredite von Fannie und Freddie wurden auf Levels gehandelt, die normalerweise nur für Firmen galten, die fünf Ratingstufen unter AAA rangierten, der besten Bewertung, die ein Unternehmen bekommen konnte. Die Ratings spiegelten eher die Einschätzung wider, auf wie viel staatliche Unterstützung die Unternehmen hoffen durften, als deren Fundamentaldaten.

Während Paulson und seine Leute sich auf eine Anhörung im Kongress in zwei Tagen vorbereiteten, wo es um das Schicksal von Fannie und Freddie gehen sollte, steckte Steel seinen Kopf in den Konferenzraum, der gleich neben seinem Büro lag.

»Also, Hank, ich bin dann weg.«

Paulson schaute einen Augenblick auf. »Okay, Bob, bis später.«

»Nein, nein. Ich meine, ich gehe.«

Da erst begriff Paulson, dass Steel sich endgültig verabschieden wollte, und begleitete seinen Stellvertreter hinaus.

Auf dem Weg den Flur hinunter sagte Paulson scherzhaft: »Das ist genau der richtige Augeblick, um sich aus dem Staub zu machen.«

Praktisch von dem Augenblick an, als der Kongress Fannie Mae geschaffen hatte (1938 als Federal National Mortgage Association), entzweite das Unternehmen die politischen Gemüter. Fannie Mae war als Produkt der Immobilienkrise während der Weltwirtschaftskrise und Franklin D. Roosevelts New Deal entstanden; sie sollte Anleihen von Banken, Sparkassen und anderen Kreditinstituten kaufen und die Vergabe von Immobilienkrediten erleichtern, indem sie das Risiko der Kreditgeber reduzierte und die

Menge des für Immobilienerwerb verfügbaren Kapitals erhöhte. Die Republikaner betrachteten Fannie als eine reine Pfründe ihrer politischen Gegner. 1968, als der Bundeshaushalt durch den Vietnamkrieg und das Projekt der Great Society schwer belastet war, leitete Lyndon Johnson die Privatisierung von Fannie ein. Als Beruhigungspille für die Kritiker der Privatisierung wurde 1970 ein Konkurrenzunternehmen gegründet, die Federal Home Loan Mortgage Corporation oder Freddie Mac.

Fannie und Freddie spielten das politische Spiel eher noch erbitterter als ihre Gegner und gaben Millionen Dollar für Heerscharen von Lobbyisten im Kapitol aus. In beiden Unternehmen gingen Washingtons Mächtige ein und aus, Republikaner wie Demokraten. Unter anderem arbeiteten Newt Gingrich und Ralph Reed als Berater für Fannie oder Freddie, Rahm Emanuel gehörte dem Board von Freddie an.

In den 1990er-Jahren konnte sich Fannies CEO ohne große Übertreibung rühmen, man sei »das Pendant zur Notenbank im Immobilienbereich«.[13] Auf dem Höhepunkt besaßen die beiden Hypothekenfinanzierer – die beide nicht selbst Kredite vergaben – rund 55 Prozent des 11 Billionen Dollar schweren US-Hypothekenmarkts oder bürgten dafür.[14] Seit den 1980er-Jahren gewannen beide Unternehmen zudem Bedeutung als Vertriebskanäle für das Geschäft mit hypothekenbesicherten Wertpapieren. Die Wall Street war begeistert von den Gebühren, die sie für die Verbriefung aller möglichen Schulden kassierte, von Autokrediten bis zu Kreditkartenschulden, und die Hypothekenportfolios von Fannie und Freddie waren der größte Honigtopf von allen.

Aber 1999 begannen Fannie und Freddie auf Druck der Clinton-Regierung auf einmal, ausfallgefährdete Subprime-Hypotheken zu garantieren. In der Presse wurde das als Möglichkeit dargestellt, unzähligen Amerikanern Wohneigentum zu ermöglichen, aber die Vergabe von Krediten an Personen, die normalerweise nicht dafür infrage kamen, war ein risikoreiches Geschäft. Die *New York Times* schrieb an dem Tag, als das neue Programm angekündigt wurde: »Dadurch, dass sich Fannie Mae, und sei es vorsichtig tastend, auf dieses neue Feld der Kreditvergabe begibt, geht sie deutlich höhere Risiken ein, was in wirtschaftlich guten Zeiten kein Problem sein mag. Aber bei einem wirtschaftlichen Abschwung könnte das staatlich geförderte Unternehmen in Schwierigkeiten geraten, und dann könnte die Regierung zu einer ähnlichen Rettungsaktion wie in den 1980er-Jahren für die Spar- und Darlehenskassen genötigt sein.«[15]

Der Erfolg der beiden Unternehmen im Finanz- wie im politischen Bereich förderte unvermeidlich eine Kultur der Arroganz. »[Wir] haben immer gewonnen, wir machen keine Gefangenen, und wir stießen nur auf wenig organisierten politischen Widerstand«, schrieb Daniel Mudd, damals Präsident von Fannie Mae, 2004 in einem Memo an seinen Boss.[16] Dieses übermäßige Vertrauen verleitete Fannie und Freddie schließlich dazu, sich auf Derivate einzulassen und aggressivere Bilanzierungsmethoden anzuwenden. Wie die Regulierungsbehörden später feststellten, hatten sie ihre Ertragszahlen manipuliert, und beide mussten die Ergebnisse für mehrere Jahre korrigieren. Die CEOs beider Unternehmen wurden abgesetzt.

Fannie und Freddie erholten sich noch immer von den Bilanzierungsskandalen, als die Bush-Regierung im März 2008, nur wenige Tage nach der Rettung von Bear Stearns, die Anforderungen, wie viel Eigenkapital die beiden Unternehmen zur Absicherung von Verlusten haben mussten, senkten.[17] Als Gegenleistung verpflichteten sich Fannie und Freddie, die Wirtschaft anzukurbeln, indem sie mehr Hypotheken aufkauften.

Aber an jenem Mittwoch, dem 10. Juli 2008, als Anleger ihre Aktien gar nicht schnell genug verkaufen konnten, war alles Makulatur. An jenem Nachmittag sagte William Poole, der ehemalige Präsident der Notenbank von St. Louis, ganz unmissverständlich: »Der Kongress sollte anerkennen, dass diese Firmen insolvent sind, das heißt, dass er es diesen Firmen ermöglicht, als Bastionen von Privilegien weiterzuexistieren, finanziert vom Steuerzahler.«[18]

»Das ist doch verdammt noch mal nicht zu glauben!«, rief Dick Fuld aus und versank tiefer in seinem Bürosessel. Bei ihm war Scott Freidheim.

Die Lehman-Aktie hatte am Donnerstagmorgen 12 Prozent niedriger eröffnet, dem tiefsten Stand seit acht Jahren. Vorausgegangen waren Gerüchte, dass Pacific Investment Management Company (PIMCO), der größte Anleihefonds der Welt, keine Geschäfte mehr mit Lehman mache. Außerdem wurde spekuliert, dass SAC Capital Advisors, die Firma von Steven Cohen, ebenfalls nicht länger mit Lehman handle.

»Ich weiß, dass es nicht stimmt, Sie wissen, dass es nicht stimmt«, sagte Fuld zu Freidheim. »Sie müssen diese Kerle anrufen und dazu bringen, dass sie ein Statement herausgeben.«

Es war eine schreckliche Woche gewesen. Der Markt zitterte immer noch wegen Fannie und Freddie – eine Folge des Berichts, den kein Geringerer als Lehmans Analyst erstellt hatte –, und die Investoren ließen das auch Lehman spüren. Fuld konnte es nicht verstehen; Lehman war im Vorquartal abgestraft worden und hatte sich neues Kapital beschafft. Er fand, die Lehman-Bilanz sah so gut aus wie seit Langem nicht mehr; sie spiegelte Lehmans Entscheidung wider, die Fremdfinanzierung bei den Investments herunterzufahren – das heißt, sich bei Investments weniger zu verschulden.

In Fulds Augen waren es die Leerverkäufer, die den Aktienkurs immer weiter drückten, indem sie falsche Gerüchte über die Verfassung von Lehman streuten. Verschiedene Personen hatten Fuld berichtet, dass die »Flüsterkampagne« gegen die Firma von einer bestimmten Stelle ausging: von Goldman Sachs. Das machte Fuld ganz krank. Sein Sohn Richie arbeitete bei Goldman als Banker für Telekommunikationsunternehmen.

Fuld fand, dass nun der Zeitpunkt gekommen war, an dem er Lloyd Blankfein persönlich anrufen musste.

»Dieses Gespräch wird Ihnen nicht gefallen«, begann Fuld.[19] Er sagte, er habe »viel Lärm« gehört, dass Goldman falsche Informationen verbreite. »Ich weiß nicht, ob nicht Sie dahinterstecken«, sagte er drohend, als wollte er Blankfein so einschüchtern, dass der es zugab.

Blankfein war beleidigt, dass Fuld es wagte, ihn anzugreifen; er erwiderte, er wisse nichts von solchen Gerüchten, und beendete den Anruf.

Solche Gespräche fanden beinahe täglich statt. Wenig später hörte Fuld, Credit Suisse verbreite Gerüchte über Lehman. Sofort rief er Paul Calello an, den CEO der Investmentbank von Credit Suisse. »Es kommt mir vor, als würde ich Maulwürfe jagen«, sagte Fuld zu Calello.

Der anhaltende Strom schlechter Nachrichten schadete nicht nur der Lehman-Aktie, sondern behinderte auch Fulds Bemühungen, frisches Kapital zu beschaffen. Das Investmentbanking-Team von Skip McGee hatte mindestens ein Dutzend potenzielle Interessenten kontaktiert – unter anderem die Royal Bank of Canada, HSBC und General Electric –, hatte aber nichts erreicht. Der einzige Bewerber, der echtes Interesse zeigte, war weiterhin Min Euoo Sung von der Koreanischen Entwicklungsbank, und obwohl viele leitende Manager im 31. Stock immer noch Zweifel an ihm hatten, hatte Fuld sie angewiesen, ihn weiter zu bearbeiten. Er dachte sogar daran, selbst nach Asien zu fliegen, um im persönlichen Gespräch mit Min den Deal perfekt zu machen.

Dann hatte er auf einmal eine Idee: Was war mit seinem alten Freund John Mack bei Morgan Stanley, der zweitgrößten Investmentbank im Land nach Goldman Sachs? Morgan Stanley hatte ein schreckliches zweites Quartal gehabt, einen Gewinnrückgang um 57 Prozent gegenüber dem Vorjahr, aber sie hatten immer noch genug Geld und Schwung in ihrem Aktienkurs für ein solches Geschäft.

Fuld und Mack waren gemeinsam an die Wall Street gekommen. Mack hatte 1968 am Ausbildungsprogramm von Smith Barney teilgenommen und war 1972 zu Morgan Stanley gegangen, als die Bank gerade einmal 350 Angestellte hatte. Wie Fuld hatte Mack seine Karriere als Anleihehändler begonnen. Und ebenfalls wie Fuld hatte er sich schnell einen Namen gemacht. Er war ein effizienter Verkäufer, er konnte ebenso gewinnend sein wie physisch einschüchternd. Mack wanderte durch den Handelssaal, und wenn er eine Chance für dicke Gewinne sah, rief er aus: »Da ist Blut im Wasser. Los, bringen wir jemanden um!«[20] Wenn er einem Händler begegnete, der morgens um acht Uhr das *Wall Street Journal* las, pflegte er zu sagen: »Wenn das noch mal vorkommt, sind Sie gefeuert.«[21] Aber ebenfalls wie Fuld war er bedingungslos loyal gegenüber seinen Leuten; einmal, als er noch Händler war, versperrte er persönlich höheren Managern den Zutritt zu den Handelsräumen.

Fuld rief bei Morgan Stanley in New York an und wurde nach Paris durchgestellt, wo Mack in der opulenten Firmenzentrale, einem ehemaligen Hotel in der Rue de Monceau, ein Kundengespräch führte.

Nach wechselseitigen Klagen über die Märkte, die Gerüchte und den Druck auf Fannie und Freddie fragte Fuld ganz offenherzig: »Können wir etwas zusammen versuchen?«

Mack hatte schon eine Vermutung gehabt, warum Fuld anrief, und obwohl er glaubte, dass Fulds Angebot ihn wahrscheinlich nicht wirklich interessieren würde, war er willens, Fuld anzuhören. Vielleicht gab es wenigstens ein paar Anlagen, die für ihn interessant sein konnten; die ganze Firma würde er wohl eher nicht kaufen wollen. Mack erzählte Fuld, er werde am Freitag nach New York zurückfliegen, und schlug ein Treffen am Samstag vor.

Fuld war sehr darauf bedacht, die Vereinbarung unbedingt festzumachen, und sagte: »Wir kommen rüber in dein Büro.«

»Nein, nein, das ist unsinnig«, erwiderte Mack. »Was ist, wenn dich jemand ins Gebäude gehen sieht? Das machen wir nicht. Kommt zu mir nach Hause, wir treffen uns alle bei mir.«

Ein gehetzter Hank Paulson betrat Raum 2128 des Rayburn House Office Building und setzte sich. Das Thema der heutigen Anhörung im Finanzausschuss des Repräsentantenhauses lautete »Restrukturierung der Finanzmarktaufsicht«,[22] aber in Wirklichkeit ging es nur um Fannie und Freddie. Paulson wollte auch darauf hinarbeiten, dass er vom Kongress die Zuständigkeit erhielt, die beiden GSEs gegebenenfalls abzuwickeln – falls es nötig werden sollte, was er nicht wusste. Paulson hatte in dieser Woche schon mit Barney Frank gesprochen, der die Anhörung leiten würde, und Frank hatte ihn ermutigt: »Bitten Sie um alles, was Sie brauchen.«

Und nun formulierte Paulson, mit Ben Bernanke an seiner Seite, vor dem Ausschuss sein Anliegen: »Wir brauchen auch mehr Kompetenzen in Notsituationen – für die Auflösung oder Abwicklung komplexer Finanzinstitute, die keine Einlagensicherung haben. Aber das brauchen wir. Das müssen wir vorantreiben.«[23]

Der demokratische Abgeordnete Dennis Moore aus dem nordöstlichen Kansas fragte: »Glauben Sie immer noch, dass die GSEs ein systemisches Risiko für die Wirtschaft darstellen?« Paulson antwortete: »Herr Abgeordneter, ich würde sagen, in der heutigen Situation denke ich, dass es nicht hilfreich ist, über Finanzinstitute und systemische Risiken zu spekulieren. Ich kümmere mich um das Hier und Jetzt.«

Doch bis Börsenschluss an jenem Tag war das »Hier und Jetzt« eher noch schlimmer geworden, Fannie und Freddie hatten zusammen über 3,5 Milliarden Dollar an Marktwert verloren. Die Sorgen über die Schulden der beiden Unternehmen und den wackeligen Zustand der hypothekenbesicherten Wertpapiere, die sie garantierten, wuchsen. Die Märkte testeten die Entschlossenheit der Regierung. Wie viel Chaos würde sie dulden, bevor sie eingriff?

Paulson hatte geglaubt, er würde die Befugnisse, über die an diesem Morgen diskutiert wurde, nicht sofort brauchen, aber die allgemeine wirtschaftliche Situation entwickelte sich alarmierend. Er rief Josh Bolten im Weißen Haus an, um zu hören, was Bolten von den Zugeständnissen hielt, die er vom Kongress haben wollte. Bolten ermutigte ihn. Paulson wollte auch Alan Greenspans Rat, und nach einigem Hin und Her, bis er endlich Greenspans private Telefonnummer herausbekommen hatte,[24] versammelten sich Paulson und ein halbes Dutzend Mitarbeiter um das Telefon auf seinem Schreibtisch und lauschten der leisen Stimme des ehemaligen Notenbankchefs, die aus dem Lautsprecher drang.

Greenspan ratterte Listen von Immobiliendaten herunter, sagte, dass er die Krise auf den Märkten als etwas ansehe, das nur einmal in hundert Jahren passiere, und dass die Regierung außergewöhnliche Maßnahmen ergreifen müsse, um die Lage zu stabilisieren. Der ehemalige Notenbankchef stand Fannie und Freddie schon lange kritisch gegenüber, aber nun war ihm klar, dass sie gestützt werden mussten. Er hatte denn auch einen konkreten Vorschlag zur Immobilienkrise, der ganz seiner an Angebot und Nachfrage orientierten Denkweise entsprach: Er meinte, es gebe ein zu großes Angebot auf dem Häusermarkt, und die einzige Möglichkeit, das Problem in den Griff zu bekommen, bestehe darin, dass die Regierung leer stehende Häuser aufkaufe und abreiße.

Nach dem Gespräch sagte Paulson lachend zu seinen Mitarbeitern: »Keine schlechte Idee! Aber wir werden nicht das ganze Angebot an Häusern aufkaufen und zerstören.«

Paulson setzte sich in dem kleinen Konferenzzimmer neben seinem Büro an den Tisch, um mit Ben Bernanke zu frühstücken. Er war verärgert und konnte kaum etwas essen. »Das ist ein echtes Problem«, sagte er.

Die *New York Times* hatte an diesem Morgen auf ihrer Titelseite berichtet, leitende Regierungsbeamte »erörtern einen Plan, wonach die Regierung beide Institute übernimmt und unter Zwangsverwaltung stellt, falls ihre Probleme sich verschlimmern«.[25]

Jemand hatte mit der Presse über die Lage bei Fannie und Freddie gesprochen.

Paulson nippte an einer Dose Cola light, während sein Haferbrei kalt wurde; er konnte sich einfach nicht vorstellen, welches Regierungsmitglied so dumm sein konnte, Journalisten von den Plänen zu erzählen, die sie erwogen. Wer immer es gewesen war, ein solches Leck höhlte das Vertrauen nur noch weiter aus, und Paulson war wütend.

Er hatte bereits einen langen Morgen hinter sich, man sah es ihm an.[26] Um 7.10 Uhr hatte er den Präsidenten im Oval Office informiert, um 7.40 Uhr hatte er ein Telefongespräch mit Tim Geithner geführt, um acht Uhr mit Larry Fink von BlackRock erörtert, was man wegen Fannie und Freddie unternehmen sollte, und fünf Minuten später hatte er es gerade noch geschafft, Dick Fuld zu erreichen.

Bald nach Börseneröffnung platzten Jim Wilkinson und Neel Kashkari herein, unterbrachen das Frühstück ihres Chefs Paulson mit Bernanke und teilten ihnen mit, dass die Aktien von Fannie und Freddie wie ein Stein abgesackt waren, um rund 22 Prozent; sie schlugen vor, Paulson solle zur Beruhigung der Märkte eine Stellungnahme abgeben. Genau wie er befürchtet hatte, hatte die Story in der *Times* Panik ausgelöst, niemand wusste, was passieren würde, wenn die Regierung sich um Fannie und Freddie kümmerte. Die Investoren erinnerten sich daran, dass Paulson bei der Übernahme von Bear Stearns auf den Preis von 2 Dollar pro Aktie gedrängt hatte, und fragten sich: *Würde dies das Modell für die Zukunft sein?*

Paulson wusste, dass es in der Tat nötig war, die Ängste zu ersticken. Um 10.30 Uhr veröffentlichte das Finanzministerium deshalb eine von Paulson unterzeichnete Erklärung: »Heute richtet sich unser Augenmerk vor allem darauf, Fannie Mae und Freddie Mac in ihrer bestehenden Form zu erhalten und bei der Erfüllung ihrer wichtigen Aufgabe zu unterstützen.«[27] Mit der Formulierung »in ihrer bestehenden Form« wollte Paulson ein Signal aussenden, dass er nicht plante, die beiden Unternehmen zu verstaatlichen, obwohl er wusste, dass dies womöglich der letzte Ausweg war.

Immer noch verärgert über die undichte Stelle, ging Paulson hinüber zum Weißen Haus. Präsident Bush wollte sich gerade auf den Weg zum Energieministerium in der Independence Avenue machen zu einem Briefing über die Öl- und Energiemärkte. »Kann ich mit Ihnen fahren, Sir?«, fragte Paulson, und auf der kurzen Fahrt unterrichtete er den Präsidenten über die Lage bei Fannie und Freddie.[28] Bush, der seit Jahren die GSEs kritisierte, unterstützte Paulsons Plan. Als die Fahrzeugkolonne am Energieministerium eintraf, sagte Paulson zum Präsidenten, er solle bei seinem nachmittäglichen Pressetermin vorsichtig auftreten, um die Märkte nicht noch mehr zu verschrecken. »Heben Sie hervor, wie wichtig uns die Stabilität dieser Organisationen ist«, mahnte Paulson.

Der Kurs von Freddie fiel um ganze 51 Prozent auf 3,89 Dollar, der Kurs von Fannie fiel um 49 Prozent, doch im Lauf des Tages machten sie einen Teil der Verluste wieder wett, und Freddie schloss nur 3,1 Prozent im Minus, Fannie 22 Prozent im Minus. Paulson telefonierte unterdessen mit wichtigen Politikern im Kongress und sondierte, was getan werden müsste, damit das Finanzministerium die Befugnis erhielt, Fannie und Freddie direkt zu unterstützen oder ihre Schulden abzusichern.

Als die Märkte schlossen, telefonierte Paulson gerade mit Sheila Bair,[29] der Vorsitzenden der Einlagensicherung, die weitere beunruhigende Nachrichten über starken Druck auf dem Hypothekenmarkt hatte: Die Einlagensicherung war dabei, die Hypothekenbank IndyMac Bancorp[30] unter Zwangsverwaltung zu stellen – das war der fünfte Zusammenbruch einer von der FDIC abgesicherten Bank in diesem Jahr und der größte seit dem Debakel der Spar- und Darlehenskassen.

Paulson befürchtete nun, dass die Situation bei Fannie und Freddie rasch außer Kontrolle geraten könnte, und rief für 16.15 Uhr sein Strategieteam in seinem Büro zusammen. Er eröffnete ihnen, sie sollten sich darauf einstellen, das Wochenende durchzuarbeiten und einen Weg zu suchen, wie man die GSEs stabilisieren konnte. Sein Plan war einfach: Er wollte um die Befugnis ersuchen, Fannie und Freddie Geld zur Verfügung zu stellen in der Hoffnung, dass er von dieser Ermächtigung nicht würde Gebrauch machen müssen.

»Ich möchte den Plan bekannt geben, bevor Sonntagnacht die Börsen in Asien eröffnen.«

Am Samstagmorgen fuhr Fuld vor John Macks Anwesen im Tudorstil in Rye im Bundesstaat New York vor. Das herrliche Wetter konnte nichts an seiner Nervosität wegen der bevorstehenden Unterredung ändern. *Gott steh mir bei, wenn das durchsickert*, sagte er sich. Er konnte sich die Schlagzeilen lebhaft vorstellen.

»Dick, guten Morgen«, begrüßte Mack ihn liebenswürdig. Auch Macks Frau Christy kam dazu und sagte hallo.

Das Managementteam von Morgan Stanley war schon da und wartete in Macks Esszimmer: Walid Chammah und James Gorman, die beiden Co-Präsidenten der Firma, Paul Taubman, der Chef des Investmentbankings, und Mitch Petrick, Leiter der Abteilung Firmenkredite und Eigenkapitalinvestitionen. *Sie planen wahrscheinlich schon seit Stunden ihre Strategie,* dachte Fuld.

Als Nächster kam McDade, in Golfkleidung. McGee verspätete sich.

Christy hatte im Arbeitszimmer einen Imbiss bereitgestellt, den sie bei einem lokalen Feinkosthändler besorgt hatte. Die Gruppe verteilte sich auf Sofas rund um einen Couchtisch, und erst einmal schwiegen alle; keiner wusste so richtig, wer beginnen sollte.

Fuld schaute zu Mack, als wollte er sagen: *Es ist dein Haus, du fängst an.* Mack erwiderte den Blick ungerührt: *Du hast um das Treffen gebeten. Du sagst, was du zu sagen hast.*

»Also, dann fange ich an«, sagte Fuld schließlich. »Ich weiß nicht einmal genau, warum wir hier sind, aber legen wir los.«

»Vielleicht ist gar nichts zu sagen«, meinte Mack leicht verärgert, als er das Unbehagen im Raum bemerkte.

»Nein, nein, nein«, widersprach Fuld hastig. »Wir sollten uns unterhalten.«

Fuld begann mit Neuberger Berman, Lehmans Vermögensverwaltungsabteilung und einer der Kronjuwelen der Firma; er war bereit, sie zu verkaufen. Er brachte weiterhin ins Gespräch, dass Morgan die Firmenzentrale von Lehman auf der Seventh Avenue kaufen könnte – also ausgerechnet das Gebäude, das Morgan Stanley gehört hatte, bis es der ehemalige CEO Philip Purcell nach dem 11. September an Lehman verkauft hatte.

Mack war nicht ganz sicher, was Fuld da vorschlug. »Nun ja, da gibt es schon Wege, also, wie wir zusammenarbeiten könnten.« Er wollte das Gespräch auf Lehmans interne Zahlen lenken, denn selbst wenn nichts dabei herauskommen sollte, wäre es für Morgan Stanley von Vorteil, einen Blick darauf zu erhaschen, was bei Lehman los war. Das Team von Morgan stellte eine Fülle von Fragen: *Wie werden die Dinge bewertet? Konnten sie im Rahmen der Bewertungen verkauft werden? Wie viel Geschäft hat Lehman aufgegeben?* Alles in allem sagte McDade zur Beantwortung der Fragen mehr als sein Boss.

McGee traf schließlich doch noch ein, als die Besprechung schon eine Weile im Gang war; sein Chauffeur hatte sich verfahren. Fuld warf ihm einen besorgten Blick zu.

Fulds Handy klingelte, er entschuldigte sich und ging hinaus in die Küche. Die Leute von Morgan Stanley wunderten sich: *Hatte Lehman gleichzeitig noch ein anderes Eisen im Feuer?*

Sie wussten nicht, dass der Anrufer Paulson war. Er meldete sich aus seinem Büro im Finanzministerium und informierte Fuld über sein Vorhaben, ein Gesetz wegen Fannie und Freddie einzubringen. Fuld hörte mit Freude, dass Paulson sich um die Stabilisierung der GSEs bemühte – das konnte auch Lehman helfen.

Als Fuld zu den anderen zurückkehrte, unterbrach er ihr Gespräch: »Wissen Sie, angesichts all der Gerüchte um Lehman hoffe ich, dass Sie nicht versuchen, Leute von mir abzuwerben.«

Die Vertreter von Morgan Stanley waren konsterniert.

Chammah, der aus dem Libanon stammte und die meiste Zeit Morgans Geschäfte von London aus leitete, entgegnete: »Sie erinnern sich vielleicht noch, dass Sie keine Skrupel hatten, Ihr Geschäft in Europa mit Leuten von uns aufzubauen.«

Das Treffen endete ohne konkrete Vereinbarung und anscheinend auch ohne den Wunsch, weiter im Gespräch zu bleiben.

»Was zum Teufel sollte das jetzt?«, fragte Mack, nachdem die Lehman-Leute gegangen waren. »Wollte er uns eine Fusion vorschlagen?«

»Das ist eine Illusion«, meinte Gorman. Taubman hatte andere Sorgen. Vielleicht hatte man sie benutzt, um dem Kurs der Lehman-Aktie auf die Beine zu helfen? »Wir spielen hier mit dem Feuer«, warnte er. »Wenn ich an ihrer Stelle wäre, würde ich versuchen, die Sache in meine Richtung zu lenken.«

Fuld war enttäuscht, aber nicht abgeschreckt, als er von Macks Haus über den Henry Hudson Parkway zurück zur Lehman-Zentrale nach Manhattan fuhr. Für Samstagnachmittag hatte er ein Telefongespräch mit Tim Geithner verabredet. Sein externer Rechtsanwalt, Rodgin Cohen, Chef der Wirtschaftskanzlei Sullivan & Cromwell, hatte kürzlich eine neue Idee zur Stabilisierung der Firma vorgebracht: die freiwillige Umwandlung in eine Bank-Holding. Dieser Schritt, so Cohen, »würde Lehman unbegrenzt Zutritt zum Diskontfenster der Notenbank geben, genau wie es Citigroup oder JP Morgan haben«. Das würde wiederum Druck von den Investoren nehmen, die sich wegen der Zukunft der Firma Sorgen machten. Es würde auch bedeuten, dass künftig die Notenbank von New York als Regulierungsbehörde für Lehman zuständig wäre; sie müsste den Plan auch absegnen.

Cohen, ein 64-jähriger, im Auftreten zurückhaltender Wirtschaftsjurist aus West Virginia, war eine der einflussreichsten und gleichzeitig am wenigsten bekannten Persönlichkeiten an der Wall Street. Leise im Ton und eher klein von Gestalt, stand er doch bei praktisch allen CEOs und Regulierern im Land in hohem Ansehen, und bei nahezu jeder größeren Bankentransaktion in den letzten dreißig Jahren hatte er seine Hand im Spiel gehabt. Geithner wandte sich oft an ihn, wenn er die Möglichkeiten und Befugnisse der Notenbank verstehen wollte.

In den letzten Monaten hatte Cohen praktisch täglich mit Fuld gesprochen und versucht, ihm bei der Ausarbeitung eines Plans zu helfen. Cohen hatte genug Bankenzusammenbrüche erlebt und wollte verhindern, dass Lehman ebenfalls dieses Schicksal ereilte. Im Sommer 1984 hatte er viele Tage in einem stickigen, fensterlosen Raum in Chicago gesessen und einen Rettungsplan für Continental Illinois National Bank and Trust ausgetüftelt. »Wir haben eine neue Art von Bank«, verkündete Stewart McKinney, der Kongressabgeordnete von Connecticut, damals. »Sie heißt TBTF [›too big to fail‹, zu groß, um zu scheitern], und es ist eine wunderbare Bank.«[31] Der 4,5-Milliarden-Dollar-Rettungsplan der Regierung, der schließlich auf dem Tisch lag, war weitgehend das Werk von Cohen. Er hatte auch den Verwaltungsrat von Bear Stearns bei der Übernahme durch JP Morgan beraten, hatte den Telefonkontakt mit Geithners Büro organisiert.

An diesem Abend feierte Cohens Nichte in einem Hotel in Philadelphia Hochzeit, und von seinem Hotelzimmer aus schaltete sich Cohen in das Telefongespräch zwischen Lehman und der Notenbank von New York ein.

»Wir erwägen ernsthaft, eine Bank-Holding zu werden«, begann Fuld.[32] »Wir denken, damit wären wir in einer sehr viel besseren Position.« Er schlug vor, Lehman könnte eine kleine Bank, die sie in Utah besaßen, zur Kontenführung nutzen und so den Vorschriften Genüge tun.

Geithner, mit Tom Baxter, dem Justiziar, an seiner Seite, hatte Bedenken, dass Fuld überstürzt handeln könnte. »Haben Sie alle Konsequenzen bedacht, die das hat?«, fragte er.

Baxter, der für das Gespräch extra eine Reise nach Martha's Vineyard unterbrochen hatte, zählte einige Vorschriften auf, die Lehmans aggressives Geschäftsgebaren verändern, das Risiko verringern und ein gesetzteres Institut daraus machen würden, in einer Liga mit den traditionellen Banken.

Ungeachtet der technischen Fragen, die es zu lösen galt, sagte Geithner: »Ich mache mir Sorgen, dass das als ein Akt der Verzweiflung aufgefasst werden könnte«, und welches Signal das an die Märkte senden wird.

Nach dem Telefonat war Fuld ernüchtert. Er hatte eine Liste mit allen denkbaren Möglichkeiten abgearbeitet, und nichts klappte. Er und McDade dachten sogar darüber nach, wie man Lehman Brothers auf einen Hedgefonds mit einer angeschlossenen Nischenbank verkleinern und dann die Firma als private Kapitalgesellschaft führen könnte, außerhalb des hellen Lichts der öffentlichen Investoren. Aber selbst dafür würde er von irgendjemandem Geld brauchen.

Später am Abend rief Fuld seinen Anwalt Cohen an und erwischte ihn im Wartebereich eines Krankenhauses, wohin er einen Verwandten begleitet hatte, der bei der Hochzeit krank geworden war. Fuld sagte, nun sei es an der Zeit, eine andere Art von Geschäft in Erwägung zu ziehen. »Können Sie Kontakt zur Bank of America herstellen?«

Lehman zu verkaufen war für Fuld immer ausgeschlossen gewesen. »Solange ich lebe, wird diese Firma nicht verkauft«, hatte er 2007 noch stolz verkündet.[33] »Und wenn sie nach meinem Tod verkauft werden soll, steige ich aus dem Grab und verhindere es.« Hingegen hatte er lange von einer großen Akquisition geträumt. Einen kurzen Augenblick war er dicht daran, Lazard zu kaufen – so dicht, dass er schon den Firmennamen Lehman Lazard festlegte[34] –, und dieser Kauf hätte sein Meisterstück sein können, wenn er aus diesem zusammengeschusterten Anleihehändler eine erstklassige Adresse mit weltweiter Reputation gemacht hätte. Fuld hatte am 10. September 2001 in seinem damaligen Büro im World Financial Center eine Besprechung mit William R. Loomis und Steve Golub von Lazard geführt. Sie verabschiedeten sich mit der Verabredung zu weiteren Gesprächen. Und dann kam der 11. September.

Bruce Wasserstein, der Lazard später übernahm, versuchte, die Gespräche wiederzubeleben, aber Fuld war so wütend über Wassersteins Preisvorstellung – er wollte 6 bis 7 Milliarden Dollar –, dass die Gespräche schnell zum Erliegen kamen.

»Wir haben eindeutig unterschiedliche Vorstellungen von Werten«, meinte Fuld verächtlich.[35] In Fulds Augen trug Wasserstein seinen Spitznamen »Bid-em up Bruce« [Treib sie in die Höhe], den ihm sein aggressives Geschäftsgebaren eingetragen hatte, zu Recht. »Ich kann das einfach nicht bezahlen.«

Rodgin Cohen wartete immer noch im Krankenhaus, als er Greg Curl, einen langjährigen Topbanker der Bank of America, in Charlotte, dem Hauptsitz der Bank, auf dem Handy erreichte. Curl war sechzig, ehemaliger Geheimdienstoffizier bei der Marine, fuhr bevorzugt mit einem Pickup und war der Wall Street schon immer ein Rätsel.[36] Er hatte an beinahe jedem Deal der Bank of America im letzten Jahrzehnt mitgewirkt, aber nicht einmal in der Bank redete er viel mit anderen und galt allgemein als schwer durchschaubar.

Cohen hatte über die Jahre immer wieder mit Curl zu tun gehabt, konnte ihn aber auch nicht richtig einschätzen. Er begann vorsichtig und erklärte, er rufe im Auftrag von Lehman Brothers an.

»Haben Sie Interesse an einem Geschäft? Von allen Instituten, an die wir gedacht haben, würden Sie am besten passen«, sagte Cohen und versprach, er könne Fuld ans Telefon holen, falls Curl ein direktes Gespräch wolle.

Curl war zwar neugierig, warum er an einem Samstagabend einen Anruf erhielt, blieb aber unverbindlich. Er wusste, dass die andere Seite verzweifelt sein musste. »Hmm ... ich muss erst mit dem Boss reden. Ich rufe Sie gleich zurück.«

Sein Boss war Ken Lewis, der weißhaarige CEO der Bank of America. Er stammte aus Walnut Grove in Mississippi und war bekannt dafür, dass er mit harten Bandagen kämpfte; seine Mission war es, die Wall Street auf ihrem eigenen Feld zu schlagen. (Als er ein kleiner Junge war, hatten sich zwei andere Jungs gegen ihn zusammengetan. Seine Mutter sah die beiden Raufbolde, ging hinaus und sagte zu ihnen: »Okay, ihr könnt euch mit ihm prügeln, aber einer nach dem anderen.«[37])

Eine halbe Stunde später rief Curl zurück und sagte, er werde sich das Angebot anhören. Cohen organisierte eine Dreierkonferenzschaltung mit Fuld über die Telefonanlage bei Sullivan & Cromwell.

Nach einer kurzen Vorstellung – die Männer waren sich nie zuvor begegnet – unterbreitete Fuld seinen Vorschlag.

»Wir könnten Ihre Abteilung für Investmentbanking sein.« Fuld erklärte, die Bank of America könne eine Minderheitsbeteiligung an Lehman Brothers erwerben, und sie könnten ihre Investmentbanking-Abteilungen zusammenlegen. Alles Weitere könne man bei einem persönlichen Gespräch erörtern.

Curl war nun richtig neugierig; er sagte, er werde am Sonntag von Charlotte nach New York fliegen. Fuld fand es zwar merkwürdig, dass er nicht direkt mit Ken Lewis verhandeln sollte, aber es hatte einen triftigen Grund, dass Curl allein reiste: So konnte Lewis mit Fug und Recht bestreiten, jemals mit Fuld gesprochen zu haben, falls etwas von der Unterredung durchsickern sollte.

Zum Schluss ihres Telefonats betonte Curl noch einmal, was ihm besonders am Herzen lag: »Wir wollen absolut sicher sein, dass dies alles vertraulich bleibt.«

Am späten Sonntagvormittag saßen David Nason und Kevin Fromer auf dem Sofa in Nasons Büro im Finanzministerium und gingen den Entwurf für den Antrag noch einmal durch, der Kongress solle dem Finanzministerium die Befugnis geben, Fannie und Freddie im Notfall mit einer Geldspritze zu helfen. Überall im Büro lagen Papiertüten und Sandwichverpackungen aus dem Corner Bakery Café gleich nebenan. Die meisten arbeiteten seit dem frühen Samstagmorgen und waren nur für ein paar Stunden Schlaf nach Hause gegangen. Der Antrag musste um 19 Uhr fertig sein.

Auf einmal betrat Paulson mit entsetztem Gesichtsausdruck das Büro. Er hielt eine Seite des Entwurfs in die Höhe und knurrte: »Was zum Teufel ist das? ›Zeitlich befristete Notfallbefugnis‹. *Zeitlich befristet!*« Jetzt schrie er fast. »Wir werden nicht um eine zeitlich befristete Befugnis ersuchen!«

Der Entwurf sah die Übertragung der Zuständigkeit für 18 Monate vor. Fromer, der Verbindungsmann des Finanzministeriums zu den Abgeordneten, beugte sich vor und versuchte zu erklären: »Schauen Sie, Sie können den Kongress nicht um dauerhafte …«

Normalerweise zeigte Paulson seine Verärgerung nicht offen, aber jetzt unternahm er keine Anstrengung, sie zu verbergen. Er ging mit großen Schritten auf und ab.

»Erstens ist das meine Entscheidung, nicht Ihre. Zweitens ist das eine halbherzige Sache. Ich werde meinem Nachfolger nicht den Schlamassel überlassen, den wir jetzt haben. Wir müssen das lösen. Ich schiebe diesen Mist nicht vor mir her.«

Nasons Telefon klingelte. »Tim!«, rief er aus, als er die Nummer sah, erst dann merkte er, dass er Paulsons Monolog unterbrochen hatte. Tim Geithner rief nahezu stündlich an und erkundigte sich nach Neuigkeiten.

Nason und Fromer versuchten, Paulson zu beruhigen. Sie wiederholten mehrfach, dass es politisch geschickter wäre, um befristete Befugnisse zu ersuchen als um unbefristete. Und Fromer sagte: »Diese Unterscheidung spielt überhaupt keine Rolle.« Solange sie die Befugnisse hätten, könnten sie ohne Weiteres Entscheidungen treffen, die von Dauer wären.

Paulson erkannte allmählich den Wert des politischen Kalküls und gab nach. Er sagte seinen Mitarbeitern, sie sollten weiter an dem Entwurf arbeiten, und stürmte so abrupt wieder hinaus, wie er hereingekommen war.

Greg Curl, gekleidet in Jackett und Freizeithose, kam am Sonntagnachmittag ins Büro von Sullivan & Cromwell im Seagram Building. Am Morgen war er mit einem der fünf Privatjets der Firma von Charlotte nach New York geflogen.

Er setzte sich in den leeren Empfangsbereich und wartete auf Fuld und Cohen. Er hatte keine Vorstellung, was bei dem Treffen herauskommen konnte. »Der Boss« mochte vielleicht die Welt der Privatbanken beherrschen wollen, aber gegen das Geschäft der Investmentbanken mit dem schnellen Geld hatte er eine Abneigung. »Nein, wir werden unser Kleingeld nicht dafür ausgeben, eine Investmentbank zu kaufen«, hatte er gerade einen Monat zuvor knapp erklärt.[38] Fast ein Jahr zuvor hatte seine eigene Investmentbanking-Abteilung, die lange niemand so richtig ernst genommen hatte, auf einmal einen Gewinneinbruch um 93 Prozent erlitten. Damals hatte Lewis gesagt, sein Bedarf an Investmentbanking sei gedeckt.

Curl wurde in einen Konferenzraum geführt, wo er aufmerksam zuhörte, als Fuld ihm seine Idee unterbreitete: Er wollte bis zu einem Drittel von Lehman Brothers an die Bank of America verkaufen und beider Investmentbanking-Abteilungen unter dem Dach von Lehman zusammenfassen.

Curl war verblüfft, als er das hörte, ließ sich aber wie üblich nicht anmerken, was er dachte. Er hatte eine Bitte um Hilfe erwartet, stattdessen wurde ihm hier eine Übernahme in umgekehrter Richtung vorgeschlagen: Die Bank of America sollte Fuld dafür bezahlen, dass er ihre Investmentbanking-Abteilung übernahm.

Fuld sagte weiter, jede Investition »treibt unseren Aktienkurs« über Nacht und steigere damit den Wert für die Bank of America. Wenn die Bank of America einen Anteil an Lehman erwerbe – statt die ganze Firma zu kaufen –, wäre das zudem für die erfahrenen Banker ein Anreiz zu bleiben. »Diese Leute können Sie nur halten, wenn sie einen finanziellen Vorteil sehen.« Das Argument war nicht von der Hand zu weisen und spielte bei den meisten Bankenfusionen eine Rolle: Die guten Leute lassen sich auszahlen und gehen.

Curl nickte während Fulds Ausführungen zustimmend und sagte schließlich, der Boss – Lewis – sei an einem Geschäft nur interessiert, wenn klar sei, dass er in absehbarer Zeit die Kontrolle über die ganze Firma übernehmen könnte.

Cohen schaltete sich im Namen von Fuld ein und schlug einen zeitlichen Rahmen von zwei bis drei Jahren vor, je nachdem, wie erfolgreich die Investition war.

Das gefiel Curl schon besser. Er sagte ihnen, er habe Interesse an der Sache, aber er und Lewis seien schon oft unterschiedlicher Meinung gewesen, ob sie eine Investmentbank erwerben oder weiterhin Geschäftsbanken aufkaufen sollten. »Ich mag das Privatkundengeschäft nicht«, vertraute Curl ihnen an, »weil da immer juristische Auseinandersetzungen drohen und Staatsanwälte und Bankenaufseher. Ich würde das Geschäft mit Ihnen machen, aber um ehrlich zu sein, Ken würde wahrscheinlich lieber Merrill oder Morgan kaufen.«

Fuld war verwirrt. *Was wollte Curl ihnen damit sagen?*

»Glauben Sie, wir haben etwas Greifbares?«, fragte Fuld.

»Ich weiß es nicht«, erwiderte Curl. »Ich muss mit dem Boss sprechen. Es ist natürlich seine Entscheidung.«

Am späten Nachmittag ging Paulson unrasiert und in Jeans durch die Flure und malträtierte seine Mitarbeiter mit so vielen Fragen zu dem Entwurf in Sachen Fannie und Freddie, dass sein Stabschef Jim Wilkinson ihn schließlich zur Seite nahm und nachdrücklich sagte: »Sie müssen uns in Ruhe unsere Arbeit machen lassen.«[39]

Paulson beschloss, zur Beruhigung eine schnelle Runde mit dem Fahrrad durch die beinahe leeren Straßen von Washington zu drehen.[40] Er konnte an nichts anderes denken als an den Plan und an das, was er für sein Vermächtnis bedeutete: Er, ein Republikaner, ein Anhänger marktwirtschaftlicher Prinzipien, würde um die Erlaubnis ersuchen, Geld der amerikanischen Steuerzahler in die beiden Institute zu stecken, die vielleicht die größte Schuld an Aufstieg und Absturz des Häusermarkts trugen. Auf der anderen Seite würde er nach Jahrzehnten politischer Auseinandersetzungen über Fannie und Freddie die Chance bekommen, sie aufzulösen. Aber würde er die Befugnisse, um die er bat, tatsächlich nutzen müssen? Würde es zur Beruhigung der Märkte ausreichen, die Befugnisse zu besitzen? Während er in die Pedale trat, hoffte er, Letzteres werde genügen.

Nach seiner Rückkehr teilte ihm seine Kommunikationschefin Michele Davis ihre Überlegungen mit, wo er das Vorhaben am besten verkündete. »Wir können keine Reporter und Kamerateams ins Ministerium lassen«, erklärte sie. »Sie könnten nach draußen auf die Stufen gehen.« Nason trat an ein Fenster und meinte, der Wetterbericht habe ein Gewitter vorausgesagt.

»Ich weiß nicht, was wir machen sollen.« Michele Davis überlegte, ob sie ein Podium hatten, das man nach draußen bringen konnte. »Aber Sie müssen nach Hause gehen und sich umziehen.« Sie deutete auf Paulsons abgewetzte Jeans: »So können Sie nicht rausgehen.«

Um 18 Uhr trat ein frisch rasierter Paulson in einem blauen Anzug vor das Finanzministerium und stieg auf ein Podium, das man aus dem vierten Stock heruntergeschafft hatte. Er wandte sich an die Schar der herbeigeeilten Reporter.

»Fannie Mae und Freddie Mac spielen eine zentrale Rolle in unserem System der Immobilienfinanzierung und müssen das auch weiterhin in ihrer bestehenden Form als Aktiengesellschaften mit öffentlichem Auftrag tun«, las Paulson ab.[41] »Ihre Unterstützung für den Immobilienmarkt ist bei der Korrektur am Immobilienmarkt, die wir gerade erleben, besonders wichtig.«

Und er fuhr fort: »Die Gläubiger der GSEs sind über die ganze Welt verstreut. Die Stärke dieser Institute ist wichtig, um das Vertrauen in die Stabilität unseres Finanzsystems und unserer Finanzmärkte zu erhalten. Deshalb müssen wir Schritte unternehmen, uns der gegenwärtigen Situation zu stellen und für mehr Regulierung zu sorgen. Um sicherzustellen, dass die GSEs Zugang zu ausreichend Kapital haben und ihre Aufgabe weiter erfüllen können, sieht unser Plan vor, dass das Finanzministerium vorübergehend befugt wird, Aktien beider GSEs zu erwerben, falls es nötig werden sollte.«

Minuten nachdem er seine Stellungnahme beendet hatte, donnerte es in der Ferne. Wenig später öffnete der Himmel seine Schleusen.

Sozialist. Bankenretter mit Steuergeld. Hank Paulson mochte überzeugt sein, dass er einen richtigen Kampf kämpfte, einen für das Überleben des Wirtschaftssystems entscheidenden Kampf, aber für seine Bemühungen wurde er als eine Art Volksfeind gebrandmarkt, womöglich sogar als Feind des American Way of Life. Er verstand nicht, warum niemand erkannte, wie schlimm die Situation inzwischen tatsächlich war. An dem Nachmittag war eine andere Gruppe ins Lager der Gegner gewechselt: Die Hedgefonds waren wütend auf ihn, weil er Christopher Cox von der SEC dazu gebracht hatte, hart gegen unsaubere Verkäufe von Aktien von Fannie und Freddie sowie von 17 anderen Unternehmen, darunter auch Lehman, durchzugreifen.[42]

Seit Bob Steel nicht mehr da war, fühlte er sich mit der größten Herausforderung seiner Amtszeit allein gelassen. Er schätzte seine Mitarbeiter, er hatte, wie er fand, eine bemerkenswert intelligente Mannschaft, aber er fragte sich, ob er ausreichend Feuerkraft besaß für diese Auseinandersetzung, die sich rasch zu einem erbitterten Krieg entwickelte. An dem Nachmittag ließ er Dan Jester eine Nachricht zukommen, einem 43-jährigen ehemaligen Banker von Goldman Sachs, der einmal stellvertretender Finanzchef bei Goldman gewesen war und nun in Austin in Texas lebte und Geld verwaltete, hauptsächlich sein eigenes. Paulson hatte sich in seiner Zeit als CEO sehr auf Jester verlassen, den langhaarigen »menschlichen Taschenrechner«, und er hoffte, er könnte Jester dazu bewegen, sein Dasein als Privatier aufzugeben und ihm bei der Sache mit den GSEs zu helfen.

Am Abend zuvor hatte Paulson in gedrückter Stimmung von zu Hause aus Ken Wilson angerufen, einen alten Freund aus Dartmouth, den er ein Jahrzehnt zuvor überredet hatte, Lazard zu verlassen und zu Goldman zu kommen. Jetzt leitete Wilson die Abteilung Finanzinstitute, er war Goldmans wichtigster Berater hinsichtlich anderer Banken und genoss in der ganzen Branche Ansehen als graue Eminenz. Paulson schätzte sein Urteil so sehr, dass er Wilson in der Goldman-Zentrale in der Broad Street ein Büro ganz in der Nähe seines eigenen gegeben hatte.

»Ken, ich brauche hier unbedingt Hilfe. Ich brauche erfahrene Leute«, eröffnete Paulson das Gespräch. »Bob Steel ist weg. Ich bitte Sie, darüber nachzudenken, ob Sie nicht in mein Team kommen wollen.« Er wäre ein »klassischer 1-Dollar-Mitarbeiter«, das heißt, er würde als »Sonderberater« für das symbolische Gehalt von einem Dollar für das letzte halbe Jahr der amtierenden Regierung an Bord kommen. Paulson schlug Wilson vor, er solle sich bei Goldman beurlauben lassen.

Wilson war 61 und spielte bereits mit dem Gedanken, bei Goldman auszuscheiden. Er sagte, er werde sich die Sache durch den Kopf gehen lassen.

»Ich könnte Ihre Hilfe wirklich gebrauchen«, sagte Paulson ernst. »Ich habe eine Menge Dinge hier, hm, eine Menge Probleme.«

In Anbetracht des Auf und Ab der Lehman-Aktie und der anhaltenden Gerüchte über die langfristige Überlebensfähigkeit der Firma hatte Fuld im Juli eine Sitzung des Verwaltungsrats anberaumt, bei der er die Direktoren über seine Fortschritte an beiden Fronten informieren wollte.

Der Verwaltungsrat von Lehman war eine seltsame Mischung aus sehr erfahrenen Finanzleuten und völlig unerfahrenen Personen, die meisten waren alte Freunde von Fuld oder ehemalige Kunden der Firma.[43] Dazu gehörten Roger S. Berlind, ein 75-jähriger Theaterproduzent, Marsha Johnson Evans, 61, ehemalige Marineoffizierin und Vorsitzende des Roten Kreuzes, und bis vor zwei Jahren hatte auch die 83-jährige Schauspielerin und Prominente Dina Merrill im Verwaltungsrat gesessen. Zu den Erfahrenen zählten Henry Kaufman, damals 81, ehemaliger Chefvolkswirt von Salomon Brothers; John Akers, der ehemalige Chef von IBM, und Sir Christopher Gent, 60, ehemaliger Chef von Vodafone PLC. Von den zehn Direktoren, die nicht der Firma angehörten, waren vier älter als 74.

Fuld hatte einen Gast zu einer Präsentation bei der Sitzung eingeladen. Gary Parr von Lazard hatte kürzlich mit Fuld gesprochen und seine Dienste angeboten, falls der Verwaltungsrat unabhängigen Rat wünsche.

Parr, ein dünner Mann mit Bart, war ein bekannter Name unter den auf Finanzdienstleistungen spezialisierten Bankern. Er hatte an vielen Kapitalerhöhungen mitgewirkt, die Firmen wie Morgan Stanley und Citigroup Ende 2007 unternommen hatten. Fuld traute vielleicht Parrs Boss Bruce Wasserstein nicht, aber Parr respektierte er.

Ein Verwaltungsratsmitglied bat Parr um eine Einschätzung, wie schlimm es um den Markt tatsächlich stand. Parr, ein erfahrener Vortragsredner, setzte zu seiner üblichen skeptischen Rede an Verwaltungsräte an.

»Es ist hart da draußen«, sagte er ahnungsvoll. »Durch Bear Stearns und MBIA« – zwei ehemalige Kunden – »haben wir einige Lektionen gelernt.« Er bemühte sich, den Lehman-Direktoren begreiflich zu machen, wie dramatisch die Situation war. »Die Liquidität kann sich schneller verändern, als Sie sich vorstellen können.« Sie sollten verstehen, dass Bear Stearns keine Ausnahme war, die einmal in hundert Jahren passierte. »Ratingagenturen sind gefährlich. Wo immer Sie Ihrer Ansicht nach den Ratingagenturen stehen, es ist schlimmer … Und lassen Sie mich noch eins sagen: Es ist schwierig, sich in diesem Umfeld Kapital zu beschaffen, weil es für Investoren schwierig ist –«

»Okay, Gary«, unterbrach ihn Fuld mitten im Satz. »Das genügt uns.«

Einen Augenblick herrschte beklommenes Schweigen. Einige Direktoren glaubten, Fuld ärgere sich, dass Parr eine so negative Richtung eingeschlagen hatte, andere fanden, er habe ihm zu Recht das Wort abgeschnitten, weil er so schamlos für seine Dienste warb. Zehn Minuten später war Parr verschwunden.

Eine Stunde später, als er wieder in seinem Büro bei Lazard im Rockefeller Center war, teilte die Sekretärin Parr mit, Dick Fuld sei am Apparat.

»Verdammt, Gary!«, fuhr Fuld ihn an. »Was haben Sie sich dabei gedacht, meine Direktoren so zu erschrecken und so ungeniert Ihre Dienste anzupreisen. Ich sollte Sie rauswerfen!«

Einen Augenblick sagte Parr gar nichts. Er ärgerte sich, dass Fuld noch keine Vereinbarung unterschrieben hatte, und schoss höhnisch zurück. »Dick, das könnte schwierig werden, denn Sie haben uns noch nicht angeheuert.« Dann hatte er sich wieder im Griff. »Tut mir leid. Ich wollte nicht in eine Richtung gehen, die Ihnen nicht passte.«

»Das machen Sie nie wieder«, sagte Fuld und legte auf.

Am nächsten Tag erkannte Fuld – vielleicht fürchtete er, dass er langsam die Nerven verlor –, dass es ein Fehler gewesen war, Parr zu beschimpfen; der Stress hinterließ seine Spuren. Aus seiner Sicht hatte er Parr das Wort abgeschnitten, weil er Werbung für Lazard machte, nicht weil er behauptet hatte, die Firma sei in Gefahr. Aber der Schaden war passiert. Er rief Parr zurück in der Hoffnung, er könne die Beziehung kitten und ihn zu einer anderen Sitzung wieder einladen.

»Haben Sie sich von dem Anruf erholt?«, fragte Fuld zerknirscht.

Am Donnerstag, dem 17. Juli, um 6.45 Uhr stand Ken Wilson am Westchester County Airport in der Warteschlange. Er war auf dem Weg nach Montana, ein paar Tage entspannen und angeln. Da klingelte sein Telefon.[44]

Präsident Bush war am Apparat. »Kenny, wir brauchen Sie. Sie müssen etwas für Ihr Land tun.« Wilson und der Präsident kannten sich von der Harvard Business School, aber Wilson wusste sofort, dass dieser Anruf nicht die Idee des Präsidenten gewesen war. Das war typisch Paulson; er musste wirklich sehr in Bedrängnis sei. Wenn Paulson etwas wollte, ließ er nicht locker, bis er es bekam, und notfalls ging er bis ganz nach oben.

Am Wochenende sprach Wilson zuerst mit seinen Kollegen bei Goldman und rief dann Paulson an. »Ich mache es.«

Am Abend des 21. Juli war Paulson bei einem Abendessen, das ihm zu Ehren in der Notenbank von New York stattfand.[45] Tim Geithner hatte es organisiert als eine Gelegenheit, den Finanzminister mit einigen Mächtigen der Wall Street zusammenzubringen, darunter Jamie Dimon, Lloyd Blankfein und John Mack.

Das Dinner würde die zweite Versammlung von Wall-Street-Schwergewichten sein, an der Paulson an diesem Tag teilnahm. Zuvor schon war er bei einem privaten Mittagessen zu seinen Ehren in den Büroräumen von Eric Mindich gewesen, einem ehemaligen Schützling bei Goldman Sachs, der nun einen Hedgefonds namens Eton Park Capital verwaltete. Dort hatte Paulson seine Argumente für ein Gesetz zu den GSEs dargelegt. Er fühlte sich insgesamt inzwischen etwas besser, denn sowohl Wilson wie Jester hatten zugestimmt, ins Finanzministerium zu kommen, und die Aussichten, dass das Gesetz durchgehen würde, verbesserten sich. Er ging zwischen seinen ehemaligen Kollegen umher und beglückwünschte John Thain von Merrill Lynch, der wenige Tage zuvor Merrills Anteil an Bloomberg für 4,5 Milliarden Dollar verkauft hatte.

Aber Lehman machte Paulson immer noch Sorgen, ganz besonders ein geheimes Treffen, das nach dem Dinner verabredet war: Er und Geithner hatten geholfen, eine private Begegnung zwischen Dick Fuld und »dem Boss« Ken Lewis in einem Konferenzraum der Notenbank von New York zu arrangieren. Fuld hatte in den letzten zwei Wochen immer wieder wegen der Bank of America bei Paulson angerufen und versucht, ihn dazu zu bewegen, dass er einen Kontakt herstellte.

»Ich denke, es ist ein schwieriger Akt, aber der einzige Weg, wie Sie es schaffen könnten, ist, wenn Sie direkt zu ihm gehen«, hatte Paulson zu Fuld gesagt. »Ich werde Ken Lewis nicht anrufen und ihm sagen, dass er Lehman Brothers kaufen soll.«

Gegen Ende des Dinners ging Paulson zu Lewis und sagte freundlich: »Das waren ordentliche Zahlen.« Er streckte Lewis die Hand hin und warf ihm einen wissenden Blick hinsichtlich der bevorstehenden Unterredung zu. Obwohl die Bank of America an diesem Tag einen Gewinneinbruch im zweiten Quartal von 41 Prozent gemeldet hatte, waren die Ergebnisse viel besser, als die Analysten der Wall Street erwartet hatten. Diese positive Überraschung kam nach einer Reihe von Zahlen von Citigroup, JP Morgan Chase und Wells Fargo, die ebenfalls über den Erwartungen gelegen hatten, und alle zusammen beflügelten zumindest vorübergehend den Markt.

Als Paulson sich zum Gehen wandte und andere sich erhoben und herumschlenderten, trat Geithner zu Lewis, beugte sich zu ihm und flüsterte: »Sie treffen sich doch mit Dick, richtig?«

»Ja, so ist es«, erwiderte Lewis.

Geithner beschrieb ihm den Weg zu einem Seitenraum, wo sie sich ungestört unterhalten konnten. Er hatte offenbar Fuld schon die gleichen Instruktionen gegeben, denn Lewis bemerkte, dass er sich von der anderen Seite des Raums nach ihnen umschaute wie ein Mann, der nervös auf ein Rendezvous wartet. Als Fuld in die eine Richtung losmarschierte, stürzte Lewis in die andere; die halbe Wall Street schaute zu, und beide wollten auf gar keinen Fall, dass ihre Unterredung bekannt wurde.

Beide drehten schließlich um und fanden den Besprechungsraum, aber als Lewis eintraf, sah er Fuld in eine hitzige Auseinandersetzung mit einem Mitarbeiter der Notenbank verwickelt. Es war erst ihre zweite Begegnung, und der scharfe Ton, mit dem Fuld auf sein Gegenüber einredete, irritierte Lewis.

Rund zwanzig Minuten lang erklärte Fuld, wie er sich einen Deal vorstellte, und wiederholte den Vorschlag, den er eine Woche zuvor Curl unterbreitet hatte. Fuld sagte, er wolle mindestens 25 Dollar pro Aktie; an diesem Tag hatte die Lehman-Aktie bei 18,32 Dollar geschlossen. Lewis fand die Vorstellung viel zu hoch und begriff nicht, welchen strategischen Grund das haben sollte. Wenn er Lehman nicht praktisch zum Nulltarif bekommen konnte, war das Geschäft für ihn wertlos. Aber er sagte nichts.

Zwei Tage später rief er Fuld an.

»Ich glaube nicht, dass das für uns infrage kommt«, sagte er so diplomatisch, wie er konnte, und ließ zumindest die Möglichkeit offen, dass sie noch einmal über die Sache reden könnten.

Fuld war außer sich, als er um 12.35 Uhr Paulson anrief, um ihm die schlechte Nachricht zu übermitteln. Nun blieben ihm nur noch die Koreaner, und er drängte Paulson, in seinem Namen bei den Koreanern anzurufen – was Paulson ablehnte, nachdem er schon bei Buffett und der Bank of America den Vermittler gespielt hatte.

»Ich werde nicht zum Telefon greifen und die Koreaner anrufen«, erklärte er. »Es ist der beste Weg, jemanden zu erschrecken, wenn Sie anrufen und sagen, ich hätte gesagt, sie sollten Lehman Brothers kaufen.« Paulson versuchte Fuld begreiflich zu machen, dass es nur das Misstrauen gegenüber Lehmans Aussichten schüren würde, wenn er sich einmischte.

»Dick, wenn sie mich anrufen und Fragen stellen, werde ich tun, was ich kann, um behilflich zu sein.«

Es war nur die letzte schlechte Nachricht an einem sehr langen Tag. Am Abend leitete Bart McDade an Fuld eine E-Mail eines Händlers weiter mit neuen Spekulationen, woher die negativen Gerüchte stammten. »Es ist klar, dass GS [Goldman Sachs] auf der Hedgefonds-Kabale reitet und die Abwärtsbewegung stark beeinflusst, bei LEH und anderen. Ich dachte, das sollte man weitergeben.«

Fuld antwortete: »Soll uns das überraschen? Merken Sie es sich jedenfalls – ich werde es mir merken.«

Kapitel elf

Robert Willumstad spürte, wie sein Unterhemd schweißnass wurde, als er am Dienstag, dem 29. Juli, um 9.15 Uhr die Pearl Street im Finanzdistrikt von Manhattan entlangging. Der Sommertag hatte drückend schwül begonnen, aber Willumstad war auch nervös vor dem Termin mit Tim Geithner in der Notenbank von New York.

Seit er vor über einem Monat die Position des CEO bei AIG angetreten hatte, waren seine Arbeitstage sehr lang gewesen; er musste sich um zahllose Probleme der Firma kümmern. Von einem Wochenendbesuch bei seiner Tochter in Vail abgesehen, hatte er sieben Tage in der Woche im Büro verbracht. Gleich nach Amtsantritt hatte er Pläne für eine »gründliche strategische und operative Überprüfung der Geschäftstätigkeit von AIG« angekündigt und die Absicht, »den Prozess in den nächsten sechzig bis neunzig Tagen abzuschließen und bald nach dem Labor Day Anfang September eine Investorenkonferenz abzuhalten, bei der alles genau dargelegt wird«.[1]

An diesem feuchtheißen Julimorgen war Willumstad nun auf dem Weg zu Geithner, den er einen Monat zuvor zum ersten Mal getroffen hatte. Er wollte eruieren, ob er mit Hilfe rechnen konnte, falls die Märkte sich gegen ihn wandten. Die New Yorker Notenbank war nicht der Regulierer von AIG, überhaupt von keiner Versicherung, aber Willumstad dachte, irgendwo zwischen dem Geschäftsbereich Wertpapierausleihe und dem Bereich Finanzprodukte könnte sich Geithner vielleicht für seine Probleme interessieren. Noch mehr hoffte er, dass Geithner bewusst war, wie eng AIG mit dem Rest der Wall Street verflochten war, hatte das Unternehmen doch Versicherungspolicen im Wert von Hunderten von Milliarden Dollar ausgestellt, die die Brokerfirmen zur Absicherung bei anderen Geschäften einsetzten. Ob man es gern hörte oder nicht, ihr Wohlergehen hing vom Wohlergehen von AIG ab.

»Kein Grund zur Panik, kein Grund zu denken, dass etwas Schlimmes passieren wird«, sagte Willumstad, nachdem Geithner ihn mit seinem üblichen festen, athletischen Händedruck begrüßt und in sein Büro geführt hatte. »Aber wir haben dieses Programm zur Wertpapierleihe ...«[2]

Willumstad erklärte, dass AIG bestens geratete Wertpapiere wie Staatsanleihen gegen Cash auslieh. Normalerweise war das ein sicheres Geschäft, aber weil das Unternehmen das Geld in Subprime-Hypotheken investiert hatte, die enorme Wertverluste verzeichneten, konnte niemand ihren genauen Wert angeben, und damit waren sie unverkäuflich. Sollten die Vertragspartner von AIG – die Unternehmen auf der anderen Seite des Geschäfts – alle zur selben Zeit ihr Geld zurückverlangen, so Willumstad, könne AIG in ernste Probleme geraten.

»Sie haben das Fed-Fenster für die Broker-Dealer geöffnet«, fuhr er fort. »Wie sind die Aussichten, falls AIG in die Krise geraten sollte, dass die Fed uns mit Liquidität hilft? Wir haben Milliarden, Hunderte Milliarden von Dollar in Wertpapieren, in handelbaren Sicherheiten.«

»Nun, so etwas haben wir noch nie gemacht«, wehrte Geithner ab. Die Notenbank hatte noch nie einer Versicherung ein Darlehen gewährt, und er schien Willumstads Vorschlag nicht viel abgewinnen zu können.

»Ich verstehe«, erwiderte Willumstad. »Sie haben das noch nie zuvor für Broker gemacht, aber offensichtlich gibt es da Spielraum.« Nach der Nahtoderfahrung von Bear Stearns hatte die Notenbank beschlossen, das Diskontfenster für Broker wie Goldman Sachs, Morgan Stanley, Merrill Lynch und Lehman zu öffnen.

»Ja«, bestätigte Geithner, fügte aber hinzu, dass dafür die Zustimmung des gesamten Verwaltungsrats der Notenbank erforderlich sei. »Ich würde es nur empfehlen, wenn ich überzeugt wäre, dass es eine gute Kreditentscheidung ist.«

Und dann gab er Willumstad die gleiche Warnung, die er im Monat zuvor schon Fuld gegeben hatte, als Fuld für Lehman um den Status einer Bank-Holding ersucht hatte.

»Ich fürchte, das Problem ist, dass es genau das verschlimmert, was Sie eigentlich verhindern wollen. Wenn das rauskommt, wird es bei Ihren Vertragspartnern für große Aufregung sorgen. Es würde alles noch schlimmer machen.«

Willumstad erkannte, dass er nichts erreichen würde. Geithner erhob sich – das Signal, dass er zu seinem nächsten Termin musste – und sagte nur: »Halten Sie mich auf dem Laufenden.«

Am 29. Juli kreiste Lehmans Gulfstream über dem Flughafen in Anchorage in Alaska, wo sie zum Auftanken landen sollte. An Bord war Dick Fuld, der aus Hongkong zurückkehrte; dort hatten er und ein kleines Lehman-Team sich mit Min Euoo Sung von der Korea Development Bank getroffen.

Fuld war an dem Tag ungewöhnlich guter Laune, voller Zuversicht, dass er einem Abschluss näher kam. Das Gespräch mit KDB war konstruktiv verlaufen, und beide Seiten hatten vereinbart, die Gespräche fortzusetzen. Es würde immer noch ein »langer Putt« sein, das war ihm klar, aber auf KDB ruhten nun seine größten Hoffnungen. Min hatte durchblicken lassen, dass er interessiert wäre, eine Mehrheit an Lehman zu erwerben. Fuld wusste, dass Min sich immer noch Sorgen wegen Lehmans Immobilienportfolio machte – die toxischen Anlagen, die darin steckten –, aber andererseits schien ihm die Aussicht zu gefallen, dass KDB durch den Deal zu einem großen globalen Akteur werden könnte. Bei ihrem Treffen im Grand Hyatt mitten in Hongkong war nicht viel über den Preis gesprochen worden, aber Fuld war zuversichtlich, dass es endlich einen Abschluss geben würde.

Fuld war auch mit sich selbst zufrieden, weil er es geschafft hatte, die Verhandlungen aus der Presse herauszuhalten. Er hatte diesmal so darauf geachtet, dass nichts durchsickerte, dass er seine Leute, die ihn begleiteten – Bart McDade, Skip McGee, Brad Whitman, Jesse Bhattal und Kunho Cho –, angewiesen hatte, nicht ans Telefon zu gehen. McGee hatte sogar eine falsche Fährte für seine Mitarbeiter in New York gelegt und eine Nachricht für Mark Shafir hinterlassen, der bei der früheren Reise nach Südkorea dabei gewesen war, er sei zu Kundengesprächen nach China geflogen. Fuld hatte das Treffen in Hongkong organisiert statt im offensichtlicheren Seoul, zum Teil auch mit dem Hintergedanken, falls jemand sich dafür interessierte, wohin das Flugzeug geflogen war, würde Hongkong weniger Spekulationen auslösen.

Auf dem Rückflug schaute sich das Lehman-Team auf dem großen Bildschirm im Flugzeug *Bank Job* an, einen britischen Film über einen Banküberfall. Fuld kannte den Film schon und hätte lieber einen anderen Film gesehen, aber McDade, der zunehmend die Fäden in der Hand hielt, setzte sich auch hier durch.

Während das Flugzeug zum Betanken rollte, war es mit Fulds guter Laune schlagartig vorbei: Die Wartungscrew hatte ein Ölleck entdeckt. Der Pilot versuchte, eine Reparatur zu organisieren, und die Lehman-Leute aßen unterdessen in der Maschine zu Mittag. Aber nach einer Stunde war immer noch nicht klar, ob sich der Schaden reparieren ließ.

McDade rief seine Sekretärin an und erkundigte sich, ob sie einen Linienflug bekommen könnten.

»Wann sind Sie zum letzten Mal mit einer Linienmaschine geflogen?«, neckte er Fuld. Fuld fand das überhaupt nicht lustig.

Am 6. August 2008 traf ein Team von Bankern von Morgan Stanley im Finanzministerium ein und wurde in einen Konferenzraum gegenüber von Paulsons Büro geführt zu einer, wie sie alle wussten, unüblichen Unterredung. Paulson suchte immer noch Hilfe wegen Fannie Mae und Freddie Mac und hatte in diesem Zusammenhang in der Woche zuvor John Mack, den Chef von Morgan Stanley, angerufen; Paulson wollte Morgan als Berater für die Regierung gewinnen. Er hätte lieber Goldman geholt, aber dem standen seine Beziehung zu Goldman entgegen sowie die Tatsache, dass Goldman Fannie Mae beriet. Er hatte auch kurz erwogen, sich an Merrill Lynch zu wenden, doch Morgan Stanley schien die beste Wahl.

Mack hatte zunächst gezögert, die Aufgabe zu übernehmen, denn der Preis dafür, Berater des Finanzministeriums in Sachen Fannie Mae und Freddie Mac zu sein, war, dass Morgan Stanley in den nächsten sechs Monaten keine Geschäfte mit den beiden Hypothekengiganten machen konnte und deswegen etliche Millionen Dollar an Honorar verlieren würde. »Wie soll ich es unseren Aktionären erklären, dass wir auf so viel Geld verzichten?«, fragte er seine Leute. »Sie werden mich fragen, warum ich das gemacht habe.«

Aber nach einigem Nachdenken entschied Mack, es sei eine patriotische Pflicht, der Regierung zu helfen. Morgan Stanley sollte ein symbolisches Honorar von 95 000 Dollar erhalten, was kaum für die Überstunden der Sekretärinnen reichen würde.[3]

Genau eine Woche zuvor hatte der Senat ein Gesetz verabschiedet – und Präsident Bush hatte es unterschrieben –, das das Finanzministerium befristet dazu ermächtigte, Fannie und Freddie zu helfen. Jetzt stand Paulson vor der Frage: Wie sollte er diese Befugnis einsetzen?

Er begriff, dass er für ein Dilemma gesorgt hatte: Die Investoren rechneten damit, dass die Regierung plante einzugreifen. Das würde es für Fannie und Freddie noch schwerer machen, sich selbst Kapital zu beschaffen, weil die Investoren befürchteten, eine staatliche Intervention könnte bedeuten, dass sie herausgedrängt würden. Jegliches Eingreifen des Staates wirkte immer mehr wie eine sich selbst erfüllende Prophezeiung.

In einem Konferenzraum des Finanzministeriums informierte Anthony Ryan, Abteilungsleiter für Finanzmärkte, die Banker, was das Finanzministerium bislang im Zusammenhang mit den GSEs unternommen hatte. Teilnehmer der Besprechung waren Robert Scully von Morgan Stanley, der Co-Präsident der Firma, der fast dreißig Jahre zuvor an der staatlichen Rettungsaktion für Chrysler mitgewirkt hatte; Ruth Porat, die Leiterin der Abteilung Finanzinstitute, und Daniel A. Simkowitz, der Vizechef der Abteilung globale Kapitalmärkte.

Zehn Minuten nachdem Ryan mit seiner Präsentation begonnen hatte, kam Paulson herein; er wirkte ein bisschen zerstreut. »Alle werden genau beobachten, was wir hier tun«, sagte er zu der Gruppe in dem Versuch, sie gleichzeitig anzuspornen und einzuschüchtern. »Ich werde Sie hart rannehmen. Aber eines kann ich mit Sicherheit sagen: Es wird die wichtigste Aufgabe Ihrer Karriere sein.«

Scully drängte Paulson, mehr über die Hintergründe zu sagen. »Sagen Sie uns doch, was Sie wirklich vorhaben. Wollen Sie auf Zeit spielen?«

»Nein«, antwortete Paulson und schüttelte den Kopf. »Ich will das Problem anpacken. Ich will es nicht ungelöst lassen.« Er beharrte darauf, dass es auf keinen Fall eine weitere bürokratische Übung mit PowerPoint-Präsentationen werden sollte, die dann in der Schublade verschwanden. »Ich, äh, wir haben drei Ziele: Marktstabilität, Zugang zu Hypotheken, Schutz der Steuerzahler.«

Scully war immer noch skeptisch, er argwöhnte, dass irgendein politisches Kalkül dahintersteckte. Und da Freddie an diesem Morgen 821 Millionen Dollar Verlust gemeldet hatte, war es nicht mehr möglich, nichts zu tun.[4]

»Gibt es politische Optionen, die nicht infrage kommen, oder umgekehrt, gibt es bestimmte Vorgaben und Vorgehensweisen, die wir prüfen sollen?«, hakte Scully nach.

»Nein, Sie haben keinerlei Vorgaben«, antwortete Paulson. »Alle Optionen liegen auf dem Tisch. Ich will, dass Sie *alles* prüfen.«

Das Kreischen eines kleines Kindes ein paar Türen weiter unterbrach die Diskussion. Es war Paulsons Enkelin Willa, die ihren Großvater besuchte und in einem kleinen Konferenzraum gegenüber seinem Büro spielte. Paulson war schon fast auf dem Weg nach Peking – eine Reise mit seiner Familie zu den Olympischen Spielen. Aber es würde keine reine Urlaubsreise werden: Er hatte einen vollen Terminkalender mit Gesprächen mit chinesischen Politikern, und wie alle wussten, würde er ständig mit dem Handy am Ohr herumlaufen.

Er entschuldigte sich bei der Gruppe, dass er es so eilig hatte. »In zehn Tagen bin ich zurück. Und dann möchte ich große Fortschritte sehen.«

An einem frischen Augustmorgen wartete Steve Shafran an einer Tankstelle in Sun Valley in Idaho, als Hank Paulson anrief. Shafran war einer von Paulsons Sonderberatern im Finanzministerium, und er machte Urlaub. »Informieren Sie mich über den Stand bei Lehman«, verlangte Paulson.

Shafran ahnte, dass das einige Zeit dauern konnte, und stellte den Motor seines 15 Jahre alten Land Rover ab. Paulson hatte ihm in diesem Sommer ein Spezialprojekt übertragen: Er sollte als Koordinator zwischen der Börsenaufsicht und der Notenbank fungieren und mit der Notfallplanung für einen Bankrott von Lehman beginnen. Der ursprüngliche Auftrag hatte gelautet, systemische Risiken im Bankensystem zu ermitteln und dafür zu sorgen, dass die verschiedenen Regierungsbehörden miteinander sprachen, aber schon bald hatte sich der Fokus ganz auf Lehman gerichtet.

Es war ein absolut geheimes Unterfangen, da niemand – und am allerwenigsten Lehman Brothers – wusste, dass die Regierung überhaupt an die Möglichkeit eines Bankrotts dachte, so unwahrscheinlich sie auch sein mochte. Wenn die Börse davon Wind bekam, würde die Lehman-Aktie abstürzen. Aber Paulson, der fast täglich mit Fuld gesprochen hatte, war inzwischen überzeugt, dass Lehman bei seinen Bemühungen, sich frisches Kapital zu beschaffen, auf Widerstand stoßen würde, und sie mussten auf das Schlimmste vorbereitet sein.

Paulson hatte mittlerweile genug von Fulds immer neuen Plänen und hatte Ken Wilson als Fulds Ansprechpartner bestimmt. »Ich werde Dick sagen, dass er mit Ihnen reden soll«, sagte Paulson zu Wilson. »Es ist reine Zeitverschwendung. Ich werde wieder mit ihm reden, wenn er mir etwas wirklich Wichtiges mitzuteilen hat.«

Mit anderen Regierungsbehörden zusammenzuarbeiten, war für Shafran etwas Neues. Er war erst ein Jahr zuvor nach dem Unfalltod seiner Frau Janet – sie waren 24 Jahre verheiratet gewesen – mit seinen Kindern nach Washington gezogen. Zuvor hatten sie in Sun Valley gelebt, dorthin waren sie nach seinem Ausscheiden bei Goldman Sachs gegangen. Shafran hatte 15 Jahre bei Goldman gearbeitet, er war Paulsons Mann in Hongkong gewesen und hatte ihm geholfen, auf dem chinesischen Markt Fuß zu fassen. In Washington wollte er einen Neuanfang versuchen.

Für Shafran war das Lehman-Projekt noch heikler als für andere Mitarbeiter des Finanzministeriums, weil er lose mit Fuld befreundet war. Sie kannten sich aus Sun Valley, wo Shafran im Stadtrat von Ketchum saß und Fuld 40 Hektar Land (im Wert von rund 27 Millionen Dollar) gehörten mit einem Haupthaus und einer Privatstraße über den Big Wood River sowie einer Hütte am Ufer des Pettit Lake gleich neben der von Shafran.[5] Sie spielten zusammen Golf im Valley Club und unternahmen ab und zu etwas gemeinsam. Shafran mochte Fuld und bewunderte seine Hartnäckigkeit.

Aber jetzt saß Shafran auf dem Parkplatz der Tankstelle und informierte Paulson telefonisch über die Fortschritte. Er berichtete, dass er ein paar Mal mit der Notenbank und der Börsenaufsicht telefoniert habe; sie meinten zwar, es sei unmöglich, das systemische Risiko wirklich abzuschätzen, aber seinem Eindruck nach würden sie dem Problem inzwischen wenigstens Beachtung schenken. »Sie sind dran. Das beruhigt mich.« Sie hätten bei Lehman vier Risiken ausgemacht: ihr Repobuch, also das Portfolio ihrer Rückkaufvereinbarungen; ihre Derivate; ihre Broker-Dealer-Geschäfte und ihre illiquiden Anlagen wie Immobilien und Beteiligungskapital.

Paulson wusste, dass er selbst nicht viel für Lehman tun konnte. Das Finanzministerium hatte keine Kompetenzen, bei Lehman einzugreifen, es konnte nur den anderen Stellen helfen, eine Insolvenz zu managen. Und das bereitete ihm große Sorgen.

Von der Jackson Lake Lodge hat man einen großartigen Blick über offenes Land auf die weißen Gipfel der Tetons. Für Ben Bernanke jedoch war das Panorama nicht mehr so atemberaubend wie einst. Als er am 22. August 2008 dort entlangging, erinnerte er sich, dass man hier, beim Sommersymposium der Notenbank von Kansas City im Grand Teton National Park, zum ersten Mal auf ihn aufmerksam geworden war. In den kommenden drei Tagen konnte er jedoch nicht viel mehr als Kritik erwarten, kritische Fragen zu seinen Entscheidungen im letzten Jahr und Fragen, welche Rolle die Regierung im Hinblick auf Fannie und Freddie spielen sollte. Im Sommer 1999, als die Hysterie um die Internetaktien in voller Blüte stand, hatten Bernanke und Mark Gertler, Volkswirt an der New York University, in Jackson Hole ein Papier vorgelegt, in dem sie behaupteten, um Blasen dieser Art müsse sich die Zentralbank keine großen Sorgen machen. Sie verwiesen darauf, welche Schritte die Notenbank in den 1920er-Jahren unternommen hatte, um eine Blase am Aktienmarkt zum Platzen zu bringen, die aber nur bei einem Wirtschaftsabschwung Probleme verursachte, und forderten, die Zentralbank solle sich auf ihre Hauptverantwortung beschränken: die Inflation im Zaum zu halten. Steigende Kurse sollten die Notenbank nur dann beschäftigen, wenn sie die Inflation anheizten. »Eine Blase, die ›angestochen‹ wird, kann leicht zu einer Panik werden«, sagten sie bei einer Präsentation, die damals zum großen Gesprächsthema der Konferenz wurde und Alan Greenspan positiv auffiel.[6]

Im letzten Jahr war Jackson Hole für Bernanke eine eher schwierige Erfahrung gewesen. Die Kreditkrise hatte sich im Sommer zugespitzt, und Bernanke und ein enger Kreis von Beratern – Geithner, Warsh, Donald Kohn, der Vizevorsitzende der Notenbank, Bill Dudley, bei der New Yorker Notenbank zuständig für die Märkte, und Brian Madigan, Direktor der Abteilung für geldpolitische Angelegenheiten – saßen in der Jackson Lake Lodge zusammen und zerbrachen sich die Köpfe, wie die Notenbank auf die Kreditkrise reagieren sollte.

Die Gruppe skizzierte eine zweigleisige Strategie, die jemand später »die Bernanke-Doktrin« taufte.[7] Der erste Teil beinhaltete den Einsatz der bekanntesten Waffe im Arsenal der Notenbank: die Zinsen senken. Um der Vertrauenskrise auf den Märkten zu begegnen, wollten die Politiker Unterstützung anbieten, aber nicht auf die Gefahr hin, zukünftigen Leichtsinn zu ermutigen. In seiner Rede auf der Konferenz 2007 hatte Bernanke gesagt: »Es ist nicht die Aufgabe der Notenbank – und es wäre auch nicht richtig –, Kreditgeber und Investoren vor den Folgen ihrer finanziellen Entscheidungen zu schützen.«[8] Doch sein nächster Satz – »Aber die Entwicklungen auf den Finanzmärkten können weitreichende wirtschaftliche Folgen haben, die viele außerhalb der Märkte zu spüren bekommen, und die Notenbank muss diese Folgen mit bedenken, wenn sie ihre Politik festlegt« – ging in die Richtung dessen, was man seit der hastigen, von der Notenbank organisierten, von der Wall Street finanzierten Rettungsaktion für den Hedgefonds Long-Term Capital Management im Jahr 1998 für die Strategie der Zentralbank hielt: Wenn die Folgen so schwerwiegend waren, dass sie das ganze Finanzsystem beeinträchtigten, hatte die Notenbank womöglich weitergehende Verpflichtungen, die auch eine Intervention beinhalten konnten. Eben diese Sichtweise hatte Bernanke dazu bewogen, Bear Stearns zu schützen.

Aber in diesem Jahr stand die Bernanke-Doktrin auf der Konferenz unter Beschuss. Während Bernanke, der erschöpft wirkte, zusammengesunken an dem langen Tisch im holzgetäfelten Konferenzsaal der Lodge saß, kritisierte ein Redner nach dem anderen die Reaktion der Notenbank auf die Finanzkrise als planlos und ineffizient und warf ihr vor, sie fördere »moral hazard«, leichtsinniges Eingehen von Risiken. Nur Alan Blinder, ein ehemaliger Vizevorsitzender der Notenbank und Kommilitone von Bernanke in Princeton, verteidigte die Notenbank. Blinder erzählte folgenden Geschichte:

> Eines Tages bemerkte ein kleiner holländischer Junge auf dem Heimweg eine undichte Stelle in dem Deich, der die Bewohner der angrenzenden Stadt schützte. Er steckte seinen Finger in das Loch. Aber dann fiel ihm ein, was er in der Schule über »moral hazard« gehört hatte ... »Die Firmen, die diesen Deich gebaut haben, haben furchtbar schlechte Arbeit geleistet«, sagte der Junge. »Sie verdienen es nicht, dass wir sie retten, denn wenn wir sie retten, würde das nur zu weiteren Schlampereien am Bau ermutigen. Außerdem, die dummen Leute, die hier leben, hätten ihre Häuser nie in ein Überschwemmungsgebiet bauen dürfen.« Und der Junge setzte seinen Heimweg fort. Aber noch bevor er zu Hause war, brach der Deich, und im Umkreis von vielen Kilometern ertranken alle Menschen – auch der kleine holländische Junge.
> Vielleicht kennen Sie die alternative Version der Geschichte, die die Notenbank erzählt. In dieser netteren, freundlicheren Version steckte der kleine holländische Junge, verzweifelt und besorgt über die Schrecken der Flut, seinen Finger in das Loch und ließ ihn darin, bis Hilfe kam. Es war schmerzhaft, und es gab keine Garantie, dass es helfen würde – und der kleine Junge hätte viel lieber andere Dinge gemacht. Aber er hielt weiter mit seinem Finger das Loch verschlossen. Und alle Menschen, die hinter dem Deich lebten, wurden vor den Folgen ihrer Fehler bewahrt.[9]

Am Vortag hatte Bernanke in seiner Rede vor dem Symposium dafür plädiert, es nicht bei der Strategie »Finger in das Loch im Deich« zu belassen und vom Kongress »eine gesetzliche Regelung für die geordnete Insolvenz von Nichtbanken« zu erwirken.[10]

»Eine stärkere Infrastruktur könnte helfen, systemische Risiken zu reduzieren«, sagte er.

> Das würde auch die Gefahr von »moral hazard« dämpfen und das Problem des »too big to fail« eindämmen, denn es würde die Bandbreite der Umstände reduzieren, unter denen die Märkte aus Sorge um die Systemstabilität staatliche Intervention erwarten könnten.
> Eine gesetzliche Regelung für die geordnete Insolvenz von Nichtbanken würde nicht nur die Unsicherheit verringern, sondern auch »moral hazard« begrenzen, weil die Regierung befugt wäre, insolvente Firmen in geordneter Weise aufzulösen, aber auch die Anteilseigner herauszudrängen und Ansprüche von Gläubigern zu beschneiden ähnlich dem, was passiert, wenn eine Geschäftsbank in Konkurs geht.

Bernanke erwähnte Fannie und Freddie nicht, aber alle in Jackson Hole dachten an sie. Am Freitag stufte Moody's das Rating für die Vorzugsaktien beider Firmen auf unterhalb »investment grade« zurück, mit anderen Worten: *junk*, Ramsch.[11] Die Erwartungen stiegen, dass das Finanzministerium eingreifen und Geld in Fannie und Freddie pumpen müsste.

Jackson Hole war schon seit Langem bei den Reichen sehr beliebt. James Wolfensohn, einst bei der Schroder-Bank und bei Salomon Brothers und später Präsident der Weltbank, war einer der prominenten Einwohner, und während des Symposiums 2008 lud er die Teilnehmer zu einem Abendessen in sein Haus ein. Neben Bernanke verzeichnete die Gästeliste zwei ehemalige Beamte des Finanzministeriums, Larry Summers und Roger Altman, außerdem Austan Goolsbee, einen Wirtschaftsberater von Barack Obama, der kurz vor der Nominierung zum Präsidentschaftskandidaten der Demokraten stand.

An diesem Abend stellte Wolfensohn seinen Gästen zwei Fragen: Würde die Kreditkrise ein Kapitel oder eine Fußnote in den Geschichtsbüchern sein? Als er um den Tisch herumging und Meinungen einholte, stimmten alle überein, dass es wahrscheinlich eine Fußnote sein würde.

Und dann stellte Wolfensohn seine zweite Frage: »Ist es wahrscheinlich, dass wir eine zweite Weltwirtschaftskrise erleben? Oder wird es eher ein verlorenes Jahrzehnt werden wie in Japan?« Die mehrheitliche Antwort lautete, die US-Wirtschaft werde vermutlich einen langen Abschwung ähnlich dem in Japan durchmachen. Doch Bernanke überraschte alle am Tisch mit der Einschätzung, dass weder das eine noch das andere Szenario wahrscheinlich sei. »Wir haben so viel aus der Weltwirtschaftskrise und aus Japan gelernt, dass wir weder das eine noch das andere bekommen werden«, versicherte er.

»Wir haben eine Entscheidung getroffen«, eröffnete Paulson in der letzten Augustwoche seinem Team und seinen Beratern in einem Konferenzraum im Finanzministerium; es ging um Fannie und Freddie. »Sie können nicht überleben. Wir müssen das in Ordnung bringen, wenn wir den Hypothekenmarkt in Ordnung bringen wollen.«

Nach seiner Rückkehr aus Peking hatte Paulson einen Tag lang Präsentationen von Morgan Stanley und anderen gelauscht und dann entschieden, dass sie keine andere Wahl hatten, als zu handeln, zumal die Aktien beider Unternehmen immer weiter fielen. Nach Paulsons Überzeugung war die gesamte Wirtschaft in Gefahr, wenn er das Problem mit Fannie und Freddie nicht löste.

Die Leute von Morgan Stanley hatten die letzten drei Wochen an etwas gearbeitet, das intern »Project Foundation« hieß. Rund 40 Angestellte waren damit befasst und arbeiteten nächtelang und die Wochenenden durch. »Im Gefängnis ist es angenehmer«, beklagte sich Jimmy Page, einer von ihnen. »Dort gibt es wenigstens drei Mahlzeiten am Tag und regelmäßige Besuche des Ehepartners.«

Morgan Stanley überprüfte jeden einzelnen Kreditposten in den Portfolios der beiden Hypothekengiganten; dazu schickten sie

Unmengen von Daten nach Indien, wo rund 1300 Angestellte im Analysezentrum von Morgan alle Zahlen durchgingen – beinahe die Hälfte aller Hypotheken der gesamten Vereinigten Staaten.

Die Banker von Morgan Stanley hatten außerdem eine Reihe von Telefongesprächen mit Investoren geführt, um einen Eindruck von den Erwartungen des Marktes zu bekommen. Dan Simkowitz teilte dem Team des Finanzministeriums das Ergebnis mit: »Der Markt achtet darauf, was die Paulsons denken, John Paulson und Hank Paulson. Sie wollen wissen, was John Paulson für angemessen hält und was Hank Paulson tun wird.« (John Paulson war der erfolgreichste Hedgefondsinvestor der letzten beiden Jahre, er hatte vor allen anderen auf Verluste bei den Subprime-Papieren gewettet[12] und damit 15 Milliarden Dollar für seine Investoren verdient und mehr als 3,7 Milliarden für sich persönlich.)

Die Banker von Morgan Stanley schätzten, die beiden Hypothekenfirmen würden eine Geldspritze von rund 50 Milliarden benötigen, allein um die Anforderungen an ihr Eigenkapital zu erfüllen, das 2,5 Prozent ihrer Bilanzsumme betragen sollte; bei Banken mussten es mindestens 4 Prozent sein. Weil der Immobilienmarkt sich immer weiter verschlechterte, war die dünne Kapitaldecke der GSEs in Gefahr.

Schlimmer noch: Paulson sah Anzeichen, dass China und Russland demnächst keine Schuldtitel von Fannie und Freddie mehr kaufen und sie stattdessen verkaufen könnten. Jamie Dimon hatte ihn eigens angerufen und bestärkt, entschieden zu handeln.

Paulson diskutierte mit der Runde im Finanzministerium, ob es sinnvoll wäre, Fannie und Freddie unter den Schutz von Kapitel 11 der Insolvenzordnung zu stellen, oder ob eine staatliche Zwangsverwaltung die bessere Option wäre; in letzterem Fall würden die Unternehmen weiter an der Börse gehandelt werden, und die Regierung würde als Treuhänder die Kontrolle ausüben.

Ken Wilson hatte Bedenken, das, was Paulson als »feindliche Übernahme« beschrieb, ohne mehr professionelle Unterstützung zu verfolgen. »Hank, es gibt verdammt noch mal keinen Weg, wie wir das machen können ohne die Hilfe einer erstklassigen Anwaltskanzlei«, sagte Wilson.

»Okay«, erwiderte Paulson. »Was sollen wir tun?«

»Ich rufe Ed Herlihy bei Wachtell an und frage ihn, ob er es macht. Die Idee, die Burschen unter Kapitel 11 zu stellen, ist ein Witz. Es sind immer noch Institute im Besitz von Privaten mit Verpflichtungen gegenüber Aktionären und Inhabern von Anleihen. Das wird richtig hässlich.«

Wilson hatte einen guten Grund, Herlihy zu empfehlen: Herlihy war an einigen der größten Übernahmeschlachten in der amerikanischen Wirtschaftsgeschichte beteiligt gewesen. Im selben Jahr hatte er JP Morgan bei der Übernahme von Bear Stearns beraten. Seine Kanzlei – Wachtell, Lipton, Rosen & Katz – war ein Synonym für unternehmerische Kriegführung. Einer ihrer Gründer, Martin Lipton, hatte eine berühmte Antiübernahmestrategie entwickelt, die »Giftpille«. Wenn das Finanzministerium eine feindliche Übernahme unter der Regie der Regierung plante – die erste in der Geschichte –, dann war Herlihy ganz sicher der Anwalt, den sie brauchten.

Am Wochenende des 23. August begannen sie mit ihren Schlachtplänen. Herlihy und ein Team von Anwälten von Wachtell, Lipton kamen mit einem halben Dutzend verschiedener Flüge von Delta und US Airways nach Washington, um nur ja keinen Verdacht zu erregen. Paulson setzte sie ins Bild, unterstützt von Dan Jester, dem schmalen Texaner, der einen Monat zuvor zum Team des Finanzministeriums gestoßen war. Sie hofften, dass die Übernahme von Fannie und Freddie wie eine Megafusion ablaufen könnte: So etwas wurde oft an einem einzigen langen Wochenende ausgehandelt, um zu verhindern, dass etwas an den Aktienmarkt durchsickerte. Am nächsten Wochenende war Labor Day.

Die Anwälte und die Beamten des Finanzministeriums diskutierten mehrere Stunden über taktische Möglichkeiten, relevante Vorschriften und die Strukturen der beiden Unternehmen. Jester und Jeremiah Norton aus dem Finanzministerium entwarfen einen Plan, wie man Kapital in Fannie und Freddie pumpen und durch den Kauf von Vorzugsaktien und Optionen die Kontrolle übernehmen konnte.

Paulson erkannte rasch, dass das zeitliche Ziel, am Labor Day fertig zu sein, nicht zu schaffen war. Einer der Anwälte wies darauf hin, dass der Regulierer von Fannie und Freddie bei der Federal Housing Finance Agency, James Lockhart, im Lauf des Sommers Briefe an beide Unternehmen geschrieben und ihnen darin bescheinigt hatte, dass man ihre Kapitalausstattung für ausreichend hielt. »Sie machen Witze«, erwiderte Paulson, als er von den Briefen hörte. Das Finanzministerium musste sich auf Widerstand von den Unterstützern der GSEs im Kongress und von den GSEs selbst einstellen, wenn die Regierung sich anscheinend selbst widersprach. Sie mussten die Behauptung der Firmen und die Bestätigung des Regulierers, dass die Kapitaldecke ausreichte, infrage stellen.

»Das ist alles nichts Konkretes, und ich würde sagen, es ist Schrottkapital«, ereiferte sich Paulson.

»Wir müssen die Einschätzung verändern«, sagte Jester zu den Briefen der Housing Agency.

»In Ordnung«, stimmte Herlihy zu. »Wir brauchen neue Briefe, und zwar richtig schlechte – oder zumindest korrekte.«

Sie fragten bei der Notenbank an, ob sie Prüfer schicken könne, und die nächsten zwei Wochen wollten sie die Bücher durchgehen in der verzweifelten Hoffnung, Beweise zu finden, dass die Kapitaldecke von Fannie und Freddie nicht ausreichte.

Als das Team des Finanzministeriums zur Beratung zusammenkam, beherrschte ein Thema im Zusammenhang mit der Übernahme die Diskussion: Was wäre, wenn die Verwaltungsräte der beiden Firmen Widerstand leisteten?

»Nun, vertrauen Sie mir«, sagte Paulson. »Sie glauben mir vielleicht nicht, aber ich kenne mich aus mit Verwaltungsräten, sie werden mitmachen. Wenn wir ihnen alles erklären, werden sie einverstanden sein.«

Am Dienstagmorgen, dem 26. August, ging Paulson ins Weiße Haus hinüber. Dort wurde er ins Untergeschoss des Westflügels geführt, in den 450 Quadratmeter großen Situation Room für die Lagebesprechungen. Um 9.30 Uhr wurde Präsident Bush von seiner Ranch in Crawford auf einem der Großbildschirme zu einer Videokonferenz mit Paulson zugeschaltet. Nach ein paar einleitenden Freundlichkeiten legte Paulson seinen Plan dar, so etwas wie eine Finanzinvasion bei Fannie und Freddie durchzuführen. Bush sagte ihm, sie sollten mit den Vorbereitungen fortfahren.

Das Labor-Day-Wochenende rückte näher, und das Team des Finanzministeriums und seine Berater arbeiteten die Details der doppelten Übernahme aus. Sie wussten, dass sie sich beeilen und mit militärischer Präzision vorgehen mussten, außerdem im Geheimen, bevor die GSEs ihre Unterstützer im Kongress mobilisieren konnten. Sie verfassten Papiere, in denen sie genau festhielten, was sie den Unternehmen und ihren Verwaltungsräten sagen wollten. Es musste deutlich werden, dass es keine Kompromisse geben würde und keine Verzögerungen. Intern sprachen die Beamten des Ministeriums darüber, Fannie und Freddie zwei Wahlmöglichkeiten anzubieten: »Erstens, Sie kooperieren. Zweitens, Sie kooperieren nicht, und wir machen es trotzdem.«

Am Donnerstagmorgen, dem 28. August, betraten Bob Willumstad und der Leiter der Strategieabteilung von AIG, Brian Schreiber, die Zentrale von JP Morgan in der Park Avenue. Begleitet von einem Sicherheitsmann, fuhren sie mit dem Privataufzug in das Stockwerk, in dem die Führungsleute ihre Büros hatten, zu einem Termin mit Jamie Dimon.

Nach ein bisschen Smalltalk zur Begrüßung dankte Dimon ihnen, dass sie gekommen waren, und Tim Main, der Leiter der Abteilung Finanzinstitute, begann mit seinen Ausführungen, warum AIG mit JP Morgan arbeiten sollte. Main hob hervor, dass JP Morgan die Nummer eins unter den Emissionshäusern war, und wies darauf hin, dass sie für CIT Group (Commercial Investment Trust) zwei große Aktienemissionen mit einem Volumen von 1 Milliarde Dollar abgewickelt hatten.

»Das ist eine zweifelhafte Referenz«, sagte Willumstad später zu Schreiber, »wenn man bedenkt, dass die Aktien von CIT unter 10 Dollar liegen [im August 2008]; ein Jahr zuvor war der Kurs noch mehr als viermal so hoch.« Doch alles in allem war es ein normales Angebot von Wall-Street-Bankern, wie alle Anwesenden es schon Dutzende oder sogar Hunderte von Malen gehört hatten: Wir sind am besten in der Lage, euch zu helfen, wir haben die klügsten Leute und die meisten Ressourcen, wir verstehen besser als andere, was ihr braucht.

Aber dann schloss Main mit einem gar nicht subtilen Seitenhieb auf AIG und seine jüngsten Erfahrungen mit dem Unternehmen: JP Morgan habe eine Menge anzubieten, aber es sei wichtig, dass ihre Kunden ihre eigenen Probleme und Defizite erkennen würden. Viele im Raum, auch Jamie Dimon, waren vor den Kopf gestoßen.

»Vergessen Sie den unmöglichen Auftritt«, sagte Dimon und schnitt Main das Wort ab. Aber der Schaden war passiert, die AIG-Vertreter waren eindeutig verärgert; Willumstad fand das Verhalten ärgerlich, Schreiber beleidigend. Nach ein paar Minuten hatten sie sich wieder gefasst und führten ihr Gespräch direkt mit Dimon weiter, Main saß reumütig daneben.

»Jamie, eine meiner Befürchtungen ist, dass die Wahrscheinlichkeit steigt, dass wir herabgestuft werden«, erklärte Willumstad. »Die Ratingagenturen haben mir versprochen, bis Ende September zu warten, aber dann kam der Goldman-Bericht heraus, und sie sind nervös geworden.« Er meinte den Bericht von Goldman-Analysten, der Fragen zur Situation von AIG aufwarf.[13] Der Bericht hatte eine solche Wirkung, dass Willumstad bereits einen Anruf von Ken Wilson und Tony Ryan aus dem Finanzministerium bekommen hatte, die sich nach der Situation von AIG erkundigten.

»Vielleicht solltet ihr die Herabstufung einfach akzeptieren. Davon geht die Welt nicht unter«, meinte Dimon.

»Nein, es ist nicht einfach nur die Herabstufung«, beharrte Willumstad. AIG hatte in einer Mitteilung an die Börsenaufsicht ein paar Wochen zuvor bereits gewarnt, eine Herabstufung werde sehr teuer.[14] Wenn entweder Standard & Poor's oder Moody's das Rating um eine Stufe herabsetzten, würde AIG 10,5 Milliarden an zusätzlichen Sicherheiten hinterlegen müssen; wenn *beide* Agenturen ihre Ratings senkten, würde der Schaden bis zu 13,3 Milliarden betragen. Voraussetzung dafür, dass AIG Kreditausfallversicherungen verkaufen durfte, war ein bestimmtes Rating – oder zusätzliche Sicherheiten – als Garantie, dass sie in der Lage wären, alle Forderungen aus den CDS zu begleichen. AIG war mittlerweile mit AA minus geratet und hatte eine Rechnung vor sich, die rasant anwuchs. Die Verantwortlichen schätzten, die Firma könnte in absehbarer Zeit mit Forderungen nach zusätzlichen Sicherheiten von bis zu 18 Milliarden konfrontiert werden.

Nicht ausgesprochen wurde die Tatsache, dass nur der Bankrott blieb, wenn AIG das Geld nicht aufbrachte.

Nach Ansicht Dimons handelte es sich um ein kurzfristiges Liquiditätsproblem. »Ihr habt eine Menge Sicherheiten, das wisst ihr, eine Billionen-Dollar-Bilanz und eine Menge Wertpapiere«, sagte er. Gut, es konnte schlimmer werden, aber im Augenblick war es nur ein vorübergehender Engpass.

»Natürlich«, stimmte Willumstad zu, »aber es ist nicht so einfach. Der größte Teil der Sicherheiten steckt in den regulierten Versicherungsunternehmen.«

Mitte des Jahres hatte AIG 78 Milliarden Dollar mehr Vermögen als Schulden. Aber der Großteil des Vermögens steckte in seinen 71 staatlich regulierten Versicherungstöchtern, die die Mutterfirma nicht einfach verkaufen konnte.[15] Es gibt keine bundesstaatliche Regulierung oder Kontrolle der Versicherungsbranche, aber die einzelstaatlichen Aufseher für das Versicherungswesen haben erhebliche Macht, zu kontrollieren und gegebenenfalls zu untersagen, dass ein Versicherungsunternehmen Vermögenswerte verkauft. Die bundesstaatlichen Aufsichtsämter haben die Verantwortung, die Versicherungsnehmer zu schützen. Es gab also praktisch keine Chance, dass AIG sich durch den Verkauf von Vermögenswerten rasch Geld beschaffen konnte.

Nun endlich begriffen Jamie Dimon und alle anderen im Raum die Dimension des Problems.

Auf dem Weg zur Tür zog Dimon Willumstad beiseite. »Pass auf, ihr habt nicht mehr viel Zeit. Wenn ihr uns nicht wollt, holt euch jemand anderen, aber ihr müsst etwas tun.«

Am nächsten Tag telefonierte Willumstad noch einmal mit Dimon.

»Jamie, das funktioniert nur, wenn auf beiden Seiten die Chemie stimmt. Bei allem Respekt, ich weiß, dass man bei euch große Stücke auf Tim Main hält, aber du hast gesehen, was ich gesehen habe.«

Dimon wusste genau, was als Nächstes kommen würde, und unterbrach Willumstad. »Steve Black wird sich um die Sache kümmern.«

»Gut«, erwiderte Willumstad.

»Pack deinen Koffer und komm her«, sagte Ken Wilson zu Herb Allison, dem ehemaligen hochrangigen Mitarbeiter von Merrill Lynch und der Pensionskasse TIAA-CREF. Er hatte ihn am Donnerstagabend an einem Strand auf den Virgin Islands aufgespürt und in das große Geheimnis eingeweiht: Die Regierung wollte Fannie und Freddie am nächsten Wochenende, dem 6. September, übernehmen.

Es war nicht nur ein freundschaftlicher Anruf; Wilson wollte Allison als CEO für Fannie haben. Wenn sie Fannie übernehmen würden, wollten sie ihre eigene Führung installieren.

»Also, Ken«, erwiderte Allison, »ich würde es gern machen. Als Dienst an der Allgemeinheit bin ich daran interessiert. Ich will euch helfen, drum sag mir, was ich tun soll. Ich habe nichts, was ich einpacken könnte, nur Shorts und Flipflops.« Wilson versprach, dass Kleidung für ihn bereitstehen würde, wenn er in Washington eintraf.

Paulson hatte Anfang der Woche nach einem Besuch bei Richard Syron, dem Chef von Freddie Mac, entschieden, den Übernahmeplan durchzuführen. Syron, den Paulson verabscheute, hatte ihm erzählt, dass er auf der Suche nach potenziellen Investoren zu Goldman Sachs gegangen war, aber die tagelangen Verhandlungen blieben ergebnislos: Niemand wollte nennenswert Geld in das Unternehmen stecken. Paulsons Gespräch mit Dan Mudd, dem CEO von Fannie Mae, den er sympathischer fand, war auch nicht erfreulicher verlaufen.

Und so begann das Finanzministerium am Donnerstagabend, dem 4. September, mit seinem Schlachtplan.

Ganz präzise wurden die Chefs von Fannie und Freddie instruiert, am Freitagnachmittag zu Besprechungen mit Paulson und Bernanke in den Büros der Federal Housing Finance Agency zu erscheinen. Mudds Meeting sollte um 15 Uhr beginnen, Syrons um 16 Uhr. Beide wurden angewiesen, ihren jeweiligen ersten

Direktor mitzubringen, mehr sagte man ihnen nicht. Paulson kalkulierte, dass zu der Zeit, da irgendetwas durchsickern konnte, die Börsen bereits geschlossen wären, und dann blieben ihm 48 Stunden, um seinen Plan auszuführen.

Am Nachmittag hingen dunkle Regenwolken über der Hauptstadt, weil der Tropensturm Hanna nahte. In einem Konferenzraum eine Etage höher setzte sich Bernanke auf die Seite von James Lockhart, Paulson setzte sich auf die andere. Jedes Meeting begann Lockhart damit, dass er den Verantwortlichen von Fannie und Freddie und ihren Anwälten mitteilte, ihre Unternehmen stünden vor potenziell so hohen Verlusten, dass sie nicht mehr arbeiten und ihre Aufgabe erfüllen konnten. Die FHFA als Aufsichtsbehörde – jetzt las er von seinem Paper ab – werde handeln »und nicht zusehen, wie dieses Problem weiterschwelt«.[16]

Die Unternehmen würden unter staatliche Zwangsverwaltung gestellt, erklärte er, sie blieben weiterhin börsennotierte private Unternehmen, aber die Kontrolle werde bei der FHFA liegen. Das leitende Management werde ausgetauscht, einen goldenen Handschlag werde es nicht geben.[17]

»Ich will fair, offen und ehrlich sein«, sagte Paulson. »Wir wünschen uns, dass Sie kooperieren. Wir möchten, dass Sie zustimmen.« Dann aber fügte er hinzu: »Wir haben die Befugnisse, das auch zwangsweise durchzusetzen, und wir werden davon Gebrauch machen, wenn es nötig ist.« Syron kapitulierte rasch, rief seine Verwaltungsräte an und teilte ihnen die schlechten Nachrichten mit.

Mit dem CEO von Fannie, Daniel Mudd, war es nicht so leicht. Er zog sich mit seinen Anwälten in das Washingtoner Büro von Sullivan & Cromwell zurück. Die Anwälte waren wütend, und der normalerweise beherrschte Rodgin Cohen rief Ken Wilson im Finanzministerium an und schrie: »Ken, was geht da vor? Das ist doch Scheiße!«

Als die Verantwortlichen von Fannie Abgeordnete anriefen und um Hilfe baten, stellten sie fest, dass Paulson und das Finanzministerium bereits insgeheim auf sie eingewirkt hatten, um sie von der Klugheit einer Übernahme zu überzeugen. Für die Demokraten war der ausschlaggebende Punkt, dass dieser Schritt erfolgen musste, um das System der Hypothekenfinanzierung funktionsfähig zu erhalten, während für die Republikaner das systemische Risiko durch Fannie und Freddie im Vordergrund stand.

Fannies Rechtsanwälte bestellten alle Mitglieder des Verwaltungsrats für den nächsten Tag zu einem Treffen mit der FHFA nach Washington. Das Finanzministerium hatte klargemacht, dass nur die Verwaltungsräte erwünscht waren – Fannie konnte ihre Berater von Goldman Sachs nicht mitbringen.

Am Samstagmittag erschienen die Anwälte – Beth Wilkinson, Rodgin Cohen und Robert Joffe von Cravath, Swaine & Moore –, die Fannies Verwaltungsrat berieten, mit allen 13 Mitgliedern und drängten sich in demselben kleinen Konferenzraum in der FHFA, in dem am Tag zuvor das Finanzministerium seine Bedingungen mitgeteilt hatte: Es werde von beiden Firmen jeweils neue Vorzugsaktien im Wert von 1 Milliarde Dollar erwerben, womit es jeweils 79,9 Prozent der Aktien besitzen würde. Die Regierung werde bis zu 200 Milliarden Dollar in beide Unternehmen pumpen, falls es nötig sein sollte. Diese Bedingungen waren nicht verhandelbar.

Das Meeting endete schnell, und die Verwaltungsräte von Fannie zogen sich zur Beratung zurück. Spät an diesem Samstagabend stimmte der Verwaltungsrat von Fannie Mae schließlich dafür, sein Einverständnis zu geben. Paulson wurde um halb elf in der Nacht von einem Anruf des demokratischen Präsidentschaftskandidaten Barack Obama geweckt. Bei einer Wahlkundgebung in Indiana hatte Obama an diesem Tag über die Lage bei Fannie und Freddie gesagt: »Alles, was wir unternehmen, darf sich nicht nach den Launen von Lobbyisten und Einzelinteressen richten, die sich um ihre Bonuszahlungen und Stundensätze Sorgen machen, sondern danach, ob es unsere Wirtschaft stärkt und in Schwierigkeiten geratenen Hausbesitzern hilft.«[18] Obama und Paulson sprachen fast eine Stunde miteinander.

Nach der Bekanntgabe der Übernahmepläne am Sonntag war die Erleichterung der Mitarbeiter des Finanzministeriums, die über Wochen an dem Projekt gearbeitet hatten, fast mit Händen zu greifen. Sie hatten etwas geschafft, das ihrer Überzeugung nach ein großer Schritt in Richtung Stabilisierung des Finanzsystems war.

Die Märkte würden sich beruhigen, nachdem eine große Quelle der Unsicherheit beseitigt war. Sie hatten einen Volltreffer gelandet.

Paulson trieb aber immer noch eine große Sorge um: Lehman Brothers.

Ken Wilson, der zum ersten Mal, seit er für Paulson arbeitete, einen freien Nachmittag hatte, verließ das Finanzministerium und ging zu Fuß zu seiner Wohnung und dann in ein Pub in Georgetown, wo er zu Abend aß und dabei ein Footballspiel anschaute. Als er am Abend seinen Anrufbeantworter abhörte, fand er mehrere Nachrichten von Dick Fuld vor.

Er rief Fuld zurück, und der sagte ihm, wie begeistert er über die Nachrichten zu Fannie und Freddie sei und dass er hoffe, nun würden sich die Märkte beruhigen. Aber er war auch verzweifelt, weil er immer noch nichts Greifbares hatte. Die Gespräche mit den Koreanern waren festgefahren. Die Bank of America meldete sich nicht. Fuld sagte, Lehman Brothers plane jetzt eine »good bank bad bank«-Strategie, also die Ausgliederung der toxischen Immobilienanlagen in eine separate Firma. Stephen Schwarzman, Mitbegründer der Blackstone Group und ein ehemaliger Lehman-Banker, hatte kurz zuvor eine offene Unterredung mit Fuld geführt: »Dick, das hier ist wie Krebs. Sie müssen das schlechte Zeug rausschneiden. Sie müssen wieder zur alten Firma zurückkehren.«

Wilson befürchtete, dass der Ausgliederungsplan nicht reichen würde, und sagte Fuld: »Sie müssen ernsthaft darüber nachdenken, was das Beste für die Firma ist.« Damit versuchte er Fuld die Idee nahezubringen, die Firma zu verkaufen, ohne dass er das Wort Verkauf aussprach.

»Was meinen Sie?«, fragte Fuld.

»Wenn Ihr Aktienkurs weiter absackt, könnte etwas aus dem Busch kommen mit einem Preis, der nicht so überzeugend aussieht. Aber Sie müssen vielleicht einschlagen, um die Struktur zu erhalten.«

»Was meinen Sie mit einem niedrigen Preis?«

»Er könnte im unteren einstelligen Bereich liegen.«

»Auf gar keinen Fall«, protestierte Fuld erregt. »Bear Stearns hat 10 Dollar pro Aktie bekommen, und ich werde diese Firma auf gar keinen Fall für weniger verkaufen!«

Kapitel zwölf

Die Nachricht tauchte erstmals am späten Montagabend in den Laufzeilen auf, und um zwei Uhr in der Nacht kam sie auf allen Kanälen: Die Korea Development Bank wollte Lehman nicht mehr kaufen. Die alarmierende Schlagzeile bei Reuters lautete: »Koreanischer Rettungsring ist weg. Alle blicken gespannt auf Lehman.«[1]

Jun Kwang-woo, der Vorsitzende der koreanischen Finanzdienstleistungskommission, hatte vor Reportern in Seoul ein kurzes Statement abgegeben, aber nur mitgeteilt, dass die den Sommer über mit Lehman geführten Gespräche beendet seien.[2] »In Anbetracht der Situation auf den Finanzmärkten im In- und Ausland sollte die KDB zu diesem Zeitpunkt sehr vorsichtig an einen Kauf von Lehman herangehen.«

Am Dienstagmorgen saß Dick Fuld allein in seinem Büro und starrte, von unbezähmbarer Wut erfüllt, auf seine Computerbildschirme. Für ihn waren die Gespräche mit den Koreanern schon lange zu Ende. Die KDB war kurz mit einem Angebot von 6,40 Dollar pro Aktie zurückgekehrt, aber Fuld glaubte nicht, dass sie es ernst meinten. In der Öffentlichkeit aber, in der Gerüchte über einen möglichen Deal kursierten, würde die Nachricht, dass die Gespräche gescheitert waren, wie ein Schock wirken. Die Lehman-Aktien fielen praktisch von Börseneröffnung an ungebremst.[3]

Der Zeitpunkt der Nachricht war für Fuld besonders unangenehm, weil Lehman gerade seine alljährliche, hochkarätig besetzte Konferenz im Hilton Hotel im Bürozentrum von Manhattan abhielt, zwei Blocks von der Firmenzentrale entfernt.[4] Ein Übertragungswagen von CNBC parkte direkt vor dem Hotel, um über den zweiten Tag zu berichten: Am Vormittag sollten Bob Steel, inzwischen bei Wachovia, und Larry Fink von BlackRock sprechen. Am Tag zuvor hatte Bob Diamond von Barclays Capital einen Vortrag gehalten.

Bart McDade kam kurz nach Börseneröffnung in Fulds Büro, aber bevor er etwas sagen konnte, deutete Fuld auf den Fernsehschirm und schrie: »Da haben wir es wieder! Wahrnehmung übertrumpft Realität.«[5] McDade wandte seine Aufmerksamkeit dem Bildschirm zu.

CNBS warnte: »Die Zeit für Lehman läuft ab.«[6] David Faber, der erfahrene Reporter des Senders, beschäftigte sich mit dem Thema und kommentierte: »Sie müssen von jetzt bis nächsten Freitag [sic], wenn sie ihre Quartalszahlen bekannt geben, eine Menge tun.« Und dann fügte er noch fast prophetisch hinzu: »Können sie tatsächlich die Verluste mitteilen, die für Freitag [sic] erwartet werden, und sagen, wir prüfen weiter alternative Strategien? Vielleicht können sie es, und vielleicht werden sie es tun. Aber es sind ohne Zweifel eine Menge Fragen offen.«

Zufällig war McDade genau aus dem Grund zu Fuld gekommen, um mit ihm über das Thema zu sprechen, das Faber angeschnitten hatte. McDade sagte Fuld, er halte es für sinnvoll, die Zahlen schon vor dem angekündigten Termin am Donnerstag bekannt zu geben, vielleicht schon am nächsten Tag. »Wir müssen Ruhe hineinbringen«, sagte er.

Fuld nickte. »Wir müssen schnell handeln, damit dieser finanzielle Tsunami uns nicht überrollt.«[7]

McDades Vorschlag an Fuld war zumindest teilweise Theater, denn an diesem Punkt war es nur noch eine höfliche Geste, dass er Fuld um Erlaubnis fragte. McDade hatte Lehmans Finanzchef Ian Lowitt bereits angewiesen, die Zahlen parat zu halten. Er dachte auch daran, gleichzeitig mit den Quartalszahlen den »SpinCo«-Plan zu verkünden: die Ausgliederung der toxischen Anlagen in eine »bad bank«.

McDade brauchte Fulds Segen für die Bekanntgabe der Zahlen nicht – er und seine Leute hatten Fuld praktisch kaltgestellt –, aber er brauchte Fulds Kooperation als Leiter der Telefonkonferenz. Fuld war nun einmal das öffentliche Gesicht der Firma, und seine Anwesenheit würde ein entscheidender Faktor bei der Beruhigung der Märkte sein.

Angesichts der schwierigen Situation machte sich McDade allerdings Sorgen um Fulds psychische Verfassung. »Ich weiß nicht, ob er es schafft. Er steht unter enormem Stress«, sagte McDade zu Gelband, bevor er zu Fuld ging. Doch im Hinblick auf die öffentliche Wirkung hatten sie wenig Alternativen, und McDade wusste, dass Fuld die Telefonkonferenz leiten wollte. Fuld würde es nicht anders haben wollen.

Hank Paulson wirkte mutlos, als er am Dienstagmorgen den großen Konferenzraum des Finanzministeriums direkt gegenüber von seinem Büro betrat, im Schlepptau seine Berater: Tony Ryan, Jeremiah Norton, Jim Wilkinson, Jeb Mason und Bob Hoyt. Ihr Treffen mit Jamie Dimon und der Führung von JP Morgan Chase um zehn Uhr[8] war bereits Wochen zuvor vereinbart worden als Teil einer ganzen Serie von Besprechungen, die JP Morgan angesetzt hatte, um bessere Beziehungen zur Regierung herzustellen. Diese Strategie hatte Rick Lazio ausgearbeitet, ein ehemaliger republikanischer Abgeordneter aus New York, den Jamie Dimon als Vizepräsident für Politik und Beziehungen zur Regierung eingestellt hatte. Intern hießen die Reisen der Führungsleute (»operating committee«) nach Washington scherzhaft »OC/DC«. Dimon wusste, dass es nun, da das Finanzsystem auf der Kippe stand, Rufe nach mehr staatlicher Kontrolle der Wall Street geben würde, und er wollte sicher sein, dass er im Voraus alle wichtigen Hände geschüttelt hatte.

»Danke, dass Sie gekommen sind«, sagte Paulson etwas verlegen, als er die Besprechung eröffnete. Er machte sich immer noch Sorgen wegen der Reaktionen auf die Übernahme von Fannie und Freddie gerade einmal 48 Stunden zuvor. Er glaubte, dass er genau das Richtige getan hatte, um die Sache zu regeln, aber die Investoren sahen das anscheinend anders. Die Märkte hatten sich nicht wie erwartet stabilisiert, sondern standen offenbar am Rand eines neuerlichen Absturzes.

Mit am unerfreulichsten war die Reaktion aus dem Kongress. Paulson ärgerte sich besonders über Senator Dodd, den er persönlich am Sonntag unterrichtet hatte, kurz nach Bekanntgabe der Entscheidung. Dodd, so glaubte Paulson, hatte stillschweigend Unterstützung signalisiert, aber am nächsten Tag hatte Dodd sich öffentlich über ihn lustig gemacht, hatte gestichelt, dass sein Ersuchen um befristete Befugnisse – die Paulson, wie er klarstellte, nicht zu nutzen gedachte – nur ein gigantischer Trick sei. »Er wollte die Bazooka haben, aber er will sie nicht einsetzen«, bemerkte Dodd am Montag voller Ironie gegenüber Reportern.[9]

»Wir haben ihm natürlich abgenommen, dass das alles nötig war«, sagte Dodd weiter. »Wenn Sie mich einmal reinlegen, ist es Ihr Fehler. Wenn Sie mich zweimal reinlegen, ist es mein Fehler.« Und dann stellte Dodd laut die Frage, die in Washington bisher nur leise gestellt worden war: »Wird das die gewünschten Ergebnisse bringen, oder werden noch andere Schritte erwogen?«

Senator Jim Bunning, der den ganzen Sommer über mit Paulson gestritten hatte und so weit gegangen war, ihn als Sozialisten zu bezeichnen, äußerte sich noch schärfer: »Minister Paulson wusste mehr, als er uns bei seinem Auftritt vor dem Bankenausschuss gesagt hat. Er wusste, dass Fannie und Freddie unrettbar beschädigt waren. Er wusste die ganze Zeit, dass er diese Befugnis würde nutzen müssen, egal, was er dem Kongress und dem amerikanischen Volk erzählt hat.«[10]

Paulson hatte für das Treffen mit JP Morgan weniger als eine Stunde angesetzt, obwohl er wusste, wie wichtig es für Dimon war. »Ich versuche, die Kommunikation zwischen der Wall Street und dem Kapitol zu verbessern«, sagte er zu den Bankern. An der Spitze von Goldman habe er nicht »erkannt, wie wichtig es ist, den richtigen Draht nach Washington zu haben«.

Und er fuhr fort: »Hier Dinge auf den Weg zu bringen ist nicht so einfach, wie es aussieht.« Seine Zuhörer lachten über die Anspielung auf die Verstaatlichung von Fannie und Freddie.

Paulson fragte Dimon, was er von dem Schritt halte. Dimon, der die Lösung mit der staatlichen Zwangsverwaltung befürwortet hatte, antwortete zustimmend, aber diplomatisch: »Es war das Richtige. Wir haben gesehen, wie sich das Problem im Lauf des Wochenendes zugespitzt hat.« Es sei offensichtlich geworden, dass sich Fannie und Freddie am Montag kein Geld mehr hätten beschaffen können. Taktvoll ließ Dimon unerwähnt, dass der Aktienmarkt sich nach dem Schritt anscheinend nicht beruhigte.

»Wenn das Ihre Meinung ist, sagen Sie es laut«, sagte Paulson zum Abschied. »Ich könnte die Hilfe gebrauchen. Niemand hier will meine Einschätzungen hören.«

Nach dieser einzigartigen Bitte des Ministers um Hilfe teilten sich die Topverantwortlichen von JP Morgan in kleinere Gruppen auf, um ihren staatlichen Aufsehern mehrere obligatorische Höflichkeitsbesuche abzustatten. Charlie Scharf, Leiter der Abteilung Privatkundengeschäft, und Michael Cavanagh, der neue Finanzchef, gingen zu Sheila Bair, der Chefin der Einlagensicherung; Steve Black besuchte James Lockhart, und später am Tag stand für mehrere Angehörige von JP Morgan noch eine Unterredung mit Barney Frank auf dem Programm.

Der wichtigste Besuch von allen aber war der von Jamie Dimon bei Notenbankchef Ben Bernanke. Dimon nahm Barry Zubrow mit, den Leiter der Abteilung Risikomanagement. Zubrow war noch nicht lange bei JP Morgan, aber schon einer der wichtigsten Mitarbeiter. Er hatte zuvor über 25 Jahre bei Goldman Sachs gearbeitet und war ein enger Freund von Jon Corzine, dem geschassten Chef von Goldman, inzwischen Gouverneur von New Jersey. Wenn jemand bei JP Morgan die Risiken im Markt so gut kannte wie Dimon, dann war es Zubrow.

Als Dimon und Zubrow das Eccles Building der Notenbank an der Constitution Avenue betraten, warf Zubrow, bevor er durch die Sicherheitsschleuse ging, einen kurzen Blick auf seinen BlackBerry. Was er sah, alarmierte ihn: Die Lehman-Aktie war um 38 Prozent eingebrochen und dümpelte bei 8,50 Dollar.

Im Finanzministerium war Dan Jester, Paulsons persönlicher Mitarbeiter, gerade in sein Büro zurückgekehrt, als seine Sekretärin eine überraschende Mitteilung hatte: David Viniar, der Finanzchef von Goldman Sachs, war am Telefon.

Ein Anruf von Goldman war für Jester immer unangenehm, weil er dort gearbeitet hatte. Anders als Paulson hatte man ihn nicht aufgefordert, seine Goldman-Aktien zu verkaufen, als er den Posten in Washington angetreten hatte.[11] Und ebenfalls anders als Paulson, der vor der Amtsübernahme den üblichen Spießrutenlauf im Kongress hatte absolvieren müssen, brauchte Jester als persönlicher Mitarbeiter keine offizielle Bestätigung. Viniar war zwar ein langjähriger Freund und Kollege aus ihrer gemeinsamen Zeit bei Goldman, aber er wollte sicher etwas Geschäftliches besprechen. Angesichts der Turbulenzen an den Märkten war es nicht die Zeit für Smalltalk. Jester zögerte kurz, bevor er zum Telefon griff, und Viniar kam nach einer kurzen Begrüßung gleich zum Punkt.

»Können wir bei Lehman helfen?«

Die Frage war zwar vorsichtig formuliert, aber der Zeitpunkt, den Viniar gewählt hatte, war überraschend: Jester hatte soeben von Geithner erfahren, dass Lehman wahrscheinlich vorzeitig am Mittwoch einen Verlust in Höhe von 3,9 Milliarden Dollar mitteilen werde.[12] Fuld hatte die Regierung privat vorab informiert – und kaum eine Stunde später meldete sich auf einmal Goldman.

Jester war darauf bedacht, nur ja keine Regel zu verletzen, und schlich vorsichtig um das Thema herum. Aber er erfuhr genug, um einschätzen zu können, dass Viniar sein Hilfsangebot ernst meinte. Viniar sagte, Goldman sei interessiert, einige von Lehmans giftigsten Anlagen zu erwerben; natürlich sei klar, dass sie billig sein müssten. Viniar fragte, ob das Finanzministerium einen Kontakt herstellen könnte.

Gleich nach dem Telefongespräch informierte Jester Robert Hoyt davon, den Justiziar des Ministeriums. In Anbetracht all der Verschwörungstheorien, die über Goldman und die Regierung im Umlauf waren, konnte jedes Gerücht über den Anruf explosiv sein; er musste sich schützen.

Und nun war es an der Zeit, Paulson zu informieren.

Im Lehman-Tower lief Alex Kirk den Flur hinunter zum Büro von McDade. »Da geht etwas Seltsames vor«, sagte er atemlos. »Ich habe gerade mit Pete Briger telefoniert.«

Briger, der Präsident von Fortress Partners, einem gigantischen Hedgefonds und Beteiligungsunternehmen, war in der Gerüchteküche gut vernetzt, ein Relikt aus seiner Zeit als Partner bei Goldman Sachs. Er sei, so Kirk, mit einem merkwürdigen Vorschlag gekommen.

»Ich weiß, dass Sie Bart und Lehman Brothers gegenüber wirklich loyal sind, sonst hätte ich diesen Anruf nicht gemacht«, hatte Briger begonnen. »Aber falls Sie an diesem Wochenende von einem anderen Finanzinstitut übernommen werden und nicht sicher sind, ob Sie für dieses Finanzinstitut arbeiten wollen, dann würde ich mir wünschen, dass Sie sich bei mir melden.«

Kirk war total überrascht und schaffte es gerade zu erwidern: »Ich fühle mich geschmeichelt.« Unterdessen rasten seine Gedanken. »Ich hoffe, dass das nicht passieren wird. Ich wusste gar nicht, dass Sie mich mögen.«

»Ich habe kürzlich mit Wes über Sie gesprochen«, fuhr Briger fort; Wesley R. Edens war der Chef von Fortress. »Und ich sagte ihm – wissen Sie, nicht dass ich Sie nicht mag, aber ich sagte ihm: ›Wes, ich hätte als Partner lieber richtig kluge, wirklich kluge Mistkerle als solche, die ich mag.‹«[13]

Kirk lachte, als er McDade das erzählte, und wiederholte die Pointe gleich zweimal.

Aber nicht Brigers zweideutiges Kompliment war das Seltsame an dem Telefonat, sondern der Zeitpunkt, das konnte kein Zufall sein. Kirk war sicher, dass irgendwo etwas durchgesickert war. »Warum zum Teufel ruft er mich gerade jetzt an?«, fragte Kirk und fuchtelte mit den Händen herum. Lehman führte keine Fusionsgespräche, jedenfalls noch nicht.

McDade schaute ihn an, sagte aber nichts, und Kirk beantwortete seine Frage selbst: »Ich bin sicher, sie wissen etwas, was wir nicht wissen.«

Jamie Dimon und Barry Zubrow saßen im Vorzimmer der Notenbank und warteten auf Notenbankchef Bernanke und seine Leute. Ihre Besprechung war von 11.15 Uhr bis 11.45 Uhr angesetzt – was bedeutete, dass die beiden Vertreter von JP Morgan schnell sprechen mussten, wenn sie dem Hüter des Tempels in der halben Stunde alles erzählen wollten, was sie sich vorgenommen hatten.

Endlich kam Bernanke und setzte sich. Auch er war soeben privat darüber unterrichtet worden, dass Lehman möglicherweise vorzeitig am nächsten Tag einen gewaltigen Verlust verkündete, hatte aber beschlossen, bei dem Treffen mit den Verantwortlichen von JP Morgan nichts davon verlauten zu lassen.

Dimon informierte Bernanke, dass sie direkt von einem Besuch bei Paulson im Finanzministerium kämen, woraufhin die

Runde über die Kritik sprach, die Paulson im Zusammenhang mit der Übernahme von Fannie Mae und Freddie Mac einstecken musste. »Die negativen Schlagzeilen setzen ihm wirklich zu«, bestätigte Bernanke; er hatte am Tag zuvor mit Paulson gesprochen und hatte sich eine Menge über die Berichterstattung in der Presse anhören müssen.

Dann begann Dimon mit seinen halb ausformulierten Ausführungen, dabei blickte er immer wieder auf einen Zettel, auf dem er sich während der Autofahrt Notizen gemacht hatte.

»Da draußen ist das Vertrauen sehr eingebrochen«, sagte er. »Wir hören es von unseren Klienten, unseren Kunden, wir sehen es an unserem Prime-Brokerage.« Er wies darauf hin, dass die Turbulenzen trotz allem, vorübergehend und auf perverse Weise, den Geschäften von JP Morgan halfen – die Kunden betrachteten das Unternehmen als eines der solidesten Finanzhäuser und vertrauten ihm –, aber für alle anderen seien sie schlecht, und langfristig würden sie auch JP Morgan schaden.

Das war für Bernanke natürlich nichts Neues; er nickte höflich in seiner besten professoralen Attitüde.

Dann sagte Dimon dem Notenbankchef – mit Verspätung war inzwischen noch Kevin Warsh, ein Notenbankgouverneur, dazugekommen –, dass er sich besonders wegen Lehman Brothers Sorgen mache. Er lobte die Entscheidung, Fannie und Freddie zu verstaatlichen, wies aber darauf hin, dass das nicht gereicht hatte, um die Märkte zu beruhigen. »Es herrscht Verwirrung, welche Rolle die Regierung weiter spielen wird.« Eine Antwort auf die Frage suchte er in den Gesichtern der Anwesenden: Würde die Notenbank weitere Rettungsaktionen unterstützen?

Bernanke war nicht bereit, seine Karten offenzulegen, und sagte nur: »Wir bereiten Verschiedenes vor. Wir wollen einfach die Kontrolle behalten.«

Bei Lehman schien die Luft im 31. Stock immer dicker zu werden, je näher der Tag der Quartalszahlen rückte. Auf manche Kollegen machte Fuld den Eindruck, als falle ihm das Atmen schwer. Das ganze Wochenende hatte er diskutiert, ob es empfehlenswert sei, bei der Bank of America anzurufen, und Ken Wilson vom Finanzministerium hatte ihn am Morgen mindestens dreimal angerufen und in der Sache Druck gemacht. »Sie müssen anrufen«, drängte Wilson. Wilson kannte die Bank of America gut, bei Goldman war er über zehn Jahre für sie zuständig gewesen. »Es würde strategisch gut passen«, sagte er. Allerdings hatte er Fuld nicht erzählt, dass er bereits Greg Curl von der Bank of America bearbeitet hatte, den Anruf vorzubereiten. In einem früheren Gespräch hatte Wilson Fuld informiert, dass das Geschäft nur zustande kommen könne, wenn er bereit sei, den Preis von der Verhandlungsagenda zu nehmen. Das war eine indirekte Warnung an Fuld, dass er nicht viel Verhandlungsspielraum hatte – und auch nicht viel Zeit.

Rodgin Cohen hatte Rückenprobleme und arbeitete deshalb im Stehen an seinem Computer im 13. Stock des Gebäudes von Sullivan & Cromwell hoch oben über dem New York Harbor, als das Telefon klingelte. Dick Fuld war am Apparat, er gab ihm Anweisungen für den Anruf bei Greg Curl von der Bank of America. Cohen machte sich Notizen, während Fuld sprach; es stand zu viel auf dem Spiel, da konnte er eine Präsentation nicht einfach aus dem Ärmel schütteln.

»Ich habe alles notiert. Ich rufe Sie zurück, wenn ich mit ihm gesprochen habe.«

Cohen ging seine Notizen noch einmal durch und rief dann Curl an. »Schauen Sie«, begann er, »die Welt hat sich weitergedreht. Wir würden gern die Gespräche noch einmal neu aufnehmen.«

»O…kay«, erwiderte Curl zögernd. Es war klar, dass er sich zwar anhören wollte, was Cohen im Namen seines Klienten vorzubringen hatte, aber auf der Hut bleiben würde.

»Wir haben zwei Prioritäten«, erklärte Cohen. »Einmal die Marke Lehman und den Ruf des Unternehmens zu erhalten, und dann zum Wohl der Mitarbeiter zu handeln.«

Er machte eine Pause, während er noch einmal den nächsten Satz seiner Notizen las.

»Wie Sie merken, geht es nicht in erster Linie um den Preis. Aber es gibt natürlich einen Preis, zu dem wir das Geschäft nicht machen.«

»Wir könnten interessiert sein«, antwortete Curl vorsichtig. »Ich werde mit dem Boss sprechen und melde mich dann wieder.«

»Greg, wir müssen schnell eine Lösung finden.«

»Verstanden.«

Dimon und Zubrow stiegen vor Pennsylvania Avenue 601 aus ihrem schwarzen Town Car. In dem sechsstöckigen Kalksteingebäude nordwestlich des Weißen Hauses befindet sich die Washingtoner Zentrale von JP Morgan. Dort arbeiten all jene Leute, die mit Regierungskontakten befasst sind, und so war ein ständiger Strom von Lobbyisten in Gucci-Kleidung ein vertrauter Anblick.

Um die Zeit, als Dimon und Zubow eintrafen, hatten die meisten Vertreter von JP Morgan ihre morgendlichen Besprechungen hinter sich und aßen in einem Konferenzraum im zweiten Stock zu Mittag. Sandwichs und Softdrinks wurden herumgereicht, während Cavanagh noch einmal erzählte, wie sein Gespräch mit Sheila Bair gelaufen war, und Black die Runde mit Anekdoten über sein Treffen mit James Lockhart unterhielt.

Als sich das Gespräch unvermeidlich Lehman und ihrem fallenden Aktienkurs zuwandte, berichtete Dimon von ihrer Diskussion mit Bernanke. »Ich denke, er hat es verstanden«, sagte Dimon, aber als jemand fragte, ob die Notenbank bereit wäre, Lehman mit einem finanziellen Rettungspaket zu helfen, war Dimons Antwort eindeutig: »Das machen sie nicht.«

Black war schon lange pessimistisch im Hinblick auf Lehman. Bei einer internen Besprechung der Führung von JP Morgan im Januar 2007 hatte er vorhergesagt: »Letzten Endes wird Dick Fuld die Firma verkaufen, wenn er verkaufen muss, statt zu verkaufen, wenn er verkaufen sollte.« Jetzt erinnerte er die Gruppe an seine damalige Prophezeiung: »Ich habe euch gesagt, dass die bald im Arsch sind!«

Die Stimmung trübte sich, als alle realisierten, was Turbulenzen dieser Größenordnung für sie bedeuten würden. Wenn Lehman unterging – und die Regierung nicht eingriff –, musste JP Morgan mit gewaltigen Verlusten rechnen. Zubrow informierte die Anwesenden, dass John Hogan, der Risikomanager der Investmentbank von JP Morgan, in der Woche zuvor und dann noch einmal am Wochenende zusätzliche Sicherheiten im Wert von 5 Milliarden von Lehman verlangt hatte, aber sie hatten noch nicht reagiert. Zubrow sollte außerdem mit Lehmans Finanzchef Ian Lowitt sprechen und ihn in Kenntnis setzen, dass JP Morgan sich Sorgen wegen Lehman machte.

Black schlug vor, Fuld anzurufen und zu bitten, dass er die Sicherheiten sofort stellte. Weiter fand es die Gruppe genauso wichtig, die Vereinbarung über die Sicherheiten zu erweitern, sodass sie sogar noch mehr Geld verlangen konnten, falls Lehman ins Straucheln geraten sollte.

Alle stimmten überein, dass dies der beste Weg war. Black und Zubrow erhoben sich langsam und gingen hinaus. An ihren Gesichtern war abzulesen, dass es keine angenehme Unterhaltung werden würde.

Black wählte Fulds Nummer, und als Fuld sich meldete, kam er gleich zum Punkt: »Sie wissen, wir haben 6 bis 10 Milliarden Intraday-Außenstände bei Ihnen, und wir haben nicht genug Sicherheiten.« Er erinnerte Fuld daran, dass JP Morgan in der Woche zuvor zusätzliche 5 Milliarden verlangt hatte.

»Wir wissen, dass es für Sie im Moment ziemlich hart ist«, fuhr Black fort. »Deshalb sollten wir gemeinsam überlegen, wie wir unser Problem lösen können, ohne dass es ein großes Problem für Sie wird.« Black wusste genau, dass er viel zu großzügig war; er hätte auch einfach sagen können: *Wenn wir die Sicherheiten nicht bekommen, machen wir Sie morgen zu, wir haben jedes Recht dazu.*

Zunächst schien es, als habe Fuld die versteckte Drohung verstanden. »Ich rufe meine Leute zusammen, und dann schauen wir uns die Sache an«, sagte er resigniert. Fuld schaltete Lowitt in das Telefongespräch mit ein und erklärte ihm die Situation. Die vier Männer diskutierten verschiedene Optionen, wie Lehman die zusätzlichen Sicherheitsleistungen beibringen könnte. Vielleicht konnte Lehman seine gesamten Cash-Bestände auf einem Konto bei JP Morgan hinterlegen, sodass sie nicht auf das Kapital der Firma angerechnet würden?

Fuld versuchte, das Gespräch zu drehen und seinerseits Black zu fragen, ob JP Morgan Lehman Geld zur Verfügung stellen würde, etwa in Form einer Anleihe, die in Lehman-Aktien gewandelt werden könnte. Schließlich hatte Dimon ihm mehrfach gesagt, er solle anrufen, wenn er etwas brauche.

»Wir sind bereit, die Zahlen morgen vorab bekannt zu geben«, sagte Fuld zu Black. »Vielleicht müssen wir noch einen Tag warten, wenn Sie meinen, Jamie könnte eine Umwandlung in Erwägung ziehen und einen Teil von uns kaufen.«

Für die Banker von JP Morgan war das ein lächerlicher Vorschlag, als würde jemand den Repomann fragen, ob er ein bisschen Kleingeld übrig habe.

Black schaute Zubrow an, und der Blick hieß: *Fuld hat verloren.* Dann sagte er vorsichtig: »Ich habe jetzt so ganz spontan keine Idee, keinen brillanten Einfall, aber wenn Sie mir sagen, dass Sie an dem Punkt sind, wo Sie erwägen … dass Sie an dem Punkt sind, wo es wirklich schwierig wird, dann müssen wir hier noch einmal reden, und dann melden wir uns wieder und sehen, ob wir etwas tun können.«

Fünf Minuten später war Black nach einem schnellen, nüchternen Austausch mit seinen Kollegen wieder am Telefon.

»Dick, also, hier kann niemand … wir hier können nichts tun, und, ehrlich gesagt, auch alle anderen werden nur tun, was in ihrem eigenen Interesse ist. Es tut mir leid, dass ich das sagen muss, aber ich schlage vor, rufen Sie die Notenbank an, versuchen Sie, ob Sie so etwas wie bei Long-Term Capital zustande bringen, und machen Sie reinen Tisch.«

Am anderen Ende der Leitung herrschte Schweigen, dann sagte Fuld eisig: »Das wäre furchtbar für unsere Aktionäre.«

Black konnte ein Auflachen kaum unterdrücken. »Für Ihre Aktionäre interessiert sich kein Mensch!«

Fuld schluckte seinen Frust hinunter und versuchte, Black doch noch auf seine Seite zu ziehen. »Ich habe gerade mit Vikram gesprochen«, teilte er mit. »Citi schickt ein paar Leute rüber, die sich mit unseren Kapitalmarktexperten und ein paar von unserem Managementteam beraten, und dann schauen wir, ob es eine Kapitalmarktlösung gibt, die wir zugleich mit unseren Quartalszahlen bekannt geben können.«

Citi? Machte Fuld Witze? »Okay«, sagte Black vorsichtig. »Wir können auch ein paar Leute schicken.«

Black rief sofort Doug Braunstein an, den Leiter des Investmentbanking von JP Morgan. Er erklärte die Situation und sagte: »Ich möchte, dass Sie und John [Hogan] hingehen. Ich habe keine Vorstellung, was sie wollen. Die Tatsache, dass Citi offenbar eine Vorstellung hat, bedeutet wahrscheinlich, dass es nicht funktioniert.« Black lachte. »Aber schauen Sie sich an, was da los ist und worüber sie reden.«

Hank Paulson blickte unverwandt auf den Bloomberg-Bildschirm und beobachtete, wie die Lehman-Aktie fiel. Es war 14.05 Uhr, und die Aktie war um 36 Prozent abgesackt, auf 9 Dollar, den niedrigsten Stand seit 1998.

Paulson hatte gerade mit Fuld telefoniert, der ihn angerufen hatte, um ihn über seinen Kontakt zur Bank of America zu informieren. Paulson war froh zu hören, dass Fuld sich nun um die Sache kümmerte, aber er fürchtete, dass es bereits zu spät war.

Im Augenblick spekulierten im Fernsehen auf CNBC die Kommentatoren des Senders.

»Die Aktie fällt so schnell, weil die Leute der festen Überzeugung sind, dass Lehman auf den Konkurs zusteuert«, erklärte Dick Bove, altgedienter Bankenanalyst bei Ladenburg Thalmann. »Ich denke, diese Überzeugung treibt die Leerverkäufe.«[14]

Erin Burnett, die Moderatorin von *Street Signs,* konterte: »Aber ist es nicht ein starkes Statement, dass die Leute immer noch Geschäfte mit Lehman machen, Lehman vertrauen?«

»Der entscheidende Punkt ist, Sie müssen verstehen, dass niemand etwas davon hat, wenn Lehman untergeht«, erwiderte Bove, der, seltsam genug, Lehman zum Kauf empfahl mit einem Kursziel von 20 Dollar. »Es ist nicht im Interesse seiner Wettbewerber – Goldman Sachs, Morgan, Citigroup, JP Morgan –, denn wenn Lehman fällt, richtet sich der Druck auf Merrill Lynch, und wer ist dann der Nächste?«

Und Bove betonte weiter: »Wissen Sie, es ist auch nicht im Interesse der US-Regierung, dass Lehman untergeht. Sie müssen es glauben, obwohl ich es Ihnen nicht beweisen kann, dass Lehman mit der Notenbank von New York gesprochen hat, mit Ben Bernanke, wahrscheinlich auch mit Hank Paulson, weil sie nicht wollen, dass das Unternehmen untergeht.«

Wie wahr. Paulson griff zum Telefon, um Geithner anzurufen und mit ihm zu erörtern, welche Optionen sie noch hatten.

Als an der New Yorker Börse die Schlussglocke ertönte, hatte die Lehman-Aktie einen brutalen Absturz hinter sich. Sie schloss bei 7,79 Dollar, ein Verlust von 45 Prozent. McDades Sekretärin konnte die vielen Anrufe kaum bewältigen. McDade selbst wollte seinem neuen Finanzchef Ian Lowitt bei der Vorbereitung für die Verkündung der Quartalszahlen am nächsten Tag helfen. Sie hatten offiziell entschieden, etwas – irgendetwas – vorab bekannt zu geben, weil die Investoren etwas von ihnen hören mussten.

Außerdem musste McDade Larry Wieseneck und Brad Whitman informieren, die sich später an diesem Tag in Simpson Thachers Büro in Midtown mit den Vertretern von JP Morgan und Citigroup treffen wollten. Sie sollten eine oder beide Banken bitten, die Kreditlinie zu erhöhen oder zu prüfen, ob sie ihnen bei der Kapitalbeschaffung helfen könnten. Und schließlich, vielleicht die heikelste Aufgabe, musste er sich überlegen, wie Lehman den Plan für die Ausgliederung einer »bad bank« den Investoren am besten vermittelte. Das war deshalb so schwierig, weil niemand für die zahllosen Giftpapiere im Besitz von Lehman einen Preis angeben konnte oder wollte.

Als wäre all das nicht schon Herausforderung genug, hatte McDade gerade noch eine verwirrende Unterredung mit Fuld gehabt. Fuld hatte ihn informiert, dass Paulson ihn angerufen und vorgeschlagen habe, Lehman solle Goldman Sachs seine Bücher vorlegen. So, wie Fuld es berichtete, beriet Goldman praktisch das Finanzministerium. Paulson verlangte demnach auch, dass Goldman Sachs Lehmans vertrauliche Zahlen einer gründlichen Prüfung unterzog.

Obwohl McDade kein Anhänger von Verschwörungstheorien um Goldman Sachs war, fand er Fulds Bericht verwirrend, aber Minuten später telefonierte er mit Harvey Schwartz, der bei Goldman für die Kapitalmärkte verantwortlich war. »Ich rufe wegen Hanks Bitte an«, begann er.

Nach einer weiteren verwirrenden Unterredung ging McDade den Flur hinunter und sagte zu Alex Kirk, er solle umgehend Schwartz bei Goldman anrufen, ein Treffen vereinbaren und sie eine Vertraulichkeitserklärung unterzeichnen lassen.

»Das kommt direkt von Paulson«, erklärte er.[15]

Um 16.30 Uhr bat Paulson seine Assistentin Christal West, eine Telefonverbindung zu Ken Lewis herzustellen. Ken Wilson hatte Paulson soeben über sein letztes Telefongespräch mit Fuld in Sachen Bank of America informiert – das siebte an diesem Tag. Nun berichtete Wilson, er müsse die Sache nur noch direkt mit dem CEO der Bank of America besprechen. Paulson und Lewis kannten sich nicht sehr gut, sie hatten nur einmal persönlich Kontakt gehabt, bei einem Mittagessen in Charlotte vor einigen Jahren, als Paulson noch bei Goldman war. Ken Wilson hatte Paulson damals zu Lewis mitgenommen, um Goldmans Loyalität gegenüber ihrem anspruchsvollen Kunden zu demonstrieren.

»Ich habe Lewis in der Leitung«, rief Christal West schließlich, und Paulson griff nach dem Hörer.

»Ken«, begann Paulson sehr ernst, »ich rufe wegen Lehman an.« Und nach einer Pause fügte er hinzu: »Ich möchte, dass Sie sich die Sache noch mal anschauen.«[16]

Einen Augenblick herrschte Schweigen. Dann stimmte Lewis zu, die Sache zu überdenken, aber er sagte gleich: »Ich weiß nicht, ob uns das strategisch etwas nützt.« Er machte auch klar, dass der Preis stimmen musste. »Wenn es ein gutes Geschäft ist, könnte ich es mir vorstellen.«

Die größten Sorgen hatte Lewis, das sagte er Paulson, wegen Fuld; Lewis fürchtete, er könnte einen unrealistischen Preis verlangen. Er erzählte Paulson noch einmal, wie schlecht ihr Treffen im Juli verlaufen war.

»Das hat Dick nicht mehr zu entscheiden«, versicherte Paulson. Das war eine sehr deutliche Aussage, die nur in einer Richtung verstanden werden konnte: *Sie können direkt mit mir verhandeln.*

Um 19.30 Uhr war der Konferenzraum im 13. Stock von Simpson Thacher gedrängt voll mit Vertretern von JP Morgan und Citigroup, die ungeduldig warteten. »Das werden zwei Stunden Zeitverschwendung«, flüsterte John Hogan von JP Morgan seinem Kollegen Doug Braunstein zu, der nur gequält lächelte.

Larry Wieseneck begrüßte Gary Shedlin – den Co-Chef der Abteilung globale Finanzinstitute M&A von Citigroup, einen seiner engsten Freunde und Golfpartner in Crestmont, ihrem Club in New Jersey – und warf dann einen prüfenden Blick auf die Anwesenden. Er stellte fest, dass er nicht einmal alle kannte. Er ließ ein Blatt Papier herumgehen und bat sie, darauf zu unterschreiben. Wenn er schon vertrauliche Informationen mitteilen sollte, dann wollte er wenigstens wissen, mit wem er es zu tun hatte.

Wieseneck machte sich besonders Sorgen über das zahlenmäßige Ungleichgewicht zwischen der Risikoabteilung von JP Morgan und den Fusionsexperten, die, so hatte er gehofft, ihnen helfen könnten, ihre Optionen zu durchdenken. »Das sind lauter Risikoleute«, sagte er zu seinem Kollegen Brad Whitman, als die beiden in einer Ecke plauderten und sich eine Strategie überlegten. *Das sollte ein Treffen sein, um darüber zu beraten, wie man Lehman retten kann, nicht eine Due-Diligence-Prüfung für JP Morgan, damit die sich ausrechnen können, was es sie kostet, wenn Lehman zusammenbricht.*

Wieseneck wandte sich an die Wartenden und entschuldigte sich für die Verspätung, aber man warte noch auf Skip McGee, den Leiter der Investmentbanking-Abteilung von Lehman.

»Wir sind mit einer Menge Leute hier«, wandte Braunstein ein, der sein komplettes Team mitgebracht hatte. »Wir können nicht den ganzen Abend warten.«

Die Spannung im Raum stieg merklich. Whitman erhielt schließlich eine E-Mail von McGee, der schrieb, sie sollten ohne ihn anfangen, es sei unwahrscheinlich, dass er es überhaupt schaffen werde.

Wieseneck bat um Ruhe und ging dann Lehmans Plan durch, seine Immobilienanlagen als »bad bank« auszugliedern. Alle stimmten überein, dass der Plan gut war, hatten aber Sorge, dass es schon zu spät sein könnte, da es einige Monate dauern würde, ihn umzusetzen. Und Lehman würde das neue Institut wenigstens mit einem Minimum an Kapital ausstatten müssen, damit es nicht von vornherein zum Scheitern verurteilt war.

Im Anschluss forderte Wieseneck zu Fragen auf, und beinahe sofort ärgerte ihn die schiere Menge der Fragen, die von den JP-Morgan-Bankern kam – die meisten Fragen hatten nichts damit zu tun, wie man Lehman bei der Kapitalbeschaffung helfen konnte. »Um wie viel geht es? Welche Annahmen verwenden Sie bei Ihren Modellen?«, fragte Hogan. »Wie es aussieht, brauchen Sie eine Menge Kapital, damit die Sache läuft.« Die Lehman-Vertreter hatten keine Antworten und sagten ihm, er solle ihren Finanzchef fragen.

Für Wieseneck war offensichtlich, dass die Fragen in Wahrheit ausleuchten sollten, wie es um Lehmans Liquidität bestellt war: ob andere Geschäfte mit Lehman machten und wie ihre Cash-Position aussah. Das waren alles legitime Sorgen eines vorsichtigen Investors, aber in diesem Fall mutmaßten Wieseneck und Whitman, dass sie mehr dem Schutz von JP Morgan dienten. Shedlins Fragen hingegen galten möglichen Geschäften, die Lehman helfen konnten, doch die anderen am Tisch übertönten ihn.

In einem Punkt waren sich allerdings beide Seiten einig: Lehman sollte seinen Ausgliederungsplan erst bekannt geben, wenn sie genau sagen konnten, wie groß das »Loch« war, das gefüllt werden musste – das heißt, wie viel Kapital genau benötigt wurde. »Sie wissen nicht, wie viel Geld Sie brauchen werden«, sagte Hogan. »Wenn Sie hinausgehen und das mitteilen, bringen Sie nur zusätzliche Unsicherheit in den Markt. Da kommen Sie unter die Räder.«

Shedlin war noch offener. »Schauen Sie, wir denken, dass es für Sie sehr gefährlich ist, wenn Sie eine Ausgliederungsstrategie präsentieren, woraus die Leute vor allem folgern, dass Sie immer noch eine erhebliche Kapitallücke haben«, sagte er. »Wenn Sie mit einer Geschichte rausgehen, die vermuten lässt, dass Sie ein großes Loch haben und keine Lösung, wie Sie es füllen, werden Sie dem Markt nur noch mehr ausgeliefert sein.«

Als die Versammlung sich auflöste, waren Wieseneck und Whitman zwei Botschaften glasklar. Erstens: *Gebt den Gedanken auf, den Plan zu verkünden, aber wenn ihr es doch unbedingt tun wollt, seid sehr vorsichtig mit dem Thema Kapitalbeschaffung und lasst euch nicht auf eine konkrete Zahl festlegen.*

Die zweite Botschaft aber führte ihnen das ganze Ausmaß des Dilemmas erst richtig vor Augen: *Ihr steht allein da.* Keine Bank hatte signalisiert, dass sie neue Kreditlinien anbieten wollte.

Sobald Braunstein und Hogan das Gebäude verlassen hatten und die Lexington Avenue überquerten, riefen sie Jamie Dimon und Steve Black an.

»So sieht es aus.« Hogan schrie fast in sein Mobiltelefon. »Ich denke, diese Burschen sind am Ende.« Sie erklärten Dimon und Black im Detail, was Lehman am nächsten Tag anzukündigen gedachte.

»Wir müssen zurück und alles durchgehen und alle unsere möglichen Risiken auflisten«, drängte Hogan. »Ich will da keine Überraschung erleben.«

Von der Zentrale der Bank of America in Charlotte in North Carolina rief Greg Curl Ken Wilson im Finanzministerium an. Wilson war immer noch im Büro und telefonierte fieberhaft. Er hatte damit gerechnet, dass Curl sich melden und ihm mitteilen würde, dass er auf dem Weg nach New York war zur detaillierten Unternehmensprüfung von Lehman.

Doch Curl hatte ganz andere Neuigkeiten. »Wir haben ein Problem mit der Notenbank von Richmond«, teilte er mit. Jeff Lacker, der Präsident der Notenbank von Richmond, der Regulierungsbehörde für die Bank of America, machte sich Sorgen um die Bank und drängte auf eine Kapitalerhöhung, seit sie im Juli Countrywide übernommen hatte. Als die offizielle Bankenaufsicht in Virginia, Maryland, North Carolina, South Carolina, District of Columbia und einem Teil von West Virginia besaß die Notenbank von Richmond erhebliche Macht, Eigenkapitalforderungen zu stellen.

»Sie haben herumgehurt«, beklagte sich Curl bei Wilson, der zum ersten Mal davon hörte. Curl erzählte ihm, im Januar, als die Bank of America erwogen hatte, den Hypothekenfinanzierer Countrywide zu kaufen – die Regierung hatte das Vorhaben unauffällig unterstützt, um den Zusammenbruch von Countrywide zu verhindern –, hatte die Notenbank signalisiert, ihre Kapitalanforderungen zu lockern, wenn sie das Geschäft weiterverfolgten. Oder zumindest hatte das Ken Lewis so verstanden.

Nun, zwei Monate nach dem Kauf von Countrywide, drohte Lacker damit, die Bank zu zwingen, dass sie ihre Dividende kürzte. Die Bank of America hatte die Gespräche nicht öffentlich gemacht in der Hoffnung, sie könnten die Angelegenheit lösen, bevor die Nachricht durchsickerte. Sie hatten den ganzen Nachmittag mit der Notenbank von Richmond telefoniert, um herauszufinden, was Lacker von ihnen wollte, aber erfolglos. »Wir werden Ihre Hilfe brauchen«, sagte er zu Wilson. »Sonst können wir nicht weitermachen.«

Wilson erkannte den Trick ganz klar: Die Bank of America benutzte die Situation von Lehman als Pfand in den Verhandlungen. Sie würden Lehman helfen, aber nur, wenn ihnen im Gegenzug die Regierung entgegenkam. Lewis, vertreten durch Curl, kämpfte mit harten Bandagen.

Wilson versprach, sich um die Sache zu kümmern, und rief sofort Paulson an. »Sie werden es nicht glauben …«

Abends um zehn empfing ein frustrierter Bart McDade immer noch Besucher im Konferenzraum im 31. Stock von Lehman Brothers. Er hatte soeben erfahren, dass die Bank of America am Morgen nicht nach New York kommen würde, allerdings verstand er nicht recht, warum. »Wir kämpfen gegen die Uhr«, schimpfte er.

Stunden zuvor hatte McDade Fuld beschworen, nach Hause zu gehen und vor der Verkündung der Zahlen am nächsten Tag ein bisschen zu schlafen, denn dafür musste er in Topform sein. Seit Fuld gegangen war, hatte McDade verschiedene Fassungen der Presseerklärung geprüft. Was sollten sie sagen? Was *konnten* sie sagen? *Wie* sollten sie es sagen?

McDade hatte soeben seinen Finanzchef Lowitt zu seinem Teil der Präsentation instruiert, als Wieseneck und Whitman von ihrem Meeting mit JP Morgan und Citigroup zurückkamen.

Bevor sich alle im Konferenzsaal versammelten, trafen sie sich mit Jerry Donini und Matt Johnson und einem halben Dutzend anderer Banker. Whitman informierte sie über das Meeting. »Es war unglaublich«, schloss er kopfschüttelnd seinen Bericht. »Es war wie eine Konferenz der Risikoabteilung von JP Morgan!«

Dann gingen sie alle zu McDade in den Konferenzsaal. Wieseneck und Donini erläuterten den SpinCo-Plan, und Wieseneck erzählte, welchen Rat JP Morgan und Citigroup ihnen gegeben hatten: »Wir sollten uns genau überlegen, ob wir sagen, dass wir uns frisches Kapital beschaffen wollen, oder nicht.«

Gegen halb zwei in der Nacht waren sie endlich fertig. Eine kleine Kolonne schwarzer Town Cars säumte die Seventh Avenue, die Fahrer warteten darauf, die Banker nach Hause zu bringen. In fünf Stunden mussten sie wieder im Büro sein, Zeit genug für ein bisschen Schlaf und eine Dusche, bevor der Tag begann, der womöglich über ihre Zukunft entscheiden würde.

Kapitel dreizehn

Überall in Dick Fulds Büro lagen Tageszeitungen vom 10. September 2008 herum. Ein übernächtigter Bart McDade und Alex Kirk trafen um 6.30 Uhr für letzte Vorbereitungen auf die Telefonkonferenz ein, die in dreieinhalb Stunden beginnen sollte. Was die Zeitungen meldeten, klang nicht gut.

Der Aufmacher in der *New York Times* lautete: »Nur Tage nachdem die Bush-Regierung die Kontrolle über die beiden größten Hypothekenfinanzierer des Landes übernommen hat, hat die Wall Street Angst, dass ein weiteres großes Finanzinstitut, die Investmentbank Lehman Brothers, zusammenbrechen könnte – und dass die Regierung diesmal womöglich nicht zu Hilfe kommen wird.«[1] Mehrere Absätze später war die Gefahr, vor der sie standen, knapp zusammengefasst. »Manche machen sich vielleicht Sorgen, dass das Finanzministerium schon so viele Lasten übernommen hat, wofür die Steuerzahler geradestehen müssen, dass sie Lehman nicht mehr auf sich nehmen können«, sagte David Trone, Analyst bei Fox-Pitt Kelton.[2]

Das *Wall Street Journal* wies auf die Unterschiede hin zwischen den letzten Tagen von Bear Stearns und dem, was nun bei Lehman passierte.[3] Immerhin konnte sich Lehman von der Notenbank Geld leihen.

Nicht nur die Aktionäre waren nervös; Fuld und McDade bekamen allmählich auch Berichte aus ihren Handelsräumen, dass immer mehr Hedgefonds Geld von Lehman abzogen. Wie verzweifelt die Lage war, zeigte sich unter anderem daran, dass GLG Partners in London – deren größter Aktionär Lehman mit einem Anteil von 13,7 Prozent war – das Volumen seiner Geschäfte mit Lehman reduziert hatte.[4]

Sie gingen noch einmal ihre Unterlagen für die Telefonkonferenz durch, als Kirks Handy klingelte. Harvey Schwartz von Goldman Sachs war am Apparat, er rief wegen der Vertraulichkeitsvereinbarung an, die Kirk vorbereitete. Doch bevor er darauf zu sprechen komme, sagte Schwartz, müsse er Kirk etwas Wichtiges mitteilen. »Um jeden Zweifel auszuräumen, Goldman Sachs hat keinen Kunden. Wir machen das auf eigene Rechnung.«[5]

Kirk schwieg einen Augenblick, er verarbeitete, was Schwartz gerade gesagt hatte.

»Wirklich?«, fragte er und versuchte, sich den Schock nicht anmerken zu lassen. *Goldman will kaufen?*

»Ja«, erwiderte Schwartz ganz ruhig.

»Okay. Ich werde Sie zurückrufen.« Kirk hatte es eilig, das Gespräch zu beenden, und rief dann Fuld und McDade zu. »Hört mal, sie haben keinen Kunden!«

»Was soll das heißen?«, fragte Fuld und schaute mit müdem Blick von seinen Notizen auf.

»Sie machen es für sich selbst. Für Goldman. Das hat er mir gesagt.«

In den nächsten Minuten überlegten die drei Männer fieberhaft, wie sie nun vorgehen sollten. McDade hatte berechtigte Sorgen, was es bedeutete, wenn sie einem direkten Konkurrenten Informationen gaben: Wie viel wollten sie tatsächlich mitteilen? Er sah aber auch, dass sie sich nicht einem Plan widersetzen konnten, der, so glaubte er, auf Paulson zurückging.

Kirk war noch besorgter. »Warum lassen wir Goldman Sachs überhaupt rein? Haben Sie *When Genius Failed* nicht gelesen?« Er bezog sich auf Roger Lowensteins Bestseller über den Beinahezusammenbruch von Long-Term Capital Management. Darin wird eine Szene geschildert, wie Goldman Sachs versucht, einen Vorteil aus der Katastrophe zu ziehen, indem sie Hilfe anbieten, um Einblick in die Bücher von Long-Term Capital zu bekommen und alle Daten auf einen Laptop herunterzuladen – ein Vorwurf, den Goldman Sachs vehement bestritt.

»Sie werden uns plündern«, warnte Kirk.

McDade machte seine Haltung klar, bevor er sich wieder der Vorbereitung des Telefonats zuwandte: »Hank Paulson hat uns angewiesen, sie reinzulassen. Also werden wir sie reinlassen.«

Siebenundzwanzig Stockwerke tiefer versammelten sich die Händler von Lehman zu einer Vorinformation über SpinCo, die Ausgliederung der »bad bank«, die eine Stunde später bei der Telefonkonferenz erörtert werden sollte. McDade hatte Tom Humphrey und Eric Felder den Auftrag gegeben, zu erläutern, was die Investoren zu hören bekommen sollten.

Die Trader hörten sich die Details des Plans an und waren danach ungewöhnlich still. Das Schweigen wurde erst gebrochen, als sich Mohammed Grimeh, Leiter der Abteilung Emerging Markets, erhob.

»Das ist es? Verdammt noch mal, *das* soll es sein?«, fragte er mit entsetztem Gesichtsausdruck. »Was haben diese verdammten Idioten da oben im 31. Stock denn in den letzten zwei Monaten gemacht? *Das da?* Das ist wohl ein Witz. Wenn das alles ist, können wir einpacken!«[6]

Während Humphrey und Felder SpinCo noch beschrieben hatten, hatte Grimeh es schon durchschaut – er sah, was JP Morgan und Citigroup am Abend zuvor gesehen hatten und was, wie er fürchtete, die Märkte auch sehen würden.

»Wir nehmen einen Dollar aus unserer rechten Tasche und stecken ihn in die linke Tasche, das ist alles. Mit den Schulden wäre sie pleite, bevor sie überhaupt angefangen hätte«, sagte er, und das verärgerte Murmeln der unzufriedenen Banker schwoll an.

Im Konferenzsaal von Lehman Brothers im 31. Stock hatten sich mehr Menschen versammelt als sonst zur Bekanntgabe von Quartalszahlen, aber was früher als Routine gegolten hatte, hatte in letzter Zeit immer mehr den Stellenwert einer Rechtfertigung auf der Anklagebank. Lehman nahm die Situation immerhin so ernst, dass sie zusätzliche Anwälte dazugebeten hatten. Unterdessen waren die Techniker noch eifrig damit befasst, sicherzustellen, dass die Schaltung und die Internetübertragung störungsfrei über die Bühne gingen. Lehman hatte wegen des großen Interesses mehrere Hundert zusätzliche Telefonleitungen freischalten lassen. Die Pressemitteilung vom Morgen kündigte einen Verlust im dritten Quartal von 3,9 Milliarden Dollar an – den größten Verlust, den das Unternehmen jemals verzeichnet hatte.[7]

Fuld bewegte sich selbstsicher, als wäre nichts Ungewöhnliches los. Doch alle im Saal wussten, dass er diese Telefonkonferenzen immer seinem Finanzchef überlassen hatte, weil er sich nie wirklich wohl dabei gefühlt hatte. Jetzt setzte er sich an den Tisch, warf seinen charakteristischen entwaffnenden Blick in die Runde und ordnete seine Papiere. Er wusste, was auf dem Spiel stand. Unmittelbar zuvor hatte er noch auf den Bloomberg-Terminal geschaut, ob die Futures vielleicht ein bisschen gestiegen waren, in der Hoffnung, dass er, Dick Fuld, in der Lage wäre, die Sorgen über Lehman zu zerstreuen. Viel hing davon ab, was er heute sagen würde; Millionen von Dollar würden an den Börsen weltweit gewonnen oder verloren werden, je nachdem, wie seine Ausführungen ankamen.

Shaun Butler, Leiter der Abteilung Investor Relations, schaute seinen Boss an: »Sind Sie bereit?«

»Ja«, brummte Fuld.

Er senkte den Kopf über sein Skript und artikulierte sehr sorgfältig: »Im Licht der letzten beiden Tage haben wir heute Morgen unsere Quartalsergebnisse vorzeitig bekannt gegeben. Außerdem kündigen wir mehrere wichtige finanzielle und operative Veränderungen an, die auf eine signifikante Neupositionierung der Firma hinauslaufen, einschließlich einer drastischen Reduzierung unserer Investitionen in Gewerbe- und Wohnimmobilien.

Das wird dazu beitragen, in substanziellem Umfang Risiko aus unserer Bilanz herauszunehmen und unsere Konzentration auf das Privatkundengeschäft zu betonen. Die Schritte zielen auch darauf ab, das Potenzial für künftige Abschreibungen zu reduzieren, der Firma eine Rückkehr zur Profitabilität zu ermöglichen und unsere Fähigkeit zu stärken, adäquate nicht risikobereinigte Eigenkapitalrenditen zu erzielen.«[8]

Im Klartext hieß das: Mit Lehman ist alles in Ordnung. Wir danken für Ihre Anteilnahme, aber wir haben die Situation unter Kontrolle.

»Die Firma verfügt über eine lange Erfahrung, schwierigen Situationen zu begegnen und sich zu befreien«, fuhr er fort. »Wir haben in der Vergangenheit oft bewiesen, dass wir zusammenhalten, wenn die Zeiten hart sind, und handeln, wenn sich globale

Chancen bieten … Wir sind auf dem richtigen Weg, diese letzten beiden Quartale hinter uns zu lassen.«

Damit übergab Fuld an seinen Finanzchef Lowitt, der mit seinem südafrikanischen Akzent skizzierte, was Lehman als seine »zentralen strategischen Initiativen« anpries: Man wolle versuchen, einen 55-prozentigen Anteil der Vermögensverwaltung zu verkaufen, darunter Neuberger Berman, und ein Großteil der Gewerbeimmobilien sollte in eine eigene Gesellschaft ausgegliedert werden – das »schlechte Zeug«.

Gewerbeimmobilien im Volumen von 30 Milliarden Dollar auszugliedern, darunter Lehmans Investments in Archstone-Smith, Besitzer von 360 hochwertigen Apartmenthäusern, und SunCal, einen Immobilienentwickler, war kein leichtes Unterfangen. Etwas würde sich sofort ändern, nämlich die Art, wie Lehman seine Immobilienanlagen bewertete.

Lowitt fuhr fort: »Das Portfolio der zum Verkauf gehaltenen Immobilien, das aus über die Kapitalstruktur verteilten Anlagen besteht, wird zu weniger als den Anschaffungskosten oder Marktpreisen gebucht, wenn wir in diesem Bereich Preisbereinigungen vornehmen, und spiegelt Marktwertgewinne erst wider, wenn ein Verkauf getätigt wird. REI Global« – das unglückselige Akronym für die neue Einrichtung – »wird seine Vermögenswerte als bis zur Endfälligkeit gehalten bilanzieren und kann damit seine Anlagen ohne Druck durch die Schwankungen infolge einer marktnahen Bewertung verwalten. REI Global wird nicht gezwungen sein, Vermögenswerte zu Preisen zu verkaufen, die unter dem liegen, was es für ihren inneren Wert hält.«[9]

Auf den ersten Blick schien die Ausgliederung eine saubere, elegante Lösung zu sein. Die problematischen Vermögenswerte verschwanden aus der Bilanz von Lehman, und Lehman stand danach stärker da, genau wie Fuld angekündigt hatte. Aber unausgesprochen blieb das, was die Banker bei dem Meeting mit JP Morgan und Citi am Abend zuvor beschäftigt hatte: Die neue Firma würde vermutlich Geld brauchen. Woher sollte Lehman dieses Geld nehmen, wenn sie alles zusammenhalten mussten, was sie hatten?

Nur gut einen Kilometer entfernt, in einem Büro nahe dem Grand Central Terminal, drängten sich David Einhorn und sein Analystenteam um den Telefonlautsprecher und lauschten Lehmans Quartalsergebnissen. Er konnte nicht glauben, was er da hörte. *Sie versuchen immer noch, Abschreibungen bei diesem Müll – dem toxischen Zeug – zu verhindern. Was erhofften sie sich denn?* Für ihn war klar, dass die fraglichen Anlagen viel weniger wert waren, als Lehman behauptete.

»In der Presseerklärung gibt es ein Eingeständnis, dass sie diese Sachen nicht abschreiben!«, sagte Einhorn zu seinen Analysten. Er wiederholte einen Satz aus dem Statement von Lehman: »›REI Global wird diese Vermögenswerte ohne Druck durch die Schwankungen infolge einer marktnahen Bewertung verwalten.‹« Stattdessen seien sie, so Lehman weiter, durch die Ausgliederung der Immobilienanlagen in der Lage, »›ihre Anlagen als bis zur Endfälligkeit gehalten zu bilanzieren‹«.

Einhorn war empört, denn seiner Ansicht nach hieß das im Klartext nichts anderes als: »Sie können die Zahlen weiter so frisieren, wie sie wollen«.

Im Gebäude der Notenbank von New York hörten auch Steven Shafran und ein Team von Mitarbeitern zu, und auch hier wollten manche ihren Ohren nicht trauen. Shafran, der Sonderberater aus dem Finanzministerium, war am Abend zuvor nach New York geflogen, weil Paulson ihn gebeten hatte, bei der Koordinierung der Kommunikation zwischen dem Ministerium, der Notenbank und der Börsenaufsicht mitzuhelfen, falls sich die Lage von Lehman rasch zuspitzen sollte. Er und die meisten im Team der Notenbank waren von Lehman bereits am Abend zuvor grob über den Plan informiert worden, aber alles jetzt live zu hören war noch einmal eine ganz andere Erfahrung. Shafran, ehemaliger Investmentbanker bei Goldman, schüttelte verzweifelt den Kopf und kommentierte: »Das wird nicht funktionieren.«

Während die Telefonkonferenz weiterging, sagte Shafran zu den Anwesenden: »Das wirklich Erstaunliche ist, dass diese Burschen Investmentbanker sind und von großen Unternehmen dafür bezahlt werden, dass sie in harten Situationen harte Ratschläge erteilen. Kennen Sie die alte Redensart, ein Arzt sollte sich nie selbst behandeln? So ähnlich kommt mir das hier vor.«

Die Lehman-Aktie stabilisierte sich nach der Bekanntgabe der Zahlen ein wenig, aber nur Stunden später stand Fuld vor einem neuen Problem: Die Ratingagentur Moody's Investors Service teilte mit, dass sie Lehmans Kreditrating überprüfen werde, und warnte, wenn die Firma nicht rasch in eine »strategische Transaktion mit einem stärkeren finanziellen Partner« eintrete, werde eine Herabstufung erfolgen.

Fuld beschloss, John Mack anzurufen, den Chef von Morgan Stanley; er brauchte Handlungsoptionen. Und anders als Ken Lewis und Lloyd Blankfein vertraute er Mack wirklich.

»Hör zu, ich muss dringend etwas tun«, sagte Fuld. »Machen wir doch etwas gemeinsam.«

Mack hatte Fuld immer gemocht, und es tat ihm leid, dass er jetzt solche Anspannung in Fulds Stimme hörte. Aber er hatte kein Interesse an einem Geschäft und fragte sich, ob nicht allein schon der Telefonanruf einer Selbsttäuschung von Fuld entsprang.

»Dick, ich würde dir gern helfen, aber es hat keinen Sinn. Wir haben das ja schon besprochen.« Mack erinnerte ihn an die Unterredung im Sommer in seinem Haus. »Es gibt zu viele Überschneidungen.«

Nach dem Telefonat dachte Mack dennoch über die Möglichkeit eines Geschäfts mit Lehman nach, und er stellte fest, dass er neugierig geworden war. Seine erste Reaktion, dass es nicht funktionieren konnte, mochte zutreffend sein, wenn die Lehman-Aktie bei 40 Dollar lag, aber auf dem gegenwärtigen Niveau konnte ein Deal durchaus finanziell attraktiv sein.

Er rief Fuld zurück. »Ich habe noch einmal nachgedacht und stimme dir zu. Wir sollten uns unterhalten.«

Fuld dankte ihm, dass er es sich noch einmal überlegt hatte. Mack schwieg einen Augenblick und sagte dann nachdrücklich: »Dick, ich rede gern offen. Ich mag dich wirklich, aber eines muss klar sein: Es ist keine Fusion von Gleichen. Nur einer kann das Sagen haben. Das müssen wir von vornherein klären.«

Nach peinlichem Schweigen entgegnete Fuld: »So habe ich mir das nicht vorgestellt.« Und nach weiterem Schweigen: »Lass mich darüber nachdenken. Ich rufe dich zurück.«

Zwanzig Minuten später war Fuld wieder am Telefon.

»Okay, du hast recht.« Die letzten Tage hatten seiner Stimme nicht gutgetan. »Ich möchte das Richtige tun. Schauen wir, was möglich ist.«

Fuld schlug eine Besprechung der Führungen beider Unternehmen vor, an der Fuld und Mack nicht teilnehmen würden; sollten die Manager entscheiden, ob es eine gute oder eine schlechte Idee war.

Das Treffen wurde für den Abend in der Wohnung von Walid Chammah, dem Co-Präsidenten von Morgan Stanley, verabredet.

Ben Bernanke fand es schwierig, sich auf die Situation zu konzentrieren, als er am Mittwochnachmittag mit der lokalen Notenbankführung zusammensaß. Trotz des Chaos an der Wall Street stattete er den Regionalbüros der Fed weiter seine regelmäßigen Besuche ab, und diese Reise hatte ihn nach St. Louis geführt, in ein schmuckloses Gebäude am North Broadway in der Innenstadt.

Die Lehman-Krise war jedoch nie weit weg. Er hatte deswegen bereits zweimal mit Tim Geithner und Hank Paulson telefoniert, einmal um 8.30 Uhr und einmal um 13 Uhr, für 18 Uhr war eine weitere Unterredung vereinbart.[10]

Bei dem letzten Gespräch hatten Geithner und Paulson Bernanke von ihrer jüngsten Sorge in Kenntnis gesetzt: Die Bank of America hatte darum gebeten, die Forderung an ihre Eigenkapitalquote zu lockern. »Sie sind schwer verärgert, weil sie dachten, wenn sie Countrywide übernehmen, gehören sie zu den richtig großen Jungs«, erklärte Paulson.

Geithner argumentierte, sie müssten die Bank of America unbedingt nach New York bringen, damit sie mit der Unternehmensprüfung beginnen konnten; er war in Sorge, dass sie wertvolle Zeit verloren.

Paulson bat Bernanke, Ken Lewis direkt anzurufen und zu sehen, ob er die Gemüter beruhigen konnte. »Wir müssen ihnen eine Brücke bauen.«

Aus einem Büroraum in der Notenbank in St. Louis wählte Bernanke Lewis' Nummer.

»Sie sollten sich Lehman wirklich ansehen«, drängte er, immer noch mit leichtem Unbehagen angesichts seiner neuen Rolle als Vermittler. »Wir kümmern uns um Kapitalerleichterungen für Sie und was Sie sonst noch brauchen.«

Lewis bedankte sich für den Anruf und sagte, er werde seine Leute nach New York schicken und Gespräche mit Lehman aufnehmen.

Bernanke glaubte, damit das Problem gelöst zu haben, und kehrte zu dem eigentlichen Grund seiner Reise nach St. Louis zurück: Gespräche mit den Mitarbeitern der Notenbank und vor allem mit ihrem neuen Präsidenten James Bullard. Bullard hatte im April die Nachfolge von William Poole angetreten, einem Notenbankpräsidenten, der kein Blatt vor den Mund genommen hatte; er hielt zufällig an diesem Tag in Washington einen Vortrag über die Rettungsaktionen der Fed. In Anbetracht der anhaltenden Spekulationen auf den Märkten, dass eine staatliche Rettungsaktion für Lehman nötig werden könnte, hatten Pooles Ausführungen außergewöhnlich großes Interesse geweckt.

»Sofern ich nicht etwas verpasst habe, haben die Notenbank und das Finanzministerium bisher nichts dazu gesagt, wer Zugang zu Geld der Notenbank bekommen könnte, nur dass Fannie und Freddie unterstützt werden könnten«, sagte Poole in seiner Rede.[11]

»Die Notenbank hat 1975 Hilfen für New York City abgelehnt und 1979 Hilfen für Chrysler«, erinnerte er seine Zuhörer, aber »nach dem Präzedenzfall Bear Stearns wird es nicht so einfach sein, das nächste Mal nein zu sagen. Ich rechne damit, dass wir die Grenzen, innerhalb denen die Notenbank mit Krediten hilft, erst kennenlernen, wenn eine große, einflussreiche Firma um Hilfe ersucht und die Notenbank ablehnt.«

Ken Lewis verließ sich sehr auf die Notenbank. Kaum hatte er das Gespräch mit Bernanke beendet, rief er Tim Geithner an. Lewis berichtete, er habe eine ermutigende Unterredung mit Mr. Bernanke geführt, könne aber seine Leute noch nicht nach

New York schicken, solange die Kreditsituation nicht offiziell geregelt sei.

»Wir arbeiten daran, Ihnen dabei zu helfen«, sagte Geithner höflich, aber entschieden.

Lewis gab sich jedoch mit solchen Versicherungen nicht zufrieden. »Wir werden schon zu lange vertröstet«, klagte er. »Wenn Sie wollen, dass wir bei Lehman einsteigen, brauchen wir etwas Schriftliches.«

Geithner missfiel es, so vor ein Ultimatum gestellt zu werden, und er erwiderte: »Sie haben gehört, was der Notenbankchef gesagt hat, was möglich ist. Wenn Sie dem Vorsitzenden der Notenbank nicht glauben, haben wir ein erhebliches Problem.«

Lewis erkannte, dass Geithner sich in der Sache nicht bewegen würde; er gab schließlich nach und versprach, ein Team zu schicken, das am Donnerstagmorgen mit der Unternehmensprüfung beginnen sollte.

Den ganzen Mittwoch über telefonierte Fuld unermüdlich – auf seiner Anrufliste standen praktisch alle wichtigen Akteure an der Wall Street und in Washington –, und dabei hielt er ein wachsames Auge auf die Märkte, ob weitere Zeichen von Panik zu erkennen waren.

Es sah schlimm aus, wie immer deutlicher wurde: Den Tag über hatten sich die Lehman-Aktien behauptet, aber in den letzten Handelsstunden stürzten sie ab und schlossen bei 7,25 Dollar, 6,9 Prozent tiefer. Lehmans Kreditausfallversicherungen waren explodiert, sie waren um 135 Basispunkte auf 610 gestiegen, was bedeutete, dass die Kosten einer Versicherung gegen einen Bankrott soeben um 610 000 Dollar pro Jahr gestiegen waren, um Anleihen im Wert von 10 Millionen zu schützen. Die Investoren wetteten tatsächlich, dass sich die Situation nur verschlechtern konnte. Jede Hoffnung, dass der SpinCo-Plan das Blatt für Lehman wenden könnte, verflog rasch.[12]

Und auch die Ergebnisse von Fulds telefonischem Blitzkrieg waren nicht ermutigend. Er hatte bereits eine harte Unterredung mit Lloyd Blankfein gehabt, der angerufen hatte, um seinen Ärger darüber loszuwerden, dass Lehman die Gespräche mit Goldman nicht weiterführen wollte. Alex Kirk und Mark Walsh hatten in den Büros einer Anwaltskanzlei in Manhattan zwei Stunden mit Harvey Schwartz von Goldman und seinen Leuten diskutiert, aber sowohl Kirk wie Walsh wollten Goldman nicht alle ihre Zahlen vorlegen und beendeten die Gespräche bald.

Fuld hatte auch mit Paulson gesprochen, der versucht hatte, ihm einen Deal mit Barclays schmackhaft zu machen. Aber das gefiel Fuld nicht, wie er erklärte: Er wollte nichts tun, was die mögliche Einigung mit der Bank of America gefährden konnte.

»Dick«, erinnerte Paulson ihn geduldig, »Ken Lewis hat Sie mehrfach abgewiesen, aber die anderen haben Interesse bekundet. Wir müssen beide Optionen verfolgen.«

Doch Fuld schien eher daran interessiert, zu dem Thema zurückzukehren, das ihn schon so lange beschäftigte: die Leerverkäufer, die, wie er Paulson sagte, »diese Firma ruinieren werden«. Zehn Minuten lang redete er auf Paulson ein, Christopher Cox bei der Börsenaufsicht anzurufen und ihn zu drängen, gegen die Leerverkäufer vorzugehen, eine Untersuchung anzukündigen – irgendetwas zu tun, was Lehman Zeit gab, sich zu erholen.

In London wartete Bob Diamond von Barclays an der Bar von Fifty, einem privaten Club in der St. James's Street unweit Piccadilly. Er hatte Jeremy Isaacs eingeladen, den ehemaligen Chef des Europageschäfts von Lehmann. Wenn ihm jemand erzählen konnte, was bei Lehman los war, wenn jemand die Namen, die Zahlen und die Firmenkultur kannte, dann Isaacs. Gerade einmal vier Tage zuvor hatte Isaacs offiziell bekannt gegeben, dass er sich aus der Firma »zurückziehen« werde.[13]

Isaacs war gegangen, als sich abzeichnete, dass McDade der künftige Mann an der Spitze sein würde. Eigentlich hätte er Bob Diamonds Einladung besser nicht annehmen sollen, denn er steckte gerade mitten in Verhandlungen über eine 5-Millionen-Abfindungsvereinbarung mit Lehman, die buchstäblich am nächsten Tag abgesegnet werden sollte.[14] Teil der Vereinbarung war, dass er »jegliche schädliche Aktivität und Herabsetzung der Firma unterlassen« und »Informationen über das Unternehmen vertraulich behandeln« würde.[15]

An dem Abend würde er an die Grenzen sämtlicher Vereinbarungen gehen in der Absicht, Lehman beim Überleben zu helfen.

Walid Chammah wohnte in einem von nur drei Stadthäusern an der Upper East Side von Manhattan, das über einen eigenen Portier verfügte. Das Jugendstilgebäude gleich neben der Fifth Avenue hatte lediglich neun Wohnungen. Es lag weit genug weg vom Stadtzentrum und von der Park Avenue, wo Krethi und Plethi aus der Bankbranche wohnten, und war damit perfekt geeignet für ein Geheimtreffen, bei dem über eine Fusion von Lehman und Morgan Stanley beraten werden sollte. Chammahs Frau und Kinder waren in London, ihrem Hauptwohnsitz, so hatten die Gesprächsteilnehmer die Wohnung für sich allein.

Um 21 Uhr drängten sich Chammah, James Gorman, der zweite Co-Präsident von Morgan Stanley, und die übrigen Mitglieder des Teams in der Küche und warteten, dass Bart McDade und die Lehman-Leute erschienen. »Tun wir so, als könnte etwas herauskommen«, sagte Chammah zu seinen Kollegen, »aber behalten wir im Kopf, dass dieses Treffen wahrscheinlich zu nichts führen wird.«

Als McDade schließlich eintraf, zusammen mit Skip McGee, Mark Shafir, Alex Kirk und mehreren anderen, war ihren erschöpften, blassen Gesichtern die Anspannung des Tages anzusehen.

Gorman kannte McDade aus der Zeit, als sie beide Direktoren im Verwaltungsrat der SIFMA gewesen waren, der Securities Industry and Financial Markets Association. Nur eine Woche zuvor hatten sie ein hartes Gespräch darüber geführt, dass Morgan Stanley Lehmans Schwierigkeiten ausnutzte und die guten Leute abwarb, darunter die besten Vermögensberater. Aufgebracht hatte McDade Gorman angerufen: »Das muss aufhören. Wir haben hier wirklich große Probleme, und das bringt uns um.« Schließlich stoppte Gorman die Abwerbungsbemühungen, und beide waren professionell genug, um weiterzumachen.

Chammah brachte einen 2001er Tenuta dell'Ornellaia, einen italienischen Spitzenrotwein zum Preis von 180 Dollar die Flasche, um die Stimmung zu heben und die Anwesenden bei Laune zu halten. Alle setzten sich ins Wohnzimmer.

McDade erzählte, dass ihm die Szene wie ein Déjà-vu vorkam: Nur ein paar Monate zuvor hatte sich praktisch die gleiche Gruppe versammelt, um über dasselbe Thema zu sprechen. Jetzt aber – das sagte er freilich nicht – war Lehmans Lage verzweifelt. Er erläuterte, dass Lehman mehrere Optionen verfolgte, um an frisches Kapital zu kommen: Vermögenswerte verkaufen oder vielleicht die ganze Firma verkaufen. Für den Fall, dass es noch nicht klar geworden sein sollte, sagte er, wenn Morgan Stanley interessiert sein sollte, die Firma zu kaufen, sei er bei den Bedingungen verhandlungsbereit. Er fügte noch hinzu, »personelle Fragen« sollten einer möglichen Einigung nicht im Wege stehen – die Umschreibung dafür, wer nach der Fusion die neue Firma leiten sollte. Fuld hatte er abgeschrieben.

»Wenn Sie wollen, dass jemand von uns bleibt, bleiben wir; wenn Sie uns nicht wollen, müssen wir nicht bleiben. Es geht nicht mehr um uns«, erklärte er.

Shafir sagte, ein Deal »könnte schwierig erscheinen«, aber er denke, es wäre eine gute Möglichkeit, beide Firmen von Kosten zu entlasten, und das sei letztlich der Grundgedanke bei einer Unternehmensfusion.

Obwohl Shafir einen möglichen Deal so positiv darstellte, war sich Chammah bewusst, dass eine Vereinbarung dieser Größenordnung nur in einem Blutbad enden konnte, mit Hunderten, wenn nicht Tausenden von Entlassungen. Er wusste auch, dass bei einer Fusion immer die Gefahr bestand, dass die erwarteten Vorteile sich als Illusion erwiesen.

Eine gute Stunde gingen die Banker dann die Zahlen und die verschiedenen Vermögenswerte von Lehman durch, um zu entscheiden, was davon für Morgan Stanley interessant sein könnte. Aber je länger die Diskussion dauerte und je mehr Papiere hin und her geschoben wurden, desto klarer wurde, dass es keine Gemeinsamkeiten gab. Schließlich sagte Chammah, er glaube nicht, dass sich der Verwaltungsrat von Morgan schnell genug entscheiden könne, um Lehman echte Hilfe bieten zu können – für alle Anwesenden ein Signal, dass Lehman Brothers nicht mehr zu helfen war.

Nachdem McDade und seine Leute gegangen waren, schaute Gorman seine Mannschaft ernst an, als wollte er sagen: *Das könnten auch wir sein.* Stattdessen sagte er: »Wir haben gerade Leute erlebt, die am Abgrund stehen.«

Kurz nach Sonnenaufgang ging Greg Curl über den Platz vor dem Seagram Building, dem 38-stöckigen Meisterwerk der architektonischen Moderne, einem Wahrzeichen der Park Avenue. Er betrat die Lobby, schaute auf die Uhr und wartete, dass jemand erschien, der ihm den Weg zeigte.

Curl, der Mann, den die Bank of America für einen möglichen Deal mit Lehman ausgewählt hatte, war mit einem Team von über hundert Leuten am Mittwochabend von Charlotte nach New York geflogen; im Konferenzzentrum von Sullivan & Cromwell in der Stadt wollten sie mit ihrer Prüfung beginnen. Zur Unterstützung hatte Curl Chris Flowers angeheuert, einen Private-Equity-Investor, dessen Spezialität die Geheimnisse der Bankenbranche waren. Die beiden Männer gaben ein seltsames Gespann ab: Curl war ein Veteran bei der Bank of America, öffentlich nicht sehr bekannt, mit wenig Kontakten an der Wall Street, Flowers hingegen ein schnell sprechender, oft vorlauter ehemaliger Banker von Goldman Sachs, dessen gewagte Geschäfte ihn immer wieder in die Schlagzeilen brachten.

Aber als Curl darüber nachdachte, was man mit Lehman machen sollte, war sein erster Einfall, dass er Flowers an seiner Seite haben wollte. Flowers konnte eine Bilanz in weniger als dreißig Sekunden lesen und anschließend ein präzises und gut begründetes Urteil abgeben. Er hatte Goldman Ende der 1990er-Jahre verlassen und seine eigene Beteiligungsgesellschaft gegründet, die bevorzugt in Banken investierte. In dem Geschäft hatte er Erfolg gehabt, mit einem Investment bei der japanischen Shinsei Bank hatte er persönlich rund 540 Millionen Dollar verdient.[16] Er tauchte regelmäßig auf der Liste der reichsten Amerikaner auf; als er für 53 Millionen Dollar ein Stadthaus an der Upper East Side kaufte, bedeutete das einen Rekord für Manhattan.[17]

Curl traute nur wenigen Bankern, Flowers war einer davon. Er bewunderte vor allem die leidenschaftslose, nüchterne Art, mit der Flowers an Geschäfte heranging – und an das Leben insgesamt. 2007, kurz vor Ausbruch der Kreditkrise, hatten sie beide für Sallie Mae geboten, das Unternehmen, das Studentenkredite vergab. Sie erkannten bald, dass das Geschäft ein Fehler war, und den Rest des Jahres arbeiteten sie gemeinsam daran, es wieder rückgängig zu machen. Curl hatte das Investment Flowers nicht angekreidet, hauptsächlich weil es Flowers letztlich gelungen war, sie beide herauszubringen, indem er sich auf eine »Hintertür« in der Fusionsvereinbarung berief und ein juristisches Feuerwerk abbrannte.

Flowers konnte noch anderweitig von Nutzen sein, nicht nur als Berater. Curl wusste, dass er möglicherweise selbst gern zusammen mit der Bank of America bei Lehman investieren würde. Vielleicht würde Flowers sogar die risikoreichsten Anlagen von Lehman übernehmen wollen.

Als Curl Flowers 24 Stunden zuvor gesucht hatte, hatte er ihn in Tokio aufgestöbert, mitten in einer Sitzung des Verwaltungsrats von Shinsei. »Sie werden sich sicher Lehman Brothers ansehen wollen, und wir möchten sie uns mit Ihnen zusammen ansehen«, hatte Curl ihm erklärt. »Können Sie dazu nach New York zurückkommen?« Flowers musste nicht erst überredet werden. Er bestellte sich ein Auto zum Flughafen und machte sich auf den 14-Stunden-Rückflug nach Manhattan.

Flowers, vom Jetlag gezeichnet, kam zusammen mit Jacob Goldfield, einem weiteren ehemaligen Goldman-Mitarbeiter.[18] Auch Goldfield kannte Lehman gut – er hatte im Frühjahr Hank Greenberg geholfen, sich die Firma genau anzusehen, als Greenberg zusammen mit einer Gruppe von Investoren Stamm- und Vorzugsaktien im Wert von 6 Milliarden Dollar gekauft hatte.[19]

Auf dem Flug war Flowers Lehmans Bericht über das zweite Quartal vom Tag zuvor durchgegangen und hatte sich dabei auf das konzentriert, was mit Sicherheit der größte Diskussionspunkt sein würde: den Wert von Lehmans Immobilienanlagen. Konnten sie tatsächlich 25 bis 30 Milliarden wert sein?

Curl, Flowers und Goldfield richteten sich in einem Konferenzraum ein, den Sullivan & Cromwell zur Verfügung gestellt hatte, zusammen mit Kaffee und Sandwichs.

Es würde ein langer Tag werden.

Nachdem die Wall Street 24 Stunden über Lehmans SpinCo-Plan nachgedacht hatte, lehnten die Analysten den Plan – und die Firma – massenweise ab. Am Donnerstagmorgen schickten sie skeptische E-Mails an ihre Kunden, was die Lehman-Aktie noch weiter nach unten zog. Am Tag zuvor hatte die Aktie um 7 Prozent tiefer geschlossen, bei 7,25 Dollar, und die Talfahrt hielt an.

»Das Management hat die Probleme, die die Aktie belasten, nicht erfolgreich geregelt«, schrieb William Tanona, Analyst bei Goldman Sachs, in seiner E-Mail.[20]

Michael Mayo, der seit April 2007 bei einer Kaufempfehlung für Lehman-Aktien geblieben war, schickte eine noch düsterere Prognose und zeigte sich besorgt über die möglichen negativen Folgen, wenn die Ratingagenturen pessimistisch wurden: »Eine veränderte Haltung der Ratingagenturen ist eine unerwartete negative Entwicklung, die eine Verkaufspanik schüren könnte.«[21] Mit anderen Worten, ein Ausverkauf von Lehman-Aktien war möglich. Seine Kaufempfehlung nahm er zurück.

Guy Moszkowski von Merrill Lynch sah ebenfalls schwarz für Lehmans Verkaufschancen. Er schrieb, Lehman könnte gezwungen sein, ein »take-under« zu akzeptieren – Wall-Street-Jargon für eine Übernahme zu einem Preis unterhalb des aktuellen Aktienkurses.

Selbst Analysten, die Lehman im Kern für gesund hielten, erkannten allmählich, dass die Wahrnehmung sich gegen die Fundamentaldaten durchsetzte: Lehmans sinkender Aktienkurs schürte die Ängste des Marktes und erzeugte damit eine sich selbst erfüllende Prophezeiung, die Lehman zwang, einen Käufer zu finden, und zwar schnell.

Während die Wall-Street-Analysten bereit schienen, den Nachruf auf Dick Fulds Firma zu schreiben, unterstützte ihn als Einziger öffentlich John Mack, der Mann, den sich Fuld als Fusionspartner gewünscht hatte. Mack wurde an diesem Morgen in der *New York Times* mit den Worten zitiert: »Er ist so munter wie immer, aber ohne Zweifel zehrt das an ihm, wie es an jedem zehren würde.«[22]

Privat hatte Mack Fuld in einem Telefongespräch soeben niederschmetternde Nachrichten mitgeteilt: Er glaube nicht, dass

Morgan Stanley einen Grund habe, die Verhandlungen weiterzuführen.

Aber es gab immer noch Lebenszeichen. Tim Geithner bestätigte Fuld, dass Barclays Interesse an Lehman habe, auch wenn sie Fuld noch nicht direkt kontaktiert hätten. Er gab ihm Diamonds Telefonnummer in London.

»Er rechnet mit Ihrem Anruf«, versicherte Geithner Fuld.

»Ich glaube, ich soll Sie anrufen«, sagte Fuld später, als er Diamond erreichte.

Diamond hingegen war unangenehm berührt, denn er dachte, er hätte Geithner klargemacht, dass er *nicht* direkt mit Fuld über einen Deal sprechen wollte. Ein Deal hätte von der Regierung eingefädelt werden müssen.

»Ich denke, wir sollten miteinander reden«, sagte Fuld und versuchte, in Kontakt zu kommen.

»Ich sehe hier keine Chance für uns«, antwortete Diamond.

Fuld verstand nicht, was da vor sich ging. *Geithner hatte ihm gesagt, er solle Kontakt zu Diamond aufnehmen, und jetzt erzählte Diamond ihm, dass er nicht interessiert war?*

Er wollte Diamond nicht drängen, beendete das Gespräch und rief Geithner an.

»Ich habe gerade mit Bob Diamond gesprochen«, begann er aufgebracht. »Er sagt, er hat kein Interesse. Ich dachte, Sie sagten, er wolle mit uns reden?«

»Ja, will er.« Geithner blieb bei seiner Position. »Rufen Sie ihn noch mal an.«

Fünf Minuten später versuchte Fuld es noch einmal bei Diamond.

»Ich habe Ihnen doch gerade gesagt, dass wir nicht interessiert sind«, wiederholte Diamond.

Fuld kam sich mittlerweile vor, als wäre er mitten in eine Farce hineingeraten, und rief wieder Geithner an. »Ich weiß nicht, was hier vorgeht. Ich habe ihn zweimal angerufen, und jedes Mal hat er gesagt, dass er nicht mit mir reden will. Sie sagen mir, er sei interessiert. Er sagt, er ist nicht interessiert.«

Geithner versprach, selbst mit Diamond zu reden, und drängte Fuld, es ein letztes Mal zu versuchen.

Und beim dritten Versuch war Diamond auf einmal willens zu verhandeln.

»Wir fliegen heute Abend rüber«, sagte er. »Bis Freitagmorgen habe ich ein Team zusammen.«

Mit diesem Satz war es offiziell: Barclays und Bank of America waren nun Konkurrenten.

Fuld wusste nicht, dass Diamond und sein Team bereits den ganzen Morgen über mit Geithner und Paulson in Kontakt waren und vereinbart hatten, dass Barclays sich so bald wie möglich die Bücher von Lehman ansehen würde. Fulds Beteiligung an einer Rettungsaktion war nur noch eine höfliche Formalität.

Diamond hatte gehofft, bevor er am Abend nach New York aufbrach, würde er noch Zusicherungen erhalten, dass sich die Reise lohnte. In dem Telefongespräch mit Paulson hatte er insbesondere danach gefragt, ob Barclays der einzige Bieter für Lehman sein könnte. Er hatte gelesen, dass auch die Bank of America sich für Lehman interessierte, und wusste aus Erfahrung, dass sie ernst zu nehmende Rivalen sein würden – und möglicherweise Spielverderber.

Ein Jahr zuvor hatte sich die Bank of America in die Übernahmeschlacht um die holländische Bank ABN AMRO eingemischt, ein Duell, das Barclays gegen eine Gruppe führte, zu der auch die Royal Bank of Scotland gehörte. Die Bank of America hatte für 21 Milliarden Dollar die LaSalle Bank in Chicago von ABN AMRO gekauft[23] und sich damit praktisch die Kronjuwelen geschnappt, an denen die RBS-Gruppe besonders interessiert war; nachdem sie nicht mehr da waren, war es schwieriger, Barclays zu überbieten. Barclays verlor den Bieterkampf um ABN, und die Bank of America hatte LaSalle. Der gescheiterte Deal war ein Schlag für Diamonds Expansionspläne, und er war schon lange der Ansicht, dass die Bank of America einen viel zu hohen Preis bezahlt hatte.

»Wenn BofA [Bank of America] dabei ist, bringen Sie uns bitte nicht in Verlegenheit«, sagte Diamond zu Paulson. »Verlangen Sie nicht, dass wir einen Deal machen, und dann kommt uns BofA zuvor.«

»Sie können das nicht exklusiv bekommen«, erwiderte Paulson. »Aber ich kann Ihnen sagen, dass Sie in einer starken Position sind, und ich werde dafür sorgen, dass Sie nicht in Verlegenheit kommen.«

Und noch etwas wollte Diamond geklärt haben: Er wünschte einen »Jamie«-Deal – mit anderen Worten, er teilte mit, dass er vielleicht Hilfe der Regierung in Anspruch nehmen wollte.

Paulson erklärte klipp und klar, dass es keine Hilfe von der Regierung geben würde, fügte aber hinzu: »Wir werden uns überlegen, wie wir Ihnen helfen können.«

Tom Russos Gesichtsausdruck war so bekümmert, als er Dick Fulds Büro betrat, dass es Fuld sofort auffiel – bemerkenswert in Anbetracht der allgemein düsteren Stimmung im 31. Stock.

»Was ist los?«, fragte Fuld.

»Ich habe gerade mit Tom Baxter telefoniert.« Baxter war der Justiziar der Notenbank von New York. »Er sagte, Geithner wünsche, dass Sie aus dem Verwaltungsrat der Notenbank von New York ausscheiden.« Russo machte eine Pause, damit Fuld Zeit hatte, die Neuigkeit aufzunehmen, und fügte dann hinzu: »Angesichts unserer Lage sei es zu kompliziert, es sorge für zu viele Konflikte.«

Geithners Ersuchen hätte eigentlich kein Schock sein dürfen, denn wenn auch nur die Möglichkeit bestand, dass die Regierung Geld aufbringen musste als Teil eines Deals, für Lehman einen Käufer zu finden, dann durfte es auf keinen Fall so aussehen, als helfe die Notenbank einem Mitglied ihres Verwaltungsrats, einem Insider. Der leiseste Anschein von Begünstigung konnte verheerend wirken.

Trotzdem empfand Fuld die Nachricht als Kränkung, er blickte düster auf seinen Schreibtisch. Einen Augenblick schien es, als würde er in Tränen ausbrechen, aber dann fasste er sich wieder und flüsterte: »Ich kann das nicht glauben.«

Gemeinsam formulierten Fuld und Russo ein Rücktrittsschreiben an Stephen Friedman, den Vorsitzenden des Verwaltungsrats:

Lieber Steve,
mit tiefem Bedauern biete ich meinen Rücktritt als Mitglied des Verwaltungsrats der Notenbank von New York an. Im Licht meiner gegenwärtigen geschäftlichen Situation bei Lehman Brothers fehlt mir bedauerlicherweise die Zeit, mich Angelegenheiten des Verwaltungsrats zu widmen, und deshalb denke ich, dass es im Interesse des Verwaltungsrats ist, wenn ich mit sofortiger Wirkung zurücktrete. Meine Zeit im Verwaltungsrat hat mir viel Freude bereitet, und ich hege allergrößten Respekt für den Verwaltungsrat und die Notenbank. Danke.
Mit den besten Grüßen[24]

Mit einem tiefen Seufzer setzte Fuld seine Unterschrift unter den Brief, anstelle von »Dick« nur ein großes D.

In Pine Street 70 wuchs der Druck. Bob Willumstad ging in seinem Büro hin und her, an diesem Morgen sollte das entscheidende Meeting mit der Ratingagentur stattfinden, um das es bereits beunruhigende Gerüchte gegeben hatte, wonach eine Herabstufung erfolgen könnte. Er hatte gerade mit Geithner telefoniert: als Nachbesprechung ihres Meetings zu der Frage, ob man AIG in eine Broker-Dealer-Firma umwandeln könnte,[25] und um ein bisschen Druck zu machen. »Wir sind gerade sehr mit Lehman beschäftigt«, entschuldigte sich Geithner, »reden wir morgen früh weiter.«

Es war erst 10.30 Uhr, aber alle spürten die Nervosität, die Willumstad die ganze Woche über zu verbergen versucht hatte.[26] Die Kosten für die Versicherung der Schulden von AIG waren um 15 Prozent auf 612 Basispunkte gestiegen, den höchsten Wert in der Firmengeschichte.[27] Das bedeutete, dass Investoren in den nächsten fünf Jahren 612 000 Dollar jährlich bezahlen mussten, um 10 Millionen Dollar Schulden von AIG zu versichern. Da Lehman verzweifelt Geld aufzutreiben versuchte, wetteten die Investoren, dass AIG sich bald in der gleichen Situation befinden würde. Es war auch möglich, dass AIG astronomische Summen an Investoren auszahlen musste, die hohe Versicherungen kauften, um sich vor einer Lehman-Pleite zu schützen.

Zu allem Überfluss übte Hank Greenberg, der an diesem Tag wegen früherer dubioser Bilanzierungspraktiken bei AIG vor dem Generalstaatsanwalt von New York aussagen musste,[28] bei jeder sich bietenden Gelegenheit Druck auf Willumstad aus: »Worauf wartet ihr, verdammt noch mal?«, fragte er.[29] Er verstand nicht, warum man sich nicht schneller bemühte, die Firma zu stützen.

Neben allen anderen Belastungen drängte Willumstad, endlich das seit langem schwelende Verfahren beizulegen, das Greenberg nach seiner Entlassung gegen die Firma angestrengt hatte. Willumstad hatte darauf gezählt, dass Greenberg seine Beziehungen in Asien spielen lassen würde, um der Firma bei der Kapitalbeschaffung zu helfen; Greenberg hatte AIG in Asien zu einem Schwergewicht gemacht, das die schwierigen, semitransparenten Märkte in Japan und China dominierte. Willumstad sagte Greenberg, er werde seinen Anwalt, Jamie Gamble bei Simpson Thacher, anweisen, einen Termin mit Greenbergs Anwalt David Boies auszumachen, um endlich zu einer Vereinbarung zu kommen, mit der Greenberg leben konnte.

Aber das vielleicht drängendste Problem für Willumstad war das Ergebnis einer Unterredung, die er in dieser Woche mit Jamie Dimon geführt hatte. »Wie es aussieht, erreichen wir nicht genug«, hatte er zu Dimon gesagt und ihn gebeten, bei der Kapitalbeschaffung zu helfen oder ihnen selbst Geld zu leihen.

»Nun, die Probleme bei euch sind größer, als wir dachten«, erwiderte Dimon. »Nach unsere Modellen geht euch nächste Woche das Geld aus.«

Willumstad musste der Tatsache ins Auge sehen, dass JP Morgan ihnen womöglich kein Geld mehr geben würde. Robert Gender, Leiter der Finanzabteilung bei AIG, hatte ihn bereits gewarnt, dass das passieren könnte, aber Willumstad hatte ihm nicht geglaubt. »JP Morgan ist immer hart«, erinnerte er Gender. »Citi wird alles tun, worum man sie bittet, sie sagen einfach ja.« Der vorsichtige Gender erwiderte säuerlich: »Ehrlich gesagt, könnten wir ein bisschen von der Disziplin gebrauchen, zu der JP Morgan uns drängt.«

Dimon hatte Willumstad empfohlen, irgendeinen Plan vorzulegen, er musste nicht perfekt sein. »Er muss nicht aktuell umgesetzt werden«, meinte Dimon. »Ihr müsst nur den Märkten sagen, was ihr tun wollt, und dann anfangen, es zu tun. Wenn ihr euch Kapital beschaffen müsst, dann sagt ihnen, dass ihr Kapital beschaffen müsst.«

Was hat das Lehman gestern geholfen?, dachte sich Willumstad.

Schließlich war die Stunde für das gefürchtete Meeting mit Moody's da. Steve Black von JP Morgan war in die Stadt gekommen, um die Wichtigkeit des Termins zu unterstreichen und Fragen zu AIGs Plan für die Kapitalbeschaffung mit zu beantworten. Es war eine Sache, wenn Willumstad erklärte, er wolle Kapital beschaffen, und etwas ganz anderes, wenn der Präsident von JP Morgan versicherte, er werde die Firma bei ihren Bemühungen unterstützen. Es stand viel auf dem Spiel: Wenn Moody's das Rating für AIG nur um eine Stufe herabsetzte, konnte das bedeuten, dass AIG zusätzliche Sicherheiten im Wert von 10,5 Milliarden Dollar beibringen musste.[30] Wenn Standard & Poor's dem Beispiel folgte, was wahrscheinlich war – »der Blinde führt den Blinden«, sagte Willumstad über die Ratingagenturen –, würde die Zahl auf 13,3 Milliarden steigen. Wenn das passierte und AIG nicht in der Lage war, zusätzliches Kapital aufzutreiben, war das praktisch das Todesurteil.

Nach nicht einmal 15 Minuten Besprechung machte der Analyst von Moody's klar, dass man das Rating für AIG um mindestens eine Stufe, womöglich sogar zwei, senken werde. Willumstad rechnete: Wenn Moody's das am Montag bekannt gab, blieben AIG mindestens drei Tage, bis es die zusätzlichen Sicherheiten beibringen müsste. Das hieß, am Mittwoch, spätestens Donnerstag, mussten sie eine astronomische Summe auf den Tisch legen.

Steve Black von JP Morgan fürchtete, sie hätten eher noch weniger Zeit; nach seiner Rechnung war Dienstagmorgen die Deadline. Nach dem Meeting zog er Willumstad zur Seite und warnte ihn: »Euer Rating wird gesenkt, also überlegt euch am besten schnell, was zu tun ist.«

Willumstad nickte. »Wir müssen uns darauf vorbereiten. Das sehe ich genauso.«

Black verließ das Gebäude mit einem eher noch pessimistischeren Eindruck, als er es betreten hatte. *Niemand*, dachte er, *niemand handelt annähernd so schnell, wie es nötig wäre.*

Im General Motors Building, das einen ganzen Block an der Fifth Avenue und Fifty-ninth Street einnimmt, stand Harvey Miller, der legendäre Insolvenzspezialist der Kanzlei Weil, Gotshal & Manges, von seinem Schreibtisch auf und ging auf und ab. Bei der Runde durch sein Büro fiel sein Blick auf die Miniatur-LKW von Texaco und die Miniatur-Jets von Eastern Airlines, Erinnerungen an zwei seiner berühmtesten Fälle.[31]

Mit 75 Jahren galt Miller als der Nestor des Insolvenzrechts, Klienten stellte er für seine Dienste fast 1000 Dollar pro Stunde in Rechnung.[32] Außer Texaco und Eastern Airlines war er auch mit den Insolvenzen von Sunbeam, Drexel Burnham Lambert und Enron befasst gewesen, und er hatte zu den Anwälten gehört, die die Stadt New York während ihrer Finanzkrise in den 1970er-Jahren vertreten hatten.

Miller strahlte stets große Ruhe aus. Er trug maßgeschneiderte Anzüge, liebte die Oper und sprach in langen, geschliffenen Sätzen. Aufgewachsen war er in Brooklyn, im Stadtteil Gravesend, als Sohn eines Parketthändlers; als Erster in seiner Familie hatte er nach der Highschool ein College besucht, das Brooklyn College.[33] Nach einer Zeit in der Armee war er an die Columbia Law School gegangen.

Damals war das Insolvenzrecht einer der wenigen Bereiche des Unternehmensrechts, in dem kleine, meist jüdische Firmen in einer Branche dominierten, die überwiegend fest in den Händen weißer Puritaner war. 1963 trat Miller in die kleine Insolvenzkanzlei Seligson & Morris ein; sechs Jahre später holte ihn Ira Millstein, der Guru für Unternehmensführung, zu Weil Gotshal, wo er eine Abteilung für Insolvenz und Restrukturierung aufbauen sollte.

An diesem Nachmittag hatte ihn bereits der Chef der Firma, Stephen J. Dannhauser, angerufen und ihm eine verblüffende Frage gestellt: Könnte die Kanzlei sich schon vorab mit Lehman beschäftigen – nur für den Fall? Miller sagte, er verstehe; er hatte die Wirtschaftspresse gelesen. Lehman war ein ausgesprochen wichtiger Klient: der größte der Kanzlei, von Lehman kamen jährlich über 40 Millionen Dollar Honorare. Er kannte das Unternehmen sehr gut.

Dannhauser hatte einen Anruf von Steven Berkenfeld erhalten, einem geschäftsführenden Direktor von Lehman, der ihm gesagt hatte, sie sollten vorbereitet sein, falls die Dinge sich in den nächsten 72 Stunden nicht gut entwickelten. Berkenfeld schärfte Dannhauser noch ein, ihr Gespräch vertraulich zu behandeln – er hatte nicht einmal Fuld erzählt, dass er Weil Gotshal kontaktieren wollte.

Als Insolvenzspezialist war Miller solch komplizierte Manöver mit Klienten gewöhnt. »Bankrott ist wie Tanzen mit einem 300-Kilo-Gorilla«, hatte er einmal gesagt. »Sie tanzen so lange, wie der Gorilla will.«[34]

Nur wenige Stunden später bekam Miller einen weiteren Anruf aus der strauchelnden Bank.

»Hier ist Tim Russo, Leiter der Rechtsabteilung bei Lehman Brothers«, bellte die Stimme am anderen Ende der Leitung. »Sind Sie mit Lehman befasst?«

Miller, der Russo nicht kannte, war verblüfft. »Ja, so ist es.«

Russo hatte kein Interesse an irgendwelchen Details, sondern wollte eine Botschaft loswerden: »Sie wissen, dass Sie mit *niemandem* darüber sprechen dürfen. Die Situation ist äußerst schwierig. Es darf keine Gerüchte geben.«

Miller wollte schon zu einer Antwort ansetzen und Russo versichern, dass ihm die Dringlichkeit der Angelegenheit bewusst sei, als Russo nachhakte: »Wie viele Leute von Ihnen arbeiten an der Sache?«

»Nun, vielleicht vier«, antwortete Miller, »es ist, äh, bisher nur etwas Vorläufiges.«

»Ja, vorläufig. Setzen Sie keine weiteren Leute dran. Wir müssen den Kreis klein halten.«

Russo beendete das Telefonat. Zurück blieb ein verwirrter Miller, der sich fragte, was da vor sich ging.

Während das Lehman-Team in den Büros von Sullivan & Cromwell mit der Bank of America arbeitete, beschloss Dick Fuld, Ken Lewis in Charlotte anzurufen. Schließlich wollten sie eine Vereinbarung treffen, da war es an der Zeit, fand Fuld, sich von CEO zu CEO zu unterhalten.

Kaum war Lewis am Apparat, begann Fuld mit einem gefühlsseligen Monolog über die künftige Zusammenarbeit und wie begeistert er über die Fusion sei, die Lehman Brothers' erstklassige Investmentsparte und den großen Geschäftsbankenbereich der Bank of America zusammenbringen werde. Die Ressourcen des gemeinsamen Unternehmens könnten es mit JP Morgan und Citigroup aufnehmen und schließlich die Bank of America zu einem echten Finanz-Supermarkt machen.

Lewis hörte geduldig zu, er wusste nicht recht, was er antworten sollte. Seiner Ansicht nach verhandelte er nicht mit Fuld, sondern mit der Regierung. Was Fuld zu sagen hatte, spielte ehrlich gesagt keine Rolle.

Zum Schluss sagte Fuld voller Zuversicht noch: »Sie und ich, wir wissen beide, dass wir dieses Geschäft machen. Freut mich, dass wir Partner sind.«

Bei Börsenschluss steckte BlackRock mitten in einer zweitägigen Konferenz des Verwaltungsrats in der Zentrale in der Fiftieth Street, Ecke Madison Avenue. Als Mitinhaber von BlackRock hatte Merrill zwei Sitze im Verwaltungsrat, und John Thain und Greg Fleming, die beide anwesend waren, schauten sich rasch auf ihren BlackBerrys die Schlusskurse an. Die Aktie von Merrill war um 16,6 Prozent auf 19,43 Dollar gefallen, hinter Lehman, deren Aktie um 42 Prozent auf 4,22 Dollar abgestürzt war, der stärkste Verlust aller Investmentbanken an diesem Tag. Allgemein schien man zu glauben, wenn Lehman in solchen Schwierigkeiten war, könnte Merrill womöglich der Nächste sein.

In einer Konferenzpause ging Fleming kurz hinaus, um zu telefonieren. Er hatte den ganzen Tag über sein Gespräch mit Herlihy nachgedacht, in dem es um einen möglichen Deal mit der Bank of America gegangen war. Er wollte Thain in dieser Sache noch direkt ansprechen und wartete nur auf die passende Gelegenheit.

Er hatte schon im Privaten mit John Finnegan gesprochen, einem Mitglied des Verwaltungsrats von Merrill, mit dem er befreundet war. Finnegan war wie Fleming vom Charakter her leicht nervös und machte sich Sorgen, dass Thain wenig Interesse am Verkauf der Firma haben könnte; schließlich war er erst zehn Monate zuvor CEO geworden.

Als Nächsten musste Fleming nun Rodgin Cohen kontaktieren, ebenfalls ein enger Freund und, wie er wusste, Lehmans Anwalt. Fleming wollte unbedingt hören, wie die Gespräche mit der Bank of America liefen und wie verzweifelt die Situation für Lehman geworden war – und in der Folge auch für Merrill.

Als Cohen, der in dem Konferenzraum gewesen war, in dem das Lehman-Team mit der Bank of America verhandelte, hinausging, um einen Anruf entgegenzunehmen, begrüßte ihn Fleming ungezwungen, als wären sie sich einfach so begegnet. Nach den obligatorischen Freundlichkeiten machte er eine spontane Bemerkung zu den Kursverlusten von Merrills Aktie und sagte dann: »Wir denken über unsere Optionen nach. Ich weiß nicht, wie viel Luft wir noch haben.«

Cohen durchschaute ihn schnell; er wusste, dass Merrill nicht in der Lage war, Lehman zu kaufen. Und da er sich mit M&A bestens auskannte, wusste er, dass Fleming wahrscheinlich einen Deal mit der Bank of America wollte, der Lehmans eigene Bemühungen konterkarierte.

»Ich kann nicht viel sagen«, erklärte Cohen.

Nun gab Fleming jeden weiteren Versuch auf, seine Motive zu verbergen, und vertraute Cohen an: »Wir brauchen eine Vereinbarung. Die Zahlen sehen zu bedrohlich aus. Wenn Lehman untergeht, werden wir die Nächsten sein.«

Cohen wusste nicht, wie er reagieren sollte, außer sich so schnell wie möglich zu verabschieden. Zumindest würde er das Gespräch erst einmal für sich behalten.

Als Steve Black von AIG in sein Büro bei JP Morgan zurückkam, beschrieb er Dimon das Meeting als einen »verfluchten Albtraum«. Er bat Tim Main, Brian Schreiber anzurufen; er sollte sich nach AIGs jüngster Prognose erkundigen und herausfinden, ob Schreiber die Vereinbarung unterzeichnet hatte – im Wesentlichen eine genaue Darlegung von JP Morgans Bedingungen, wenn sie versuchten, AIG wieder auf die Beine zu bringen.

Main sagte Black, das Dokument sei noch nicht unterzeichnet, aber er werde am Nachmittag noch einmal anrufen und nachfragen. »Können wir meine wöchentliche Tracht Prügel auf 14 Uhr legen?«, fragte er nur halb scherzhaft. Seine Beziehung zu den AIG-Leuten war so frostig wie eh und je.

Als Main Schreiber endlich erreichte, fragte er ohne Umschweife: »Wie weit sind Sie mit der Vereinbarung?«

Schreiber fand die Bedingungen von Anfang an überzogen. JP Morgan verlangte nicht nur 10 Millionen Honorar, sondern darüber hinaus, dass sie in den nächsten beiden Jahren mit jedem großen AIG-Auftrag befasst werden sollten.

»Und wie weit sind Sie mit der Repovereinbarung?«, gab Schreiber indigniert zurück.

Main, der sich bereits über Gerüchte ärgerte, Schreiber führe auch Gespräche mit Blackstone und der Deutschen Bank, verlor schließlich die Fassung: »Machen Sie verdammt noch mal Witze? Glauben Sie, wir werden Ihnen Geld leihen?«, bellte er. Jetzt kam er so richtig in Fahrt. »Was Sie da machen, ist nur Mist. Ihre Firma ist im Arsch! Sie arbeiten mit anderen Bankern und sagen uns nichts davon. Sie machen alles kaputt.«

»Schreien Sie mich nicht so an«, erwiderte Schreiber kalt. »Das lasse ich mir von Ihnen nicht gefallen. Ich werde mit Bob sprechen.«

Fünf Minuten später berichtete Schreiber aufgebracht Willumstad von der Unterredung, der wiederum Black anrief und eine Erklärung für Mains Verhalten verlangte.

Doch statt sich zu entschuldigen, explodierte Black auch ihm gegenüber. »Sie haben keine Vorstellung, wie dringend die Sache ist. Sie haben nicht annähernd die Informationen, die Sie bräuchten, wenn Sie versuchen wollten, Entscheidungen zu treffen. Jedes Mal, wenn wir um etwas bitten, passiert nichts. Wir haben Ihnen vor drei Wochen eine Vereinbarung geschickt, und Brian hat es noch immer nicht geschafft, sie zu unterzeichnen.«

Schließlich sagte Black ermattet: »Wir werden tun, was Sie von uns wollen. Aber wenn das die Richtung ist, in die es gehen wird, dann könnten Sie … dann sollten wir uns vielleicht zurückziehen. Sie sollten sich jemand anderen suchen. Das hat sich gefährlich zugespitzt, und die Leute, die für Sie arbeiten, begreifen nicht, in welcher Lage Sie sind.«

»Wenn Sie sich so darüber ärgern, warum haben Sie mich nicht einfach angerufen?«, fragte Willumstad.

Paulson wusste gleich, was er hören würde, als er am späten Donnerstagnachmittag Ken Lewis am Apparat hatte.

»Wir haben uns die Sache angeschaut, und wir können es nicht machen – nicht ohne staatliche Hilfe«, sagte Lewis ruhig. »Wir können es nicht, weil wir es nicht schaffen.« Wie viele Lehman-Kritiker einschließlich der verängstigten Aktionäre, die den Markt mit Verkaufsorders überschwemmten, fand auch Lewis Lehmans Bewertungen für seine Vermögenswerte viel zu hoch. Sie zu kaufen wäre für die Bank of America mit großen Risiken verbunden.

Nachdem schon Bob Diamond von Barclays mit dem Hut in der Hand zu ihm gekommen war und um Unterstützung für den Lehman-Deal gebeten hatte, hatte Paulson fest damit gerechnet, dass Lewis sich melden würde.

Aber Paulson war immer noch nicht bereit, staatliches Geld fließen zu lassen – zumindest nicht zum jetzigen Zeitpunkt. Es ging politisch nicht, insbesondere weil die Rettungsaktionen für Fannie und Freddie immer noch die Schlagzeilen beherrschten. Und wenn das eine Verhandlung werden sollte, wollte Paulson nicht zu früh alle seine Karten auf den Tisch legen.

Er wusste jedoch, dass er die Bank of America als Bewerber brauchte, deshalb bot er an: »Gut, wenn Sie Hilfe bei bestimmten Anlagen brauchen, sagen Sie uns, was für Hilfe Sie brauchen, und wir werden uns etwas einfallen lassen.«

Lewis war perplex und antwortete: »Ich dachte, Sie sagten, es würde kein staatliches Geld geben.«

»Ich kümmere mich drum«, versprach Paulson. »Wir werden den privaten Sektor ins Boot holen.«

Paulson und Geithner hatten den ganzen Tag darüber diskutiert, wie man private Unternehmen einbeziehen konnte: ein Bankenkonsortium zusammenbringen, das beim Verkauf von Lehman helfen könnte, wenn Bank of America und Barclays das

Geschäft nicht allein machen wollten. Weder er noch Geithner hatten die Idee schon richtig ausgearbeitet, und selbst unter optimalen Bedingungen war es alles andere als leicht, Banker zusammenzubringen.

Lewis schwieg, ihm gefiel gar nicht, was Paulson da anscheinend vorschlug. Er wollte nicht in eine quasi gemeinsame öffentliche und private Rettungsaktion hineingezogen werden, er wollte einen Jamie-Deal. Und er wusste genau, dass seine Konkurrenten bestimmt keine Lust hatten, die Zeche zu bezahlen, damit er Lehman zu einem Spottpreis kaufen konnte.

Trotzdem willigte Lewis ein, sich Lehman weiterhin im Hinblick darauf anzuschauen, ob ein Angebot denkbar wäre. Da so viel auf dem Spiel stand, rechnete er damit, dass er Hilfe bekommen würde – in welcher Form auch immer.

Paolo Tonucci, Leiter der globalen Finanzabteilung bei Lehman, wirkte schockiert, als er das Handy hinlegte. »Ich muss sofort mit Ihnen sprechen!«, sagte er leise zu Bart McDade und Rodgin Cohen. »Wir haben ein echtes Problem.«

Alles war glatt gegangen bei Sullivan & Cromwell, wo sie der Bank of America bei der detaillierten Unternehmensprüfung halfen, aber jetzt eröffnete Tonucci ihnen: »JP Morgan verlangt weitere 5 Milliarden an Sicherheiten von uns! Ich habe gerade mit Jane Byers Russo [Leiterin der Abteilung Broker-Dealer bei JP Morgan] gesprochen. Sie sagt, wir müssen es morgen überweisen. Und bis zum Wochenende wollen sie möglicherweise noch einmal 10 Milliarden haben.«

»*Was?*« Cohen war sichtlich fassungslos. »Das klingt unglaublich. Ich begreife es nicht. Ich weiß, dass alle in Panik sind, aber das ist einfach zu viel.«

Tonucci teilte seinem Boss Ian Lowitt, Lehmans Finanzchef, und den anderen im Raum die Neuigkeit mit.

»Das ist doch Scheiße!«, rief McGee in das verlegene Schweigen hinein.

Tonucci und Lowitt informierten Fuld und organisierten eine Telefonkonferenz mit Jamie Dimon. »Hören Sie, Sie müssen die Sicherheiten beibringen«, sagte Dimon zu der versammelten

Gruppe. Angesichts der sich verschlechternden Lage von Lehman sei es eine faire Forderung. Tonucci flüsterte seinen Leuten zu: »Begreift es Dick nicht? Das ist für uns praktisch nicht zu leisten.« Auch Dimon befürchtete, dass Fuld die Sache zu leicht nahm. »Machen Sie sich Notizen?«, blaffte er. Nach dem Telefonat stand McDade am Rand eines Herzinfarkts. »Wir müssen die Fed anrufen. Das kann Jamie einfach nicht machen.«

Cohen hatte von ihnen allen die meiste Erfahrung im Umgang mit der Fed, und er war anderer Meinung. »Ich bin mir ziemlich sicher, dass Jamie schon vor uns dort gewesen ist«, sagte er. »Jamie ist taff. Ohne die stillschweigende Billigung der Fed hätte er das nicht verlangt.«

In den nächsten zehn Minuten redeten alle durcheinander, Tenor war: *Sie wollen uns aus dem Geschäft drängen!* Schließlich entschieden sie, dass es das Beste wäre, Tim Geithner anzurufen.

Als Cohen Geithner erreicht hatte, schaltete er den Lautsprecher ein und erklärte ihm dann rasch die Situation. Geithner schien unbeeindruckt, als hätte er mit ihrem Anruf gerechnet. McGee warf McDade einen nervösen Blick zu, als wollte er sagen: *Es ist aus.* »Ich kann einer Bank nicht sagen, dass sie sich nicht selbst schützen darf«, meinte Geithner ungerührt.

Cohen hoffte inständig, Geithner würde merken, dass er glaubte, JP Morgan mache das, um seinem Rivalen zu schaden, und fragte: »Brauchen sie denn Schutz?«

»Das kann ich nicht beurteilen«, antwortete Geithner.

Um 18 Uhr erörterte Paulson in einem Telefongespräch mit Geithner, Bernanke und Cox die weitere Strategie. Er spürte, dass sie dabei waren, sich alle für eine Krise zu wappnen, und fürchtete ein weiteres Wochenende wie bei Bear Stearns. Diesmal war er jedoch entschlossen, dass es anders ausgehen sollte. Er fand, sie sollten eine »LTCM-Lösung« vorbereiten, wie er es nannte: also Firmen aus dem privaten Sektor dazu animieren, sich zusammenzutun und mit ihrem Geld Lehman Brothers zu retten. Geithner war für den Plan, und ein paar Bosse von der Wall Street waren es offenbar auch. Geithner hatte an dem Tag bereits Anrufe von

John Thain von Merrill Lynch und Vikram Pandit von Citigroup erhalten, die genau eine solche Lösung vorschlugen.

Paulson machte sich außerdem große Sorgen, weil sowohl Bank of America wie Barclays zögerten, »durchs Ziel zu gehen«. Er hatte den deutlichen Eindruck, dass die Bank of America es nicht ernst meinte, und Barclays hatte es auch nicht eilig, zu einer Vereinbarung zu kommen. »Wissen Sie, das Problem mit den Briten ist, dass sie immer nur reden und nie zum Abschluss kommen«, sagte er. Speziell gegenüber Barclays' Chef John Varley hatte er Vorbehalte; aus seiner Zeit bei Goldman hatte er ihn als Schwafler in Erinnerung. »Lassen Sie mich eines sagen: Varley ist ein Schwächling.«

Womöglich am wichtigsten sei, betonte Paulson, dass sie es sich politisch nicht leisten konnten, staatliche Hilfe für Lehman zur Verfügung zu stellen, wie sie es für Bear Stearns getan hatten. »Ich kann nicht der Retter mit dem dicken Portemonnaie sein«, sagte er, und da alle Zuhörer bei der Konferenzschaltung die negativen Folgen einer Rettungsaktion bereits erlebt hatten, musste er sie nicht davon überzeugen, dass er das nicht wiederholen wollte.

Aber Geithner zögerte immer noch ein bisschen, öffentlich eine so harte Haltung einzunehmen. »Wir wollen die Leute nicht abschrecken«, sagte er. »Wir brauchen so viele Interessenten wie möglich.«

Doch er lenkte rasch ein, und die vier kamen überein: Sofern nicht noch ein Wunder geschah, würden sie am späten Freitag die CEOs der großen Wall-Street-Firmen anrufen und sie alle in die Notenbank von New York einladen. Dort würden sie sie dann zu einer privaten Lösung drängen.

Bis dahin, instruierte Paulson sie, sollte die eindeutige Botschaft lauten: *Keine staatlichen Rettungsaktionen.*

Brian Schreiber setzte seine dickrandige Brille ab und rieb sich die Augen. Den täglichen Geldflüssen bei AIG konnte er entnehmen, dass ihnen bald das Geld ausgehen würde, wenn sie nicht schnell Vermögenswerte verkauften. Nervös ging er die Liste der Leute durch, die er anrufen konnte und deren Firmen in der Lage wären, praktisch sofort Hilfe zu leisten.

Der erste Name, der ihm ins Auge fiel, war Chris Flowers. Sein Fonds hatte mehrere Milliarden Dollar verfügbar für Investitionen im Finanzdienstleistungssektor, und da Flowers selbst aus diesem Bereich kam, verstand er genug von der Versicherungsbranche, um schnell zu handeln, wenn er interessiert war. Sie hatten auch schon früher zusammengearbeitet; Flowers hatte sich in der Vergangenheit bereits darum bemüht, gemeinsam mit AIG ein paar kleinere Versicherungsunternehmen zu kaufen.

Schreiber erreichte Flowers im Büro von Sullivan & Cromwell, wo er immer noch Lehmans Bücher prüfte.

»Wir haben ein großes Problem«, eröffnete Schreiber das Gespräch. »Uns geht demnächst das Geld aus, und, nun ja, Sie wissen, also, wir haben nur ein oder zwei Möglichkeiten, das zu regeln.«

»Nun, ich stecke hier bis zum Hals in Lehman«, erwiderte Flowers. »Ich arbeite mit der Bank of America.«

»Gibt es eine Möglichkeit, dass Sie morgen herkommen könnten?«, insistierte Schreiber.

»Wir schauen uns die Sache an«, sagte Flowers unverbindlich; er wusste nicht, wann er mit Lehman fertig sein würde. Und dann fügte er noch hinzu: »Ich verstehe, dass es sehr wichtig ist.«

Nach dem Telefonat mit Geithner und Bernanke bestellte Paulson seine Kommunikationschefin Michele Davis in sein Büro.

»Ich habe mit Lewis und Diamond gesprochen. Sie sagen natürlich alle, dass sie Geld von der Regierung wollen. Und Pelosi und alle anderen sitzen uns im Nacken.« Man erzählte sich, die Sprecherin des Repräsentantenhauses habe kundgetan, dass sie nichts von weiteren Rettungsaktionen halte.

Michele Davis hatte einige Artikel mitgebracht, die in den großen Zeitungen und im Internet erschienen waren, und es war klar, dass eine mögliche neuerliche Rettungsaktion im Mittelpunkt der Nachrichten des nächsten Tages stehen würde.

Der Informationsdienst Dow Jones hatte kurz zuvor, um drei Minuten nach 19 Uhr, einen Artikel veröffentlicht: »Ein Verkauf der schwer unter Druck stehenden Lehman Brothers Holdings

Inc. ist wahrscheinlich, die Frage ist, wie Hilfe der Notenbank, wenn sie kommen sollte, öffentlich wirken würde.«[35]

Davis schüttelte den Kopf. »Es geht nicht, dass das morgen die Schlagzeilen beherrscht. Alle werden denken: *Oh, da kommt Hank mit dem Scheckbuch.* So wollen Sie nicht in die Verhandlungen gehen.« Weil sie selbst einmal Mitarbeiterin der Regierung gewesen war, kannte sie die Einstellung der Bush-Regierung zu der Frage und wusste, wie problematisch es in politischer Hinsicht war, die Möglichkeit einer Rettungsaktion für eine große Wall-Street-Firma überhaupt nur in Erwägung zu ziehen.

Und obwohl das Thema nicht angesprochen wurde, kannten sie und Paulson noch einen weiteren Grund, warum eine Rettungsaktion für Lehman schnell zu einem PR-Desaster werden konnte: Jeb Bush, der Bruder des Präsidenten, ehemaliger Gouverneur von Florida, arbeitete als Berater für Lehmans Abteilung Beteiligungskapital. George H. Walker IV., ein Cousin des Präsidenten, saß im Vorstand von Lehman. Und dann war da noch Paulsons Bruder Richard. Sie mussten es gar nicht aussprechen: Für die Presse wäre es ein Fest.

»Wir sollten ein paar Leute anrufen«, drängte sie; ein subtiler Hinweis, dass man an die Presse durchsickern lassen könnte, dass die Regierung keine Rettungsaktion für Lehman plante.

Paulson dachte über das Dilemma nach. Er hatte immer dafür plädiert, vorsichtig mit der Presse zu sein, und allein die Idee, aus taktischen Gründen etwas durchsickern zu lassen, missfiel ihm. Aber er traute Davis' Instinkt, und auf jeden Fall wollte er sich die Hände in dieser Sache nicht schmutzig machen.

»Tun Sie, was getan werden muss. Nur halten Sie mich heraus.«

Am Freitagmorgen blätterte Paulson als Erstes die Morgenzeitungen durch und suchte nach Spuren von Davis' Arbeit. Die Botschaft sollte eigentlich klar sein: *Lest es an unseren Lippen ab: Keine weiteren Rettungsaktionen.*

Die Stimmung in Washington war deutlich zu spüren: Man hatte keine Lust auf weitere Rettungen von Wall-Street-Firmen. Jeder, der etwas zu sagen hatte, sprach nur über »moral hazard«, als handelte es sich um eine sich ausbreitende Krankheit, die soeben die Dimension einer Pandemie erreicht hatte. Wenn man Lehman rettete, so schien die allgemeine Haltung, machte man Rettungsaktionen zur Standardlösung in einer Zeit, in der keine Firma sicher schien.

Und was konnte besser sein, als die Entscheidung der Regierung – hier ist das Ende der Fahnenstange – auf den Titelseiten aller großen Publikationen des Landes zu lesen? Paulson nahm zuerst erwartungsvoll die maßgebliche Finanzzeitung zur Hand, das *Wall Street Journal,* und war zutiefst enttäuscht. Der Aufmacher über die Finanzkrise schlich nur um das Thema herum, war nie richtig eindeutig, dachte er beim Lesen. Am nächsten kam der Reporter der Haltung des Finanzministeriums noch mit dem Satz: »Es wird nicht erwartet, dass Vertreter der Regierung ein Rettungspaket schnüren ähnlich dem für Bear oder der Rettung der beiden Hypothekengiganten Fannie Mae und Freddie Mac am letzten Wochenende.«[36]

In der *New York Times* war es noch schlimmer: »Aber während Finanzministerium und Notenbank an einem geordneten Verkauf von Lehman arbeiteten, war unklar, ob die Notenbank überhaupt einen Deal mittragen würde, vor allem nachdem die Bush-Regierung nur Tage zuvor die Kontrolle über die beiden größten Hypothekenfinanzierer übernommen hat.«[37]

Nein, das ist nicht das, was wir vermitteln wollten, dachte Paulson beim Lesen.

Er schlug den Leitartikel des *Journal* auf, wo es typischerweise etwas erhabener zuging, und fand Trost, wie die Konservativen schon so oft getan hatten, in den hyperintellektuellen und zuweilen stramm rechten Positionen des Blattes. Der wie üblich nicht namentlich gezeichnete Leitartikel war überschrieben »Lehmans Schicksal«, und der Tenor entsprach genau Paulsons Drehbuch.

»Bei Bear«, stand da zu lesen, »gab es immerhin die einigermaßen begründete Angst vor einem systemischen Risiko. Die Notenbank hatte ihr Diskontfenster für Investmentbanken noch nicht geöffnet, und deshalb bestand die Möglichkeit einer größeren Liquiditätspanik. Bei Lehman ist das weitaus weniger wahrscheinlich. Das Diskontfenster ist inzwischen weit offen für Merrill Lynch und Morgan Stanley, unter anderem, und die staatlichen Regulierungsbehörden hatten Monate Zeit, um sich einen Überblick über Lehmans Vermögenswerte und Vertragspartner zu verschaffen. Wenn der Staat eingreift, um nach Bear und Fannie Mae auch Lehman zu retten, werden wir in Zukunft keine Ausnahmen für Krisensituationen mehr haben. Stattdessen haben wir de facto die neue Politik, dass der Staat die Wall Street absichert, und das wird das Eingehen noch größerer Risiken begünstigen.«[38]

Ja, ja, alles richtig, dachte Paulson nach der Lektüre. Nur, es ging nicht weit genug. Er musste irgendwie allen Banken klarmachen, dass es keine Almosen mehr geben würde, keine »Jamie-Deals«. Und die Botschaft musste unmissverständlich sein.

Im Finanzministerium ging Paulson geradewegs den Flur hinunter zu Michele Davis und fragte missmutig: »Was sollen wir tun?«

»Ich würde vorschlagen, wir sagen heute, dass von uns kein Geld kommt, und am Sonntagabend sollten wir erklären, warum wir in die Enge getrieben waren«, empfahl Davis. »Wollen Sie, dass ich Liesman anrufe?«

Gemeint war Steve Liesman, bei CNBC zuständig für Wirtschaftsthemen, allgemein bekannt als »der Professor«. Davis hatte ein gutes Verhältnis zu ihm und schon früher erfolgreich Informationen durchsickern lassen; Paulson fand ihn sympathisch und war sicher, dass er auf ihrer Seite stand. Liesman konnte die Botschaft schnell und korrekt verbreiten.

Ja, der Professor. Paulson lächelte. *Er wird wissen, was hier zu tun ist.*

Ed Herlihy saß in seinem Büro und arbeitete an dem Kaufangebot der Bank of America. Daneben lief der Fernseher ohne Ton, bis er um 21.45 Uhr bei CNBC eine Laufzeile unten auf dem Bild sah: »Eilmeldung: Quelle: Es wird kein staatliches Geld für die Lösung der Situation bei LEH geben.«[39] Schnell drehte Herlihy den Ton auf und hörte, was Steve Liesman zu David Faber sagte, dem Fusionsreporter des Senders.

»Ich möchte mit einem Kommentar beginnen, den ich von einer Person aus dem Umfeld von Paulson, Finanzminister Hank

Paulson, erhalten habe. Er sagt, es werde kein staatliches Geld zur Lösung dieser Situation geben.«

Herlihy drehte den Ton noch lauter.

»Sie sagen, der Lehman-Deal sei aus zwei Gründen anders«, fuhr Liesman fort. »Der Markt wusste Bescheid und hatte mehr als sechs Monate Zeit, sich vorzubereiten, und zweitens gibt es jetzt PDCF [Primary Dealer Credit Facility], das heißt Investmentbanken haben Zugang zu Notfallkrediten der Notenbank, und das ermöglicht einen geordneten Ablauf.«

Das musste erst einmal verdaut werden, und »der Professor« übergab das Wort an seinen Kollegen. »David, was halten Sie davon?«

»Ein interessantes Spiel auf Risiko«, erwiderte Faber. »Wäre die Regierung bereit zu sagen: ›Hey, ihr seid auf euch allein gestellt?‹ Die Meinungen sind geteilt, wie hoch das Risiko für die Gläubiger letztlich ist, für alle, die in den Markt mit den Kreditversicherungen involviert sind, wo Lehman sicher bei vielen Geschäften Vertragspartner ist.«

Liesman ergänzte: »Ich bin sicher, dass die Notenbank nach einer Situation sucht, in der sie sagen kann: ›Da draußen gibt es nun mal Risiken. Du bekommst einen Treffer ab, wenn du die letzten sechs Monate nicht aufgepasst hast.‹«

Herlihy konnte nicht glauben, was er da hörte, und stürzte in den Konferenzraum gegenüber, wo ein Heer von Bankern und Managern der Bank of America Dokumente analysierte.

»Haben Sie mitbekommen, was sie gerade auf CNBC gesagt haben?«, fragte er Curl, fast atemlos. Curl hatte es nicht mitbekommen, schien aber leicht verärgert, dass man ihm überhaupt eine solche Frage stellte.

»Also, wir haben hier ein echtes Problem«, insistierte Herlihy, als er merkte, dass niemand im Raum richtig reagierte.

Er berichtete die Einzelheiten aus dem Interview mit Liesman, aber Curl verdrehte nur die Augen. *Warum nahm Herlihy diesen CNBC-Beitrag so ernst?* Für ihn war der Sender eine einzige Gerüchteküche.

»Das kommt aus dem Finanzministerium«, versuchte es Herlihy noch einmal. »Von Paulson. Sie wollen uns etwas mitteilen!«

Herlihy kannte sich mit Medien gut genug aus, um zu wissen, wie das Spiel funktionierte: Gerade einmal eine Woche zuvor, als er während der Übernahme von Fannie und Freddie im Finanzministerium gewesen war, hatte er beobachtet, wie das Ministerium über seinen Lieblingsreporter Liesman geschickt Nachrichten an die Öffentlichkeit lancierte.

Die Anwesenden murrten, als selbst Curl zugab, dass Herlihy womöglich recht hatte.

»Was glauben Sie, wie ernst ist es ihnen?«, fragte Curl.

Bevor John Thain zum zweiten Tag der Konferenz des Verwaltungsrats von BlackRock fuhr, beschloss er, eine Telefonkonferenz mit seinem eigenen Verwaltungsrat abzuhalten. Die Märkte taumelten, und die Gerüchte überschlugen sich, da wollte er öffentlich klarstellen, dass Merrill solide dastand. Am Morgen war bereits Malcolm Polley, Leiter der Investmentabteilung bei Stewart Capital Advisors, in einer Meldung mit den Worten zitiert worden: »Ich denke, der Markt sagt, wenn Lehman untergeht, ist Merrill wahrscheinlich das nächste Opfer.«

Thain informierte die Verwaltungsräte zuerst über die jüngsten Bewegungen am Markt, die kein Ende der Talfahrt erkennen ließen. Ein Blick auf die Futures zeigte, dass die Aktien am nächsten Tag vermutlich tiefer eröffnen würden. Am Tag zuvor hatte Merrill 16 Prozent verloren, nun würde es wohl noch schlimmer werden.

Das Gespräch kam bald auf Lehman. Thain berichtete dem Verwaltungsrat, was er wusste – im Wesentlichen das, was auch in den Zeitungen gestanden hatte, mit dem Unterschied, dass Thain seine Informationen direkt von Geithner bekommen hatte: Bank of America und Barclays konkurrierten darum, Lehman zu kaufen.

John Finnegan, CEO des Versicherungsunternehmens Chubb, klang besorgt. »Lehman bricht zusammen, und dann sind die Leerverkäufer hinter uns her«, sagte er zu Thain. »Sagen Sie mir, dass diese Geschichte anders ausgeht.«[40]

Thain ärgerte sich über die Bemerkung, er hatte es noch nie gemocht, wenn man an seinen Worten zweifelte. »Wir sind nicht

Lehman.« Seine Augen blitzten hinter den Brillengläsern. Und er wiederholte noch einmal mit Nachdruck: »*Wir sind nicht Lehman.*«[41]

Dann fasste er sich wieder und zählte ganz ruhig die Vorteile von Merrill auf: »Wir haben eine Vermögensverwaltung, die wertvoll ist und bleibt, egal, was kommt. Und uns gehört die Hälfte von BlackRock, die ebenfalls wertvoll ist und bleibt. Unsere Aktie wird nicht auf null fallen.«

Fuld wurde langsam unruhig. Es war inzwischen halb zehn, die Lehman-Aktie hatte um 9 Prozent tiefer bei 3,84 Dollar eröffnet, und er hatte seit mehr als zwölf Stunden nichts mehr von Diamond gehört.

»Nun, wo stehen wir?«, fragte Fuld, als er Diamond endlich erreichte.

»Ich habe buchstäblich in diesem Augenblick das Okay von meinem Verwaltungsrat bekommen, dass wir weitermachen können«, sagte Diamond, der erst nach Mitternacht von London nach New York zurückgekommen war. »Wir haben gerade mit der Prüfung Ihrer Berichte angefangen.«

Doch dann entschied Diamond, dass er offen sein musste gegenüber Fuld. »Ehrlich gesagt«, begann er steif, » ist das eine scheußliche Situation für Sie, denn wir werden nur interessiert sein, wenn der Preis wirklich verzweifelt ist.«

Fuld lehnte sich in seinem Schreibtischstuhl zurück und blickte Russo an, der ihm gegenüber Platz genommen hatte. Er verstand.

»Wir beide sollten miteinander reden, denn Sie sollten genau wissen, wie meine Ideen aussehen, meine Pläne«, fuhr Diamond fort. Er schlug vor, dass man sich zu Mittag im Racquet and Tennis Club treffen sollte, einem Club in der Park Avenue, Ecke Fifty-second Street, zu dem nur Mitglieder Zutritt hatten. Dort würden sie ein privates Besprechungszimmer bekommen können.

»Nein, nein. Sie verstehen das nicht. Ich kann hier nicht rausgehen«, wehrte Fuld ab. »Da draußen wimmelt es von Fotografen. Warum kommen Sie nicht her? Wir können Sie durch den Hintereingang hereinschleusen. Ich schicke Ihnen meinen Wagen.«

Inzwischen war Hank Paulson wegen der Probleme bei Lehman so beunruhigt, dass er kaum bemerkte, dass seine Assistentin Christal West etwas von ihm wollte. Sie hatte Alistair Darling am Telefon, den britischen Finanzminister.

Paulson kannte Darling seit nunmehr zwei Jahren, und obwohl sie sich diesseits und jenseits des Atlantiks besucht hatten, war ihr Verhältnis distanziert geblieben. Paulson hielt Darling mehr für einen Politiker als für einen Geschäftsmann, er hatte nicht im Entferntesten die gleiche Erfahrung mit Finanzmärkten wie Paulson. Aber Paulson respektierte Darlings Urteilsvermögen und bewunderte, wie rasch und entschlossen er ein Jahr zuvor gehandelt hatte, als Northern Rock, eine der größten Hypothekenbanken in England, am Rand des Zusammenbruchs gestanden hatte. Darling hatte einen Sturm auf die Bank verhindert, indem er die Bank of England autorisierte, Northern Rock Milliarden zu leihen zur Absicherung ihrer Einlagen. Für Paulson war das ein früher Weckruf gewesen.

Darling war gerade von einer eintägigen Konferenz mit anderen europäischen Finanzministern in Nizza zurückgekehrt. Er plauderte ein wenig, und nach einer verlegenen Pause sagte er, er rufe wegen Barclays an. »Sie sollten wissen, dass uns dieser Deal erhebliche Kopfschmerzen bereitet.«

Paulson versuchte ihn zu beruhigen, erklärte, dass es da noch einen anderen Interessenten gebe, die Bank of America. Er sprach über die systemische Bedeutung von Lehman Brothers für die globale Wirtschaft und betonte, dass Barclays durch eine Einigung mit Lehman zu einem internationalen Giganten mit der Macht der Wall Street im Rücken aufsteigen würde. Paulson berichtete, dass er versuche, ein Bankenkonsortium zusammenzubringen, das entweder Barclays oder Bank of America helfen würde.

Darling brachte dennoch mit typisch britischem Understatement weiterhin seine Bedenken gegen einen möglichen Kauf vor. Beharrlich sagte er: »Barclays sollte sich nicht mehr Risiko aufladen, als sie tragen können.«

Paulson schob seine Bedenken beiseite und versprach Darling, er werde ihn übers Wochenende auf dem Laufenden halten.

Bob Diamond fuhr in Fulds Mercedes bei der Lehman-Zentrale vor und wurde durch den Hintereingang hineingeführt, weit genug weg von den Heerscharen von Kameraleuten, die den Vordereingang belagerten. Damit auch die Mitarbeiter möglichst wenig von dem Besucher zu sehen bekamen, eskortierten ihn die Sicherheitsleute zu einem Lastenaufzug und dann auf direktem Weg in Fulds Büro.

Fuld bot ihm eine Tasse Kaffee an. Fulds Gesicht war sorgenzerfurcht, Diamond hatte nicht geschlafen – beide sahen schrecklich aus.

Diamond hatte es sichtlich eilig, zu Simpson Thacher zu kommen, wo seine Banker soeben mit der detaillierten Unternehmensprüfung begonnen hatten; er wollte sich die Zahlen selbst genau anschauen. Er erläuterte Fuld seinen Tagesplan und diskutierte dann die verschiedenen Synergien und Überschneidungen zwischen ihren beiden Firmen.

Mitten in der Präsentation unterbrach ihn Fuld: Er habe etwas auf dem Herzen. Mit beinahe beängstigendem Nachdruck begann er zu sprechen.

»Schauen Sie mir in die Augen«, sagte er. »Hier oben ist nicht genug Platz für uns beide. Wir beide wissen das.« Fuld machte eine Pause und hielt seinen Blick auf Diamond geheftet. »Ich werde zurücktreten, zum Wohl der Firma.«

Für Fuld war es das größte Zugeständnis, das er machen konnte: die Firma aufgeben, die er liebte.

Diamond war verwirrt. Er hatte nie daran gedacht, dass Fuld bleiben könnte, er wollte nicht, dass Fuld blieb.

»Wenn ich beim Übergang etwas tun kann, mit Kunden helfen kann, Sie wissen, dann werde ich es tun«, bot Fuld an.

»Ich habe immer gehört, dass Sie ein anständiger Mann sind«, erwiderte Diamond tröstend, »nun haben Sie es bewiesen.«

Nach zwanzigminütiger mühsamer Fahrt durch den dichten Verkehr auf dem FDR Drive traf Chris Flowers kurz vor Mittag endlich bei AIG ein. Man führte ihn in ein Besprechungszimmer, wo Willumstad, Schreiber, Steven J. Bensinger (der Finanzchef) und einige andere bereits warteten. Schreiber reichte eine einseitige

Hiroko Masuike/World Picture Network

Erin Callan, zeitweilig Finanzchefin von Lehman Brothers, erregte mit Aufnahmen wie dieser, die im *Wall Street Journal* erschien, Neid und Missgunst in der Firma.

Chip Somodevilla/Getty Images News

Warren Buffett (rechts), reichster Investor der Welt, und sein Freund und ehemaliger Bankier Hank Paulson (links). Buffett fungierte als wichtiger Berater Paulsons im Hintergrund und erwog Lehman und AIG zu helfen. Er kaufte schließlich Goldman-Anteile.

Chip Somodevilla/Getty Images News

Jamie Dimon (links), CEO von JP Morgan Chase, und Lloyd Blankfein (rechts), CEO von Goldman Sachs. Blankfein beschuldigte JP Morgan in den Tagen der Krise, Falschinformationen über Goldman zu lancieren.

Ron Sachs/Corbis

Robert Willumstad (links), CEO von AIG, und der ehemalige AIG-CEO Martin Sullivan. Willumstad überbrachte Sullivan die Nachricht von seiner Entlassung.

Yoshikazu Tsuno/AFP/Getty Images

US-Finanzminister Paulson (links) und sein britischer Amtskollege Alistair Darling (rechts). Darling hatte schwere Bedenken gegen die Übernahme von Lehman durch Barclays.

Mario Tama/Getty Images News

John Thain (links), CEO von Merrill, und Ken Lewis (rechts), CEO der Bank of America, nach der Fusion der Firmen. Lewis feuerte Thain bald darauf.

Mark Wilson/Getty Images News

John Mack (links), CEO von Morgan Stanley, und Vikram Pandit, CEO von Citigroup. Die beiden berieten über eine Fusion.

Calendar List	9/16/2008 - 9/17/2008	SECRETARY PAULSON.OR4

Calendar

	Start	End	Category	Description
16 Sep 2008	8:00 PM	8:05 PM		Call from FED Chairman Bernanke and Tim Geithner
	8:05 PM	8:25 PM		Call from Senator Barack Obama - (b) (6) [redacted]
	8:25 PM	8:35 PM		Call to Senator Barack Obama
	8:35 PM	8:45 PM		Call to Keith Hennessey
17 Sep 2008	7:10 AM	7:20 AM		Call from the President
	7:20 AM	7:40 AM		Call from Tim Geithner
	7:40 AM	7:45 AM		Call to Jaime Dimon, JP Morgan, left word
	7:45 AM	7:50 AM		Call from Sheila Bair, FDIC
	7:50 AM	8:00 AM		Call to Tim Geithner
	8:15 AM	8:20 AM		Call to Dick Fuld, Lehman Brothers
	8:20 AM	8:30 AM		Call to Jamie Dimon, JP Morgan
	8:30 AM	8:35 AM		Call to SEC Chairman Chris Cox
	8:35 AM	8:50 AM		Staff Meeting, Secretary's Large Conference Room
	8:50 AM	9:05 AM		Call to Congressman Steny Hoyer, left word
	9:05 AM	9:10 AM		Call to FED Chairman Ben Bernanke, left word
	9:10 AM	9:15 AM		Call to Lloyd Blankfein, Goldman Sachs
	9:15 AM	9:20 AM		Call to SEC Chairman Chris Cox
	9:20 AM	9:30 AM		Phone Call with Russian Finance Minister Kudrin
	9:30 AM	9:50 AM		Drop by Ken's Meeting with Richard Davis, President and CEO USB and Andy Cecere, CFO and Vice Chairman, Ken Wilson's Office
	9:50 AM	10:05 AM		Call to FED Chairman Ben Bernanke, left word
	10:05 AM	10:10 AM		Call to Tim Geithner, left word
	10:10 AM	10:20 AM		Call to SEC Chairman Cox
	10:20 AM	10:25 AM		Call to Tim Geithner
	10:25 AM	10:30 AM		Call to Senator Richard Shelby, left word
	10:30 AM	10:35 AM		Call to Senator Chris Dodd, left word
	10:35 AM	10:40 AM		Call to Congressman Barney Frank, left word
	10:40 AM	10:45 AM		Call to Congressman Spencer Bachus
	10:45 AM	10:50 AM		Call to Congressman John Boehner
	10:50 AM	10:55 AM		Call to Josh Bolten
	10:55 AM	11:00 AM		Call to Congressman Barney Frank
	11:00 AM	11:05 AM		Call to Ed Herlihy
	11:05 AM	11:15 AM		Call to Congressman John Boehner
	11:30 AM	12:00 PM		Phone Interview with Greg Ip, The Economist
	12:05 PM	12:10 PM		Call to Josh Bolten
	12:10 PM	12:15 PM		Call to SEC Chairman Chris Cox
	12:15 PM	12:20 PM		Call to Lloyd Blankfein, Call to Tim Geithner
	12:20 PM	12:25 PM		Call to FED Chairman Bernanke
	12:25 PM	12:30 PM		Call from John Thain
	12:30 PM	12:40 PM		Call to FED Chairman Bernanke
	12:40 PM	12:50 PM		Call to Senator Chris Dodd
	12:50 PM	12:55 PM		Call to FED Chairman Bernanke
	12:55 PM	1:00 PM		Economic Principals Lunch, Ward Room, White House
	1:00 PM	1:05 PM		Call to SEC Chairman Chris Cox
	1:05 PM	1:10 PM		Call to John Mack, Morgan Stanley
	1:10 PM	1:15 PM		Call to Tim Geithner
	1:15 PM	1:20 PM		Call to Senator Richard Shelby

Paulsons Kalender und Telefonprotokoll spiegelt die hektischen Aktivitäten auf dem Höhepunkt der Krise. Das Protokoll verzeichnet am 17. September 2008 zwischen 7 Uhr und 20.55 Uhr 69 Anrufe und Meetings. Nicht festgehalten sind Anrufe zu Hause und über das Mobiltelefon.

Am Abend vor der Bekanntgabe des 700-Milliarden-Dollar-Rettungsplans TARP informierten Paulson und Notenbankchef Bernanke führende Kongressmitglieder.

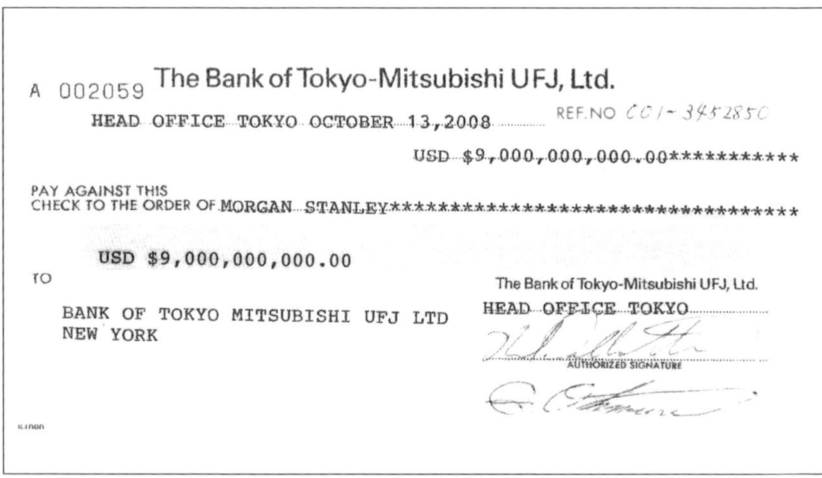

A 002059 The Bank of Tokyo-Mitsubishi UFJ, Ltd.

HEAD OFFICE TOKYO OCTOBER 13,2008 REF.NO CO1-3452850

USD $9,000,000,000.00***********

PAY AGAINST THIS
CHECK TO THE ORDER OF MORGAN STANLEY*************************************

USD $9,000,000,000.00

TO

BANK OF TOKYO MITSUBISHI UFJ LTD
NEW YORK

The Bank of Tokyo-Mitsubishi UFJ, Ltd.
HEAD OFFICE TOKYO
AUTHORIZED SIGNATURE

Wegen eines Feiertags überbrachten Abgesandte von Mitsubishi UFJ das Geld für ihr Investment bei Morgan Stanley persönlich in Form eines 9-Milliarden-Dollar-Schecks.

THE WHITE HOUSE

WASHINGTON

September 17, 2008

MEMORANDUM FOR HENRY M. PAULSON, JR.
SECRETARY, U.S. DEPARTMENT OF THE TREASURY

FROM FRED F. FIELDING
COUNSEL TO THE PRESIDENT

SUBJECT WAIVER UNDER 18 U.S.C. § 208(b)(1)

This memorandum provides a waiver, pursuant to 18 U.S.C. § 208(b)(1), that will allow you to participate in your position as Secretary of the United States Department of the Treasury, in particular matters affecting certain disqualifying financial interests in a defined benefit pension plan through your former employer, the Goldman Sachs Group, Inc. This waiver is based on disclosure of your financial interests and consideration of the nature and circumstances of the particular matters in which you may be involved as Secretary. Given the size of your overall investment portfolio, your financial interests in the matters covered by this waiver are not so substantial as to be likely to affect the integrity of your services to the Government.

Executive Branch employees are prohibited by 18 U.S.C. § 208(a) from participating personally and substantially in an official capacity in any particular matter that has a direct and predictable effect on either their financial interests or the interests of certain other persons whose interests are imputed to them. With the exception of your financial interest in the defined benefit pension plan for which this waiver is being issued, you may not participate personally and substantially in any particular matter that will have a direct and predicable effect on your financial interests or those of anyone whose interests are imputed to you, unless you first obtain a written waiver, pursuant to 18 U.S.C. § 208(b)(1), or qualify for a regulatory exemption, pursuant to 18 U.S.C. § 208(b)(2).

The term "particular matter" includes only matters that involve deliberation, decision, or action that is focused on the interests of specific persons, or a discrete and identifiable class of persons. The term may include matters that do not involve formal parties and may extend to legislation or policy making that is narrowly focused on the interests of a discrete and identifiable class of persons.

In your position as Secretary of the United States Department of the Treasury, you are responsible for serving the American people and strengthening national security by managing the U.S. Government's finances effectively, promoting economic growth and stability, and ensuring the safety, soundness, and security of the United States and international financial systems.

Morgan Stanley

Paulson erhielt einen »waiver«, eine Freistellung von der von ihm unterzeichneten Ethikvereinbarung, damit er an den Verhandlungen über das Schicksal seines ehemaligen Arbeitgebers Goldman Sachs teilnehmen konnte.

Alex Wong/Getty Images News

Dick Fuld von Lehman Brothers, umringt von erbosten Demonstranten, die ihn nach einer Kongressanhörung als »Crook«, Betrüger, beschimpfen.

Robert Kindler

Als die Krise abflaute, ließ sich Robert Kindler, Vizevorsitzender von Morgan Stanley, ein Nummernschild anfertigen als Witz wie als Erinnerung, dass »niemand zu groß ist, um zu scheitern« (Too big to fail).

Auflistung der Liquiditätsabflüsse der Firma herum, die wie ein Kalender aufgebaut war: Für jeden Tag von Freitag bis zum nächsten Mittwoch waren verschiedene Szenarios skizziert, je nachdem, wie Moody's das Kreditrating festsetzte. Falls die Manager bis jetzt noch nicht begriffen hatten, in welcher Notlage AIG steckte, wurde ihnen das mit Schreibers Papier sehr deutlich. Bis Mittwoch fehlten der Mutterfirma 5 Milliarden Dollar, und mit jedem Tag wurde der Fehlbetrag größer.

Flowers riss die Augen auf, als er die Zahlen studierte. »Ihr habt wirklich ein Problem.«

»Ja«, stimmte Willumstad zu, »aber wenn uns die Kapitalbeschaffung gelingt, dürfte alles wieder in Ordnung sein.«

»Habt ihr schon mal an Kapitel 11 gedacht?«, platzte Flowers heraus. Es war, als hätte er ein Stromkabel berührt.

»Warum sagen Sie so etwas?«, fragte Bensinger sichtlich aufgebracht.

»Nun, also, ich kann Ihnen versichern, wenn Sie am Mittwoch nicht 5 Milliarden beibringen, werden die Leute richtig, *richtig* ärgerlich, und dann können Sie anrufen, wen Sie wollen, niemand wird glücklich sein, wenn Sie Mittwoch nicht bezahlen.«

In dem Augenblick rief Jamie Dimon an und wurde über die Freisprechanlage zugeschaltet.

Schreiber schilderte die möglichen Liquiditätsprobleme und die Pläne, sie zu lösen. »Ich habe mir ein Verfahren für das Wochenende überlegt«, sagte er und erklärte, dass sie am Nachmittag beginnen würden, potenzielle Interessenten anzusprechen. Er ging die verschiedenen Abteilungen der Firma durch und erläuterte, wie viel Liquidität jede hatte.

Dimon schnitt ihm rasch das Wort ab. »Sie sind klug, aber was Sie da beschreiben, ist Mist.« Schreibers Szenario für den schlimmsten Fall sei nicht annähernd schlimm genug. Dimon ätzte: »Ihr habt keine Ahnung, was ihr da macht. Das ist amateurhaft, jämmerlich.«

Zu allem Überfluss fand Dimon auch noch, sie hätten ihre Zahlen nicht richtig gelesen. Soweit er es beurteilen konnte, betete Schreiber nur ein Sammelsurium von Zahlen herunter, die man nie in Beziehung zueinander gesetzt und im Gesamten analysiert hatte.

»Sie müssen sich erst mal mit den Zahlen befassen«, sagte Dimon, »den richtigen Zahlen. Sie müssen sich hinsetzen und sich ein Bild von dem tatsächlichen Loch machen, nicht von einem fantasierten Loch. Wie ist das Volumen der Leihegeschäfte? Sie müssen jeden einzelnen Vertrag durchgehen, alles umgraben, richtig arbeiten. Dann brauchen Sie eine Liste, wer Ihnen vielleicht helfen kann, das Loch zu stopfen. Das ist was anderes, als wenn Sie bei Ihrer Kreditkartenabrechnung im Verzug sind.«

Willumstad starrte schweigend auf die Telefonanlage. Er kannte das zur Genüge von ihrer Zeit bei Sandy Weill: Jamie Dimon war ein Hitzkopf. *Am besten ignorieren,* dachte er. Das Schlimmste an Dimons Tirade war allerdings, dass er womöglich recht hatte.

Das AIG-Team bemühte sich, das Gespräch wieder auf ein weniger verfängliches Terrain zurückzubringen. Flowers schlug vor, Warren Buffett anzurufen. Er kannte Buffett nicht besonders gut; bei ihrer letzten Unterredung hatte Flowers versucht, ihn an jenem verhängnisvollen Wochenende im März zum Kauf von Bear Stearns zu bewegen. In Krisenzeiten – wenn möglichst sofort ein großer Scheck ausgestellt werden musste – war Buffett offenbar der bevorzugte Ansprechpartner.

»Warren!«, meldete sich Flowers enthusiastisch, als er Buffett erreicht hatte, als wären sie beste Freunde. Flowers erinnerte ihn an ihre letzten Geschäfte und kam dann gleich auf den Grund seines Anrufs zu sprechen. Er habe ein Papier vor sich liegen, aus dem hervorgehe, dass AIG bald kein Geld mehr haben werde. Die Tabelle sei so dürr und so dilettantisch angelegt, dass »ich erst dachte, ich könnte sie für die Abrechnung meiner Lebensmitteleinkäufe verwenden«.

Am anderen Ende der Leitung war Buffett hörbar amüsiert, und Flowers fuhr fort. »Das ist hier ein Haufen Dilettanten!« Nach einer bedeutungsschweren Pause setzte er hinzu: »Aber hier steckt viel Wert drin.« Flowers erklärte, er wünsche sich, dass Buffett 10 Milliarden Dollar in AIG investiere, er hoffe, sie könnten gemeinsam investieren.

Doch Buffett schien kein sonderliches Interesse zu haben, sich in ein solches Durcheinander verwickeln zu lassen. »Wissen Sie, ich habe nicht mehr so viel Geld, wie ich einmal hatte«, sagte er lachend. »Ich bin gerade nicht besonders flüssig.« Buffett wusste auch nicht, ob er sich in einen Kampf zwischen Hank Greenberg und Eli Broad einmischen wollte, die beide Krieg gegen die Firma führten. Das Einzige, was ihn an AIG vielleicht interessieren könne, beschied er Flowers, sei der Bereich Schaden- und Unfallversicherung.

»Hören Sie, das hier könnte eine echte Chance sein«, stimmte Flowers zu. »Sprechen Sie wenigstens mit Willumstad. Ich sage ihm, er soll Sie anrufen.«

Flowers ging ins Besprechungszimmer zurück und sagte, Buffett sei wohl nicht interessiert, aber Willumstad solle ihn dennoch anrufen.

Willumstad, der Buffett nie begegnet war, rief an und brachte sein Anliegen vor, aber Buffett unterbrach ihn.

»Ich habe mir den 10-K-Bericht angeschaut«, sagte er. »Die Firma ist zu kompliziert. Ich traue mir das nicht zu. Also, mit uns wird das nichts. Lassen wir es dabei. Sie haben genug zu tun.«

Aber einen Strohhalm hielt er doch noch hin. »Falls Sie ein paar Anlagen verkaufen wollen, könnte es sein, dass ich Interesse habe … aber ich weiß es nicht genau.«

Willumstad dankte Buffett, dass er sich die Zeit genommen hatte, und knallte das Telefon frustriert auf den Tisch.

Gegen Mittag brodelte die Gerüchteküche bei Lehman: Angeblich war der Verwaltungsrat drauf und dran, Fuld zu feuern. Da die Aktie um weitere 9,7 Prozent auf 3,71 Dollar gefallen war, wurde diese Möglichkeit nun ganz offen nicht nur in den Büros, sondern auch in den Medien diskutiert.

Mittlerweile war auch in den Handelsräumen der Ärger spürbar. Die Lehman-Mitarbeiter stellten insofern einen Sonderfall an der Wall Street dar, als sie ein Viertel der Aktien des Unternehmens besaßen. Wegen all der Klagen, an der Wall Street werde nur kurzfristig gedacht, hatten die meisten Lehman-Angestellten eine Sperrfrist von fünf Jahren, was bedeutete, dass große Teile ihres Vermögens in der Firma gebunden waren und sie die Aktien nicht verkaufen konnten. Bis Freitag hatten die Aktien gegenüber dem 31. Januar 93 Prozent verloren, 10 Milliarden Dollar hatten sich in nichts aufgelöst. (Fuld, der 1,4 Prozent des Unternehmens besaß – etwa 10,9 Millionen Aktien –, hatte 649,5 Millionen Dollar verloren.) Noch schlimmer war: In einer Art grausamer Ironie hatten die Lehman-Angestellten an diesem Morgen eine Mitteilung erhalten, dass sie die Aktien ohne Sperrfrist, die sie besaßen, nicht verkaufen konnten; es war die übliche Sperrmitteilung, die sie jedes Quartal um die Zeit der Bekanntgabe der Ergebnisse bekamen und die ihnen für mehrere Wochen den Verkauf ihrer Aktien untersagte.

Die Gerüchte über Fulds mögliche Entlassung kochten förmlich über, als sich an diesem Morgen die Nachricht verbreitete, dass John D. Macomber, ein Mitglied des Verwaltungsrats von Lehman und ehemaliger CEO des Chemiegiganten Celanese, in der Firmenzentrale eingetroffen und in den 31. Stock gefahren sei. Fast ein Dutzend Leute hielten sich in Fulds Eckbüro auf und beobachteten, wie der 80-jährige Macomber den Flur entlanghinkte. Einige zogen sich zurück; sie erwarteten, dass sie ohnehin gleich gebeten würden zu gehen.

»Bleiben Sie«, befahl Macomber.

Fuld, der mitgenommen aussah, reichte Macomber die Hand zur Begrüßung. Er rechnete nicht damit, dass er gefeuert würde, aber er spürte die Nervosität im Raum.

»Ich möchte mit Ihnen reden«, begann Macomber. Während einige Banker erwarteten, er würde Fuld mitteilen, dass seine Dienste nicht länger vonnöten seien, setzte er zur allgemeinen Überraschung zu einer aufrüttelnden Rede an, um die Truppen um sich zu scharen.

»Ich möchte, dass alle hier in diesem Raum wissen, dass *ich* weiß, dass Sie Ihre Sache gut gemacht haben. Das war einfach Pech. Wir stehen hundertprozentig hinter Ihnen *allen.*«

Wie es aussah, war der Verwaltungsrat weiterhin loyal zu Fuld.

Rodgin Cohen war noch im Büro von Sullivan & Cromwell und versuchte weiter, die Bank of America dazu zu bringen, dass sie Lehman kauften. Aber er merkte, dass etwas passiert war; Greg Curls Körpersprache hatte sich verändert, und das BofA-Team wirkte, als hätten sie ein paar Gänge zurückgeschaltet, als hätten sie sich bereits gegen ein Kaufangebot entschieden.

Cohen war einer der wenigen Anwälte in der Stadt, der direkten Zugang zu Tim Geithner hatte. Er wählte die Nummer von Geithners Büro, um seinen Verdacht loszuwerden, dass die harte Haltung, mit der die Regierung jede Hilfe abgelehnt hatte, die Bank of America womöglich vertrieben hatte.

»Ich glaube nicht, dass dieses Geschäft ohne staatliche Hilfe zustande kommen kann«, betonte Cohen. »Vielleicht bluffen sie uns gegenüber, vielleicht Ihnen gegenüber. Aber wir können es nicht riskieren, es nur für Bluff zu halten.«

Geithner hatte am Tag zuvor Paulson gegenüber ähnliche Sorgen formuliert und zu hören bekommen, er solle sich zurückhalten, weshalb seine Antwort knapp ausfiel: »Sie können nicht auf Staatshilfe hoffen.«

Gegen 14.20 Uhr, als die Lehman-Aktie um weitere 6 Prozent auf 3,59 Dollar gefallen war, verließ ein sichtlich erschöpfter Hank Paulson das Finanzministerium und machte sich auf den Weg zum Flughafen. Dan Jester, Jim Wilkinson und seine Assistentin Christal West stiegen mit ihm in den Suburban. Christopher Cox wollte am Flughafen zu ihnen stoßen.

Bei einem Telefongespräch nur ein paar Stunden zuvor hatten er und Geithner offiziell entschieden, das in Sachen Lehman *irgendetwas* unternommen werden musste.

Wenn sie wirklich alle CEOs von der Wall Street zusammenbringen und versuchen wollten, sie zu einer privatwirtschaftlichen Lösung zu drängen, dann war es jetzt höchste Zeit dafür. Am Montag würde Lehman nicht mehr zu retten sein. »Wir haben nur das Wochenende«, erinnerte er sie.

Sie einigten sich, um 18 Uhr in der New Yorker Notenbank ein Meeting anzusetzen. Geithners Büro würde die CEOs erst nach 16 Uhr, also nach Börsenschluss, anrufen. Das Letzte, was sie brauchen konnten, war, dass etwas über dieses Meeting durchsickerte.

Paulson, der normalerweise mit US Airways nach New York flog, weil die Fluggesellschaft Regierungsangehörigen Rabatt gab – Wendy hatte ihm immer Vorhaltungen gemacht, wenn er in einem Privatjet flog –, organisierte einen Charterflug nach New York. Er konnte keine Verspätung riskieren, die Sache war zu wichtig, und das Wetter war schrecklich. Er war in Sorge, dass das Flugzeug womöglich nicht starten konnte.

Auf der Fahrt zum Dulles Airport murmelte Paulson fast unhörbar vor sich hin: »Gott steh uns bei.«

Kapitel vierzehn

Lloyd Blankfein schlenderte durch den Green Room des Hilton-Hotels an der Fifty-third Street der Sixth Avenue. Er wartete auf seinen Auftritt auf dem Service Nation Summit, einer jährlich stattfindenden Konferenz, die von gemeinnützigen Organisationen zur Förderung des Ehrenamts in Amerika veranstaltet wurde. Blankfein – wie üblich im blauen Anzug und mit gebügeltem weißen Hemd und blauer Krawatte – war für eine der Hauptreden zum Goldman-Sachs-Programm *10 000 Women* vorgesehen, das Frauen in Entwicklungs- und Schwellenländern zu einer Ausbildung in der Geschäftswelt und im Managementbereich verhilft. Blankfein sollte nach Gouverneur Arnold Schwarzenegger und vor Hillary Clinton sprechen.

Clinton, die auf der anderen Seite des Green Room Anrufe beantwortet hatte, kam zu ihm herüber und fragte höflich, ob sie ihre Rede vor ihm halten dürfe. Sie müsse zu einem Dinner. Blankfein, der sie in den Vorwahlen gegen Barack Obama unterstützt und ihr 4600 Dollar gespendet hatte,[1] war ein Fan von ihr. Da bei ihm selbst keine dringenden Geschäfte anstanden, ließ er ihr gerne den Vortritt.

Zwei Minuten später klingelte sein Mobiltelefon. »Wir haben einen Anruf von der Fed bekommen. Um 18 Uhr findet eine Sitzung für sämtliche CEOs der Banken statt«, teilte ihm seine Sekretärin aufgeregt und nervös mit. »Paulson, Geithner und Cox nehmen daran teil.«

Das ist es, dachte Blankfein, *the big one*: Paulson versammelte »die Familien« für einen Versuch, Lehman Brothers zu retten.

Blankfein blickte auf seine Uhr. Es war kurz vor 17 Uhr. Schwarzenegger schwatzte noch, und dann käme erst einmal Clinton.

Er versuchte Goldmans Co-Präsidenten Gary Cohn zu erreichen, um genauere Informationen zu bekommen, aber ohne

Erfolg. Wahrscheinlich saß Cohn noch im Shuttle auf dem Rückweg aus Washington, D. C., wo er bei einer Anhörung des Ausschusses für Energie und Rohstoffe Rede und Antwort gestanden hatte.[2]

Verlegen trat Blankfein auf Hillary Clinton zu. »Ich hatte Ihnen doch den Vortritt gelassen«, sagte er. »Leider habe ich jetzt einen Notfall. Ich habe eben einen Anruf bekommen, dass ich in die Notenbank muss.«

Clinton schaute ihn verständnislos an.

Blankfein ergänzte: »Sie rufen mich nie an, wenn es nicht wirklich dringend ist. Das ist noch nie passiert.«

Clinton lächelte mitfühlend und ließ ihn zuerst reden.

Hank Paulsons Cessna Citation X setzte um 16.40 Uhr auf der Landebahn 1-19 des Teterboro Airport, New Jersey, auf. Der Pilot, der durch einen Platzregen und heftige Windböen manövrierte, legte den Schalter für die Landeklappen um und rollte das Flugzeug zum Hauptterminal. Dort warteten bereits Geheimdienstbeamte mit zwei schwarzen Chevrolet Suburban.

Während sie sich im Feierabendverkehr durch den Holland Tunnel in Richtung Manhatten schoben, nahm Paulson einen Anruf von Greg Curl von der Bank of America entgegen. Er und Chris Flowers, der Investmentbanker von BofA, hatten ihre Bewertung der Zahlen von Lehman abgeschlossen.

»Wir brauchen Hilfen der Regierung, um die Sache auf den Weg zu bringen«, erklärte Curl ganz direkt. Er nannte eine Reihe von Bedingungen, die für eine Übernahme von Lehman erfüllt werden müssten.

Paulson hörte geduldig zu, auch wenn er sich über das Selbstbewusstsein wunderte, mit dem Curl Bedingungen stellte. Aber wie er gerne sagte: »Zwei Mädchen im Rennen machen schon einen Heiratsmarkt.« Und eins der Mädchen war eben die Bank of America. Er musste sie nur so lange bei der Stange halten, bis ein Deal mit Barclays unter Dach und Fach war. Paulson reichte sein Mobiltelefon an Dan Jester weiter, der einst bei Goldman Sachs in der Finanzdienstleistungssparte ausgerechnet unter Flowers gearbeitet hatte. Jester machte sich Notizen.

Curl teilte ihm mit, dass die Bank of America zu dem Deal nur dann bereit sei, wenn die Regierung zustimme, für 40 Milliarden Dollar von Lehman geradezustehen. »Wir haben die Bücher durchgearbeitet. Sie sind verheerend«, erklärte Curl mit Blick auf die Unmengen an toxischen Werten bei Lehman. Die Bank of America, so sagte er, sei bereit, sich die erste Milliarde an Verlusten mit der Regierung zu teilen, aber für weitere 40 Milliarden müsse der Staat bürgen. Im Gegenzug räume die Bank der Regierung für später Kaufoptionen auf ihre Aktien zu einem Basispreis von 45 Dollar pro Stück ein. (An diesem Tag schlossen die Aktion der BofA bei 33,74 Dollar.[3]) Während Curl die Zahl durchgab, formte Jester sie mit den Lippen zu Paulson. Beide schüttelten den Kopf. So würde das Geschäft nie zustande kommen.

Als sich der Suburban durch das Zentrum Manhattens schlängelte, rief Paulson Geithner an, um eine Strategie zu vereinbaren. Es war bereits nach 18 Uhr, dem vereinbarten Beginn der Sitzung. Sie wollten die CEOs bis zu Paulsons Eintreffen ein wenig schmoren lassen, um ihnen den Ernst der Lage klarzumachen.

Der Sitz der Notenbank von New York in der Liberty Street 33 ist ein imposantes, festungsartiges Gebäude der traditionellen Finanzwelt. Wenn Lehmans Problem irgendwo gelöst werden konnte – und damit die Wall Street gerettet würde –, dann hier. In der modernen Finanzwelt, in der die Anleger Kapital in Sekundenbruchteilen um den Globus schickten, galt die New York Federal Reserve als eine der letzten Bastionen der greifbaren Werte.

Als sein schwarzer GMC Yukon an das Gebäude heranrollte, erinnerte sich John Thain unwillkürlich daran, wie er zum letzten Mal – damals als Partner von Goldman Sachs – nach einem ähnlich katastrophalen Ereignis hier erschienen war. Damals, 1998, hatte er drei Tage lang rund um die Uhr an der Rettung von Long-Term Capital Management gearbeitet.

Wäre LTCM nicht gerettet worden, wäre der nächste kippende Dominostein die Investmentbank Lehman Brothers gewesen, die in einer ähnlichen Vertrauenskrise steckte.

Es war eine Ironie der Geschichte. An jenem Samstagmorgen vor zehn Jahren kurz nach 7.30 Uhr war Thain im Korridor der Fed auf Fuld gestoßen und hatte gefragt: »Wie läuft es?«

»Eher schlecht«, antwortete Fuld. »Die Leute verbreiten boshafte Gerüchte.«

»Das kann ich mir nicht vorstellen«, entgegnete Thain so höflich wie möglich, obwohl er wusste, dass es stimmte.

»Wenn ich herauskriege, wer sie gestreut hat«, hatte Fuld wütend gesagt, »reiße ich ihm eigenhändig das Herz aus dem Leib.«

Und jetzt waren sie wieder am gleichen Punkt wie damals.

Das Treffen der »Familien« begann erst um 18.45 Uhr, als Paulson, Geithner und Cox endlich auftauchten.[4] Wie in Formation eilten sie durch einen langen Flur im ersten Stock in die südliche Ecke des Baus zu einem Konferenzraum, von dem aus man die Liberty und die Williams Street überblickte.

Die CEOs waren auf und ab gegangen, hatten auf den Tasten ihrer BlackBerrys herumgedrückt und sich zur Erfrischung Eiswasser in Pappbechern besorgt. Der Anlass der Zusammenkunft lag auf der Hand, noch bevor Paulson etwas gesagt hatte – denn das dienstälteste Mitglied ihres Kreises fehlte: Dick Fuld.

»Danke, dass Sie so kurzfristig kommen konnten«, begann Paulson.

Er erklärte, dass Lehman Brothers in einer »prekären Lage« sei. »Wir müssen noch an diesem Wochenende eine Lösung finden.«

»Wir haben zwei Käufer, die nach meiner Einschätzung beide Unterstützung brauchen«, fuhr er fort. Obwohl keine Namen genannt wurden, wusste jeder im Raum, dass die Bank of America und Barclays gemeint waren – die Namen waren schon 24 Stunden zuvor auf den Nachrichtentickern aufgetaucht. Paulson verkündete den um den Tisch versammelten Männern, die Bieter hätten darauf hingewiesen, dass sie Lehman Brothers nur kaufen würden, wenn sich die Regierung – oder jemand anderes – bereit erklärte, zumindest einen Teil des Geschäfts zu finanzieren.

»In der Regierung gibt es für ein Engagement keinen Konsens. Es fehlt im Kongress am Willen«, sagte er und verhaspelte sich, als er schilderte, was er von Nancy Pelosi wegen einer möglichen Rettungsaktion zu hören bekommen hatte. »Sie werden eine marktgerechte Lösung finden müssen. Sie haben da eine Verantwortung gegenüber dem Markt.«

»Ich weiß, es ist unangenehm, einen Konkurrenten bei einem Geschäft zu unterstützen, aber wenn Lehman untergeht, wird es noch unangenehmer«, hob Paulson hervor. »Raufen Sie sich zusammen.«

Für viele im Raum bedeutete die Vorstellung, die Konkurrenz zu unterstützen, einen Tabubruch. Erschwerend kam hinzu, dass die Bank of America und Barclays absolute Außenseiter waren. Ken Lewis, der CEO der BofA, hatte sie bei jeder Gelegenheit verunglimpft, und Barclays galt als zweitklassiger Akteur, der in die großen Ligen einzubrechen versuchte. *Eine Unterstützung dieser Banken konnte allen im Raum eigentlich nur schaden.*

Und auch Lehman Brothers war alles andere als ein Sympathieträger. »Dick ist nicht in der Position, irgendwelche Entscheidungen zu treffen«, verkündete Paulson mit höhnischem Unterton zur Erklärung, warum Fuld fehlte. »Er will die Lage nicht wahrhaben«, fuhr Paulson fort. Er habe sich »von den Tatsachen entfernt« und sei »funktionsgestört«.[5]

Geithner ergriff das Wort. Während eine Sekretärin Kopien eines Schriftstücks mit den Bilanzen von Lehman Brothers verteilte, sagte er streng: »Wenn Sie keine Lösung finden, verschlechtert sich für alle hier im Raum die Lage.« Das Problem war offenkundig: Lehman hatte buchstäblich jede Liquidität verloren. Sollte bis Montag keine Lösung gefunden sein, bestand die Gefahr, dass die Anleger das wenige verbliebene Geld zurückforderten und die Bank nach Ertönen der Eröffnungsglocke sofort in die Zahlungsunfähigkeit schickten. Damit würde das Finanzsystem als Ganzes in Gefahr geraten, weil die Gegenparteien – Lehmans Geschäftspartner – Probleme bekämen, ihre eigenen Verpflichtungen zu erfüllen, ein Dominoeffekt, der rasch zu einer Katastrophe führen konnte. Der Kitt, der das hochkomplexe Geflecht der Märkte zusammenhielt, war noch immer das altmodische Vertrauen. Ohne Vertrauen ging rasch alles aus den Fugen.

Blankfein und Dimon wandten ein, dass das mit einer Lehman-Pleite verbundene Risiko überschätzt würde, zumindest aus Sicht ihrer Banken. Sie hatten Paulson bereits privat mitgeteilt, dass sie ihre Risiken im Geschäft mit Lehman Brothers verringert hätten. Blankfein gab unumwunden vor der gesamten Gruppe zu: »Wir alle haben das schon lange kommen sehen.«

Geithner nahm ihre Ansichten kommentarlos zur Kenntnis und wies die Banker an, drei Arbeitsgruppen zu bilden. Die erste sollte Lehmans toxische Aktiva, also den Geschäftsbereich bewerten, der laut Ankündigung der Bank in die Firma SpinCo ausgegliedert werden sollte. Die versammelten Banker benannten sie sogleich in ShitCo um und sorgten so für die dringend benötigte humoristische Auflockerung.

Die zweite Gruppe, fuhr Geithner fort, solle eine Struktur entwickeln, wie die Banken in Lehman investieren könnten. Und schließlich gab es noch das »Lichter-aus-Szenario«, wie Geithner es in vertraulichen Sitzungen früher am Tag genannt hatte: Sollte Lehman Konkurs anmelden müssen, sollten sämtliche Banken, die über das Institut Geschäfte abwickelten, diese unter Umgehung von Lehman »direkt untereinander saldieren«.

Geithner wiederholte unmissverständlich Paulsons Botschaft: »Es gibt keinen politischen Willen für eine Rettungsaktion auf Bundesebene.«[6] Wie um das zu untersteichen, rumpelte bei diesen Worten eine U-Bahn unheilverheißend durch den Untergrund.

Christopher Cox, wie immer tadellos gekleidet und frisiert, schaltete sich ein: Sie seien »bedeutende Amerikaner«, appellierte er an alle und erinnerte sie an ihre »patriotische Pflicht«.

Die meisten im Raum reagierten auf das Pathos mit einem Augenrollen. Für sie war Cox ein Dünnbrettbohrer. Später hieß es über ihn, er sei »kryogenetisch eingefroren«.

Als die Banker sich besprachen, wurde rasch nicht nur Praktisches, sondern auch Philosophisches diskutiert.

»Ich nehme an, wir reden jetzt über AIG?«, fragte Vikram Pandit von Citigroup, als es im Raum still wurde.[7]

Geithner warf ihm einen strengen Blick zu. »Konzentrieren wir uns auf Lehman«, sagte er bestimmt und versuchte, das Heft während der Sitzung in der Hand zu behalten.

»Man kann Lehman nicht isoliert behandeln«, beharrte Pandit. »Wir können doch nicht nächstes Wochenende schon wieder herkommen.«

Dimon warf ein: »Wir sind an AIG dran. Unser Team ist dort«, sagte er. JP Morgan berate den Versicherer. Man arbeite auch dort an einer Lösung.

»Wissen Sie, Jamie«, antwortete Pandit brüsk, »auch wir haben ein Team dort, und ich denke nicht, dass es im Unternehmen so geordnet zugeht, wie Sie glauben.«

Pandit und Dimon führten ihren Schlagabtausch weiter. Die wachsende Spannung erinnerte viele an die von Geithner koordinierte Telefonkonferenz zwischen den CEOs der Großbanken an dem Abend, als JP Morgan Bear Stearns übernommen hatte. »Nerven Sie nicht dauernd«,[8] hatte Dimon Pandit angebrüllt, als dieser ihn danach gefragt hatte, mit welchen Risiken Citigroup bei Bear Stearns vertreten sei, jetzt, da er das Unternehmen gekauft habe.

Geithner beharrte darauf, dass die Fed AIG unter Kontrolle habe, und versuchte erneut, das Gespräch voranzubringen. Unerwähnt blieb, dass die Vertreter von JP Morgan und Citigroup als Berater von AIG als Einzige im Raum die Probleme der Versicherungsgesellschaft richtig einschätzen konnten.

Thain, dessen Bank wohl als Nächste vor dem Zusammenbruch stand, wie alle im Raum nur zu gut wussten, hielt sich während des Schlagabtauschs auffällig zurück.

Paulson äußerte eine letzte Ermunterung, die viele im Raum eher als Drohung auffassten: »Es geht um unsere Kapitalmärkte, um unser Land. Wir behalten jeden im Auge, der nicht mitzieht«, sagte er und wies die Banker an, ihre Arbeitsgruppen zusammenzustellen und am nächsten Morgen um neun Uhr wieder in der Fed zu erscheinen.

Wortlos und mit leeren Gesichtern verließen die Banker den Raum. Die Aufgabe, die vor ihnen lag, war gewaltig.

In der Zentrale von Lehman Brothers hatte ein verblüffter und aschfahler Dick Fuld soeben ein Telefongespräch mit Bart McDade beendet. McDade war die undankbare Aufgabe zugefallen, den CEO darüber zu informieren, dass in der Fed eine Konferenz zu seinem Unternehmen stattgefunden und er keine Einladung erhalten hatte.

Rodgin Cohen war von der Zentralbank gebeten worden, McDade aufzufordern, für Samstagmorgen eine Arbeitsgruppe zur Fed zu entsenden. Ausdrücklich ohne Fuld. »Die Fed will ihn nicht dabei haben«, lautete die Erklärung.

Um den Schlag etwas abzumildern, versuchte es McDade mit Ausflüchten. Es gebe in der Stadt doch eine Menge Routinearbeit, teilte er Fuld mit. Er solle seine Zeit doch besser im Büro verbringen, um ständigen Kontakt zur Aufsichtsbehörde und zu seinen CEO-Kollegen halten zu können. Was er Fuld nicht sagte: Alle diese Kollegen nahmen am nächsten Tag persönlich an der Sitzung in der Fed teil.

Nach dem Telefongespräch mit McDade hatte Fuld einen weiteren Grund zur Wut: Ken Lewis hatte den ganzen Tag über nicht zurückgerufen. Inzwischen war es schon nach 21 Uhr. Die Bewertungsteams der Bank of America drüben bei der Kanzlei Sullivan & Cromwell waren schon vor Stunden gegangen, und den Gerüchten zufolge mit einer Körpersprache, die vermuten ließ, dass sie nicht wiederkommen würden.

»Ich fasse es einfach nicht, dass dieser gottverdammte Hurensohn nicht zurückruft«, beklagte sich Fuld bei Russo. Fuld hatte ihn mindestens ein halbes Dutzend Male angerufen. Um nicht verzweifelt zu wirken, hatte er bei einigen Anrufen keine Nachricht hinterlassen. Lewis ging seit 24 Stunden nicht mehr ans Telefon. Wo zum Teufel steckte er?

Schließlich überwand Fuld seinen Stolz und wählte Lewis' Privatnummer in Charlotte.[9]

Lewis' Frau Donna nahm in der Küche ab.

»Ist Ken da?«, fragte Fuld.

»Wer ist dran?«

»Dick Fuld.«

Eine lange Pause entstand. Donna blickte zu ihrem Mann im Esszimmer hinüber. Mit den Lippen formte sie die Wörter »Fuld ist in der Leitung.« Lewis machte ein verneinendes Zeichen mit dem Finger und bedeutete ihr, den Anrufer abzuwimmeln.

Donna fühlte sich unbehaglich, hatte aber genug Erfahrung darin, ihrem Mann unliebsame Anrufer vom Hals zu halten.

»Sie können sich weitere Anrufe sparen«, sagte sie Fuld mitfühlend. »Ken kommt nicht ans Telefon.«

»Tut mir sehr leid, dass ich Sie gestört habe«, antwortete Fuld wie ein begossener Pudel.

Er legte auf und fasste sich mit beiden Händen an den Kopf.

»Jetzt bin ich das Arschloch«, schrie er ins Leere.

Bei Weil, Gotshal & Manges ging Harvey Miller, Lehmans Konkursanwalt, von seinem Büro aus zum Konferenzraum und teilte den Mitarbeitern mit, dass sie zum Abendessen nach Hause gehen könnten. Es war spät geworden. Von Lehman Brothers hatte er immer noch nichts Neues gehört, von niemandem. *Das ist nur eine Feuerwehrübung*, dachte Miller. *Lehman Brothers wird nicht Konkurs anmelden müssen.*

Miller sprang in ein Taxi und ließ sich zu seiner Wohnung an der Fifth Avenue fahren. Als er die Tür aufschloss, klingelte sein Mobiltelefon. James Bromley, ein Anwalt von Cleary Gottlieb Steen & Hamilton – der Beraterkanzlei der New Yorker Notenbank –, fragte nüchtern: »Harvey, gibt es Pläne für einen Konkurs?«

Miller war irritiert. »Das ist nicht das Ziel. Das ist nicht vorgesehen«, antwortete er bestimmt. »In diese Richtung gibt es mit Sicherheit keine intensiven Bestrebungen. Ich bin jetzt zu Hause. Ich kann Ihnen sagen, dass das Unternehmen im Augenblick aufrichtig daran glaubt, dass ein Deal zustande kommt.«

»Sind Sie sicher?«, hakte Bromley nach.

Miller berichtete, dass die Notenbank von New York während der Präsentation eines seiner Mitarbeiter am selben Tag ganz beruhigt gewirkt habe.

Bromley wusste nicht so recht, wie er die Nachricht werten solle. »Tja, vielleicht sollten wir morgen wieder reden«, murmelte er und legte auf.

Auf dem Weg ins Wohnzimmer sagte Miller leicht verwirrt zu seiner Frau Ruth: »Ich habe eben einen ganz merkwürdigen Anruf bekommen …«

Zurück bei AIG, suchte Willumstad noch immer nach einer schnellen Lösung. Er und Doug Braunstein, Chef der Investmentsparte von JP Morgan, wollten es ein letztes Mal bei Warren Buffett versuchen. Vielleicht konnten sie ihm irgendwelche Vermögenswerte verkaufen, irgendetwas, das er in seinem Portfolio brauchen konnte. Buffett hatte das Büro bereits verlassen. Seine Sekretärin leitete den Anruf zu ihm nach Hause um – in das Haus, das er 1958 für 31 500 Dollar gekauft hatte.[10]

»Sie sagten, Sie seien an Werten interessiert. An irgendetwas besonders?«, fragte Willumstad.

Widerstrebend bot Buffett an: »Nun, vielleicht sind wir am Autoversicherungsgeschäft interessiert.«

»Wie wäre es mit einer Übernahme des gesamtem US-Schadens- und Unfallgeschäfts?«, schlug Willumstad vor. Es handelte sich um das Herzstück des Unternehmens mit einem Jahresumsatz von 40 Milliarden Dollar.

»Wie viel ist das wert?«, fragte Buffett.

»Wir würden sagen: 25 Milliarden Dollar. Sie vielleicht 20 Milliarden«, antwortete Willumstad. »Welche Informationen brauchen Sie dafür?«

Als Buffett ihn bat, alles Verfügbare zu schicken, sagte Willumstad: »Okay. Geben Sie uns eine Stunde, und wir stellen ein Materialpaket zusammen. Wohin können wir es mailen?«

Buffet lachte laut auf: Er benutze keine E-Mail, sagte er.

»Kann ich es Ihnen zufaxen?«, fragte Willumstad.

»Ich habe kein Faxgerät hier«, sagte Buffett noch immer glucksend. »Faxen Sie es doch ins Büro. Ich steige noch mal ins Auto und hole es ab.«

Eine Stunde später war Buffett erneut am Telefon und lehnte das Angebot höflich ab: »Der Deal ist zu groß. 25 Milliarden Dollar ist zu viel.« Willumstad hätte sich nie träumen lassen, dass Buffett ein Geschäft als zu groß ablehnen könnte.

»Ich müsste meine gesamte Liquidität einsetzen und darf Berkshires AAA-Rating nicht aufs Spiel setzen«, erläuterte Buffett. Einen Augenblick brachte er die Möglichkeit einer Kapitalaufnahme ins Gespräch, räumte dann aber ein, dass er »solche Schulden nicht in der Bilanz« haben wolle.

»Okay, danke vielmals«, sagte Willumstad. »Sollte Sie übrigens etwas anderes im Pool interessieren, lassen Sie es uns wissen.«

Greg Fleming von Merrill Lynch wälzte sich in dieser Nacht so unruhig im Bett hin und her, dass seine Frau Melissa schließlich wissen wollte, was ihn beunruhigte. »Es ist Freitag, und du kannst nicht einschlafen«, murmelte sie. Fleming dreht sich zu ihr um. »Dieser Freitag ist anders«, sagte er hellwach. »Ab nächster Woche wird es heiß in der Branche.«

Er nickt kurz ein, stand aber schon um 4.30 Uhr mit schwirrendem Kopf wieder auf. Er erinnerte sich an seine Unterhaltung am Vorabend mit John Finnegan, seinem engsten Vertrauten in Merrils Verwaltungsrat. Finnegan machte sich wegen der wachsenden Probleme des Unternehmens ebenso große Sorgen wie er. Beide waren sich einig, dass sie Thain überreden mussten, einen Deal mit Ken Lewis hinzubekommen.

»Du musst das anschieben, Greg«, bedrängte ihn John Finnegan. »Es gibt eine Möglichkeit, das zu schaffen.«

Ein fast identisches Gespräch hatte Greg Fleming schon mit Peter Kelly, dem Fusionsanwalt des Unternehmens, geführt. »Du musst nur das Einverständnis von John einholen«, um auf die Bank of America zuzugehen, hatte Kelly ihm gesagt. »Wir müssen die Dinge in Gang bekommen. Wenn die Sitzung morgen früh nicht in die richtige Richtung geht, haben wir noch 36 Stunden Zeit, um ein Geschäft auf die Beine zu stellen.«

Am Samstagmorgen um 6.30 Uhr befand Fleming schließlich, dass es nicht mehr zu früh sei, um Thain zu Hause anzurufen. Thain verließ gerade das Haus und rief fünf Minuten später vom Rücksitz seines Geländewagens aus zurück.

»Ich habe darüber nachgedacht«, sagte Fleming entschlossen. »Wir müssen Ken Lewis anrufen.«

Thain war betroffen. Er hatte den Großteil der Nacht darüber gegrübelt, ob ein solcher Deal einen Sinn hatte, und war zumindest für den Augenblick zur gegenteiligen Auffassung gelangt. Vielleicht solle Merrill übers Wochenende versuchen, einen kleinen Firmenanteil zu Geld zu machen, um so das Vertrauen des

Marktes zu stärken. Aber gleich das ganze Unternehmen verkaufen – dazu gebe es keinen Grund, ließ er Fleming wissen. Vor Gesprächen warnte er seine Leute immer: »Wenn man den Stein erst einmal ins Rollen gebracht hat…« Verhandlungen konnten rasch eine unkontrollierbare Eigendynamik bekommen.

»Die sind unser bester Partner«, sagte er über die Bank of America enttäuscht. »Wo kommen wir hin, wenn wir sie nicht mehr haben?«

Während sein Wagen den FDR Drive entlangbretterte, versprach Thain, weiter über die Sache nachzudenken. Aber jetzt müsse er sich auf die anstehenden Sitzungen konzentrieren.

Jamie Dimons schwarzer Lexus setzte sich kurz vor acht Uhr vor seinem Apartment in der Park Avenue in Richtung Notenbank in Bewegung. Dimon, der auf dem Rücksitz via BlackBerry E-Mails beantwortete, hatte eben in einer Telefonkonferenz mit seiner Führungsmannschaft eine Bombe platzen lassen: Sie sollten sich auf den Konkurs von Lehman Brothers, Merrill Lynch, AIG, Morgan Stanley und sogar von Goldman Sachs gefasst machen. Vielleicht war seine Befürchtung ja übertrieben, aber seine Leute sollten auf jeden Fall gewappnet sein. Dimon war mehr als nur besorgt. Er wusste einfach zu viel. Als »Clearing Bank« für Lehman und Merrill – alle ihre Geschäfte liefen über JP Morgan – konnte er geradezu beobachten, wie diese in rascher Folge zusammenbrachen. Und als Berater von AIG hatte er wochenlang Alpträume gehabt. Wahrscheinlich wusste er mehr als Paulson.

Hoffentlich irrte er sich.

Fleming eilte in die Küche und beschloss, Thain ein letztes Mal deutlich zu machen, dass die Gespräche mit der Bank of America ein guter Plan waren – und die wohl einzige Möglichkeit, Merrill Lynch zu retten. Sollte die BofA stattdessen Lehman kaufen, stünde Merrill ein Angriff von unvorstellbarem Ausmaß bevor. Die Rechnung war klar: Würde Lehman geschluckt, gäbe es einen Run auf den nächstgrößeren Broker-Dealer – also auf seinen Konzern. Merrill Lynch, die wohl symbolträchtigste Investmentbank der Nation, stand am Rande des Ruins.

Thain nahm Flemings Anruf in dem Augenblick entgegen, als sein Geländewagen die Maiden Lane entlangfuhr und in Kürze in die Tiefgarage des Fed-Gebäudes einbiegen würde. Vor dem Gebäude lagerten bereits ein halbes Dutzend Journalisten und Fotografen.

»Jetzt sind wir am Zug«, sagte Fleming mit Nachdruck. »Wir müssen den Deal nicht einmal unbedingt abschließen, aber wir sollten ihn jetzt zumindest prüfen und sehen, ob es klappen könnte.«

»Wir müssen das Wochenende nutzen«, drängte Fleming weiter, bevor Thain ihn unterbrechen konnte. »Wir sollten das nicht erst nächste Woche, möglicherweise unter Zwang tun.«

Als langjähriger Einfädler von Deals wusste Fleming natürlich, wie wertvoll selbst ein Wochenende sein konnte. Die größten Deals an der Wall Street waren stets am Samstag oder Sonntag, nach Schließung der Märkte, besiegelt worden. So konnten die letzten Einzelheiten festgelegt werden, ohne befürchten zu müssen, dass eine undichte Stelle die Aktienkurse beeinflusste oder die Einigung zum Kippen brachte.

Thain riet immer noch zum Abwarten. »Wenn Lehman es nicht schafft und Konkurs anmeldet, ist die Bank of America immer noch da«, sagte er Fleming. Aber er versicherte ihm: »Ich habe Sie laut und deutlich vernommen. Ich halte mir die Sache offen. Und wenn der Anruf nötig wird, rufen wir an.«

Mehr wollte Fleming nicht hören. Er hatte zumindest etwas bewegt.

Um acht Uhr wimmelte es in der großen Eingangshalle der New York Federal Reserve von Bankern und Anwälten. Sie sammelten sich nahe dem riesigen Bronzestandbild des jungen Sophokles mit einer Lyra aus einem Schildkrötenpanzer und einem Horn in der ausgestreckten Hand – ein Symbol für den Sieg in der Seeschlacht bei Salamis, die Griechenland und möglicherweise die gesamte abendländische Zivilisation vor der Unterjochung durch den Orient gerettet hatte. Jetzt sahen die Banker ihrer historischen Schlacht entgegen, bei der vielleicht genau so viel auf dem Spiel stand wie damals. Sie versuchten die Folgen ihrer Exzesse abzumildern – und den westlichen Kapitalismus vor einer finanziellen Katastrophe zu retten.

Eine Stunde später schlurften sie in den gleichen Konferenzraum am Ende des Korridors, an dem sie – die meisten unter Schock – schon in der Nacht zuvor gesessen hatten.

Bis zum Morgen hatten sie ihre Arbeitsgruppen zusammengestellt: Citigroup, Merrill und Morgan Stanley erhielten den Auftrag, Lehmans Bilanzen und Liquiditätsfragen zu prüfen. Goldman Sachs, Credit Suisse und die Deutsche Bank sollten sich mit Lehmans Immobilienvermögen befassen und die Größe des Finanzlochs ermitteln. Goldman Sachs war dank der kleinen Unternehmensbewertungsrunde vom Anfang der Woche in einer günstigen Startposition, sodass Vikram Pandit und Gary Shedlin von Citigroup argwöhnisch wurden. Aus Sorge, Goldman könnte versuchen, sich die Aktiva billig selbst einzuverleiben, gesellten sie sich zu der entsprechenden Arbeitsgruppe.

»Wie Sie wissen, erledigt das nicht die Regierung. Sie sind auf sich angewiesen. Finden Sie eine Lösung. Es muss klappen«, sagte Geithner. »Ich komme in zwei Stunden wieder. Und Sie, meine Herren, sind dann hoffentlich so weit.«

Viele im Raum empfanden Timothy Geithners Tonfall als gönnerhaft, ja als spöttisch. »Das ist doch kompletter Blödsinn«, sagte Pandit zu John Mack. Es war, als hätte man ihnen einen Prüfungstest ausgehändigt, ohne den zugehörigen Bleistift dazuzulegen.

Lloyd Blankfein stellte eine Frage: »Mir ist klar, was Sie wollen, Tim. Aber wie komme *ich* auf die andere Seite?«, fragte er und meinte die eines Käufer, der von den Konkurrenten unterstützt werden sollte. Blankfein meinte es nicht ernst – er hatte an einem Kauf von Lehman kein Interesse –, wollte aber seinen Standpunkt deutlich machen: Warum musste man der Konkurrenz helfen?

Geithner wich der Frage aus und verließ den Raum, gefolgt von entmutigten und ernüchterten Bankern.

Thain, Peter Kraus und Peter Kelly von Merrill Lynch suchten eine Ecke für Gespräche.

»Also, was meinen Sie?«, fragte Kelly.

»Lehman wird es nicht schaffen«, sagte Thain.

»Dann schaffen wir es auch nicht«, erwiderte Kelly gelassen.

»Wir müssen uns langsam über unsere Optionen Gedanken machen«, sagte Kraus.

Thain nickte. *Vielleicht hatte Fleming doch recht*, dachte er.

Er wählte Flemings Nummer, berichtete von dem Gespräch und sagte: »Vereinbaren Sie das Treffen mit Lewis.«

Weiter oben, im siebten Stock der Fed, fühlten sich Bart McDade und Alex Kirk von Lehman Brothers ein wenig wie die heiratswilligen Mädchen im Katalog. Sie warteten auf die Banker der Unternehmen, von denen sie sich eine Rettung erhofften. Ihnen war klar, dass ihre Präsentation entscheidend sein würde.

Sie hatten Ordner mit Material mitgebracht, unter anderem die beiden wohl wichtigsten Mappen, die sogenannten »Decks«. Die eine enthielt Informationen über die ausgegliederte Gesellschaft REI Global, die andere war mit dem Etikett »Übersicht über das Gewerbeimmobiliengeschäft« versehen. Mit anderen Worten: Es ging um die allerschlechtesten Holdings mit den Giftpapieren, die keiner bewerten konnte, aber bei denen sich alle sicher waren, dass Lehman sie überbewertete.

Bei Lehman schien man sich den Tatsachen immer noch zu verschließen: Wie die Decks verrieten, hatte die Bank die Werte ihrer Gewerbeimmobilienaktiva um durchschnittlich 15 Prozent nach unten korrigiert. Die meisten an der Wall Street gingen längst von einer weitaus größeren Verringerung aus.

»Okay, stimmen wir uns in allen Fragen und mit Blick auf die Finanzierungen ab«, sagte McDade zu Kirk. Sie gingen die Zeilen der Reihe nach durch: die Aufschlüsselung der Bilanz mit den nicht derivativen und den derivativen Verbindlichkeiten, den Forderungen, Außenständen, Repokrediten und der langfristigen Verschuldung.

Um die verwirrenden Details zu klären, rief McDade Ian Lowitt an, ein wandelndes Lexikon in Sachen Finanzen. »Er sollte das hier machen«, platzte McDade heraus, als Lowitt eine besonders undurchsichtige Passage erläuterte.

Als sie gerade ihre Vorbereitungen abschlossen, erhielten sie einen Anruf von Hank Paulsons Stellvertreter Steve Shafran mit der Anweisung, sich zu einem Treffen mit ihren potenziellen Rettern zu begeben. Ein Mann vom Sicherheitsdienst geleitete sie nach unten in den Hauptspeisesaal, in dem mehrere Dutzend Banker warteten. Die Spitzenunternehmen der Wall Street versammelten sich zum Feilschen auf einer Art türkischem Basar, den die Regierung für sie organisiert hatte.

Lehmans Manager wurden an einen Tisch am hintersten Ende des Saales geführt, wo jedermann zum Schauen stehen blieb. Manche gafften regelrecht. »Weißt du, woran mich das erinnert?«, fragte Kirk McDade, als sie sich gesetzt hatten. »Wir stehen wie Schulbuben in der Ecke!«

McDade lachte los, als eine Gruppe unbekannter Banker von Credit Suisse mit breitem Lächeln vorüberging. »Was ist los?«, fragte einer. Kirk rollte die Augen mit der klaren Botschaft: *Kommt uns bloß nicht blöd.* »Was zum Teufel soll hier los sein?«, antwortete er. Bevor es zu unangenehm wurde, tauchte die Crème der Wall Street auf: Vikram Pandit, John Mack, John Thain und Peter Kraus traten an den Tisch und kamen zum Geschäft. Mack, der McDade im Sommer zu Hause aufgesucht hatte, als eine Fusion im Gespräch war, schlug einen mitfühlenden Ton an: »Mein Gott, das tut mir schrecklich leid für euch, Leute. Es ist furchtbar.« Thain setzte sich schweigend hin, nippte an einem Kaffee und dachte völlig zu Recht: So könnte es mir auch gehen. McDade zog seine Unterlagen heraus und ging die Zahlen durch. Als Kraus einige Bewertungen anzweifelte, fiel Pandit ihm ins Wort: »Okay, okay«, sagte er ungeduldig mit der Hand wedelnd. »Machen Sie Ihre Hausaufgaben«, teilte er Lehmans Bankern mit. »Legen Sie mir einen vollständigen Geschäftsplan vor, wie Sie dieses Ding durchziehen wollen. Dann können wir überlegen, ob wir es finanzieren. Sie haben zwei Stunden Zeit.«

Fünf Minuten später trat ein Sicherheitsbediensteter an McDade und Kirk heran und teilte ihnen mit: »Wir bringen sie in eine andere Etage, damit Sie arbeiten können.« Die Fed hatte ihnen einen Konferenzraum stellen wollen, aber mangels Kapazitäten führte man sie in ein improvisiertes Büro im medizinischen Zentrum – ein Ambiente mit der passenden Symbolik. Kirk blickte auf den Defibrillator an der Wand und witzelte trocken: »Ja, das passt. Der Patient hat einen Herzanfall erlitten.«

Im 16. Stockwerk von AIG ging es bereits zu wie in einem Bienenstock. Hunderte von Bankern und Anwälten schwärmten durch die Korridore in Räume, die für die Prüfung der verschiedenen zum Verkauf stehenden Aktiva von AIG vorbereitet worden waren.

Bevor die zahlungskräftigsten potenziellen Käufer eintrafen, zog Douglas Braunstein von JP Morgan – er hatte eben eine Telefonkonferenz mit Dimon beendet – Bob Willumstad vertraulich beiseite: »Sie müssen über mehr nachdenken als über die 20 oder 30 Milliarden Dollar, über die wir geredet haben. Lehman muss dieses Wochenende möglicherweise Konkurs anmelden.«

»Der Markt wird in eine Schieflage geraten«, warnte Braunstein. »Vielleicht sollten wir 40 Milliarden Dollar in Erwägung ziehen.«

Willumstad war geschockt. Die Größe der Herausforderung, vor der er stand, hatte sich auf einen Schlag verdoppelt.

Eine Minute später trat Sir Deryck Maughan, der ehemalige Chef von Salomon Brothers, aus einem Fahrstuhl. Maughan – er vertrat bei dem Notverkauf von AIG die Beteiligungsgesellschaft KKR als Bieter – und Willumstad waren alte Bekannte, hatten aber seit Jahren keinen Kontakt mehr gehabt. Zum letzten Mal hatten sie sich 2004 gesehen, als Maughan in Willumstads Beisein von Charles Price gefeuert worden war. Vor über einem Jahrzehnt hatte Maughan zudem auf einer Tanzfläche Steve Blacks Frau vor den Kopf gestoßen. Das hatte dann zu einem Streit mit Dimon und seiner anschließenden Ersetzung durch Sandy Weill geführt.

An diesem Wochenende, da das gesamte Finanzsystem an einem seidenen Faden hing, erhofften sich Willumstad, Dimon und Black nun ausgerechnet von Maughan Hilfe – welche Ironie des Schicksals, dachte Willumstad, als er Maughan strahlend begrüßte.

Wenige Minuten zuvor war David Bonderman von Texas Pacific Group – einer der reichsten Private-Equity-Mogule – mit einem eigenen Team eingetroffen.[11] Bonderman, der für seine »Turnarounds« bekannt war und beispielsweise Continental Airlines erfolgreich saniert hatte, hatte im Lauf der Zeit gegenüber

Finanzinstituten ein immer größeres Misstrauen entwickelt. Im April 2008 hatte er sich für 1,35 Milliarden Dollar bei Washington Mutual eingekauft und mit ansehen müssen, wie dieser Wert binnen eines halben Jahres fast auf null absackte.[12]

Willumstad befürchtete zusehends, dass alle diese Bieter AIG vollends aussaugen würden.

Dr. Paul Achleitner, ein Vorstand des Versicherungsriesen Allianz, hatte für den Termin eigens seinen Urlaub im spanischen Mallorca abgebrochen. Vielleicht spürte er Willumstads Besorgnisse, als er auf ihn zutrat.

»Kann ich Sie vertraulich sprechen?«, fragte er.

Achleitner war von Chris Flowers eingeladen und mit einem gecharterten Flugzeug über den Atlantik geholt worden.

Er und Willumstad suchten sich eine ruhige Ecke.

»Ich möchte Ihnen sagen, dass ich nicht zu diesen Geiern gehöre«, sagte Achleitner und deutete auf die Schar der umherschwirrenden Private-Equity-Anleger. »Ich bin als Vertreter der Allianz hier. Wenn wir investieren, investieren wir vielleicht zusammen mit diesen Leuten, treffen aber eigene Entscheidungen.«

»Danke. Ich weiß das zu schätzen«, sagte Willumstad und kehrte zu den Geiern zurück.

Für Willumstad und das Team von AIG wurde es rasch schwierig, in der anschwellenden Menge der Bieter den Überblick zu behalten und sich im Verlauf des Wochenendes zu merken, wer welchen Konzern vertrat.

Als Christopher A. Cole von Goldman Sachs mit einem Trupp Banker auftauchte, schrillten bei John Studzinski, AIGs Banker von Blackstone, die Alarmglocken. Goldman? Wer hatte die eingeladen?

»Für wen arbeiten Sie?«, fragte Studzinski Cole. Cole hielt sich zunächst seltsam bedeckt. »Nun«, sagte er, »wir haben mehrere Kunden hier.« Studzinski starrte ihn wortlos an und hoffte auf nähere Auskünfte. Während ihres Gesprächs kam Richard Friedman, der Leiter des Privatinvestmentgeschäfts von Goldman Sachs, vorbei, was keinem im Raum entging. War Goldman in Wahrheit in eigener Sache hier? »Wir sind«, hob Cole erneut an, »in Zusammenarbeit mit Allianz, Axa und Goldman Sachs

Capital Partners hier.« Das alles war ziemlich dubios und hielt Konfliktstoff bereit.

Skeptisch und vielleicht auch leicht paranoid eilte Studzinski zu Nathan T. Harrison, dem Leiter des Sicherheitsdienstes, in den 18. Stock nach oben. »Hören Sie«, sagte er zu Harrison. »Ich will, dass Sie diese Leute wie ein Falke im Auge behalten. Falls Ihnen etwas auffällt – dass sich jemand auf den falschen Fluren herumtreibt oder so –, teilen Sie es mir unverzüglich mit.«

Die Konferenz mit Paulson und Geithner war für 10.30 Uhr anberaumt. Gerade noch rechtzeitig traf das Team der Bank of America, unter anderem mit Greg Curl, Joe Price und ihrem Anwalt Ed Herlihy, im Gebäude der Notenbank ein. Christopher Flowers war von der AIG-Niederlassung zwei Blocks weiter herbeigeeilt.

Beim Warten im Konferenzraum vor Geithners Büro berichtete Curl seiner Gruppe, dass Dick Fuld die ganze Nacht über bei Lewis zu Hause angerufen hatte.

»So ein Arschloch!«, sagte Flowers verächtlich.

Als Paulson, Geithner und Dan Jester den Raum betraten, wurde die Stimmung sofort eisig. Paulson hasste Flowers und umgekehrt. Beide hatten sich jahrelang Fehden geliefert, nachdem Paulson Flowers vor dem geplanten Börsengang von Goldman Sachs bei der Besetzung der Führungsspitze der Investmentbanking-Abteilung übergangen hatte.[13] Flowers, der Paulson im vertrauten Kreis gerne als »Idioten« bezeichnete, war kurz darauf aus dem Unternehmen ausgeschieden. Paulson hatte seine Kündigung in der kritischen Zeit der bevorstehenden Aktienemission als »Schande« bezeichnet. Flowers wurde als Teilhaber abgefunden, diente sich Goldman Sachs nach der Absage des Börsengangs aber erneut an. Die Gespräche darüber hatten in einem lautstarken Schlagabtausch geendet.

Um die Spannung zu lösen, fragte Geithner. »Und? Was gibt's Neues?«

Curl machte deutlich, dass die Bank of America am Kauf von Lehman Brothers nur dann noch interessiert sei, wenn die Regierung größere Hilfen zusage, als man am Vortag verlangt habe: Die Bank habe problematische Papiere für mindestens 70 Milliarden

Dollar – am Vortag waren es noch 40 Milliarden gewesen – ausgemacht und brauche für sie Garantien. Und der Fehlbetrag könne noch wachsen. Angesichts dieser Lage werde man die Bleistifte niederlegen, falls Paulson sich nicht bewege.

Weiterhin teilte Curl seine Besorgnis mit, dass Fuld die Aktien noch immer mit Aufschlag loszuwerden versuche. »Wir halten das für Schwachsinn«, bemerkte Flowers.

»Ach, wissen Sie, was man bei Lehman glaubt, interessiert keinen. Machen Sie sich deswegen keine Sorgen«, sagte Paulson. »Dick Fulds Meinung spielt an dieser Stelle keine Rolle mehr.«

Mitten in der Konferenz klingelte Herlihys Mobiltelefon. Dem Display nach war es Fleming. Nachdem er schon zwei Anrufe von ihm ignoriert hatte, flüsterte er Curl dessen Namen zu, entschuldigte sich und verließ die Sitzung.

»Was gibt's?«, fragte Herlihy ungeduldig.

»Alles in Ordnung. Er wird um 14.30 Uhr zum Treffen erscheinen!«, rief Fleming.

»Gut. Können Sie dafür sorgen, dass Thain Lewis anruft?«, fragte er.

»Nicht jetzt«, antwortete Fleming. »Thain kann nicht mit ihm sprechen. Er ist in einer Sitzung mit Paulson.«

Herlihy rollte mit den Augen. »Das ist er nicht, Greg. *Ich* bin in der Sitzung mit Paulson in der Fed. Ich habe den Raum eben verlassen und sehe Thain. Er steht am Ende des Flurs.«

Herlihys Sorge wuchs, dass Fleming ohne Thains Zustimmung agierte, und wiederholte. »Hören Sie, so geht das nicht. Thain muss anrufen. Wenn ich die Sitzung verlassen kann, dann kann er auch Lewis anrufen.«

»Er wird da sein, versprochen. Ich setze doch meinen Ruf nicht aufs Spiel, indem ich Lewis zu einer Besprechung ohne Partner beordere«, legte Fleming nach.

»Er muss Lewis anrufen«, hakte Herlihy nochmals nach.

Als Herlihy in den Konferenzraum zurückkehrte, war die Sitzung in Auflösung begriffen. Während die Regierung eine Beteiligung an der Lösung noch immer ablehnte, versuchte Paulson, die Bank of America von einem kompletten Ausstieg abzuhalten.

Als alle bereits aufstanden, zog Chris Flowers Paulson beiseite und sagte: »Ich muss mit Ihnen über AIG reden.« Er versicherte sich kurz, dass keiner mithörte, und fuhr fort: »Ich bin drüben mit denen ans Werk gegangen. Dabei haben wir Bemerkenswertes entdeckt.« Flowers zog das Papier hervor, das am Vortag ausgeteilt worden war und das die Liquiditätsabflüsse des Unternehmens zeigte. Bis Mittwoch würde AIG das Geld ausgehen.

»So groß ist das Loch«, sagte Flowers und deutete auf den Fehlbetrag von 5 Milliarden Dollar, der sich in der kommenden Woche auftun würde. »AIG ist völlig außer Kontrolle. Die blanke Inkompetenz!« Flowers bot an, nochmals mit Willumstad zur Fed zu kommen, um die Zahlen im Einzelnen durchzugehen. Paulson war über die Zahlen schockiert, ließ sich aber nicht anmerken, wie entnervt er war. Diese Genugtuung gönnte er Flowers nicht.

Als Flowers die Sitzung verließ und sich wieder zum Team der Bank of America auf dem Korridor gesellte, teilte er den Leuten süffisant mit: »Die haben die Sache nicht mehr im Griff.«

Paulson, Geithner und Jester versammelten sich in Geithners Büro. Jester betonte, dass man sich die Bank of America »warmhalten« müsse, damit sie weiter mitbiete. Und falls sie abspringe, müsse man es geheim halten, vor allem vor Barclays.

Paulson war allerdings noch mit dem Papier von AIG beschäftigt, das er eben gesehen hatte, und rechnete im Kopf nach. »Es ist weitaus schlimmer, als ich befürchtet hatte«, sagte er schließlich. »Diese Jungs stecken *tief* in der Scheiße.«

Geithner erreichte Willumstad und teilte ihm an der Freisprechanlage mit, dass sie sich eben mit Chris Flowers getroffen hätten. Er sei mit ihnen die Zahlen durchgegangen.

»Er schaut sich nach Kaufobjekten um, will ein Paket schnüren«, antwortete Willumstad. Die Vertreter der Regierung blickten sich einen Augenblick lang verwirrt an. Flowers war doch der Berater von AIG? Jester lächelte Paulson wissend an. Das war typisch für Flowers, auf beiden Seiten zu spielen. Rasch wurde allen klar, dass Flowers wahrscheinlich versuchte, mit staatlicher Hilfe einen Deal für seinen Übernahmeladen einzufädeln. »Er ist einfach ein Giftmischer«, rief Paulson aus. »Ihm geht es nicht um die Rettung des Landes!«

Die Diskussion kehrte zu den Zahlen zurück. Willumstad erklärte, dass Teams von Bietern in seinem Büro säßen. Das Unternehmen hoffe, über das Wochenende genug Aktiva zu veräußern, um den drohenden Fehlbetrag zu decken.

Geithner schlug vor, Willumstad solle später am Tag noch einmal vorbeikommen und die Bücher des Unternehmens durchsprechen, damit sie eine bessere Vorstellung von dessen Strategie bekämen.

»Okay«, sagte Willumstad und fügte lachend hinzu: »Flowers bringe ich nicht mit.«

Unten wurden die CEOs jetzt vom Speisesaal in den Konferenzraum gebeten, um Paulson und Geithner über ihre Fortschritte zu berichten.

Alle Gruppen legten vor, was sie erreicht hatten – insgesamt sehr wenig. Ein Teil des Problems bestand darin, dass es noch immer große Unstimmigkeiten darüber gab, wie Lehmans Aktiva zu bewerten waren, insbesondere das berüchtigte Gewerbeimmobilien-Portfolio. Während Lehman das Portfolio auf 41 Milliarden Dollar taxierte, bestehend aus 32,2 Milliarden an Krediten und 8,4 Milliarden an Investments, war jedermann klar, dass der tatsächliche Wert weit darunter lag. Aber wie weit darunter?

Eine Schätzung war in einer umlaufenden Tabelle mit der Bezeichnung »Blue Writedowns« enthalten, in der der Wert von Lehmans gewerblichen Immobilienkrediten, um ein Viertel berichtigt, auf unter 24 Milliarden Dollar beziffert wurde. Andere bewerteten die Lage weitaus dramatischer. Auf einem handschriftlichen Papier kursierten anderen Schätzungen, die Rede war von 17 bis 20 Milliarden Dollar – weniger als der Hälfte von Lehmans Schätzung.

Ähnliches galt für die Eigenheimhypotheken: Lehman schätzte ihren Wert auf 17,2 Milliarden Dollar, während er in den »Blue Writedowns« auf ungefähr 14 Milliarden Dollar und von anderen im Raum eher auf 9,2 Milliarden Dollar oder auf grob die Hälfte taxiert wurde.

Pandit meldete sich allerdings mit weiteren Themen zu Wort. Er wollte nochmals über AIG reden und fügte hinzu: »Und was ist mit Merrill Lynch?«

Da nur wenige Stühle weiter John Thain saß, entstand eine unbehagliche Stille.

»Sie erledigen das für mich, meine Herren, und ich sorge dafür, dass ich mich um AIG und Merrill kümmern kann«, antwortete Paulson. »Es ist mir etwas unangenehm, über Merrill Lynch zu reden, wenn John im Raum ist.«

Harvey Miller, Lehmans Konkursanwalt, hatte gerade eine schreckliche Sitzung mit den Vertretern der Notenbank von New York hinter sich. Er hatte keine ihrer Fragen beantworten können. Sichtlich peinlich berührt, hatte er immer dasselbe sagen müssen: »Wir haben keinen Zugang zu Informationen. Bei Lehman sind alle mit der Bank of America oder mit Barclays beschäftigt.« Als sie gegangen waren, beschwerte sich Miller bei seiner Kollegin Lori Fife: »Das war Schwachsinn.«

Miller hatte schon früher mit schwierigen Klienten zu tun gehabt – ein Konkurs war immer eine heikle Sache –, aber so hatte man ihn noch nie auflaufen lassen. Als er sich telefonisch bei Lehmans Chefjustiziar Steve Berkenfeld beklagte, speiste der ihn mit einer Erklärung ab. »Viele aus unserer Finanzabteilung sind in die City gefahren, um der Fed den neuesten Stand der Dinge zu melden.«

»Ach so«, erwiderte Miller frostig. »Und was gibt es bei Barclays Neues?«

»Wir haben noch Hoffnung, aber zum gegenwärtigen Zeitpunkt gibt es da wenig zu berichten.«

»Und bei der Bank of America?«

Nach einer Pause antwortete Berkenfeld: »Dort herrscht Funkstille.«

Für Miller klang das wenig ermutigend. Er hatte ein feines Gespür für den Tonfall entwickelt, der ein nahes Ende verhieß. Sein Stab an Anwälten hatte an dem Konkurs bislang nur als einem Eventualfall gearbeitet. Mit einer sofortigen Insolvenz von Lehman hatte bislang noch keiner gerechnet. Als sich die Wolken über dem Unternehmen verdüsterten, beschloss Miller, die Sache voranzutreiben. Er teilte Fife mit, wenn Lehman Konkurs anmelden müsse, seien mindestens zwei Wochen nötig, um die Papiere in Ordnung zu bringen. Man könne gleich anfangen.

Gleich nach Mittag schickte er einer Handvoll Kollegen eine E-Mail mit einer apokalyptischen Betreffzeile: »Dringend. Codename: Äquinoktium. Brauche dringend Hilfe für einen Notfall.«[14]

Im vierten Stock der Notenbank tippte Bob Diamond von Barclays ungeduldig mit dem Fuß auf den Boden.

Fast den gesamten Morgen hatte er den Eindruck gehabt, dass sich Lehman und die Regierung ausschließlich auf die Bank of America konzentrierten. Inzwischen schlich sich bei ihm der Verdacht ein, dass er nur als Strohmann für die Regierung benutzt wurde, um der Bank of America ein höheres Angebot für Lehman zu entlocken.

Kurz nach 14 Uhr erhielt Diamond allerdings einen Hinweis darauf, dass sein Angebot vielleicht doch ernst genommen würde: Jemand von der Fed heftete auf die Tür zu Barclays' Konferenzraum einen Zettel mit der Aufschrift: »Bieter.« Und das Kantinenpersonal der Fed war schließlich mit einer Verköstigung aufgetaucht. Diese kleinen Gesten nahm er als ermutigende Signale.

Dennoch wusste Diamond, dass er ein großes Problem zu bewältigen hatte, ehe er mit Lehman ins Geschäft kommen konnte. Und diese Schwierigkeit musste er noch Paulson oder der US-Regierung erläutern. Am Morgen hatte ihn sein Chefjustiziar in London, Mark Harding, in einer internen Telefonkonferenz darüber informiert, dass der Deal die Zustimmung der Aktionäre erforderte. Und eine Abstimmung konnte erst in dreißig bis sechzig Tagen erfolgen. Barclays musste also unbedingt einen Weg finden, um für die Zeit zwischen der Unterzeichnung eines Deals bis zur Billigung durch die Aktionäre für Lehmans Geschäftstätigkeit zu bürgen, andernfalls wäre die Übernahme nutzlos. Ohne die Bürgschaft würden Lehmans Geschäftspartner den Handel mit der Investmentbank einstellen, worauf rasch alle Ressourcen abflössen und sämtliche Werte für Barclays verloren gingen. Es ging um Vertrauen: Die

Gegenparteien brauchten eine Gewähr, dass jemand hinter Lehman stand, so wie JP Morgen die Verantwortung für Bear Sterns übernommen und noch vor Abschluss des Deals für sämtliche Geschäfte gebürgt hatte. Legal konnte Barclays nur für ein Geschäftsvolumen von 3,5 Milliarden Dollar garantieren, ohne die Zustimmung der Aktionäre einzuholen, und diese Prozedur konnte sich so lange hinziehen wie der Geschäftsabschluss.

Paulson und Geithner hatten wiederholt klargemacht, dass die US-Regierung keine Unterstützung gewähren werde, aber Diamond hoffte noch, dass es sich um eine Verhandlungsstrategie handelte. Sicher war hingegen, dass sich die britische Regierung definitiv heraushalten würde.

Barclays brauchte einen Partner – einen großen und zahlungskräftigen. Diese Angelegenheit musste Diamond mit seiner Beratergruppe diskutieren, die angeführt wurde von Archibald Cox jr., dem Chairman von Barclays Capital (und dem Sohn des staatlichen Sonderermittlers in der Watergate-Affäre), von Rich Ricci, dem Geschäftsführer des Unternehmens, und von Jerry del Missier, dem Co-Vorsitzenden von Barclays Capital. Zudem hatte Diamond den externen Berater Michael Klein angeworben, einen gewieften ehemaligen führenden Banker der Citigroup. Obwohl Klein vor einigen Monaten von seinem Posten zurückgetreten war, um von Pandits neuer Mannschaft nicht an den Rand gedrängt zu werden, war er noch immer ein höchst gefragter Mann. Damit er nicht zur Konkurrenz überlief, hatte Citigroup einer Zahlung von 28 Millionen Dollar als aufgeschobene Vergütung zugestimmt, die er beim Ausscheiden verloren hätte. Im Gegenzug musste er ein ganzes Jahr lang »am Strand« ausharren. Diamond war überzeugt, dass er Klein an seiner Seite brauchte, und er hatte in der zurückliegenden Woche Pandit angerufen, um ihn von seiner Verpflichtung vorübergehend entbinden zu lassen, damit er als Nothelfer für Barclays arbeiten konnte.

Als der Beraterstab über das Problem der Geschäftsbürgschaften nachgrübelte, fragte Klein laut: »Wer könnte die wohl übernehmen?«

»Mit so einer Sache wäre man vor einem Jahr noch zu AIG gegangen. Und die hätten die Kuh vom Eis geholt, oder?«, sagte del Missier.

Da diese Möglichkeit mit Sicherheit ausschied, schlug Klein vor: »Was ist mit Buffett?« – »Natürlich! Aber Buffett macht kein Geschäft, das kein Bombengeschäft für Buffett wird«, warf del Missier ein.

In seiner Zeit bei Citigroup hatte Klein mit dem »Orakel von Omaha« einige Geschäfte abgewickelt und hatte sämtliche Telefonnummern von ihm. Er rief Buffett an und erwischte ihn im Fairmont Hotel Macdonald in Edmonton, Alberta. Buffett und seine zweite Frau Astrid Menks wollten gerade zu einer Gala aufbrechen, auf der sie unwissentlich die Überraschungsgäste waren.

Klein legte ihn auf die Freisprechanlage, damit Diamond und der Beraterstab mithören konnten. Del Missier erklärte ihm, warum die Bürgschaft so wichtig war. »Wenn Lehman sich bei einer Bank Yen gegen Dollar beschaffen will, muss diese Bank vor der Lieferung der Yen sicher wissen, dass sie die Dollar von Lehman auch bekommt«, erläuterte er Buffett. »Wenn Zweifel bestehen, dass die Transaktion klappt, kippt das ganze Geschäft.«

Buffett verstand das Problem, sah aber nicht ein, warum er bis zu zwei Monate für Lehmans Bücher geradestehen sollte. Aus Höflichkeit machte er einen Vorschlag: »Wenn Sie mir etwas Schriftliches zufaxen, schaue ich es mir gerne an, sobald ich zurück bin.«

Buffett schaltete sein Mobiltelefon aus. Als er zu seinem Wagen schlenderte, erinnerte er sich an den letzten Anruf dieser Art. Was für ein Chaos: 1998 hatte in der Woche vor der Rettung des Riesen Long-Term Capital, eines in Schwierigkeiten geratenen Hedgefonds, Jon Corzine von Goldman Sachs angerufen und gefragt, ob er einer Gruppe von Kaufinteressenten beitreten wolle. Buffett war auf dem Sprung nach Alaska gewesen zu einer Reise mit Bill und Melinda Gates. Er bat Corzine, ihm Informationen zu dem Geschäft zu schicken. Am Ende verbrachte er einen Tag mit dem vergeblichen Versuch, sein Satellitentelefon in Gang zu bringen – neben der Beobachtung der Grizzly-Bären in Pack Creek. Sein Versuch, zwischen ihm, Goldman und AIG einen Deal zustande zu bringen, scheiterte kläglich – eine gewaltige Verschwendung von Zeit und Energie. Er musste den Jungs von der Wall Street wohl häufiger die kalte Schulter zeigen.

Unten in der New Yorker Notenbank drängten die CEOs und ihre Mitarbeiter bereits um die Tische des Mittagsbuffets. Den wichtigen Auftrag, den sie erteilt bekommen hatten, konnten sie augenblicklich nur schlecht erfüllen. Es mangelte an Computern, und die Mitarbeiter mit echtem Sachverstand beim Analysieren von Bilanzen und Vermögenswerten saßen entweder oben beim Lehman-Team oder brüteten in ihren Büros über Stapeln von Tabellen.

In einer Ecke äfften einige Manager zum Zeitvertreib Paulson, Geithner und Cox nach. »Äh, hmm, äh, hmm, äh«, ahmte einer den stammelnden Paulson nach. »Arbeitet härter, mehr Ideen«, rief ein anderer zum Spott auf Geithners pfadfinderhafte Ermahnungen. Und ein dritter nahm Christopher Cox aufs Korn, der nach einhelliger Meinung von der Hochfinanz wenig Ahnung hatte: »Zwei plus zwei? Hmm – einen Taschenrechner bitte!« In einer anderen Ecke hatte Morgan Stanleys Finanzchef Colm Kelleher auf seinem BlackBerry eine Partie Brick Breaker begonnen – und damit ein inoffizielles Turnier mit Punktevergleich in Gang gebracht.

Nach dem Mittagessen wurden alle wieder in den Hauptkonferenzraum beordert, wo John Thains Abwesenheit auffiel.

Abgesehen von Lehmans Zukunft beschäftigte die CEOs das Schicksal der eigenen Unternehmen. Was würde ein Konkurs von Lehman Brothers für sie bedeuten? War Merrill Lynch wirklich als Nächstes an der Reihe? Was war mit Morgan Stanley oder Goldman Sachs? Und wie stand es um JP Morgan oder Citigroup? Geschäftsbanken wie JP Morgan verfügten zwar über einen breiten und stabilen Bodensatz, finanzierten einen Teil ihrer Geschäfte aber auch so wie die Broker-Dealer: regelmäßig über neue kurzfristige Geldmarktpapiere, die unter dem gleichen Vertrauensverlust litten, der Bear Sterns – und jetzt auch Lehman Brothers – in die Knie gezwungen hatte. Für den Vertrauensverlust machten sie das schamlose Treiben der Leerverkäufer verantwortlich.

An einem Punkt stellte John Mack Rettungsaktionen grundsätzlich infrage und dachte laut über die Möglichkeit nach, auch Merrill Lynch in Konkurs gehen zu lassen – obwohl nur wenige Plätze von ihm entfernt John Thains Stellvertreter Peter Kraus

saß. Die Frage sorgte rasch für Stille im Raum. Manche glaubten, Mack treibe mit allen ein Spiel. Vielleicht wollte er Merrill möglichst billig kaufen. Was sie nicht wussten: Er war wenige Stunden zuvor auf Thain zugekommen und hatte für den Abend ein Treffen vereinbart.

Dimon blickte Mack verblüfft an. »Wenn wir das machen«, ätzte er, »was glauben Sie, wie viele Stunden es dann dauert, bis Fidelity Sie anruft und mitteilt, dass Ihre Papiere nicht mehr gehandelt werden?«[15]

»Wieder nur die Mailbox«, teilte Fuld frustriert Tom Russo mit. »Keiner nimmt das verdammte Telefon ab!«

Er erreichte keinen, den er brauchte: weder Paulson noch Geithner, Cox oder Lewis. Nicht einmal sein Mitarbeiter Bart McDade war ans Telefon zu bekommen. Alle hielten sich in der New Yorker Notenbank auf, aber keiner nahm seinen Anruf entgegen oder rief zurück.

Fuld wollte einen Lagebericht. Er hatte den ganzen Samstag in seinem Büro verbracht – im blauen Anzug mit gestärktem Hemd wie an einem gewöhnlichen Arbeitstag –, aber weder von der Bank of America noch von Barclays einen Ton gehört.

Als das Telefon schließlich klingelte, meldete sich Rodgin Cohen aus der New Yorker Fed und sagte: »Ja, wir haben ein Problem. Ich glaube, Merrill und die Bank of America haben Gespräche aufgenommen.«

»Was meinen Sie damit?«, kläffte Fuld.

Cohen erklärte, er komme gerade von einem Treffen mit Geithner. Er habe ihn erneut von der Notwendigkeit einer staatlichen Unterstützung zu überzeugen versucht, um einen Kollaps des gesamten Bankensystems zu verhindern. Er habe zu Geithner gesagt: »Wenn Sie nicht eingreifen, ist Merrill bis Montag untergegangen.«

»Wir arbeiten an einer Lösung für Merrill«, hatte Geithner erwidert. Cohn und Fuld wussten genau, was diese absichtlich vage formulierte Antwort zu bedeuten hatte. Sie erklärte auch das Schweigen der Bank of America. Sie erinnerten sich an Greg Curls Bemerkung vom Sommer, wonach Lewis Merrill schon

immer habe kaufen wollen. Und sie erklärte den seltsamen Anruf von Merrills Chef Fleming, der unter der Woche bei Cohen nach Informationen gebohrt hatte.

»Ich glaub's einfach nicht«, sagte Fuld und sackte in seinem Stuhl zusammen.

Der Türsteher öffnete die verglasten Gusseisentüren und ließ Thain, Kraus und ihren Kollegen Tom Montag in die Vorhalle von Walid Chammahs Apartmentgebäude ein, in dem zum zweiten Mal innerhalb einer Woche Geheimgespräche über eine Fusion stattfanden. Thain befürchtete, dass er gesehen werden könnte: Hier hatte auch Larry Fink von BlackRock seinen Wohnsitz.

Mack, Chammah und Gorman warteten in Chammahs Wohnzimmer.

Gorman, der fünf Jahre lang Merrill Lynchs Privatkundengeschäft geleitet hatte und anschließend zu Morgan Stanley gewechselt war, fiel sofort auf, dass keiner der Vertreter von Merrill länger als zehn Monate für das Unternehmen arbeitete. Der Konzern, den Gorman mit aufgebaut hatte und in dem sein Bruder Nick noch arbeitete, sollte von Bankern ohne jeden Sinn für die Firmentradition verscherbelt werden.

Thain eröffnete das Gespräch mit dem Hinweis, dass er auf der Suche nach einem Partner sei. »Angesichts der Vorgänge um Lehman«, sagte er, »halten wir die Zeit für gekommen, unsere Optionen zu erwägen.«

Kraus blätterte in den Seiten eines mitgebrachten Buchs und ging die Zahlen durch. Für jemanden, der seine Stelle erst vor wenigen Tagen angetreten hatte, dachten Chammah und Gorman, schien er sich auszukennen. (Tatsächlich hatte Kraus in der letzten Woche bis drei Uhr morgens über den Firmenbilanzen gesessen.)

Allerdings tauchten rasch Informationslücken auf. Als Gorman ihn zu Merrills Retailgeschäft befragte – an ihm war Morgan Stanley am meisten interessiert –, konnten weder Thain noch Kraus oder Montag Zahlen nennen.

Trotzdem bekundete Mack Interesse und fragte nach dem nächsten Schritt. »Wir haben für Montagabend eine Sitzung des

Verwaltungsrats anberaumt«, erklärte er. »Am Dienstag könnten wir wahrscheinlich mit der Bewertung beginnen und uns dann etwas überlegen. Die Sache ist sicher interessant, aber kompliziert.«

Thain warf Kraus einen besorgten Blick zu und wandte sich an Mack: »Nein, nein. Sie verstehen nicht. Wir brauchen eine Entscheidung, noch bevor die Märkte in Asien öffnen.«

Gorman war verwirrt: »Was meinen Sie mit ›Entscheidung‹?«

»Wir streben bis dahin einen unterzeichneten Geschäftsabschluss an«, sagte er ruhig.

»Wir können im Gespräch bleiben«, antwortete Mack, der über das Ansinnen schockiert war. »Aber ich weiß nicht, ob das in der Praxis geht.«

Draußen vor der Wohnung blickte Thain Kraus an und sagte: »Nun, es ist ziemlich deutlich geworden, dass sie die Sache für weniger dringlich halten als wir.«

Es war schon nach 20 Uhr, als Jamie Dimon mit knurrendem Magen zum Speisesaal der Führungskräfte im 49. Stockwerk der Zentrale von JP Morgan ging. Die Geschäftsführung hatte den ganzen Tag gründlich gearbeitet und das Ausfallrisiko der Bank gegenüber Lehman, Merrill, Morgan Stanley, Goldman und natürlich AIG berechnet. Um alle zu verköstigen, musste das Küchenpersonal Überstunden schieben. Zum Abendessen gab es Tacos. Das Essen war weniger exquisit als in der Notenbank in der City, aber besser, als Dimon es in Erinnerung hatte. Und er aß zum ersten Mal im frisch renovierten Speisesaal für Geschäftspartner.

Noch während des Essens stand er auf, ging vor der Vollverglasung auf und ab und schaute nach draußen. Von hier aus überblickte er ganz Manhattan. Die Sonne war vor einer halben Stunde hinter dem Empire State Building untergegangen. Nebel hing über der Stadt.

Dimon grübelte über die Ereignisse des Tages und die feindselige Stimmung nach. »Sie wollen die Wall Street bluten lassen«, sagte er zu den Bankern im Raum, die nach dem späten Abendessen etwas ausruhten, und hoffte, sie auf den politischen Druck aufmerksam zu machen, der auf Paulson lastete. »Sie halten uns

für überbezahlte Arschlöcher. Kein Politiker und kein Präsident segnet eine Rettungsaktion ab.« Dann ließ er die Stimme des Volkszorns in sich sprechen: »Warum auch Leute retten, die es als einzige Aufgabe ansehen, Geld zu raffen?«

»Wir sind am Eisberg entlanggeschrammt«, brüllte Dimon seine Leute an, als stünde er auf dem Deck der *Titanic.* »Das Schiff läuft voll, und die Musik spielt weiter. Es fehlt an Rettungsbooten«, sagte er mit sarkastischem Lächeln. Einige werden untergehen.

»Ihr könnt also ruhig Champagner und Kaviar genießen!«

Er setzte sich wieder an seinen Tisch und langte ein letztes Mal bei den Tacos zu.

In der Fed schien Barclays entgegen allen Aussichten weiterzukommen. Am gleichen Tag hatte Michael Klein, Diamonds Berater, mit einem Geschäftsplan aufgewartet, der alle zufriedenstellte. Diamond war nicht an Lehmans Immobilienportfolio interessiert. Er strebte nach der »good bank« – nach Lehman ohne die toxischen Immobilienanlagen.[16]

Kleins Plan war einfach: Barcley würde den »guten« Teil von Lehman Brothers kaufen, während die Banken der Konkurrenz, die auf der anderen Seite des Flurs in der Fed vertreten waren, die Schulden der »bad bank« mitfinanzieren sollten. Diamond erschien dies als »sauberer« Deal, den er vor seinem Vorstand in London und der britischen Finanzaufsicht gut vertreten konnte. Bei Letzterer, so wusste er, löste die Transaktion noch etwas Unbehagen aus. Insgesamt würde der Deal 3,5 Milliarden Dollar kosten, die zur Unterstützung der »bad bank« eingesetzt würden.

Nach Mitternacht wandte sich das Team von Barclays im Konferenzraum zum Gehen. Auf dem Weg nach unten wurden sie jedoch in einen anderen Konferenzraum gebeten und aufgefordert, ihren Plan den noch in der Fed anwesenden Bankern von der Konkurrenz zu erläutern. Ein kniffliges Manöver: Sie sollten ihre erbittertsten Konkurrenten in der Branche dazu bewegen, ihr Kaufangebot zu unterstützen.

Trotz der späten Stunde harrte eine Gruppe von Leuten von Goldman, Citigroup, Credit Suisse und anderen Instituten noch immer in der Notenbank aus. Möglichst einfühlsam begann Klein

ihnen Barclays Plan zu erläutern. Wie jeder im Raum sofort begriff, lief er darauf hinaus, dass ein Industriekonsortium 33 Milliarden Dollar aufbringen sollte, um die »ShitCo« oder die »RemainderCo [RestCo]«, wie Klein sie nannte, zu finanzieren. Auf diese Weise investierten die anderen Banken weniger in Lehman oder in Barclays als vielmehr in sich selbst, denn eine Lehman-Pleite konnte auch für sie verheerende Folgen haben.

So, wie Klein es erläuterte, erwarb das Konsortium eine Art Investmentmanagement-Gesellschaft wie Fortress Investment oder die Blackstone Group. Sie würde Lehmans Immobilien- und Private-Equity-Werte besitzen.

Die Reaktion fiel verhalten aus. Gary Shedlin von Citigroup, ein Exkollege von Klein, erhob als Erster warnend seine Stimme – vielleicht wegen anhaltender Spannungen zwischen ihm und Klein aufgrund eines Streits aus ihrer gemeinsamen Zeit bei Citigroup.

»Wie viel Eigenkapital müssen *Sie* für dieses Geschäft aufbringen?«, fragte Shedlin.[17]

»Warum ist das wichtig?«, antwortete Klein sichtlich irritiert. »Warum müssen Sie das wissen?«

»Sie machen dieser Gesellschaft ein Angebot«, gab Shedlin gereizt zurück. »Wir müssen wissen, wie Sie es finanzieren werden.«

Genervt über die Frage, antwortete Archie Cox von Barclays frostig: »Als Teil dieser Transaktion werden wir kein zusätzliches Kapital aufnehmen müssen.«

Klein merkte, dass die Banker die Struktur des Geschäfts nicht verstanden hatten, und erklärte es nochmals. Barclays werde nicht an der Seite des Konsortiums in Lehmans »bad bank« investieren. Das Geldhaus wolle nur Lehmans »gute Bank« kaufen.

Bei seiner Erklärung blickten sich die Banker am Tisch an. Sie wurden also tatsächlich gebeten, einen Konkurrenten zu subventionieren. Barclays würde sich nicht an Lehmans schlechtesten Aktiva beteiligen. Die sollten sie übernehmen.

Nachdem sich Shedlin beruhigt hatte, setzte sich in der Gruppe die Meinung durch, dass der Vorschlag möglicherweise die beste von vielen schlechten Optionen war, auch wenn er Bauch-

schmerzen bereitete. Die übernächtigten Banker machten sich daran, die wesentlichen Bestimmungen und Konditionen eines Finanzierungsplans zu erstellen. So unglaublich es allen erschien, sie bewegten sich zentimeterweise auf einen möglichen Abschluss zu.

»Wir haben ein großes Problem, ein verdammt großes«, verkündete kurz nach Mitternacht Douglas Braunstein von JP Morgan seinem Team bei AIG.

In den noch hell erleuchteten Büroräumen war ein ganzes Bataillon von Bankern, die über Laptops und Tabellen brüteten, in den Finanzen von AIG soeben auf ein weiteres Loch gestoßen. Die Verluste im Geschäft für Wertpapierleihen lagen um 20 Milliarden Dollar höher als bislang veranschlagt.[18]

»Wir versuchen jetzt nicht mehr für 40 Milliarden Dollar geradezustehen«, rief Braunstein. »Wir brauchen 60 Milliarden Dollar!«

Im ausufernden Chaos bei AIG und angesichts ihres völlig veralteten Computersystems war bei der Firmenbewertung bislang noch niemandem aufgefallen, dass der Geschäftsbereich der Wertpapierleihen in den letzten beiden Wochen in rasantem Tempo Verluste eingefahren hatte. Als die Banker von JP Morgan tiefer schürften, stießen sie auf eine dubiose Praxis: auf die Vergabe langfristiger Hypotheken, die mit kurzfristigen Papieren finanziert wurden. Als Ergebnis mussten mit jedem Wertverlust des Basisobjekts, also der Hypotheken – und die hatten an jedem Tag in der vergangenen Woche an Wert verloren –, immer weitere Verbindlichkeiten eingegangen werden.

»Das ist unglaublich«, sagte Mark Feldman von JP Morgan und stürmte aus dem Raum, um Brian Schreiber von AIG zu suchen.

Als er Schreiber schließlich aufgetrieben hatte, sagte er ihm: »Sie müssen uns die Auftragsbestätigung unterschreiben. Langsam wird es grotesk. Ich habe mein ganzes Wochenende hier zugebracht.«

Dimon und Steve Black hatten Feldman angewiesen, die Unterschrift unter die Auftragsbestätigung einzutreiben oder mit der gesamten Mannschaft zu verschwinden. Immerhin, so

erinnerte Black Feldman, habe JP Morgan ohne unterschriebene Auftragsbestätigung auch keine Haftungsfreistellung für die Bewertung und setzte sich somit juristischen Risiken aus. Und was wohl noch wichtiger war: Sie wollten sichergehen, dass sie ihren Zeitaufwand und ihre Arbeit auch vergütet bekämen. Black hatte ihm gesagt, bei Beschwerden solle er seinen Chef verantwortlich machen.

Schreiber, der von Willumstad die Zeichnungsberechtigung erhalten hatte, reagierte dennoch verärgert. Seine Abteilung bei AIG bezeichnete das Juniorteam von JP Morgan inzwischen als »Hitlerjugend«. Aber wie konnte ihn Feldman dazu drängen, ein solches Schriftstück zu diesem Zeitpunkt zu unterzeichnen? Das gesamte Unternehmen war ins Wanken geraten, und sein Banker verlangte seine Entlohnung?

Schreiber versuchte zunächst, die Verantwortung für die Unterschrift auf den Justiziar abzuwälzen, aber Feldman ließ nicht locker.

Schließlich platzte Schreiber heraus: »Ich kann das nicht unterschreiben! Meine Chefetage würde diese Bestätigung nicht unterschreiben. Das ist ekelhaft, beleidigend und geschmacklos. Ich kann es nicht verantworten, das zu unterschreiben!«, schrie er.

Feldman, der Schreiber mindestens einmal geradeheraus einen »verdammten Schwachkopf« genannt hatte, platzte jetzt ebenfalls der Kragen. »Wenn Sie diese Bestätigung nicht binnen einer Minute unterschreiben, sammle ich jeden verdammten Banker von JP Morgan ein und verschwinde!«

Schließlich zückte Schreiber wütend einen Stift und unterzeichnete.

Um drei Uhr am Sonntagmorgen bekamen über zweihundert Banker und Anwälte der Bank of America und von Merrill Lynch in der Kanzlei Wachtell, Lipton zum zweiten Mal Pizza geliefert, und sie bemühten sich weiter eifrig darum, ihre Unternehmensbewertung zum Abschluss zu bringen.

Greg Fleming, der seit fast 24 Stunden auf den Beinen war, hatte im Mandarin Oriental ein Zimmer reserviert, damit er nicht nach Rye, NY, zurückfahren musste.

Er sammelte seine Siebensachen zusammen und wollte die Nacht eine Nacht sein lassen, als Peter Kelly, Merrills Fusionsanwalt, in den Konferenzraum trat.

»Ich habe Neuigkeiten«, sagte ihm Fleming. Begeistert erklärte er, dass er mit Curl das Thema des Preises angeschnitten habe. Er habe Grund zu der Annahme, dass die Bank of America bereit sei, 30 Dollar pro Aktie zu bezahlen.

Einen Augenblick lang glaubte Kelly, Fleming mache einen Witz.

»Ich glaube nicht, dass sie 30 Dollar zahlen«, sagte Kelly. »Greg, dieses Geschäft wird nie stattfinden. Es hat keinen Sinn. Wir sind am Ende.«

»Ich sage es dir«, sagte Fleming nachdrücklich. »Ich glaube, wir schaffen es.«

»Du wirst verarscht und merkst es nicht!«, blaffte Kelly und versuchte seinem Freund zu dieser späten Stunde etwas Vernunft beizubringen. »Wach auf und mach dir klar, dass du verarscht wirst. Sie zahlen unmöglich 30 Dollar! Sie führen uns zur Schlachtbank und handeln dann 3 Dollar aus oder lassen uns einfach untergehen.«

»Vertrau mir, Pete«, sagte Fleming nachdrücklich. »Der Deal klappt.«

Kapitel fünfzehn

Am nächsten Morgen, am Sonntag, dem 14. September, um acht Uhr traten die ermatteten CEOs der Wall Street erneut in der Notenbank von New York an.

Lloyd Blankfein und sein Personalchef Russell Horwitz, die nur rund vier Stunden geschlafen hatten, betraten gemeinsam das Gebäude.

»Ich glaube nicht, dass ich noch so einen Tag durchhalte«, sagte Horwitz erschöpft.[1]

Blankfein lachte. »Sie steigen aus einem Mercedes, um die New York Federal Reserve zu betreten – nicht etwa aus einem Landungsboot, das zum D-Day am Strand der Normandie angelegt hat! Behalten Sie die Relationen im Auge.«

Ein Mitarbeiter der Fed kündigte den CEOs an, dass Paulson, Geithner und Cox demnächst herunterkommen würden. In eng anliegenden Bluejeans, schwarzen Loafern und einem Hemd, das seine Muskeln betonte, schlenderte Jamie Dimon in den Raum. »Für sein Alter hat er sich gut gehalten«, flüsterte Colm Kelleher John Mack zu.

Paulson und Geithner tauchten auf und verkündeten gute Neuigkeiten, die jeder im Raum schon zu kennen schien: Barclays habe in der Nacht ein Kaufangebot für Lehman vorgelegt und sei zum nächsten Schritt bereit. Als einziger Stolperstein müssten noch die anderen Banken dazu bewogen werden, ausreichend Geld – um die 33 Milliarden Dollar – zur Finanzierung von Lehmans »bad bank« beizutragen. Geithner wies die Gruppe an, sämtliche weiteren Details auszuarbeiten, und verließ sofort den Raum.

In einem umlaufenden Dokument mit dem Titel »Bestimmte geschäftliche Fragen«[2] waren einige der schwierigeren Probleme festgehalten, die noch gelöst werden mussten. Wären beide Teile

des aufgespaltenen Lehman-Konzerns nach Abschluss des Deals mit ausreichenden Finanzmitteln ausgestattet? Und könnte Lehmans »bad bank« »bankruptcy remote« gemacht, also rechtlich so abgetrennt werden, dass sich die Gläubiger im Fall einer Insolvenz nicht am gesunden Teil des Konzerns würden schadlos halten können?

An dieser Stelle beschloss Dimon, die Rolle des Bankhausbegründers John Pierpont Morgan zu spielen, der nach der Panik von 1907 zur Rettung der Nation beigetragen hatte.

»Okay, machen wir es ganz einfach«, verkündete er. »Wie viele von Ihnen würden – egal in welcher Form – 1 Milliarde Dollar einschießen, um Lehmans Untergang zu verhindern?«

Alle hatten die Frage im Kopf gehabt, aber keiner hatte sie zu stellen gewagt. Und sie war bereits ein Jahrzehnt zuvor im gleichen Gebäude von Herbert Allison, damals bei Merrill Lynch, anlässlich der Rettung von Long-Term-Capital Management (LTCM) gestellt worden.[3] Dimon hatte damals für Citigroup mit am Tisch gesessen. Als einziger Unterschied hatte die fragliche Summe pro Bank damals 250 Millionen Dollar betragen. Die jetzige Forderung von 1 Milliarde pro Bank stellte somit, selbst wenn man die Inflation berücksichtigte, einen deftigen Beitrag dar.

Jimmy Cayne, der Chairman von Bear Stearns, lehnte damals eine Beteiligung ab. »Wie zum Teufel kommen Sie dazu?«, schrie ihn David Komansky, der CEO von Merrill Lynch, an.[4]

»Seit wann sind wir Partner?«, hatte Cayne zurückgebrüllt.

Jetzt dachte jeder im Raum an diesen berüchtigten Schlagabtausch zwischen den Größen der Wall Street.

Blankfein ließ die Anwesenden wissen, er glaube zwar nicht, dass Lehman ein systemisches Risiko darstelle, aber es gehe um den Ruf der Banken insgesamt und um ihre Wahrnehmung in der Öffentlichkeit. »Bear Stearns hat im letzten Jahrzehnt viel Positives bewegt, aber heute ist von der Bank nur in Erinnerung, dass sie sich weggeduckt hat, als die Branche sie brauchte.«

Unerwähnt – obwohl sie vielen sicher noch präsent war – blieb die Figur, die Dick Fuld bei der Rettung von LTCM abgegeben hatte. Als er an die Reihe kam, seinen Anteil von 250 Millionen

zuzusagen, erklärte er, er könne sich das nicht leisten. Angesichts des Drucks auf Lehman – und der damaligen Gerüchte, wonach das Unternehmen vor der Pleite stand – hatte er ganze 100 Millionen beigesteuert.[5]

Jetzt, da die Vertreter von Dutzenden von Geldhäusern am Tisch saßen, begann Dimon mit der Geldbeschaffungsaktion.

»Ich bin dabei«, verkündete er. Der Reihe nach meldeten sich die Banker mit den Summen zu Wort, die sie möglicherweise beisteuern könnten. Als die Positionen zusammengerechnet wurden, schien eine Rettung von Lehman mit Händen zu greifen. Zumindest glaubte man das.

»Es sieht so aus, als hätten wir, was die Finanzierung angeht, in Umrissen ein Geschäft beieinander!«, verkündete Steve Shafran, ein hochrangiger Berater des Finanzministeriums, Bart McDade und dem Lehman-Team in der New Yorker Fed.[6] Strahlend teilte Shafran den Lehman-Bankern mit, dass die CEOs unten im Gebäude einer Einigung nahe seien, wie sie die Ausgliederung des Immobilienportfolios von Lehman finanzieren würden.

Die Männer fühlten sich schlagartig von einer unsäglichen Last befreit. McDade tippte auf seinem BlackBerry aufgeregt eine Mitteilung an Michael Gelband, der sich in den Büros der Großkanzlei Simpson Thacher aufhielt.[7]

Gelband, der die Nachricht in einem Konferenzraum im Stehen las, frohlockte: »Geschafft!« Strahlend stieß er einen erleichterten Seufzer aus.

Am Sonntagnachmittag hatte sich Hector Sants, der stellvertretende Chef der britischen Finanzaufsicht FSA, von Cornwall am Südwestzipfel Englands über die A30 auf den Rückweg nach London gemacht. Mit der Schulter hielt er sein Mobiltelefon ans Ohr geklemmt.

Fast das gesamte Wochenende über hatte er in Telefonkontakt mit seinem Chef Sir Callum McCarthy gestanden. Der 46-jährige Leiter der FSA war einst selbst Banker bei Barclays gewesen. Jetzt währte seine Amtszeit noch ganze sechs Tage. Am Freitag würde er ausscheiden.

Sants und McCarthy hatten stundenlang einzuschätzen versucht, wie weit der Deal zwischen Barclays und Lehman gediehen war. Sants hatte an diesem Tag mehrfach Barclays-Chef Varley kontaktiert, während McCarthy alle Mühe gehabt hatte, seinen US-Amtskollegen Geithner zu erreichen. Seit einem kurzen Gespräch am Samstag hatte er von ihm nichts mehr gehört.

»Er hat nicht zurückgerufen«, brummte McCarthy. »Diese Leute erreicht man einfach nicht.«

Sie hatten keine Ahnung, inwieweit Diamond von Barclays die US-Regierung über die Bedingungen aufgeklärt hatte, die für eine Zustimmung Großbritanniens zu einem Deal zu erfüllen waren. Der Amerikaner Diamond, der nie in den Club der britischen Gentlemen gefunden hatte, war möglicherweise so aggressiv wie an der Wall Street üblich aufgetreten. Vor allem hegten Sants und McCarthy die Befürchtung, Diamond könne in seinem Eifer, zu einem Abschluss zu kommen, die Auflagen der britischen Finanzaufsicht nicht umfassend erläutert haben. Ihrer Ansicht nach konnte ein Ankauf von Lehman Barclays und das britische Finanzsystem insgesamt in Gefahr bringen. Varley, der – wenn auch weniger begeistert als Diamond – eine Übernahme von Lehman unterstützte, hatte Sants am Freitag telefonisch versichert, dass der Vorstand von Barclays den Deal nur dann weiterverfolgen werde, wenn er von der US-Regierung oder aus anderer Quelle angemessen unterstützt würde. »Ich würde meinem Verwaltungsrat erst dann eine Transaktion empfehlen, wenn mich die Qualität der zu erwerbenden Anlagewerte und die Finanzierungspositionen zufriedenstellen«, hatte Varley gesagt.

McCarthy und Sants sahen ein weiteres Problem, das insgesamt eher untergeordnet erschien, aber augenblicklich doch drängte: Das London Clearing House, das viele grenzüberschreitende Derivatgeschäfte in Europa abwickelt, hatte für dieses Wochenende eine Softwareaktualisierung anberaumt, bei der sämtliche Transaktionen in ein neueres System überführt werden sollten. Am Samstag hatten sie die besagte Stelle angewiesen, das Update auszusetzen, bis über den Fortgang des Geschäfts zwischen Lehman und Barclays Näheres bekannt sein würde. Da für die

Umstellung bereits Dutzende von Technikern angeworben worden waren, wurden sie zu einer endgültigen Antwort gedrängt.

»Wir dürfen die Dinge nicht schleifen lassen«, sagte Sants zu McCarthy in der Hoffnung, das London Clearing House über den Stand der Dinge informieren zu können. »Wir sollten versuchen, Geithner zu kontaktieren und ihm unsere Position klarzumachen.«

Gemeinsam legten sie McCarthys Botschaft fest: »Als Aufsicht halten wir es im Interesse des globalen Finanzsystems für wichtig, Ihnen deutlich zu machen – falls Barclays dies noch nicht getan hat, was wir aber hoffen –, dass wir mit Blick auf die Abwicklung des Geschäfts und auf die Fragen zu den Vermögenswerten angemessene Finanzierungsgarantien brauchen, wenn wir weiteren Schritten zustimmen sollen.«

McCarthy sagte, er versuche Geithner jetzt ein letztes Mal zu erreichen.

Im 13. Stock der New Yorker Fed teilte die Sekretärin Hilda Williams Geithner mit, dass Callum McCarthy am Telefon sei. Geithner nahm den Anruf schließlich entgegen und erklärte kurz angebunden wie immer, er habe auf einer Sitzung nach der anderen versucht, einen Deal für Lehman zusammenzubekommen. Leider habe er nicht früher zurückrufen können.

McCarthy unterbrach ihn: Er sei sehr besorgt, dass er von dem ins Auge gefassten Geschäft nichts wisse. Er habe eine Liste von Fragen, zu denen er Antworten brauche.

»Beim Kapitalbedarf und insbesondere beim Transaktionsrisiko in der Zeit zwischen der Übernahme des Risikos und dem Abschluss der Transaktion gibt es noch ein unabsehbares Problem«, erklärte McCarthy seine größte Schwierigkeit mit dem Geschäft. Er erklärte, dass die FSA feststellen müsse, ob Barclays ausreichend kapitalisiert sei, um das Risiko eines Kaufs von Lehman übernehmen zu können. Und selbst wenn dem so sei – für ihn nur eine Möglichkeit, wie er andeutete –, müsse Barclays noch einen Weg finden, um bis zum Abschluss des Deals für Lehmans Geschäfte zu bürgen. »Ich hege große Zweifel, dass Barclays je in eine Position gelangen kann, um die Auflagen zu erfüllen. Es ist

keineswegs klar, dass das Geldhaus dazu in der Lage sein wird«, sagte er.

Geithner war über dieses aggressive Auftreten der FSA sehr überrascht und fragte McCarthy direkt, ob seine Behörde damit offiziell mitteilen wolle, dass sie dem Deal nicht zustimmen werde.

»Wir können unmöglich überblicken, ob wir die Risiken akzeptieren können«, antwortete McCarthy, »solange Sie keinen Vorschlag vorlegen.« Allerdings sei es auch schon so spät – in London war es 15.30 Uhr –, dass kaum noch Chancen bestünden, in den nächsten paar Stunden zu einer abschließenden Bewertung zu kommen.[8]

McCarthy schnitt ein weiteres Problem an: Barclay könne für Lehmans geschäftliche Verpflichtungen nicht ohne Zustimmung der Aktionäre bürgen – in Großbritannien eine börsenrechtliche Vorschrift für alle im Land gelisteten Gesellschaften. Für die Abstimmung reiche die Zeit nicht, und er sei nicht befugt, eine Befreiung zu erteilen. Das könne nur die Regierung.[9]

Geithner erklärte, aufgrund seiner Gespräche mit Barclays gehe er davon aus, dass die britische Regierung für die Transaktion bereits Unterstützung signalisiert habe.

»Ich habe keinen Hinweis darauf, dass dies der Fall ist«, sagte McCarthy bestimmt. Und wie es am Freitag Darling gegenüber Paulson getan hatte, äußerte er seine Besorgnis, dass Barclays und der übrige Markt in eine Schieflage geraten könnten.

»Hören Sie«, sagte Geithner ungeduldig, »wir müssen in der nächsten halben Stunde entscheiden, was wir machen. Die Zeit läuft ab.«

»Viel Glück«, sagte McCarthy kurz angebunden.

Geithner beendete das Telefongespräch und eilte ins Büro von Paulson, den er im Gespräch mit Chris Cox antraf, und berichtete von seinem Telefonat mit McCarthy.

»Ich habe ihn gefragt, ob er die Zustimmung verweigere«, sagte Geithner, »und er hat das mehrfach verneint.« Aber mehr habe er aus ihm nicht herausholen können, beklagte er sich.

Paulson war verwirrt. »Das glaube ich einfach nicht.«

Als Vertreter der Aufsicht war Cox der Einzige im Raum, dem Lehman Brothers behördlich unterstellt war. Nach einer kurzen

Strategiebesprechung wies Paulson ihn an, McCarthy anzurufen. Cox hätte diese Regulierungsfragen doch vorab klären müssen, dachte er leicht verärgert. »Ich will nicht dastehen und meinen Hermann halten müssen«, sagte der Finanzminister und blickte auf seinen Reißverschluss, um den Witz deutlich zu machen.

Cox erreichte McCarthy über dessen Mobiltelefon im Esszimmer seines zweistöckigen Hauses in Blackheath im Südosten Londons. Nachdem der Chef der FSA die Probleme, die der Deal mit Barclays aufwarf, nochmals geduldig dargelegt hatte, schlug Cox vor, einen Versuch zu ihrer Umgehung zu unternehmen. »Das gefällt Ihnen offenbar nicht«, fügte er hinzu.

»Nein«, gab McCarthy in kühlem Ton zurück. »Ich versuche die entscheidenden Fakten darzulegen, damit Sie sie verstehen und die Dinge einigermaßen realistisch angehen.«

»Sie sind sehr pessimistisch«, insistierte Cox.

»Schauen Sie, wir haben unter anderem ein großes Problem damit, dass wir nicht richtig eingeweiht sind«, klagte McCarthy zunehmend erregt. »Bitte haben Sie Verständnis: Wir haben die Dinge erst sehr spät erfahren«, sagte er und spulte eine Liste von Auflagen ab, die Barclays würde erfüllen müssen. »Wir hätten Ihnen schon früher sagen können, wo es Probleme gibt und wo nicht.«

Fünf Minuten später kehrte Cox mit einem Notizblock in der Hand leichenblass zu Paulson und Geithner zurück.

»Sie werden nicht zustimmen«, sagte er. »Das ist eine vollständige Kehrtwende. Zuvor haben sie kein Wort gesagt!«

Tom Baxter, der Justiziar der Notenbank von New York, der soeben eingetreten war, traute seinen Ohren nicht. »Jetzt, wo wir schon so weit sind. Das Geld liegt auf dem Tisch«, sagte er ungläubig. »Haben sie das nicht gewusst, als sie das Flugzeug hierher genommen haben?«

»Ich rufe Darling an«, sagte Paulson.

Im schottischen Edinburgh bereitete Alistair Darling, der Schatzkanzler von Premierminister Gordon Brown, wie jeden Sonntag zur Arbeitswoche seine Rückreise nach London vor.

Es war ungefähr 16 Uhr Ortszeit. Darling hatte fast den ganzen Tag mit John Varley von Barclays, mit Beamten der FSA und mit Premierminister Brown telefoniert, um sich eine Meinung zu bilden, ob die britische Regierung die Übernahme durch Barclays genehmigen sollte.

Darling hatte große Bedenken gegen die Transaktion, insbesondere nachdem er von einem Mitarbeiter erfahren hatte, dass die Bank of America aus dem Bieterverfahren ausgeschieden war. Musste Barclays unbedingt einen Ladenhüter kaufen? Am Morgen hatte er sämtliche Zeitungsberichte über den Deal gelesen, darunter einen Leitartikel im *Sunday Telegraph:*[10]

> Billig kann sehr teuer werden. Die Anleger sollten sich nur dann hinter Diamond stellen, wenn er zweierlei nachweisen kann: dass er die Disziplin wahrt, die die führenden Banken der Welt in jüngster Zeit vermissen ließen, und dass Lehman – so transparent dies nachweisbar ist – wirklich ein gutes Geschäft ist.

Darling schloss aus, dass Barclays Lehmans Bücher so gründlich geprüft hatte, dass sie sichergehen konnten, keine extremen Preisabschläge auf Lehmans Werte in Kauf zu nehmen. Erschwerend kam hinzu, dass Darling noch andere Probleme beschäftigten: HBOS, die größte britische Hypothekenbank, kämpfte ums Überleben. Und wie er auch wusste, war Lloyds an einem Kauf der Bank interessiert. Mit Barclays, Lloyds und HBOS war, so meinte er, das gesamte britische Bankensystem gefährdet.

Mit diesen Befürchtungen im Kopf nahm er den Anruf von Hank Paulson entgegen.

»Alistair«, sagte Paulson ernst. »Wir hatten gerade ein unerfreuliches Gespräch mit der FSA.«

Darling erklärte, so wie er es verstanden habe, seien bei einer Kontaktaufnahme offenbar zahlreiche Fragen offen geblieben. »Ich habe gegen die Übernahme prinzipiell keine Einwände«, sagte Darling. »Aber Sie bitten die Regierung, ein hohes Risiko zu übernehmen. Wir müssen genau wissen, um welches Risiko es

sich handelt und wozu die US-Regierung bereit ist. Unsere Fragen sind durchaus berechtigt.«

»Wir sind hier fast schon am Ziel«, sagte Paulson, überrascht über Darlings Haltung. Er fragte eindringlich erneut, ob er bereit sei, auf eine Zustimmung der Aktionäre zu der Übernahme zu verzichten.

»Wenn sich hier etwas bewegt, wozu wäre die US-Regierung dann bereit? Was bieten Sie?«, fragte Darling im Gegenzug.

Paulson wiederholte, dass er auf das Zustandekommen des Privatkonsortiums hoffe. Darling lenkte das Gespräch in andere Bahnen und stellte Paulson unangenehme Fragen zu den Notfallplänen der USA, falls Lehman in Konkurs gehen sollte. »Sollte Lehman Insolvenz anmelden«, sagte Darling vor Beendigung des Gesprächs, »müssen wir das wissen, denn das wird auch Auswirkungen auf uns haben.«

»Er wird nicht mitmachen«, teilte Paulson Geithner verblüfft mit. »Er hat gesagt, er wolle ›unseren Krebs nicht importieren‹.«

In den nächsten zwei Minuten redete in Geithners Büro ein halbes Dutzend aufgeregter Stimmen durcheinander. Schließlich sorgte Paulson für Ruhe und fragte erstmals an diesem Wochenende mit erhobener Stimme: »Warum haben wir das nicht früher erfahren? Das ist doch völlig bescheuert.«

Paulson überlegte laut, ob Präsident Bush Gordon Brown anrufen sollte, beantwortete die Frage aber sogleich selbst: »Keine Chance«, sagte er. Darling habe durchblicken lassen, dass er bereits mit Brown über die Lage geredet habe. »Er zeigte überhaupt kein Interesse daran, äh, dass Barclays sich engagiert«, sagte er über Darling.

»Okay. Gehen wir zu Plan B über«, sagte Geithner nach einem Augenblick der Überlegung. Sie kamen überein, unten gemeinsam den Bankern die Neuigkeit zu verkünden, damit sie sich auf die Pleite von Lehman vorbereiten konnten. Plan B war einfach: Die Aufsicht würde die Banken dazu drängen, ihre Geschäftspositionen mit Lehman und untereinander so abzuwickeln, dass die Auswirkungen auf die Märkte möglichst gering blieben.

Dann kam Geithner auf den nächsten kritischen Punkt zu sprechen: »Wir müssen uns mit Merrill befassen.«

Als sie sich erhoben, bemerkte der sichtlich deprimierte Paulson trocken: »Wenn man ein Pony reiten will, muss man manchmal in die Scheiße treten.«

Ein Sicherheitsbediensteter der Notenbank von New York, der Bart McDade und Rodgin Cohen gesucht hatte, fand sie schließlich im ersten Stock. »Minister Paulson möchte Sie sprechen«, verkündete er und geleitete sie zu Geithners Wartezimmer.

Cohen fühlte sich bereits unbehaglich: Während McDade euphorische E-Mails über einen unmittelbar bevorstehenden Abschluss des Lehman-Verkaufs verschickt hatte, hatte Cohen Gespräche von Regierungsbeamten mitgehört, die die Erfolgsaussichten zurückhaltender bewerteten. Inzwischen kamen auch McDade Zweifel. Während des Wartens schickte er eine Mitteilung an Gelband: »Es könnte eine Verzögerung geben.«

Als sich die Tür zu Geithners Büro öffnete, marschierten Geithner, Paulson und Cox mit beunruhigend mürrischen Mienen heraus.

»Wir haben die Banken für eine Finanzierung gewonnen, aber die britische Regierung hat die Zustimmung verweigert«, verkündete Paulson.

»Warum? Wer?«, fragte Cohen ungläubig.

»Das Nein kam aus der Downing Street. Sie wollen nicht, dass die amerikanischen Probleme das britische System infizieren«, sagte Paulson.

McDade stand stumm und wie unter Schock da. Cohen, der für seine Gelassenheit bekannt war, platzte heraus: »Das glaube ich nicht! Sie müssen etwas unternehmen!«

»Ach wissen Sie«, sagte Paulson streng, »ich werde sie weder bauchpinseln noch ihnen drohen.«

Cohen gab sich nicht geschlagen.

»Ich weiß, welchen Hebel wir bei der britischen Regierung ansetzen können«, sagte Cohen. »Ich kann einen Freund anrufen.«

Paulson starrte ihn kopfschüttelnd an. »Sie verschwenden Ihre Zeit. Die Entscheidung ist auf den höchsten Ebenen gefallen.«

Cohen trat in eine Ecke und wählte Callum McCarthys Nummer. Beide kannten sich seit Jahren. Cohen war in den 1990er-Jahren, als McCarthy bei Barclays gearbeitet hatte, der Anwalt des Unternehmens gewesen. Als Cohen ihm die Lage erläuterte, nahm sein Gesicht einen unmissverständlichen Ausdruck an: McCarthy konnte ihm bestimmt nicht helfen.

»Du verstehst das wirklich falsch, wenn du meinst, so würdet ihr nicht infiziert«, teilte Cohen ihm mit und flehte ihn geradezu an, seine Entscheidung zu revidieren. »Ihr werdet infiziert, wenn die Übernahme *nicht* zustande kommt.«

Unten betraten Paulson, Geithner und Cox den Hauptkonferenzsaal, in dem die CEOs noch immer versuchten, die Finanzierung von Lehmans Immobilienportfolio zu koordinieren. Dank zunehmenden Fortschritten hatte sich die Stimmung merklich aufgehellt.

»Diejenigen von Ihnen, die den Barclays-Deal nicht unterstützen wollen, können erleichtert aufatmen«, verkündete Paulson etwas verlegen.[11] Mehrere Bankvertreter im Raum verstanden zunächst nicht. Dann verkündete er förmlich, dass der Deal geplatzt sei. »Die Briten genehmigen diese Art der Bürgschaft nicht. Sie können sie nicht über Nacht übernehmen. Dazu brauchen sie eine Aktionärsabstimmung.«

»Aber wir haben das Geld doch!«, sagte Jamie Dimon.

»Ist das nicht unser engster Verbündeter auf der Welt?«, fragte ein Banker.

»Glaubt mir, Leute«, sagt Paulson. »Ich kann ein sehr zäher Bursche sein. Ich habe alles versucht. Es gibt keinen Deal.«

Die meisten im Raum traf die Nachricht wie aus heiterem Himmel. Paulson schüttelte nur den Kopf. »Die Briten haben uns verarscht«, erklärte er.

Geithner lenkte das Gespräch auf die Notwendigkeit, einen Notfallplan zu entwickeln. Die Lehman-Holding werde am heutigen Tag Konkurs anmelden, sagte er und wies darauf hin, dass die Regierung für den Nachmittag eine Notsitzung für den Handel eröffnen werde, damit die größten Banken ihre Kontrakte mit Lehman abwickeln könnten.

Schließlich brachte Geithner den Gedanken ins Spiel, einen Kreditrahmen bereitzustellen, um die nächste in Schwierigkeiten geratende Bank zu stützen. Vorgeschlagen wurde die Einrichtung eines Notfallfonds von 100 Milliarden Dollar, in den jede im Raum vertretene Bank 10 Milliarden einschießen sollte: 7 Milliarden für langfristige und 3 Milliarden für kurzfristige Anleihen.

Im Bedarfsfall sollte jede Bank bis zu 35 Milliarden Dollar an Kredit in Anspruch nehmen können.

Am Ende der Sitzung zogen Paulson und Geithner Thain beiseite und teilten ihm dezent mit: »Wir müssen mit Ihnen reden.«

»John, Sie sehen, wo wir bei Lehman Brothers stehen«, sagte ihm Paulson, als sie sich im Konferenzraum gesetzt hatten. »Sie müssen hier aktiv werden. Uns fehlen die Befugnisse, falls Sie bei der Regierung um eine Rettung nachsuchen.«

»Ich arbeite daran«, sagte Thain in feierlichem Ton. »Ich versuche, mich selbst zu retten.«

Thain erklärte, dass er zwei parallele Wege verfolge: zum einen einen kleinen Unternehmensanteil an Goldman Sachs zu verkaufen, und zum anderen das Gesamtunternehmen an die Bank of America zu veräußern. Er habe an diesem Morgen mit Ken Lewis Kaffee getrunken. Bei der Bank of America seien die Verhandlungen weitaus weiter gediehen, aber er erwarte, dass sich auch Goldman schnell bewegen könne.[12]

Geithner hatte genug gehört. Da er Bernanke über den Stand der Dinge informieren musste, stand er auf und ging.

Paulson wusste, dass Thain eher der Option mit Goldman Investment zuneigte – er wollte schließlich CEO von Merrill bleiben –, drängte ihn aber, den Deal mit der Bank of America voranzutreiben.

»Sie müssen das schaffen, John«, ermahnte er ihn. »Wenn Sie an diesem Wochenende keinen Käufer finden, dann gnade Ihnen und unserem Land Gott.«

»Soweit ich verstehe, hat es nicht geklappt«, teilte Bart McDade Bob Diamond mit, als er ihn an seinem Schreibtisch in der Zentrale von Barclays erreicht hatte.

»Was meinen Sie?«, wiederholte Diamond bestürzt. »Davon habe ich nichts gehört.«

»Es ist vorbei. Die Regierung sagt, der Deal sei geplatzt«, teilte ihm McDade mit und berichtete von Paulsons Diskussion mit der britischen Aufsicht.

Diamond beendete sofort das Gespräch und rief Tim Geithner in dessen Büro an.

»Ich habe es eben gehört«, sagte Diamond außer sich. »Was ist passiert?«

»Sie sollten mit Hank reden«, sagte ihm Geithner.

Als er Paulson schließlich erreichte, teilte er ihm etwas barsch mit: »Ich muss schon sagen: Es hat mich ziemlich getroffen, dass ich diesen Anruf von einem anderen bekomme, und dann noch so spät.« Er hielt inne und versuchte gelassener zu sprechen. »Und wie ich erfahren musste, widerspricht Ihre Darstellung zu den Vorgängen so ziemlich meiner Sicht der Faktenlage. Ich denke, ich habe eine Erklärung verdient.«

Diamond hörte sich Paulsons Bericht zu den zurückliegenden Gesprächen an und legte ernüchtert, aufgebracht und betreten auf. Er war wütend auf Paulson und tief enttäuscht über die britische Regierung. Wie hatten sie ihn die Sache nur so weit vorantreiben und den Deal dann im letzten Moment platzen lassen können?

Um 12.23 Uhr tippte Diamond in seinen BlackBerry eine Mitteilung an Bob Steel, der den Deal sechs Monate lang auf die Beine zu stellen versucht hatte:

> Es hätte nicht schlechter laufen können. Sehr frustrierend.
> Kleines England.[13]

Bart McDade, Alex Kirk und Mark Shafir gingen schweigend durch die Tiefgarage der New Yorker Fed und stiegen in McDades schwarzen Audi A8, um zur Lehman-Zentrale zurückzufahren. Fünf Minuten lang fiel kein einziges Wort. Alle versuchten zu begreifen, was passiert war, und hatten sich mit dem Ende aller Möglichkeiten abgefunden.

Auf dem Weg über den West Side Highway wählte McDade an der Freisprechanlage Fulds Nummer.

»Dick, setzen Sie sich erst einmal«, begann er.

»Ich habe schlechte Nachrichten. Schreckliche Nachrichten sogar«, sagte er. »Es sieht so aus, als hätte die FSA den Deal verhindert. Er findet nicht statt.«

»Was heißt: ›findet nicht statt‹?«, blaffte Fuld ins Telefon.

»Paulson sagt, es ist vorbei. Die britische Regierung werde Barclays die Genehmigung verweigern. Niemand rettet uns.«

Nun war auch Fuld sprachlos.

Auf der anderen Seite der Stadt kamen Greg Fleming von Merrill Lynch und Greg Curl von der Bank of America einer Ausformulierung ihrer Übereinkunft näher, während die Anwälte die Konturen eines Vertragstextes zu zeichnen begannen. Der Zusammenschluss würde seinen Sitz in Charlotte haben, wäre mit einer größeren Niederlassung aber auch in New York vertreten. Das Brokergeschäft würde weiterhin unter dem Namen der Wall-Street-Ikone Merrill Lynch und dem vertrauten Logo mit dem Stier laufen.

Fleming arbeitete gerade einige Details durch, als er einen Anruf von Peter Kraus erhielt. Kraus war wieder auf dem Weg zu Goldman Sachs. Er teilte Fleming mit, dass er dort gleich einen Teil des Bewertungsteams benötige.

»Ich schicke niemanden nirgendwo hin«, antwortete Fleming. »Wir haben einen guten Deal in greifbarer Nähe und werden ihn zu Ende führen.«[14]

Fleming befürchtete, dass Kraus, dessen Arbeit er seit dem Tag seiner Ankunft bei Merrill Lynch als wenig hilfreich empfand, die Übereinkunft mit der Bank of America zu unterminieren versuchte und eher an einem Abschluss mit seinen alten Kumpanen bei Goldman interessiert war. Und er befürchtete einen möglichen Rückzieher der Vertreter der Bank of America, sollten sie mitbekommen, dass Merrill auch mit Goldman Gespräche führte.

»Wir brauchen so viele Optionen wie möglich«, sagte ihm Kraus. »Sie sind der Präsident des Unternehmens. Es ist Ihre Entscheidung, aber Sie machen einen großen Fehler.«

»Ja, es ist meine Entscheidung«, stimmte ihm Fleming zu. »Und ich habe sie getroffen.«

»John, wir müssen reden«, sagte Dick Fuld fast flehend, als er John Mack über dessen Mobiltelefon in der New Yorker Fed erreichte. »Es gibt eine Möglichkeit, einen Deal zustande zu bringen. Machen wir einen Plan.« Mack war über die Lage seines Freundes zutiefst betroffen, konnte seine Bitte aber nicht erfüllen. »Tut mir leid, Dick«, sagte er mitfühlend. »Tut mir wirklich leid.«

Mack beendete das Gespräch und ging langsam zu einer Gruppe von Bankern, darunter auch Jamie Dimon, berichtete von dem Gespräch und beklagte das Schicksal von Lehman Brothers.

Dimon runzelte die Stirn.

»Ich hatte eben ein höchst surreales Gespräch mit einem Typen von Lehman«, sagte Dimon. »Er scheint es nicht wahrhaben zu wollen.« Mack schüttelte einfach den Kopf. »Das ist schon merkwürdig.«

Bei AIG machte Chris Flowers bei der Arbeit an der Seite der Bank of America eine Pause. Er hatte sich an einem der Schreibtische der Sekretärinnen im Korridor positioniert und wartete auf ein Treffen mit Willumstad. Bei ihm war Dr. Paul Achleitner von der Allianz. Zusammen hatten sie ein Angebot für das Unternehmen vorbereitet.[15]

Als sie in einen Konferenzraum gebeten wurden, trafen sie dort auf Willumstad zusammen mit Schreiber und einer Gruppe von Beratern, darunter Doug Braunstein von JP Morgan und Michael Wiseman von Sullivan & Cromwell.

»Wir können ein Angebot machen«, verkündete Flowers, zog ein einseitiges Term-Sheet heraus und überreichte es Willumstad.

Flowers wusste noch nichts davon, dass die Banker von JP Morgen auf ein weiteres 20-Milliarden-Dollar-Loch gestoßen waren. Er erklärte, er habe einen Deal auf die Beine gestellt, bei dem AIG mit 40 Milliarden Dollar bewertet würde. (Der tatsächliche Marktwert der Gesellschaft hatte am Freitag rund 31 Milliarden betragen.)[16] Angesichts der Probleme des Unternehmens, so versicherte er, sei dies die beste Schätzung, die er so rasch habe vorlegen können.

Dann führte er grob die Bedingungen aus: Sein Unternehmen und die Allianz würden ungefähr 10 Milliarden Dollar – jeweils

5 Milliarden Dollar – an Eigenkapital einbringen. Weitere 20 Milliarden würden sie von Banken beschaffen. Zudem würden sie Vermögenswerte in Höhe von 10 Milliarden Dollar verkaufen. Ihre getätigten Investitionen würden direkt in die regulierten Tochtergesellschaften einfließen, aber sie behielten die Kontrolle über die Konzernmutter. Diese Bedingung diente dem Schutz von Flowers und der Allianz: Sollte die Muttergesellschaft ins Wanken geraten, würden ihnen die Tochtergesellschaften bleiben. Am Ende wies Flowers darauf hin, dass sie die Federal Reserve davon überzeugen müssten, AIG in einen Broker-Dealer umzuwandeln, damit sie Zugang zum gleichen Diskontfenster bekämen, das Investmentbanken wie Goldman Sachs und Morgan Stanley zur Verfügung stand.

Vor Abschluss seiner Präsentation fügte Flowers hinzu, eine weitere Bedingung sei im Entwurf für den Deal noch nicht enthalten: »Bob, wir wollen Sie als CEO ablösen.«

Das Angebot löste Stille aus: Willumstad und seine Berater hielten es für einen Witz, aber nicht wegen Flowers' dreister Ankündigung, dass Willumstad gefeuert würde, sondern weil der Deal voller Fallstricke steckte. Flowers brachte kaum eigenes Geld mit ein, und er hatte keine 80 Prozent des Kapitals zusammenbekommen, das zur Abwicklung des Deals notwendig war. Und auch der Preis erschien lächerlich gering. Für sie war der Konzern mindestens das Doppelte wert.

»Schön«, sagte Willumstad ruhig. »Wir haben eine Agenda. Wir werden sie in den Verwaltungsrat einbringen. Aber ich muss Ihnen sagen, dass Bedingungen enthalten sind, denen keiner von uns zustimmen kann«, sagte er und bezog sich darauf, dass Flowers noch auf eine Finanzierung durch Banken angewiesen war. »Danke«, fügte er im Stehen hinzu und versuchte sie so schnell wie möglich hinauszukomplimentieren. Kaum hatte Flowers den Raum verlassen, schloss Achleitner hinter ihm die Tür und setzte sich wieder.

Er sei mit Flowers' Auftritt nicht einverstanden, sagte Achleitner fast flüsternd.[17]

»Nun, Sie haben das Papier ja gelesen, bevor Sie gekommen sind«, sagte Willumstad beherrscht.

»Nein, nein, nein. Das ist nicht unsere Art, Geschäfte zu machen«, sagte Achleitner entschuldigend.

»Okay. Wie auch immer«, antwortete Willumstad. »Danke vielmals.«

Als die gesamte Gruppe schließlich gegangen war, wandte sich Willumstad an Schreiber und flüsterte: »Lassen Sie diese Typen bloß nicht mehr ins Gebäude!«

Für einen kurzen Augenblick gönnte sich Dick Fuld ein Lächeln. Lehmans Finanzchef Ian Lowitt hatte eben erfahren, dass die Federal Reserve beschlossen hatte, das Diskontfenster etwas weiter zu öffnen, ein Schritt, der Broker-Dealer wie Lehman Brothers in die Lage versetzen würde, noch mehr von ihren Vermögenswerten, darunter hochtoxische Papiere, als Sicherheit gegen Liquidität zu verpfänden.

»Okay, auf geht's!«, sagte Fuld im Glauben, dass sie vielleicht noch etwas länger durchhalten konnten, während sie ihre Möglichkeiten durchgingen.

»Das sind großartige, fantastische Nachrichten«, sagte Lowitt und zählte im Kopf bereits die Zigmilliarden Dollar an Immobilienwerten nach, die sie an die Fed verpfänden könnten. »Wir haben ausreichend Sicherheiten!«

»Lehman muss sofort Insolvenz anmelden«, sagte Paulson, in seinen Sessel gelehnt, zu Geithner und Cox. Er machte deutlich, dass die Bank die Unsicherheiten auf dem Markt nicht vergrößern dürfe, indem sie die Situation in die Länge zog.

Paulson hatte einen weiteren Grund zu insistieren, dass Lehman Insolvenz anmelden müsse. Sollte die Fed ihr Diskontfenster für dic verbleibenden Broker-Dealer weiter öffnen, hatte er nicht vor, Lehman Zugang zu gewähren. Dies würde dem »moral hazard« zusätzlichen Auftrieb geben.

Cox sprach sich für eine Pressekonferenz aus, um den Bankrott bekannt zu geben. Als einziger Regulierer mit einer offiziellen Autorität über die Bank hielt er es für seine Pflicht, die Öffentlichkeit zu informieren, ehe die Nachricht durchsickern und Panik erzeugen würde.

Er beorderte Calvin Mitchell, den Chef der Kommunikationsabteilung der New Yorker Fed, und Paulsons Stabschef Jim Wilkinson in sein provisorisches Büro und fragte, für wann eine Pressekonferenz anberaumt werden könne.

»Nun, können Sie das nicht irgendwo in den Büros der [US-Börsenaufsicht] SEC machen? Ist das nicht passender?«, fragte Mitchell. Es war ihm sichtlich unangenehm, inmitten des Chaos ein Medienereignis zu organisieren.

»Hier ist es einfacher. Dort ist doch niemand«, beharrte Cox. »Die Journalisten sind hier«, sagte er und deutete auf das Gedränge der Presseleute an der Liberty Street.

»Also gut. Wir könnten es auf diesem Stockwerk machen«, sagte Mitchell. »Oder auch im Erdgeschoss. Wir können ein Podium hinunterschaffen.«

Der Gedanke, die Pressekonferenz unten abzuhalten, gefiel Cox: »Das ist eine gute Kulisse.«

Bei der Besprechung darüber, was Cox auf der Pressekonferenz zum Konkurs von Lehman sagen sollte, wies Erik Sirri, der Leiter des Bereichs Märkte und Handel der SEC, auf ein kleines Problem hin: »Das geht nicht«, sagte er. »Bevor wir bekannt geben können, dass ein Unternehmen Insolvenz angemeldet hat, muss es sich zu diesem Schritt erst einmal entschlossen haben. Das ist die Entscheidung des Lehman-Verwaltungsrats.«

Greg Fleming traf Peter Kelly in der Eingangshalle der Anwaltskanzlei Wachtell Lipton und umarmte ihn begeistert. »Es hat geklappt«, flüsterte er Kelly ins Ohr, »29 Dollar. Du schuldest mir ein Bier«, sagte er strahlend.

Eben hatte Fleming am Telefon von Thain grünes Licht erhalten, den Deal mit 29 Dollar pro Aktie weiter voranzutreiben.

Einen ganzen Nachmittag lang hatte Fleming mit Greg Curl gefeilscht und ihn nicht nur davon überzeugt, die Übereinkunft anzunehmen, sondern auch Merrills Bonuspool in der Höhe zu finanzieren, die 2007 ausbezahlt worden war. Keiner würde einen Arbeitsvertrag bekommen, nicht einmal Fleming und Thain, ein Punkt, mit dem Curl hochzufrieden war. Um zu einem sicheren Abschluss zu kommen, hatte Fleming Curl die Zustimmung

zu einer praktisch wasserdichten Übereinkunft abgerungen, die einen Ausstieg der Bank of America aus der Transaktion – durch Material-Adverse-Change-Klauseln – selbst für den Fall verhinderte, dass sich die Geschäftslage für Merrill weiter verschlechtern sollte.

Vor der Zustimmung zum Aktienpreis hatte Curl Ken Lewis erklärt: »Wir könnten es später billiger bekommen, aber wenn wir den Deal heute nicht abschließen, verpassen wir vielleicht die Gelegenheit.« Für den aufstrebenden Dealmaker Curl war dieser Abschluss die Krönung.

Die Bank of America berief für 17 Uhr ihren Verwaltungsrat ein, während Merrill für 18 Uhr im St. Regis Hotel eine Sitzung anberaumte, um dem Geschäft zuzustimmen. Die Investmentbank Merrill Lynch, die eine fast hundertjährige Tradition mit einem der renommiertesten Namen an der Wall Street hatte, sollte in wenigen Stunden an die Bank of America verkauft werden – zum höchsten Kaufpreis in der Geschichte der Bankenfusionen. Es war, wie eine Zeitung es später fasste, als kaufe der Einzelhandelskonzern Wal-Mart das Schmuckunternehmen Tiffany.

In der New Yorker Fed hatten die Banken eben ihre Versuche beendet, ihre Lehman-Positionen gegeneinander zu saldieren – mit mäßigem Erfolg. Am gleichen Tag hatte die Fed an die CEOs eine Mitteilung herausgegeben, wonach in New York und London ein zweistündiger außerordentlicher Handel stattfinde. Dabei könnten Unternehmen, die über Lehman gegenläufige Geschäfte betrieben, zusammenfinden und diese unter Umgehung des Zwischenhändlers direkt abwickeln.

Das Verfahren beruhte auf der Annahme, dass Lehman untergehen würde: »Alle Geschäfte werden für den Eventualfall getätigt, dass die Konzernmutter Lehman Konkurs anmeldet«, hieß es in der Mitteilung der Fed.[18] »Die Geschäfte werden ›anspringen‹, wenn die Lehman Brothers Holding Inc. am Montag vor neun Uhr US-Ostküstenzeit Konkurs anmeldet.« Die Mitteilung wurde bewusst an keine Lehman-Mitarbeiter verteilt.

So geschickt der Vorschlag der Fed auch gewesen sein mochte, die verschiedenen Banken hatten große Mühe, passende Geschäfte

ausfindig zu machen, bei denen Lehman außen vor bleiben konnte. Als die frustrierten Trader um 16 Uhr in New York von ihren Schreibtischen aufstanden, hatten viele mit ihren Geschäften bei Lehman noch immer so große Risiken liegen wie am Freitagnachmittag.

»Der außerordentliche Handel, der heute betrieben wurde, um eine Teilabwicklung dieser Positionen zu erleichtern, erlebte einen geringen Umsatz – vielleicht insgesamt 1 Milliarde Dollar –, aber mit weit größeren Spreads bei den Unternehmensanleihen«, teilte Bill Gross, der Chef von PIMCO, Reportern am Nachmittag mit.[19] »Es scheint, als werde Lehman in Konkurs gehen, und das Risiko eines unmittelbar losbrechenden Tsunami betrifft die Abwicklung von Positionen im Derivate- und Swapgeschäft im weltweiten Universum der Händler, Hedgefonds und Käufer.«

Inzwischen verbreitete sich das Gerücht, dass Merrill an die Bank of America verkauft würde, eine Nachricht, die bei Gross, einem der renommiertesten Anleger der Nation, Zweifel aufkommen ließ. »Bis zu einem gewissen Maß gibt das angebliche Angebot der Bank of America an Merrill sämtlichen Märkten ein wenig Vertrauen, auch wenn ich skeptisch bin, dass die BofA so kurzfristig einen solchen Preis zahlen würde«, sagte er.

Ruth Porat, eine in der Fed vertretene Bankerin von Morgan Stanley, zweifelte das Gerücht und vor allem den Kaufpreis ebenfalls an. Sie rief Jonathan Pruzan, Morgan Stanleys Experten in Sachen Finanzbranche, an und berichtete ihm von den jüngsten Gerüchten.

»Angeblich sind es 29 Dollar pro Aktie, und morgen früh soll es verkündet werden«, teilte sie ihm mit. »Ich glaube das nicht. Für eine Unternehmensbewertung hatten sie doch gar keine Zeit. Der Preis ist absurd.«

Aber Pruzan antwortete sofort: »Dann war es mit Sicherheit Ken. Doch. Das ist Kens Stil.«

»Kommen Sie bei allem noch mit?«, blaffte Gary Lynch, der Leiter der Rechtsabteilung von Morgan Stanley, ins Telefon. In der New Yorker Fed hatte er keinen Computer zur Verfügung und diktierte den Text seiner wichtigen Pressemitteilung Morgans Sprecherin

Jeanmarie McFadden, die beim Tippen verzweifelt Anschluss zu halten versuchte.

Dem Plan zufolge sollte den Märkten mitgeteilt werden, dass Lehman zwar vielleicht pleitegehen werde, dass die Banken der Wall Street aber zusammenarbeiteten, um eine Implosion des gesamten Finanzsystems zu verhindern.

Die Mitteilung sollte so beginnen: »Heute hat eine Gruppe globaler Geschäfts- und Investmentbanken eine Reihe von Aktionen initiiert, um die Liquidität zu stärken und die beispiellose Volatilität und weitere Herausforderungen auf den weltweiten Aktien- und Kreditmärkten abzumildern.«[20]

Anschließend sollte bekannt gegeben werden, dass die weltgrößten Finanzinstitute füreinander einen 100-Milliarden-Dollar umfassenden Kreditfonds eingerichtet hätten – das war mehr als die von der Federal Reserve bereitgestellten Notfallkredite der Primary Dealer Credit Facility. Aus dem Pool könne jede Bank bis zu 35 Milliarden Dollar an Krediten beanspruchen.

Bisher hatten sich zehn Banken bereit erklärt, jeweils 7 Milliarden Dollar – also insgesamt 70 Milliarden Dollar einzuzahlen. Sie lasen sich wie ein Who's Who des weltweiten Finanzsystems: Goldman Sachs, Merrill Lynch, Morgan Stanley, Bank of America, Citigroup, JP Morgan, Bank of New York, UBS, Credit Suisse, Deutsche Bank und Barclays. Viele davon waren normalerweise erbitterte Konkurrenten.

Die Pressemitteilung schloss mit der Versicherung, dass »die Branche alles in ihrer Macht Stehende unternimmt, um unsere Kapitalmärkte und unser Bankensystem mit zusätzlicher Liquidität und Sicherheiten zu versorgen«.

In den Reihen von Lehman Brothers machte sich allmählich Panik breit. George H. Walker IV., Chef der Abteilung für Investmentmanagement, zerbrach sich in seinem Büro in der Park Avenue 399 den Kopf darüber, wie seine Sparte zu retten sei. Am Freitag hatte er Angebote von zwei Private-Equity-Unternehmen erhalten – Bain Capital und TPG. Als er beide gerade zusammenzubringen versuchte, erhielt er einen Anruf von Eric Felder, einem von McDades Tradern.[21]

Felder hyperventilierte beim Sprechen geradezu.

»Sie müssen ihren Cousin anrufen«, sagte er nachdrücklich. »Jetzt oder nie: Sie müssen den Präsidenten anrufen.«

Walker, ein Cousin zweiten Grades von Präsident Bush, scheute davor zurück, seine familiären Beziehungen spielen zu lassen.

»Ich weiß nicht«, sagte er.

»Sie müssen es tun, George«, sagte Felder. »Das ganze verdammte Unternehmen geht baden. Jemand muss das stoppen!«

Walker griff zum Telefon, hinterließ am Ende aber im Weißen Haus nur eine Nachricht bei den Mitarbeitern. Er sollte nie einen Rückruf erhalten.

Als der Konkurs nur noch Stunden entfernt schien, kam auf Lehmans Geschäftsführer Steven Berkenfeld plötzlich ein neues Problem zu: ausstehende Rechnungen über 18,5 Millionen Dollar für Weil Gotshal, die Anwaltskanzlei, die er mit der Konkursanmeldung beauftragt hatte. Diese Forderung zu früheren Leistungen war im Vergleich zu den Milliarden Dollar, die Lehman der gesamten Wall Street schuldete, zwar winzig, aber sie würde verhindern, dass Weil und Harvey Miller Lehman im Konkursverfahren vertreten würden. Als offizieller Gläubiger von Lehman konnte Weil in einen Interessenkonflikt geraten – und deshalb von einem Richter von der Vertretung ausgeschlossen werden.

Dabei sah Berkenfeld eine Beteiligung Weils als entscheidend an. Dessen Anwälte kannten den Konzern am besten, und der Konkurs stand unmittelbar bevor. Und auch für Weils Chef Stephen Dannhauser war dieser Auftrag von höchster Bedeutung: Angesichts der Größenordnung und Komplexität dieses Konkurses, der bedeutender zu werden versprach als der von Enron, ging es um ein Honorarvolumen von weit über 100 Millionen Dollar.

Dannhauser hatte Berkenfeld instruiert, die ausstehenden Summen noch vor Einleitung des Konkursverfahrens direkt auf das Firmenkonto von Weil einzuzahlen. Aber auch dieses Vorgehen barg Risiken: Als Empfänger einer solchen Zahlung konnte die Kanzlei ebenfalls von dem Fall ausgeschlossen werden.

Trotz des hohen Drucks auf Lehman bemühte sich Berkenfeld, die Zahlung zu leisten.

Am Sonntag hatte der Konzern nur an einer Stelle Zugriff auf Liquidität: bei JP Morgan. Berkenfeld hatte bereits angerufen und die Anfrage gestartet.

Nun aber hatte Dannhauser angerufen und mitgeteilt, dass der Transfer nicht erfolgt sei: JP Morgan hatte Lehmans Konto gesperrt. Die Entscheidung, so hatte man Dannhauser mitgeteilt, sei »von ganz oben« gekommen.

Berkenfeld wählte sofort die Nummer von JP Morgans Chefjustiziar Stephen Cutler und fragte wütend nach, was in dem Fall »von ganz oben« heißen solle.

»Ich weiß nicht, was das heißen soll«, sagte Berkenfeld mit erhobener Stimme. »Ich weiß nicht, ob damit Jamie Dimon oder jemand von außerhalb des Unternehmens gemeint ist. Aber wir werden Sie eines Tages vereidigen lassen und herauskriegen, was los war.«

Cutler sagte zu, er werde versuchen, die Zahlung durchzuführen.

Als Bob Diamond müde und erschöpft in sein Zimmer im Carlyle-Hotel zurückkehrte, erwartete ihn eine Überraschung: seine Frau Jennifer und seine Tochter Nellie, die im zweiten Jahr in Princeton studierte. Nellie hatte auf ihrem Laptop seufzend die Nachricht gelesen, dass der von ihrem Vater angestrebte Deal geplatzt war, und sich nach New York aufgemacht.

Sie beschlossen, im Smith & Wollensky Steak House zu Abend zu essen. Als sie das Restaurant fast erreicht hatten, klingelte Diamonds Mobiltelefon.[22] Der angezeigten Nummer nach war es McDade.

»Ich kann nicht«, sagte er seiner Tochter, die über die ungewohnte Zaghaftigkeit ihres Vaters verblüfft war. »Ich kann das nicht mehr.«

»Dad, geh ans Telefon«, sagte sie nachdrücklich.

Widerstrebend nahm er den Anruf entgegen.

»Ich habe eine Frage«, sagte McDade sofort. »Wenn wir Konkurs anmelden, können Sie sich dann vorstellen, den US-Broker-Dealer aus der Konkursmasse zu übernehmen?«

Diamond flüsterte Jennifer und Nellie zu: »Ich brauche eine Sekunde.«

Als die Frauen das Restaurant betraten, fragte er ins Telefon: »Steht das jetzt auf dem Programm? Der Konkurs?«

»Wir sind nicht sicher«, antwortete McDade, »aber wenn es auf Kapitel 11 hinausläuft, könnten Sie sich dann vorstellen, den US-Broker-Dealer zu übernehmen?«

»Genau den Teil wollen wir ja, Bart«, sagte ihm Diamond. »Also unbedingt. Wir überlegen uns das. Allerdings muss ich Ihnen sagen, dass ich vom Insolvenzrecht keine Ahnung habe und gar nicht weiß, wo ich jetzt anfangen soll. Ich muss mit meinem Verwaltungsrat sprechen und mit John, aber ich bin ziemlich sicher, dass unsere Antwort positiv ausfällt.«

»Warum machen wir es nicht so«, fuhr Diamond fort: »Ich stehe früh auf und trommle mein Team zusammen. Dann treffen wir uns um fünf Uhr morgens. Aber schicken Sie mir eine E-Mail, falls Sie doch nicht Konkurs angemeldet haben. Sie bringen Ihr Team mit und wir unseres.«

Am Sonntagabend kehrte Bob Willumstad mit seinen Beratern von JP Morgan in die Notenbank zurück, um den letzten Stand der Dinge bekanntzugeben.

Nachdem sich Paulson, Geithner und Jester um einen Konferenztisch gruppiert hatten, teilte er finster mit: »Wir stehen an der gleichen Stelle wie zuvor, vielleicht sogar an einer noch schlechteren.« Willumstad erklärte, dass das Finanzloch von AIG seither auf 60 Milliarden Dollar angewachsen sei. Dann amüsierte er die Anwesenden mit einem detaillierten Bericht zu Chris Flowers' Angebot, einer »Mogelpackung«, wie sie es nannten.

Jester, der sich Notizen machte, quetschte Willumstad und Doug Braunstein zu den Zahlen aus. Er verstand nicht, warum sie noch immer im Ungefähren blieben. Er wollte bis auf die letzte Stelle hinter dem Komma wissen, wie viel Geld AIG brauchte.

Braunstein seufzte: »Ich kann Ihnen keine genaue Zahl nennen. Es ist schwierig, klare Zahlen zu ermitteln«, sagte er und verwies auf das veraltete EDV-System von AIG.

Allen im Raum war klar, dass AIG, wie Willumstad es ausdrückte, »in der Klemme steckte«, auch wenn von einem Konkurs bislang noch nicht die Rede war.

Willumstad schlug erneut vor, die US-Notenbank solle AIG nur so viel Geld leihen, um zu verhindern, dass die Ratingagenturen die Kreditwürdigkeit des Unternehmens herabstuften.

Geithner wiederholte, dass dies nicht infrage komme. Der Lehman-Konkurs hatte Willumstad deutlich gemacht, dass Geithner es ernst meinte. Trotzdem ließ er nicht locker.

»Ich schlage eine Transaktion, keine Rettungsaktion vor«, sagte Willumstad. »Wenn wir den Rückhalt der Fed nur gegen Sicherheiten bekommen, gebe ich Ihnen mein Wort, dass ich sämtliche notwendigen Vermögenswerte verkaufe, um alles zurückzuzahlen.«

Paulson wiederholte erbittert, dass es dazu nicht kommen werde.

Als das Team von AIG schließlich gegangen war, sagte Geithner zu Paulson, dass sie darüber nachdenken müssten, was sie zur Rettung des Unternehmens tun könnten – vielleicht ein weiteres privates Konsortium.

»Ich weiß einfach nicht«, meinte Paulson erschöpft. Seine Gedanken drehten sich noch ganz um das Schicksal von Lehman Brothers und Merrill Lynch, und da sollte er jetzt eine Lösung für AIG finden?

Paulsons Stabschef Jim Wilkinson, der seinen Chef aufzumuntern versuchte, gab sich erstaunt: »Aus analytischer Sicht wäre das höchst interessant, wenn es bloß uns nicht betreffen würde.«

Weder das Finanzministerium noch die Federal Reserve hatten die Aufsicht über AIG, aber wenn überhaupt jemand zuständig war, dann Geithner. Bevor Paulson die Hände in den Schoß legte, bat ihn Geithner, ihm die Dienste von Dan Jester »auszuleihen«. Jester hatte sich am Wochenende beim Durcharbeiten vieler praktischer Fragen zu Lehman und Merrill sehr hilfreich gezeigt. Als ehemaliger stellvertretender Finanzchef von Goldman, so meinte Paulson, verstehe Jester die Finanzdienstleister praktisch besser als jeder andere. Und als einem der wenigen unter ihnen gefiel ihm die Komplexität des Problems, das vor ihnen lag: In seiner Zeit bei Goldman, in den 1990er-Jahren, hatte ausgerechnet AIG zu seinen Kunden gezählt.

Zu einer späteren Stunde am Sonntagabend fragte Jamie Dimon, der sich inzwischen wieder in der Zentrale von JP Morgan eingefunden hatte, telefonisch bei Doug Braunstein nach dem letzten Stand der Dinge bei AIG.

»Es sieht nicht gut aus«, teilte ihm Braunstein mit und bezeichnete das wachsende Loch bei dem Versicherungsriesen als »Schneeball«.

Dimon fasste das so auf, dass AIG wohl eine augenblickliche »Liquiditätskrise« hatte, glaubte aber weiterhin, dass im Basisgeschäft der Firma ein gewaltiges Potenzial steckte. Einen Augenblick lang verlegte er sich aufs Träumen. »Vielleicht sollten wir einen Blick darauf werfen. Das müsste doch eigentlich eine lohnende Sache sein.«

»Wie meinen Sie das? *Für uns?*«, fragte Braunstein ungläubig.

»Genau«, antwortete Dimon.

»Nein, nein, nein«, sagte Braunstein und versuchte es Dimon auszureden. »Die Leute dort durchschauen doch offenbar ihre eigenen Zahlen nicht.«

»Ich weiß nicht«, sinnierte Dimon und zweifelte noch immer daran, dass AIG nichts mehr wert war. »Vielleicht ist es eine gute Idee.«

Paulson blickte auf seine Uhr. Es war nach 19 Uhr: In Asien eröffneten die Märkte, und Lehman hatte noch immer nicht Konkurs angemeldet.

»Hat Cox schon mit ihnen geredet?«, blaffte er seinen Stabschef Jim Wilkinson an.

Wilkinson berichtete, dass er versucht habe, Cox zu einem Anruf bei Lehman zu bewegen. »Er hat den Teufel getan«, sagte er verächtlich. »Ich bin zu ihm gegangen und habe ausgerichtet, was Sie mir aufgetragen haben. Er war wie erstarrt. Wie so ein verdammtes Reh im Scheinwerferlicht.«

Cox, von dem Paulson ohnehin wenig hielt, erwies sich als überfordert. Paulson hatte ihn beauftragt, auf der Stelle Lehmans Konkursantrag zu koordinieren. »Dieser Kerl ist nicht zu gebrauchen«, sagte er, riss die Arme hoch und eilte zu Cox' improvisiertem Büro.

Er stürmte hinein, schlug die Tür hinter sich zu und schrie: »Was zum Teufel treiben Sie eigentlich? Warum haben Sie bei denen immer noch nicht angerufen?«

Cox, dem es sichtlich widerstrebte, seine Position in der Regierung zu nutzen, um ein Unternehmen zur Anmeldung der Insolvenz zu drängen, entschuldigte sich treuherzig: Er sei nicht sicher gewesen, ob es passend für ihn gewesen wäre anzurufen.

»Ihr Jungs schafft es nicht ein Loch in den Schnee zu pinkeln!«, blaffte Paulson entnervt. »Es ist Ihre verdammte *Pflicht.* Sie müssen anrufen.«

Der Lehman-Verwaltungsrat war bereits zusammengetreten, als die Konkursanwälte von Weil Gotshal mit Rollkoffern voller Unterlagen im Schlepptau eintrafen. Mit gedämpfter Stimme gab McDade den Direktoren einen detaillierten Bericht zu den Vorgängen in der Notenbank von New York. Er beantwortete gerade ihre Fragen, als Fulds Sekretärin hereinkam und ihrem Chef einen Zettel überreichte. Beim Lesen sackte Fuld in seinem Sessel zusammen.

»Einen Augenblick, Entschuldigung, Bart«, platzte er heraus. »Chris Cox ist am Telefon und möchte uns etwas mitteilen.«

Die Mitglieder blickten sich sichtlich überrascht an. Keiner konnte sich daran erinnern, dass der Chef der Börsenaufsicht SEC jemals darum gebeten hätte, zu einem Verwaltungsrat zu sprechen. Ein Direktor fragte, ob man den Anruf überhaupt entgegennehmen solle, wurde aber sofort überstimmt. Was hatten sie zu verlieren? Die Anwälte ermahnten sie allerdings dazu, dass nur die Direktoren auf Fragen antworten sollten.

Fuld beugte sich zum Lautsprecher vor und sagte mit erschöpfter Stimme: »Ah, Chris, hier ist Dick Fuld. Wir haben Ihre Nachricht erhalten, und, äh, der Verwaltungsrat ist zusammengetreten. Alle sind anwesend, sämtliche Direktoren und der Justiziar des Konzerns.«

Ein Konkurs von Lehman, argumentierte Cox bedächtig und steif, als läse er von einem Manuskript ab, könne zu einer Beruhigung der Märkte beitragen. Er sei im besten Interesse der Nation. Dann gab Cox das Gespräch an Tom Baxter weiter, den Chefjusti-

ziar der Federal Reserve of New York. Baxter teilte den Direktoren mit, die Fed und das SEC seien sich einig, dass Lehman Konkurs anmelden solle.

Thomas Cruikshank, ein außenstehender Direktor von Lehman, der in den 1980er-Jahren den Ölkonzern Halliburton durch die Krise geführt und Dick Cheney zu seinem Nachfolger als CEO erkoren hatte, meldete sich als Erster zu Wort.[23]

»Warum ist es so wichtig«, fragte er gereizt, »dass Lehman in Konkurs geht?«

Cox wiederholte, dass die Märkte in Turbulenzen geraten seien und die Regierung alle Alternativen erwogen habe. Die Frage wurde mit Variationen erneut gestellt, worauf Cox und Baxter die immer gleiche Botschaft verlautbarten. Ihre vagen Antworten verärgerten die Direktoren zusehends.

Schließlich sagte Cruikshank freiheraus: »Damit ich es richtig verstehe: Sie weisen uns an, Lehman in den Konkurs zu führen?«

Für einen Augenblick wurde es am anderen Ende still. Schließlich sagte Cox: »Äh, geben sie uns einige Augenblicke. Wir melden uns wieder.«

Nachdem einer der Anwälte auf dem Tisch den Knopf für die Stummschaltung gedrückt hatte, platzten Lehmans Direktoren mit Fragen heraus. Weist uns das SEC an, Konkurs anzumelden? Oder die Fed? *Was zum Teufel ist los?* Keiner konnte sich erinnern, dass die Regierung jemals einem Privatunternehmen die Bankrotterklärung vorgeschrieben und gewissermaßen das Schild »Wegen Geschäftsaufgabe geschlossen« an die Tür gehängt hatte.

Zehn Minuten später meldete sich Cox mit einem Räuspern zurück. »Die Entscheidung, ob Gläubigerschutz beantragt werden soll, obliegt dem Verwaltungsrat. Das ist keine Entscheidung der Regierung«, sagte Cox in einem gleichförmigen, belehrenden Tonfall. »Aber wir glauben, dass in den vorangegangenen Sitzungen mit der Fed deutlich geworden ist, welche Präferenz die Regierung hat …«

John Akers, der ehemalige CEO von IBM, fiel ihm ins Wort: »Dann geben Sie uns nicht wirklich eine Anweisung?«

»Ich sage nicht mehr, als ich eben gesagt habe«, wiederholte Cox und beendete das Gespräch.

Die Direktoren in der Runde blickten sich sprachlos an, während Fuld teilnahmslos dasaß und seinen Kopf in den Händen begraben hielt.

Tom Russo, der Leiter der Rechtsabteilung von Lehman, erläuterte im Stehen grob die Verantwortlichkeiten des Verwaltungsrats gemäß den kapitalmarktrechtlichen Bestimmungen. Während er redete, tuschelten einige Direktoren untereinander. *Ein Bankrott scheint unabwendbar. Melden wir jetzt gleich Konkurs an? Oder erst nächste Woche?*

Allen war klar, dass die Regierung über zahlreiche Druckmittel verfügte. Welche Konsequenzen hätte es, wenn der Verwaltungsrat Cox' Wünsche nicht erfüllte? Die Fed hatte Kredite für Lehmans Broker-Dealer-Abteilung bereitgestellt, damit sie Geschäfte finanzieren konnte. Sie könnte der Lehman-Bank den Hahn zudrehen und sie so in die Liquidation zwingen. Ein Antrag wurde gestellt, über eine Konkursanmeldung abzustimmen.

Henry Kaufman, ein 81-jähriger ehemaliger Ökonom bei Salomon Brothers, der den Risikomanagement-Ausschuss des Lehman-Vorstands leitete, erhob sich zögernd, um das Wort zu ergreifen. »Dr. Doom«,[24] wie er wegen seiner pessimistischen Prognosen in den 1970er-Jahren genannt wurde, hatte in diesem Jahr die Fed scharf mit dem Vorwurf kritisiert, sie übe über »das Geschäftsbankenwesen eine nur dürftige Aufsicht aus«.[25] Jetzt nahm er die Regierung aufs Korn, weil sie Lehman zum Konkurs drängte.

»Das ist ein Tag der Schande! Wie konnte es die Regierung so weit kommen lassen?«, polterte Kaufman. »Wo war die Aufsicht?« Dann zeterte er fünf Minuten lang weiter. Als er sich schließlich in seinen Sessel fallen ließ, starrten die anderen Direktoren betrübt vor sich hin.

Kurz vor Mitternacht kam der Konkurs zur Abstimmung und fand eine Mehrheit. Einige Direktoren hatten Tränen in den Augen. Fuld blickte auf und sagte: »Nun, dann können wir uns wohl verabschieden.«

Die Konkursanwältin Lori Fife meldete sich lachend: »O nein. Sie bleiben, wo Sie sind«, sagte sie. »Der Verwaltungsrat spielt beim weiteren Vorgehen eine entscheidende Rolle.«

Miller ging auf ihren Hinweis näher ein: »Sie müssen entscheiden, was mit den Vermögenswerten geschieht. Also noch kein Abschied. Wir werden uns noch eine Zeit lang sehen.«

Einen Augenblick lang blickte Fuld die Anwälte verwirrt an. »Ach, tatsächlich?,« sagte er leise, stand auf und ging langsamen Schritts allein aus dem Raum.

Warren Buffett war aus Edmonton soeben wieder nach Omaha zurückgekehrt. Als er im Happy Hollow Country Club eintraf, wo er mit Sergey Brin, dem Mitbegründer von Google, und dessen Frau Ann spät zu Abend essen wollte, hatte er bereits gerüchteweise von dem bevorstehenden Bankrott von Lehman Brothers gehört.

»Ihretwegen habe ich vielleicht viel Geld gespart«, sagte er im großen Speisesaal lachend zu den Brins. »Wenn ich nicht versucht hätte, pünktlich bei Ihnen zu sein, hätte ich vielleicht etwas gekauft.«

Bürgermeister Michael Bloomberg hatte mit Paulson telefoniert und rief von seinem Stadthaus in der Upper East Side aus jetzt Kevin Sheekey an, seinen Dezernenten für staatliche Angelegenheiten. »Ich glaube, wir müssen unseren Abstecher nach Kalifornien streichen«, teilte er Sheekey mit, der bereits seine Koffer für eine seit Monaten geplante Großveranstaltung mit Gouverneur Arnold Schwarzenegger packte.

»Morgen geht die Welt unter«, erklärte Bloomberg ganz unsarkastisch.

»Sind Sie sicher, dass Sie das in New York miterleben wollen?«, erwiderte Sheekey trocken.[26]

Peter G. Peterson, Mitbegründer der Private-Equity-Gesellschaft Blackstone Group und CEO von Lehman in den 1970er-Jahren bis zu seiner Ersetzung durch Glucksman, schaute mit seiner Frau Joan Ganz Cooney gerade fern, als das Telefon klingelte und sie ihm den Apparat reichte: Ein Journalist der *New York Times* bat um einen Kommentar zu den Ereignissen des Tages.

Nach einer kurzen Pause sagte Peterson: »O Gott! Ich bin jetzt seit 35 Jahren im Geschäft, aber so außergewöhnliche Ereignisse habe ich noch nie erlebt.«[27]

Christian Lawless, ein langjähriger Vizepräsident von Lehmans europäischem Hypothekengeschäft in London, saß Sonntagnacht noch im Büro und meldete sich bei seinen Kunden per E-Mail ab: »Worte vermögen die Trauer in diesem Geschäft, das in den letzten Wochen zerstört wurde, nicht auszudrücken, aber ich möchte Ihnen versichern, dass wir in der einen oder anderen Form – und stärker denn je – wieder erscheinen werden.«[28]

In der Anwaltskanzlei Wachtell Lipton musste Ken Lewis von der Bank of America lächeln: »Wow!«, rief er aus.

Nachdem der Deal mit Merrill in trockenen Tüchern war – beide Verwaltungsräte hatten ihn genehmigt –, wartete er darauf, mit Champagner darauf anzustoßen.

Aber nicht der Abschluss des Deals stimmte ihn so fröhlich. Vielmehr war es die E-Mail, die Stan O'Neal, Merrills ehemaliger CEO, Herlihy aus heiterem Himmel geschickt hatte. Er las die Mitteilung laut vor: »Ich bedauerte zutiefst, dass es mir vor einem Jahr nicht gelungen ist, Merrills Verwaltungsrat für mich zu gewinnen«, schrieb O'Neal über Geheimgespräche, die sie letzten September geführt hatten. Und er fuhr fort: »Auch wenn ich eine abschlägige Antwort erwarte, möchte ich Ken Lewis meinen Rat und meine Empfehlungen anbieten – Re: Merrill.«

Die E-Mail sorgte als Einziges für einen aufgeheiterten Moment inmitten der zusehends mürrischen Atmosphäre. Lewis wartete frustriert darauf, dass die Anwälte endlich die fertiggestellten Unterlagen beibrachten, damit er sie unterzeichnen konnte.

Er war nicht mit allen Einzelheiten vertraut, wusste aber, dass im Fusionsvertrag eine Handvoll »Nebenabsprachen« und separate Übereinkommen zu Vergütungen enthalten waren, für deren Ausarbeitung die Anwälte offenbar noch einige Zeit benötigten. Fleming hatte Curl davon überzeugt, einer Zahlung von 5,8 Milliarden Dollar an »leistungsabhängigen Vergütungen« zuzustimmen – eine ungewöhnliche Übereinkunft, da Merrill diese Summe

ein Jahr zuvor, vor dem geschäftlichen Niedergang, bezahlt hatte.[29] Aber Curl wie Fleming hielten diese Summe für notwendig, um die Mitarbeiter im Unternehmen halten zu können.

Zu später Stunde versuchte sich die Federal Reserve noch immer ein Bild vom Stand der Dinge beim Deal zwischen der Bank of America und Merrill Lynch zu machen. Besondere Besorgnis herrschte in der Federal Reserve Bank von Richmond, die in der Frage der Eigenkapitalquote der Bank of America von Bernanke und Geithner überstimmt worden war.

Um 21.49 Uhr beendete Vizedirektorin Lisa A. White in Richmond ein Gespräch mit Amy Brinkley, der Leiterin der Risikomanagement-Abteilung der Bank of America. White schickte ihren Fed-Kollegen sofort eine E-Mail mit dem Betreff: »Lagebericht zur BAC«:

> Habe eben mit Amy Brinkley telefoniert. Sie sagt, dass der Deal mit Merrill unter Dach und Fach sei, abgesehen von ein paar rechtlichen Details, die noch ausgearbeitet werden müssten. Beide Verwaltungsräte haben der Übernahme zugestimmt, und sobald die rechtlichen Fragen abschließend geklärt sind, werden sie eine Mitteilung herausgeben …
> Amy wies darauf hin, dass sich die Führung der BAC bei Merrill weitaus behaglicher fühlt, als es bei Lehman der Fall war, insbesondere mit Blick auf den Wert des Geschäfts und die Bewertung der Anlagen. Während Amy einräumt, dass es für Außenstehende so aussehen mag, als zahle die BAC einen gewissen Aufpreis für Merrill, deuten die Schätzungen der BAC zu Merrills Vermögenswerten eher darauf hin, dass sie das Unternehmen zu einem 30- bis 50-prozentigen Abschlag bekommt. Chris Flowers, der bekannte Private-Equity-Guru, hat in den letzten paar Monaten für potenzielle Equity-Investoren eine eingehende Unternehmensbewertung vorgenommen, und ich hatte den Eindruck, dass sich die BAC zumindest teilweise auf diese Arbeit stützt.
> Werde weitere Einzelheiten mitteilen, sobald wir sie haben.[30]

Chris Flowers verließ AIG und unternahm an der Kreuzung zwischen dem Broadway und der Wall Street einen Spaziergang um die Trinity Church herum. Er beschloss, sich bei Jamie Dimon zu melden: Er hoffte auf Informationen, wie das Angebot für AIG, das er am Nachmittag bei Willumstad eingereicht hatte, aufgenommen worden war.

»Was haben Sie erfahren?«, fragte Flowers. »Willumstad hat uns gegenüber nichts rausgelassen.«

»Ich schätze, Sie haben sie ziemlich verärgert«, sagte ihm Dimon.

»Okay. Ich weiß zwar nicht, warum, aber dann ist es eben so«, sagte er und legte auf.

Auf dem Rückweg zur Pine Street 70 blieb er einen Augenblick stehen und bewunderte das gewaltige Werk der Übernahme von Merrill Lynch, an dem er soeben gearbeitet hatte. Nach all der Zeit, die er mit AIG zugebracht hatte, kam sogar etwas Wehmut auf. Dass er sich im Geschäft mit Merrill am Ende keinen Teil gesichert hatte, war weniger wichtig. An diesem chaotischen Wochenende hatten sein Unternehmen und Fox-Pitt Kelton, eine kleine Investmentbank, Geld dafür bekommen, dass sie für die Bank of America eine »fairness opinion«, ein Gutachten zur Vorteilhaftigkeit des Unternehmenskaufs, erstellten.[31]

Während »fairness opinions« gewöhnlich als unabhängige Gütesiegel für einen Deal angepriesen werden, gelten sie an der Wall Street eher als Gefälligkeitsgutachten. Hier lag der Fall noch komplizierter: Flowers hatte bei dem Geschäft um Merrill selbst eine Beteiligung in Betracht gezogen. Zudem war sein Unternehmen der Eigner von Fox-Pitt Kelton.

Für ihre Mühen sollten Flowers und Fox-Pitt Honorare von insgesamt 20 Millionen Dollar erhalten, 15 Millionen davon nach Abschluss des Deals[32] – nicht schlecht für knapp zwei Wochen Arbeit.

Ruth Porat von Morgan Stanley besuchte eine befreundete Managerin von Lehman in deren Apartment, um sie etwas aufzumuntern. Als sie sich ein tröstendes Glas Wein einschenkten, erhielt sie einen Anruf von Dan Jester, ihrem Kumpel im Finanzminis-

terium. Mit ihm hatte sie über einen Monat lang an Fannie Mae und Freddie Mac gearbeitet.

»Ich brauche deine Hilfe«, sagte er. »Du wirst es nicht glauben, aber wir schließen nicht aus, dass AIG in dieser Woche pleitegeht. Ich frage mich, ob wir das Team erneut zusammentrommeln können, damit es sich auf AIG konzentriert.« Hier gehe es um eine Arbeit im Auftrag der Federal Reserve, sagte er ihr. Morgan Stanley solle ein Team zusammenstellen, das sich am folgenden Morgen bei der Fed einfinden möge.

»Warte«, sagte Porat ungläubig. »Du rufst mich Sonntagnacht an und sagst mir, dass wir nach diesem Wochenende bei Lehman jetzt dieses Problem haben? Wieso zum Teufel haben wir die letzten 48 Stunden am falschen Auftrag gearbeitet?«

Die Fahrt zurück nach Hause war schrecklich. Fuld saß auf dem Rücksitz und fühlte sich wie gelähmt. Die Schlacht, der Feuereifer und der Kampf waren vorüber. Er war noch wütend, aber vor allem traurig. Plötzlich war es ganz still, abgesehen vom Brummen des Motors und dem Pfeifen der Räder auf dem Highway. Er schaute seinen BlackBerry nicht mehr an.

Als sein Mercedes in die Einfahrt zum Haus rollte, war es zwei Uhr morgens. Seine Frau Kathy lag wach im Bett und wartete auf ihn. Wie unter Schock ging er in sein Schlafzimmer. Er hatte seit Tagen nicht geschlafen. Mit loser Krawatte und zerknittertem Hemd setzte er sich aufs Bett.

»Es ist vorbei«, sagte er niedergeschlagen. »Endgültig.«

Wortlos blickte Kathy ihn an, als er mit weit geöffneten Augen sagte: »Die Fed hat sich gegen uns gewandt.«

»Du hast alles getan, was du konntest«, versicherte sie ihm und rieb seine Hand.

»Es ist vorbei«, wiederholte er. »Aus und vorbei.«

Kapitel sechzehn

Am Montag, dem 15. September, um 7.10 Uhr saß Hank Paulson in einer Suite im Hotel Waldorf Astoria auf der Kante seines Bettes und hatte eine Reihe von Tageszeitungen vor sich ausgebreitet. Besorgt, wie die Märkte auf die Nachrichten von Vortag reagieren würden – und ob AIG als nächster Dominostein fiele –, hatte er kaum geschlafen.

Auf der Titelseite des *Wall Street Journal* prangte über allen sechs Kolumnen in doppelter Schriftgröße eine zweizeilige Schlagzeile, die das ganze Desaster verkündete: KRISE AN DER WALL STREET: LEHMAN INS WANKEN GERATEN; MERRILL WIRD VERKAUFT, AIG VERSUCHT AN GELD ZU KOMMEN.[1] Die Ausgabe war vor 1.45 Uhr morgens in Druck gegangen, vor dem Zeitpunkt, zu dem Lehman im New Yorker Süddistrikt offiziell Gläubigerschutz beantragt hatte.[2]

Als Paulson sich gerade fertig anzog, erhielt er einen Anruf von Präsident George Bush.

Der Finanzminister hatte ihn in der vorigen Nacht nur kurz gesprochen und konnte ihn jetzt erstmals umfassend über die wirtschaftliche Lage informieren – und mit ihm eine Strategie besprechen, welche Botschaft die Regierung dem amerikanischen Volk vermittelte.

Noch heiserer als sonst teilte Paulson Bush mit, dass Lehman offiziell in Konkurs gegangen sei. »Manche im Kongress sind darüber sicher erfreut«, sagte er mit Blick auf den politischen Druck gegen eine weitere Rettungsaktion. »Aber ich sehe das kritisch.«

Er sei vorsichtig optimistisch, dass die Anleger die Neuigkeit akzeptieren würden, sagte Paulson, aber das Finanzsystem könne noch stärker unter Druck geraten. Jim Awad, der Geschäftsführer von Zephyr Management, wurde in der Morgenausgabe des *Wall*

Street Journal mit den Worten zitiert: »Diesmal sind alle vorbereitet – es ist anders als bei Bear Stearns. Es könnte eine kurze Erholung geben. Ein Absturz um 1000 Zähler wird ausbleiben, weil wir darauf gefasst sind. Aber eine zermürbend lange Baisse wird folgen.«[3]

Zwar würden die US-Märkte erst in dreieinhalb Stunden öffnen, doch an den asiatischen und europäischen Märkten seien die Werte nur leicht abgesackt, teilte Paulson Bush mit. Der Dow-Jones-Index für Futures sei nur um ungefähr 3 Prozent gesunken.

Paulson berichtete detailliert über die Vorgänge vom Wochenende und warf der britischen Regierung irreführendes Verhalten vor. »Wir hatten keine Optionen mehr«, sagte er. Bush zeigte Verständnis.

Der US-Präsident interessierte sich allerdings nicht für die Alternativen. Er sei über den Bankrott zwar nicht glücklich, teilte er Paulson mit, aber die Pleite sende ein starkes Signal an die Märkte aus, dass die amtierende Regierung zu keiner weiteren Rettungsaktion für die Wall Street bereit sei.

Noch während des Gesprächs gab es erste Hinweise darauf, dass die Märkte die Nachricht eher negativ aufnahmen. Alan Ruskin, ein Bankanalyst bei RBS Greenwich Capital, hatte frühmorgens an seine Kunden eine Mitteilung mit Überlegungen verschickt, was Lehmans Konkurs zu bedeuten habe:

»Im Augenblick scheint das US-Finanzministerium uns ALLEN eine Lektion erteilen zu wollen, wonach es während der auf uns zurollenden Konsolidierungswelle im Finanzsektor nicht jeden Deal unterstützen wird«, schrieb er. »Neben steuerpolitischen Gründen richtet sich dies auch gegen den ›moral hazard‹ – ich vermute vor allem Letzteres. Als Lehre soll die Wall Street vor allem ihr Verhalten ändern und sich bei ihren Entscheidungen nicht mehr auf staatliche Rettungsaktionen verlassen. Aber inmitten der schlimmsten Finanzkrise seit der Großen Depression kommt diese Lektion für viele, wenn auch nicht für alle, zu spät.«[4]

Paulson besprach mit Bush den Plan der Fed, Lehmans Broker-Dealer funktionsfähig zu halten, damit die entsprechenden Geschäfte mit anderen Banken unter Dach und Fach gebracht

werden könnten. »Wir hoffen, dass sie das in den nächsten paar Tagen noch organisiert abwickeln können«, sagte er.

Paulson bereitete die Lehman-Pleite deutlich mehr Kopfschmerzen als Bush. Dagegen äußerte er sich begeistert über die Entscheidung der Bank of America, Merrill Lynch zu kaufen. Dieses Zeichen der »Stärke« könne eine eventuelle Panik an den Märkten hoffentlich »abmildern«.

Paulson wies Bush außerdem auf Probleme auch bei AIG hin, versicherte aber, Geithner und die Fed würden noch am selben Tag die Truppen zusammenrufen und dem Unternehmen zu einer Finanzspritze verhelfen.

»Danke für Ihre harte Arbeit«, sagte der Präsident. »Hoffen wir, dass sich die Lage beruhigt.«

Als Douglas Braunstein von JP Morgan gegen sieben Uhr seine Wohnung an der Upper East Side Manhattans verließ und sich zur AIG-Zentrale aufmachte, rief Jamie Dimon bei ihm an.

»Ein neuer Plan«, teilte Dimon ihm mit. »Geithner möchte, dass wir mit ihnen eine große Kapitalbeschaffungsaktion für AIG veranstalten. Dazu findet um elf Uhr eine Sitzung in der Fed statt.« Braunstein, der sich das andere Ohr zuhielt, damit er im Verkehrslärm etwas verstand, protestierte: »Solche Finanzmittel können wir nicht beschaffen.«

Dimon versprach ihm Unterstützung. »Die Regierung fordert uns und Goldman auf, uns darum zu kümmern.«

Erschreckt fragte Braunstein mit erhobener Stimme: »Wieso denn Goldman Sachs zum Teufel? Geraten die nicht in einen Interessenkonflikt? Ich meine, ihr Ausfallrisiko bei AIG. Die sind doch ein schwergewichtiger Kontrahent.«

Dimon zerstreute seine Bedenken. »Wir handeln im Auftrag der US-Regierung«, wiederholte er.

Als Braunstein etwas erwidern wollte, fiel ihm Dimon ins Wort: »Schluss jetzt«, sagte er gereizt, weil sein Topbanker ihm widersprach. »Hier geht es nicht um wir gegen die«, sagte er. »Wir sind um Mithilfe bei der Lösung dieses Problems gebeten worden.«

Als Braunstein schließlich im Büro war, machte er sich mit Dimon und Black gleich an den Schlachtplan, mit dem sie das

ungewöhnliche Anliegen der Fed zu erfüllen hofften. Zur Unterstützung wollten sie James B. Lee junior, JP Morgans Vizepräsidenten, mit ins Boot holen.

Dimon eilte den Korridor entlang, um Jimmy Lee Marschbefehle zu erteilen. Lee, ein klassischer Bankfachmann mit Hosenträgern und mit wichtigen Namen in seiner Rollkartei, war ebenfalls früh ins Büro gekommen, um bei der Bewältigung der Folgen der Lehman-Pleite zu helfen. Lee hatte eben ein Telefonat mit seinem Großkunden Rupert Murdoch beendet. Er saß an einem Schreibisch mit vier Computermonitoren an der Seite. An der Wand liefen auf einem großen Flachbildschirm das Börsenmagazin *Squawk Box* von CNBC und ein privater Nachrichtenticker nach Art des Zipper am Times Square. Er wandte sich in seinem Sessel um.

»Ich habe eine Aufgabe für Sie«, bellte Dimon, der in der Tür stand. »Sie sollen in die Fed gehen.«

»Und wozu?,« fragte Lee ungläubig. Er hatte einen hektischen Tag vor sich und erwartete einen desaströsen Markt.

»Sie sollen einen Deal für AIG zuwege bringen«, sagte Dimon. »Geithner hat angerufen. Er will, dass AIG mit einer privatwirtschaftlichen Lösung aus der Patsche geholfen wird. Ein gewaltiges Finanzloch klafft. Vielleicht wird die Mutter aller Kredite gebraucht.«

In New York verstand vermutlich kein Banker so viel von Schuldenmanagement und vom Auftreiben von Notkrediten wie Jimmy Lee. Er war wohl JP Morgans am längsten gedienter Dealmaker,[5] selbst ein steinreicher Mann, der im Restaurant Four Seasons seine eigene Mittagstafel hatte. Ein Teil seines Einflusses rührte daher, dass er für Amerikas Konzerne so etwas wie ein Geldautomat war: Mit Schecks über astronomische Summen hatte er einige der größten Übernahmen in der Wirtschaftsgeschichte finanziert.[6] Dimon bat Lee, einen Deal zu konzipieren, mit dem sich ausreichend Kredite beschaffen ließen, damit AIG seine Geschäftstätigkeit aufrechterhalten konnte. Dazu solle er ein Dutzend weitere große Finanzplayer mit ins Boot holen.

Nachdem Dimon seine umfassende Order erteilt hatte, verschwand er. Daraufhin tauchte Steven Black in Lees Büro auf, um

in fünf Minuten einen Lagebericht zu geben. Er händigte ihm einen Ordner mit Materialien zu AIG aus, der schwerer als ein Telefonbuch war. Black beschrieb die Dramatik der Lage. »Sie können den Ball von hier aus ins Rollen bringen«, sagte er mit einem schiefen Lächeln und war froh, dass er den »verdammten Albtraumkunden« AIG weitergereicht hatte.

Lee erfuhr, dass er sofort auf einer Sitzung bei AIG erwartet werde und sich bis elf Uhr im Gebäude der Federal Reserve einfinden solle.

Lee traf sich mit Braunstein und Mark Feldman vor der Zentrale von JP Morgan in der Park Avenue, wo sein Fahrer Dennis Sullivan, ein pensionierter Polizeibeamter, bereits mit seinem schwarzen Range Rover wartete. Sullivan hatte ihn über zwanzig Jahre lang täglich von seinem Haus in Darien, Connecticut, nach Manhattan und zurück gefahren. Braunstein stieg hinten zu Lee ein, damit er ihm weitere Informationen geben konnte.

»Auf, wir müssen in die City«, wies Lee Sullivan an. »Und wir müssen ungefähr gestern da sein.«

John Mack wirkte abgespannt, als er auf das Podium stieg und sich an seine wichtigsten Leute wandte. Es sei ein langes Wochenende gewesen, sagte er den Führungskräften, die sich im Hauptkonferenzraum von Morgan Stanley drängten. Während der zweieinhalb Tage Sitzungen in der Notenbank von New York habe er sich nur »von eingepackten Sandwiches« und Obst ernährt, das »etwas zu lange gelegen« habe.

»Ich sprühe vor Energie, und Sie hoffentlich auch«, sagte Mack aufmunternd. Der Markt sei nach dem »verlorenen Wochenende« um Lehman gewaltig unter Druck geraten – die Kurse des US-Future-Index und die Bankwerte in Europa purzelten bereits –, aber die gute Nachricht sei, dass Morgan Stanley überlebt habe.

Mack fasste die Diskussionen vom Wochenende um Lehman und Merrill in der New Yorker Fed zusammen. Lehmans Untergang sei »sehr unglücklich«.

»Ich wünschte, ich könnte Ihnen verkünden: ›Dies ist eine großartige Chance, entspannen Sie sich, wir haben große Zei-

ten vor uns, im Grunde sind sämtliche Konkurrenten beiseitegeräumt.‹ Aber das tue ich nicht«, teilte er mit. »Ich sage vielmehr: Gehen Sie richtig ran. Arbeiten Sie noch intensiver. Denken sie daran, was in diesem Jahr passiert ist: Drei unserer Wettbewerber sind ganz plötzlich nicht mehr im Geschäft.«

Mack fügte hinzu: »Mir ist klar, dass alle hier, und nicht nur hier, sondern in der gesamten Branche, erschüttert sind. Das sollten Sie auch sein. Aber das heißt nicht, dass wir den Schwanz einziehen und zittern … Wir sind dazu da, Geschäfte zu machen, Kunden zu bedienen und am Markt teilzunehmen. Denken Sie daran: Jedes dazugewonnene Prozent Anteil am Aktienmarkt bringt eine Milliarde Ertrag … Ich denke, sobald diese Turbulenzen nachlassen, und das werden sie, tun sich fantastische Möglichkeiten auf. Ich bin ein optimistischer, wenn auch nicht überoptimistischer Typ und aus vollem Herzen überzeugt, dass sich diesem Unternehmen und unserem Konkurrenten Goldman jetzt einzigartige Chancen bieten. Aber die Art und Weise, wie wir sie bekommen haben, tut mir leid. Ich will meine Konkurrenten nicht untergehen sehen, sondern sie aus dem Feld schlagen.«

Macks Finanzchef Colm Kelleher meldete sich bestätigend zu Wort: »Hier herrscht Darwinismus … Die Schwachen werden verdrängt. Die Starken werden meiner Ansicht nach besonders erfolgreich sein.«

Im Konferenzzentrum im 32. Stockwerk von Lehman Brothers ging es zu wie in einem Bienenstock – ein Kommen und Gehen von Hundertschaften mit betroffenen Minen, von Konkursanwälten, Restrukturierungsexperten und externen Beratern. Fuld, der aus Furcht vor Übergriffen vom Sicherheitspersonal nach oben geleitet worden war, wandelte wie unter Schock in Konferenzräume hinein und wieder heraus. Am Morgen hatte er Geithner mit der Bitte angerufen, den Konkursantrag zurückziehen zu können, als sei alles nur ein böser Traum gewesen.

Stockwerke tiefer in dem gewaltigen Handelssaal von Lehmans herrschte düstere Stimmung. Die Mitarbeiter waren niedergeschlagen und aufgebracht.[7] Nachdem sich der Zorn gegen die Regierung gelegt hatte, geriet nun das Management ins Visier. An

der Südseite des Gebäudes war eine Schandmauer errichtet worden,[8] unter anderem mit Fotos von Fuld und Gregory, darunter der Schriftzug »Dumm und Dümmer«[9], eine Anspielung auf die gleichnamige Filmkomödie.

Jetzt, da der Konkurs der Lehman-Holding offiziell war, lief Bob Diamond von Barclays mit seinem Team ein, um die begehrten Vermögenswerte zu übernehmen, die Filetstücke, die er sich bei dieser perfekten Gelegenheit mit dem Segen eines Konkursrichters zum Schnäppchenpreis einverleiben konnte. Das Hauptinteresse von Barclays galt dem US-Broker-Dealer und den Liegenschaften, diesmal mit Unterstützung der FSA und der britischen Regierung. Und als ein weiterer Vorteil war für diese Übernahmen keine Aktionärsabstimmung notwendig.

Für die Verhandlungen mit Barclays hatte Bart McDade ein Team zusammengestellt. Er sah eine Chance, wenigstens Zigtausende auf der Kippe stehenden Stellen zu retten, wenn schon die Aktionäre fast alles verloren hatten. Vor Beginn der Sitzung zog Alex Kirk McDade beiseite. Kirk, den die letzte Woche seelisch ausgelaugt hatte, argwöhnte zusehends, dass Barclays sein Gebot vor 24 Stunden nur deshalb zurückgezogen hatte, um jetzt umso billiger einkaufen zu können. Wie viele Händler im dritten Stock war er empört.

»Entweder ist Barclays selbst verarscht worden oder hat sich an dieser Farce beteiligt«, teilte er McDade mit. »In beiden Fällen habe ich kein Interesse daran, für so ein Unternehmen zu arbeiten. Auch nicht für ein hochgradig kreditgestütztes Finanzinstitut, das so eine Aufsicht im Nacken hat. Für mich ist das hier zu Ende.«

McDade war enttäuscht, brachte aber Verständnis auf. »Das verstehe ich. Tun Sie, was Sie wollen«, sagte er zu Kirk, bat ihn aber, zumindest noch in der kommenden Woche bei den Verhandlungen zu helfen, um einen Deal abzuschließen. Widerstrebend erklärte sich Kirk dazu bereit.

McDade betraute Skip McGee und Mark Shafir mit der Aufgabe, nach einem Weg zu suchen, das Geschäft mit Barclays umzusetzen.

Im Eckkonferenzraum hielt derweil Konkursanwalt Harvey Miller an einem Tisch mit der Führung von Barclays Hof. Jay

Clayton von Sullivan & Cromwell, der mit seinem Kollegen Rodgin Cohen Lehman rechtlich vertreten hatte, hatte sich an diesem Morgen von Barclays anwerben lassen. »Dann geselle ich mich wohl zur Gegenmannschaft«, sagte er etwas verlegen, als er neben dem Barclays-Team Platz nahm.

Miller versuchte zu sondieren, wie schnell sich der Verkauf des Konzerns bewältigen ließ – wohl wissend, dass er angesichts des Vertrauensverlusts im Sekundentakt weiter an Wert verlor.

Barclays' Berater Michael Klein verkündete: »Wir lassen uns auf dieses Geschäft nur ein, wenn wir uns keinerlei Haftung aufladen.«

»Was meinen Sie damit?«, fragte Miller.

»Nun, wir werden keine Vermögenswerte kaufen, die keinen absolut ›sauberen Handel‹ darstellen«, erklärter er.

Archie Cox von Barclays fügte hinzu: »Und den Abschluss brauchen wir bis morgen.«

Miller warf ihm einen finsteren Blick zu. »Nun, wenn das so ist, sollten wir gleich abbrechen. Selbst der Verkauf von verfallenden Vermögenswerten dauert im Allgemeinen 21 bis 30 Tage.«

»So lange können wir nicht warten«, sagte Cox mit Nachdruck. »Bis dahin ist das Geschäft gestorben.«

»Als Einziges könnte ich mir für den Augenblick vorstellen, dass Sie das Gericht zu einer Verfahrensbeschleunigung bewegen«, schlug Miller vor. »Wir schließen im Grundsatz eine Übereinkunft mit [dem Einlagensicherungsfonds] Securities Investor Protection Corporation, der dann ein getrenntes Verfahren parallel zum Verkauf einleitet. Aber das gab es bislang noch nie.«

»Bekommen Sie das hin?«, fragte Cox.

»Das wissen wir erst, wenn wir es versucht haben«, antwortete Miller.

Nach einer eher unspektakulären Pressekonferenz von Bank of America und Merrill Lynch eilte Chris Flowers mit Paul Achleitner zu Goldman Sachs.[10] Sie hatten sich mit Chris Cole zu einer Art Leichenschau und Gesprächen darüber verabredet, ob sie gemeinsam einen weiteren Anlauf unternehmen könnten, um Vermögenswerte von AIG zu übernehmen. Flowers und Achleit-

ner warteten in einem Konferenzraum über eine halbe Stunde vergeblich auf Cole und gingen schließlich frustriert zum Essen nach unten.

Als sie an der Rückseite von Broad Street 85 standen, entdeckten sie ungefähr dreißig Meter entfernt Blankfein und Cole, die mit der gesamten Unternehmensspitze die William Street entlang in Richtung Notenbank marschierten.

»Die lassen uns einfach sitzen!«, beschwerte sich Flowers.

Als die Banker von JP Morgan, Lee, Braunstein und Feldman, bei AIG eintrafen, war das Gebäude fast wie leer gefegt – was sie angesichts der augenblicklich kritischen Lage des Unternehmens durchaus überraschend fanden.

Für Willumstad, der sie begrüßte, bedeutete ihre Ankunft, dass sich seine ohnehin frostige Beziehung zu JP Morgen weiter verschlechtert hatte: Waren sie noch seine Berater? Oder arbeiteten sie jetzt für die Regierung? Oder für sich selbst?

Vor Beginn der Sitzung führte Braunstein mit Willumstad ein persönliches Gespräch. »Die Regierung bittet uns um diesen Schritt. Können Sie damit leben?«

»Natürlich«, antwortete Willumstad.

Als sie in den Konferenzraum zurückkehrten, feuerte Lee, der schleunigst zur Notenbank wollte, eine Salve von Fragen ab: »Welchen Zugriff haben Sie auf Ihre liquiden Mittel?« – »Wie stehen die Ratingagenturen dazu?« – »Welche Art von Kreditlinien haben Sie?«

Willumstad antwortete zaghaft. Die Zahlen verschlechterten sich, räumte er ein. Und angesichts der Lehman-Pleite und der Aussichten auf schwächelnde Märkte würde der Wert der AIG-Anlagen weiter sinken, womit noch weniger Sicherheiten hinterlegt werden könnten.

Für Lee war deutlich erkennbar, dass das Unternehmen – und Willumstad – die eigenen Finanzen schlecht im Griff hatte, so wie Black ihm das schon gesagt hatte.

Als sich die Banker auf den Weg zur Notenbank machen wollten, sagte ihnen ein um Gelassenheit bemühter Willumstad: »Ich denke, wir haben noch etwas Zeit.«

Als das Team von JP Morgan zur Notenbank eilte, meinte Lee kopfschüttelnd: »Wenn jemand sagt, dass noch Zeit ist, ist es schon zu spät. Und wenn es heißt, man brauche Geld, ist der Betrag immer zu niedrig angesetzt.« Nach einer Pause fuhr er fort: »Sie werden die Woche nicht überstehen.«

Viele der Banker und Anwälte, die in der Empfangshalle der New Yorker Fed ein Wochenende hinter sich gebracht hatten, fanden sich beunruhigenderweise schon wieder dort zusammen.

Eine neue Schlüsselfigur war Eric R. Dinallo, der Leiter des New York State Insurance Department, der Versicherungsaufsicht für den Bundesstaat New York. Am Morgen hatte er AIG eine förmliche Genehmigung erteilt, einen Teil des regulierten Vermögens – bis zu 20 Milliarden Dollar – als Sicherheit zur Stabilisierung des Unternehmens einzusetzen.[11] Er war im Wagen zu Gouverneur Paterson unterwegs gewesen – er hätte ihn auf einer Pressekonferenz zur Bekanntgabe des Plans unterstützen sollen –, als ihn Geithners Anruf ereilt und dieser ihn stattdessen zu diesem Treffen beordert hatte.[12]

Während die Banker in Erwartung der Sitzung durch den Raum spazierten, goss Blankfein Dinallo eine Tasse Kaffee ein. »Ich hoffe, Ihre Anwesenheit bedeutet das Ende dieser Finanzkrise«, sagte er. »Beim letzten Mal habe ich Sie bei den Ausleiheversicherern gesehen, und ich hoffe, dass wir die Sache mit AIG abhaken können.« Im Januar hatte Dinallo ein Treffen von Chefs der Wall Street einberufen, um über die Zukunft der Versicherer Ambac und MBIA zu diskutieren, die in der Kreditkrise in Schwierigkeiten geraten waren.[13]

Bei ihrer Ankunft fühlten sich Lee, Braunstein und Feldman sofort in die Minderheit gedrängt: Bei Goldman hatte sich die gesamte 30. Etage auf dem Weg gemacht, um in der Fed Flagge zu zeigen. Über dieses Aufgebot wunderten sich auch Bob Scully und Ruth Porat von Morgan Stanley, die von der Notenbank eine Einladung als offizielle Interessenvertreter erhalten hatten. »Was macht Lloyd hier?«, flüsterte Scully Porat zu.

Unerwähnt blieb, dass alle drei Banken und praktisch die gesamte Wall Street bedeutende Gegenparteien von AIG waren.

Sollte das Unternehmen in Konkurs gehen, hätte dies für alle gravierende Auswirkungen. Alle am Tisch Versammelten hatten also beste Gründe, den Versicherer am Leben zu halten.

Oberflächlich betrachtet, war Goldman eine von AIGs größten Gegenparteien, aber an diesem Morgen erst hatte sich Gary Cohn intern damit gebrüstet, dass er seine Ausfallrisiken bei AIG so gut abgesichert habe, dass Goldman an einem Zusammenbruch des Riesen faktisch 50 Millionen Dollar verdienen könnte. Die Entscheidung, sich ab Ende 2007 mit dem Kauf von Credit Default Swaps gegen Kreditausfälle bei AIG abzusichern, erschien inzwischen als kluge Kapitalanlage. Goldman hatte eine sogenannte »WOW-Analyse« – so die interne Benennung des »worst-of-the-worst case«-Szenarios – durchgeführt, die sich rasch bewahrheitet hatte. Doch trotz seiner guten Absicherung gegen die unmittelbaren Risiken bei AIG erkannte Blankfein für Goldman ein größeres Problem: Der Kollateralschaden für andere Geschäftspartner und den übrigen Markt konnte dem Unternehmen indirekt Milliarden Dollar an Verlusten bescheren, die seine Geschäftstätigkeit lähmen würden.

Die Gruppe wurde in einen Konferenzraum geführt, in dem Tim Geithner sie erwartete. An seiner Seite waren Dan Jester und Jeremiah Norton vom Finanzministerium, der am Morgen aus Washington eingeflogen war.

Während alle Platz nahmen, fiel Blankfein auf, dass Jamie Dimon fehlte. Er selbst war in der Annahme gekommen, dass Geithner sie beide eingeladen hatte. »Wo zum Teufel ist Jamie?«, flüsterte Blankfein Winkelried zu, der mit den Achseln zuckte.

»Wir würden gerne die Möglichkeiten einer privatwirtschaftlichen Lösung sondieren«, sagte Geithner zur Gruppe. »Was brauchen wir, um das hinzubekommen?«

In den nächsten zehn Minuten erklang eine Kakofonie sich übertönender Stimmen, in der die Banker Vorschläge vorbrachten: *Können wir die Ratingagenturen dazu kriegen, auf eine Herabstufung der Kreditwürdigkeit zu verzichten? Können wir andere staatliche Regulierer, denen AIGs Versicherungsfilialen unterstehen, dazu bewegen, der Gesellschaft eine Genehmigung zu erteilen, diese Aktiva als Sicherheiten einzusetzen?*

Bald erhob sich Geithner zum Gehen: »Ich überlasse Sie Dan«, sagte er und deutete auf Jester, der als Paulsons Lagebeobachter vor Ort fungierte. »Ich möchte einen Lagebericht, sobald Sie einen Plan vorlegen.«

Bevor er ging, fügte er hinzu: »Und um es ganz deutlich zu sagen: Sie dürfen nicht glauben, dass Sie die Mittel der Notenbank nutzen können.«

Daraufhin zerfiel die Sitzung erneut in ein halbes Dutzend Privatgespräche. Die Ordnung kehrte erst wieder ein, als Braunstein im Plenum die Finanzlage von AIG besprach und erläuterte, warum sie sich über das Wochenende drastisch verschlechtert hatte. Für Druck sorgten neben der bevorstehenden Herabstufung der Kreditwürdigkeit auch die ständigen Forderungen der Gegenparteien, mehr Sicherheiten bereitzustellen – ein nicht ganz subtiler Seitenhieb gegen die Bank Goldman Sachs, die sich in diesem Punkt am zurückliegenden Wochenende und schon das ganze Jahr über hervorgetan hatte. Blankfein schien sich sofort angesprochen zu fühlen.

»Wann wird das Geld denn ausbezahlt?«, fragte Blankfein und bezog ostentativ alle Geschäftspartner ein, auch wenn er nach Ansicht einiger nur sich meinte. Ein Teilnehmer kritzelte für sich eine Notiz aufs Blatt: »GS – 600 Millionen Dollar« – seine ungefähre Schätzung für Goldmans Forderung. Trotz der Absicherung gegen AIG-Ausfälle verlangte Goldman noch immer mutmaßlich angemessene Sicherheiten, um die Geschäftstätigkeit mit dem Partner aufrechtzuerhalten. Scully von Morgan Stanley warf ein: »Können Sie etwas tun, um Moody's [neues Rating] aufzuschieben, damit wir für die nächsten Tage eine Atempause bekommen?«

Jetzt versuchte Jimmy Lee den Stillstand zu überwinden und die Kontrolle über die Sitzung zu gewinnen. Er war rasch zu der Überzeugung gelangt, dass ein Ergebnis nur erreichbar war, wenn alle sich auf das Gesamtbild konzentrierten. Ohne eine gemeinschaftliche Bemühung um Rettung würde AIG noch ganze 48 Stunden überleben.

Lee hatte auf einem Notizblock bereits einige Fragen und Punkte notiert, die geklärt werden mussten:

Liquiditätsprognose
Bewertung – Geschäftstätigkeit, Sicherheiten
Term-Sheet
Beteiligte
Rechtliche Lage insgesamt

An den Rand kritzelte er Fragen zur Größe des Lochs – 50? 60? 70? – und skizzierte ein kleines Term-Sheet für einen Kredit in dieser Größenordnung. »Fälligkeit: 1-2 Jahre; Sicherheit: alles; Gegenleistung: Gebühren, Zinsaufschläge, Optionen.«

Bei der von AIG geforderten Größenordnung des Kredits fielen aberwitzig hohe Zinsen an. Bei Übernahme eines solchen Risikos könnte Lee bis zu 500 Basispunkte oder 5 Prozent der gesamten Kreditsumme verlangen. Für einen Anleihe von 50 Milliarden Dollar ergäben sich daraus bis zur Fälligkeit bis zu 2,5 Milliarden Dollar.

Lee hatte sogar schon mit der Erstellung einer Liste von Banken begonnen, die für die Bereitstellung des Kredits infrage kamen. Praktisch alle hatten Ausfallrisiken bei AIG und waren deshalb verwundbar: JPM, GS, Citi, BofA, Barclays, Deutsche Bank, BNP, UBS, ING, HSBC und Santander. Er hätte weitere aufnehmen können, beließ es aber bei den elf Instituten.

»Okay«, sagte Lee zur Gruppe und erörterte die Positionen auf seiner Liste.

»Das klingt gut und für mich überzeugend«, schaltete sich Winkelried ein.

Die Gruppe beschloss, sich erst einmal an Bewertungen zu machen. Sie untergliederten das Geschäft in ein halbes Dutzend Kategorien und verteilten Zuständigkeiten.

Während einer Diskussionspause vor dem Einstieg in die Details eilte Blankfein schnurstracks zur Tür. Wenn Dimon nicht da war, war das hier nicht seine Gehaltsliga.

Noch ehe alle die Notenbank verließen und zu AIG zurückmarschierten, um sich in die Zahlen zu vertiefen, rechnete Lee im Kopf nach: »Wer soll diesen Scheiß eigentlich kaufen?«, fragte er laut in die Menge.

Am Nachmittag um 13.30 Uhr trat Paulson im Beratungsraum des Weißen Hauses ans Rednerpult. »Einen schönen Nachmittag allen zusammen. Ich hoffe, Sie hatten ein angenehmes Wochenende«, begann er und löste verlegenes Gelächter aus. »Wie Sie wissen, machen wir an unseren Finanzmärkten augenblicklich schwere Zeiten durch. Wir müssen die Folgen einiger Exzesse aus der Vergangenheit bewältigen.«[14]

Der gerade erst nach Washington zurückgekehrte Paulson war ins Finanzministerium und dann ins Weiße Haus geeilt, um sich den Fragen der Reporter zu stellen. Auf dem Herflug hatte ihn Jim Wilkinson instruiert, wie er die Themen angehen solle: »Wir müssen sagen, dass wir eine Linie in den Sand gezogen haben«, instruierte er ihn. Er müsse sich auf die Frage gefasst machen, warum man Lehman pleitegehen ließ, Bear Stearns aber gerettet habe. Das sei eine gute Gelegenheit für eine Diskussion über »moral hazard«. Hier könne er deutlich machen, dass die US-Regierung »nicht im Geschäft der Rettungsaktionen tätig« sei.

Paulson war skeptisch. Dies sei wohl nicht die Zeit, um Dogmen zu predigen, widersprach er Wilkinson. Aber er war todmüde gewesen und hatte immer nur an AIG gedacht.

Seine Bemerkung veranlasste einen Journalisten aus dem Pressecorps zu der eher harmlosen Frage: »Können Sie uns etwas darüber sagen, welche Rolle die Bundesbehörden beim weiteren Vorgehen spielen sollten? Wird es weitere staatliche Bemühungen wie bei der Rettung von Fannie und Freddie sowie von Bear Stearns geben?«

Paulson hielt einen Augenblick inne: »Nun, die Rolle des Staates ist natürlich sehr wichtig. Wie ich Ihnen bereits sagte, ist im Augenblick nichts wichtiger als die Stabilität unserer Kapitalmärkte. Die Aufsicht muss also unbedingt weiterhin sehr wachsam sein.«

»Ist das als ›keine weiteren Bemühungen‹ aufzufassen?«, rief der Journalist.

»So nicht«, erwiderte Paulson und räusperte sich. »Fassen Sie es so auf …, dass ich die Aufrechterhaltung der Stabilität und das ordnungsgemäße Funktionieren unserer Finanzmärkte für wichtig erachte. Ich nehme den ›moral hazard‹ nicht auf die leichte Schulter.«

Dann kam die erwartete Frage: »Warum haben sie der Rettung von Bear Stearns zugestimmt, die von Lehman aber abgelehnt?«

Paulson ordnete einen Augenblick seine Gedanken: »Die Lage im März und die Situation und Faktenlage bei Bear Stearns waren völlig andere als die, mit der wir es jetzt im September zu tun haben. Ich habe es von Anfang an für unangemessen gehalten, Steuergelder aufs Spiel zu setzen, um … eine Lösung für Lehman Brothers zu finden.«

Diese Antwort sollte ihn noch verfolgen. Er hatte seine Worte sorgfältig abgewogen. Auch wenn er in der Theorie recht hatte, wusste er: Wären die Bank of America oder Barclays zu einem Kauf von Lehman bereit gewesen, hätte er zur Unterstützung vielleicht doch Steuergelder eingesetzt. Aber das behielt er jetzt lieber für sich.

Die nächsten Fragen brachten ihn zusehends aus der Ruhe: »Warum gewährt die Notenbank AIG einen Überbrückungskredit?«, fragte ein Journalist.

»Lassen Sie mich das eine sagen: Bei den augenblicklichen Vorgängen in New York geht es nicht um einen staatlichen Überbrückungskredit. Vielmehr handelt es sich um eine konzentrierte Bemühung des Privatsektors zur Bewältigung eines wichtigen Problems. Ich halte es für wichtig, dass das Finanzsystem im Augenblick weiter funktioniert. Mehr kann ich dazu nicht sagen.«

Kurz vor Ende hatte er noch Zeit für eine weitere Frage und entschied sich für eine Wortmeldung in der Mitte des Raums.

Die Journalistin fragte, wie er den Zustand des Bankensystems augenblicklich einschätze.

»Es wird schwierige Momente geben, aber ich glaube, wir sind auf dem richtigen Weg. Und wenn ich mir die Märkte heute anschaue, sehe ich einen Beleg dafür, dass die Finanzbranche zusammensteht, weil sie es mit außergewöhnlichen Umständen zu tun hat. Und so wie sie es tut, sollten wir stolz auf sie sein. Vielen Dank.«

Erstmals seit Wochen tauchte Hank Paulson in den Leitartikeln der wichtigsten Zeitungen auf. Sie begrüßten seine Entscheidung, keine Steuergelder zur Rettung von Lehman Brothers einzusetzen.

»Es ist seltsam beruhigend, dass das Finanzministerium und die US-Notenbank Lehman Brothers in den Konkurs gehen ließen, den Notverkauf von Merrill Lynch an die Bank of America nicht subventionierten und versuchten, für den in Schwierigkeiten geratenen Versicherer American International Group Kredite aufzutreiben, anstatt selbst welche bereitzustellen«, hieß es im Leitartikel der *New York Times.* »Staatliche Interventionen wären entweder als ein Zeichen für eine extreme Bedrohung des globalen Finanzsystems oder eine extreme Schwäche der US-Aufsicht wahrgenommen worden.«[15]

Angesichts seines Gesprächs mit Dan Jester um sechs Uhr an diesem Morgen deutete indes immer mehr darauf hin, dass AIG und das globale Finanzsystem in höchster Gefahr schwebten. Eine Intervention der Regierung schien unumgänglich.

Paulson hatte in den vergangenen 24 Stunden eine wachsende Panik an den Märkten beobachtet, die sich auch in den Schlagzeilen an den Zeitungskiosken widerspiegelte. Die *Washington Post* vom Morgen titelte typisch für den Ton der Berichterstattung: »Die Aktien stürzen mit Verschärfung der Krise ab; AIG in Gefahr; 700 Milliarden Aktienkapital verflüchtigen sich.«[16]

Am Montag hatte der Dow-Jones-Index 504,49 Zähler verloren,[17] der deutlichste Absturz seit dem 17. September 2001, als der Handel nach den Terroranschlägen vom 11. September wiedereröffnet worden war. AIG-Aktien schlossen nach einem Kursverfall um 65 Prozent bei 4,76 Dollar.

Um 7.45 Uhr bereitete sich Ben Bernanke in seinem Büro auf die Sitzung des Offenmarktausschusses (FOMC) vor, die 45 Minuten später im Boardroom am Ende des Korridors vor seinem Büro stattfinden würde. Durch reinen Zufall hatte der mit den Bankdirektoren besetzte Ausschuss, der über die Geldpolitik und die Festsetzung der Leitzinssätze bestimmt, gerade an diesem Morgen eine seiner jährlich acht Sitzungen.

Vor Beginn rief Bernanke Kevin Warsh und Don Kohn in sein Büro zu einer Telefonkonferenz mit Geithner. Geithner nahm an der Sitzung nicht teil, um in New York Verhandlungen in

Sachen AIG führen zu können, und entsandte als Stellvertreterin seine Vizepräsidentin Christine Cumming. Diese Entscheidung barg ein kleines Problem: Die Sitzungen des FOMC waren relativ öffentlich, weshalb Bernanke die Befürchtung hegte, dass Geithners Abwesenheit an die Presse durchsickern und an den Märkten die Panik weiter schüren könnte.

»Wir können es nicht ändern«, sagte Geithner und versuchte die Aufmerksamkeit der Gruppe auf das anstehende größere Problem zu lenken: Er erwarte von JP Morgan und Goldman Sachs für neun Uhr einen umfassenden Fortschrittsbericht, sagte er, habe aber von Dan Jester und Morgan Stanley alles andere als ermutigende Signale erhalten.

Folglich riet er, schon über einen Plan B nachzudenken.

Jimmy Lee befürchtete, dass er zur Sitzung in der New Yorker Fed zu spät kommen würde: Er war noch rasch nach Hause zurückgefahren, wo er geduscht und sich umgezogen hatte, und steckte jetzt auf dem FDR Drive im Stau. Er rief auf seinem Mobiltelefon Dimon an. »Man wird dort Folgendes von mir hören«, sagte er zu seiner geplanten Präsentation für die Notenbank. »Die Beträge sind einfach zu hoch. Wir können das nicht schultern. Keiner kann das. Der Konzern wird untergehen.«

»Dann geht er eben unter«, antwortete Dimon.

»Das ist nach bestem Wissen und Gewissen mein Urteil«, versicherte ihm Lee.

Als gute Nachricht – falls man sie als solche bezeichnen konnte – ging Lee davon aus, dass er dies nur Dan Jester würde mitteilen müssen, da Geithner ja an der Sitzung des Offenmarktausschusses in Washington teilnehmen würde.

Als Lee schließlich eintraf, waren im Konferenzraum bereits alle versammelt. Er setzte sich neben seinen Kollegen Doug Braunstein, worauf alle nur noch auf Dan Jester warteten.

Als sich die Tür erneut öffnete, tauchte hinter Jester und Norton auch Geithner auf, ohne für seine überraschende Anwesenheit eine Erklärung abzugeben.

»Sind wir alle da?«, fragte er auf seine knappe, geschäftsmäßige Art.

Jimmy Lee konsultierte seinen gelben Ordner, auf dessen Rand er zwei Kurznotizen gekritzelt hatte: »Deal hat geringe Chancen« und »AIG hat keine Liquidität mehr«.

»Wir sind alles durchgegangen«, sagte Lee. »Sie haben 50 Milliarden Dollar an Sicherheiten, brauchen aber 80 bis 90 Milliarden. Ich weiß nicht, wie wir die Lücke überbrücken können.«

Winkelried von Goldman Sachs sprang ein: »Ich weise nur auf das gewaltige systemische Risiko hin, wenn man das Institut in Konkurs gehen ließe. Ich brauche Ihnen nicht zu sagen, wie viele Gegenparteien betroffen wären.«

Eine Aufstellung der größten Kontrahenten in der Reihenfolge ihrer Bedeutung ging herum. Auf der Liste auf dem orangenen und blauen Blatt am stärksten exponiert war mit 65 Milliarden Dollar die niederländische ABN AMRO Bank, die von der Royal Bank of Scotland übernommen worden war. Auf Platz zwei folgte Calyon. Goldman Sachs stand an siebter, Barclays an achter und Morgan Stanley an neunter Stelle.

Geithner studierte mit viel Stirnrunzeln das Zahlenwerk und legte es schließlich nieder: »Okay. Wir werden jetzt Folgendes tun«, sagte er und beugte sich vor, damit alle ihn gut verstanden.

»Ich möchte, dass alle ihre Mobiltelefone, BlackBerrys und alles andere weglegen. Keiner im Raum gibt eine Information nach draußen. Nicht an Ihr Büro, an keinen. Haben Sie mich verstanden? Dieses Gespräch ist vertraulich«, sagte er. Als alle seiner Aufforderung nachgekommen waren, stellte er eine Frage, auf die keiner gefasst war: »Wie wäre es, wenn die Fed die Sache in die Hand nähme?«

In den letzten 72 Stunden hatte die Regierung nachdrücklich wiederholt, dass sie kein Finanzinstitut mehr retten würde. Und jetzt stellte Geithner alles auf den Kopf. Selbst wenn es nur eine theoretische Überlegung war, hatten sich die Regeln für ein Engagement offenbar geändert.

Geithner fuhr mit einer Reihe von Fragen fort: »Wie würde das gehen? Wie würden Sie die Bedingungen gestalten? Wie würden die Kapitalmärkte reagieren? Und wie die Kreditmärkte?«

Winkelried von Goldman konnte sich ein Lächeln nicht verkneifen. Scully von Morgan Stanley hatte schon am Vorabend

erkannt, dass er einen Plan B brauchen würde, und auf der Basis der von JP Morgan und Goldman Sachs zusammengetragenen Zahlen bereits eine grobe Absichtserklärung mit Bedingungen skizziert. Wenn die Banken mit ihnen leben könnten – und nach Morgan Stanleys Einschätzung bedeuteten sie eine Ausplünderung von AIG –, könnte mit ihnen auch die Federal Reserve leben.

»Arbeiten Sie daran«, sagte Geithner und verließ den Raum.

»Braunstein nimmt sein verdammtes Telefon nicht ab«, fluchte Willumstad, nachdem er ihn mehrfach zu erreichen versucht hatte. Er war besorgt, dass man ihn im Dunkeln lassen könnte.

John Studzinski, sein Berater von Blackstone, hatte soeben von einem Kollegen erfahren, dass er gesehen habe, wie sich Manager von Goldman und JP Morgan in der New Yorker Fed abgeklatscht hätten. Derweil saß ein weiteres Team beider Banken noch bei AIG und arbeitete sich durch die Bücher.

Studzinski erreichte per SMS schließlich Ruth Porat. Sie blieb bewusst vage und antwortete nur: »Der Deal ändert sich. Geben Sie keine Informationen mehr an JPM und GS.«

Einige Minuten später verkündete Willumstads Sekretärin, dass Tim Geithner – Willumstad hatte ihn an diesem Morgen mehrfach zu erreichen versucht – jetzt am Telefon sei.

»Hi, Tim«, sagte Willumstad etwas ungeduldig.

»Geben Sie mir einen Fortschrittsbericht«, wies Geithner ihn an, anstatt ihm den Bericht zu geben, auf den Willumstad verzweifelt gewartet hatte.

»Ich kann Ihnen nur sagen, dass wir uns auf einen Konkurs einstellen«, sagte Willumstad. »Ich nehme die Back-Up-Linien in Anspruch. Ich denke, Sie sollten das wissen.«

Geithner schien besorgt und bremste ihn rasch mit den Worten: »Tun Sie das nicht.«

»Dann müssen Sie mir einen Grund nennen«, sagte er verblüfft über die merkwürdige Antwort. »Ich habe eine Verpflichtung und eine Verantwortung. Ich kann 15 Milliarden Dollar bekommen und mich ein paar Tage über Wasser halten. Ich muss die Aktionäre hier schützen.«

»Gut, dann sage ich Ihnen jetzt etwas im Vertrauen«, sagte Geithner schließlich. »Wir arbeiten an einer Unterstützung für Sie, aber es gibt keine Garantie. Sie muss erst von Washington gebilligt werden.«

Noch immer ungläubig antwortete Willumstad. »Nun, wenn Sie mir eine Unterstützung nicht zusichern können, nutzen wir die Back-Up-Linien.«

»Sie müssen es versuchen und alles Unternommene rückgängig machen«, wies ihn Geithner an und hängte ein.

Willumstad informierte sofort seine Anwälte Jamie Gamble und Michael Wiseman. Da beide nicht so recht wussten, was als Nächstes zu tun war, versuchte er erneut Braunstein zu erreichen, aber ohne Erfolg.

»Scheiß drauf!«, sagte Wiseman. »Ich weiß, dass wir nicht eingeladen sind. Aber gehen wir trotzdem hin.«

Hank Paulson saß in seinem Büro im Finanzministerium, als ihn um 9.40 Uhr Lloyd Blankfein in Panik anrief. Paulson spürte sofort, dass er noch nervöser war als sonst.

Er teilte Paulson mit, dass er am Markt ein weiteres Problem ausgemacht hatte: Hedgefonds, die ihre Geschäfte über Lehman abgewickelt hatten, saßen plötzlich auf dem Trockenen und saugten Milliarden Dollar aus dem Markt. Während die Fed Lehmans Broker-Dealer in den Vereinigten Staaten weiter Geschäfte abwickeln ließ, wurden Lehmans europäische und asiatische Operationen gesetzlich gezwungen, sofort Konkurs anzumelden.[18]

Blankfein erklärte, dass Lehman in einem dubiosen Verfahren Hedgefondssicherheiten über die Londoner Niederlassung an andere weiterverpfändet hatte. Auseinanderzudividieren, wem nun was gehörte, war zu einem logistischen Albtraum geworden. Um liquide zu bleiben, waren viele Hedgefonds gezwungen, Vermögenswerte zu verkaufen, was den Markt noch tiefer ins Minus drückte. Als Lehman auf der Kippe stand, hatten manche Hedgefonds ihre Geschäfte mit dem Prime Broker noch vor dem Konkurs eingestellt. Aber diejenigen, die an ihm festgehalten hatten, erlebten ein böses Erwachen, so Ramius Capital, dessen Begrün-

der Peter A. Cohen einst Vorsitzender bei Lehmans Vorgänger Shearson Lehman gewesen war.[19] In der Woche vor dem Konkurs hatte er auf CNBC erklärt, dass sich sein Unternehmen nicht aus den Geschäften mit Lehman zurückziehen werde. Jetzt musste er seinen Investoren sagen, dass ihre Gelder in einem ominösen Konkursverfahren in London feststeckten.

Blankfein bat seinen ehemaligen Chef Paulson eindringlich darum, etwas zur Beruhigung der Märkte zu unternehmen: Seine größte Sorge sei, dass bei Lehman so viel Geld gebunden sei, dass die Anleger in Panik geraten und ihr Geld auch aus Goldman Sachs und Morgan Stanley herausziehen würden.

Sichtlich zerstreut leitete Bernanke in Washington die Sitzung des Offenmarktausschusses in der Federal Reserve[20] und tauschte mit Kevin Warsh Notizen darüber aus, wie sich ein Schlachtplan zur Rettung von AIG entwickeln ließ. Für 10.45 Uhr hatten sie eine weitere Telefonkonferenz mit Geithner anberaumt, um sich über den Stand der Dinge zu informieren.

Geithner wiederholte, dass »eine privatwirtschaftliche Lösung gestorben« sei. »Wir müssen daran denken, unsere Bilanz einzusetzen. Wir müssen mit Stärke und Entschlossenheit handeln.« Sollte die Fed einen großen und mutigen Schritt unternehmen, um AIG aufzufangen, so die Überlegung, könnte dies das Vertrauen der Märkte wiederherstellen. Er schlug eine Nutzung des Federal Reserve Act, Abschnitt 13, Punkt 3 vor, eine Sonderbestimmung, die die Notenbank ermächtigte, unter »außergewöhnlichen und dringlichen« Umständen auch an Einrichtungen außerhalb des Bankwesens Kredite zu vergeben.[21]

Wie Paulson und Bernanke wussten, war AIG faktisch zu einem Dreh- und Angelpunkt des globalen Finanzsystems geworden. Unter der europäischen Bankenaufsicht war es Finanzinstituten möglich geworden, die Kapitalisierungsauflagen dadurch zu erfüllen, dass sie mit der AIG-Sparte für Finanzprodukte Kontrakte über Ausfallrisiken abgeschlossen hatten. Auf diese Weise konnten sie riskantere Anlagen wie Gewerbeimmobilien- und Eigenheimhypotheken gleichsam in das AAA-Rating von AIG verpacken und so mehr Fremdkapital aufnehmen.

Bei einem Konkurs von AIG würden diese schützenden Hüllen freilich fallen und die Banken zwingen, Vermögenswerte herunterzustufen und Milliarden von Dollar aufzubringen – eine erschreckende Aussicht angesichts der gegenwärtigen Märkte. Und die Zahlen waren niederschmetternd. Das halbe Jahr 2008 hindurch hatte AIG über 300 Milliarden Dollar an Ausfallversicherungen ausgewiesen, die an diesem Verpackungsverfahren beteiligt waren – unter der verniedlichenden Bezeichnung »Mindesteigenkapitalentlastung«.[22]

Und natürlich ging es auch um das riesige AIG-Versicherungsimperium, das rund 81 Millionen Lebensversicherungspolicen auf der ganzen Welt mit einem Nominalwert von 1,9 Billionen Dollar umfasste.[23] Während dieser Geschäftsbereich in einem Höchstmaß reguliert und die Policen im Allgemeinen geschützt waren, bestand die Gefahr, dass verschreckte Kunden scharenweise ihre Lebensversicherungen zurückkaufen und die Instabilität auch in andere Versicherungsriesen hineintragen würden.

Während Bernanke Geithner geduldig zuhörte, meldete Warsh Bedenken an, da er für den Plan einer »Geschäftszeit« geworben hatte: Seiner Ansicht nach sollte die Fed ihr Scheckbuck zücken, aber nur für dreißig Tage – genug Zeit, um AIG auf Herz und Nieren zu prüfen.

»Ich weiß, wir würden uns so auf unabsehbare Zeit Risiken einhandeln«, räumte Warsh ein, »aber wir müssen uns auch klar machen, war hier zum Teufel los ist.«

Obwohl Bernanke unverblümt einräumte, dass er von »Versicherungswirtschaft nichts verstehe«, drängte Geithner ihn und Warsh weiter zu einer Unterstützung: Das systemische Risiko sei einfach zu groß.

Nachdem Barnanke ihn angehört hatte, bat er ihn, einen Plan auszuarbeiten. Wenn er mit mehr Einzelheiten wiederkäme, würden sie sich über das weitere Vorgehen abstimmen.

»Lassen Sie mich nur sicherstellen, dass ich richtig verstanden habe, welche Unterstützung Sie und der Verwaltungsrat geben wollen«, sagte Geithner und fasste ihr Gespräch nochmals zusammen.

Michael Wiseman und Jamie Gamble passierten die Sicherheitsschleusen in der Fed und machten sich auf die Suche nach Braunstein. Sie mussten wissen, was sich bei AIG tat, und falls nichts vorankam, brauchten sie Braunsteins Team zur Unterstützung für die Vorbereitungen zu einem Konkurs.

Wiseman machte ihn in der vertraulichen Sitzung ausfindig, in der darüber diskutiert wurde, wie die Fed AIG auffangen könne. »Hören Sie, wir haben wenig Zeit und brauchen Ihre Unterstützung bei einigen Zahlenaufstellungen«, sagte er zornig, nachdem er ihn aus dem Raum geholt hatte. »Aber wir müssen wissen, unter welcher Flagge Sie segeln. Arbeiten Sie für uns, für die Fed oder für JP Morgan?«

»Ich fürchte, ohne meinen Anwalt kann ich diese Frage nicht beantworten«, sagte Braunstein nach einer Pause. Mit dem Hinweis, er sei in einer Sekunde zurück, schlüpfte er in den Konferenzraum zurück.

Als er Augenblicke später wieder auftauchte, sagte er steif zu Wiseman: »Ich kann Ihnen nichts sagen. Sie müssten sich direkt ans Finanzministerium wenden.«

»Okay, danke«, sagte Wiseman und streckte ihm die Hand entgegen. Braunstein drehte sich einfach um und kehrte in die Sitzung zurück.

Sekunden später tauchte ein Mitarbeiter der Notenbank auf und bat Wiseman und Gamble, das Gebäude zu verlassen.

»Haben Sie das mitbekommen?«, fragte Wiseman Gamble, während sie zur Ausgangstür geleitet wurden. »Doug wollte mir nicht einmal die Hand geben. Was zum Teufel ist dort drinnen eigentlich los?«

Hank Paulson widerstrebte der Gedanke einer Rettungsaktion zutiefst, aber als er um 10.30 Uhr das Telefongespräch mit Geithner beendete, der ihm den jüngsten Plan erläutert hatte, erkannte er mit Schrecken, welche Marschrichtung die Märkte eingeschlagen hatten. In seiner Zeit bei Goldman hatte er sich in die Versicherungsbranche eingearbeitet und wusste deshalb, dass ein Konkurs von AIG eine weltweite Panik auslösen konnte. Da er regelmäßig nach Asien reiste, wusste er auch, wie stark AIG dort

engagiert war und bei wie vielen ausländischen Regierungen die Gesellschaft in der Kreide stand. Schon hatten einige beim Finanzministerium angerufen und ihre Besorgnis über einen möglichen Konkurs von AIG kundgetan.

Jim Wilkinson fragte ungläubig: »Retten wir diese Versicherungsgesellschaft wirklich?«

Paulson blickte ihn nur an: Man müsste verrückt sein, um ihrem Zusammenbruch tatenlos zuzusehen, schien sein Blick zu sagen.

Ken Wilson, sein Sonderberater, schnitt eine noch ungeklärte Frage an: »Hank, wie zum Teufel können wir 85 Milliarden Dollar in dieses Unternehmen pumpen, ohne dass es ein neues Management hat?« – eine euphemistische Umschreibung dafür, dass zunächst der CEO gefeuert und durch einen eigenen ersetzt werden müsste. Ohne einen neuen Chef würde es so aussehen, als unterstütze der Staat eine inkompetente Führung, die dieses Chaos angerichtet habe.

»Sie haben recht. Finden Sie mir einen neuen CEO. Lassen Sie alles andere sein«, wies Paulson ihn an. »Bringen Sie mir einen CEO bei.«

Wilson kehrte in sein Büro zurück und scrollte sich an seinem Computer durch seine Adressdatei. Nach Jahren als Banker in der Abteilung Finanzinstitute bei Goldman Sachs kannte er die Topleute dieser Branche.[24] Er war noch beim Buchstaben A, als ihm plötzlich ein Name einfiel: Ed Liddy, der Ex-CEO von Allstate und Mitglied des Verwaltungsrats von Goldman. Er war der perfekte Kandidat, gegenwärtig »am Strand«, also ohne Job, und sicher voller Sehnsucht nach einer neuen Herausforderung. Zudem kannte Liddy AIG: Im Verwaltungsrat von Goldman war Liddy immer die erste Anlaufstelle gewesen, wenn in einer Diskussion um eine mögliche Übernahme von AIG irgendein Rat gebraucht worden war.

Leider hatte Wilson seine Telefonnummer nicht. Er rief Chris Cole bei Goldman Sachs an, der das ganze Wochenende bei AIG verbracht und am Montag an der Sitzung in der Fed teilgenommen hatte. Cole suchte ihm die Nummer gerne heraus.

Als Wilson Liddy erreichte, kam er ohne Umschweife zur Sache:

»Haben Sie Zeit, einen Anruf von Hank entgegenzunehmen?«, fragte Wilson. Liddy war sofort begeistert.

»Sie müssen auflegen«, sagte Wilson zu Paulson, der am Telefon hing, als er in der Tür zu seinem Büro stand. »Ich habe Ihren CEO aufgetrieben.«

Geithner bereitete in seinem Büro eine Telefonkonferenz mit Bernanke vor. *Sie würden es durchziehen,* dachte er. *Sie würden es tatsächlich tun.*

Jester und Norton gingen sämtliche Bedingungen für die Hilfen durch. Sie hatten eben erfahren, dass Ed Liddy den Posten als CEO von AIG auf Probe übernommen hatte und am Abend von Chicago aus nach New York fliegen wollte.

Um einen Rettungsplan kurzfristig aus dem Boden zu stampfen, brauchte die Regierung Unterstützung, am besten von jemandem, der mit AIG und den besonderen Umständen vertraut war. Jester kannte den Mann: Marshall Huebner, der Co-Chef der Insolvenz- und Restrukturierungsabteilung von Davis Polk & Wardwell, der bereits für JP Morgan an AIG arbeitete und sich zufällig gerade unten im Gebäude aufhielt.

Derweil wollte Bob Scully von Morgan Stanley, den Geithner als Berater der Fed angeheuert hatte, sicherstellen, dass dieser vor einer Entscheidung sämtliche Risiken kannte. Während Scully weiter die rasante Talfahrt an den Märkten analysierte, sorgte er sich zusehends darum, ob AIG in der Lage sein würde, einen staatlichen Kredit auch bedienen zu können. Was zunächst als ein Schnäppchen erschienen war, konnte sich noch als Ladenhüter entpuppen.

»Ich möchte deutlich machen, dass es ein echtes Risiko gibt, dass dieser Kredit keine Rettung bringt«, warnte er Geithner, der per Telefonkonferenz zugeschaltet war.

Bernanke erklärte sich zu einer Unterstützung der Rettungsaktion bereit, wollte unter den Beteiligten aber eine unverbindliche Befragung durchführen lassen. Sichtlich besorgt fragte er: »Sind Sie sicher, dass wir das Richtige tun?«

Durch seine unausgesprochene Unterstützung – und Geithners nachdrückliche Warnung, dass nur so ein finanzielles Armaged-

don zu verhindern sei – fiel die Abstimmung fünf zu null zugunsten der Staatshilfe aus. Von »moral hazard« und Lehman Brothers war keine Rede mehr.

Hank Paulson hetzte die Treppen hinab und machte sich durch die Seitentür des Finanzministeriums zum Weißen Haus auf. Er und Ben Bernanke hatten eilends ein Treffen mit Präsident Bush anberaumt, um ihn über die beschlossenen außergewöhnlichen Schritte zu informieren.[25]

Nachdem sie die Sicherheitsschleuse passiert und kurz im Warteraum Platz genommen hatten, wurden sie ins Oval Office geleitet. Dort erläuterte Paulson dem Präsidenten schonend die Bedingungen für die Staatshilfe.

Nachdem er ihm – im Jargon der Wall Street – den Deal erläutert hatte, blickte Bush ihn verblüfft an.

Bernanke sprang ein: »Einen Augenblick, Mr. President«, sagte er und erläuterte etwas professoral die enge Verflechtung der Geschäfte von AIG mit dem Bankensystem. An den einfachen Mann in Bush appellierend, hob er die große Abhängigkeit zahlreicher einfacher Bürger und Kleinunternehmen von AIG hervor. Die Lebensversicherungen des Konzerns sicherten ganze Familien ab, seine Vorsorgeprogramme boten den Menschen eine Altersrente, und seine Surety Bonds waren eine Art Bürgschaft für private und öffentliche Bauvorhaben.

Die anschließende Frage des Präsidenten traf direkt den Kern des Problems: »Das alles macht eine Versicherungsgesellschaft?«

Gegen 16 Uhr ratterte das Angebot der Fed durch ein Faxgerät im Gebäude von AIG, wo es im 18. Stockwerk von einer Heerschar von Anwälten sehnsüchtig erwartet wurde. Einer zog die drei Seiten heraus und fertigte sogleich Kopien an.

»Dann bekommen Sie ja jetzt die Chance, für den amerikanischen Staat zu arbeiten«, teilte Richard Beattie, der Chefanwalt der außenstehenden Direktoren im AIG-Verwaltungsrat, Willumstad mit, als er die Bedingungen überflog.[26]

»Was meinen Sie damit?«, fragte Willumstad.

»Der Staat ist jetzt Ihr Eigner«, antwortete Beattie lächelnd.

Und so geschah es denn. Die Federal Reserve stellte AIG eine Kreditlinie von 85 Milliarden Dollar bereit – in der Hoffnung, sie würde genügen, um den Konzern über Wasser zu halten und eine Katastrophe zu verhindern. Im Gegenzug sicherte sich der Staat einen großen Anteil an AIG – 79,9 Prozent des Kapitals in Optionsscheinen, sogenannten Equity Participation Notes.[27] An einem ähnlichen Vorschlag hatten bereits JP Morgan und Goldman gearbeitet.

Wenn die Regierung der Wall Street schon aus der Patsche helfen musste, wollte sie zumindest sichergehen, dass die Altaktionäre nicht unangemessen profitierten. »Paulson wickelt es so ab wie bei Fannie, Freddie und Bear Stearns – wenn die Regierung einspringt, werden die Anleger zur Kasse gebeten«, bemerkte Rodgin Cohen.[28]

Zudem bürdete die Notenbank-Anleihe AIG einen erheblichen Schuldendienst auf. Die Zinslast wurde nach einer komplexen Formel festgelegt: der London Interbank Offered Rate[29], also dem täglich festgesetzten Referenzzinssatz im Interbankengeschäft für kurzfristige Anleihen, der zu dem Zeitpunkt bei rund 3 Prozent lag – zuzüglich eines Risikoaufschlags von 8,5 Prozent. Dieser Zinssatz von insgesamt über 11 Prozent galt zur damaligen Zeit geradezu als Wucher. Abgesichert würde der Kredit durch sämtliche Vermögenswerte von AIG, wobei sich die Regierung mit Blick auf Dividendenzahlungen an Stamm- und Vorzugsaktionäre ein Vetorecht ausbedang.

Zur Rückzahlung an den Staat würde AIG Vermögenswerte verkaufen müssen, was angesichts der Umstände auf einen Ausverkauf hinauslief. So sahen die Anhänger von AIG den Kredit weniger als Brücke in die Zahlungsfähigkeit als vielmehr als einen wackligen Steg in die Zerschlagung.

»Unfassbar«, sagte Willumstad, als er das Papier beiseitelegte.

Der Verwaltungsrat von AIG bereitete eine Dringlichkeitssitzung vor. Als Willumstad die Bedingungen praktisch unter Schock erneut durchlas, rief ihm seine Sekretärin zu, dass Geithner am Telefon sei. Es war 16.40 Uhr.

Willumstad folgte Beattie und Cohen in sein Büro und drückte den Lautsprecherknopf.

»Können Sie eine Minute am Apparat bleiben«, sagte Geithner nach der Begrüßung. »Minister Paulson nimmt gleich ab.«

»Okay«, sagte Willumstad und fügte hinzu: »Dick Beattie und Rodgin Cohen sitzen bei mir.«

»Dann haben Sie die Vereinbarung gesehen, ja?«, fragte Geithner, nachdem Paulson zugeschaltet war. »Wir wollen wissen, ob Sie den Bedingungen zustimmen. Wir brauchen eine baldige Rückmeldung: In Asien eröffnet demnächst der Handel.«

Im Innersten sorgte sich Geithner darum, dass die Bedingungen allzu hart ausgefallen sein könnten. Aber nicht weniger Kopfschmerzen bereitete ihm ein möglicher Rückschlag bei der anderen Seite – dass dem Finanzministerium vorgeworfen würde, dass es mit AIG allzu schonend umgehe.

Nicht zufällig ähnelten die Bedingungen der Regierung stark denen, die in der Privatwirtschaft erwogen worden waren. Zum einen hatte sie sich auf dieselben Berater gestützt und zum anderen bewusst abgesichert: Sie konnte darauf verweisen, dass das staatliche Angebot an AIG nicht besser war als das, zu dem sich die Privaten – zumindest beinahe – bereit erklärt hätten.

»In 15 Minuten tritt der Verwaltungsrat zusammen. Ich werde das Angebot einbringen«, sagte Willumstad.

»Tim, ich bin's, Dick«, meldete sich Beattie. »Ich möchte eines klarstellen: Dass Sie einspringen wollen, heißt noch nicht, dass der Verwaltungsrat Ihrem Angebot zustimmt. Wir haben eine Treuhänderpflicht gegenüber unseren Aktionären. Es wird also kompliziert.«

Beattie, der mit harten Bandagen kämpfte, sprach eine unterschwellige Drohung aus: Vielleicht würde AIG mit einem Konkurs nach Kapitel 11 ja besser fahren als mit dem angebotenen Deal der Regierung.

Geithner blieb hart: »Das bleibt unser einziger Vorschlag«, erwiderte er kurz angebunden und fügte hinzu: »Und es gibt noch eine Bedingung …«

Hier sprang Paulson ein: »Die Bedingung lautet, dass wir Sie, Bob, ersetzen werden.«

Beattie und Cohen blickten Willumstad peinlich berührt an.

»O … kay«, sagte Willumstad. »Wenn Sie es so wollen.«

»Wir bringen einen neuen CEO ein«, sagte Paulson nüchtern. »Er stellt sich morgen vor.«

Willumstad hatte sich keine Illusionen gemacht: Eine staatliche Rettung bedeutete zwangsläufig seine Absetzung. Aber vom Tempo dieses Vorgangs war er doch überrascht. Die Regierung hatte eben erst ihr Rettungsangebot vorgelegt – und schon seinen Nachfolger gefunden!

»Brauchen Sie mich hier überhaupt noch?«, fragte er etwas verwirrt.

»Ja, natürlich. Wir sind für jede Kooperation und Unterstützung Ihrerseits dankbar«, erwiderte Paulson.

»Darf ich fragen, um wen es sich handelt?«

»Um Ed Liddy«, sagte Paulson.

Willumstad durchforstete einen Augenblick sein Gedächtnis. »Wer zum Teufel ist Ed Liddy?«, flüsterte Beattie. Cohen zuckte die Achseln.

»Ed ist eben als CEO von Allstate in den Ruhestand gegangen«, half Paulson ihnen auf die Sprünge.

Nach dem Anruf ließ sich Willumstad seufzend in seinen Sessel fallen, blickte zu Beattie hinüber und lachte los.

»Na, da haben Sie sich aber geirrt«, sagte er. »Nun arbeite ich doch nicht für den amerikanischen Staat.«[30]

Nach der Besprechung mit dem US-Präsidenten eilten Paulson und Bernanke zum Capitol Hill hinüber, um wichtige Kongressabgeordnete über die Rettungspläne zu informieren. Diese zeigten sich über die Neuigkeiten wenig erfreut. Harry Reid, der Mehrheitsführer im Senat, beherbergte die Sitzung in seinem Konferenzraum im zweiten Stock. Zu der hektisch organisierten Versammlung waren einige Abgeordnete ganze zwanzig Minuten vor Beginn eingeladen worden.[31] Senator Judd Gregg aus New Hampshire, der Republikaner im Senatsausschuss für das Bankwesen, hatte ein Dinner auf dem Programm gehabt und tauchte im Smoking ohne Krawatte auf. Barney Frank kam in legerem Aufzug zu spät.

Paulson und Bernanke legten dar, warum sie ihre Entscheidung für alternativlos hielten: Die Auswirkungen einer AIG-Pleite wären »in ganz Amerika und rund um die Welt zu spüren«.

Frank, dem die Kosten Sorge bereiteten, blickte Bernanke an. »*Haben* Sie denn 80 Milliarden Dollar?«

Fast unverhohlen lächelnd, antwortete Bernanke: »Nun, wir haben 800 Milliarden Dollar.«

Bei JP Morgan saßen Jamie Dimon und Jimmy Lee in Dimons Büro, als die Pressemeldung zu AIG über den Ticker lief. »Das Geld sehen die nie wieder«, sagte Lee. »Keine Chance.«

»Ich garantieren Ihnen, dass sie über 50 Milliarden Dollar davon zurückbekommen«, erwiderte Dimon und dachte, dass Washington eben ein Schnäppchen gemacht hatte, auch wenn sich der Deal politisch schlecht verkaufen ließ. »AIG hat eine Menge guter Versicherungsgeschäfte, die sich versteigern lassen. Sie werden sehen.«

Dimon und Lee setzten 10 Dollar darauf, wer am Ende recht behalten würde.

Gegen 23 Uhr fuhr Bob Willumstads Fahrer vor dessen Haus an der Park Avenue direkt gegenüber dem Lenox Hill Hospital vor. Willumstad eilte unter der grünen Markise hindurch und fuhr müde und deprimiert im Fahrstuhl zu seinem Apartment im siebten Stockwerk nach oben. Dort lief er in die Küche und berichtete seiner Frau Carol von den Ereignissen des Tages.

Vor dem Zubettgehen checkte er ein letztes Mal die Nachrichten auf seinem BlackBerry. David Herzog, der Controller des Unternehmens – er hatte das letzte Wochenende voll durchgearbeitet, um den Konzern über Wasser zu halten –, hatte ihm eine E-Mail geschickt. Der Eingang war mit 23.54 Uhr ausgewiesen, im Betreff hieß es: »Letzte Schritte«:

> Danke, dass Sie diese sehr schwierige Herausforderung angenommen haben. Die Ereignisse, die sich an diesem Abend ergaben, hatten sich seit Langem angebahnt.
> Bevor Sie das Büro räumen, bitte ich Sie nur noch um eines: Bitte machen Sie für Mr. Liddy reinen Tisch. Ich bitte dringend um folgende fristlose Kündigungen:

Schreiber
Lewis & McGinn
Nueger & Scott
Bensinger
Kelly
Kaslow
Dooley

Dies mag ein wenig drastisch erscheinen, aber diese Gruppe von Führungskräften hat auf unterschiedliche Art ein deutliches Bild von Unfähigkeit gezeigt, das zur Zerstörung eines der bedeutendsten Unternehmen Amerikas beigetragen hat. Lassen Sie das Mr. Liddy bitte nicht allein herausfinden.
Ich verstehe dies nicht als mangelnden Respekt gegenüber diesen Personen, aber die 120 000 Mitarbeiter rund um den Globus haben Besseres verdient, und sollten auch ein gewisses Verantwortungsgefühl für das sehen, was eben vorgefallen ist.
Wir brauchen Führung, und diese Personen sind einfach keine Führer.
Hochachtungsvoll Ihr
David[32]

Willumstad, der in Boxershorts auf dem Flur stand, schüttelte ungläubig den Kopf.

Kapitel siebzehn

Am Mittwochmorgen kurz nach sechs Uhr startete Tim Geithner zu seiner Joggingtour, die an Manhattans Südzipfel und am East River entlangführte. Die Sonne war noch nicht aufgegangen. Er war müde und gestresst nach den wenigen Stunden Schlaf, die er sich in einem schäbigen kleinen Ruheraum im Hauptquartier der New Yorker Fed gegönnt hatte.

Er blickte auf die Freiheitsstatue und die ersten Pendlerfähren, die von Staten Island durch den Hafen glitten, und versuchte verzweifelt, seine Gedanken zu sortieren. Fünf Tage lang waren ihm Zahlen durch den Kopf geschwirrt – riesige, unfassbare, abstrakte Zahlen, die sich binnen 24 Stunden in einer Bandbreite von null für Lehman Brothers bis 85 Milliarden Dollar für AIG bewegt hatten. Die letzte Milliardensumme überstieg die jährlichen Staatshaushalte von Singapur und Taiwan zusammengenommen. Wer konnte sich diese Größenordnung noch vorstellen? Geithner hoffte, dass die Summe reichen würde, um die Krise am Ende zu überwinden.

Diese Fähren, die mit Büroangestellten besetzt waren, bereiteten ihm Bauchschmerzen. *Darum ging es letztlich*, dachte er, *um diese Leute, die morgens aufstanden und zur Arbeit gingen. Alle verließen sie sich darauf, dass die Bankenbranche die Wirtschaft am Laufen hielt. Die schwindelerregenden Zahlen, die undurchschaubar komplexen Finanzprodukte und Derivate, die millionenschweren Boni der Wettverlierer an den Börsen – all das war jetzt nicht wichtig. Bei der Rettung der Finanzbranche ging es um etwas anderes*, sagte sich Geithner: *um den Schutz der einfachen Leute mit gewöhnlichen Jobs.*

Als er über den South Street Seaport und dann unter der Brooklyn Bridge hindurchlief, dachte er schon unwillkürlich wieder daran, dass auch dieser Tag die Hölle werden würde. Am meisten

Sorge bereitete ihm, dass der Reserve Primary Fund, ein gigantischer Geldmarktfonds, inzwischen die 1-Dollar-Marke nach unten geknackt hatte und auf 97 Cents pro Anteil gefallen war[1] – eine bislang undenkbare Entwicklung. Geldmarktfonds hatten als eine der sichersten Anlagen gegolten, die bei minimalen Renditen maximale Sicherheit versprachen. Die Manager dieses Fonds hatten allerdings höhere Erträge – 4,04 Prozent per annum, die höchsten in der Branche[2] – angestrebt und zu diesem Zweck riskante Wetten abgeschlossen, unter anderem mit 785 Millionen Dollar für Lehman-Papiere.[3] Die Anleger hatten ihre Konten zu liquidieren begonnen, sodass der Rückkauf von Anteilen für sieben Tage hatte ausgesetzt werden müssen. Und das tatsächliche Ausmaß des Schadens war noch gar nicht absehbar.

Wenn die Geldmarktfonds unter Druck gerieten und die Lehman-Pleite Milliarden Dollar Anlagegelder blockierte, so fürchtete Geithner, dann standen die beiden verbliebenen Broker-Dealer – Morgan Stanley und Goldman Sachs – vielleicht schon als Nächste am Abgrund.

In John Macks Büro in der Zentrale von Morgan Stanley am Times Square war die Panik bereits spürbar. Mack saß mit seiner Führungsspitze, Chammah und Gorman, beim Kaffeetrinken auf dem Sofa und schimpfte: Die wichtigste Meldung an diesem Mittwochmorgen hätten die guten Zahlen von Morgan Stanleys Quartalsbericht sein sollen, den er schon am Nachmittag zuvor, einen Tag zu früh, veröffentlicht hatte, um die Anleger zu beruhigen. Am Dienstag waren Morgan Stanleys Aktien binnen Stunden um 28 Prozent gefallen, sodass er das Ruder irgendwie hatte herumreißen müssen. Obwohl seine Quartalszahlen die von Goldman Sachs – sie waren schon am Dienstagmorgen veröffentlicht worden – übertrafen, hatten Goldmans Aktien nicht annähernd so stark an Wert verloren. Mit einem Gewinn von 1,43 Milliarden Dollar verzeichnete Morgan Stanley gegenüber dem Vorjahresquartal nur einen leichten Rückgang von 3 Prozent. John Mack ärgerte die Schlagzeile im *Wall Street Journal*: »Goldman und Morgan stehen jetzt allein da; weiterkämpfen oder einknicken?«[4] Und die Terminmärkte zeigten bereits, dass Mack mit seinem

Versuch, Stärke und Vitalität zu demonstrieren, wenig Eindruck gemacht hatte.

Abgesehen von den Ängsten um die Geldmarktfonds und einer allgemeinen Nervosität mit Blick auf die Investmentbanken war Mack mit einem weiteren Problem konfrontiert, dessen Brisanz nur Insider kannten: Anfang der Woche hatte Morgan Stanley noch über ein Polster von 178 Milliarden Dollar verfügt, um Geschäfte zu finanzieren und wichtige Hedgefondskunden mit Anleihen zu versorgen. In den letzten 24 Stunden hatten Kunden nun über 20 Milliarden Dollar abgezogen – und manche sogar ihr Prime-Brokerage-Konto aufgelöst.

»Das Geld läuft uns davon«, sagte Chammah zu Mack.

»Loyalität ist den Leuten scheißegal«, schimpfte Mack. Er hatte den Abfluss stoppen wollen, aber Chammah hatte ihn bis jetzt noch davon überzeugen können, die Guthaben weiterhin zu überweisen. »Die Schotten dicht zu machen«, so warnte er, »wäre ein Zeichen der Schwäche.«

Die Frage war nur, wie viel man noch abfließen lassen konnte. »Ewig können wir so nicht weitermachen«, sagte Chammah.

Während Mack schon eine Verschwörung der Hedgefonds gegen sein Unternehmen witterte – »so haben sie es auch mit Dick gemacht!«, brüllte er –, deutete neuerdings einiges darauf hin, dass manche ihr Kapital tatsächlich benötigten. Fonds, die Konten in Lehmans Londoner Niederlassung hatten und nicht an ihre Einlagen herankamen, bettelten bei Morgan Stanley und Goldman inzwischen um Kredite.

Mack musste weiterhin Geld auszahlen. Er hatte Jahre damit zugebracht, ihr Prime-Brokerage-Geschäft zu einem bedeutenden Profit-Center auszubauen – 89 der wichtigsten 100 Hedgefonds in der Welt wickelten ihre Geschäfte über Morgan Stanley ab. Mitten in der Krise durfte das Unternehmen nicht das leiseste Signal von Panik aussenden, sonst konnte das Geschäft leicht den Bach hinuntergehen.

»Wir müssen zuversichtlich sein«, sagte er. »Schwäche oder kopfloses Handeln können wir uns nicht leisten.«

Unter normalen Umständen war John Mack nicht aus der Ruhe zu bringen. Am Vortag war er wie gewohnt im Handelssaal gewe-

sen, hatte mit Tradern geplaudert und eine Schnitte Pizza gegessen. Aber an diesem Morgen geriet er allmählich aus der Fassung. Die Arbeit, die Optionen, die Sorgen – alles wuchs ihm über den Kopf.

Am Abend zuvor hatte er einen Anruf von seinem Freund Steven R. Volk erhalten, einem Vizepräsidenten des Verwaltungsrats bei Citigroup und ehemaligen Anwalt, der ihm Jahre zuvor geholfen hatte, die Fusion mit Dean Witter zu schmieden. Unter dem Vorwand, zu den Quartalszahlen gratulieren zu wollen, hatte Volk vorsichtig eine weitere Fusion ins Gespräch zu bringen versucht: eine mit Citigroup.

»Wir wollen euch helfen, John. Wir meinen es nicht offensiv. Und wenn du strategische Überlegungen für ein Zusammengehen hast, dann reden wir gerne mit dir«, sagte Volk.

Das Ansinnen war ziemlich brisant: Eine Fusion zwischen Morgan Stanley und Citigroup wäre ungefähr so wie ein Zusammenschluss von Microsoft und Intel.

Mack, Chammah und Gorman diskutierten die Idee. Angesichts des Drucks auf das Broker-Dealer-Modell würde die Fusion mit Citi für eine stabile Basis an Einlagen sorgen. JP Morgan und Citigroup waren die einzig verbliebenen starken Großbanken.

Alle hatten von der Telefonkonferenz der Bank of America am Montag zur Fusion mit Merrill Lynch gehört und konnten Ken Lewis' Kommentare nicht vergessen, wonach das Broker-Dealer-Modell praktisch tot sei.

»Ich habe sieben Jahre lang gesagt, dass die Geschäftsbanken wegen der Finanzierungsfragen die Investmentbanken letztlich übernehmen werden«, hatte Lewis gesagt.[5] »Der Meinung bin ich immer noch. Die Goldene Ära des Investmentbanking ist vorbei.«

Zumindest für einen Augenblick schätzte Gorman die Lage ähnlich ein. »Sollten wir Citigroup zurückrufen?«, fragte er.

Mack nickte und bat seine Sekretärin, eine Verbindung zu Vikram Pandits Büro herzustellen. Beide kannten sich – Mack hatte Pandit damals bei Morgan Stanley im Jahr 2000 stark gefördert[6] –, hatten sich aber nie besonders nahegestanden.

»Steve hat mir gesagt, dass Sie an einem Deal interessiert sind«, sagte Mack, als Pandit in der Leitung war. »Uns bläst ein kalter Wind entgegen«, fuhr er fort. »Wir erwägen unsere Optionen.«

»Nun, wir helfen gerne«, sagte Pandit, »vielleicht ist das jetzt die richtige Zeit.«

Aber er lehnte sich nicht zu weit aus dem Fenster. »Ich komme auf Sie zurück«, sagte er. »Ich muss mit meinem Verwaltungsrat reden.«

Hank Paulson überflog an seinem schwarz und orange flimmernden Bloomberg-Terminal die aktuellen Zahlen des Reserve Primary Fund. Der Fonds war mit 62,6 Milliarden an Vermögenswerten[7] ein »major player«. Dessen Schwierigkeiten säten Zweifel, die sich, wie Paulson jetzt unmittelbar beobachten konnte, über das übrige Branchensegment ausbreiteten.

»Wir haben einen Notfall«, sagte Ken Wilson, als er in Paulsons Büro trat und eine Liste verunsicherter CEOs aufzählte, die seit 6.30 Uhr an diesem Morgen bei ihm angerufen hatten: Larry Fink von BlackRock, Bob Kelly von der Bank of New York Mellon, Rick Wadell von Northern Trust und Jim Cracchiolo bei Ameriprise.

»Wie sie sagen, wollen die Leute ihre Anteile in Scharen rückkaufen. Sie wollen Hunderte von Milliarden Dollar abziehen!«, sagte Wilson. »Sie sind misstrauisch gegen jeden, der irgendwelche Risiken durch Lehman-Papiere hat.«

Paulson wurde sichtlich nervös. Die von Lehman ausgelöste Panik griff wie die Pest um sich – wie ein Schwarzer Tod an der Wall Steet. Die Geldmarktbranche musste gestützt werden. Weiterhin teilte ihm Wilson mit, dass Morgan Stanley durch Hedgefonds, die ebenfalls Anteile zurückkaufen wollten, zusehends unter Druck gerate. Sollte das Unternehmen ebenfalls zusammenbrechen, wäre Goldman Sachs, wo beide fast ihr gesamtes Berufsleben zugebracht hatten, als Nächstes an der Reihe.

»Ein neuer Tag, eine neue Krise«, stöhnte Paulson mit einem nervösen Lachen, das verriet, dass langsam auch er in Panik geriet.

Zur Krisenbewältigung hatte Paulson instinktiv eine Reihe von Übernahmen und Fusionen ins Auge gefasst – die privatwirtschaftliche Lösung für systemische Probleme. Die Unternehmen konsolidierten sich gegenseitig und glichen die jeweiligen Schwächen aus.

Aber in dieser außergewöhnlichen Lage tauchte hinter jedem Problem ein neues auf. Er hatte Lob dafür geerntet, dass er Lehman in Konkurs gehen ließ, erlebte jetzt aber die verheerenden Konsequenzen. Das Vertrauen, das das Finanzsystem zusammenhielt, war grundlegend erschüttert. Keiner kannte mehr die Regeln für ein staatliches Eingreifen. »Sie haben behauptet, sie hätten bei Lehman eine Linie in den Sand gezogen, starten aber zwei Tage eine weitere Rettungsaktion«, beklagte sich an diesem Morgen Nouriel Roubini, Professor der Stern School of Business an der New York University.[8]

Und jetzt wurde es Paulson so richtig klar: Die kurzfristigen Anleihen und die Geldmärkte – das war sein täglich Brot und Goldmans Spezialität. Die Einschläge kamen näher.

In den Lehman-Geschäftsräumen herrschte trotz des tödlichen Schlags noch immer fieberhafte Aktivität. Übernächtigt und deprimiert hingen Heerscharen von Händlern, Anwälten und anderen Mitarbeitern an Telefonen und erledigten die letzten Aufgaben, bevor die Lichter ausgehen würden. Sie hatten Dick Fulds Mitteilung vom Vorabend noch lebhaft im Kopf: »Die letzten paar Monate waren eine extreme Belastung, die darin gipfelte, dass wir Konkurs anmelden mussten«, schrieb er. »Für Sie alle war dies persönlich wie auch finanziell sehr schmerzhaft. Ich fühle mich deswegen schrecklich.«[9] Auf einige wütende Mitarbeiter wirkte die Mitteilung wie eine gewaltige Untertreibung, die an Kaiser Hirohitos berühmte Radioansprache zur japanischen Niederlage vom 15. August 1945 erinnerte. »Die Kriegslage hat sich nicht unbedingt zu Japans Vorteil verändert«, hatte er der verblüfften Nation verkündet.[10]

Immerhin konnten später Bart McDade, Skip McGee und Mark Shafir, die drei Tage durchgearbeitet und nur vier Stunden Schlaf bekommen hatten, noch eine positive Nachricht verkünden: Zwar komme für Lehman als Ganzes jede Rettung zu spät, aber der Konzern habe sein US-Geschäft für 1,75 Milliarden Dollar verkaufen können – an Barclays, den einstigen mutmaßlichen Retter. Barclays kam so zu dem begehrten Unternehmensteil, ohne gleich alles kaufen zu müssen. Dank der Übernahme sollten zumindest

einige der Zigtausenden Stellen in den Vereinigten Staaten erhalten bleiben.

Als McDade, McGee und Shafir durch die Flure schritten, wurden sie von einigen Beschäftigten mit Beifall begrüßt.

»Das ist ein ökonomischer 11. September.«

Als Hank Paulson am Mittwochmorgen seine Mitteilungen machte, herrschte eisige Stille in seinem Büro. Fast zwei Dutzend Mitarbeiter des Finanzministeriums waren versammelt. Auf Fensterbänken, Sofalehnen und der Kante seines Schreibtischs sitzend, machten sie sich Notizen. Wie eine Mahnung hing über ihren Köpfen ein Porträt Alexander Hamiltons,[11] die Kopie eines Werkes von 1792, dem Jahr der ersten Finanzkrise der noch jungen Nation. Damals hatte William Duer, ein Mitarbeiter des Ministeriums, der mit Hamilton befreundet war, sich auf der Basis von Insiderinformationen ein gewaltiges Portfolio an staatlichen Wertpapieren zusammengestellt. Als die Kurse sanken, wurde Duer zahlungsunfähig und löste an den Märkten eine Panik aus.[12] Hamilton entschied sich gegen eine Staatshilfe für seinen Freund, sorgte aber für einen Rückkauf von Staatsanleihen durch das Finanzministerium und stabilisierte so den Markt – ein längst vergessenes, aber lehrreiches Modell für einen staatlichen Eingriff.

Paulson saß unruhig auf einem Stuhl in der Ecke und klopfte sich nervös auf den Bauch. Mit starrer Miene erläuterte er dem inneren Kreis seines Ressorts, dass die Krise in den letzten vier Stunden einen neuen Höhepunkt erreicht habe. Sie sei nur vergleichbar mit den Problemen, die fast auf die Woche genau vor sieben Jahren die Märkte erschüttert hätten. Zwar stünden keine Menschenleben auf dem Spiel, aber jahrhundertealte Traditionsunternehmen und Hunderttausende von Jobs hingen am seidenen Faden.

Die gesamte Wirtschaft, so sagte er, stehe am Abgrund. Er hatte an diesem Morgen mit Jamie Dimon telefoniert, der eigene Befürchtungen ausgesprochen hatte. Neben den Investmentbanken bereitete Paulson nur auch General Electric Sorgen, das weltgrößte Unternehmen und eine Ikone der innovativen

US-Wirtschaft. Jeffrey Immelt, der CEO von GE, hatte ihm unverblümt mitgeteilt, dass die Geldmarktpapiere des Konzerns, die er zur Abwicklung seiner Tagesgeschäfte einsetzte, möglicherweise unbrauchbar geworden seien. Und er hatte Gerüchte gehört: JP Morgan gebe der Citigroup kein Geld mehr, die Bank of America habe die Kreditvergabe an Franchiseunternehmen von McDonald's eingestellt, und Schatzanweisungen gingen zu einem Zinssatz von unter einem Prozent weg, als trauten die Anleger jetzt nur noch staatlichen Anleihen.

Paulson war sich im Klaren darüber, dass er im Zentrum der Finanzpanik stand. Dies war die wichtigste Bewährungsprobe als Finanzminister und wohl seiner gesamten Laufbahn. Am Vorabend hatte er sich mit Bernanke abgestimmt, dass jetzt eine systemische Lösung hermüsse. Über das Schicksal jedes einzelnen Finanzinstituts zu entscheiden funktionierte nicht mehr. Von der Krise um Bear Stearns bis zu der von Lehman Brothers waren sechs Monate vergangen – würde jetzt aber Morgan Stanley zusammenbrechen, würde Goldman wohl binnen sechs Stunden folgen. Und dann kämen die Großbanken. Wie es danach weitergehen würde, wusste allein Gott.

Und so suchte Paulson vor seinen Mitarbeitern nach einer umfassenden Lösung, die mit einem Eingreifen des Staates verknüpft war. Eine solche Intervention zur Rettung war ihm immer noch zuwider, aber er musste sich den Realitäten stellen.

»Die einzige Möglichkeit, den Niedergang aufzuhalten«, sagte er, »ist eine staatliche Reaktion.« Es sei jetzt an der Zeit, sich Gedanken über ein Programm zu machen, auch wenn nicht sicher sei, dass dieser Ansatz politisch durchsetzbar sei.

Dass er gewaltig unter Beschuss geraten würde, so teilte er seinem Stab mit, sei ihm bewusst, aber damit müsse er leben. Er hatte recht: Schon die Rettung von AIG hatte ihm heftige Kritik eingetragen – etwa die spöttische Bemerkung des demokratischen Abgeordneten Barney Frank, wonach er einen Beschlussantrag einbringen wolle, um den 15. September – den Tag der Konkursanmeldung – zum »Tag des freien Marktes« zu erklären.[13] »Das nationale Bekenntnis zum freien Markt währte genau einen Tag«, hatte Frank gesagt. »Das war Montag.«

Oberster Tagesordnungspunkt, sagte Paulson, sei die Eindämmung der Geldmarktkrise. Steve Shafran, ein ehemaliger Banker von Goldman, schlug ein einfaches Einspringen des Finanzministeriums mit Garantien für die Fonds vor. »Dazu haben wir eine Ermächtigung«, sagte er und verwies auf den Gold Reserve Act von 1934,[14] nach dem ein inzwischen 50 Milliarden Dollar umfassender Fonds eingerichtet worden war, um wichtige Märkte zu stabilisieren. Entscheidend sei dabei, so Shafran, dass sie auf ihn ohne die Zustimmung des Kongresses zugreifen könnten. Die Einwilligung des Präsidenten genüge.

»Tun Sie das!«, sagte Paulson. Shafran schlüpfte aus den Raum, um das Prozedere einzuleiten.

Dagegen stand zur Stabilisierung der Banken keine so einfache Lösung bereit. Phil Swagel, der Staatssekretär für Wirtschaftspolitik, hob hervor, dass jetzt mutige Schritte notwendig seien. Die Angst vor politischen Konsequenzen dürfe nicht daran hindern, die Probleme anzugehen. »Sie wollen ja nicht Japan regieren«, sagte er.

Swagel und Neel Kashkari zogen den zehnseitigen »Notfallplan« aus der Schublade, den sie im vorigen Frühjahr vorbereitet hatten: Bei einer Liquiditätskrise sollte die Regierung einspringen, Giftpapiere direkt von den Gebern ankaufen und so deren Bilanzen begradigen, damit sie ihre Kreditaufnahme weiter ausdehnen konnten. Den Verfassern war die Schwierigkeit bei der Umsetzung – das erbitterte Ringen der Banken um die Preise für die Papiere – durchaus bewusst, aber auf diese Weise würde der Staat nur minimal ins Tagesgeschäft eingreifen – und damit den Wünschen der Konservativen entgegenkommen.

»So sollten wir es machen«, teilte Kashkarai Paulson mit. Er war an der Entwicklung von HOPE NOW beteiligt gewesen, einem frühen staatlichen Programm zur Unterstützung in Not geratener Eigenheimbesitzer, und wusste aus erster Hand um die Schwierigkeiten, Banken, die noch faule Kredite in den Bilanzen hatten, zur Vergabe neuer Darlehen zu bewegen. Paulsons Berater Dan Jester, der sich noch immer mit den Problemen von AIG herumschlug, war aus New York zugeschaltet: Er wandte sich wegen der schleppenden Abwicklung gegen einen Aufkauf toxischer Aktiva und

machte sich stattdessen für direkte Hilfen für die Institute stark. »Mit Kapitalspritzen bekommen Sie mehr für Ihr Geld«, erläuterte er. Dann könnten die Banken sogar bei einem anhaltenden Abwärtstrend an den Märkten die Lage selbst meistern.

Staatssekretär David Nason fand diesen Ansatz problematisch, weil er das Gespenst der Verstaatlichung heraufbeschwöre. Wenn der Staat Geld in Unternehmen einschieße, sei das de facto mit einer Übernahme verbunden, und das wollten die meisten hier im Raum ja gerade vermeiden. »Werden die Betreffenden befürchten, dass wir sie AIGisieren?«, fragte er unter Anspielung auf die 24 Stunden zurückliegende staatliche Investition. Paulson, dem der »Notfallplan« auf Anhieb gefallen hatte, neigte jetzt dieser Lösung zu. Das Desaster um AIG durfte sich auf keinen Fall wiederholen. Bei einem Ankauf der Vermögenswerte blieb zwischen dem staatlichen und dem privaten Sektor eine klare Trennlinie bestehen. Jetzt mussten die Umrisse eines Gesetzentwurfs für den Kongress ausgearbeitet werden. Denn für die Umsetzung des Plans würden gigantische Summen benötigt werden.

Paulson betraute Kashkari und eine Arbeitsgruppe mit der Aufgabe, den »Notfallplan« konkret auszugestalten. Obwohl theoretisch sehr interessant, war das Konzept längst nicht durchdacht und bei Weitem noch nicht umsetzbar. In nur 24 Stunden sollten sie die Lücken schließen.

Bevor er das Meeting beendete, fragte Paulson: »Wie viel wird es kosten?«

Kashkari, der die Ausgaben im Frühjahr noch auf 500 Milliarden Dollar geschätzt hatte, sagte mit ernster Stimme: »Wir werden mehr brauchen. Keine Ahnung, vielleicht sogar das Doppelte.«

Paulson entließ seine Mitarbeiter mit der Warnung, dass das Gespräch streng vertraulich gewesen sei. Dann rief er Geithner an. »Wenn Sie öffentlich über einen gigantischen Kapitalbedarf bei den Banken reden, lösen Sie unweigerlich einen Run aus«, sagte ihm Geithner. »Wenn Sie dann keine Handlungsvollmacht bekommen, entfachen Sie eine Scheißpanik, da bin ich mir sicher. Sie müssen unbedingt darauf achten, erst dann an die Öffentlichkeit zu gehen, wenn Sie sicher wissen, dass Sie sie bekommen.«

»Stoppt den Wahnsinn – wir brauchen eine Auszeit«,[15] lautete die Betreffzeile von Glenn Schorrs E-Mail. Als Analyst bei UBS, der die Bankenbranche bediente, hatte er sie am Mittwochnachmittag mit seinem letzten Bericht an die Kunden verschickt. Als die Märkte schlossen – Morgan Stanleys Aktie ging nach einem Tagestief von 16,50 Dollar bei 21,75 Dollar mit einem Verlust von 24 Prozent aus dem Handel, die von Goldman nach einem Tagestief von 97,78 Dollar bei 114 Dollar mit einem Verlust von 14 Prozent –, machte Schorrs E-Mail in der gesamten Stadt die Runde.

»Unserer Ansicht nach sollten sich die Anleger auf das Risikomanagement und die Performance konzentrieren und nicht einfach darauf, ob man Kleinkundeneinlagen hat (auch Banken können pleitegehen, wie wir inzwischen wissen – und zu diesem Zinssatz müssten Einlagen nach den Rückkäufen aus Geldmarktfonds an jeder Ecke zu haben sein). Nach unserer Sicht sind mangelndes Vertrauen und eine erzwungene Konsolidierung von Unternehmen, die ›zu groß sind, um sie in Konkurs gehen zu lassen‹, sicher nicht die eigentliche Lösung«, schrieb er. »Das sollte die Welt wirklich besorgt stimmen. Wenn wir weiterhin die Bilanz des Finanzsystems auspressen und weniger Spieler im Geschäft haben, schrumpfen die verfügbaren Kredite für die Unternehmen und Hedgefonds, und die Kosten für Kapital schießen weiterhin auf breiter Front in die Höhe.«

Die E-Mail landete schließlich auch im Finanzministerium, wo Paulson eine lange Liste von Anrufern zurückrief, die sich ein realistisches Bild davon machen wollten, was an der Wall Street vor sich ging. Unter anderem sprach er mit Steve Schwarzman, dem Vorsitzenden des Private-Equity-Riesen Blackstone Group.

»Hank, wie geht's Ihnen heute?«, spöttelte Schwarzman, als der Anruf durchgestellt war.

»Eher schlecht. Wie sehen Sie die Lage?«, fragte Paulson.

Das Gespräch wurde sofort ernst. Schwarzman war über das, was er beobachtete, mehr als betroffen. »Ich gehe davon aus«, antwortete er, »dass das System in den nächsten paar Tagen kollabieren wird. Ich bezweifle, dass Sie am Montag die Banken öffnen können.«

»Die Leute trocknen die Finanzinstitute aus. Sie ziehen ihr Geld aus den Brokerageunternehmen ab, damit es ihnen nicht so geht wie den Letzten bei Lehman. Das wird den Zusammenbruch von Goldman und Morgan Stanley herbeiführen. Alle denken nur an ihre eigenen Interessen«, sagte ihm Schwarzman. »Sie müssen etwas tun.«

»Wir arbeiten an einigen Optionen«, sagte Paulson. »Was meinen Sie, was sollten wir tun?«

»Sie müssen wie ein Sheriff in einer Stadt im Wilden Westen vorgehen«, antwortete Schwarzman. »Sozusagen auf der Hauptstraße mit dem Revolver ein paarmal in die Luft schießen, damit klar wird, dass Sie für Ordnung sorgen. Sonst tut es ja keiner!«

Paulson hörte zu und versuchte sich selbst in dieser Rolle vorzustellen. »Was empfehlen Sie?«

»Nun, als Erstes könnten Sie die Leerverkäufe von Finanzinstituten stoppen – ganz gleich, ob das den Druck wirklich verringert, aber darum geht es gar nicht. Wichtig ist: Den Marktteilnehmern wird damit unsanft klargemacht, dass sich etwas ändert und sie nicht mehr so investieren können wie in der Vergangenheit. Das zwingt die Leute zum Innehalten«, sagte Schwarzman.

»Gut, das ist keine schlechte Idee«, stimmte ihm Paulson zu. »Darüber haben wir schon geredet. Das könnte ich tatsächlich tun. Was schlagen Sie noch vor?«

»Ich würde die Leute daran hindern, ihr Kapital abzuziehen, ihre Brokerkonten leerzuräumen«, fuhr Schwarzman fort. »Eigentlich will keiner sein Konto bei Goldman oder Morgan abziehen. Aber die Leute fühlen sich dazu einfach gezwungen, weil sie nicht die Letzten auf dem sinkenden Schiff sein wollen.«

»Dazu fehlen mir die Befugnisse«, sagte Paulson.

»Sie könnten auch dem Handel mit Kreditausfallversicherungen für Finanzinstitute einen Riegel vorschieben«, schlug Schwarzman als Alternative vor. »Diese Spekulationen setzen die Institute gewaltig unter Druck.«

»Auch dazu fehlen mir die Befugnisse«, wandte Paulson ein.

Schwarzman befürchtete, dass er Paulson den Ernst der Lage nicht deutlich gemacht hatte: »Um das System zu retten, werden Sie etwas ganz Großes ankündigen müssen«, sagte er. »Eine

gewaltige Summe Geld, die dazu eingesetzt wird, die Probleme des Systems anzugehen.«

»Nun, so weit sind wir noch nicht«, sagte ihm Paulson. »Wir haben ein paar Ideen.«

»Ich denke, dass Sie nicht schon alles unter Dach und Fach haben, ist hier nicht entscheidend«, sagte Schwarzman. »Sie müssen morgen eine Ankündigung machen, um den Zusammenbruch aufzuhalten. Und Sie müssen sich etwas einfallen lassen, das die Leute aufhorchen lässt.«

»Was ist los?«, fragte John Mack alarmiert, als sein Finanzchef Colm Kelleher am Mittwochabend mit aschfahlem Gesicht in sein Büro trat.

»John«, sagte Kelleher in seinem britischen Stakkato, »uns geht bis Freitag das Geld aus.« Wie ein Pilot, der in der Warteschleife auf die Tankanzeige starrt, hatte er nervös beobachtet, wie sein »Tank«, die liquiden Mittel, sich immer weiter leerte.

»Das kann nicht sein«, sagte Mack erschreckt. »Tun Sie mir einen Gefallen: Gehen Sie die Zahlen in der Finanzabteilung nochmals durch.«

Jede Stunde tauchten neue Probleme auf. Die interne Mitteilung, in der Mack die Leerverkäufer angeprangert hatte, war nach draußen durchgesickert: Jetzt lösten mehrere wichtige Hedgefondskunden, die Leerverkaufsstrategien einsetzten – zum Teil nur, um die Risiken anderer Papiere abzusichern –, aus Protest ihre Konten bei Morgan Stanley auf.

»Kritik ist eines, aber Vorwürfe gegen die eigenen Kunden in einer Mitteilung sind etwas anderes«,[16] schimpfte der Leerverkäufer Jim Chanos, der dafür bekannt war, dass er die Probleme bei Enron aufgedeckt hatte. Seit zwanzig Jahren Kunde bei Morgan Stanley, machte er jetzt seinem Ärger Luft und zog von seinem Konto 1 Milliarde Dollar ab. Julian H. Robertson Jr., der Gründer von Tiger Management, einem der ersten und erfolgreichsten Hedgefonds, beschwerte sich wütend in einem Anruf, auch wenn er vorerst darauf verzichtete, seine Anlagen bei Morgan Stanley zu kündigen.

Und die Verärgerung der Kunden sollte noch größer werden: Mack ging den Entwurf zu einer Verlautbarung durch, die er am

nächsten Tag veröffentlichen würde, um Generalstaatsanwalt Cuomos Untersuchung zu Leerverkäufen zu unterstützen. Er war sich völlig im Klaren darüber, dass sein Papier die Kunden noch wütender machen und weitere zum Absprung veranlassen würde, hielt eine Unterstützung aber für unbedingt erforderlich.

> Morgan Stanley begrüßt die entschiedenen Schritte von Generalstaatsanwalt Cuomo, regelwidrige Leerverkäufe von Finanzwerten aufzuspüren. Mit seinen umfassenden Untersuchungen zu diesen manipulativen und betrügerischen Machenschaften zeigt er entschiedene Führungsstärke bei dem Versuch, die Finanzmärkte zu stabilisieren. Ebenso unterstützen wir seinen Appell an die SEC, angesichts der extremen beispiellosen Schwankungen an den Märkten, die nicht von den Grundbedingungen der einzelnen Aktien gestützt werden, Leerverkäufe von Finanzwerten vorübergehend auszusetzen.[17]

Kelleher ging erneut die Bilanzen des Finanzkonzerns durch und kehrte dreißig Minuten später – etwas gefasster – in Macks Büro zurück. Er hatte einige Finanzmittel entdeckt, die wegen nicht vollständig abgewickelter Geschäfte noch im System steckten, und revidierte seine Prognose: »Vielleicht schaffen wir es bis Anfang nächster Woche.«

Über die Freisprechanlage seines Telefons gebeugt, hörte Paulson angestrengt Bernanke und Geithner zu. An diesem späten Mittwochabend stellten sich die Mitarbeiter des Finanzministeriums auf eine weitere Nachtschicht ein.

Bernanke machte seinem Frust Luft. Er glaubte nicht daran, dass sich die Krise mit einzelnen Deals oder einer Einmallösung bewältigen ließ. »So können wir nicht weitermachen«, beschwor er Paulson. »Dazu fehlen uns in der Fed zum einen die notwendigen Ressourcen. Andererseits ist es wegen der demokratischen Legitimierung wichtig, dass der Kongress eingeschaltet wird und dass er die Kontrolle über die Situation übernimmt.«

Paulson stimmte im Grundsatz zu, befürchtete aber, dass Bernanke die politischen Schwierigkeiten unterschätzte. »Ich habe Verständnis, dass ihr dieses Feuer nicht alleine löschen wollt, aber am verheerendsten wäre, wenn ich mich an den Kongress wenden und dann zum Teufel gejagt würde«, sagte Paulson. »Dann hätten wir gezeigt, dass wir verwundbar sind und uns die nötigen Waffen fehlen.«

»Im Schützengraben ist keiner mehr Atheist – und in der Finanzkrise keiner mehr Ideologe«, sagte Bernanke mit einer Formulierung, die er am Vortag an Kollegen in der Fed ausprobiert hatte.[18] Damit wollte er Paulson von der Notwendigkeit einer staatlichen Intervention überzeugen.

Paulson stimmte zu, sagte aber, dass er dann für seinen Plan werben würde, die Giftpapiere durch den Staat aufkaufen zu lassen. Diese Lösung war für ihn politisch am ehesten durchsetzbar, weil sie an die Resolution Trust Corporation (RTC) erinnerte.[19] Diese Zweckgesellschaft war 1989 gegründet worden, um gegen einen Kredit von 400 Milliarden Dollar die Darlehen und anderen Vermögenswerte der 475 Kreditinstitute abzuwickeln, die im Zuge der Sparkassenkrise in Konkurs gegangen waren. Wie in der aktuellen Krise waren von den übernommenen Aktiva – ein breites Spektrum an Krediten, Liegenschaften und Wertpapieren – die meisten relativ schwer an den Mann zu bringen. Für einige, darunter einige Hypotheken und Investitionsdarlehen, war überhaupt kein Markt erkennbar. Die Aufgabe war entmutigend: Nach einer anfänglichen Schätzung von L. William Seidman, dem Chairman der RTC, hätte es bei einem Umsatz von 1 Million Dollar pro Tag bis zum vollständigen Ausverkauf dieser Vermögenswerte dreihundert Jahre gedauert.[20] Als die RTC 1995 – ein Jahr vor dem Endtermin – ihre Arbeit abschloss, blieb der Steuerzahler (umgerechnet auf die Kaufkraft von 2008) auf Kosten von fast 200 Milliarden US-Dollar sitzen – immerhin deutlich weniger, als bei der Gründung der Gesellschaft vielfach befürchtet.

Paulson, der diese Lösung für vorteilhaft hielt, sah sich durch einen am Morgen im *Wall Street Journal* erschienen Kommentar bestätigt, in dem Exnotenbankchef Paul A. Volcker, Exfinanzminister Nicholas F. Brady und Exbankenaufsichtschef Eugene A.

Ludwig für einen ähnlichen Plan warben: »Diese neue staatliche Körperschaft wäre in der Lage, die bedenklichen Papiere zu fairen Marktpreisen aufzukaufen, sodass Menschen in ihren Häusern bleiben und Betriebe weiterarbeiten könnten. Wie bei der RTC sollte dieses Instrument eine begrenzte Lebensdauer haben und von einem überparteilichen professionellen Management bedient werden«, schrieben sie. »Die Pathologie dieser Krise liegt darin, dass man ihr voraus sein und sie aus einer Position der Stärke heraus bekämpfen muss, weil sie sonst das schwächste Glied in der Kette verschlingt und sich dann weiter zum nächstschwächeren voranfrisst.«[21]

Inzwischen hatte sich die Panik unleugbar auch bei Goldman Sachs ausgebreitet. Als sichtbarstes Zeichen war Goldmans Co-Präsident Gary Cohn, der sein Büro im 30. Stock gewöhnlich selten verließ, ins Büro von Harvey M. Schwartz umgezogen, dem Chef der Abteilung für weltweiten Wertpapierhandel. Dort hatte er durch eine Glaswand einen Blick in den Handelssaal. Weil Cohn alles genau sehen und hören wollte, stand auch die Tür dauernd offen.

Die Federal Reserve und weitere Zentralbanken hatten soeben Pläne bekannt gegeben, zur Ankurbelung der Finanzwirtschaft 180 Milliarden Dollar ins System zu pumpen, ohne nennenswerten Effekt auf die Märkte. Goldmans Aktien eröffneten mit einem Minus von 7,4 Prozent. Auf dem Sender CNBC, der auf TV-Bildschirmen an den Wänden von Goldmans Handelssaal lief, war links unten neuerdings die provokante Frage eingeblendet: »Ist Ihr Geld noch sicher?«

Diese Frage stellten sich Goldmans Kunden allmählich auch. Die Prämien für Versicherungen gegen Ausfälle bei dem Konzern waren in einer bislang beispiellosen Weise gestiegen – ein Hinweis darauf, dass die Anleger ganz schnell auf den bisher unvorstellbaren Gedanken gekommen waren, dass auch Goldmann zusammenbrechen könnte. Die Aktie war in nur zwei Tagen von 133 Dollar auf 108 Dollar gefallen.

Alle fünf Minuten schneite ein Händler in Schwartz' Büro mit der Hiobsbotschaft, dass wieder ein Hedgefonds angekündigt

habe, sein Geld von Goldman abzuziehen. Cohn erhielt dazu jedesmal einen Zettel mit einer Telefonnummer, um die Verantwortlichen mit einem Anruf wieder etwas zur Vernunft zu bringen. Da Morgan Stanley Zahlungen inzwischen verzögert leistete, stellten einige Anleger Goldmans Zahlungen dadurch auf die Probe, dass sie 100 Millionen Dollar abzogen. Um den jeweiligen Kunden mit dem übrigen Vermögen bei der Stange zu halten, überwies Cohn in allen Fällen unverzüglich das Geld.

Die gute Nachricht für Goldman war, dass die Abflüsse immerhin nur leicht über den Zahlungseingängen lagen. Bis zu einem gewissen Maß kapitalisierte sich das Unternehmen auf Kosten der anderen, weil die Hedgefonds ihre Geschäfte über irgendeine Stelle abwickeln mussten. Als Steve Cohen von SAC Capital mehrere Milliarden über Goldman transferierte, jubelten die Händler auf dem Parkett.

Andererseits hatte Stanley Druckenmiller, ein Mitstreiter von George Soros mit einem Vermögen von über 3,5 Milliarden Dollar,[22] aus Sorge über eine mögliche Insolvenz den Großteil seines Geldes von Goldman zurückgeholt. Allein ein Gerücht, dass ein so renommierter Hedgefondsmanager wie Druckenmiller das Vertrauen in das Unternehmen verloren hatte, konnte einen Ansturm auslösen. Cohn rief ihn an und versuchte ihn zu überreden, das Geld zurückzuüberweisen. Cohn nahm den Vorgang persönlich. »Ich habe ein langes Gedächtnis«, sagte er zu Druckenmiller, dem zu Ehren er sogar schon eine Wohltätigkeitsparty in seiner Wohnung ausgerichtet hatte. »Sehen Sie, ich beschäftige mich damit, herauszubekommen, wer meine Freunde und wer meine Feinde sind. Ich führe Listen.«

Druckenmiller blieb unbeirrt. »Das ist mir scheißegal. Es ist mein Geld«, schoss er zurück. Im Gegensatz zu den meisten anderen bestand sein Hedgefonds hauptsächlich aus seinem eigenen Geld. »Das ist meine Lebensgrundlage«, sagte er. »Ich muss mich absichern und gebe einen Scheiß drauf, was Sie sagen.«

»Tun Sie, was Sie nicht lassen können«, sagte Cohn in sorgfältig abgewogenem Tonfall. »Aber das wird unsere Beziehung für lange Zeit verändern.«

Lloyd Blankfein blickte mit offenem obersten Hemdknopf und verrutschter Krawatte auf seinen Computerschirm und entdeckte bestürzt, dass der Kurs seiner Aktie um 22 Prozent auf 89,29 Dollar gefallen war. Mit Angriffen auf Leerverkäufer hatte er sich bislang zurückgehalten, gelangte jetzt aber zu der Überzeugung, dass seine Aktie nicht zufällig unter Druck stand. Er hatte eben mit SEC-Chef Christopher Cox telefoniert und ihm gesagt: »Das weitet sich international aus. Vielleicht sollten Sie da mal irgendwie einschreiten.«

In seinem Posteingang fand er eine weitere E-Mail von einem Händler: Trader von JP Morgan versuchten, seine Hedgefondskunden abzuwerben, indem sie überall herumerzählten, dass Goldman kurz vor der Pleite stehe. Ein Teufelskreis war in Gang gekommen.

Blankfein hatte das Gerede in den letzten 24 Stunden immer wieder gehört und war es allmählich leid. Die außer Kontrolle geratene Gerüchteküche machte ihn wütend. Und er konnte nicht glauben, dass JP Morgan sein Unternehmen bei dessen Kunden anschwärzte. Allmählich war er ähnlich besorgt, wie Mack am Vortag bei seinem Gespräch mit ihm geklungen hatte.

Er rief Dimon an. »Wir müssen reden«, begann Blankfein und versuchte, bei der Erläuterung seines Problems ganz ruhig zu bleiben. »Ich behaupte nicht, dass *Sie* dahinterstecken, aber eine Menge Hinweise führen zu Ihrem Haus.«

»Nun, möglicherweise unternehmen da irgendwelche Leute etwas ohne mein Wissen«, erwiderte Dimon. »Dabei muss ihnen klar sein, was ich gesagt habe: dass wir mitten in dieser Krise nicht gegen Wettbewerber vorgehen.«

Blankfein kaufte ihm die Erklärung nicht ab. »Wenn manche das noch machen, haben Sie es ihnen doch wohl kaum verboten!« Dimon hörte geduldig zu, um Blankfein nicht noch mehr zu reizen.

»Der Punkt ist doch der, Jamie«, sagte Blankfein. »Ich glaube zwar nicht, dass Sie Ihre Leute zu solchen Aktionen anstacheln, aber wenn Sie das in Ihrer Organisation unterbinden wollen, dann können Sie das auch.«

Auch wenn bei Goldman augenblicklich die Panik um sich griff, war das Unternehmen noch immer ein wichtiger Spieler, mit

dem Dimon keinen Krieg wollte. So sorgte er innerhalb einer halben Stunde dafür, dass Steve Black und Bill Winters, die Co-Chefs von JP Morgans Investmentbank, an den gesamten Konzern eine E-Mail verschickten:

> Wir wollen nicht, dass irgendjemand bei JP Morgan Kapital aus dem irrationalen Verhalten schlägt, das sich augenblicklich gegen einige US-Broker-Dealer richtet. Wir operieren wie gewohnt mit Morgan Stanley und Goldman Sachs als Gegenparteien. Auch wenn beide formidable Konkurrenten sind, wünschen wir in dieser Zeit nicht, dass irgendjemand in räuberischer Absicht auf ihre Kunden oder Mitarbeiter zugeht. Wir wollen unser Mögliches tun, um ihre Geschäfte weiterhin zu unterstützen, und alles vermeiden, was sich negativ auf sie auswirken könnte. Wir glauben nicht, dass sich jemand auf ein Fehlverhalten eingelassen hat, wollen aber hervorheben, wie wichtig es ist, in dieser Zeit konstruktiv zu wirken. Was dem Broker-Dealer-Modell widerfährt, ist irrational und weder für JP Morgan noch für das globale Finanzsystem oder für das Land gut.[23]

Um die Mittagszeit ging Hank Paulson die letzten Term-Sheets durch, die seine Mitarbeiter über Nacht zu der Frage entworfen hatten, wie mit den Giftpapieren umgegangen werden solle. Er hoffte, das in dieser Form dem Kongress vorlegen zu können. In seinem Büro hatte sich sein engster Mitarbeiterstab auf Stühlen um ein Ecksofa herum versammelt.

»Es sieht deutlich besser aus«, sagte er, während er die Seiten durchblätterte. »Sehr einfach.« Er hielt inne und blickte forschend in die übernächtigten Gesichter um ihn herum. »Ich möchte wiederholen, dass wir das Papier rasch in den Kongress einbringen müssen«, sagte er. »Dazu muss es schlicht, sehr schlicht abgefasst sein. Und, äh, die Banken und Finanzinstitute müssen dazu animiert werden mitzuspielen. Strafmaßnahmen sind nicht vorgesehen. Es geht um die Rekapitalisierung unserer Banken und Finanzinstitute, die einen Preis für Vermögenswerte festsetzen.«

Dann stand die wohl wichtigste Frage im Raum: die Kosten.

Das Programm leuchtete in der Theorie zwar ein, damit es aber auch funktionierte und wirkte, musste der Staat den größten Banken des Landes natürlich massenhaft toxische Papiere abkaufen. Gigantische Summen wären notwendig, die das Programm in- und außerhalb der Washingtoner Schaltzentralen als eine weitere Bankenrettungsaktion erscheinen ließen.

Paulson blickte Kashkari auf dem Sofa links von sich auffordernd an.

Die Kernfrage war jetzt, ob die gewaltigen Ausgaben einen Antrag an den Kongress zur Erhöhung der Schuldenobergrenze erfordern würden – ein politisches Minenfeld, weil der Kongress dieses Limit erst im letzten Juli auf 10,615 Billionen Dollar angehoben hatte.

In der Diskussion um die Leitlinien für das vorgeschlagene Gesetz äußerte Kashkari die Ansicht, dass dieses heikle Thema möglichst komplett umschifft werden müsse. »Ich weiß nicht, ob es geht, die Schuldenobergrenze auszuklammern. Oder warum sagen wir nicht einfach, dass dieser Posten nicht unter die Regelung zur Obergrenze fällt?«

»Das geht nicht«, wandte Paulson entschieden ein und fügte hinzu: »Ich will nicht an der Deckelung rühren und dann Schiffbruch erleiden. Das ist der Knackpunkt, an dem die Leute sich dann festbeißen.«

»Ich habe die Sache analysiert«, schaltete sich Philip Schwagel ein. »Nach meiner Berechnung werden nur 500 Milliarden Dollar benötigt – falls sich die Lage nicht weiter verschlimmert.«

Für Paulson, der sich eigentlich als Fiskalkonservativer begriff, lag die Antwort auf der Hand. »Gut, dann halte ich es doch für vernünftig, eine Erhöhung der Schuldenobergrenze ins Visier zu nehmen«, sagte er und wies Kevin I. Fromer an, ein neues Papier auszuarbeiten. Der Staatssekretär für legislative Angelegenheiten war für die Kongressarbeit zuständig.

»Man kann es tun, muss es aber nicht in das Dokument mit aufnehmen«, wandte Fromer gegen Paulsons Aufforderung ein. »Wir gehen doch nie in den Kongress und schlagen höhere Schulden vor. Wir schaffen einfach vollendete Tatsachen, indem wir

klarmachen, dass das Programm alternativlos ist. Es ist nur eine Frage der Sichtweise.«

Sie beschlossen, das Schuldenlimit in dem Papier zunächst nicht zu erwähnen. Die Frage sollte später aufs Tapet kommen, idealerweise erst, wenn der Kongress von dem Plan überzeugt und es für eine Richtungsänderung zu spät war.

Abschließend sprach Paulson ein letztes Problem an: Wachovia könne ins Wanken geraten. Er erhalte inoffiziell Mitteilungen von Kevin Warsh, dass die Finanzen der Bank in einer weitaus schlechteren Verfassung seien als gedacht. Alle wussten, warum die Frage Bedeutung hatte. Wachovias CEO war immerhin ihr Exkollege Bob Steel.

»Wenn Wachovia pleitegeht, muss ich nochmals im Kongress antraben. Ich hoffe also, dass es erst nach Januar passiert!«, sagte Paulson und löste damit im Raum Gelächter aus.

»Jamie hat mich angerufen und auf den Busch geklopft«, teilte am Donnerstag um die Mittagszeit Colm Kelleher John Mack mit, als er in dessen Büro marschierte. »Er sagte, er wolle fragen, ob er helfen könne«, fügte Kelleher hinzu. »Ein merkwürdiger Anruf.«

James Gorman – er war Co-Präsident von Morgan Stanley – habe eben von einem ähnlichen Anruf bei ihm berichtet, antwortete Mack, und zuvor habe Geithner angerufen und vorgeschlagen, er solle auch mit Dimon als einem möglichen Fusionspartner sprechen.

»Wenn er bei uns anruft, ist klar, dass er einen Deal schließen will«, sagte Kelleher. »Jamie redet immer um den heißen Brei herum. Seine Devise lautet: ›Schließen wir mit diesen Burschen erst einmal Freundschaft, bevor ich sie schlucke.‹«

Mack war über die Vorschläge irritiert. Mit Dimon wollte er eigentlich nicht zusammengehen, weil er in den Geschäftsbereichen deutlich zu viele Überlappungen sah. Aber er wollte dem Rätselraten um Dimons Absichten ein Ende machen und ihn direkt fragen.

»Jamie, Geithner findet, ich müsste Sie anrufen«, sagte Mack einige Minuten später unvermittelt, als er Dimon am Telefon hatte. »Reden wir Klartext: Streben Sie einen Deal an?«

»Nein, ich will keinen Deal«, sagte Dimon entschieden und frustriert, dass er an diesem Tag schon den zweiten Anruf eines verärgerten Konkurrenten bekam.

»Das ist ja interessant«, erwiderte Mack. »Sie rufen meinen Finanzchef und meinen Präsidenten an, aber warum?«

»Ich wollte helfen«, antwortete Dimon.

»Wenn Sie helfen wollen, dann rufen Sie doch mich an. Ich will nicht, dass sie meine Leute anrufen«, sagte Mack und hängte auf.

Im 50. Stock von Goldmans Abteilung für festverzinsliche Wertpapiere drohte um die Mittagszeit am Donnerstag fast ein Gau. Der Handel war zum Erliegen gekommen. Die Trader klebten an ihren Terminals und starrten auf das GS-Symbol auf dem Ticker, während die Märkte ihre Talfahrt fortsetzten. Die Goldman-Aktie fiel auf 85,88 Dollar, den niedrigsten Stand seit fast sechs Jahren. Der Dow-Jones-Index hatte 150 Punkte verloren. »Der Markt handelt unter der Annahme, dass sämtliche Finanzinstitute untergehen werden«, teilte Michael Petroff, der Portfoliomanager für Heartland Advisors, an diesem Morgen der Presseagentur AFP mit. »Jetzt wird es emotional.«[24]

Goldmans Co-Präsident Jon Winkelried war die Etagen abgelaufen, um alle zu beruhigen. »Wenn wir wollten, könnten wir in einer Stunde 5 Milliarden aufbringen«, teilte er einer Gruppe von Händlern mit, als sei alles in bester Ordnung.

Gerade um diese Zeit, um 13 Uhr, drehte der Markt und mithin Goldmans Aktie plötzlich ins Plus. Sie stieg auf 87 und dann auf 89 Dollar. Die Trader suchten auf ihren Bildschirmen hastig nach einem Grund für den Aufwärtstrend und entdeckten, dass die britische Finanzaufsicht FSA für dreißig Tage ein Verbot von Leerverkäufen von 29 Aktien, darunter die von Goldman Sachs, angekündigt hatte.[25] Zu genau diesem Schritt hatten Blankfein und Mack Christopher Cox von der US-Börsenaufsicht SEC zu überreden versucht.

In Goldmans Handelssaal machten die Gegensprechanlagen mit einem Knistern auf sich aufmerksam: Ein junger Trader hatte im Internet die US-Nationalhymne gefunden und spielte sie zur

Feier des Tages über die Lautsprecher in den Saal ein. Begleitet von Abklatschen und Beifall, standen rund drei Dutzend Händler von ihren Schreibtischen auf, legten die Hand aufs Herz und sangen aus voller Kehle mit.[26] Der Markt drehte, und die Flagge wehte noch immer.

Neun Minuten später verbreitete sich das Gerücht, dass Paulson ebenfalls an einer großen Sache arbeite. »Finanzministerium und Fed erwägen umfassenderen Plan zur Eindämmung der Krise, sagt Schumer«,[27] lautete eine Schlagzeile von Bloomberg Television, die den Markt weiter beflügelte.

Um genau 15.01 hob er vollends ab. Überall an der Wall Street drehten die Händler die Lautstärke hoch, als Charlie Gasparino von CNBC berichtete, was seine Quellen im Bankenviertel zu verkünden hatten. Die Bundesregierung bereite »eine Art RTC-Plan« vor, mit dem »einige oder alle toxischen Papiere aus den Bilanzen der Banken und Brokerunternehmen« verschwinden würden. Die Trader fassten »RTC« als ein Codewort für »alles wird gut« auf und trieben die Kurse sofort weiter in die Höhe. Vom Beginn von Gasparinos Bericht bis zum Ende des Beitrags sprang der Markt um 108 Zähler nach oben, eine kurze Atempause nach der stetigen Abwärtsspirale.[28]

Im Finanzministerium hatten Paulson und Kashkari in der letzten Stunde per Telefonkonferenz mit Geithner und Bernanke nach dem Weg des geringsten politischen Widerstands gesucht, um die Banken zu stützen. Bernanke widerstrebte der Plan, er sprach sich für direkte Kapitalspritzen aus. In anderen Ländern habe diese Maßnahme funktioniert.

Geithner, der sich bislang dagegen verwahrt hatte, dass ein »entscheidender Eingriff« nötig sei, sprach plötzlich von der Möglichkeit, das Diskontfenster der Notenbank für praktisch sämtliche Finanzinstitute mit jeder Art von Vermögenswerten zu öffnen. Dieser mutige Schritt würde von den Anlegern wahrscheinlich begrüßt werden.

»Das verstehe ich nicht, wie meinen Sie das?«, warf Kashkari ein. »Wenn die Fed ihre Befugnisse kreativ auslegen wollte, könnte sie das denn ohne gesetzliche Grundlage?«

Paulson warf Kashkari einen wütenden Blick zu. Er hatte gehofft, dass Geithner Bernanke von der Richtigkeit dieses Schritts überzeugen und ihm so den Gang zum Kongress ersparen würde.

»Das können wir nicht machen«, ermahnte Bernanke Geithner.

Die Telefonkonferenz musste rasch beendet werden: Um 15.30 Uhr hatten Paulson und Bernanke einen Termin im Westflügel des Weißen Hauses mit Präsident Bush, um ihn über die Pläne zu informieren. Und Bernanke musste erst noch von der Notenbank aus mit dem Wagen dorthin kommen.

Als Paulson und Kashkari sich gerade auf den dreiminütigen Weg über den Parkplatz zum Weißen Haus machten, erhielt Paulson einen Anruf von Nancy Pelosi.

»Mr. Secretary«, verkündete sie mit ernster Stimme, »wir würden uns gerne morgen früh mit Ihnen treffen – wegen der chaotischen Zustände, die wir an den Märkten erleben.«[29]

Da er für seinen Plan so rasch wie möglich Rückhalt im Kongress gewinnen musste, antwortete Paulson. »Madam Speaker, das kann nicht bis morgen warten. Wir müssen *heute* kommen.«

Gleich nach dem Eintreffen im Oval Office nahmen die Vertreter des Finanzministeriums auf zwei Sofas in der Mitte des Raumes Platz. Vizepräsident Cheney, Bushs Stabschef Josh Bolten – ein alter Freund von Paulson aus dessen Zeit bei Goldman Sachs – sowie einige Mitarbeiter des Weißen Hauses nebst Bernanke und Warsh kamen bald darauf dazu.

Paulson teilte Bush in deutlichen Worten mit, dass das Finanzsystem am Abgrund stehe. »Wenn wir nicht mutig handeln, Mr. President«, sagte er, »könnten wir in eine größere Depression geraten als zur Zeit der Weltwirtschaftskrise«. Bernanke pflichtete dieser Einschätzung bei.

Bush hatte Mühe, den Gang der Ereignisse nachzuvollziehen. »Wie konnte es dazu kommen?«, fragte er.

Paulson überging die Frage. Eine Antwort hätte zu weite Kreise gezogen angesichts des komplizierten Zusammenspiels der Faktoren: fast ein Jahrzehnt einer extrem laxen Regulierung – für die zum Teil er selbst gesorgt hatte –, gierige Banker und Eigenheim-

besitzer, die über ihre Verhältnisse lebten. Stattdessen fiel Paulson mit der Tür ins Haus und teilte dem Präsidenten seinen Plan mit, vom Kongress mindestens 500 Milliarden Dollar für den Ankauf toxischer Papiere zu verlangen. Dieses Programm, so erklärte er, werde das System hoffentlich stabilisieren.

Eilends hob er auf die politische Stimmungslage ab mit dem Hinweis, dass ein solcher Ankauf insgesamt schmackhafter sei, als direkt die Aktien der Banken zu kaufen.

Bush nickte, fragte aber angesichts der Zahl von 500 Milliarden Dollar verwirrt: »Reicht das denn aus?«

»Das ist viel. Es wird etwas bewegen«, versicherte ihm Paulson. Selbst wenn man eine höhere Summe anstrebe, sagte er dem Präsidenten, werde man sie kaum durchsetzen können.

Nach einer kurzen Pause fügte er hinzu: »Ben könnte es theoretisch immer.«

Paulson, der unerwartet selbst politisch taktierte, versuchte offenbar auszuloten, zu welchen Schritten er Bernanke, der nach seiner Einschätzung praktisch unbegrenzte Machtbefugnisse hatte, möglicherweise bewegen konnte.

»Ben, können Sie dies tun?«, fragte der Präsident sofort.

Bernanke geriet in Verlegenheit und wich der Frage etwas ungehalten aus: »Das ist Fiskalpolitik, keine Geldpolitik«, antwortete er in seinem professoralen Ton.

Bush verstand: »Wir müssen das Notwendige tun, um das Problem zu lösen«, stimmte er zu. Angesichts seiner schlechten Zustimmungswerte war ihm freilich klar, dass er im Kongress kaum Gewicht in die Waagschale werfen konnte. »Ihr müsstet in den Kongress gehen, Leute«, sagte er zu Paulson und Bernanke. Sollte heißen: Sie würden beide auf sich allein gestellt sein. Dabei bestand Bush darauf, dass sie den Kongress schnell von ihrer Idee überzeugten.

Beim Verlassen des Weißen Hauses wandte sich Kashkari an Paulson: »Ich war ganz überrascht, wie viel Druck Sie auf Ben ausgeübt haben.«

Paulson lächelte nur: »Vielleicht schafft es Ben ja.«

Lloyd Blankfein hatte die jüngste Trendwende am Markt keineswegs beschwichtigt. Die Goldman-Aktie schloss bei 108 Dollar, was immerhin besser war als der Tiefstand von 86,31 Dollar. In Blankfeins Büro saßen Gary Cohn, sein Finanzchef David Viniar, Co-Präsident John Winkelried sowie John Rogers und David Solomon. Er wusste, dass Goldman erst dann in Gefahr geriet, wenn Morgan Stanley zusammenbrechen würde – doch das war nur ein schwacher Trost.

Gary Cohn hatte am gleichen Tag mit Kevin Warsh von der Federal Reserve telefoniert und mit ihm gemeinsam überlegt, wie man den finanziellen Tsunami würde abwenden können. Warsh brachte den Gedanken ins Spiel, Goldman Sachs könnte eine Fusion mit Citigroup anstreben, um die größten Probleme beider Konzerne zu lösen. Goldman Sachs würde einen dicken Bodensatz an Liquidität bekommen, während Citigroup ein Führungsteam erhielte, hinter dem die Anleger stehen könnten.

Cohn meldete seine Zweifel an. »Das funktioniert wahrscheinlich nicht: Ich habe Citigroup ihre Bilanz noch nie abgekauft«, erklärte er. »Und die sozialen Fragen wären höchst brisant.« »Soziale Fragen« bedeutete im Code der Wall Street die Frage der Führungspositionen. Goldmans Management hatte für Pandit und seine Mannschaft wenig übrig.

»Machen Sie sich keine Sorgen wegen der sozialen Fragen«, sagte Warsh. »Um die kümmern wir uns« – ein nicht ganz subtiler Hinweis darauf, dass Pandit nach einer geglückten Fusion seinen Job verlieren könnte.

Blankfein jedoch war an keiner Variante sonderlich interessiert. Rodgin Cohen hatte Goldman ermuntert, eine Umstrukturierung in eine regulierte Bank-Holding – nach Art von JP Morgan und Citigroup – zu erwägen. Eine Holding hätte uneingeschränkten Zugang zum Diskontfenster der Notenbank. Vom gleichen Gedanken mit Blick auf Lehman hatte Cohen im Sommer Geithner zu überzeugen versucht. Der hatte den Vorschlag damals abgelehnt, aber angesichts des desolaten Zustands der Märkte hoffte Cohen, dass er diesmal anders entscheiden würde.

Die Vorstellung, eine Bank-Holdinggesellschaft zu werden, war bei Goldman über die Jahre immer wieder einmal aufgekommen,

zuletzt bei der Sommertagung des Verwaltungsrats in Russland, wo es um die Notwendigkeit ging, über mehr Depositen zu verfügen.[30] Blankfein erkannte, dass Goldmans Abhängigkeit von kurzfristigen Anleihen, und sei es auch nur in geringem Maß, bei den Anlegern in diesen emotionsgeladenen Zeiten Nervosität auslösen könnte. Ein Bodensatz würde eine stabilere Rekapitalisierungsquelle liefern. Bislang hatte sich Blankfein dem Gedanken an eine Holding stets widersetzt, weil er mit einem gepfefferten Preis in Form strengerer Regulierungen verbunden war. Aber angesichts der außergewöhnlichen Umstände spürte er, dass sich die Welt wohl unweigerlich in diese Richtung bewegen würde. Da die Bank zeitweise schon jetzt Zugang zum Diskontfenster der Fed und die Zentralbank mehrere Mitarbeiter zur Aufsicht bei Goldman platziert hatte, setzte sich bei Blankfein die Überzeugung durch, dass ein gewisses Maß an zusätzlicher staatlicher Regulierung verkraftbar wäre.

»Das klappt nur, wenn Sie ihnen richtig Angst einjagen«, riet Jim Wilkinson Paulson, bevor der Finanzminister und Bernanke sich am Abend zu dem Treffen mit der Kongressführung in Nancy Pelosis Büro aufmachten.[31] Nach Wilkinsons Kalkül mussten sie den Kongress davon überzeugen, dass buchstäblich der Weltuntergang drohte, sollte er dem 500 Milliarden Dollar teuren Rettungspaket für die Wall Street seine Zustimmung verweigern. Während die Republikaner es als sozialistische Maßnahme brandmarken würden, würde es von den Demokraten als Rettungsaktion für Geldsäcke kritisiert werden.

Ganz in der Nähe von Pelosis Büro setzten sich zwei Dutzend Mitglieder des Kongresses an einen massiven Holztisch, um sich anzuhören, was Paulson, Bernanke und – der nur höflichkeitshalber eingeladene – Christopher Cox zu sagen hatten.

Pelosi eröffnete das Treffen mit einer Begrüßung und bedankte sich für das »kurzfristige« Kommen.

Bernanke, der sich bekanntermaßen nie zu Übertreibungen hinreißen ließ, begann in ernstem Tonfall: »Als Wissenschaftler habe ich eine Menge Zeit mit dem Studium der Großen Depression verbracht. Wenn wir nicht in enormem Umfang handeln,

steht uns eine weitere Große Depression ins Haus, und diese wird schlimmer als die letzte.«[32]

Senator Charles Schumer, der am Ende des Tisches saß, schluckte.[33]

Mit großer Eindringlichkeit erklärte Paulson, wie das vorgeschlagene Szenario funktionierte: Die Regierung würde die toxischen Werte aufkaufen, um die Bücher der Banken von ihnen zu befreien. Durch die Festlegung eines Preises und die dadurch bewirkte Gesundung der Institute würde sich deren Wert erhöhen. Die Wirtschaft würde gestützt und, so betonte Paulson mehrfach, »den einfachen Leuten geholfen«.

Barney Frank, der neben Bernanke saß, hielt den Verweis auf die kleinen Leute allerdings für ein durchsichtiges Manöver, um den Bankern der Wall Street die Taschen zu füllen. Das Ganze bringe keine direkte Hilfe für die Durchschnittsamerikaner, die unter der Zinslast von Hypotheken zusammenbrachen, welche ihnen die jetzt zu rettenden Großbanken aufgebürdet hatten.

»Was ist mit den Eigenheimbesitzern?«, fragte er. »Sie müssen diesen Plan nicht den Teilnehmern einer Verwaltungsratssitzung schmackhaft machen. Sie müssen ihn dem amerikanischen Volk schmackhaft machen«, sagte er spöttisch.[34] »Das ist richtig«, pflichtete ihm Christopher Dodd bei. Und Richard Shelby kritisierte das vorgeschlagene Programm als »Blankoscheck«.[35]

Paulson äußerte Verständnis für die Vorbehalte, spielte aber weiter die Angstkarte und hob auf die absolute Notwendigkeit des Rettungsprogramms ab: »Ich möchte mir nicht ausmalen, was geschieht, wenn wir es nicht tun.« Er hoffe auf eine Verabschiedung des Programms binnen Tagen und werde schon in wenigen Stunden einen umfassend ausgearbeiteten Vorschlag vorlegen.

»Wenn das Programm nicht durchgeht, dann gnade uns Gott«, sagte Paulson.[36]

Harry Reid, der Bernanke gegenübersaß, blickte Paulson leicht verwirrt an: Der Kongress sollte einen Gesetzentwurf von dieser Größenordnung so rasch verabschieden? »Wissen Sie, was Sie von mir verlangen?«, fragte er. »Ich brauche ja schon 48 Stunden, um von den Republikanern die Zustimmung zu bekommen, dass hier die Toilettenspülungen bedient werden dürfen.«[37]

»Harry« Mitch McConnell, Republikaner aus Kentucky, den Paulsons und Bernankes Darstellung zutiefst erschreckt hatte, warf ein: »Ich denke, wir müssen das machen. Wir sollten es versuchen und können es auch.«[38]

John Mack war noch in seinem Büro am Times Square, als sein Personalchef Tom Nides ihm die frohe Botschaft übermittelte: Seine Quellen bei der SEC hatten bestätigt, dass die Behörde endlich ein Verbot von Leerverkäufen von Aktien vorbereite.[39] Betroffen seien 799 verschiedene Unternehmen. Die Maßnahme werde wahrscheinlich am kommenden Morgen verkündet.

Gerüchte über den anstehenden Schritt breiteten sich bereits über die Kanäle aus. James Chanos, der wohl bekannteste Leerverkäufer, der wegen John Macks Unterstützung für das Verbot sein Geld von Morgan Stanley abgezogen hatte, war bereits auf dem Kriegspfad. »Auch wenn sich die bestehenden Regulierungsstellen damit politisch beliebt machen, so sind bislang noch keine Beweise dafür vorgelegt worden, dass Leerverkäufer irreführende Gerüchte verbreiten, um Aktienkurse zu drücken«, sagte er.[40]

Morgan Stanleys Aktien waren an diesem Tag um 46 Prozent gefallen und hatten sich in den letzten Stunden des Handels dann wieder auf einen Verlust von nur noch 3,6 Prozent oder 80 Cent erholt. Angesichts des Gerüchts um eine staatliche Intervention und ein Verbot von Leerverkäufen hoffte Mack endlich auf eine kleine Atempause.

Allerdings wusste er, dass das Unternehmen unter der Oberfläche angeschlagen war. Aus den Hedgefonds kamen immer noch Orders für Rückkäufe. Andere Banken schlossen Versicherungen gegen einen Untergang von Morgan Stanley ab – mit einer Deckung von 1 Milliarde Dollar. In den beiden letzten Tagen hatte sich Merrill Lynch gegen Ausfälle bei Morgan mit einer Deckungssumme von 150 Millionen Dollar abgesichert.[41] Citigroup, Deutsche Bank, UBS, Alliance-Bernstein und Royal Bank of Canada hatten alle ähnliche Schritte unternommen, um sich gegen einen Zusammenbruch abzusichern.[42]

Mack wusste, dass er vor allem einen Investor brauchte, der einen großen Teil des Unternehmens zur Stützung übernehmen

würde. »Ich weiß nicht, wie es so weit kommen konnte«, vertraute er Nides nachdenklich an. Mack hatte die Investmentbank Morgan Stanley, die als zu konservativ gegolten hatte, genau zum falschen Zeitpunkt zur Übernahme größerer Risiken gedrängt. Und jetzt stand sie mitten im Sturm am Rande der Insolvenz.

Mack fiel nur ein Investor ein, der an einer entsprechenden Übernahme ernsthaft interessiert sein könnte: die China Investment Corporation, Chinas erster Staatsfonds. Wei Sun Christianson,[43] die CEO von Morgan Stanley China, ein 51-jähriges Energiebündel mit engen Verbindungen zur Regierung, hatte in den letzten 24 Stunden bereits Gespräche mit dem CIC-Präsidenten Gao Xiqing aufgenommen. Christianson hatte ihn zufällig in Aspen auf einer von Teddy Forstmann veranstalteten Konferenz kennengelernt. Forstmann, der König der fremdfinanzierten Übernahmen, hatte Ende der 1980er-Jahre im Bieterverfahren für RJR Nabisco den Satz von den »Barbaren vor den Toren« geprägt. CIC besaß an Morgan Stanley bereits einen Anteil von 9,9 Prozent,[44] und Gao signalisierte Christianson, dass er an einer Übernahme von bis zu 49 Prozent interessiert sei.[45] Gao hatte einen großen Anreiz, Morgan Stanley am Leben zu halten: Im Dezember 2007 hatte er 5 Milliarden Dollar in das Unternehmen investiert, das inzwischen nur noch die Hälfte wert war. Eine weitere Investition in den Börsengang der Blackstone Group hatte um 70 Prozent an Wert verloren.[46] Sollte Morgan Stanley Konkurs anmelden, drohte Gao der Rausschmiss.

Mack und Nides diskutierten den Deal. Keiner war an ihm besonders interessiert, aber angesichts ihrer Optionen erschien er als einzige Lösung. Gao, den Mack als Mitglied des Kuratoriums der Duke University kennengelernt hatte, wollte Freitagabend zu einem Treffen nach New York fliegen.

Zuvor hatte Mack bereits mit Paulson geredet, der sich mit seinem ausgedehnten Netz an chinesischen Kontakten brüstete. Er versuchte ihn zu überreden, bei einem Telefonat die chinesische Regierung zu ermuntern, den Deal voranzutreiben. Die Regierung als Makler bemühen zu wollen war ungewöhnlich, aber Mack befand sich in einer verzweifelten Lage. »Die Chinesen müssen

das Gefühl haben, dass man sie einlädt«, erklärte er. Paulson sagte eine Mitwirkung zu. Er werde sondieren, ob Präsident Bush zu einem Anruf bei Chinas Staatspräsident Hu Jintao bereit sei. »Wir brauchen ein eigenständiges Morgan Stanley«, versicherte er.

Nides hatte freilich eine zynischere Sicht von Paulsons Bestreben, Morgan Stanley zu stützen. »Er will uns am Leben erhalten«, sagte er zu Mack, »weil sonst Goldman untergeht.«

Kapitel achtzehn

Am Freitagmorgen, dem 19. September 2008, schritt Paulson heiser und etwas sorgenvoll zum Podium der Pressekonferenz im Gebäude des Finanzministeriums, um das Troubled Asset Relief Program, wie er es kurz zuvor getauft hatte, offiziell zu verkünden. Dieses bald unter dem Kürzel TARP bekannte Bankenrettungsprogramm bestand aus einer Vielzahl von Staatsbürgschaften und Ankäufen der »illiquiden Aktiva, die unser Finanzsystem belasten und unsere Wirtschaft bedrohen«.[1]

Weiterhin kündigte er einen umfangreichen Plan zu Bürgschaften für alle Geldmarktfonds in den USA für das nächste Jahr an. Dieser Schritt, so hoffte er, würde die Anleger bei der Stange halten. Deswegen hatte er sich allerdings schon Ärger mit Sheila Bair, der Vorsitzenden der FDIC, eingehandelt, weil sie nicht konsultiert worden war. Bei ihrem wütenden Anruf am Morgen hatte sie die Befürchtung geäußert, der Schuss mit der geplanten Bürgschaft könne nach hinten losgehen. Er könne die Anleger dazu verleiten, ihre Gelder aus gesünderen Banken abzuziehen, um von den Garantien für die Geldmarktfonds zu profitieren. Paulson hatte einfach den Kopf geschüttelt. Allen konnte er es nicht recht machen.

Jetzt bemühte er sich nach Kräften, TARP als Kernstück seines Plans an das Pressekorps zu verkaufen. »Die grundlegende Schwäche in unserem heutigen Finanzsystem sind die illiquiden Hypothekenanlagen, die mit den zunehmenden Berichtigungen im Wohnbausektor an Wert verloren haben. Diese Anlagen behindern den Kreditfluss, der für unsere Wirtschaft von entscheidender Bedeutung ist«, erläuterte er mit leicht schräg sitzender Krawatte und so blass und müde wie noch nie. »Wenn das Finanzsystem ordnungsgemäß funktioniert, fließt Kapital von und zu den Haushalten und Unternehmen. Dann können Hypo-

theken und Schulkredite abbezahlt und Arbeitsplätze schaffende Investitionen getätigt werden. Die illiquiden Anlagen in Hypotheken blockieren dieses System und können unsere Finanzmärkte und unsere Wirtschaft stark in Mitleidenschaft ziehen …«

»Ich bin überzeugt«, fuhr er fort, »dass dieser mutige Ansatz die amerikanischen Familien weitaus weniger kosten wird als die Alternative – eine anhaltende Serie von Bankzusammenbrüchen und erstarrten Kreditmärkten, die nicht mehr in der Lage sind, ein Wirtschaftswachstum zu finanzieren.« Paulson las vom Blatt ab, weil er mit einem Teleprompter bislang noch keine Bekanntschaft gemacht hatte.

Paulsons TARP und Cox' Verbot von Leerverkäufen hatten dem Aktienmarkt inzwischen wieder Vertrauen eingeflößt, dass die Regierung die Krise endlich unter Kontrolle gebracht habe. Bei Börsenöffnung waren die Indizes um 300 Punkte gestiegen und konnten sich während der Presseerklärung des Finanzministers weiter gut behaupten.

Zu den Kosten des Programms hatte Paulson absichtlich geschwiegen. Nach einer vorangegangenen Beratung mit Kashkari befürchtete er, dass die 500 Milliarden Dollar, die er am Vortag beim Präsidenten genannt hatte, deutlich übertroffen werden könnten. Nach der Rede diskutierte er in seinem Büro mit Fromer und Kashkari die mögliche Höhe.

»Wie wäre es mit einer Billion?«, fragte Kashkari.

»Dann werden wir gesteinigt«, sagte Paulson grimmig.

»Niemals«, sagte Fromer ungläubig. »Keine Chance. Unmöglich.«

»Okay«, sagte Kashkari, »wie wäre es mit 700 Milliarden?«

»Ich weiß nicht«, sagte Fromer, »immerhin besser als eine Billion.«

Dass es sich bei den Zahlen bestenfalls um grobe Schätzungen handelte, war allen drei Beteiligten klar.

Die entscheidende Zahl war letztlich die Höchstsumme, die sie vom Kongress fordern konnten, ohne dass zu viele Fragen gestellt würden. Und unabhängig von dem am Schluss festgesetzten Betrag konnten sie sich darauf verlassen, dass Kashkari ihn mit einer Art mathematischem Hokuspokus rechtfertigen würde:

»Es gibt Wohnbaukredite für ungefähr 11 Billionen und Gewerbeimmobilienkredite für ungefähr 3 Billionen Dollar, das macht 14 Billionen Dollar. Rund 5 Prozent der Summe macht 700 Milliarden Dollar«, sagte Kashkari lachend, während er sich die Zahlen aus den Fingern saugte.

Am Freitagmorgen verfolgte John Mack auf CNBC die Sendung von Charlie Gasparino, die sich noch immer mit dem staatlichen Programm zu den toxischen Papieren befasste. Gasparino vertrat die Ansicht, dass Morgan Stanley sich jetzt nicht mehr um einen Deal bemühen müsse, zumindest nicht mehr so schnell.

Mack, der bitter in sich hineinlachte, wusste es besser: Wenn er übers Wochenende zu keinem Abschluss kommen würde, drohte ihm womöglich das Schicksal von Lehman Brothers.

In diesem Augenblick rief Lloyd Blankfein bei ihm an: »Was halten Sie von einer Umwandlung in eine Bank-Holdinggesellschaft?«, fragte er, als Mack abgenommen hatte.

Mack hatte sich mit dieser Option noch nicht eingehend befasst. »Würde uns das helfen?«, fragte er.

Goldman habe die Möglichkeit bereits ausgelotet, erklärte Blankfein, und erläuterte Mack die Vorteile: Gegen die Zustimmung zu einer Beaufsichtigung durch die Federal Reserve bekämen sie unbegrenzten Zugang zum Diskontfenster. Das erleichtere unter anderem die Kapitalbeschaffung.

»Auf lange Sicht würde uns das tatsächlich helfen«, meinte Mack. »Aber auf kurze Sicht weiß ich nicht, ob man das schnell genug anleiern kann, damit die Hilfe noch rechtzeitig kommt.«

»Halten Sie unbedingt durch«, drängte ihn Blankfein, der wegen der nervösen Reaktionen an den Märkten noch immer besorgt war. »Sonst bin ich als Nächster dran.«

»Festung Goldman« hatte Tim Geithner am Freitagabend nach einem Gespräch mit Lloyd Blankfein in einen Notizblock auf seinem Schreibtisch geschrieben. Blankfein hatte den Ausdruck wohl ein Dutzend Mal gebraucht – seine Art auszudrücken, dass er sich wünschte, Goldman möge ein eigenständiges Institut bleiben.

Aus Sorge, dass Blankfein die Dramatik der Lage verkannte, hatte Geithner ihn zur finanziellen Lage des Unternehmens befragt. Blankfein gab sich zuversichtlich, dass es die Krise überstehen werde, räumte aber ein: »Das hängt davon ab, was mit der übrigen Welt geschieht.«

Geithner fragte Blankfein zudem, was er von einer Umwandlung in eine Bank-Holdinggesellschaft halte. Der anfangs skeptische Blankfein stand der Idee inzwischen aufgeschlossen gegenüber. Er war zusehends überzeugt davon, dass die Anleger Vertrauen fassen würden, wenn die Notenbank hinter dem Institut stünde. Und nach seinen Berechnungen ließen sich bereits 95 Prozent der Goldman-Aktiva für das Diskontfenster der Fed verpfänden. Die verbleibenden 5 Prozent stellten kein großes Hindernis dar. Goldmans Anwalt Rodgin Cohen hatte dies mit Geithner am gleichen Tag bereits diskutiert. Allerdings musste er von der Idee erst noch Bernanke überzeugen.

Geithner hatte fast Panik in Blankfeins Stimme gespürt, als er von ihm erfuhr, dass er eine Kapitalbeschaffung plane und sicher sei, Privatanleger gewinnen zu können. Vielleicht wäre sogar Warren Buffett interessiert.

Kevin Warsh, der Gouverneur der Notenbank, hatte am Freitagabend einen Shuttleflug von US Airways nach New York genommen, um zusammen mit Geithner zu überlegen, wie das kommende Wochenende zu bewältigen sei. Zudem wollte er – noch wichtiger – für Bernanke die Lage vor Ort sondieren. Als ihn sein Fahrer vom LaGuardia Airport zur New Yorker Fed brachte, erhielt er einen Anruf von Rodgin Cohen. Cohen beriet inzwischen sowohl Wachovia bei den Gesprächen mit Morgan Stanley als auch Goldman Sachs in der Frage der Umstrukturierung zur Bank-Holding. Er teilte Warsh mit, dass er eine Idee habe, die sich wahrscheinlich als zündend erweisen werde. Der Plan sei mit seinen Kunden noch nicht offiziell abgestimmt. Es handele sich nur um den freundlichen Hinweis eines alten Hasen im Geschäft.

Die Regierung solle versuchen, schlug Cohen Warsh vor, für Goldman und Wachovia eine Nothochzeit zu arrangieren. Die

geringen Erfolgsaussichten seien ihm durchaus bewusst: Die »Optik«, so räumte er ein, sei problematisch, da Paulson dreißig Jahre für Goldman gearbeitet habe und dort von 1999 bis 2006 CEO gewesen sei. Zudem sei Wachovias CEO Bob Steel ebenfalls ein Exmitarbeiter von Goldman und Paulsons ehemaliger Stellvertreter im Finanzministerium. Aber so eine Hochzeit könne die Probleme aller Parteien lösen: Goldman bekomme den angestrebten Bodensatz, und das Todesurteil für Wachovia wäre fürs Erste aufgeschoben.

Warsh hörte sich den Vorschlag an und fand, was ihn selbst überraschte, sogar Gefallen daran.

Im Sitzungssaal 601 des Gerichtsgebäudes in One Bowling Green in Lower Manhattan standen kurz nach Mitternacht die Teilnehmer an der Verhandlung noch immer dicht gedrängt.

Anlass war die Zustimmung zum Verkauf von Lehman Brothers an Barclays durch einen Konkursrichter.[2] Während sich die übrige Welt bereits dem Schicksal von Morgan Stanley und Goldman Sachs zugewandt hatte, hingen Zigtausende Jobs von Lehman-Mitarbeitern am seidenen Faden. Über 150 Advokaten, darunter einige der prominentesten Konkursanwälte, vertraten verschiedenste Gläubiger. Chelsea Clinton nahm für Hedgefonds Avenue Capital an der Verhandlung teil.

Richter James Peck hatte zu Beginn der Sitzung um 16.36 Uhr darauf bestanden, seine Entscheidung noch am gleichen Sitzungstag zu fällen. Eine rasche Zustimmung zu dem Verkauf war schon deshalb dringend geboten, weil die Aktiva von Lehman stündlich weiter an Wert verloren. Der Konkurs des Geldhauses, das mit 639 Milliarden Dollar an Vermögenswerten Insolvenz angemeldet hatte, war der größte in der US-Geschichte. Und die Abwicklung eines so komplex strukturierten Finanzinstituts war noch nie in Angriff genommen worden.

Weil sich manche Teilnehmer mangels Stühlen auf den Belüftungsöffnungen niedergelassen hatten, war es im Sitzungssaal in dieser Spätsommernacht bei geschlossenen Fenstern ziemlich warm geworden. Anwälte der Kanzlei Weil Gotshal, die Lehman vertraten, brachten Eiswasser herein.

Richter Peck winkte Harvey Miller von Weil Gotshal heran: »Treten Sie ruhig näher, wenn Sie wollen. Ich weiß nicht so recht. Offen gestanden macht mich bei diesem Gedränge im Saal jede Bewegung etwas nervös. Mr. Miller?«[3]

Miller, der trotz der Umstände in einem eleganten grauen Anzug mit roter Krawatte und blauem Hemd erschienen war, skizzierte den Deal: Barclays würde für 1,75 Milliarden Dollar Lehmans Nordamerikageschäft übernehmen. »Es ist eine Tragödie, Euer Ehren«, kommentierte Miller die Ereignisse um Lehman Brothers. »Vielleicht haben wir die RTC um eine Woche verpasst«, fügte er hinzu und meinte das Rettungsprogramm TARP. »Das ist wirklich eine Tragödie, Euer Ehren.«

»So sehe ich das auch«, meinte Richter Peck.

Viele Gläubigeranwälte sahen die Sache freilich weniger nachsichtig. Der Lehman-Deal mit Barclays machte sie wütend. Die Kaufsumme sei viel zu gering angesetzt, und bei der Kaufvereinbarung gebe es Ungereimtheiten. Daniel H. Golden von Akin Gump Strauss Hauer & Feld, der eine ad hoc gebildete Gruppe von Anlegern mit einem Investitionsvolumen von über 9 Milliarden Dollar vertrat, beantragte eine kurze Unterbrechung.

»In der Verhandlung ist schlicht noch kein glaubhafter Beleg dafür vorgelegt worden, dass Barclays diese Vermögenswerte zu einem angemessenen Preis erwirbt«, sagte er. »Und auch bei den anderen Aktiva, die Barclays erwirbt, gibt es weder einen Beleg noch einen Hinweis darauf, dass sie zu einem angemessenen Preis verkauft werden oder dass versucht worden ist, für die Gläubiger das Maximum herauszuholen.«

Miller wandte sich entschieden gegen jede Andeutung, dass es bei dieser Übernahme nicht mit rechten Dingen zugehe. Das Gericht müsse der Transaktion unverzüglich zustimmen.

»Leider muss ich nochmals den Vergleich mit dem schmelzenden Eiswürfel bemühen«, sagte er sichtlich erregt. »Er ist schon halb weggeschmolzen, Euer Ehren ... Die Ereignisse seit Mittwoch haben eine Zustimmung zu dem Kauf zwingend erforderlich gemacht. Sämtliche Aktionäre, auch Mr. Goldens Kunden, profitieren von dieser Übernahme. Ohne die gibt es nämlich nur noch sehr wenig oder gar nichts mehr zu verteilen.«

Nach fast acht Stunden Verhandlung mit drei Pausen, nach Einlassungen von Dutzenden von Anwälten und mehreren Unterbrechungen wegen gestörter Lautsprecher erklärte Richter Peck seine Bereitschaft, die Übereinkunft mit Barclays zu unterschreiben. Die gewaltige Aufgabe, von dem über hundert Jahre alten Traditionsunternehmen zu retten, was zu retten war, hatte ihn sichtlich mitgenommen.

»Ich stimme der Transaktion nicht einfach deshalb zu, weil Mr. Miller mich dazu drängt«, erklärte der Richter. »Auch nicht deshalb, weil ich weiß, dass sie die beste Lösung ist. Ich muss ihr zustimmen, weil sie die einzig mögliche Transaktion ist.«

Sichtlich bewegt sprach er eine Art Nachruf: »Lehman Brothers ist zum Opfer geworden und in dem Tsunami, der über die Kreditmärkte hinweggerollt ist, als einzige echte Ikone untergegangen. Das bedaure ich sehr. Ich sehe meine Verantwortung für alle Gläubiger, Mitarbeiter und Kunden und für Sie alle.«

Um 0.41 Uhr schloss Richter Peck die Verhandlung. Als er von der Richterbank herunterstieg, brandete im Saal Applaus auf. Einige Teilnehmer hatten Tränen in den Augen.

Tim Geithner hatte Freitagnacht in einem tristen Raum im 12. Stock der Notenbank verbracht und nur schlecht geschlafen. Um sechs Uhr morgens war er in einem Oxford-Smokinghemd und mit Jogginghose nach oben in sein Büro zurückgekehrt und auf Strümpfen in den Fluren umhergegangen.

In Gedanken schmiedete er Schlachtpläne. Bis zum Wochenende hatte er es geschafft, machte sich aber schon Sorgen wegen Montag, falls er bis dahin keine Lösung gefunden hatte, um Morgan Stanley und Goldman Sachs zu retten.

»John klammert sich an einen Strohhalm«, hatte Paulson ihm in einem Telefonat am Vorabend zu John Macks heikler Lage gesagt. Wie sie erfahren hatten, verfügte Morgan Stanley über ein Liquiditätspolster von nur noch 30 bis 40 Milliarden Dollar. Und auch sein einstiger Arbeitgeber Goldman Sachs bereitete Paulson große Sorge. »Wir müssen diesen Jungs eine Rettungsleine beschaffen«, sagte Paulson. Dann hatten sie die Optionen durchgesprochen.

In einem Notizbuch hielt Geithner an diesem Morgen die verschiedenen Kombinationen für Fusionen fest: *Morgan Stanley und Citigroup, Morgan Stanley und JP Morgan Chase, Morgan Stanley und Mitsubishi, Morgan Stanley und CIC, Morgan Stanley und Outside Investor, Goldman Sachs und Citigroup, Goldman Sachs und Wachovia, Goldman Sachs und Outside Investor, Festung Goldman, Festung Morgan Stanley.*

So sahen die letzten Stellungen auf dem Schachbrett der Wall Street aus.

Am Samstagmorgen traf Lloyd Blankfein kurz nach sieben Uhr in seinem Büro ein. Obwohl er noch immer für seinen Plan einer »Festung Goldman« als Holding warb, hatten er und Gary Cohn mehr als ein halbes Dutzend Arbeitsgruppen damit betraut, verschiedene Fusionen zu erkunden: mit HSBC, UBS, Wells Fargo, Wachovia, Citigroup, Sumitomo und der Industrial and Commercial Bank of China.

Am Freitag hatte Kevin Warsh von der Federal Reserve Cohn in einem weiteren Gespräch dazu ermutigt, weitere Optionen für ein Zusammengehen, insbesondere mit Citigroup, auszuloten. Diese Möglichkeit war bei Goldman in den letzten 18 Monaten im Stillen bereits mehrfach ins Auge gefasst worden, ohne dass man je offizielle Gespräche aufgenommen hätte. Und auch Cohn und Warsh hatten sie schon mindestens zweimal diskutiert. Cohn, der sie immer zurückgewiesen hatte, war inzwischen doch interessiert.

Anfangs hatte er sich eine Übernahme von Goldman durch Citigroup vorgestellt und sogar schon eine Preisvorstellung geäußert. Dagegen schlug Warsh ihm vor, er solle das Pferd von der anderen Seite her aufzäumen – mit Goldman als dem Käufer. Angesichts des deutlich größeren Partners Citi schien Cohn eine solche Übernahme unsinnig. Warsh hatte ihm da allerdings noch nicht mitgeteilt, dass die Bilanz von Citigroup so große Finanzlöcher aufwies, dass der Unternehmenswert wahrscheinlich deutlich unter dem gegenwärtigen Aktienkurs lag.

Folglich sah die Notenbank für Citigroup drei mögliche Ergebnisse vor, die unter den Codenamen »NewCo«, »Goldman-Survivors« und »Citi-Survivors« liefen.

Blankfein las gerade eine E-Mail, als sein Personalchef John Rogers eintraf. Mit einem unter seinem Schreibtisch verborgenen Knopf öffnete Blankfein die Glastür zu seinem Büro – eine an Krimis erinnernde Vorrichtung, die einst Paulson als Goldmans CEO hatte installieren lassen.

Als Blankfein und Rogers nochmals ihre Pläne durchgingen, rief Geithner an. In seinem gewohnt ungeduldigen Tonfall bestand Geithner darauf, dass Blankfein sofort bei Citigroup-Chef Vikram Pandit anrief und Gespräche über eine Fusion einleitete. Etwas erschrocken über die direkte Art, sagte Blankfein den Anruf zu.

»Ich glaube, Sie wissen, warum ich anrufe«, sagte Blankfein wenige Minuten später zu Pandit am anderen Ende der Leitung.

»Eigentlich nicht«, antwortete Pandit verblüfft.

Eine unangenehme Pause entstand. Blankfein war davon ausgegangen, dass die Notenbank das Gespräch vorbereitet hatte. »Nun, ich rufe deshalb an, weil zumindest manche es für gut befänden, wenn unsere beiden Unternehmen zusammengingen«, sagte er.

Eine weitere unangenehme Stille entstand. »Dazu möchte ich sagen, dass ich mich geschmeichelt fühle.«

Blankfein fragte sich, ob ihn Pandit auf den Arm nahm. »Ich rufe aber nicht an, um Ihnen zu schmeicheln, Vikram«, sagte er entschlossen.

Pandit kam rasch zum Schluss: »Ich muss mit meinem Verwaltungsrat reden und rufe zurück.«

Blankfein legte auf und blickte Rogers an. »Das war jetzt peinlich. Vikram wusste überhaupt nicht, was ich von ihm wollte!« Blankfein fühlte sich vorgeführt.

Er rief sofort Geithner zurück. »Ich habe eben mit Vikram geredet«, sagte er gereizt. »Sie haben mir zwar nicht gesagt, dass Vikram einen Anruf von mir erwartet, aber so hat es geklungen. Er war völlig überrascht und hat ganz offenbar keinen Anruf erwartet.«

Geithner hatte sich verkalkuliert. Pandit erkannte offenbar die Chance nicht, die unerwartet an ihn herangetragen wurde. Das war wider alle Vernunft. Aber Geithner konnte sich jetzt nicht um verletzte Gefühle kümmern. »Okay, wir reden später wieder«, sagte er und legte auf. Blankfein saß wie ein begossener Pudel da.

Am Samstagmorgen stand Alan Greenspan mit seiner Frau, der NBC-Nachrichtenredakteurin Andrea Mitchell, in einer Menschenmenge vor dem Großen Ballsaal des St. Regis Aspen Resort. Am zweiten Tag von Teddy Forstmanns Wochenendkonferenz warteten alle auf den Beginn des nächsten Diskussionsforums mit dem Titel »Krise an der Wall Street. Was kommt als Nächstes?« Nach den Maßstäben der Wall Street war das Forum hochkarätig besetzt: Zu den Teilnehmern zählten Exfinanzminister Larry Summers, PIMCO-Chef Mohamed El-Erian, dessen Buch *Märkte im Umbruch* (dt. 2009) soeben erschienen war, der konservative CNBC-Talkshowmaster Larry Kudlow und – wohl am interessantesten – Bob Steel von Wachovia. Steel hatte noch überlegt abzusagen, dann aber doch um vier Uhr morgens das Haus verlassen, um per Flugzeug rechtzeitig nach Aspen zu kommen.

Nachdem Moderator Charlie Rose zum Frage-und-Antwort-Teil des Forums gekommen war, stieß Greenspan eine Debatte um die umstrittene marktnahe Bewertung von Unternehmen an. Steel warf bereits nervöse Blicke auf seine Uhr. Er musste an die Ostküste zurück. Als er nach Abschluss des Forums aus dem Saal stürmen wollte, stieß er auf Richard Kovacevich, den Vorsitzenden von Wells Fargo. Dieses Unternehmen hatte er als einen möglichen Fusionspartner ins Auge gefasst.

»Sie wollte ich nächste Woche anrufen«, sagte er ihm.

»Und ich Sie«, erwiderte Kovacevich.

»Ich muss sofort zum Flughafen. Ich rufe Sie an«, versprach Steel.

Er sprang in seinen Jeep Wrangler und konnte unterwegs endlich einen Blick auf seinen BlackBerry werfen: Kevin Warsh hatte ihm mehrere E-Mails mit der Bitte geschickt, sich sofort mit ihm in Verbindung zu setzen.

»Hören Sie, wir möchten, dass Sie jemanden anrufen«, erfuhr Steel von Warsh, als er ihn schließlich erreichte. »Wir sind der Ansicht, dass Sie Lloyd kontaktieren sollten!«

Verblüfft las Steel zwischen den Zeilen: Die Regierung versuchte eine Fusion zwischen Goldman Sachs und Wachovia zu arrangieren! Ein solcher Zusammenschluss barg auf den ersten Blick einige politische Brisanz, wenn man sich die Verbindung

beider Unternehmen zum Finanzministerium ansah. Dahinter musste irgendwie Paulson stecken, dachte Steel, auch wenn Paulson ihn natürlich nicht direkt hatte ansprechen können. Der Gedanke bereitete ihm sofort Kopfschmerzen. Wenn Goldman Wachovia wirklich kaufen wollte, dachte er, wäre es längst passiert. Immerhin war Goldman bis zu dieser Woche, als er mit Mack gesprochen hatte, beratend für das Unternehmen tätig gewesen, sodass dort sämtliche internen Zahlen bekannt waren. Sollte hier ein gutes Geschäft zu machen gewesen sein, hatte Goldman es wohl übersehen. Steel sah die Vorzüge eines solchen Zusammenschlusses allerdings durchaus, und wenn die Fed dazu ermunterte, konnte er vielleicht auch zustande kommen.

»Ich habe mit Kevin gesprochen«, begann Steel, als er Blankfein erreicht hatte. »Er hat gesagt, ich soll Sie anrufen.«

Anders als beim Fiasko bei Citibank war dieses Gespräch vorbereitet worden. »Ja, ich weiß«, sagte Blankfein. »Wir wären an Verhandlungen interessiert.«

Steel teilte Blankfein mit, er sei schon auf dem Sprung in Wachovias Firmenjet und könne am Spätnachmittag in New York sein. Auf dem Weg Richtung Ostküste sinnierte Steel, dass ein Deal mit Goldman so etwas wie ein Klassentreffen wäre, auch wenn er von der Regierung direkt eingefädelt worden wäre. Vielleicht würde er sogar den Titel des Vorsitzenden ergattern.

Am Samstagmorgen hoffte Jamie Dimon auf seinen ersten freien Tag seit zwei Wochen, als Geithner bei ihm anrief. Der Präsident der Notenbank von New York erteilte ihm die Anweisung – Vorschläge waren selten seine Sache –, sich Gedanken über einen Kauf von Morgan Stanley zu machen.

»Sie machen wohl Witze«, antwortete Dimon.

»Keineswegs«, sagte Geithner betont ernst.

»Ich habe schon Bear Sterns gekauft«, wandte Dimon ein. »Das geht nicht.«

Geithner ging über die Antwort hinweg. »Sie werden einen Anruf von John Mack bekommen«, sagte er und legte auf.

Mack, den Geithner auf ähnliche Art telefonisch vorgewarnt hatte, rief Dimon fünf Minuten später an. Dimon sagte, dass er

Morgan Stanley nicht kaufen wolle, was er Mack bereits in der letzten Woche mitgeteilt hatte. Aber da Dimon Anweisung hatte, Mack zu helfen, redeten beide Konkurrenten darüber, ob JP Morgan Morgan Stanley eine Kreditlinie anbieten konnte, damit das Unternehmen wieder etwas durchatmen konnte. Er werde es sich überlegen, sagte Dimon, und mit einer Entscheidung auf ihn zukommen.

Nach Ende des Telefonats rief er Geithner an. »Ich habe mit John gesprochen«, sagte er. »Wir reden darüber, ihm eine Kreditlinie zur Verfügung zu stellen.«

»Ich weiß nicht, ob das genügt«, sagte Geithner enttäuscht. Auch ohne eine explizite Anweisung hatte er doch deutlich gemacht, dass die Federal Reserve sehr stark an einem Zusammenschluss beider Unternehmen interessiert war und eben nicht an temporären Maßnahmen.

Dimon verschickte sofort eine E-Mail an seine Geschäftsführer mit der dringenden Aufforderung, sich in seinem Büro zu versammeln, worauf sie eine Stunde später in Golfhemden und Freizeithosen in einem Konferenzraum im 48. Stockwerk beieinandersaßen.

Mit einer Grimasse berichtete er von Geithners Anruf. Eine Fusion der »Häuser Morgan« war keine neue Idee, aber seit einem hoch geheimen Treffen von Morgan Stanley, JP Morgan, Morgan Guaranty und der britischen Morgan Grenfell – Codename »Triangle« – im Hotel Grotto Bay auf den Bermudas am 20. Juni 1973 war dieser Gedanke nicht mehr ernsthaft diskutiert worden.[4]

Dimon skizzierte seine Überlegungen mit schwarzem Marker auf eine Weißwandtafel: »Wir können sie ganz oder teilweise übernehmen oder ihnen eine Art Finanzierung zur Verfügung stellen.«

In den nächsten beiden Stunden erwogen sie die Optionen: Welche Teile von Morgan Stanley ließen sich ausgliedern? Welche Geschäfte konnten »eingelagert«, also nur übernommen, provisorisch am Leben erhalten und nach einer Erholung des Marktes weiterveräußert werden? Vielleicht konnten sie Morgan Stanley aufkaufen, dachte Dimon laut, und dafür eine Geschäftsbereichsaktie ausgeben.

Aber alle Szenarien landeten irgendwann beim gleichen Problem: Was genau sollte gekauft werden? Zwischen den Geschäftstätigkeiten beider Unternehmen gab es großflächige Überlappungen. Und was waren Morgan Stanleys toxische Aktiva wirklich wert? Auf diese Fragen gab es im Augenblick keine Antworten.

John Hogan, JP Morgans Chef der Risikoabteilung, der an der Sitzung mit Lehman Brothers in der letzten Woche teilgenommen hatte, verließ den Konferenzraum und rief Colm Kelleher und Ken deRegt bei Morgan Stanley an.

»Ich weiß nicht genau, was Ihnen vorschwebt, aber für jedes Szenario, bei dem wir ›Ihnen helfen‹, benötigen wir einen Haufen Informationen«, sagte er. »Könnten Sie mit Mack reden und herausbekommen, was Sie genau erwarten, welche Art ›Hilfe‹ Sie von uns wollen?«, sagte er. Kelleher und deRegt fiel sofort sein herablassender Tonfall auf.

Eine halbe Stunde später meldete sich Kelleher wieder bei Hogan. Angedacht sei eine Kreditlinie von 50 Milliarden Dollar. Da das Angebot von JP Morgan ausgegangen war, so hoffte Kelleher, werde Dimon dafür weniger strenge Konditionen anbieten, als es CIC in der letzte Woche getan hatte.

Hogan schickte eine E-Mail an das Führungsteam von JP Morgan mit der Betreffzeile »DRINGEND und vertraulich« und erläuterte darin seinen Plan:

> Bitte planen ein Treffen in Morgan Stanleys Büros in der 7. Avenue 750 für morgen 9.30 Uhr. Etage und Raum stehen bislang noch nicht fest. Kontaktperson von MS ist David Wong. Zweck der Sitzung sind für uns Überlegungen, gegen eine Vielzahl unbelasteter Vermögenswerte von MS in eine gesicherte Finanzierung einzutreten.

Bei Goldman Sachs waren die beiden Topbanker David Solomon und John Weinberg eben von einer Morgensitzung in Fairfield, Connecticut, zurückgekehrt. Sie hatten sich mit Jeffrey Immelt, dem CEO von General Electric, und dessen Finanzchef Keith Sharon getroffen.

Auf der Couch von Gary Cohn sitzend, berichtete Solomon diesem von der Sitzung. Es war eine komplizierte, geradezu groteske Situation: Solomon und Weinberg waren nach Fairfield gereist, um den Kunden in Sachen Bewältigung der Finanzkrise zu beraten, beginnend mit einem Plan zur Kapitalbeschaffung. Eine von Immelts Hauptsorgen bestand allerdings darin, dass sein Berater Goldman Sachs Konkurs anmelden könnte.

Der Mischkonzern General Electric trat hauptsächlich als Technikhersteller auf, hatte aber in den letzten Jahren rund die Hälfte seiner Gewinne mit dem Finanzdienstleister GE Capital erwirtschaftet. Wie die meisten Unternehmen an der Wall Street hing GE Capital vom kurzfristigen Geldmarkt und dem Vertrauen der Anleger weltweit ab. Immelt befürchtete, dass sich die Probleme von Goldman Sachs und Morgan Stanley auf den eigenen Konzern auswirken könnten. Die Sitzung hatte etwas vage geendet, abgesehen von vorläufigen Plänen zur Beschaffung von Kapital – und einer Versicherung an Immelt, dass Goldman Sachs im Geschäft bleiben werde.

Aber Cohn dachte bereits an Goldmans Gespräche mit Wachovia. Bei einer Unterredung mit Kevin Warsh von der Fed hatte er zugestimmt, den Gedanken weiterzuverfolgen, allerdings unter der Bedingung, dass die Notenbank Unterstützung leistete. Warsh hatte zugesagt, dies ernsthaft zu erwägen. Cohn glaubte ihm: Paulson hatte mit Blankfein gesprochen und ihm ans Herz gelegt, die Gespräche wirklich ernsthaft zu führen. »Wenn Sie da hineingehen und nach sämtlichen Problemen suchen und sich nur fragen, welche Hilfen herausspringen, wird es nie klappen«, sagte er und fügte hinzu: »Sie sind in Schwierigkeiten, und ich kann Ihnen nicht helfen.« Derweil wies Warsh Cohn an sicherzustellen, dass sie die personellen Veränderungen ausarbeiten konnten.«

»Wir brauchen unsere Zeit nicht mit wirtschaftlichen Erwägungen zu verschwenden, wenn ihr die ›sozialen Fragen‹ nicht gelöst bekommt«, sagte er. »Wenn ihr nicht bereit seid, der anderen Partei entgegenzukommen, und wenn Bob zu nichts bereit ist, klappt es nie.«

In wenigen Stunden sollte Steel planmäßig auf dem Westchester County Airport in White Plains, einer Vorstadt von New

York, landen. Cohn trat in Blankfeins Büro und machte einen Vorschlag.

»Lloyd, sie sollten Steel vom Flughafen abholen«, sagte er, weil er glaubte, dass man die Fusionsgespräche mit einer netten Geste eröffnen sollte.

Blankfein blickte gequält. Er hatte zu Steel nie ein besonders gutes Verhältnis gehabt, seitdem Paulson sie vor Jahren zu Co-Chefs des Aktiengeschäfts gemacht hatte. »Muss ich das?«, fragte er.

»Ja«, sagte Cohn bestimmt. »Ich würde Sie begleiten, aber das wäre weniger geschickt. Sie müssen ihn abholen.«

Blankfein sträubte sich immer noch. »Können Sie nicht selbst fahren?«

»Nein«, sagte Cohn, der Steel als Freund betrachtete. »Ich habe schon ein ausgezeichnetes Verhältnis zu ihm.«

Schließlich gab Blankfein nach.

Einen Augenblick glaubte Paulson, aufatmen zu können. Sein Team hatte den ersten Entwurf zum TARP-Gesetz fertiggestellt und eine schnelle Unterschrift vom Office for Management and Budget erhalten, sodass das Papier im Kapitol verteilt werden konnte.

Da er der Kongressführung am Donnerstagabend versprochen hatte, innerhalb von »Stunden« eine Arbeitsvorlage zu liefern, hatte er eine knappe Ausführung in Angriff genommen. Paulson, Kevin Fromer, sein Leiter für legislative Angelegenheiten, und sein Justiziar Bob Hoyt hatten den Entwurf so rasch ausgearbeitet, dass nur knapp drei Seiten herausgekommen waren.

Nach langen Debatten einigte sich Paulsons Arbeitsgruppe auf die Zahl von 700 Milliarden Dollar, die Kashkari am Vortag vorgeschlagen hatte. Bei einer Verabschiedung würde es sich um den größten Einzelposten aller Zeiten im US-Haushalt handeln. Um möglichem Störfeuer aus der Politik vorzubeugen, hatte Hoyt in die Vorlage mehrere Zeilen mit dem Ziel eingefügt, Paulson sämtliche benötigten Machtbefugnisse zu verschaffen:

> Entscheidungen durch das Ministerium gemäß den Vollmachten dieses Gesetzes sind nicht anfechtbar, unterliegen der behördlichen Verschwiegenheit und können durch kei-

nen Gerichtshof und keine Verwaltungsbehörde angefochten werden. Der Minister ist ermächtigt, die Maßnahmen zu ergreifen, die er für notwendig erachtet, um die Verfügungen dieses Gesetzes umzusetzen … ohne Rücksicht auf andere gesetzliche Bestimmungen mit Blick auf öffentliche Verträge … Alle Mittel, die für Maßnahmen aufgewendet werden, zu denen das Gesetz ermächtigt, darunter die Begleichung von Verwaltungsausgaben, sind zum Zeitpunkt der Aufwendung als angemessen anzusehen.[5]

Überraschend schnell wurden unter den aufgeregten Mitarbeitern des Finanzministeriums Kopien herumgereicht.

Die Reaktion ließ nicht lange auf sich warten. Selbst innerhalb des Ministeriums wurden Besorgnisse geäußert, Paulson setze sich dem Vorwurf aus, dass er sich Befugnisse anmaßte. Der Entwurf sah keinen Plan für eine Aufsicht und praktisch keine Qualitätskontrolle für die Umsetzung vor. Und allein schon die schiere Kürze des Papiers löste Unbehagen aus.

»Haben Sie den Entwurf gesehen?«, fragte Dan Jester Jeremiah Norton. Beide hatten nicht daran mitgearbeitet.

»Ich habe die Diskussionspunkte gesehen«, antwortete Norton.

»Von wegen«, sagte Jester. »Das ist der fertige Entwurf!«

Lloyd Blankfein wartete auf dem Parkplatz vor dem Westchester County Airport auf Bob Steel. Der stets perfekt frisierte Steel wirkte beim Verlassen des Terminals abgespannt. Er war seit 15 Stunden auf den Beinen, und sein Tag war noch längst nicht zu Ende.

»Was für ein schönes Geburtstagsgeschenk«, sagte Blankfein strahlend, als er Steel auf sich zukommen sah. Blankfein war an diesem Tag 54 Jahre alt geworden und hoffte noch, bei einem Abendessen mit seiner Frau im Steakrestaurant Porter House New York feiern zu können.

Auf der Fahrt in die Stadt begannen sie vorsichtig die Konturen eines Deals zu sondieren und kamen unweigerlich auf ihre gemeinsame Zeit zu sprechen. Keiner von beiden wusste, was er mit der Idee eines Zusammengehens – und mit dem jeweils anderen – anfangen sollte.

Nach der Ankunft in der Broad Street 85 fuhr Steel sofort in die 30. Etage nach oben, in der er einst viel Zeit verbracht hatte. Beim Eintreten in den Konferenzraum traf er auf Chris Cole, der sein Unternehmen in den letzten fünf Monaten beraten hatte. Jetzt stand Cole auf der anderen Seite, bei denen, die Wachovia übernehmen wollten. Und Steels Anwalt Rodgin Cohen vertrat inzwischen auch Goldman. Trotz der verwirrenden Lage und dem hohen Konfliktpotenzial stimmten die Beteiligten darin überein, dass bis Montagmorgen eine Einigung erzielt werden müsste, wenn ein Deal zustande kommen sollte.

Wie bei Morgan Stanley bestand Goldmans größtes Anliegen darin herauszubekommen, wie groß das Finanzloch des Unternehmens tatsächlich war. Wachovia besaß 122 Milliarden Dollar an variabel verzinsten Hypotheken, die Goldman rasch als stark überbewertet einschätzte. Sie einigten sich darauf, Arbeitsgruppen zu einer Bewertung anhand der Zahlen einzusetzen. Steel sagte, er werde seine Gruppe am nächsten Morgen einfliegen lassen.

Als die Besprechung beendet war, bat Blankfein Steel nochmals in sein Büro. Er wollte über Titel sprechen, das wohl sensibelste Thema für Männer, die sich untereinander oft nicht nur am Geldbeutel, sondern auch an der Visitenkarte messen.

Blankfein schlug Steel vor, ihn mit Gary Cohn und Jon Winkelried zu einem der drei Co-Präsidenten zu machen. Wachovia sollte er als den Verbraucherzweig von Goldman Sachs weiterführen.

Steel reagierte etwas betroffen: Er war CEO einer Großbank. Davor war er stellvertretender Vorsitzender bei Goldman und stellvertretender Finanzminister in Washington gewesen. Und jetzt sollte er als einer von drei Co-Präsidenten arbeiten?

»Ich weiß nicht, ob ich auf einer Stufe mit Gary und Jon stehen will«, sagte er diplomatisch. »Aber wir werden sehen.«

»Versucht Jamie uns zu kaufen?«, fragte Morgan Stanleys Justiziar Gary Lynch John Mack auf dem Flur vor seinem Büro.

»Ich glaube nicht«, sagte Mack und erklärte, dass die Verhandlungen mit JP Morgan nur dazu dienten, um an eine Kreditlinie zu kommen. »Warum fragen Sie?«

»Weil da etwas Merkwürdiges abläuft«, antwortete Lynch.

Er berichtete, was er eben von Faiza J. Saeed, einer Außenanwältin für Morgan Stanleys unabhängige Verwaltungsratsmitglieder und Partnerin bei der Kanzlei Cravath erfahren hatte: JP Morgan habe einen Kollegen bei Cravath angerufen und gebeten, sie für die Ausarbeitung eines Deals mit Morgan Stanley anzuheuern. Sie habe sich eher vage geäußert, wollte aber, dass er den Konflikt klärte, erklärte Lynch.

»Nicht schlecht«, sagte Mack.

»Ja, so nett kann man eine Botschaft auch versenden.«

Bei Einbruch der Dunkelheit saß Hank Paulson noch in seinem Büro und hatte eben ein Telefonat mit Geithner beendet. Die Neuigkeit verhieß wenig Gutes. Geithner hatte ihm mitgeteilt, dass Morgan Stanley außer dem »nackten« Szenario von der Bank-Holding, wie er es nannte, keinen Plan habe. Er sei unsicher, ob irgendein Investor – JP Morgan, Citigroup, die Chinesen oder die Japaner – aufspringen werde. Und auch bei der Goldman-Wachovia-Fusion sei er skeptisch.

»Uns gehen die Optionen aus«, teilte er Paulson mit.

Paulson, der eine Woche lang nur knapp drei Stunden pro Nacht geschlafen hatte, fühlte Ekel in sich aufsteigen. Die Finanzbranche, in der er sein gesamtes Berufsleben verbracht hatte, begann vor seinen Augen zu zerfallen. Angesichts der Ereignisse wurde ihm schwindelig.

Draußen hörten seine Mitarbeiter, wie er sich übergab.

Noch bevor sein schwarzer Suburban am Samstagabend in der Auffahrt zum Stehen kam, stieg Hank Paulson mit seinem Handy am Ohr aus der geöffneten Wagentür – gegen den Wunsch seines Personenschützers Jim Langan, der es lieber sah, wenn Paulson so lange im Wagen wartete, bis er draußen war. Aber an dieses Protokoll hielt sich der Finanzminister längst nicht mehr.

Paulson eilte ins Haus, um eine Verbindung mit Vizepremier Wang Qishan in China zu bekommen. Gestern hatte er sich darum bemüht, den Anruf in die Wege zu leiten, um China zu einer Investition bei Morgan Stanley zu bewegen. Anfangs hatte er

noch gehofft, dass US-Präsident Bush bei Chinas Staatspräsident anrufen würde, und deswegen Bushs Stabschef Josh Bolten kontaktiert. Bolten hatte Bedenken gegen ein Engagement des Präsidenten für ein einzelnes US-Unternehmen. Bush könne allenfalls allgemein über die Finanzindustrie reden und auf subtile Weise zu dem gewünschten Deal ermuntern. Aber dazu müsse Paulson erst das Interesse bei den Chinesen ausloten.

Paulson hatte den Anruf bei Wang für 21.30 Uhr bestellt. Zu Wang, den er von Geschäftsreisen als CEO von Goldman nach China kannte, hatte er ein entspanntes Verhältnis. Ihm war auch klar, dass es höchst ungewöhnlich war, einen privatwirtschaftlichen Deal mit einem anderen Land zu orchestrieren, das zudem der größte Gläubiger der USA war. Vor dem Anruf hatte er bei Bushs Nationalem Sicherheitsberater Stephen Hadley telefonisch um Rat ersucht, wie er vorgehen solle. Hadley riet dringend zu einem vorsichtigen Auftreten.

Als die Verbindung zu Wang endlich hergestellt war, kam Paulson rasch auf den Punkt: »Wir würden eine Investition von Ihnen begrüßen«, sagte er mit Blick auf Morgan Stanley und schlug vor, als strategische Investition eine der größten Banken Chinas, zum Beispiel die ICBC, einzubinden.

Wegen der Ereignisse um Lehman Brothers äußerte Wang Bedenken. »Morgan Stanley ist strategisch wichtig«, entgegnete Paulson als Wink, dass er die Bank nicht in Konkurs gehen lassen würde.

Wang zeigte sich unbeeindruckt und verlangte eine Zusage der US-Regierung über Bürgschaften für jede Investition. Paulson vermied ein klares Versprechen und sagte beschwichtigend: »Ich kann Ihnen versichern, dass eine Investition in Morgan Stanley positiv gesehen würde.«

Nur wenige Stunden später, am Sonntagmorgen, setzte sich Paulson wieder in seinen Suburban, in dem seine Kommunikationschefin Michele Davis wartete. »Das wird Ihnen nicht gefallen«, sagte sie und zog die Titelseite der neuen *Newsweek* heraus, die am Montag an den Kiosken verkauft würde. Unter der Überschrift »King Henry«[6] prangte Paulsons Foto.

Sie fuhren zu einer Aufzeichnung für die NBC-Sendung *Meet the Press,* in der er bei seinem Angelkameraden Tom Brokaw seinen TARP-Vorschlag anpreisen würde. Brokaw hatte nach Tim Russerts Tod vorübergehend die Moderation der politischen Talkshow übernommen. Danach stünden noch Auftritte bei ABCs *This Week* und bei CBSs *Face the Nation* auf dem Programm.

Paulson überflog den Artikel. Es war ein schmeichelhaftes Porträt, abgesehen von einem Zitat, mit dem Gouverneur Jon Corzine, sein einstiger Angstgegner bei Goldman Sachs, seine Standhaftigkeit in Zweifel zog.[7] Aber wichtiger noch: Die Titelseite bedeutete eine stillschweigende Anerkennung der gewaltigen Macht, die Paulson in Amerika und sogar auf der Weltbühne gewonnen hatte. Präsident Bush war in den Hintergrund gerückt. In diesen Krisenzeiten führte faktisch der Finanzminister das Land.

Er genoss seine Macht, wusste aber auch, dass sie ein zweischneidiges Schwert war. Die negative Seite bekam er schon wenige Minuten nach Beginn des Interviews zu spüren: Brokaw bohrte wegen der fehlenden Details in dem TARP-Plan nach – eine Schwachstelle, die schon seinen Mitarbeitern am Vortag Kopfschmerzen bereitet hatte.

»Wenn Sie noch Chef von Goldman Sachs wären und Geschäftspartnern so einen Deal vorlegen würden«, sagte Brokaw, »würde man Sie da nicht aus dem Raum schicken und verlangen, dass Sie erst mit viel mehr Antworten wiederkämen?«[8]

Am Sonntag wurde Warren Buffett zu Hause in Omaha von Byron Trott angerufen, einem stellvertretenden Vorsitzenden bei Goldman Sachs. Buffett war auf kaum einen Banker der Wall Street gut zu sprechen, aber diesen in Chicago ansässigen freundlichen Mann aus dem Mittleren Westen verehrte er geradezu. Paulson hatte beide vor Jahren miteinander bekannt gemacht, worauf Trott zum einzigen Investmentbanker geworden war, dem Buffett wirklich vertraute. »Er versteht von Berkshire weitaus mehr als alle Investmentbanker, mit denen wir geredet haben, und leider muss ich sagen, dass er sein Geld wert ist«, schrieb Buffett im Jahresbericht 2003 von Berkshire Hathaways – für ihn ein Lob in den allerhöchsten Tönen.[9]

In dem Anruf machte Trott Buffett einen Vorschlag. Er hatte ihn in den letzten Wochen vergeblich zu einer Investition in Goldman zu überreden versucht und war auf eine neue Idee gekommen. Goldman sei mit Rückendeckung der Regierung in Übernahmegespräche mit Wachovia eingetreten. Vielleicht sei Buffett ja an einer Investition in ein kombiniertes Goldman-Wachovia interessiert?

Buffett glaubte zunächst, dass er sich verhört hatte: Staatliche Unterstützung? Bei einem Goldman-Deal?

»Das ist Zeitverschwendung, Byron«, sagte er auf seine hemdsärmelige Art nach einer kurzen Überlegung zu der Konstellation. »Bis heute Nacht merkt die Regierung, dass sie für so einen Deal kein Kapital lockermachen kann. Das Unternehmen des Exfinanzministers soll mit dem Unternehmen eines stellvertretenden Vorsitzenden von Goldman im Ruhestand und eines ehemaligen Staatssekretärs im Finanzministerium zusammengehen? Daraus wird nichts. Alle werden aufwachen und merken, dass das nicht geht, selbst wenn es die beste Fusion der Welt wäre.«

In Geithners Konferenzraum saßen Jester und Norton vom Finanzministerium sowie Terry Checki, Meg McDonnell und William Dudley von der New Yorker Notenbank an einem Tisch versammelt. Ben Bernanke war über Lautsprecher zugeschaltet.

Warsh ging die neuen Bedingungen der Übereinkunft zwischen Goldman und Wachovia durch. Steel und Cohn waren mit einer leichten Abänderung gegenüber dem ersten Vorschlag auf ihn zugekommen, wonach auf Warshs Hinweis hin Goldman Sachs die erste Milliarde Dollar an Verlusten übernehmen sollte. Cohn und Steel sagten, sie peilten einen Abschluss noch an diesem Nachmittag an, wenn die Regierung zu einer Unterstützung bereit sei. Die Verwaltungsräte beider Konzerne stünden in Bereitschaft.

Im Raum herrschte gegenüber der Transaktion eine allgemein positive Stimmung: Sie würde Goldman einen stabilen Bodensatz und Wachovia eine mächtige Investmentbank und ein erstklassiges Management verschaffen.

Geithner machte allerdings rasch auf die Nachteile aufmerksam: »Lässt das Goldman nicht schwächer erscheinen, als sie

sind?«, fragte er – dieselbe Frage hatte an diesem Tag bereits Blankfein gestellt. Geithner fragte sich zudem, ob den Kredit denn tatsächlich die Fed bereitstellen müsse. Immerhin unterstehe Wachovia dem Einlagensicherungsfonds FDIC, der die Last deshalb vielleicht auch schultern sollte.

Checki hielt Goldmans Forderung nach staatlicher Unterstützung für unglaublich dreist. »Sie führen diese Verhandlungen noch so, als hätten sie Druckmittel«, sagte er. Allerdings wandte er sich aus einem anderen Grund gegen die Fusion: Keine der beiden Seiten habe genügend Zeit für eine durchdachte Entscheidung. Für ihn war das Ganze vom »Nothochzeitssyndrom« diktiert.

Bernanke hörte sich die Debatte kommentarlos an.

Dann erhob Bill Dudley, selbst ein Goldman-Exmitarbeiter, der den Deal für die Regierung als unattraktiv bewertete, die gleichen Einwände wie Buffett wenige Stunden zuvor: Die Sache würde für die Regierung zu einem PR-Desaster werden.

»Was machen wir da eigentlich? Man muss sich nur das Beziehungsgeflecht anschauen: das Finanzministerium, Steel und ich. Alle Verbindungen führen zu Goldman. Wir müssen vorsichtig sein.«

Geithner und Bernanke schlossen sich telefonisch mit Paulson kurz und waren sich einig, dass sie den Deal nicht unterstützen konnten.

Als Warsh die Entscheidung Steel und Cohn verkündete, fielen beide aus allen Wolken. Sie hatten die letzten 24 Stunden damit zugebracht, auf Drängen der Regierung eine Übereinkunft zu erzielen, und erfuhren jetzt, dass diese Übereinkunft nun doch nicht geschlossen werden könne.

»Tut mir leid. Ich verstehe Ihren Ärger und bin so frustriert wie Sie. Aber uns fehlen die Gelder und die Befugnisse«, erklärte ihnen Warsh.

Steel fühlte sich vor allem persönlich gekränkt. Er komme sich wie ein zurückgewiesener Bräutigam vor, erklärte er Warsh, der auf der Suche nach einer geeigneten Partie von einer Braut zur anderen laufe, um sein Unternehmen zu retten. Erst Morgan Stanley und jetzt Goldman Sachs.

Cohn, der die gereizte Stimmung spürte, sagte: »Ich denke, ich steige aus.«

»Nein, das hören Sie sich jetzt an«, sagte Steel eindringlich und erhob erstmals die Stimme. »Bleiben Sie sitzen und hören Sie sich jedes verdammte Wort an.«

Er redete beklommen in den Lautsprecher in der Mitte des Tischs und wurde wütender. »Was mache ich jetzt? Sagen Sie mir, was ich tun soll. So geht das nicht. Mal passt Ihnen dies und dann wieder das nicht. Wollen Sie den Midtown-Deal machen?«, sagte er mit Blick auf Morgan Stanley. »Soll ich Citi anrufen? Ich muss meine Aktionäre schützen. Das ist meine Aufgabe. Sagen Sie mir einfach, was zum Teufel ich machen soll. Ich bin es nämlich leid, dauernd im Kreis herumzurennen.«

»Ich weiß nicht, ob es stimmt, aber Goldman soll in den nächsten 24 Stunden einen Deal mit Wachovia verkünden«, erklärte John Mack in seinem Büro vor dem versammelten Führungsteam.

Von dem Gerücht hatte er eben auf einer Sitzung mit dem Verwaltungsrat erfahren und war geschockt. Schließlich hatten sie erst am Freitag Fusionsverhandlungen geführt, auch wenn es so ausgesehen hatte, als würden sie im Sande verlaufen.

Taubman, der Chef der Investmentabteilung, war entsetzt. *Wie konnte Goldman Sachs, Morgan Stanleys erbittertster Konkurrent, bereit sein, sämtliche Giftpapiere von Wachovia zu übernehmen?*, dachte er. Dann dämmerte es ihm. »Diese Arschlöcher haben wahrscheinlich einen Kuhhandel mit der Regierung geschlossen!«, rief er aus. »Das ergibt nur einen Sinn, wenn die Regierung Wachovia rettet und einen Haufen schlechter Werte übernimmt!«

Nachdem Paulson klar geworden war, dass der Deal zwischen Goldman und Wachovia geplatzt war, stand er unter einem umso größeren Druck, eine Lösung für Morgan Stanley zu finden. Die nächstliegende hieß für ihn JP Morgan. Paulson hatte Jamie Dimon am Vortag deswegen bereits mehrfach vergeblich bedrängt, jetzt musste er eben ernsthaft Druck ausüben.

»Jamie«, sagte Paulson, als er ihn in einer Telefonkonferenz mit Geithner und Bernanke erreichte. »Ich brauche Sie. Sie soll-

ten sich ernsthafte Gedanken über eine Übernahme von Morgan Stanley machen. Es ist ein hervorragendes Unternehmen mit hervorragenden Vermögenswerten.«

Dimon hatte gerade ein kurzfristig anberaumtes Treffen mit Gao von CIC hinter sich. Gao hatte ihn aufgesucht, um auszuloten, ob JP Morgan bei einem eventuellen Gebot für Morgan Stanley zu einer Zusammenarbeit bereit wäre. CIC hätte zusätzliches Eigenkapital in das Unternehmen einbringen und JP Morgan eine Kreditlinie bereitstellen sollen. Das Treffen war im Sande verlaufen.

Dimon war darauf gefasst, dass die Regierung versuchen könnte, ihm diesen Deal unterzuschieben, und blieb eisern.

»Hören Sie auf. Das ist nicht machbar«, sagte er gereizt. »Das geht nicht. Ich tue für Sie und das Land wirklich alles, aber JP Morgan bringe ich nicht Gefahr.«

»Selbst wenn Sie mir das Unternehmen so geben würden, könnte ich das nicht machen«, fuhr Dimon fort. Der Deal würde die Bank 50 Milliarden Dollar und zahllose Jobs kosten.

»Ich will nicht und John auch nicht«, teilte er Paulson mit.

»Ja, aber vielleicht brauche ich Sie«, antwortete Paulson unnachgiebig.

Nach Augenblicken des Schweigens gab Dimon einen Zentimeter nach. »Wir ziehen es in Erwägung«, sagte er, »aber es wird ein zähes Ringen.«

Gegen 15.30 Uhr kündigte Stacie Kruk, John Macks Sekretärin, an, dass Minister Paulson am Telefon sei. Mack nahm den Anruf auf seiner Couch entgegen. Im Fernsehen hinter ihm lief das Football-Match der New York Giants gegen die Cincinnati Bengals.

»Hallo, John. Ben Bernanke und Tim Geithner sind mit mir in der Leitung. Wir wollten mit Ihnen reden«, sagte Paulson.

»Gut«, sagte Mack, »wenn Sie alle in der Leitung sind, dann kann ich auch meinen Chefjustiziar einbeziehen?«

Paulson stimmte zu. Nachdem er den Fernseher auf stumm gestellt hatte, drückte Mack den Freisprechknopf.

»Die Märkte dürfen am Montag ohne eine Lösung für Morgan Stanley nicht öffnen«, sagte Paulson so eindringlich er konnte.

»Sie müssen eine Lösung finden. Wir erwarten von Ihnen, dass Sie einen Deal schließen.«

Mack hörte sprachlos zu.

Bernanke, der sich bei solchen Gelegenheiten gewöhnlich zurückhielt und schwieg, räusperte sich und fügte hinzu: »Sie sehen nicht, was wir sehen. Wir versuchen das System auf der sicheren Seite zu halten. Dazu müssen Sie einen Deal schließen.«

»Wir haben viel Zeit und Arbeit investiert und sind der Ansicht, dass Sie Jamie anrufen sollten«, sagte Geithner nachdrücklich.

»Ich habe ihn schon angerufen, Tim«, erwiderte Mack hörbar genervt. »Er will die Bank nicht.«

»Doch, er wird sie kaufen«, sagte Geithner.

»Ja, für einen Dollar!«, rief Mack aus. »Das hat doch keinen Sinn.«

»Tun Sie es!«, sagte Geithner hartnäckig.

»Ich frage Sie: Halten Sie das gesellschaftspolitisch für vernünftig?«, fragte Mack erkennbar zornig. »In dieser Stadt sind bei AIG, Lehman, Bear Stearns und durch andere Entlassungen 35 000 Arbeitsplätze vernichtet worden. Und Sie sagen mir, es sei richtig, das Schicksal von 45 000 bis 50 000 Menschen aufs Spiel zu setzen und in Kauf zu nehmen, dass 20 000 Jobs verschwinden? Das betrachte ich nicht als gute Politik.«

Eine Moment lang herrschte Stille in der Leitung.

»Es geht um das Wohlergehen der Unternehmen«, sagte Geithner gelassen.

»Schauen Sie«, sagte Mack, »ich habe vor Ihnen drei und dem, was Sie machen, alle Hochachtung. Sie sind Patrioten, und dafür muss Ihnen jeder im Land dankbar sein. Aber das hier mache ich nicht. Auf keinen Fall. Das tue ich unseren 45 000 Beschäftigten nicht an.«

Daraufhin legte er auf.

Bei Goldman Sachs herrschte eine kaum weniger gespannte Stimmung. »Wir werden eine Bank-Holdinggesellschaft«, verkündete Blankfein Cohn, als dieser sein Büro betrat. Er hatte eben mit Geithner gesprochen. »Es klappt.« Als die Federal Reserve den

Entwurf für die Pressemitteilung faxte, entdeckte er, dass ein weiteres Institut diesen Status erhalten würde. Der Name war allerdings ausgespart. *Das muss Morgan Stanley sein*, dachte er. Offenbar hatte sein Anruf am Freitagmorgen bei Mack gewirkt.

Cohn setzte sich auf Blankfeins Couch und stocherte in einem Omelett herum, seiner ersten Mahlzeit an diesem Tag. Endlich konnte er lächeln. Sie waren über den Berg. Zur Umsetzung des Antrags brauchten sie nur noch die Unterschriften der Direktoren. In fünf Minuten würde eine anberaumte Telefonkonferenz mit dem gesamten Verwaltungsrat beginnen.

Als alle zugeschaltet waren, hob Blankfein an: »Ich habe endlich gute Neuigkeiten …«

Die Banker von Morgan Stanley warteten noch immer darauf, zu hören, ob ihr angestrebter Deal mit Mitsubishi klappte. Die Fed, so hatten sie erfahren, würde ihnen den Status der Bank-Holding zubilligen, aber Geithner bestand nach wie vor darauf, dass das Unternehmen bis Montag einen Großinvestor als Beleg dafür vorwies, dass es Vertrauen genoss. Mitsubishi hatte einen Vorschlag eingereicht, eine »Absichtserklärung« zur Übernahme von 20 Prozent des Unternehmens für immerhin 9 Milliarden Dollar.[10] Taubman und Kindler war freilich bewusst, dass dies noch kein wasserdichter Vertrag war. So schnell bekamen sie keinen kompletten Abschluss zustande. Aber sie hofften, dass die Anleger am Markt die Japaner beim Wort nehmen und ihnen mehr Vertrauen schenken würden, als Paulson und Geithner es getan hatten.

Als Kindler und Taubman die Erklärung durchgingen, lachten sie über die Berichterstattung zu ihren hektischen Fusionsgesprächen vom Wochenende. Verschiedene Medien waren nicht auf dem neuesten Stand oder kolportierten alte Gerüchte. Im Fernsehen erklärte Gasparino, Morgan Stanley führe Gespräche mit Wachovia oder CIC. »Das gefährlichste Arschloch an der Wall Street«, seufzte Kindler.

Oben telefonierte Mack mit Mitsubishi-Chef Nobuo Kuroyanagi, während ein Übersetzer die Absichtserklärung festzuklopfen versuchte.

Seine Sekretärin flüsterte: »Tim Geithner ist am Telefon. Er muss Sie sprechen.«

Mit der Hand auf dem Hörer erwiderte Mack: »Sagen Sie ihm, dass ich jetzt nicht sprechen kann. Ich rufe zurück.«

Fünf Minuten später rief Paulson bei Mack an: »Ich kann jetzt nicht«, sagte er der Sekretärin. »Ich habe die Japaner dran. Ich rufe nachher zurück.«

Zwei Minuten später war Geithner erneut in der Leitung. »Er sagt, er muss Sie dringend sprechen«, berichtete Macks Sekretärin hilflos.

Mack war nur noch Minuten von einer Übereinkunft entfernt. Er blickte Ji-Yeun Lee an, eine Bankerin, die ihm in seinem Büro stehend bei den Gesprächen assistierte, und sagte ihr: »Halten Sie sich die Ohren zu.« Und zu seiner Sekretärin: »Sagen Sie ihm, er kann mich am Arsch lecken. Ich versuche hier mein Unternehmen zu retten.«

»Gott sei Dank, geschafft!«, rief Jamie Dimon aus, als er durch den Flur der Chefetage von JP Morgan in Jimmy Lees Büro stürmte. Dort wartete bereits das Führungsteam auf die nächsten Anweisungen – bei Steaks vor dem Fernseher, wo der Ryder-Cup und das Match der New York Giants liefen.

»Mack hat eben angerufen«, sagte Dimon mit einem erleichterten Seufzer. »Sie haben von den Japanern 9 Milliarden Dollar zugesagt bekommen!«

Um 21.30 Uhr ging die Nachricht über die Kanäle:[11] Goldman Sachs und Morgan Stanley würden Bank-Holdinggesellschaften. Das Ereignis war eine Zäsur: Um sich zu retten, hatten die beiden größten Investmentbanken der Landes ihr Geschäftsmodell im Grunde für tot erklärt. In der *New York Times* war die Rede von »einem Schritt, mit dem eine Ära der Hochfinanz, die das neue ›Gilded Age‹ bezeichnete, grundlegend neu gestaltet wird«, und von einem »offenen Eingeständnis, dass ihr Finanz- und Investitionsmodell zu riskant geworden ist«.

Kapitel neunzehn

Am Montag, dem 22. September, einen Tag nachdem Goldman Sachs eine Bank-Holding geworden war, starrte Lloyd Blankfein, das Gesicht ganz verquollen vor Erschöpfung, auf eine gerahmte Karikatur aus Gary Larsons Serie *The Far Side,* die auf dem Beistelltisch in seinem Büro stand. Die Zeichnung zeigt einen Vater und seinen Sohn, die vor ihrem Vorstadthaus stehen und über den Zaun zum Nachbarhaus hinüberschauen. Dort marschiert gerade ein Wolfsrudel durch die Vordertür hinein. »Ich weiß, dass du die Familie Wainwright vermisst, Bobby«, lautet der zugehörige Text, »aber sie waren schwache und dumme Menschen, und deshalb haben wir Wölfe und andere große Raubtiere.«

Für Blankfein war die Karikatur eine recht gute Zusammenfassung der jüngsten Vorgänge an der Wall Street. Wenn die Sache ein bisschen anders ausgegangen wäre, hätten Morgan Stanley und vielleicht sogar Goldman Sachs leicht ebenso enden können wie die Wainwrights.

Von den großen fünf Investmentbanken waren seine eigene und Morgan Stanley die letzten, die noch standen. Aber auch unter Goldman Sachs wankte der Boden. Im Lauf des Tages hatte sich der Aktienkurs der Firma im Gegensatz zu dem von Morgan Stanley nicht stabilisiert, sondern weiter nachgegeben und war um 6,9 Prozent gefallen. Obwohl Goldman zur Bank-Holding erklärt worden war und nun zur Sicherung seiner Liquidität fast unbeschränkten Zugang zu Mitteln der Federal Reserve hatte, waren die Anleger plötzlich in Sorge, dass das Unternehmen mehr Kapital benötigen könnte.

Nachdem der Dow Jones in der Woche zuvor dank der Hoffnung, das Rettungsprogramm TARP könne die Wirtschaft retten, zwei Tage lang gestiegen war, bewegte sich der Großteil des Marktes inzwischen wieder in die falsche Richtung. Bei genaue-

rem Hinsehen hatten die Anleger nämlich erkannt, dass Paulson sein Programm besser verkaufen musste, wenn er damit wirklich das Vertrauen in die wirtschaftliche Entwicklung wiederbeleben wollte. Zu viele Amerikaner hatten bei den Sparplänen für ihre Altersvorsorge schwere Verluste erlitten und fanden schlicht und einfach, dass es die Wall Street nicht verdiente, gerettet zu werden. »Es wäre ein schwerer Fehler zu sagen, dass wir schlechte Kredite aufkaufen werden, die durch schlechte Entscheidungen dieser Leute zustande gekommen sind, und ihnen dann zu erlauben, an ihrer Rettung Millionen Dollar zu verdienen«, hatte Barney Frank einen Tag zuvor getobt. »Das amerikanische Volk will nicht, dass das passiert, und es sollte auch nicht passieren.«[1]

Doch der politische Streit um das Rettungspaket dürfte Blankfein kaum beschäftigt haben. Er stand vor dem viel drängenderen Problem, Kapital aufzutreiben. Mit dieser Aufgabe hatte er seinen Co-Präsidenten Jon Winkelried betraut, und dieser hatte über das Wochenende ein Team zusammengestellt und sich an mögliche Anleger in China, Japan und am Persischen Golf gewandt. Doch der Versuch war ein Schuss ins Blaue gewesen, und Winkelried hatte nur höfliche Absagen geerntet.

Am Montagabend rief Byron Trott Winkelried aus seinem Büro in Chicago an, weil er sich wunderte, dass er nichts aus New York hörte.

»Es ist viel zu ruhig seit dem Wochenende. Was ist los?«, fragte er besorgt. Winkelried sagte, sie würden am Dienstag einen zweiten Versuch in Sachen möglicher Anleger starten, die Aktien der Firma kaufen wollten. Angesichts der unsicheren Marktlage erwarte er nicht, dass er bei einer einzigen großen Quelle Geld auftreiben könne. Unter den gegebenen Bedingungen müsse es vielmehr in kleineren Summen von Dutzenden institutioneller Anleger kommen.

»Moment mal«, unterbrach ihn Trott, »macht mal ein bisschen langsam, Jungs.«

Trott war der engste und vielleicht einzige Verbindungsmann des Unternehmens zu Warren Buffett, und er schlug vor, sich ein letztes Mal an ihn zu wenden. Er hatte Buffett seit Donnerstag eine ganze Reihe von Vorschlägen gemacht, in Goldman zu

investieren, aber der wie immer vorsichtige Finanzier hatte alle abgelehnt. Blankfein hatte Trott ermutigt, einen Standarddeal mit konvertierbaren Vorzugsaktien vorzuschlagen, bei dem Bufett Vorzugsaktien mit einer bescheidenen Verzinsung erhalten sollte, die mit einem Aufschlag von etwa 10 Prozent auf den aktuellen Aktienkurs von Goldman in normale Aktien umgewandelt werden konnten. Aber wie Trott richtig vorhergesagt hatte, gab es nicht genug Kursspielraum nach oben, damit sich »das Orakel« für den Deal interessierte. »Auf einem Markt wie diesem gibt es keinen Grund, warum ich das Risiko eingehen sollte«, hatte Buffett Trott geantwortet.

Am Dienstagmorgen rief Trott, nachdem er sich mit Blankfein und den anderen führenden Goldman-Managern beraten hatte, noch einmal bei Buffett an und machte ihm einen neuen Vorschlag.[2] Buffetts Enkel waren zu Besuch bei ihm in Omaha, und weil er sie gerade in das lokale Dairy Queen (eine Fast-Food-Kette, die Berkshire gehört) ausführen wollte, dauerte das Gespräch keine zwanzig Minuten. Trott wusste, dass Buffett nur investieren würde, wenn ihm ein extrem großzügiges Angebot gemacht würde, und genau das tat er: Goldman würde Buffett Aktien im Wert von 5 Milliarden Dollar verkaufen, und zwar als Vorzugsaktien mit einer Dividende von 10 Prozent.[3] Dies bedeutete, dass Goldman für die Investition jährlich 500 Millionen Dollar zahlen würde und Buffett sie außerdem zum Preis von 115 Dollar pro Aktie in normale Goldman-Aktien umwandeln konnte, also zu einem Preis, der etwa 8 Prozent unter dem aktuellen Kurs der Goldman-Aktien lag. Bei diesen Konditionen würde Goldman sogar noch mehr bezahlen, als Buffett im Frühjahr von Dick Fuld verlangt und dieser offenbar abgelehnt hatte.

Buffett verließ sich wie immer auf sein Gefühl und stimmte dem Deal in Umrissen zu. Trott rief Winkelried an und teilte ihm die gute Nachricht mit. Er erreichte ihn auf dem Weg zum UN-Hauptquartier, wo Präsident Bush vor der 62. Generalversammlung sprechen sollte.

»Ich glaube, Warren macht es!«, sagte Trott aufgeregt.

»Okay, bleiben Sie dran«, sagte Winkelried, während er versuchte, auf den überfüllten, lauten Gehsteigen vor dem Grand

Central Terminal einen ruhigen Ort zu finden. Dann rief er im Büro an und arrangierte eine Konferenzschaltung mit Goldmans Beratern David Viniar, Gary Cohn und David Solomon sowie mit Blankfein, der an diesem Tag zu Gesprächen mit Abgeordneten nach Washington geflogen war.

Minuten später war die Gruppe in Verbindung und besprach den Deal mit Buffett. Alle waren sich einig, dass das Vertrauen, das Buffetts Investition auf dem Markt wecken würde, genauso wichtig war wie die Kapitalspritze. Tatsächlich, sagte Winkelried, werde Goldman dank Buffetts Engagement weiteres Geld von anderen Anlegern auftreiben können.

»Gibt es einen Grund, es nicht zu tun?«, fragte Viniar.

»Wir machen es«, sagte Solomon.

Trott vermittelte Blankfein sofort ein direktes Gespräch mit Buffett, und die beiden gingen das Geschäft noch einmal kurz miteinander durch. Dann schlug Buffett vor, Goldman solle die Papiere vorbereiten und sie ihm schicken, dann könne das Geschäft noch an diesem Abend nach Börsenschluss bekannt gegeben werden.

Blankfein, der immer alles bis ins letzte Detail klären wollte, fragte: »Wollen Sie, dass ich Ihnen einen Download über die Dinge mache, bei denen mir nicht ganz wohl ist?«

»Nein«, sagte Buffett ruhig. »Wenn ich Sorgen hätte, würde ich es nicht machen.« Und damit trommelte er seine Enkel zusammen und machte sich auf den Weg ins Dairy Queen.

Tatsächlich gab es eine Bestimmung, die den Goldman-Leuten Bauchschmerzen bereitete und die, wie Buffett angedeutet hatte, bei dem Geschäft ein Knackpunkt war. Sie lautete, dass die vier Topmanager von Goldman Sachs bis 2011 oder bis Buffett seine Anteile verkaufte, nicht mehr als 10 Prozent ihrer Aktien veräußern durften, selbst wenn sie die Firma verließen. Buffett hatte Blankfein seine Gründe für die Klausel mit den Worten erklärt: »Wenn ich ein Pferd kaufe, kaufe ich den Jockey dazu.«

Blankfein wusste, dass die Bestimmung weder für ihn noch für Cohn oder Viniar ein Problem sein würde, aber für Winkelried. Dieser war erst 49 und hatte erst kürzlich angedeutet, dass er Goldman verlassen wolle. Außerdem hatte er seine eigene

persönliche Liquiditätskrise, die in der Firma geheim war. Er hatte zwar keine Schulden, doch es ging ihm rapide das Bargeld aus. Zwar hatte er im Jahr 2006 53,1 Millionen und 2007 etwa 71,5 Millionen Dollar verdient, doch das meiste Geld war in Aktien angelegt, und er hatte in der Zwischenzeit außerordentlich hohe Summen ausgegeben.[4] Er besaß zwar ein 2,4 Hektar großes Grundstück an der Küste von Nantucket, das er für 55 Millionen Dollar zum Verkauf anbieten wollte,[5] was ihn jedoch Geld kostete, war die Marvine Ranch, eine Pferdefarm in Meeker, Colorado. Winkelried war ein ambitionierter Westernreiter und nahm an Wettbewerben teil. Er hatte mit seiner Farm im Lauf der vergangenen drei Jahre über eine Million an Preisgeldern gewonnen, aber der Betrieb der Pferdezucht hatte Dutzende Millionen Dollar gekostet.

Blankfein rief ihn persönlich an, und nachdem er ihm versichert hatte, dass ihm die Firma aus seinen finanziellen Schwierigkeiten heraushelfen werde, stimmte Winkelried Buffetts Bedingung zu. Er war über die Einschränkung unglücklich, wusste aber, dass der Deal mit Buffett für Goldman das Beste war.

Bis zum nächsten Morgen schaffte es Goldman dank dem Geschäft mit Buffett, Aktien im Wert von weiteren fünf Milliarden Dollar zu verkaufen, und der Kurs der Aktie stieg um mehr als 6 Prozent.

Blankfein konnte sich endlich entspannen. Die Wölfe standen nicht mehr vor der Tür.

»Josh, ich kann nicht glauben, dass das passiert«, schrie Paulson in sein Mobiltelefon. Er sprach mit Josh Bolten, dem Stabschef des Weißen Hauses, der mit dafür gesorgt hatte, dass er Minister wurde. »Niemand hat das mit mir abgeklärt, und wenn wir weiter solchen Mist bauen, dann könnt ihr euch einen neuen Finanzminister suchen!«

Paulson war den ganzen Nachmittag auf dem Capitol Hill gewesen und hatte versucht, Volksvertreter von TARP zu überzeugen, und nun hatte er gerade erfahren, dass John McCain nach Washington kommen würde. Der republikanische Präsidentschaftskandidat hatte angekündigt, seinen Wahlkampf zu unter-

brechen und bei der Ausarbeitung des Rettungsplans zu helfen. Die Krise, die sich immer weiter zu verschärfen schien, war damit Gegenstand des Wahlkampfs geworden.

Für den ebenso deprimierten wie erschöpften Paulson war dies nur ein weiterer Hinweis, wie schwer es sein würde, die Zustimmung für sein Gesetz zu bekommen. Er fürchtete, dass durch McCains Rückkehr die republikanischen Gegner des Rettungsplans zusammengeschweißt würden. Wenn die Bush-Administration nicht einmal den republikanischen Präsidentschaftskandidaten unter Kontrolle hatte, ganz zu schweigen von der Partei selbst, dann war er mit seinem Rettungsplan wirklich in Schwierigkeiten.

Paulson ging tobend in einem Vorzimmer im Rayburn House Office Building auf und ab, und Bernanke, der ihn zu den Gesprächen begleitet hatte, wurde der Ton des Gesprächs so unangenehm, dass er den Raum verließ. Er war es nicht gewöhnt, dass Regierungsbeamte einander anschrien, und konnte es nicht ertragen, wenn hinter den Kulissen mit harten Bandagen gekämpft wurde, was in der Politik, insbesondere in einem Wahljahr, ganz alltäglich war.

Tatsächlich nahm die Unterstützung für das Rettungsprogramm in beiden Parteien rasch ab. Joshua Rosner, leitender Direktor bei Graham Fisher & Company, hatte die Bezeichnung TARP mit »Total Abdication of Responsibility to the Public« (»Völliger Verzicht auf Verantwortung gegenüber der Öffentlichkeit«)[6] übersetzt. Die Demokraten warfen Paulson vor, er nutze das Programm, um seinen Freunden an der Wall Street die Taschen zu füllen, und die Republikaner betrachteten es nur noch als einen weiteren Fall panischen staatlichen Eingreifens. Außerdem beschwerten sich Kongressmitglieder beider Parteien über die Kosten des Plans. Einige fragten, ob er vielleicht in Raten umgesetzt werden könne, und andere versuchten, für jede Legislaturperiode eine Begrenzung der staatlichen Ausgaben in das Gesetz hineinzuschreiben.

»Was sie uns geschickt haben, ist unannehmbar«, erklärte Christopher Dodd.[7] »Das wird nicht funktionieren.« Jack Kingston, ein republikanischer Abgeordneter aus Georgia, ging sogar

so weit, Paulson öffentlich als »miserablen Kommunikator« zu kritisieren, und klagte: »Wir sollen über das wichtigste Gesetz unseres Lebens abstimmen, ohne dass wir es zu Gesicht bekommen haben.«[8]

Jenseits aller Polemik stellten Abgeordnete und Anleger freilich auch sinnvolle Fragen zu dem Vorhaben, gefährdete Vermögenswerte aufzukaufen. Mit welchem Geld würde sie der Staat bezahlen? Wie würden die Preise bestimmt? Was wäre, wenn bestimmte Gruppen auf Kosten des Steuerzahlers Gewinne machen würden?

Steven Schwarzman hatte Paulson ermutigt, einen Plan zu verkünden, und zwar *irgendeinen* Plan. Als er aber die Details von Paulsons Vorschlag sah, rief er Jim Wilkinson an, damit er Paulson seine Meinung übermittelte:

»Sie haben den falschen Plan verkündet«, sagte er.

»Was wollen Sie damit sagen?«, fragte Wilkinson.

»Sie werden keinen praktikablen Weg finden, um diese Vermögenswerte in kurzer Zeit zu kaufen und damit für Liquidität zu sorgen, ohne entweder den Banken oder den Steuerzahlern zu schaden«, sagte Schwarzman. »Und Sie werden die Leute nicht zum Verkauf zwingen können!« Er erklärte, dass die meisten Bankchefs ihre faulen Wertpapiere lieber zu schlechteren Preisen in ihren Büchern lassen würden, als einen riesigen Verlust zu verbuchen. »Außerdem«, fügte er hinzu, »ist jedes dieser verbrieften Wertpapiere so komplex, dass es etwas ganz anderes ist, als wenn Sie für ein normales Papier bieten. Sie müssen alles ganz genau analysieren, und das dauert Wochen oder Monate. Und wenn Sie Wochen oder Monate nichts tun, kommen Sie wieder in die Krise.«

Am Donnerstag, dem 25. September, gegen 16 Uhr versammelten sich die Führer beider Parteien und der zuständigen Ausschüsse sowie die Präsidentschaftskandidaten McCain und Obama um einen großen ovalen Mahagonitisch im prächtigen Kabinettszimmer des Weißen Hauses. Ebenfalls mit am Tisch saßen Präsident Bush, Vizepräsident Dick Cheney und Hank Paulson. Sie alle hatten sich versammelt, um die Republikaner im Repräsentantenhaus

nach der Vermittlungsaktion von John McCain dazu zu bewegen, wieder an den Verhandlungen teilzunehmen und dem Rettungsplan zuzustimmen.

»Wir an diesem Tisch nehmen diese Angelegenheit alle sehr ernst, und wir wissen, dass wir so schnell wie möglich etwas tun müssen«, sagte Bush.[9] »Wenn kein Geld locker gemacht wird, könnte dieses Ding tatsächlich den Bach runtergehen«, warnte er in Bezug auf die amerikanische Volkswirtschaft.

Doch die vielversprechende Suche nach einem Konsens versank schnell im Parteienstreit, als John Boehner aus Ohio, der republikanische Mehrheitsführer im Repräsentantenhaus, verkündete, die republikanischen Abgeordneten würden den Rettungsplan nicht unterstützen. Sie schlugen stattdessen eine Alternative vor, die unter anderem vorsah, die Hypotheken durch einen von der Wall Street finanzierten Fonds abzusichern.[10] Als die Demokraten protestierten, dass ein solcher Plan gegen die bestehende Krise nichts helfen werde, erhob sich überall im Raum Streit mit gegenseitigen Schuldzuweisungen und großem Geschrei – ein Spektakel, dem Cheney lächelnd zusah.

Obama versuchte einen Kompromiss zu erreichen und fragte: »Müssen wir ganz von vorn anfangen oder besteht die Möglichkeit, dass wir ein paar von diesen Bedenken berücksichtigen?«[11] Doch zu diesem Zeitpunkt war es schon zu spät für jeden Vermittlungsversuch, und die Besprechung endete damit, dass die verschiedenen Fraktionen den Raum verließen, ohne noch miteinander zu sprechen.

Als das entmutigte Team des Finanzministeriums auf dem Weg ins Oval Office war, teilte ein Mitarbeiter des Weißen Hauses Paulson mit, dass sich die Demokraten im Roosevelt Room, auf der anderen Seite des Korridors, versammelt hätten.

»Ich muss herausfinden, was sie tun«, murmelte Paulson und verschwand so schnell, dass ein Teil seines Stabs zunächst gar nicht merkte, dass er nicht mehr da war.

Er marschierte mitten hinein in die Versammlung der Demokraten, die angesichts des republikanischen Versuchs, den Rettungsplan zu torpedieren, tobten, und erkannte, dass sein Projekt kurz vor dem Scheitern stand.

Um die Lage zu entspannen, machte er einen Kniefall vor Nancy Pelosi, der demokratischen Fraktionsvorsitzenden im Repräsentantenhaus.

»Ich bitte Sie«, appellierte er leidenschaftlich unter leisem Gelächter vieler Abgeordneter, »brechen Sie die Sache nicht ab. Geben Sie mir noch eine letzte Chance, diese Leute mit ins Boot zu holen.«

Pelosi versuchte ein Lächeln zu unterdrücken, als der hochgewachsene Finanzminister vor ihr die Knie beugte, und witzelte: »Ich wusste gar nicht, dass Sie katholisch sind.«[12]

Am Freitagmorgen um vier Uhr ging Vikram Pandit, der CEO der Citigroup, in seinem Apartment in der Upper East Side seine E-Mails durch. Er hatte nur ein paar Stunden geschlafen, weil er spät nach Hause gekommen war, nachdem er den Tag an der Wharton School in Philadelphia verbracht hatte. Dort hatte er einen Vortrag gehalten, in dem er zu seinen Zuhörern sagte: »Sie haben sich genau die richtige Zeit herausgesucht, um zu studieren.«[13]

Sein E-Mail-Postfach war fast voll, weil sich seine engsten Mitarbeiter per Mail über die jüngste Entwicklung austauschten: Nur Stunden zuvor hatte die Federal Deposit Insurance Corporation (FDIC), der US-Einlagensicherungsfonds, die Kontrolle über Washington Mutual übernommen, ein Finanzinstitut, das mehr als 300 Milliarden Dollar an Vermögenswerten hielt, was seinen Zusammenbruch zur größten Insolvenz einer Savings-and-Loans-Bank in der Geschichte der USA machte. Einen Tag bevor die FDIC die Übernahme der größten Bausparkasse der USA bekannt gab, hatte sie eine kleine Auktion veranstaltet und für den Fall, dass sich doch noch ein Käufer fand, um Höchstgebote gebeten. In der Regel übernahm die FDIC gescheiterte Banken an einem Freitag, damit über das Wochenende Zeit war, das Institut auf eine Wiedereröffnung unter staatlicher Aufsicht am folgenden Montag vorzubereiten. Mit Washington Mutual jedoch war es so schnell abwärtsgegangen (innerhalb von nur zehn Tagen waren mehr als 17 Milliarden Dollar aus dem Unternehmen abgezogen worden), dass die Regulierungsbehörden schon am Donnerstag hatten handeln müssen.

Pandit hatte selbst früh ein Angebot für WaMu eingereicht und erfuhr nun, dass sein Rivale Jamie Dimon mit einem Angebot von 1,9 Milliarden Dollar das Rennen gemacht hatte.[14]

Als Pandit sich durch seinen Berg von E-Mails wühlte, stach ihm eine von Bob Steel von Wachovia ins Auge. Er wusste, dass Steel kurz zuvor in seinem Büro angerufen hatte, und glaubte den Anlass des Anrufs zu kennen: Steel wollte das von ihm geleitete Finanzinstitut wahrscheinlich verkaufen. Für Pandit war Wachovia wegen ihres Bodensatzes attraktiv, der Citi trotz ihrer gewaltigen Größe fehlte. Doch er wusste instinktiv, dass er an einem solchen Deal nur dann interessiert war, wenn er Wachovia billig haben konnte.

»Tut mir leid, ich war nicht da«, mailte er Steel um 4.27 Uhr, »aber jetzt bin ich zurück. Sie können jederzeit anrufen.«

Steel war ebenfalls schon wach, und Minuten später klingelte Pandits Telefon.

Steel, den am Wochenende zuvor Goldman Sachs und Morgan Stanley vor dem Altar hatten stehen lassen und der immer noch von Kevin Warsh unter Druck gesetzt wurde, wollte unbedingt so viele Optionen wie möglich in petto haben, weil er argwöhnte, dass es in der kommenden Woche leicht zu einem erneuten Fusionsrennen kommen konnte. Er hatte sich auch an Dick Kovacevich von Wells Fargo gewandt, den er am Wochenende zuvor zufällig in Aspen getroffen hatte, und mit ihm vereinbart, am Sonntagmorgen im Carlyle-Hotel zusammen zu frühstücken. Wenn alles so ausging, wie er hoffte, konnte er womöglich eine Versteigerung seines Unternehmens organisieren.

Nach dem Fiasko bei der Besprechung am Donnerstag waren Paulson und das Weiße Haus sich einig, dass sie ihr Möglichstes tun mussten, um die Gespräche über den Rettungsplan wieder in Gang zu bringen. »Die Zeit läuft ab«, warnte Paulson Josh Bolten.

Am Samstag, dem 27. September, um 15.15 Uhr war der Minister mit seinem Team im Cannon House Office Building des Kapitols auf dem Weg zum Konferenzraum H-230, wo er sich noch einmal mit den führenden Kongressmitgliedern traf, um einen Kompromiss zu schmieden.

Kashkari hatte zuvor mit den Leuten aus dem Finanzministerium Kriegsrat gehalten und alle daran erinnert, dass die größte Hürde auf dem Weg zu einer Einigung darin bestand, dass der Kongress den Ernst der wirtschaftlichen Probleme nicht begriffen hatte. »Wir müssen den Leuten eine Höllenangst einjagen«, sagte er und wiederholte damit, was Wilkinson dem Minister ein paar Tage zuvor ebenfalls geraten hatte. »Wir sollten nicht über das Gesetz reden«, drängte er und schlug vor, sich stattdessen auf die potenziell verheerenden Probleme zu konzentrieren, mit denen alle konfrontiert wären, wenn das Paket nicht durchkam.

Als Paulson den Konferenzraum gegenüber von Nancy Pelosis Büro betrat, stellte er fest, dass Harry Reid, Barney Frank, Rahm Emanuel, Christopher Dodd, Charles Schumer und ihre Stäbe schon da waren und nur Madame Speaker fehlte.

Um die Bedeutung und die Vertraulichkeit der Konferenz zu unterstreichen, wurden alle Anwesenden aufgefordert, ihre Handys und BlackBerrys abzugeben, damit nichts nach außen drang. Dutzende von Apparaten wurden durch gelbe Haftzettel mit dem Namen des Besitzers markiert und mit einem Abfalleimer eingesammelt.

Paulson hielt sich an Kashkaris Drehbuch und eröffnete die Besprechung mit den Worten: »Sie haben erlebt, was in dieser Woche mit Washington Mutual passiert ist«, und dann fügte er so unheilverkündend wie möglich hinzu: »Es gibt andere Unternehmen, darunter auch sehr große, die ebenfalls notleidend sind. Ich kann nicht genug betonen, wie wichtig die Sache ist.«[15]

Die Volksvertreter hörten aufmerksam und mit ernstem Gesicht zu, kamen danach jedoch sofort auf die vier wichtigsten Hindernisse zu sprechen, die ihrer Ansicht nach einer Einigung im Weg standen: die Aufsicht über das Programm, mit der es nach Ansicht der Demokraten ganz entschieden haperte; das Problem der Vergütungsbegrenzung bei den Managern der betroffenen Banken, eine umstrittene Bestimmung, die Paulsons Ansicht nach die Banken von einer Teilnahme an dem Programm abschrecken konnte; die Frage, ob es für den Staat nicht besser wäre, wenn er sich direkt an den Banken beteiligte, statt nur ihre faulen Vermögenswerte zu kaufen; und die Frage, ob die Finanzmittel alle

auf einmal ausgeschüttet werden mussten oder in Raten ausbezahlt werden konnten.

»Wenn Sie meinen, dass Sie jetzt sofort 700 Milliarden brauchen, dann sagen Sie uns das verdammt noch mal!«, brüllte Schumer wütend, weil er keine klare Antwort bekam.

»Ich mache das nicht nur für mich, sondern auch für Sie«, antwortete Paulson, der angesichts von Schumers aggressivem Ton ganz blass wurde. »Wenn wir es nicht tun, kracht der ganze Laden über unseren Köpfen zusammen.«[16]

Das Gespräch wandte sich bald den Managerbezügen zu. Alle im Raum waren sich darüber im Klaren, dass es großen politischen Schaden anrichten konnte, wenn Firmen, die der Steuerzahler gerettet hatte, riesige Boni auszahlten, und Max Baucus, der Vorsitzende des Finanzausschusses im Senat, sprach zu dem Thema. Er verbarg nicht, wie sehr er Paulson grollte, weil dieser nicht darauf bestanden hatte, die Managerbezüge bei allen Banken, die von dem Programm profitierten, strikt zu begrenzen. Baucus' Ansicht nach sollten die Vergütungsansprüche der Manager fast auf null reduziert werden, zumindest aber sollten diese gezwungen werden, auf großzügige Abfindungen und andere Sonderzahlungen zu verzichten.

Als Baucus immer weiterschimpfte und dabei so laut wurde, dass er den Stab des Finanzministeriums praktisch anschrie, unterbrach ihn Paulson mit den Worten: »Lassen wir uns nicht von unseren Gefühlen leiten«, und versuchte seine Beweggründe zu erläutern. Er sei nicht deshalb davor zurückgescheut, die Managerbezüge zu begrenzen, weil er seine Freunde habe schützen wollen, sondern weil er die Maßnahme nicht für realisierbar halte. Die Banken würden dann alle ihre Vergütungsvereinbarungen neu verhandeln müssen, ein Prozess, der Monate dauern und sie vermutlich daran hindern werde, das Rettungsprogramm in Anspruch zu nehmen.[17]

Paulsons Versuche, die Abgeordneten mit praktischen Argumenten zu besänftigen, schienen jedoch nicht zu funktionieren: Andere führende Kongressmitglieder brachten ebenfalls ihre Empörung zum Ausdruck, wobei sie besonders auf die mangelhafte Aufsicht und Rechenschaftspflicht zu sprechen kamen. Der

dreiseitige Gesetzentwurf, den Paulson in der Woche zuvor eingebracht hatte, war inzwischen zwar länger geworden, enthielt aber immer noch kaum Überwachungsbestimmungen, die sicherstellen sollten, dass das Programm ordnungsgemäß durchgeführt würde. Paulson hatte sich der Forderung der Demokraten widersetzt, einen Ausschuss einzusetzen, der nicht nur die Umsetzung des Programms überwachen, sondern auch beurteilen sollte, wie es funktionierte und welche Entscheidungen in seinem Rahmen getroffen wurden. »Wir reden nur darüber, dass Groucho, Harpo und Chico Zeppo [gemeint sind die vier Marx Brothers] überwachen dürfen«, sagte Frank unter allgemeinem Gelächter.[18]

Das Gespräch zog sich bis in die Nacht hinein hin, weil das Team des Finanzministeriums und die führenden Kongressmitglieder zwar nach einer gemeinsamen Basis suchten, aber immer wieder an denselben strittigen Punkten hängen blieben.

»Wir können unmöglich Hunderte von Banken im ganzen Land auffordern, all ihre Arbeitsverträge neu auszuhandeln«, sagte Kashkari, als das Thema der Vergütungsbegrenzung erneut zur Sprache kam. »Es dauert einfach zu lang; es geht nicht. Wenn sie also unverschämt hohe Abfindungen bekommen, können wir es physisch nicht leisten.«

Einer von Schumers Referenten schlug einen anderen Ansatz vor: »Warum verhindern wir dann nicht wenigstens neue Verträge über hohe Abfindungen?«

»Daran haben wir noch nicht gedacht«, räumte Kashkari verlegen ein.

Das war das Heureka!, die Erkenntnis, die endlich aus der Sackgasse zu führen schien. Zum ersten Mal seit Tagen hatte es den Anschein, als könnten die Beteiligten mit ein paar weiteren Kompromissen zu einer Einigung über den Rettungsplan kommen. Die Demokraten waren zwar immer noch wegen der unzureichenden Aufsicht unzufrieden, konnten sich aber damit trösten, dass sie beim Thema Bezüge eine Art Sieg errungen hatten.

Während Paulsons Mitarbeiter weiterhin zwischen den Fraktionen hin und her pendelten und versuchten, die richtigen Formulierungen für eine Übereinkunft zu finden, zog er selbst sich totenblass in Nancy Pelosis Büro zurück.

»Sollen wir den Arzt des Kapitols holen?«, fragte Harry Reid.

»Nein, nein«, sagte Paulson. »Mir geht es gleich wieder gut.«

Er zog sich schnell einen Mülleimer heran, weil es ihn würgte.

Bob Steel und sein Leutnant David Carroll trafen am Sonntagmorgen um acht Uhr in der eleganten Art-Deco-Lobby des Carlyle-Hotels ein, gingen zu den Aufzügen und fuhren zur Suite von Dick Kovacevich, dem Chairman von Wells Fargo, hinauf.

Da das TARP-Gesetz offiziell immer noch nicht durch war, wollten Steel und Carroll Kovacevich davon überzeugen, Wachovia zu kaufen. Für Steel war dies ein schwerer Schritt, denn er hatte erst zwei Monate zuvor das Finanzministerium verlassen, um Chef von Wachovia zu werden. Trotzdem sah er nun ein, dass ein Verkauf das Beste war. Ähnlich wie Bob Willumstad von AIG hatte er einfach keine andere Möglichkeit mehr. Der Versuch, mit Wachovia unter den gegebenen Umständen, also mit einem Portfolio von Subprime-Krediten, das immer mehr an Wert verlor, einen Turnaround zu schaffen, wurde immer schwieriger. Steel fühlte sich stark verpflichtet, schnell einen Käufer zu finden, damit er noch etwas für das Unternehmen bekam, bevor sich der Wind vollends gegen ihn drehte.

Außerdem stand er unter besonderem Zeitdruck, weil sowohl Standard & Poor's als auch Moody's damit gedroht hatten, am folgenden Tag das Rating für die Schuldtitel der Firma herabzusetzen. Eine solche Herabstufung würde die Bank, deren Aktienkurs am Freitag um 27 Prozent gefallen war, noch mehr unter Druck bringen und das Vertrauen ihrer Kunden, die schon am Freitag 5 Milliarden Dollar abgezogen hatten, weiter untergraben.[19]

Im Zuge des Versuchs, eine Versteigerung seines Unternehmens an den Meistbietenden herbeizuführen, hatte sich Steel am Freitag und Samstag mit Pandit getroffen, aber in der Nacht zum Sonntag eine schlechte Nachricht erhalten. Citigroup wollte Wachovia nur mit staatlicher Hilfe kaufen, und selbst dann war das Finanzinstitut laut Pandit nur bereit, einen Dollar je Aktie zu zahlen.[20]

Als sich Steel in Kovacevichs Suite an den Frühstückstisch setzte, konnte er nur hoffen, dass es an diesem Morgen besser laufen würde.

Kovacevich, ein gut aussehender 64-Jähriger, dessen Schläfen gerade erst silbergrau zu werden begannen und der für das Treffen eigens aus San Francisco eingeflogen war, hatte Wells Fargo zu einer der bestgeführten Banken des Landes gemacht, sie als dominierende Firma an der Westküste etabliert und Warren Buffetts Berkshire Hathaway als größten Aktionär gewonnen.

Nachdem ein Kellner ihm und seinen Gästen Kaffee eingegossen hatte, sagte er, er habe großes Interesse, ohne staatliche Beihilfe für Wachovia zu bieten, und hoffe, bis zum Abend ein konkretes Angebot machen zu können. Er warnte jedoch auf die offene Art, für die er bekannt war: »Aber es wird keine Zwei vor der Null stehen.«

Steel lächelte und sagte: »Also über den Preis wollen wir uns erst mal keine Sorgen machen, Dick.« Er war zufrieden, weil Kovacevich zwar kein Angebot über 20 Dollar machen wollte, aber so viel Interesse zeigte, dass er vermutlich mehr als 10 Dollar zahlen würde. »Schauen wir erst mal, wie der Deal genau aussieht, und wenn wir das wissen, finden wir auch einen sinnvollen Preis«, fügte Steel hinzu.

Kovacevich sagte, sein Team werde die Sache sorgfältig prüfen, und er werde sich wahrscheinlich im Lauf des Tages wieder melden.

Steel hatte noch ein Lächeln auf den Lippen, als er das Hotel verließ. Er rief seinen Berater Peter Weinberg an und berichtete: »Es war ein gutes Treffen, glaube ich.«

Tim Geithner saß am Sonntagmorgen in seinem Büro und fuhr sich wie gewohnt mit den Fingern durch die dichten Haare, während er über verschiedene Alternativen nachdachte.

Er hatte am Tag zuvor mit Citigroup gesprochen und Pläne gemacht, wie sie Wachovia mit staatlicher Unterstützung kaufen konnte. Demnach sollte Citigroup 53 Milliarden der nachrangigen Verbindlichkeiten von Wachovia und 42 Milliarden Verluste aus ihrem Portfolio in Höhe von 312 Milliarden übernehmen; alles jenseits dieser Summe sollte der Staat tragen. Als Gegenleistung für diese Absicherung sollte Citi dem Staat 12 Milliarden Dollar in Vorzugsaktien und Optionsscheinen zahlen. Geithner hatte der

Gedanke einer Fusion von Citigroup und Wachovia schon immer gefallen, weil er sie als ideale Lösung für die Probleme beider Seiten betrachtete: Citigroup brauchte eindeutig einen größeren Bodensatz, und Wachovia brauchte eindeutig eine größere und stärkere Institution. Trotzdem hoffte Geithner immer noch, dass Wells Fargo die Sache durchziehen und zu einem Geschäft ohne staatliche Beteiligung kommen würde.

Nun jedoch hatte er gerade eine Telefonkonferenz mit Kevin Warsh und Jeff Lacker von der Federal Reserve in Richmond beendet, die für die Regulierung von Wachovia zuständig war. Und es gab ein neues Problem. Obwohl Kovacevich noch am Morgen gegenüber Steel angedeutet hatte, dass er eine staatsunabhängige Übereinkunft erreichen wollte, hatte er jetzt angerufen und gesagt, wenn er das Geschäft noch vor Montag abschließen müsse, werde er sich ohne staatliche Hilfe unwohl dabei fühlen. Er kenne die Bewertung der Firma nicht genau genug und könne das Risiko nicht eingehen.

Durch die Einbeziehung von Richmond gab es in der Regierung jetzt Grabenkämpfe in Bezug auf Wachovia, bei denen Warsh und Geithner die Dealmaker spielten, während Sheila Bair, die 54-jährige Chefin der FDIC, ihre Rolle erst noch finden musste: Wenn Wachovia wirklich zusammenbrach, würde das in ihren Verantwortungsbereich fallen.

Geithner und Warsh arrangierten eine Telefonkonferenz, um sich mit Bair abzustimmen, einer der Staatsbeamtinnen, die sie am wenigsten mochten. Sie hatten sie immer als reine Repräsentationsfigur betrachtet, die sich bei den Medien in Szene setzte und als Politikerin in der Position eines Regulierers nur für die FDIC eintrat, nicht jedoch für das Gesamtsystem. Geithner klagte oft gemeinsam mit Paulson über Bair, der ein ähnliches Bild von ihr hatte. In mancher Hinsicht hatte Paulson aber auch echten Respekt vor ihr. »Sie meint es ernst«, sagte er zu seinem Stab, fügte jedoch hinzu: »Aber wenn sie von ihren eigenen Leuten umgeben ist oder für andere den Pfau macht oder Angst vor der Presse hat, dann ist sie furchtbar.«

Bair, die gerade ein Gespräch mit Warren Buffett beendet hatte (sie hatte gehofft, er könne ihr helfen, John Stumpf, den CEO von Wells Fargo, ausfindig zu machen), nahm am späten Sonntag-

abend an der Telefonkonferenz mit Geithner und Warsh sowie David Nason vom Finanzministerium teil. Paulson, der nicht mit Steel sprechen durfte, versuchte sich aus dieser speziellen Angelegenheit herauszuhalten, verwendete seine Energie auf TARP und wurde nur sporadisch von Nason über den Verhandlungsprozess unterrichtet.

Als Geithner vorschlug, Sheila Bair solle jeden Deal für Wachovia subventionieren, lehnte sie entschieden ab und verkündete in einem langen Monolog, dass sie sich nur beteiligen werde, wenn sie die Bank vollständig übernehmen und dann verkaufen könne.

Als sie fertig war, herrschte betretenes Schweigen. »Schon gut, schon gut«, sagte Geithner dann, wobei er sich fast über sie lustig machte.

Dann widersprach er ihr mit dem Argument, dass die Aktionäre und Anleiheninhaber bei einer staatlichen Übernahme von Wachovia alles verlieren würden und dies die Märkte nur verschrecken werde. Er war immer noch wütend auf Bair, weil sie die Washington Mutual so schnell übernommen hatte, was bei den Anlegern zu einem verheerenden Vertrauensverlust geführt hatte. Solange sich Paulson noch alle Mühe gebe, das Bankensystem zu retten, sagte Geithner, habe Bairs Vorschlag keine Chance. Dann versuchte er eine neue Geldquelle zu erschließen und fragte Nason, ob sich das Finanzministerium an der Rettungsaktion beteiligen könne, die am Ende möglicherweise mehr als 100 Milliarden Dollar kosten werde.

»Wir versuchen immer noch TARP durchzukriegen«, entgegnete Nason heftig, »da können wir jetzt kein Geld versprechen.«

Um 19 Uhr bekam Bob Steel, der in einem Konferenzraum des Büros von Sullivan & Cromwell in Manhattan wartete, einen beunruhigenden Anruf von Kovacevich, der unerklärlicherweise in den zwei Stunden zuvor nicht mehr erreichbar gewesen war und sich schon bei seinem letzten Anruf seltsam distanziert angehört hatte.

Nun sagte er, dass er nicht bereit sei, das Geschäft ohne staatliche Hilfe abzuschließen. »Wir geben diese Art von Krediten nicht heraus, deshalb verstehen wir sie nicht«, erklärte er. Steel

war geschockt, dankte ihm, beendete das Gespräch und sackte auf seinem Stuhl zusammen, während er überlegte, warum er erneut zurückgewiesen worden war. Citigroup war immer noch eine Möglichkeit, aber er bezweifelte, dass sie ihr Angebot erhöhen würde, insbesondere wenn sie keine Konkurrenz hatte. Er informierte seine engsten Mitarbeiter über Kovacevichs Anruf, den er als »unangenehme Tatsache« bezeichnete.

Gegen 20 Uhr kam Rodgin Cohen das Gerücht zu Ohren, dass Citigroup mit der FDIC gesprochen habe, was bei ihm den Verdacht erregte, dass Citigroup eine Übernahme von Wachovia durch die FDIC arrangieren wollte, ähnlich dem Deal, den JP Morgan bei Washington Mutual organisiert hatte. Wütend rief er bei Ned Kelly an, der Pandit in strategischen Fragen beriet. Kelly war bei einem internen Revirement erst Tage zuvor zum Chef der Abteilung Global Banking für die institutionellen Kunden der Bank ernannt worden. Die Neubesetzung war nach dem Abgang von Sallie Krawcheck nötig geworden, die einst eine der mächtigsten Frauen an der Wall Street gewesen war.

»Okay, wir müssen reden«, begann Cohen vorsichtig.

»Rodge, hör zu, ich hatte keinen Kontakt mit ihnen, sie haben mich gerade erst angerufen«, sagte Kelly defensiv. »Ich habe immer noch denselben Deal anzubieten.«

Als Steel von diesem Gespräch hörte, wusste er, dass er nun praktisch keine Optionen mehr hatte, denn Warsh hatte deutlich gesagt, dass die Bank ohne einen Deal am Montag nicht öffnen könne. In einem letzten Versuch, unabhängig zu bleiben, rief er um 0.30 Uhr Sheila Bair an und fragte sie, ob die FDIC im Austausch gegen Optionsscheine der Bank für einige ihrer faulsten Wertpapiere bürgen würde.

Um vier Uhr bekam er die Antwort, die er befürchtet hatte. Bair war am Telefon und informierte ihn, dass seine Bank von der FDIC für einen Dollar pro Aktie an Citigroup verkauft worden sei. Die Aktien würden allerdings ihren Wert nicht komplett verlieren. Die FDIC hatte Geithner nachgegeben und Wachovia für »systemrelevant« erklärt. Sie bürgte für die toxischen Aktiva der Bank, nachdem Citigroup sich bereit erklärt hatte, die ersten 42 Milliarden Dollar Verlust zu übernehmen.

Paulson stand allein in seinem Büro vor dem Fernseher und verfolgte auf C-SPAN, wie der Kongress sein Rettungsgesetz behandelte. Nach einigen weiteren Kompromissen am Sonntag war ein Gesetz formuliert worden, das für alle Parteien akzeptabel schien und nun zur Abstimmung stand.

Pelosi hatte gerade in einer leidenschaftlichen Rede seine Verabschiedung empfohlen und trotzdem die Gelegenheit genutzt, die Bush-Administration, Paulson und die Wall Street heftig anzugreifen. »Sie behaupten, sie seien Befürworter des freien Marktes, aber tatsächlich ist bei ihnen einfach alles erlaubt«, sagte sie über die Bush-Administration. »Keine Regulierung, keine Überwachung, keine Disziplin. Und wer scheitert, bekommt eine großzügige Abfindung, und der Steuerzahler zieht ihn aus dem Sumpf... Die Party ist vorbei, was das betrifft. Wir Demokraten glauben an die freie Marktwirtschaft. Wir wissen, dass sie Arbeitsplätze und Wohlstand und viele andere nützliche Dinge in unserer Volkswirtschaft schaffen kann. Aber in diesem Fall, in der ungezügelten Form, wie sie von den Republikanern gefördert und unterstützt wird – von einigen Republikanern, nicht von allen –, hat sie weder Arbeitsplätze noch Kapital geschaffen, sondern Chaos.«[21]

Ein paar Mitglieder von Paulsons Stab drückten sich nervös vor seinem Büro herum und trauten sich nicht hinein, aber Michele Davis hatte keine solchen Hemmungen. Sie kam zu ihm, und sie schauten sich zusammen die lange Liste von Jas und Neins an, die unten über den Schirm wanderte. Paulson erwartete, dass das Gesetz problemlos durchkommen würde, da die Märkte bereits positiv auf seine Verabschiedung reagiert hatten. Doch nach fünf Minuten der auf 15 Minuten angesetzten Abstimmung begann die Zahl der Neinstimmen kontinuierlich zu steigen. Paulson wusste, dass die Maßnahme bei den Republikanern im Repräsentantenhaus und bei einer Reihe liberaler Demokraten immer noch sehr unpopulär war, und Abgeordnete, die drohten, ihren Sitz zu verlieren, hatten keine Lust, ihren Gegnern nur fünf Wochen vor dem Wahltag Munition zu liefern. Es war jedoch immer noch genug Zeit, dass Pelosi und die Führung der Demokraten den Verlauf der Abstimmung wenden konnten. »Sie hätten das

Gesetz nicht eingebracht, wenn sie nicht denken würden, dass es durchkommt, und sie die Stimmen nicht irgendwo parat hätten«, versuchte Davis ihren Chef zu beruhigen.[22] Paulson starrte nur schweigend auf den Schirm, wo der Vorsprung der Neinstimmen immer größer wurde.

Kevin Fromer, der Verbindungsmann des Finanzministeriums auf dem Capitol Hill, rief ängstlich von außerhalb des Sitzungssaals an. »Das geht schief«, sagte er.

»Ich weiß«, brummte Paulson. »Ich schaue zu.«

Nachdem die Auszählung der Stimmen mit vierzig Minuten ungewöhnlich lang gedauert hatte, wurde schließlich das Ergebnis verkündet: Der Rettungsplan war mit 228 zu 205 Stimmen abgelehnt worden. Mehr als zwei Drittel der republikanischen Mitglieder des Repräsentantenhauses, aber auch viele demokratische Abgeordnete hatten dagegen gestimmt.[23] Aktienhändler und Anleger hatten die Abstimmung ebenfalls verfolgt und begannen jetzt wie verrückt zu verkaufen. Die Aktienkurse stürzten rapide ab, und der Dow Jones sank um 7 Prozent oder 777,68 Punkte, der größte Kursverfall, der sich je innerhalb eines einzigen Tages ereignet hatte.

Einen Augenblick war Paulson sprachlos. Sein Plan, den er für das wichtigste Gesetz hielt, das er je vorgeschlagen hatte oder vorschlagen würde, sein Versuch, eine zweite Weltwirtschaftskrise zu verhindern, war gescheitert. Als seine Stabsmitglieder sich einer nach dem anderen in seinem Büro einfanden und ihn zu trösten versuchten, sagte er schlicht: »Wir müssen uns wieder an die Arbeit machen.«

Eine Stunde später war er mit seinem Team im Weißen Haus und besprach im Roosevelt Room mit dem Präsidenten, wie man das Gesetz wiederbeleben konnte.

Im unteren Stockwerk des Finanzministeriums jedoch hatte Dan Jester seine eigenen Vorstellungen, was Paulsons Probleme betraf. Er war zu der Überzeugung gelangt, dass der Plan, toxische Aktiva aufzukaufen, nicht funktionieren konnte und die Regierung nur dann etwas erreichte, wenn sie direkt in die Banken investierte. »Das ist doch Wahnsinn«, sagte er über TARP, als er David Nason in seinem Büro aufsuchte. »Halten wir das wirklich

für den richtigen Ansatz?« Jester hatte Paulson seine Ansichten schon einmal vorgetragen, aber sein Vorschlag, mit Steuergeldern Anteile an Privatunternehmen zu kaufen, war damals nicht gut angekommen. Und nachdem Paulson mit seinem aktuellen Plan an die Öffentlichkeit gegangen war, konnte er seinen Kurs schwerlich noch ändern.

»Wenn Sie davon wirklich überzeugt sind, müssen Sie es Hank sagen«, sagte Nason. »Sie können ihm sagen, dass ich mit Ihnen einer Meinung bin.«

Am folgenden Tag gingen Jester und Jeremiah Norton zu Paulson und trugen ihm ihre Argumente vor: Der Ankauf von toxischen Vermögenswerten sei zu schwierig; selbst wenn sie doch noch einen Weg fänden, das Hilfsprogramm durchzubringen, sei unklar, ob es funktionieren werde. Wenn sie dagegen direkt in das Bankensystem investierten, könnten sie die Kapitalbasis der fragilsten Einrichtungen unmittelbar aufstocken. Sie würden sich nicht auf ein Rätselraten einlassen müssen, wie viel die einzelnen Aktiva nun tatsächlich wert waren. Wichtiger noch, die meisten betroffenen Banken würden am Ende ihren Wert wiedergewinnen, also werde der Steuerzahler vermutlich keinen Verlust erleiden. Außerdem erlaube der aktuelle TARP-Vorschlag dem Finanzministerium solche Kapitalspritzen, auch wenn das nicht an die große Glocke gehängt worden sei.

Paulson war einigermaßen desillusioniert, weil es so lange dauerte, TARP zu entwerfen und durchzubringen, und Jesters Ideen wurden ihm immer sympathischer. Er hatte keine Ahnung, wie er seine neue Haltung der amerikanischen Öffentlichkeit verkaufen sollte, und wusste, dass sie der Bush-Administration verhasst sein würde, aber er wusste auch, dass es sich dabei um die praktikabelste Lösung in einem Meer schlechter Möglichkeiten handelte.

»Okay«, seufzte er. »Warum arbeiten wir nicht etwas aus? Mal sehen, was dabei herauskommt.«

Es wurde schon dunkel, als Bob Steel auf dem Teterboro Airport in New Jersey an Bord des Firmenjets von Wachovia ging, um nach Charlotte zurückzufliegen. Er hatte fast die ganze Woche

mit Citigroup verhandelt und die Details der Fusion geklärt, die am Freitag durch eine ganzseitige Zeitungsanzeige mit folgender Erklärung bekannt gegeben werden sollte: »Es ist Citibank eine Ehre, eine Partnerschaft mit Wachovia zu schließen … dem perfekten Partner für Citibank.«[24] Steel war zwar enttäuscht über den kläglichen Preis, den er am Ende erzielt hatte, aber er war stolz darauf, dass er seine Firma wenigstens vor der Insolvenz gerettet hatte, und er wusste, dass er dafür wirklich alle Möglichkeiten ausgeschöpft hatte.

Der staatlich organisierte Deal war am Montagmorgen bekannt gegeben worden, musste jedoch immer noch formell »zu Papier gebracht« werden, und in der Zwischenzeit hielt Citigroup Wachovia mit einem Kredit über 4,9 Milliarden am Leben. Verschiedene Details mussten noch ausgearbeitet werden, aber beide Seiten erwarteten, dass sie am folgenden Tag einen unterzeichneten Vertrag haben würden. Steel hatte den Nachmittag bei Citigroup verbracht und über das Schicksal der wichtigsten Wachovia-Manager nach der Fusion gesprochen. Zum Abschied hatte er Pandit die Hand geschüttelt. »Sieht so aus, als wären wir fertig«, hatte Pandit glücklich gesagt.

Als Steels Flugzeug die Startbahn hinunterrollte, klingelte sein BlackBerry. Es war Sheila Bair. »Hi«, sagte sie, »haben Sie schon von Kovacevich gehört?«

»Nicht seit Montagmorgen«, antwortete Steel verwirrt; an diesem Tag hatte ihn Kovacevich angerufen und ihm zu dem Deal mit Citi gratuliert. »Warum?«

»Wenn ich recht verstanden habe, will er für das gesamte Unternehmen ein Angebot über sieben Dollar pro Aktie machen, und zwar ohne staatliche Hilfe.«

»Wow«, antwortete Steel, während er versuchte die Information, die ihm Bair gegeben hatte, in ihrer ganzen Tragweite abzuschätzen. Hatte Wells Fargo Citigroup schlicht und einfach weit überboten? Hatte der Staat, der den ursprünglichen Deal abgesegnet hatte, plötzlich eine Kehrtwendung gemacht? »Sheila, ich starte jetzt jede Sekunde«, entschuldigte er sich. »Sie sollten Jane Sherburne anrufen«, fügte er hinzu und verwies Bair damit an die Chefjustiziarin von Wachovia.

Irgendwann nach neun Uhr abends, wenige Minuten nachdem Steels Flugzeug in Charlotte gelandet war, rief Kovacevich an und machte das Angebot, das Bair angekündigt hatte. Steel hatte kurz zuvor mit Jane Sherburne und Rodgin Cohen, dem externen Rechtsberater von Wachovia, gesprochen, und sie hatten ihm geraten, nichts zu sagen, das auf eine Annahme oder eine Ablehnung des Angebots hindeuten konnte.

»Ich freue mich darauf, das Angebot zu sehen«, sagte Steel zu Kovacevich, und eine Minute später bekam er eine E-Mail mit einem Fusionsvertrag, dem der Verwaltungsrat von Wells bereits zugestimmt hatte.

Es war wie Weihnachten. Steel konnte sein Glück kaum fassen: Ein Deal mit sieben Dollar pro Aktie statt einem, und das ohne staatliche Hilfe.

Er rief in seinem Büro an und beraumte für 23 Uhr eine außerordentliche Telefonkonferenz des Verwaltungsrats an. Vor der Konferenz besprach er seine Strategie mit Cohen. Er war gegenüber den Aktionären von Wachovia verpflichtet, das beste Angebot anzunehmen, wusste aber auch, dass er bereits einen Deal mit Citigroup hatte, einen Deal, der seine Firma vor dem Zusammenbruch bewahrt hatte. Der Vorvertrag, den Wachovia und Citigroup unterzeichnet hatten, enthielt eine Exklusivitätsklausel, die Wachovia daran hinderte, ein anderes Angebot anzunehmen.

»Jemand wird mich bestimmt verklagen«, sagte Steel zu Cohen.

»Sie entscheiden, wer«, antwortete Cohen trocken.

Beiden war jedoch klar, dass es keine echte Wahl gab. Der Verwaltungsrat musste das bessere Angebot annehmen und eine Klage von Citigroup riskieren. Steel und Cohen erkannten, dass Wells Fargo sein Angebot gemacht hatte, weil es am Dienstag, also einen Tag nach dem Deal mit Citigroup, eine kleine unauffällige Änderung im Steuerrecht gegeben hatte. Nach der neuen Bestimmung durfte Wells Fargo alle Abschreibungen von Wachovia von seinen eigenen Einnahmen abziehen, wodurch die fusionierte Bank künftig Milliarden Dollar an Steuern sparen würde.

Der Verwaltungsrat genehmigte den Deal kurz nach Mitternacht. Das Angebot galt für das gesamte Unternehmen; die Aktionäre bekamen mehr Geld, und er wurde eindeutig auch

von der Regulierungsbehörde bevorzugt. (Der Deal von Citigroup sah zwar nur einen Dollar pro Aktie vor, erstreckte sich aber nicht auf verschiedene Tochtergesellschaften der Wachovia, die vielleicht höher bewertet worden wären, möglicherweise mit mehreren Dollar pro Aktie, aber eine genaue Zahl wäre schwer zu bestimmen gewesen.) Es war nach zwei Uhr morgens, als der Verwaltungsrat von Wachovia »fairness opinions« von Goldman Sachs und Perella Weinberg bekam, die erst eine Woche zuvor noch auf der anderen Seite des Verhandlungstischs gesessen hatten.

Steel rief Kovacevich an und teilte ihm den Beschluss mit. Dann wählte er Bairs BlackBerry an, das er statt ihres Festnetztelefons anrufen sollte, um ihre Kinder nicht zu wecken.

»Wir sind uns alle einig«, sagte er.

»Gut«, sagte Bair. Sie klang erleichtert. »Wir müssen gleich morgen früh Vikram anrufen.«

»Sheila, wir warten nicht bis morgen«, sagte Steel energisch. »Wir haben es getan. Wir haben zugestimmt. Ich finde, wir müssen ihn jetzt gleich anrufen. Ich will nicht, dass er es von einer anderen Person erfährt, wenn er aufwacht.«

»Sie sollten es tun«, sagte sie ähnlich entschlossen.

»Ich finde, Sie sollten mit am Telefon sein, weil Sie die Ehe gestiftet haben«, antwortete Steel.

Bair blieb in der Leitung und Steel schaltete noch Jane Sherburne dazu. Dann rief er Pandit an, der natürlich schon im Bett war.

»Bob, was ist los?«, sagte er verschlafen.

»Na ja, es hat eine wichtige Entwicklung gegeben«, sagte Steel vorsichtig. »Ich bin mit Sheila und Jane am Telefon. Brauchen Sie einen Moment?«

»Nein, ich bin bereit«, sagte Pandit und sammelte sich. »Worum geht es?«

»Wir haben von Wells Fargo ein unaufgefordertes Angebot über sieben Dollar pro Aktie für das ganze Unternehmen Wachovia bekommen, ohne staatliche Hilfe und mit einem vom Wells-Fargo-Verwaltungsrat abgesegneten Dokument. Und wir haben es angenommen. Wir glauben, es ist das Richtige für uns.«

»Das ist ja interessant«, sagte Pandit überrascht. »Ein besseres Angebot? Lassen Sie mich Ned anrufen. Lassen Sie uns schauen, was wir gemeinsam tun können, um das Problem zu lösen.«

»Nein, nein, Sie haben mich falsch verstanden«, unterbrach ihn Steel, und nach einer kurzen Pause sagte er: »Ich habe schon unterzeichnet.«

Am anderen Ende der Leitung war es still. Wenn Pandit noch nicht ganz wach gewesen war, dann war er es jetzt. Als er wieder sprach, war er wütend; er hatte Steels Nachricht jetzt in ihrer ganzen Tragweite erfasst.

»Wir haben einen Deal! Sie wissen, dass Sie das nicht tun können, weil wir ein exklusives Arrangement mit Ihnen haben. Sie dürfen gar nicht unterzeichnen.« Pandit wandte sich frustriert an Bair: »Madame Chairwoman?«

»Also, ich kann mich dem nicht in den Weg stellen«, sagte Bair in ihrem offiziellsten Ton.

»Es geht dabei nicht nur um Citi«, erläuterte Pandit. »Es gibt noch andere Dinge, die wir besprechen müssen. Ich muss unter vier Augen mit Ihnen sprechen.«

Steel erklärte sich bereit, aus dem Gespräch auszusteigen, und sobald er aufgelegt hatte, versuchte Pandit, Bair umzustimmen. »Das ist nicht richtig. Es ist nicht gut für das Land, es ist einfach nicht richtig!«

Doch die Entscheidung war endgültig, und Bair machte ihm das sehr deutlich.

Die Aktienkurse stiegen rasant, bevor das Repräsentantenhaus am Freitagnachmittag, dem 3. Oktober, zum zweiten Mal über den Rettungsplan abstimmte. Die Zustimmung wurde den Abgeordneten dadurch erleichtert, dass der Senat in seine Version des Pakets eine Reihe von Steuererleichterungen mit aufgenommen hatte, die sonst ausgelaufen wären. Ein weiterer populärer Zusatz erhöhte die von der FDIC abgesicherten Sparguthaben von 100 000 auf 250 000 Dollar pro Bankkonto.[25] Was als dreiseitiger Entwurf seinen Anfang genommen hatte, bestand nun aus 450 Seiten juristischem Fachchinesisch, denen der Senat schon am Mittwoch nach Sonnenuntergang zugestimmt hatte.

Viele Demokraten und Republikaner im Repräsentantenhaus, die noch am Montag gegen das Programm gestimmt hatten, hatten sich inzwischen umstimmen lassen – einige durch Appelle der beiden Präsidentschaftskandidaten und des Präsidenten, andere durch die neuen Bestimmungen in der Vorlage und wieder andere durch die immer deutlicheren Zeichen, dass die Volkswirtschaft durch die Finanzkrise in eine tiefe Rezession zu geraten drohte.[26] Aus einem aktuellen Bericht ging hervor, dass im September 159 000 Jobs verloren gegangen waren, der höchste monatliche Arbeitsplatzverlust seit fünf Jahren. Die Aktienkurse waren in der Woche zuvor böse eingebrochen, und sowohl die Übernahme von Washington Mutual als auch die verzweifelte Suche nach einem Partner für Wachovia hatten gezeigt, dass nicht nur die Wall Street in Schwierigkeiten war.

Bei der Schlussabstimmung im Repräsentantenhaus stimmten 33 Demokraten und 24 Republikaner für das Gesetz, die am Montag noch dagegen gestimmt hatten. Und noch am selben Nachmittag unterzeichnete Präsident Bush den Emergency Economic Stabilization Act des Jahres 2008, durch den das 700 Milliarden Dollar schwere Troubled Assets Relief Program (TARP) ins Leben gerufen wurde. »Wir haben der Welt gezeigt, dass die Vereinigten Staaten ihre Finanzmärkte stabilisieren und weiterhin eine führende Rolle in der Weltwirtschaft spielen werden«, erklärte der Präsident.[27]

Natürlich wussten weder die Abgeordneten im Kongress noch die amerikanische Öffentlichkeit, dass TARP im Finanzministerium inzwischen völlig neu interpretiert wurde und Jester, Norton und Nason Pläne entwickelten, einen Großteil der 700 Milliarden Dollar direkt in einzelne Banken zu investieren.

Jester war für einen Kurzurlaub nach Hause geflogen, hielt aber in Austin über seinen BlackBerry ständig Verbindung mit Norton und ging mit ihm die verschiedenen Möglichkeiten durch. Bob Hoyt, der Leiter der Rechtsabteilung des Finanzministeriums, hatte Norton und Nason erklärt, dass sie wegen interner Differenzen keinen externen Finanzberater engagieren dürften, also machten sie eine Reihe informeller Anrufe bei Wall-Street-Bankern, um zu sehen, wie diese auf verschiedene Ideen zur Durch-

führung eines Kapitalzuführungsprogramms reagierten. Auf ihrer Anrufliste standen eine Menge Personen, die sie bei den jüngsten Wochenend-Verhandlungsmarathons kennengelernt hatten: Tim Main und Steven Cutler von JP Morgan, Ruth Porat von Morgan Stanley, Peter Kraus von Merrill Lynch, Ned Kelly von Citigroup und andere. Sie riefen bewusst keine Manager von Goldman Sachs an, weil sie die ohnehin schon grassierenden Verschwörungstheorien nicht noch zusätzlich befeuern wollten.

Norton und Nason stellten all diesen Bankern dieselben Fragen: Wie würden sie das Programm gestalten? Sollte sich der Staat für seine Investitionen eher durch normale Aktien oder durch Vorzugsaktien honorieren lassen? Wie groß wäre die Dividende, die die Banken für die Investitionen zu zahlen bereit wären? Welche anderen Vorkehrungen würden ein solches Programm attraktiv machen, und welche würden eher abschreckend wirken?

Jester, Norton und Nason wussten, dass sie nur wenig Zeit hatten, um ihre Planung abzuschließen. Selbst nach der Verabschiedung von TARP hatten sich die Märkte nicht wirklich beruhigt. Der Dow Jones, der vor Beginn der Abstimmung stattliche 300 Punkte im Plus gewesen war, schloss mit einem Plus von 157,47 Punkten oder 1,5 Prozent. Als der Deal zwischen Wells Fargo und Wachovia bekannt gegeben wurde, fielen die Aktien von Citigroup um 18 Prozent, der schlimmste Absturz seit 1988. Im Lauf der Woche sank auch der Standard & Poor's 500-Index um weitere 9,4 Prozent.

»Ich bin der hässlichste Mann in Amerika«, sagte Dick Fuld in einer Mischung aus Traurigkeit und Wut zu seinen Beratern, bevor er sich am Montag, dem 6. Oktober, der Anhörung im Kongress stellte, die die Insolvenz von Lehman Brothers untersuchen sollte. Die Märkte waren immer noch in Aufruhr. Sie fielen trotz der Verabschiedung von TARP um weitere 3,5 Prozent, weil die Anleger immer noch Zweifel hatten, ob das Programm auch tatsächlich funktionierte.

Als Fuld den Saal betrat, wurden rosa Schilder mit handgeschriebenen Botschaften wie »Knast statt Kaution« und »Gauner« hochgehalten, und nur für den Fall, dass Fuld nicht richtig

verstand, wie er gesehen wurde, verkündete der republikanische Abgeordnete John Mica: »Falls Sie noch nicht gemerkt haben, welche Rolle Sie spielen, Sie sind heute der Schurke. Sie müssen sich wie ein Schurke verhalten.«[28]

In den vergangenen Wochen war Fuld in tiefere Depressionen verfallen als je zuvor. Er ging Tag und Nacht ruhelos in seinem Haus in Greenwich auf und ab und nahm Anrufe von früheren Lehman-Mitarbeitern entgegen, die ihn entweder anschrien oder sich bei ihm ausweinen wollten. Er ging noch immer in sein Büro, aber nicht einmal ihm war klar, was er dort eigentlich machte. Trotzdem kannte er sich selbst so gut, dass er am Ende verstand, was geschehen war und warum er so sehr gehasst wurde. Er wollte trotzig sein, aber er merkte, dass er es nicht sein konnte. Er war manchmal traurig und wütend, wütend auf sich selbst und zunehmend auch auf die Regierung und besonders auf Paulson, der aus seiner Sicht alle Firmen außer seiner rettete. Seine geliebten Lehman Brothers waren gestorben, während er Wachdienst gehabt hatte.

In diesem Sinne äußerte er sich nun auch bei der Anhörung: »Ich will mit aller Deutlichkeit sagen, dass ich die volle Verantwortung übernehme für die Entscheidungen, die ich getroffen, und für die Maßnahmen, die ich ergriffen habe«, und er fügte hinzu: »Keiner von uns bekommt je die Chance, die Uhr zurückzudrehen. Aber die Frage, ob ich mich im Nachhinein lieber anders verhalten hätte, würde ich mit ja beantworten.«[29]

Seine Zuhörer konnten freilich mit seiner Zerknirschung nur wenig anfangen und bombardierten ihn mit Fragen über seine Bezüge. »Ihre Firma ist bankrott, und Ihr Land steckt in einer Krise«, sagte das Mitglied des Repräsentantenhauses Henry Waxman, »und Sie dürfen 480 Millionen Dollar behalten. Ich möchte Ihnen eine ganz grundlegende Frage stellen: Ist das fair?«[30]

»Der Großteil meiner Aktien, Sir, wurde … entschuldigen Sie … der Großteil meiner Vergütung wurde in Aktien bezahlt«, antwortete Fuld. »Der weit überwiegende Teil der Aktien war noch in meinem Besitz, als wir Konkurs anmeldeten.«[31] Tatsächlich hatte er damals Aktien für 260 Millionen Dollar verkauft, aber der größte Teil seines Nettovermögens war bis zum Schluss bei

Lehman angelegt. Der Wert seiner Aktien war von einer Milliarde Dollar auf 65 486,72 Dollar zusammengeschmolzen. Er plante damals bereits, sein Apartment und die geliebte Kunstsammlung seiner Frau zum Verkauf anzubieten. Es war ein bezeichnendes Paradox in der Debatte über die Vergütung von Managern: Fuld hatte als Firmenchef den größten Teil seines Vermögens langfristig in der Firma angelegt und war trotzdem extreme Risiken eingegangen.

Er versuchte wenigstens etwas Mitgefühl bei seinen Zuhörern zu wecken und sagte: »So unglaublich schmerzhaft dies für alle ist, die mit Lehman Brothers in Verbindung stehen oder durch die Bank geschädigt sind, dieser finanzielle Tsunami ist größer als eine Firma oder ein Industriezweig.« Er brachte auch seine große Enttäuschung zum Ausdruck über Hedgefonds, die substanzlose Gerüchte verbreitet hatten, über die Federal Reserve, die ihm nicht gestattet hatte, Lehman im Lauf des Sommers in eine Bank-Holding umzuwandeln, und letztlich auch über sich selbst.

Gegen Ende seiner Aussage sah es einen Augenblick so aus, als würde er zusammenbrechen, aber er fing sich wieder, wie er es auch zu Hause an fast allen Tagen vor der Anhörung geschafft hatte. Es wurde still im Raum, als sich die Kongressmitglieder auf ihren Stühlen nach vorne lehnten und darauf warteten, dass er weitersprach.

»Nicht, dass es für irgendjemanden in diesem Ausschuss von Bedeutung wäre«, sagte er, legte seine Notizen aus der Hand und sprach frei, womit er sogar seinen Anwalt überraschte, »aber ich wache jede Nacht auf und frage mich: *Was hätte ich anders machen können?*« Und, den Tränen nahe, fügte er hinzu: »In gewissen Gesprächen, was hätte ich da sagen sollen? Was hätte ich tun sollen? Und ich habe mich tatsächlich jede einzelne Nacht selbst geprüft.«

»Das«, sagte er ernst, »ist eine Qual, unter der ich für den Rest meines Lebens leiden werde.« Und als er beobachtet habe, wie der Staat außerordentliche Maßnahmen ergriff, um den Rest des Systems zu retten, sei er absolut verblüfft gewesen, warum man dasselbe nicht für Lehman getan hatte.

»Bis zu dem Tag, an dem ich unter die Erde komme«, sagte er, während jeder im Saal an seinen Lippen hing, »werde ich mir diese Frage stellen.«[32]

Am selben Tag, an dem Fuld seine Aussage machte, erhielt Hank Paulson einen privaten vierseitigen Brief von seinem Freund Warren Buffett. Sie hatten am Wochenende über Paulsons damals aktuelles Problem gesprochen, dass der Kongress TARP zwar zugestimmt hatte, dies jedoch an der Wall Street keine Wirkung zeigte, weil die Anleger Angst hatten, dass der Rettungsplan nicht funktionieren könnte. Paulson hatte Buffett anvertraut, dass er in Erwägung ziehe, im Rahmen von TARP direkt in Banken zu investieren. Buffett sagte ihm, bevor er diesen Weg einschlage, wolle er ihm ein paar Gedanken mitteilen, wie man ein Programm zum Ankauf toxischer Vermögenswerte aufbauen könne. Er werde ihm einen Brief schreiben, in dem er sowohl die Probleme mit dem bisherigen Plan als auch ihre Lösung ansprechen werde.

In diesem Brief erklärte Buffett, wohl einer der klarsten und wortgewandtesten Finanzanalytiker seiner Zeit, zunächst die Mängel des Paulson-Plans: »Einige Kritiker machen sich Sorgen, dass das Finanzministerium die Hypotheken nicht zu marktnahen Preisen, sondern zu höheren ›theoretischen‹ Preisen kaufen wird, was die verkaufenden Institutionen freuen würde. Die Kritiker stellen außerdem die Frage, wie das Finanzministerium die erworbenen Hypotheken managen wird: Wird es sich wie ein echter Anleger verhalten, oder wird es zu stark unter dem Druck des Kongresses oder der Medien stehen? Wird es zum Beispiel Hypothekenforderungen zu lange nicht geltend machen oder bei der Beurteilung von Anträgen auf Stundung der Kredite zu bürokratisch vorgehen?«[33]

Zur Bekämpfung dieser Probleme schlug Buffett die Gründung eines sogenannten »Public-Private Partnership Fund« oder PPPF vor. Dieser Fonds sollte bei staatlicher Deckung wie ein quasi-privater Investmentfonds agieren mit dem einzigen Ziel, Gesamtdarlehen und mit Hypotheken auf Wohnimmobilien besicherte Wertpapiere aufzukaufen, aber den Ankauf der toxischsten verbrieften Kreditportfolios zu vermeiden. Statt einer rein staatlichen Finanzierung empfahl Buffett, der Staat solle für je 10 Milliarden Dollar, die der

private Sektor aufbrächte, 40 Milliarden Dollar aufbringen. Auf diese Weise ließe sich die Hebelwirkung des staatlichen Kapitals vergrößern. Alle Einnahmen würden zunächst dazu verwendet, »die Ausgaben des Finanzministeriums zu begleichen, bis es seine gesamten Investitionen mit Zinsen zurückbekommen hätte. Wenn dies erreicht wäre, hätten die privaten Anteilseigner das Recht, ihre 10 Milliarden Dollar wieder hereinzuholen zuzüglich derselben Zinsrate, wie sie das Finanzministerium erhalten hatte.« Danach, schrieb Buffett, würden die Gewinne geteilt und zu drei Viertel an die Anleger und einem Viertel an das Finanzministerium gehen. Sein Plan enthielt auch einen neuen Weg, den Steuerzahler vor Verlusten zu schützen: Setz die Gelder der Privatinvestoren als Erste dem Risiko des Verlustes aus.

Buffett schrieb weiter, er finde diese Struktur so spannend, dass er bereits mit Bill Gross und Mohamed El-Erian von PIMCO darüber gesprochen habe. Sie hätten angeboten, den Fonds kostenlos zu verwalten. Er hatte sich auch mit Lloyd Blankfein in Verbindung gesetzt, der ebenfalls angeboten hatte, kostenlos Geld für den Fonds aufzutreiben. Schließlich, fügte Buffett hinzu, »wäre ich persönlich bereit, Anteile für 100 Millionen Dollar an diesem staatlichen Angebot zu erwerben«, und erläuterte, »dass dies, abgesehen von meinen Anteilen an Berkshire, etwa 20 Prozent meines Nettovermögens sind«.

Paulson war fasziniert von dem Vorschlag. Er neigte immer noch dazu, direkt in die Banken zu investieren, glaubte jedoch, ein Programm, bei dem Teile von Buffetts Vorschlägen berücksichtigt würden, könnte ebenfalls machbar sein. Er bestellte Kashkari in sein Büro, den er erst an diesem Morgen zum einstweiligen Staatssekretär für Finanzstabilität ernannt und mit der Umsetzung des TARP-Rettungsplans betraut hatte. Die Ernennung hatte sofort den Vorwurf ausgelöst, dass Paulson wieder einen seiner früheren Angestellten von Goldman Sachs begünstigt habe. (Bei Goldman Sachs schien freilich niemand Kashkari zu kennen, und einige der Spitzenmanager baten an diesem Morgen ihre Assistenten, im Computersystem nachzuschauen, wer er war.)

Paulson übergab Kashkari Buffetts Brief. »Rufen Sie ihn an.«

»Es ist eindeutig eine Panik, und zwar eine weltweite Panik«, sagte John Mack, nachdem er nach London geflogen war, am Mittwochmorgen, dem 8. Oktober, zu seinen Angestellten in der Firmenzentrale im Canary Wharf. »Man überlegt, was die Regulierungsbehörden getan und geleistet haben und ob sie die Sache in den Griff kriegen könnten. Das ist nämlich ziemlich schwer, weil man wirklich nicht wusste, wie schlimm es war, bis es noch schlimmer wurde ...«

Der Aktienmarkt brach schon wieder ein angesichts der panischen Angst, dass das Bankensystem und damit die ganze Wirtschaft weitere Rückschläge erleiden könnten. Aber bei Mack, der unter anderem nach London gereist war, um mit seinen neuen Anlegern von Mitsubishi zu Abend zu speisen, war der Druck vielleicht am stärksten. Er war erschöpft, weil er die Woche zuvor größtenteils in Flugzeugen verbracht hatte. Nachdem die Leute von der China Investment Corp. das Morgan-Stanley-Gebäude überstürzt verlassen hatten, als sie erfuhren, dass die Bank im Begriff stand, einen Deal mit den Japanern abzuschließen, war Mack nach China geflogen, um den Schaden zu begrenzen. Es war ein diplomatisches Unternehmen mit dem Ziel, überreizte Nerven zu beruhigen und zu vermeiden, dass die Sache zu einem kleinen internationalen Zwischenfall wurde, weil Paulson sich ursprünglich in aller Stille in die Gespräche mit der chinesischen Regierung eingeschaltet hatte. Außerdem war CIC natürlich immer noch ein wichtiger Anleger bei Morgan Stanley, und Mack wollte seine ausländischen Partner besänftigen.

Inzwischen aber interessierte sich Mack nicht mehr für irgendwelche verletzten Gefühle, sondern war nur noch mit dem Aktienkurs seiner Firma beschäftigt. Dieser war am Tag zuvor um 17 Prozent gefallen, weil die Anleger fürchteten, dass Mitsubishi von der geplanten Fusion Abstand nehmen könnte. Nach eineinhalb Wochen intensiver Verhandlungen und der notwendigen Zustimmung der Regulierungsbehörden war die Investition immer noch nicht unter Dach und Fach, und weil der Aktienkurs von Morgan Stanley weiter fiel, stellte sich die Frage, ob es für Mitsubishi nicht besser wäre, wenn es einfach von der erzielten Übereinkunft zurücktrat. Alles, was man bis jetzt hatte, war ein

Vorvertrag, nicht besser als der, den Citigroup und Wachovia unterzeichnet hatten. Und gemäß den Vorschriften der Federal Reserve durften die Firmen den Deal erst am Montag endgültig abschließen. Bis dahin war Morgan Stanley den Launen der Börse ausgeliefert – und der Möglichkeit, dass Mitsubishi doch noch von dem Geschäft zurücktrat.

Einige Stunden zuvor hatte Mitsubishi in Tokio eine Erklärung veröffentlicht, in der es hieß: »Wir wurden auf Gerüchte aufmerksam gemacht, die besagen, dass MUFG [die japanische Großbank Mitsubishi UFJ Financial Group HD] unsere geplante Investition bei Morgan Stanley und die strategische Allianz mit dem Unternehmen doch nicht abschließen wolle. Normalerweise verzichten wir darauf, Gerüchte zu kommentieren. Trotzdem wollen wir in diesem Fall feststellen, dass diese Gerüchte jeglicher Grundlage entbehren.«[34] Das war alles, was Mack wissen musste; er vertraute den Japanern und wollte gerne glauben, dass sie sich nicht zurückziehen würden. Trotzdem hatte er das ungute Gefühl im Bauch, dass sie es möglicherweise doch vorhatten.

Hank Paulson stand kurz davor, offiziell seine Meinung zu ändern.

Es war Mittwoch, der 8. Oktober, und Ben Bernanke und Sheila Bair waren auf dem Weg zu einer Besprechung, die um 10.15 Uhr in seinem Büro stattfinden sollte.

Paulson war endlich zu dem Schluss gekommen, dass das Finanzministerium direkt in die Banken investieren sollte, wozu ihn ein wachsender Chor von Stimmen innerhalb und außerhalb seines Ministeriums ermuntert hatte.

»Wir können diese Vorzugsaktien kaufen, und wenn eine Firma, wieder mehr Gewinne macht, sind wir auch daran beteiligt«, sagte Barney Frank in einer Rede, in der er die Ansicht vertrat, dass die Steuerzahler Aktionäre werden sollten.[35] Chuck Schumer war ebenfalls dafür und sagte: »Wenn sich der Markt erholt, würde die Bundesregierung davon profitieren.«

Der vielleicht wichtigste Hinweis, dass der Plan funktionieren könnte, kam jedoch aus dem Ausland: Großbritannien gab bekannt, es werde 87 Milliarden Dollar in Barclays, die Royal Bank of Scotland Group und sechs weitere Banken investieren,

um angesichts einer mit der Lehman-Pleite vergleichbaren Katastrophe das Vertrauen wiederherzustellen.[36] Als Gegenleistung sollten die britischen Steuerzahler Vorzugsaktien der betroffenen Banken (einschließlich jährlicher Zinszahlungen) bekommen, die in normale Aktien umwandelbar waren, damit die Steuerzahler profitierten, sobald sich die Aussichten der Banken wieder verbesserten und ihre Aktien wieder stiegen. Natürlich war das Ganze ein gewaltiges Glücksspiel, denn die umgekehrte Entwicklung war ebenfalls möglich: Wenn die Banken zusammenbrachen, nachdem die Investition getätigt war, würde sehr viel Geld verloren sein.

Gordon Brown hatte Paulson und Präsident Bush am Dienstagmorgen um 7.40 Uhr über das Telefon im Oval Office über die Pläne informiert, die er nun auch offiziell verkündet hatte. Er wurde (oft im Gegensatz zu Paulson) für sein entschlossenes Eingreifen gelobt. »Die Regierung Brown hat sich offenbar klare Gedanken über die Finanzkrise gemacht und ist willens, schnell gemäß der gewonnenen Erkenntnisse zu handeln. Diese Kombination von Klarheit und Entscheidungsfreudigkeit ist von keiner anderen westlichen Regierung erreicht worden, am wenigsten von unserer eigenen«, schrieb der Wirtschaftswissenschaftler und *New-York-Times*-Kolumnist Paul Krugman wenige Tage nachdem die britische Maßnahme bekannt gegeben worden war.[37]

Am langen Wochenende des Kolumbustags (der zweite Montag im Oktober) sollte in Washington das Ministertreffen der G7 stattfinden, und Paulson freundete sich immer mehr mit dem Gedanken an, diese Gelegenheit für einen mutigen Schritt zur Stabilisierung des Systems zu nutzen. Er war sich freilich bewusst, dass seine Maßnahme politisch möglicherweise unpopulär war. Als er den Gedanken eine Woche zuvor mit Michele Davis besprochen hatte, hatte sie ihn verblüfft angesehen und gesagt: »Das werden Sie nie und nimmer öffentlich sagen.«

Paulson hatte während seines Meinungswandels mit Bernanke gesprochen, der von Anfang an für Kapitalspritzen gewesen war, und die beiden waren sich jetzt einig. Doch sie hatten noch über ein weiteres Programm nachgedacht, das mit der Kapitalspritze einhergehen sollte: ein breites allgemeines Programm, das sämt-

liche Einlagen bei Finanzinstituten garantieren sollte. Mit dieser Maßnahme würde den Bankkunden praktisch jedes Motiv genommen, aus Angst vor einer Pleite ihr Geld abzuziehen. Bernanke vermutete, dass die Verkündung von Kapitalspritzen und einer umfassenden Einlagengarantie genügen würde, um die Wirtschaftsentwicklung endlich zum Besseren zu wenden.

Zunächst jedoch musste genug Geld für die Garantie zur Verfügung stehen, und zu diesem Zweck brachten sie Sheila Bair ins Spiel. Paulson und Bernanke waren nämlich der Ansicht, dass die FDIC die einzige Institution war, die das Recht und die Aufgabe hatte, eine solche Garantie auszusprechen.

Sie setzten sich in Paulsons Büro mit Bair zusammen und erklärten ihr das Konzept. Die FDIC, sagten sie, würde im Grunde eine Art Versicherung anbieten, für die die Banken eine Gebühr entrichten müssten. Sie könne damit letztlich sogar Geld verdienen, wenn die Summe der Gebühren die der Auszahlungen überschreite.

Bair rechnete im Kopf aus, was für eine außerordentliche Belastung das Projekt für die Finanzen der FDIC bedeuten konnte, und nahm sofort eine abwehrende Haltung ein.

»Ich glaube nicht, dass wir das machen werden«, sagte sie.

Walid Chammah von Morgan Stanley wachte am Samstag mit der tödlichen Angst auf, dass seine Firma zusammenbrechen könnte. Der Aktienkurs war weiter gesunken und hatte bei Börsenschluss am Freitag bei lediglich 9,68 Dollar gelegen, dem niedrigsten Wert seit 1996. Hedgefonds und andere Kunden zogen erneut Geld ab. Dick Bove, ein einflussreicher Analyst von Ladenburg Thalmann, verglich Morgan Stanley mit Lehman Brothers und Bear Stearns. »Es liegt an Morgan Stanley, den Schluss zu ändern«, schrieb er in einer Notiz für seine Kunden. »Kurz gesagt, man wartet mit angehaltenem Atem und hofft, dass es ein anderer Film ist.«

Chammah hatte einen Vortrag abgesagt, den er am Freitag an der Duke University in Durham hätte halten sollen, damit er in New York bleiben und seinen Leuten den Rücken stärken konnte. Er besuchte alle Stockwerke in der Zentrale, sprach mit angsterfüllten Mitarbeitern und hielt eine Rede auf dem sogenannten

Trading Floor. »Diese Firma existiert seit fünfundsiebzig Jahren und sie wird noch einmal fünfundsiebzig Jahre existieren«, rief er den Wertpapierhändlern zu. Um vom 42. in den 2. Stock zu kommen, brauchte er dreieinhalb Stunden, und als er wieder in seinem Büro ankam, war er emotional völlig erschöpft und den Tränen nahe.

Der Tag war noch aus einem anderen Grund schwierig gewesen: Die Gerüchte, dass Mitsubishi von dem Deal zurücktreten würde, hatten sich immer mehr verdichtet. Niemand bei Morgan Stanley hatte den leisesten Hinweis, dass Mitsubishi auch nur daran dachte, sich zurückzuziehen (ganz im Gegenteil, der Konzern hatte sogar bestätigt, dass er seine Verpflichtung einhalten wollte), doch die unangenehme Wahrheit war, dass ein Rückzug vielleicht die richtige geschäftliche Entscheidung wäre.

»Sie werden Nachbesserungen fordern. Das müssen sie einfach«, sagte Robert Kindler am Nachmittag zu Paul Taubman. »Wann rufen sie an? Es ist einfach sonnenklar.«

Alle bei Morgan Stanley wussten, was es bedeuten würde, wenn Mitsubishi ausstieg: einen neuen Ansturm auf die Einlagen der Bank und möglicherweise das Ende der Firma.

Da Mack am Freitag aus London zurückflog, hatte Chammah angesichts der ängstlichen Spekulationen den Laden zusammenhalten müssen. Seine Frau hatte im Fernsehen die Finanznachrichten angeschaut und rief ihn in seinem Büro an. »Geht es dir gut?«, fragte sie.

»Ja, es geht mir gut«, sagte er möglichst entspannt, um seine Besorgnis nicht zu verraten.

»Du hörst dich irgendwie … *zu* ruhig an«, sagte sie. »Nimmst du vielleicht Valium oder so?«

Chammah hatte eigentlich am frühen Samstagmorgen für eine Reihe von Gesprächen mit Mack und den G7-Führern nach Washington fliegen wollen, blieb jedoch den ganzen Vormittag in New York für den Fall, dass von den Japanern irgendeine Nachricht kommen würde. Um die Mittagszeit fuhr er dann doch zum La-Guardia-Flughafen, um einen Kurzstreckenflug von Delta Airlines zu nehmen. Er ging davon aus, dass ihn die Japaner inzwischen kontaktiert hätten, wenn sie von dem Geschäft hätten

zurücktreten wollen. Sein Mobiltelefon klingelte, als er über die Fluggastbrücke ging. *Mist,* dachte er, *jetzt ist es soweit.*

Der Anruf kam tatsächlich von einem Mitsubishi-Banker, der jedoch zu Chammahs Überraschung die Absicht seiner Firma bestätigte, das Geschäft abzuschließen. Er sagte freilich, sie wollten über bessere Konditionen verhandeln, wonach sie Vorzugsaktien anstelle von normalen Aktien erhalten würden.

»Sind Sie immer noch bereit, am Montag abzuschließen?«, fragte Chammah.

Die Antwort war ja. Ein Lächeln huschte über Chammahs Gesicht. In diesem Augenblick intervenierte der Dealmaker in ihm und sagte: *Warum eigentlich nur 9 Milliarden, und nicht eine größere Summe?* Mit anderen Worten, er fragte sich, ob Mitsubishi, wenn die Verhandlungen ohnehin noch einmal aufgenommen würden, nicht vielleicht noch mehr von der Firma kaufen wollte. Doch er war sich bewusst, dass die Überlegung vorschnell war.

Rob Kindler, der nach Cape Cod geflogen war, hatte gerade eine E-Mail an Ji-Yeun Lee in New York geschickt und angefragt, ob »alles ruhig« sei.

Zwei Minuten später kam die Antwort: »War es – bis vor einer Stunde. Rufen Sie mich an.«

Kindler flog zurück nach New York, als Chammah und Taubman die Truppen mobilisierten. Es war unbedingt notwendig, dass sie einen Weg fanden, den Deal am Montag abzuschließen.

Bis Sonntag hatten sie die Konditionen geändert. Das Geschäft war für Morgan Stanley teurer geworden, aber dort war man froh, dass man überhaupt noch einen Anleger hatte. Mitsubishi würde 7,8 Milliarden Dollar für konvertible Vorzugsaktien mit einer Dividende von 10 Prozent und 1,2 Milliarden Dollar für nicht konvertible Vorzugsaktien mit einer Dividende von 10 Prozent zahlen.

Blieb noch ein Faktor, der die Sache verkomplizierte: Am Montag war Kolumbustag, und da die Banken an diesem Tag sowohl in den Vereinigten Staaten als auch in Japan geschlossen waren, war eine normale Überweisung nicht möglich.

»Wie zum Teufel sollen wir das Geschäft abwickeln?«, fragte Kindler, der sich inzwischen wieder in der Zentrale befand.

Taubman hatte eine Idee: »Sie könnten uns einen Scheck ausstellen«, sagte er. Er hatte noch nie gehört, dass jemand einen Scheck über 9 Milliarden Dollar ausstellte, aber er vermutete, dass angesichts des Zustands, in dem sich die Welt befand, alles möglich war.

Am Sonntagmorgen, dem 12. Oktober, um zehn Uhr setzte sich Hank Paulson in legerer Kleidung an den Tisch in dem großen Konferenzraum gegenüber seinem Büro. Der Raum war vollgepackt mit den wichtigsten Regierungsbeamten und Vertretern der Regulierungsbehörden. Ben Bernanke war anwesend und Sheila Bair ebenfalls. Tim Geithner war schon am Tag zuvor eingeflogen, um zu der Gruppe zu stoßen. John Dugan, der Leiter der amerikanischen Bankenaufsicht, war da, und dasselbe galt auch für Joel Kaplan, den stellvertretenden Stabschef für politische Strategie im Weißen Haus. Paulsons engste Mitarbeiter, darunter Nason, Jester, Kashkari, Davis, Wilkinson, Ryan, Fromer, Norton, Wilson und Hoyt, hatten ebenfalls Platz genommen. Einige waren freilich zu »Hinterbänklern« geworden und hatten sich auf die Stühle an den Wänden gesetzt, weil am Tisch kein Platz mehr war.

Paulson hatte die Konferenz einberufen, um die letzten Details einer Reihe von Schritten zu koordinieren, die er zur Stabilisierung des Systems ausgearbeitet hatte und mit denen er an die Öffentlichkeit gehen wollte. Das Treffen war das zweite in dieser Zusammensetzung; ein Teil der Anwesenden hatte sich schon am Vortag um 15 Uhr getroffen und das Programm in Umrissen skizziert.

Der mehrteilige Plan, an dem das Finanzministerium, die Federal Reserve und die FDIC beteiligt waren, wurde von Paulson selbst an diesem Tag noch als »undenkbar« bezeichnet. Basierend auf der Arbeit von Jester, Norton und Nason wollte er schrittweise vorgehen und zunächst einmal 250 Milliarden Dollar aus den TARP-Finanzmitteln in das Bankensystem investieren. Die Anwesenden hatten sich schon auf die allgemeinen Bedingungen geeinigt: Die Banken, die das Geld annahmen, würden 5 Prozent Zinsen zahlen müssen. Paulson glaubte, dass sie das Geld wahr-

scheinlich nicht in Anspruch nehmen würden, wenn die Zinsen höher lagen, etwa bei den 10 Prozent, die Buffett von Goldman Sachs verlangt hatte. Trotzdem sollte der Zins letztlich steigen und nach den ersten fünf Jahren 9 Prozent betragen.

In der Debatte über das Programm ging es weniger um die konkreten Zahlen als um den Ansatz als solchen. »In der Geschichte der US-amerikanischen Finanzkrisen musste man immer drei Dinge tun: weiche Verbindlichkeiten in harte umwandeln, Kapital importieren und schlechte Vermögenswerte aus dem Spiel nehmen. Dies ist ein Teil des Plans«, sagte Geithner, um die Gruppe von der Notwendigkeit von Kapitalspritzen zu überzeugen.

Seiner Ansicht nach ließ sich das Programm den schwächsten Banken nur schmackhaft machen, wenn auch die stärksten das Geld akzeptierten. Er glaubte, dadurch würde die Teilnahme an dem Programm »entstigmatisiert« und vielleicht würden sogar die Probleme der am schlimmsten betroffenen Unternehmen überdeckt. Nicht alle waren in diesem Punkt seiner Meinung. »Wir sollten nicht die Starken zerstören, um die Welt zu überzeugen, dass die Schwachen doch nicht so schwach sind«, sagte Bernanke. Auch die Frage, wie sich die Finanzmittel von TARP am effektivsten einsetzen ließen, kam zur Sprache: Wenn sie in gesunde Unternehmen flossen, war weniger Geld für diejenigen da, die es am nötigsten brauchten. Vor dem Treffen hatte Geithner mit Kevin Warsh über das Thema gesprochen, und dieser hatte gesagt, eine Entstigmatisierung sei unrealistisch. »Die Märkte lassen sich nicht täuschen. Sie können ihnen nicht vormachen, dass alle gleich gut, schlecht oder mittelmäßig sind!«

Trotzdem setzten sich Geithner und Paulson in der Gruppe rasch mit der Ansicht durch, dass das Programm nur dann effizient sein würde, wenn sie auch die größten Banken, wie etwa Goldman Sachs oder Citigroup, überzeugen konnten, das Geld anzunehmen. Es wurde eine Liste mit den Unternehmen zusammengestellt, die man gleich am ersten Tag zur Annahme des Angebots bewegen wollte, und man plante, sie am Montag nach Washington einzuladen, um ihr Einverständnis mit der Investition zu bekommen. Dabei kam die Frage auf, ob das Programm nicht auch für Versicherungskonzerne zugänglich gemacht wer-

den sollte. David Nason schlug vor, MetLife aufzufordern, als eine Art Gast an dem Programm teilzunehmen.

»Wie sollen wir das bewerkstelligen?«, fragte Geithner.

»Sie sind Ihr Regulierer, Tim«, sagte Nason, und auf viele Gesichter im Raum trat ein wissendes Lächeln.

Während der ganzen Debatte über die Kapitalspritzen wurde Paulson von der Sorge um das Schicksal von Morgan Stanley geplagt. Er hatte immer wieder mit Mack telefoniert, von dem er wusste, dass er einen neu verhandelten Deal sichern wollte. Aber er hatte auch gehört, dass sich die Japaner an die Federal Reserve gewandt und um die Zusicherung gebeten hatten, dass der Staat nicht in Morgan Stanley investieren werde, nachdem sie es getan hatten. Sie fürchteten nämlich, dass dadurch alle Aktien des Unternehmens ihren Wert verlören. Als Geithner durch einen Anruf von Warsh von der Sache erfuhr, war seine Reaktion kurz und heftig: »Fuck!«, sagte er. Sie schrieben noch am selben Nachmittag einen Brief an die japanische Regierung und versicherten ihr, dass Mitsubishi von irgendeiner künftigen staatlichen Intervention bei Goldman Sachs nicht stärker betroffen sein werde als alle anderen Aktionäre auch. Natürlich wusste man bei Morgan Stanley nichts von den Plänen der US-Regierung oder von dem Ausmaß an Hintergrundkontakten mit der japanischen Regierung, die zum Zustandekommen des Deals mit beitrugen.

Die vielleicht größte Auseinandersetzung an diesem Wochenende betraf den noch ungeklärten Teil des Plans, den Paulson immer noch zu verkünden hoffte: die Garantie sämtlicher Bankeinlagen durch die FDIC. Er und Bernanke hatten lange mit Sheila Bair über das Thema diskutiert. Sie hatte zunächst einen Kompromiss angeboten: Die FDIC würde zwar eine Garantie geben, aber nur für Einlagen bei normalen Banken. In diesem Fall wären Firmen wie Goldman Sachs und Morgan Stanley immer noch verwundbar geblieben. Aber Bair bewegte sich; Paulson übte massiven Druck aus, er nahm sie sogar in seinem Büro beiseite und sagte: »Ich sorge dafür, dass Sie dafür das gebührende Lob einheimsen.« Sie wiederum dachte, Paulson stehe unter enormem politischen Druck, das Programm zu realisieren, unter anderem auch deshalb, weil eine Reihe von europäischen Regierungen

ähnliche Rettungspläne schmiedeten. Am Ende war die Garantie möglicherweise der größte – wenn auch oft übersehene – Teil des Programms. Sie machte den Staat potenziell für Hunderte Milliarden Dollar Verbindlichkeiten haftbar und stellte das ultimative Sicherheitsnetz für das Bankensystem dar.

Nason und Paulson hatten die ganze Woche über das Garantieproblem debattiert. Für Nason bedeutete es »den größten Politikwechsel in unserer Geschichte«. Er sagte zu Paulson: »Dies ist eine enorme Entscheidung. Sie muss mit allen diskutiert werden, damit alle ihre Zustimmung bekunden.«

Auf einer der Sitzungen an diesem Wochenende diskutierte Geithner, ein Befürworter der Garantie, das Problem mit Nason, der dabei den *advocatus diaboli* spielte. Doch er hatte auch echte Bedenken, wegen der weitreichenden Folgen, die es haben konnte, wenn der Staat eine praktisch unbegrenzte Sicherung für eine ganze Branche aufbaute.

Trotzdem setzte sich Geithner letztlich durch, und Bair stimmte dem Plan zu.

Die letzte Aufgabe bestand nun darin, die Einladung der Banken nach Washington zu organisieren und sich zu überlegen, wie man sie am besten zu einer Annahme der TARP-Gelder bewegen konnte. Es herrschte Übereinstimmung, dass man alle CEOs in einem Raum versammeln müsse. Dann werde der Gruppendruck so groß sein, dass sie dem Vorschlag wahrscheinlich zustimmen würden.

Als die Liste mit den infrage kommenden Banken fertig war, fiel Paulson die Aufgabe zu, bei ihnen anzurufen. (Er hatte sich davor gedrückt, die Anrufe an dem Lehman-Wochenende zu machen, deshalb war er jetzt dran.)

Um 18.25 Uhr kehrte er in sein Büro zurück und machte sich an die Arbeit. Seine Botschaft war einfach. Er sagte den CEOs, sie sollten nach Washington kommen, vermied es aber mit aller Macht, genauere Gründe für die Einladung zu nennen.

Lloyd Blankfein war am Sonntagabend auf einem Dinner für Klienten im Ritz-Carlton, das anlässlich der Jahrestagung des Internationalen Währungsfonds in Washington stattfand. Er nahm mit

Gary Cohn Blickkontakt auf, und sie trafen sich in einer Ecke des Raumes.

»Hank hat gerade angerufen«, sagte Blankfein leise. »Er sagt, dass ich morgen um 15 Uhr im Finanzministerium sein soll.«

»Wozu?«, fragte Cohn.

»Ich weiß es nicht.«

»Was hat er Ihnen gesagt?«, fragte Cohn verwirrt.

»Ich habe ihn natürlich gedrängt, etwas rauszulassen«, antwortete Blankfein, »aber er sagte nur, dass ich ›glücklich‹ sein würde.«

»Das macht mir Angst«, sagte Cohn.

»Ich wusste, dass es Ihnen dabei ganz warm ums Herz würde«, sagte Blankfein und lachte.

Ken Lewis saß zu Hause in Charlotte in seiner Küche und wollte gerade zu Abend essen, als Paulson anrief.

»Ken«, sagte er ohne Umschweife. »Sie müssen morgen um 15 Uhr zu einem Treffen nach Washington kommen.«

»In Ordnung«, sagte Lewis. »Worum geht es?«

»Ich glaube, es wird Ihnen gefallen«, sagte Paulson demonstrativ unbestimmt, sodass Lewis auf weiteres Nachfragen verzichtete.

Am Montagmorgen, dem 13. Oktober 2008, saß Rob Kindler um 7.30 Uhr in einem Konferenzraum bei Wachtell Lipton. Er sah schrecklich aus: unrasiert, immer noch in Freizeithose und mit Flip-Flops an den Füßen. Er hatte mindestens einen Tag nicht geschlafen. Zu Wachtell war er gekommen, um persönlich den Scheck in Empfang zu nehmen, der von Mitsubishi kommen sollte. Da John Mack in Washington weilte, musste er das Geschäft endgültig abschließen. Er war immer noch ein wenig besorgt, denn Mitsubishi hatte zwar allen Bedingungen des Deals zugestimmt, aber er hatte noch nie einen realen Scheck mit einer Zahl mit neun Nullen gesehen. Er wusste nicht einmal, ob das möglich war. Vielleicht würde er mehrere Schecks bekommen?

Kindler erwartete, dass der Scheck durch einen kleineren Angestellten von Mitsubishi überbracht werden würde, bis ihm

die Empfangsdame meldete, dass gerade eine Gruppe von Topmanagern des Konzerns in makellosen schwarzen Anzügen in der Lobby des Gebäudes erschienen sei und sich nun auf dem Weg nach oben befinde.

Kindler war es peinlich, dass er wie ein Strandpenner aussah. Er rannte hinunter in die Empfangshalle und borgte sich von einem Anwalt eine Anzugjacke. Aber als er sie zuknöpfte, vernahm er das unangenehme Geräusch von zerreißendem Stoff. Die Jacke war auf dem Rücken die ganze Naht entlang aufgeplatzt, und die Wachtell-Anwälte krümmten sich vor Lachen.

Takaaki Nakajima, Generalmanager der Tokyo-Mitsubishi-UFJ-Bank, und ein halbes Dutzend japanische Kollegen waren in Erwartung einer feierlichen Zeremonie zum Vertragsabschluss nach New York gekommen.

»Ich wusste nicht, dass Sie kommen würden«, entschuldigte sich Kindler bei den verwirrten Japanern. »Wenn ich es gewusst hätte, wäre auch John Mack hier.«

Nakajima öffnete einen Umschlag und überreichte Kindler einen Scheck. Da stand es: »Zahlen Sie für diesen Scheck an die Order von Morgan Stanley $9 000 000 000,00.« Kindler hielt den Scheck etwas ungläubig in der Hand, die vermutlich größte Geldsumme, die je ein Mensch physisch berührt hatte. Morgan Stanley, das wusste er, war gerade gerettet worden.

Einige der Japaner schossen Fotos, wobei sie sich bemühten, die sensationelle Summe ins Bild zu kriegen.

»Dies ist eine Ehre und ein großartiges Zeichen Ihres Vertrauens und Ihrer Zuversicht, was Amerika und Morgan Stanley betrifft«, sagte Kindler in dem Versuch, trotz seines zerzausten Äußeren irgendwie staatsmännisch zu wirken. »Es wird eine großartige Investition sein.«

Als sich die Japaner zum Gehen wandten, tippte Kindler um genau 7.53 Uhr über beide Ohren grinsend eine Botschaft für das gesamte Managementteam von Morgan Stanley in seinen BlackBerry.

Der Betreff lautete: »Wir haben den Scheck!!!!!!«[38]

Die Botschaft selbst bestand nur aus zwei Worten:

»Geschäft abgeschlossen!!!!!!!!«

Kapitel zwanzig

»Büro von Minister Paulson. Bitte bleiben sie am Apparat«, sagte Christal West im Vorraum von Hank Paulsons Zimmer.

Es war erst acht Uhr morgens, aber sie wurde jetzt schon mit Anrufen bombardiert. Paulsons Entscheidung, die »Großen Neun« der Wall Street nach Washington einzuladen, ohne ihnen auch nur anzudeuten, was auf der Tagesordnung stand, kam nicht besonders gut an.

»Nick Calio hat mich gerade angerufen«, schrieb sie in einer E-Mail an Paulsons innersten Zirkel in Bezug auf den Chef-Lobbyisten von Merrill Lynch. »Ich habe ihm dasselbe gesagt, was ich schon Thains Büro gesagt habe, dass er kommen soll und vorher keine weiteren Informationen gegeben werden … und dass alle gestern Abend bei HMP [Henry Merritt Paulson] ihre Teilnahme bestätigt haben.«[1]

Jetzt war Heather Wingate, die Lobbyistin von Citigroup, in der Leitung. Sie hatte gerade eine E-Mail von ihrem Boss Lewis B. Kaden, einem stellvertretenden Vorsitzenden von Citigroup, bekommen. Darin hieß es: »Finden Sie so schnell wie möglich heraus, was Paulsons Einladung an VP [Vikram Pandit] zu einem Treffen im Finanzministerium heute Nachmittag zu bedeuten hat. Wenn es um eine Informationsveranstaltung für die Branche geht, glaube ich nicht, dass VP wieder nach DC kann. Wenn es etwas anderes ist, müssen wir es wissen.«

Ah, Pandit! Paulsons Sekretärin wusste genau, wie ihr Chef Pandit einschätzte: Er konnte schwierig sein.

Jeffrey Stoltzfoos, ein wichtiger Berater im Finanzministerium, nahm Wingates Anruf entgegen und schrieb sofort eine weitere E-Mail an das Team, in der er klagte: »Offenbar überlegt sich Vikram, ob er selbst nach DC kommen oder eine andere Person schicken soll. Ich gab Heather keine zusätzlichen Informationen,

deutete aber an, dass wir sie oder eine andere Person bei Citi anrufen werden, um die Sache zu besprechen.«

Die Wall-Street-Manager waren nicht die Einzigen, bei denen Verwirrung herrschte. Auch im Weißen Haus war man nicht in die Einzelheiten von Paulsons Vorladung eingeweiht. »Handelt es sich um eine Sitzung oder um neun?«, fragte Joel Kaplan, der stellvertretende Stabschef für politische Strategie im Weißen Haus, Jim Wilkinson per E-Mail.

Die Zusammenkunft wird »eine große Versammlung sein, aber es werden auch kleine separate Treffen erwartet, um alles zu regeln«, antwortete Wilkinson Minuten später über seinen BlackBerry.

Christal West musste dafür sorgen, dass alles glatt lief. Es war vielleicht die wichtigste Sitzung, in der Geschichte des Finanzministeriums, und sie war für die Koordination verantwortlich. Sie schickte eine E-Mail an Stafford Via, einen Berater im Finanzministerium: »Wir sollten unsere Logistik abklären. Ich glaube, wir sollten jemanden draußen am Tor haben und noch jemanden drinnen an der Tür, der die Leute in den dritten Stock hinaufschickt. Außerdem können wir die kleinen Konferenzräume und die Rezeption für Diplomaten wenn nötig als Wartezimmer nutzen.«

Sie rief den Secret Service an und fragte, ob Hamilton Place abgesperrt werden könne, weil sich ihre Gäste angesichts all der Fotografen fühlen könnten wie Affen im Zoo. Die Antwort war ein klares Nein.

Um 9.19 Uhr schickte sie eine E-Mail an die Sekretärinnen aller neun Wall-Street-CEOs mit Instruktionen, wie sie sich verhalten sollten, wenn sie an der Ecke Fifteenth Street und Hamilton Place abgesetzt würden: »Sie sollen zu Fuß den Hamilton Place entlang zum Tor gehen und dort das Gebäude betreten. Sie müssen einen Ausweis mit einem Foto vorzeigen (ein Führerschein wäre gut).« Als sie ihre Aufgabenliste hastig noch einmal durchging, stellte sie fest, dass noch eine Sache offen war. Sie hatte die Sozialversicherungsnummern und Geburtsdaten aller Gäste besorgt, die sie für die Identifikation beim Secret Service brauchte. Nur die von Ken Lewis fehlte noch. Sie hatte dreimal versucht ihn in seinem Büro

zu erreichen, aber dort ging niemand ans Telefon, also rief sie bei ihm zu Hause an. »Ich habe gerade mit der Frau von Mr. Lewis gesprochen und habe jetzt sein Geburtsdatum und seine SVN«, schrieb sie wenige Augenblicke später an seine Sekretärin.

Obwohl Christal West ihr Bestes gab, herrschte immer noch Verwirrung. »Haben Sie eine Liste der Teilnehmer, die bei dem Treffen um 15 Uhr dabei sind?«, schrieb Calvin Mitchell, Geithners Kommunikationschef, an Wilkinson. »Könnt ihr Jungs mal bestätigen, wer eingeladen ist?«

Selbst eine Stunde vor dem Treffen versuchten die CEOs noch herauszukriegen, was auf der Tagesordnung stand. »Hat jemand eine Vorstellung, worum es bei der Drei-Uhr-Konferenz mit den CEOs geht?«, mailte Steven Berry, der bei Merrill Lynch für Regierungskontakte zuständig war, an Wilkinson. »Thain hat gefragt. Und die Zimmernummer? Ich sehe Thain in etwa 15 Minuten.«

Kurz nach 14 Uhr kamen Ben Bernanke, Tim Geithner und Sheila Bair in Paulsons Büro, um sich ein letztes Mal abzustimmen.[2] Paulson fläzte mit aufgekrempelten Ärmeln auf seinem angestammten Sessel in der Ecke, sodass jeder merkte, wie sehr er sich nach einer Ottomane sehnte. Geithner nahm den Sessel neben ihm; Bair entschied sich für das blaue Samtsofa; und Bernanke setzte sich ihr gegenüber. Sie waren im Begriff zu tun, was Paulson als »undenkbar« bezeichnet hatte, und ihre Anspannung war unübersehbar. Paulson sah sogar regelrecht leidend aus.

»Okay«, sagte er »haben alle die Gesprächsthemen gesehen?« Er wedelte mit einem Papier, das eine Liste mit einem halben Dutzend Punkten enthielt, und sagte: »Gehen wir das mal durch.«

Zuerst, erläuterte er, werde er alle Anwesenden vorstellen. Dann werde er die drei Teile des Programms skizzieren: Geldmarktpapiere, FDIC und TARP, das Akronym, das bald zum Synonym für das Wort »Rettungsaktion« werden sollte und das ihm offensichtlich nur schwer über die Lippen kam.

»Dann gebe ich das Wort an Sie weiter«, sagte Paulson und nickte Bernanke und Geithner zu, die nun ihre Stellungnahme zum Thema Geldmarktpapiere probten. »Danach übernimmt

Sheila«, sagte er, immer noch wütend auf sie, weil sie sich am Abend zuvor negativ über das Kreditgarantieprogramm geäußert hatte.

Schließlich kamen sie zur wichtigsten Maßnahme, die dem Verteilen von Sozialhilfeschecks an die größten Banken der Nation gleichkam.

Paulson las den Tagesordnungspunkt laut vor: »Um zu einer möglichst breiten Teilnahme zu ermutigen, ist das Programm so angelegt, das es allen Instituten, die den Auswahlkriterien entsprechen, zu identischen Bedingungen eine attraktive Kapitalquelle bietet. Wir wollen morgen das Programm verkünden – und dass Ihre neun Firmen die ersten Teilnehmer sind. Wir werden deutlich sagen, dass Ihre Institute gesund sind und nur zur Unterstützung der US-Wirtschaft teilnehmen.«[3]

Sie wussten alle, dass diese Zeile Wunschdenken war. Bernanke und Geithner hatten an diesem Tag schon darüber gesprochen, ob die Summe ausreichen würde, um wenigstens eine notleidende Bank, nämlich Citigroup, die größte Bank der USA, zu retten, von der erfolgreichen Bekämpfung einer ausgewachsenen Finanzkrise ganz zu schweigen. Besonders Geithner befürchtete, dass Citigroup, wie er schon seit Wochen sagte, »als Nächste dran war«.

Dann kamen sie zu der Frage, über die Geithner und Paulson den ganzen Tag diskutiert hatten: Wie viel Zwang konnten sie anwenden? Geithner hatte sich gegenüber Paulson schon länger mit der Ansicht durchgesetzt, dass die Annahme der TARP-Gelder für die Teilnehmer des Treffens so verpflichtend wie möglich sein sollte. »Wir müssen das stärker formulieren«, hatte er Paulson gedrängt. »Wir müssen klarmachen, dass es sich nicht um eine freiwillige Sache handelt.« Paulson war einverstanden.

In der neuen Formulierung des Tagesordnungspunkts hatten sich Geithners Änderungsvorschläge niedergeschlagen. »Dies ist ein kombiniertes Programm (Kreditgarantie und Erwerb von Kapital). Ihre Firmen müssen beidem zustimmen«, hieß es da. »Wir glauben nicht, dass es möglich ist, außen vor zu bleiben, weil Sie dies verwundbar und angreifbar machen würde.«

Um die Sache ein für allemal klarzumachen, hieß es in einem der Punkte: »Wenn Ihnen eine Kapitalspritze nicht attraktiv

erscheint, sollten Sie sich dessen bewusst sein, dass Ihr Regulierer sie unter allen Umständen verlangen wird.«

Sie hatten bereits versucht abzuschätzen, welcher CEO sich als widerspenstig erweisen würde. Mit Pandit würde es hart werden, aber er würde das Geld letztlich nehmen, dachte Paulson. Dimon hatten sie in der Tasche. Blankfein würde vielleicht herumkritteln, aber letztlich kooperieren. Mack brauchte das Geld, also würde es mit ihm vermutlich einfach sein. Lewis würde womöglich kämpfen. Am unberechenbarsten war Dick Kovacevich von Wells Fargo: Würde er die Sache zum Scheitern bringen?

Paulson berichtete, wie schwierig es gewesen war, ihn überhaupt zum Kommen zu bewegen. »Ich konnte ihn kaum dazu animieren, einen Flug zu buchen«, erzählte er den anderen, die ihm amüsiert und erstaunt zuhörten. »Schließlich sagte ich: ›Hören Sie mal, der Finanzminister, der Vorsitzende der Fed und die FDIC wollen Sie hier haben. Also kommen Sie besser.‹« Alle lachten, machten sich aber gleich wieder an die Arbeit.

»David [Nason]«, sagte Paulson, »wird die Zahlen durchgehen. Und Bob [Hoyt] wird die Probleme mit den Vergütungen besprechen«, womit er die extravagante Art meinte, wie die mittleren und hohen Leistungsträger der Branche entlohnt wurden.

Danach, fuhr Paulson fort, sollten alle CEOs in getrennten Räumen untergebracht werden. »Wir lassen sie das Ganze überdenken. Sie können mit ihren Verwaltungsräten sprechen. Und wir können ihre Fragen beantworten, wenn sie welche haben«, sagte er. »Um 18.30 Uhr versammeln wir uns dann wieder.«

»Hoffen wir, dass es klappt«, sagte er, als sie aufstanden, um zur vielleicht wichtigsten, bestimmt aber geschichtsträchtigsten Konferenz ihrer Karriere zu gehen.[4]

Draußen vor dem Finanzministerium lief es trotz aller Bemühungen, das Treffen unter scharfer Kontrolle zu halten, nicht wie geplant. Jamie Dimon traf schon um 14.15 Uhr ein, also etwa 45 Minuten zu früh. Er schlenderte gemütlich über den Hamilton Place, während eine Gruppe Fotografen, die vor dem Ministerium auf der Lauer gelegen hatten, ein Bild nach dem anderen von ihm machte. »Er hat uns kalt erwischt!«, schrieb Brookly McLaughlin vom Pressestab an ihre Kollegin, die die Logistik mittels Black-

Berry zu koordinieren suchte. Ron Beller kam etwa zehn Minuten nach Dimon, Kelly und Blankfein trafen um 14.43 Uhr ein und Mack und Pandit ein paar Minuten nach ihnen. Um 14.53 Uhr fehlte nur noch Lewis, und Christal West wurde schon nervös. Aber er kam fünf Minuten vor Beginn des Treffens und stahl sich durch Paulsons privaten Seiteneingang in das Gebäude.

Um 14.59 Uhr mailte Christal West an die Vorbereitungsgruppe: »Sie sind alle drin.«[5]

Im Zentrum des imposanten Konferenzraums im Finanzministerium steht ein auf Hochglanz polierter, sieben Meter langer Tisch aus Mahagoni. Auf ihn blickt von der einen Wand des Raums ein George-Washington-Porträt von Gilbert Stuart herab und von der anderen ein Porträt von Salmon P. Chase, dem Finanzminister der Regierung Lincoln, der die Worte »In God We Trust« auf die Münzen der Vereinigten Staaten prägen ließ. Fünf gasbetriebene Kronleuchter hängen von der gewölbten rosagrünen Decke. Die Rückenlehnen aller zwanzig lederbespannten Mahagonistühle, die um den Tisch stehen, sind mit den Insignien der USA in der Konfiguration des Dollarzeichens versehen.

Die neun CEOs hatten bereits in der durch Tischkärtchen vorgegebenen alphabetischen Ordnung Platz genommen, als Paulson, Geithner, Bernanke und Bair eintraten. Es war das erste und vielleicht einzige Mal, dass sich die neun mächtigsten CEOs der amerikanischen Finanzwelt und ihre Regulierer gleichzeitig im selben Raum befanden.

»Ich möchte Ihnen allen danken, dass Sie auf eine so kurzfristige Einladung hin nach Washington gekommen sind«, begann Paulson in einem Ton, der womöglich noch ernster war als in den vielen Einzelgesprächen, die er in den dramatischen Wochen zuvor mit den Chefs der Finanzinstitute geführt hatte. »Ben, Sheila, Tim und ich haben Sie heute Nachmittag hergebeten, weil wir der Meinung sind, dass die Vereinigten Staaten stark und entschlossen handeln müssen, um die gefährliche Belastung unseres Finanzsystems zu beseitigen.«

Blankfein, der direkt gegenüber von Paulson saß, machte ein ernstes Gesicht, während Lewis sich nach vorne lehnte, um den Finanzminister besser zu verstehen.

»In den letzten Tagen haben wir hart gearbeitet und einen dreiteiligen Plan zur Bekämpfung der Krise entwickelt«, erklärte Paulson.

Genau, wie sie es geprobt hatten, erklärten Geithner und Bernanke nun das neue Verfahren mit den Geldmarktpapieren, und danach erläuterte Bair den Plan der FDIC, die Bankverbindlichkeiten zu garantieren. Die wichtigste Erklärung aber hob Paulson für sich selbst auf.

»Durch unsere neue TARP-Behörde wird das Finanzministerium noch vor Jahresende Vorzugsaktien im Wert von bis zu 250 Milliarden Dollar von Banken und Sparkassen kaufen«, sagte er mit dem Ernst, der der beispiellosen Maßnahme angemessen war. »Das System braucht mehr Geld, und Sie alle werden davon profitieren, wenn mehr Kapital im System ist. Deshalb möchten wir gern bekannt geben, dass Sie alle an dem Programm teilnehmen.«

Paulson erklärte, dass das Geld bei jeder Bank zu den gleichen Bedingungen investiert werden würde, wobei die stärksten Banken im Land das Geld nehmen würden, um den schwächeren Banken Deckung zu geben, wenn diese ihrem Beispiel folgten. »Es geht darum, das Vertrauen in das System wiederherzustellen. Sie sind der Schlüssel für dieses Vertrauen.«

»Wir bedauern«, fuhr Paulson fort, »dass wir diese Maßnahmen ergreifen müssen.« Und damit keine Missverständnisse aufkamen, unterstrich er noch einmal, dass die Banken das Geld annehmen sollten, ob sie wollten oder nicht: »Nur damit das klar ist: Wenn Sie es nicht nehmen und nicht in der Lage sind, das Kapital aufzubringen, das Sie, wie es heißt, auf dem Markt brauchen, dann bekommen Sie von mir einen Nachschlag, aber die Bedingungen werden Ihnen ganz und gar nicht gefallen.«

Die Banker saßen da wie betäubt. Wenn Paulson geplant hatte, sie zu schockieren, war ihm das hervorragend gelungen.

»Dies ist die richtige Maßnahme für das Land«, sagte er zum Abschluss.

Geithner las jetzt in alphabetischer Reihenfolge die Summen vor, die jede Bank erhalten sollte: Bank of America: 25 Milliarden Dollar; Citigroup: 25 Milliarden; Goldman Sachs: 10 Milliarden;

JP Morgan: 25 Milliarden; Morgan Stanley: 10 Milliarden; State Street: 10 Milliarden; Wells Fargo: 25 Milliarden.[6]

»Wo soll ich unterschreiben?«, fragte Dimon und erntete ein paar Lacher. Er versuchte die Spannung etwas zu lösen, die nicht geringer geworden war, seit die Banker erfahren hatten, warum man sie eingeladen hatte.

Um 15.19 Uhr erhielt Wilkinson, der hinten im Raum saß, nachdem er sich selbst zu der Sitzung eingeladen hatte, auf seinen BlackBerry eine E-Mail von Joel Kaplan, der Präsident Bush unbedingt ein paar Informationen geben wollte: »Bitte um schnelles Update, wie ist die Reaktion?«

Wilkinson wusste nicht, was er antworten sollte, weil das Ergebnis noch völlig ungewiss war.

Dick Kovacevich zum Beispiel war offensichtlich gar nicht erfreut über das Ultimatum. Er hatte (mit einer Linienmaschine!) nach Washington fliegen müssen, in eine Stadt, die er von jeher verabscheute, nur um gesagt zu bekommen, er habe Geld von der Regierung zu nehmen, das er seiner Ansicht nach gar nicht benötigte – und das in dem verzweifelten Bemühen, all diese anderen Cowboys zu retten?

»Ich bin keiner von euch New Yorkern mit euren ach so cleveren Produkten. Wie komme ich dazu, hier zu sitzen und über eure Rettung zu reden?«, sagte er verächtlich.

Einen Augenblick sagte niemand etwas, dann brach ein Tumult los, und alle redeten wild durcheinander, bis Paulson schließlich eingriff.

Er maß Kovacevich mit einem strengen Blick und sagte: »Ihr Regulierer sitzt gleich dort.« John Dugan, der Leiter der amerikanischen Bankenaufsicht, und Sheila Bair, die Vorsitzende der FDIC, saßen Kovacevich direkt gegenüber. »Und Sie kriegen morgen einen Anruf, dass Sie unterkapitalisiert sind und nicht in der Lage, Geld auf dem freien Markt zu beschaffen.«

Thain warf eine Frage ein: »Was für einen Schutz können Sie uns in Bezug auf die Vergütungspolitik bieten?«

Thains neuer Boss, Lewis, traute seinen Ohren nicht, als er das hörte. Trotzdem war es genau die Frage, die alle Banker im Raum brennend interessierte. Würde die Regierung im Nach-

hinein die Vergütungspläne ändern? Konnte sie das überhaupt? Schließlich würde der Staat nun Anteile an ihren Unternehmen besitzen.

Bob Hoyt, der Leiter der Rechtsabteilung des Finanzministeriums, übernahm die Antwort: »Wir werden ein paar Regeln formulieren, damit die Regierung nicht einseitig ihre Sichtweise ändert«, sagte er. »Aber Sie haben keinen Schutz, falls der Kongress das Gesetz ändern will.«

Lewis war zunehmend frustriert über den Verlauf des Gesprächs und wollte die Sache voranbringen. »Ich habe drei Dinge zu sagen«, meinte er. »Es gibt offensichtlich eine Menge an dem Programm, das man mögen oder nicht mögen kann. Wir wären aber meiner Meinung nach verrückt, wenn wir angesichts der aktuellen Ereignisse nicht eine gesunde Furcht vor dem Unbekannten hätten. Zweitens haben wir schlicht und einfach den Verstand verloren, wenn wir noch eine Sekunde damit verschwenden, über Vergütungsprobleme zu sprechen.

Und drittens«, sagte er unerbittlich, »glaube ich nicht, dass wir über die Sache noch viel länger reden müssen. Wir wissen doch alle, dass wir unterschreiben werden.«

Kovacevich rutschte immer noch unruhig auf seinem Stuhl hin und her. *Das ist praktisch Sozialismus!*

Bernanke räusperte sich, und es wurde still im Raum.

»Ich verstehe wirklich nicht, warum die Stimmung wegen dieser Sache so angespannt ist«, sagte er auf seine professorale Art. Dann erklärte er, dass das Land in der schlimmsten Wirtschaftskrise seit der Großen Depression stecke, und appellierte an die Banker, »an das Gemeinwohl« zu denken. »Schauen Sie, wir versuchen doch nicht, Sie einzuschüchtern oder zu drängen …«

Paulson warf ihm einen bösen Blick zu, als wollte er sagen: *Doch, ich dränge sehr wohl!*

John Mack, der die meiste Zeit schweigend dagesessen hatte, wandte sich an Geithner und sagte: »Geben Sie mir das Papier.« Er nahm einen Füller aus seiner Brusttasche, unterzeichnete das Dokument und schnippte es mit dem Finger zurück über den Tisch. »Fertig«, rief er und besiegelte damit ganz zwanglos, was Paulson so ungern eine Rettungsaktion nannte.

»Aber Sie haben den Namen nicht eingetragen«, sagte Geithner. »Tragen *Sie* ihn ein«, sagte Mack. Geithner schrieb in Blockbuchstaben MORGAN STANLEY oben auf das Dokument. »Und Sie haben die Summe nicht eingetragen«, protestierte er weiter.

»Es sind 10 Milliarden«, sagte Mack lässig.

Thain sah Mack bestürzt an: »Sie können das doch nicht ohne Zustimmung ihres Verwaltungsrats unterschreiben«, sagte er.

»Nicht?«, sagte Mack. »Mein Verwaltungsrat wird binnen 24 Stunden informiert. Er wird zustimmen, und wenn nicht, feuern sie mich!

Blankfein wies darauf hin, dass er ebenfalls mit seinem Verwaltungsrat sprechen müsse. »Ich fühle mich nicht dazu berechtigt, das allein zu machen«, sagte er, und auch alle anderen meinten, dass sie den korrekten Weg nehmen müssten.

Dimon stand auf, ging in die Ecke des Raums nah am Fenster und arrangierte an Ort und Stelle eine Verwaltungsratssitzung per Telefonkonferenz. Er rief seine Sekretärin Kathy an und sagte ihr, sie solle die Direktoren an die Strippe holen. Die anderen CEOs verteilten sich auf verschiedene Konferenzräume und riefen ihre Büros an.

Um 16.01 Uhr antwortete Jim Wilkinson endlich auf Kaplans E-Mail. »Wir haben sie alle, mit einer Ausnahme«, schrieb er, womit er Wells Fargo meinte. »Die Sache geht über die Bühne.«

Draußen auf dem Gang stand Pandit mit einem breiten Grinsen: »Wir sind grade herausgekommen. Sie geben uns 25 Milliarden und dazu eine Garantie«, sagte er in sein Mobiltelefon. Es hörte sich an, als hätte er gerade sechs Richtige im Lotto gezogen.

Mack, der den Vertrag bereits unterzeichnet hatte, telefonierte mit Roy Bostock, einem Verwaltungsrat von Morgan Stanley, der ihm helfen sollte, bei den anderen Direktoren die Wogen wegen seiner vorschnellen Entscheidung zu glätten.

»Ich möchte Sie vorwarnen«, sagte er. »Wir haben in etwa zwanzig Minuten eine Telefonkonferenz des Verwaltungsrats. Es geht darum zuzustimmen, dass wir 10 Milliarden Dollar aus dem TARP-Programm annehmen«, sagte er, und dann, nach einer kleinen Pause: »Aber ich habe schon zugestimmt.«

Bostock wusste, was er zu tun hatte: »Ich verstehe. Der Verwaltungsrat wird Ihnen keine Knüppel zwischen die Beine werfen.«

Und tatsächlich sagte Bostock, als die Telefonkonferenz endlich begann: »John, wir hatten keine andere Wahl, als Sie das unterzeichnen zu lassen. Sie haben das Richtige getan.« Dann forderte er zur Abstimmung auf, bevor die Sache groß diskutiert werden konnte. »Ich bin dafür«, eröffnete er sie.

Dimon dagegen sprach in ausgesprochen freudlosem Ton zu seinem Verwaltungsrat: »Das ist besonders schlecht für JP Morgan«, flüsterte er in sein Mobiltelefon. Mit anderen Worten, dank dem Geld würden die schwächeren Banken JP Morgan gegenüber aufholen. »Aber wir dürfen nicht egoistisch sein. Wir dürfen uns der Sache nicht in den Weg stellen.«

Um 17.38 Uhr mailte Bob Hoyt, der die unterschriebenen Dokumente einsammelte: »Bin unterwegs, habe 5, fehlen noch 4.«

Paulson, Geithner, Bernanke und Bair saßen in Paulsons Büro und warteten. Mit Ausnahme von Kovacevichs Murren war das Treffen gut verlaufen, viel besser, als sie gedacht hatten. Sie hatten gerade das Finanzsystem des Landes praktisch verstaatlicht, und trotzdem hatte niemand auf einer Bahre aus dem Raum getragen werden müssen. Paulson strich sich mit den Fingern über den Bauch, wie er es immer tat, wenn er tief in Gedanken versunken war. Er konnte es immer noch nicht fassen, dass er die Sache durchgezogen hatte.

Er hatte soeben per Telefon den – zu dieser Zeit führenden – demokratischen Präsidentschaftskandidaten Barack Obama informiert, der gerade in Toledo, Ohio, eine Rede über die Wirtschaftslage gehalten hatte. Danach hatte er erfolglos versucht, auch John McCain zu erreichen.

Um 18.23 Uhr schrieb Wilkinson an das Team: »8 von 9 sind im Kasten, [S]ate [S]treet wartet noch auf Verwaltungsrat … [W]ir sind eigentlich fertig.«

Zwei Minuten später, um 18.25 Uhr, verkündete er via Black Berry triumphierend das Endergebnis: »Wir haben jetzt 9 von 9.«

»Beeindruckend«, antwortete Kaplan im Weißen Haus.

David Nason brachte die unterschriebenen Dokumente den Gang hinunter zu Paulson.

Er blieb einen Moment in der Tür zum Büro des Finanzministers stehen, während Paulson und sein halbes Dutzend hochrangiger Mitarbeiter sich eine Minute Zeit nahmen, um die Bedeutung des Augenblicks zu würdigen.

»Wir haben gerade den Rubikon überschritten«, sagte er.

Epilog

Innerhalb von nur wenigen Monaten veränderten sich die Wall Street und das globale Finanzsystem fast bis zur Unkenntlichkeit. Die Big Five, die fünf großen amerikanischen Investmentbanken, hatten alle Insolvenz angemeldet, waren verkauft oder in eine Bank-Holding umgewandelt worden. Zwei Hypothekengiganten und die größte Versicherungsgesellschaft der Welt waren unter staatliche Verwaltung gestellt. Und Anfang Oktober 2008 war das Finanzministerium – und damit der amerikanische Steuerzahler – durch einen Federstrich des Präsidenten Mitbesitzer der einst stolzesten Finanzinstitute des Landes geworden, eine Rettungsaktion, die noch Monate zuvor undenkbar gewesen wäre.

Dass Dutzende Milliarden Dollar von Washington an die Wall Street überwiesen wurden, führte jedoch nicht sofort zu einem Ende der chaotischen Zustände an den Märkten. Statt das Vertrauen wiederherzustellen, hatte der Rettungsplan perverserweise die gegenteilige Wirkung: Die Emotionen und Fantasien der Anleger, das, was John Maynard Keynes in seiner berühmten Analyse als »animalische Instinkte« bezeichnet, kamen nun erst richtig zum Tragen.[1] Selbst nachdem Präsident Bush TARP unterzeichnet hatte, verlor der Dow Jones noch 37 Prozent seines Wertes.

Doch es gab noch eine andere unerwartete Nebenwirkung, und sie wirkte sich sehr viel nachhaltiger auf die amerikanische Psyche aus als die unmittelbaren Folgen der Dramen, die sich an der Wall Street Tag für Tag abspielten. In den Tagen und Wochen nach den ersten Zahlungen im Rahmen des Rettungsprogramms entwickelte sich eine nationale Debatte über die Frage, was die chaotischen Zustände in der Finanzindustrie für die Zukunft des Kapitalismus bedeuteten, darüber, welche Rolle der Staat in der Wirtschaft spielen sollte und ob sich diese Rolle nun für immer verändert hatte.

Auch ein Jahr später stehen diese Fragen immer noch im Zentrum der landesweiten Debatte. Als dieses Buch in Druck ging, tobte in der amerikanischen Öffentlichkeit eine erbitterte Diskussion, mit lautstarken Warnungen vor einer schleichenden Einführung des Sozialismus und harscher Kritik an der Rolle des Staates, nicht nur an der Wall Street, sondern auch in Detroit (nach der Rettung der Banken hatte die Regierung auch die zwei Autogiganten General Motors und Chrysler mit Milliarden unterstützt, damit sie sich vor dem Konkursgericht erfolgreich restrukturieren konnten) und im Gesundheitssystem. Washington hat außerdem einen sogenannten »Gehaltszaren« ernannt, der die Vergütungen für die Topmanager der fünf geretteten Banken kritisch unter die Lupe nehmen soll.[2]

Ein unerwartetes Ergebnis dieses neuen Aktionismus der Bundesregierung bestand darin, dass traditionelle politische Überzeugungen auf den Kopf gestellt wurden, als sich ein republikanischer Präsident in der ungewohnten Lage wiederfand, staatliches Eingreifen verteidigen zu müssen. »Die Intervention der Regierung ist keine Übernahme durch die Regierung«, reagierte Präsident Bush am 17. Oktober 2008 auf seine Kritiker. »Sie hat nicht den Zweck, den freien Markt zu schwächen. Sie soll den freien Markt erhalten.«[3]

Bushs Erklärung brachte das Paradox einer Rettungsaktion recht gut auf den Punkt, die nur durchgeführt werden konnte, weil seine Regierung und die seines Nachfolgers zu dem Schluss gekommen waren, dass der freie Markt – wenigstens zeitweise – etwas weniger frei sein musste.

In mancher Hinsicht fiel Hank Paulsons TARP anfänglich der aggressiven Art zum Opfer, mit der er es zu verkaufen versuchte. Das Programm sollte eigentlich das Finanzsystem stabilisieren und eine weitere Verschlechterung der Verhältnisse verhindern, wurde aber, um die Abgeordneten und Wähler zu gewinnen, als radikale Kehrtwende präsentiert. Aus Sicht der Verbraucher und der kleinen Geschäftsleute jedoch funktionierten die Kreditmärkte immer noch schlecht. Während für die Rettung der Banken Hunderte Milliarden Dollar bereitgestellt wurden, konnten viele Amerikaner immer noch keine Hypotheken oder Kredite

aufnehmen. Für sie kam die versprochene Wende nicht schnell genug.

Selbst nach den staatlichen Kapitalspritzen drohten einige der wichtigsten Banken der USA noch zu scheitern. Citigroup, vor der Krise das größte amerikanische Finanzinstitut, entwickelte sich zu einem Phänomen, das die Mitarbeiter des Finanzministeriums als »den Todesstern« bezeichneten. Im November 2008 steckten sie weitere 20 Milliarden Dollar in den kranken Koloss und bürgten für Vermögenswerte von Citi im Wert von Hunderten Milliarden Dollar. Im Februar 2009 erhöhte der Staat seinen Anteil an der Bank von 8 auf 36 Prozent. Damit war ein Finanzinstitut, das nur ein Jahrzehnt zuvor noch führend an einer Kampagne zur Deregulierung beteiligt gewesen war, zu über einem Drittel in staatlicher Hand.[4]

Selbst Personen, die an das Konzept der Rettungsaktion glaubten, stellten die Frage, ob Washington die Aufgabe auch gut durchgeführt hatte. Dabei konzentrierte sich die heftigste Debatte auf einen ganz bestimmten Deal.

Anfang 2009 wurde die Fusion zwischen Merrill Lynch und der Bank of America Gegenstand einer nationalen Kontroverse, als die BofA bekannt gab, dass sie eine weitere Kapitalspritze über 20 Milliarden Dollar benötige und damit, um Paulson zu zitieren, »zum Scheißhaufen in der Punschbowle«[5] wurde. Als sich später herausstellte, dass Merrill Lynch seinen Angestellten, unmittelbar bevor der Deal geschlossen worden war, Milliarden Dollar an Vergütungen ausbezahlt hatte, führte die öffentliche Empörung zu einer Reihe von Untersuchungen und Anhörungen. Sie warfen ein peinliches Licht auf die Verhandlungen, die zwischen der Regierung und den Finanzinstituten stattgefunden hatten.

Der Verkauf von Merrill Lynch an die Bank of America war in der Öffentlichkeit als Weg zur Rettung von Merrill Lynch dargestellt worden. In den Monaten, die es dauerte, bis der Deal unter Dach und Fach war, explodierten die Verluste von Merrill Lynch im Handel, das Geschäft im Asset-Management wurde schwächer, und die Bank musste zusätzliche Abschreibungen auf ihre verfallenden Vermögenswerte vornehmen. Die Öffentlichkeit jedoch wurde über die wachsenden Probleme nicht informiert, und am

5. Dezember stimmten die Aktionäre beider Unternehmen auf separaten Versammlungen der Fusion zu.[6]

Hinter den Kulissen drohte Ken Lewis, von dem Geschäft zurückzutreten, aber Paulson und Bernanke drängten ihn, es abzuschließen, und drohten, dass er sonst seinen Job verlieren könnte.

Als Details dieses Dramas durchsickerten, wurde John Thain eines der ersten Opfer des Skandals. Er wurde von Ken Lewis in seinem eigenen Büro gefeuert. Thains Image hatte sich radikal geändert: Der Held, der Merrill Lynch gerettet hatte, war nun der Schurke, der die Schwierigkeiten der Bank verursacht hatte. Dabei gab es Hinweise, dass die Bank of America die Schwierigkeiten von Merrill Lynch gekannt und selbst geheim gehalten hatte. Mit zusätzlicher Kritik wurde Thain überhäuft, als bekannt wurde, dass er vom scheidenden Verwaltungsrat von Merrill die exorbitante Prämie von 40 Millionen Dollar verlangt hatte. »Das ist grotesk«, schrie John Finnegan, der Direktor von Merrill im Vergütungsausschuss des Verwaltungsrats, als ein Vertreter der Personalabteilung die Forderung erhob. Thain sagt, er habe nichts von der Sache gewusst, und als die Frage seiner Bezüge schließlich vom gesamten Verwaltungsrat diskutiert wurde, erhob er überhaupt keinen Anspruch mehr auf eine Vergütung.

Am heftigsten jedoch war die öffentliche Empörung über die American International Group. AIG war zu einer viel größeren Belastung geworden, als irgendjemand erwartet hatte. Die ursprünglich 85 Milliarden Dollar, die der Versicherungskonzern vom Steuerzahler erhielt, mussten schließlich auf mehr als 180 Milliarden Dollar Staatshilfe aufgestockt werden. Geithners ursprünglicher Kredit an AIG, der seiner Aussage nach komplett besichert war, entpuppte sich sehr schnell als ähnlich unsolide Investition wie ein Hypothekenkredit an eine Familie, die nicht kreditwürdig ist und das Geld nie zurückzahlen kann.

Nun, da AIG dem Steuerzahler gehörte, beschwerten sich die Abgeordneten lautstark, dass die Firma ihren unabhängigen Versicherungsagenten für 440 000 Dollar einen Urlaub im kalifornischen Luxushotel St. Regis Monarch Beach in Dana Point spendierte und weitere 86 000 Dollar für die Rebhuhnjagd in England

ausgab. Am größten war die Empörung jedoch über die millionenschweren Boni, die AIG ganz ungerührt ihren Führungskräften genehmigte, während vor ihrer Zentrale und den Häusern ihrer Manager demonstriert wurde. »Wie rechtfertigen Sie diese Exzesse vor dem Steuerzahler, der das Unternehmen am Leben hält?«, fragte Präsident Obama.[7] Und Jim Cramer tönte in seiner Fernsehsendung: »Wir sollten sie im Supermarkt zur Rede stellen, wir sollten sie auf dem Baseballplatz zur Rede stellen, wir sollten sie einfach überall zur Rede stellen.«[8]

Angesichts der weitverbreiteten Kritik erhob sich die Frage, wie man überhaupt noch ein Finanzinstitut führen sollte: Sollten die Entscheidungen über die Ausgaben eines Unternehmens in Reaktion auf die öffentliche Meinung getroffen werden oder mit dem Ziel, Gewinne zu machen? Edward Liddy, der neue CEO von AIG, war so frustriert darüber, dass er zwei Herren zugleich dienen musste, dass er das Unternehmen schon elf Monate nach seinem Amtsantritt wieder verließ.

Ein Problem war auch, wie genau das Geld verwendet werden sollte, mit dem AIG gerettet worden war. Mehr als ein Viertel der staatlichen Kapitalspritze landete direkt auf den Konten global operierender Finanzinstitute wie Goldman Sachs, Merrill Lynch oder Deutsche Bank, denen AIG das Geld wegen der Kreditderivate schuldete, die sie ihnen verkauft hatte, und weil sie an seinem Wertpapierleihprogramm teilgenommen hatten. In gewisser Weise waren diese Zahlungen Wasser auf die Mühlen der Kritiker, die den Vorwurf erhoben, Paulsons TARP sei eine Rettungsaktion der Wall Street für die Wall Street. (Es steigerte die Empörung noch weiter, dass ein Teil der indirekten Hilfe an ausländische Banken ging, obwohl keine ausländische Regierung an dem amerikanischen Rettungsplan beteiligt war.)

Da Goldman Sachs mit 12,9 Milliarden Dollar der größte Empfänger von AIG-Zahlungen war, konzentrierte sich die Wut schnell auf dieses Bankinstitut, und angesichts seiner Verbindung mit Paulson und der vielen ehemaligen Goldman-Sachs-Mitarbeiter im Finanzministerium wurde viel spekuliert, welche Strippen Goldman wohl hinter den Kulissen gezogen hatte. Insbesondere wurde vermutet, dass die Verbindung zwischen Goldman Sachs

und AIG der Grund gewesen sei, warum sich das Finanzministerium (das von vielen inzwischen »die Regierung Sachs« genannt wurde) dafür entschieden hatte, den Versicherungsgiganten, nicht jedoch Lehman zu retten. Goldman bestritt die Behauptung, es habe von der Rettung von AIG profitiert, und sagte, seine Risiken bei der Versicherungsgesellschaft seien immer »voll besichert und gedeckt« gewesen. (Fairerweise muss man sagen, dass dies trotz gegenteiliger Gerüchte offenbar zutraf. Auch die 12,9 Milliarden aus den Schlagzeilen sind etwas irreführend; 4,9 Milliarden der an Goldman transferierten Summe waren für Wertpapiere, die sich im Besitz der Bank befunden hatten.) Das bedeutet nicht, dass Goldman Sachs kein starkes Interesse an einer Rettung der AIG gehabt hätte, doch die Faktenlage ist etwas komplizierter, als sie von den Medien dargestellt wurde.

Die Medien jedoch bezogen ihre Informationen aus den Berichten anderer Medien und bekamen deshalb die tiefere Wahrheit nicht mit, nämlich dass Paulson selbst nur sehr wenig mit der Rettung der AIG zu tun hatte; sie wurde vielmehr von Geithner organisiert (und zum Teil von Dan Jester aus dem Finanzministerium durchgeführt). Bisher wurde oft übersehen, dass Geithner (wie in diesem Buch und durch seine Politik als Obamas Finanzminister sehr deutlich wird) seinem Naturell nach mindestens genauso stark dazu neigt, proaktiv Deals zu organisieren wie Paulson.

Trotzdem kamen immer wieder neue Verschwörungstheorien auf, und die Gerüchte wurden immer wilder. »Is Goldman Sachs Evil?«, wurde auf der Titelseite des *New York Magazine* gefragt.[9] Und der Autor Matt Taibbi prägte eine neue populäre Metapher für Goldman, als er die Bank in einem Artikel der Zeitschrift *Rolling Stone* als »großen blutsaugenden Kraken« beschrieb, »der sich um das Gesicht der Menschheit gewickelt hat und seinen Saugrüssel hemmungslos in alles hineinstößt, was nach Geld riecht«.[10]

Einige Monate nach der Kapitalspritze im Rahmen von TARP meldete Goldman einen Gewinn von 5,2 Milliarden Dollar für das erste Halbjahr 2009.[11] Im Juni zahlte die Firma 10 Milliarden Dollar TARP-Geld zurück, und im Juni kaufte sie für 1,1 Milliarden Dollar die Optionsscheine zurück, die sie im Rahmen der Kapi-

talspritze für den Staat ausgestellt hatte. Goldman war, auch als Bank-Holding, wieder zu seinem traditionellen Geschäftsgebaren zurückgekehrt.

Die eigentliche Frage, die der Erfolg von Goldman Sachs aufwirft und die auch in Bezug auf andere Firmen gestellt werden könnte, lautet: Wie sollen die Regulierungsbehörden darauf reagieren, dass weiterhin Risiken eingegangen und damit riesige Gewinne gemacht werden, wenn der Staat und die Steuerzahler den Bestand der Banken zwar nicht explizit, aber de facto garantieren? Tatsächlich war der VaR oder Value at Risk von Goldman im zweiten Quartal des Jahres 2009 auf den Allzeitrekord von 245 Millionen Dollar gestiegen (ein Jahr zuvor hatte er noch bei 184 Millionen gelegen).[12] Goldmans Geschäfte werfen bis jetzt Gewinne ab, aber was geschieht, wenn es seine Wetten verliert? Dann ist es wohl oder übel wie viele andere Finanzinstitute der USA immer noch zu groß, um zu scheitern.

Hätte die Finanzkrise vermieden werden können? Das ist die 1,1 Billionen-Frage, denn so viel hat die Rettungsaktion bis heute gekostet.

Die Antwort lautet: »Vielleicht«. Doch der Präventivschlag hätte vermutlich kommen müssen, lange bevor Henry Paulson im Frühjahr 2006 als Finanzminister vereidigt wurde. Die Saat der Katastrophe war schon Jahre zuvor gelegt worden mit Maßnahmen wie der Deregulierung des Bankwesens Ende der 1990er-Jahre; der Kampagne zur Vergrößerung des Wohneigentums, die zur Vergabe schlecht besicherter Hypotheken führte; durch die historisch niedrigen Zinsraten, die zu einer Liquiditätsblase führten; und durch das Vergütungssystem an der Wall Street, das das Eingehen kurzfristiger Risiken begünstigte. All diese Faktoren wirkten zusammen und bewirkten, dass die Finanzkrise so ungeahnte Ausmaße annahm.

Als die ersten Hinweise auf eine Kreditkrise erkennbar wurden, war es vermutlich bereits zu spät, um einen Zusammenbruch zu verhindern, denn zu diesem Zeitpunkt war eine massive Korrektur bereits unvermeidlich. Trotzdem ist die Frage berechtigt, wie man selbst in diesem späten Stadium den Schaden noch hätte

begrenzen können. Hank Paulson hatte schließlich schon in seinem ersten Sommer als Finanzminister der Regierung Bush ein Problem mit den Märkten vorausgesagt. Ähnlich hatte auch Tim Geithner, der Vorsitzende der New Yorker Federal Reserve, schon seit Jahren gewarnt, dass die internationalen Finanzmärkte durch ihre starke Vernetzung wahrscheinlich eher anfälliger als weniger anfällig für eine Panik seien. Hätten diese Männer vielleicht mehr tun sollen, um das Land auf eine tatsächliche Krise vorzubereiten?

Zu Paulsons Gunsten muss gesagt werden, dass er monatelang offen davon sprach, die Regierung müsse die gesetzliche Erlaubnis bekommen, eine von der Insolvenz bedrohte Investmentbank »durchzubringen«. Er erhob diese Forderung allerdings nie direkt im Kongress, und selbst wenn er es getan hätte, ist zweifelhaft, ob ein entsprechendes Gesetz verabschiedet worden wäre. Es ist eine traurige Tatsache, dass Washington in der Regel erst reagiert, wenn eine Krise schon voll ausgebrochen ist.

Das wirft natürlich eine weitere wichtige Frage auf: Wurde die Krise, als sie unausweichlich war, durch die Reaktion der Regierung abgeschwächt oder verstärkt?

Sicherlich wäre der Zusammenbruch des Finanzmarkts noch viel katastrophaler ausgefallen, wenn die Regierung einfach passiv zugesehen hätte, wie ein Finanzriese nach dem anderen Konkurs anmeldete. Andererseits haben hohe Bundesbeamte wie Paulson, Bernanke und Geithner die Probleme an den Märkten durch eine Reihe inkonsistenter Entscheidungen sicher verschärft. Sie spannten ein Sicherheitsnetz für Bear Stearns und retteten Fannie Mae und Freddie Mac, aber dann ließen sie Lehman in Konkurs gehen, nur um wenig später AIG zu retten. Nach welchem Muster wurde hier verfahren? Was waren die Regeln? Es schien keine zu geben, und als die Anleger nicht mehr wussten, ob eine angeschlagene Firma gerettet würde, Insolvenz anmelden müsste oder gar verstaatlicht würde, gerieten sie, wie vorauszusehen, in Panik.

Tim Geithner räumte im Februar 2009 ein, dass »Notmaßnahmen, die eigentlich Vertrauen und Zuversicht hätten schaffen sollen, zu oft die Angst der Öffentlichkeit und die Unsicherheit der Anleger noch verschärften«.[13]

Natürlich gibt es an der Wall Street und anderswo viele, die bis heute sagen, dass man Lehman in Konkurs gehen ließ, sei die entscheidende Fehlentscheidung der Regierung gewesen. »An dem Tag, als Lehman gemäß Kapitel 11 Gläubigerschutz in Anspruch nahm, ging alles in die Brüche«, meint Alan Blinder, Wirtschaftswissenschaftler und früherer stellvertretender Vorsitzender der Federal Reserve.

Es ist auf jeden Fall eine Tragödie, dass Lehman nicht gerettet wurde, nicht weil die Firma eine Rettung verdient gehabt hätte, sondern wegen des Schadens, den ihr Zusammenbruch letztlich auf dem Finanzmarkt und in der Weltwirtschaft anrichtete. Vielleicht wäre der wirtschaftliche Zusammenbruch auch so gekommen, aber die Insolvenz von Lehman hat den Zusammenbruch eindeutig beschleunigt.

Lehman-Chef Richard Fuld machte sicherlich Fehler, manche aus Loyalität, manche aus Größenwahn und manche vielleicht auch aus Naivität. Aber im Gegensatz zu vielen anderen Figuren des Dramas, die vor allem darum bemüht waren, sich selbst zu retten, war Fuld allem Anschein nach nicht so sehr von Gier getrieben als von dem verzweifelten Wunsch, die Firma, die er liebte, zu retten. Als ehemaliger Wertpapierhändler, dessen Karriere von zahlreichen schweren Rückschlägen und Comebacks geprägt war, glaubte er bis zum Schluss, auch diese Krise meistern zu können.

Obwohl Paulson das Gegenteil behauptet, lässt sich kaum bestreiten, dass die Angst vor der öffentlichen Empörung über die Rettung einer weiteren Wall-Street-Firma zumindest einer der Faktoren war, die seine Reaktion auf die Schwierigkeiten von Lehman beeinflussten. Eine Person, die an den Verhandlungen der Regierung am entscheidenden Wochenende beteiligt war, sagte mir in einem Moment erstaunlicher Offenheit, die Tatsache, dass die britische Regierung angedeutet habe, ihre Zustimmung zu einem Deal mit Barclays werde nur schwer zu vermitteln sein, sei ein »wirklich seltsamer Zufall« gewesen, weil man »gegen uns ein Amtsenthebungsverfahren eingeleitet hätte, wenn wir Lehman gerettet hätten«.

Zwar erscheint es im Nachhinein falsch, dass die amerikanische Bundesregierung (angesichts der Hilfe, die sie dem Rest der

Finanzbranche angedeihen ließ, als diese ebenfalls in Schwierigkeiten geriet) nichts unternahm, um Lehman zu stützen, aber es ist auch richtig, dass sie über kein erprobtes System verfügte, um eine von der Insolvenz bedrohte Investmentbank durchzubringen. Paulson, Geithner und Bernanke waren zu einer, wie Simon Johnson vom MIT es formulierte, »Politik qua Deal«[14] gezwungen.

Deals jedoch beruhen im Gegensatz zu Regeln auf Improvisation und sind, vor allem wenn sie hastig abgeschlossen werden, von Natur aus unvollkommen. Das galt auch für die Beteiligungen, die in schlaflosen Nächten in der Notenbank von New York oder im Finanzministerium ausgehandelt wurden. Sie waren Produkte für den Augenblick.

In Wahrheit ist es jedoch so – was damals allerdings unbemerkt blieb –, dass es nicht die US-amerikanischen Unternehmensbereiche von Lehman Brothers waren, die die hysterische Panik auslösten, welche sich schnell über den gesamten Erdball ausbreitete. Zur Ehrenrettung der US-Notenbank muss man nämlich sagen, dass sie so klug war, Lehmans Wertpapierhandel weiterarbeiten zu lassen, nachdem der Mutterkonzern in Konkurs gegangen war, was eine relativ geordnete Abwicklung des Bereichs in den Vereinigten Staaten erlaubte. Außerhalb der USA jedoch brach die Hölle los. Das Gesetz in Großbritannien und Japan schrieb vor, dass auch der Wertpapierhandel von Lehman Brothers ganz geschlossen wurde. Dadurch wurden Milliarden Dollar an Vermögenswerten von Anlegern eingefroren, nicht nur in Europa und Asien, sondern auch, vielleicht wichtiger noch, in den USA. Vielen Hedgefonds fehlte es plötzlich an Cash, und sie mussten Aktiva verkaufen, um Nachschussforderungen zu erfüllen. Dies trieb den Preis der Aktiva nach unten, was wiederum zu weiteren Verkäufen führte, weil der Mechanismus sich selbst verstärkte.

Washington war völlig unvorbereitet auf diese sekundären Effekte, da die dortigen Entscheidungsträger offensichtlich die internationalen Auswirkungen ihrer Maßnahmen nicht in Betracht gezogen hatten – eine Entwicklung, die sehr für eine effektivere globale Koordination finanzpolitischer Regulierungsmaßnahmen spricht.

Nach der Lehman-Pleite sorgte Paulson für zusätzliche Verwirrung, weil er in dem Bemühen, seine Entscheidungen zu verteidigen, immer wieder neue Gründe nannte, warum er das Finanzinstitut nicht gerettet hatte. Am 4. Januar 2009 schrieben Michael Lewis und David Einhorn in einem Kommentar in der *New York Times*: »Anfangs behaupteten das Finanzministerium und die Federal Reserve, sie hätten Lehman in Konkurs gehen lassen, um zu signalisieren, dass skrupellos geführte Wall-Street-Unternehmen überhaupt keine staatlichen Bürgschaften bekämen; dann jedoch, als das Chaos ausbrach, und viele sagten, es sei dumm gewesen, den Zusammenbruch von Lehman zuzulassen, änderten sie ihre Darstellung und sagten, sie hätten nicht das Recht gehabt, die Firma zu retten.«[15]

Als der Deal mit Barclays geplatzt war, hatte die Regierung der Vereinigten Staaten offenbar tatsächlich nicht mehr die regulatorischen Mittel, um Lehman zu retten. Im Gegensatz zur Krise von Bear Stearns, als JP Morgan benutzt wurde, um Bear mit Notkrediten zu versorgen, stand bei Lehman kein Finanzinstitut für diesen Zweck zur Verfügung. Da die Notenbank bereits entschieden hatte, dass Lehman als eigenständige Firma nicht mehr über genügend Sicherheiten verfügte, um noch Geld zu leihen, gab es tatsächlich keine Rettungsmöglichkeit mehr.

All dies erklärt jedoch nicht, warum Paulson und die US-Regierung nicht mehr taten, um Barclays am Verhandlungstisch zu halten. In der Serie hektischer Telefongespräche, die sie am Sonntagmorgen, dem 14. September 2008, mit den britischen Regulierungsbehörden führten, boten weder Paulson noch Geithner je an, das Angebot von Barclays zu subventionieren, was das Risiko für Barclays verringert und vielleicht auch die Bedenken vorsichtiger britischer Politiker zerstreut hätte.

Laut Paulson hätten die britischen Regulierer von Barclays einem Deal mit Lehman innerhalb der seiner Ansicht nach erforderlichen zwölf Stunden niemals zugestimmt. Demnach wären weitere Verhandlungen nur eine Verschwendung kostbarer Zeit gewesen. Paulson hat vielleicht recht mit seinen Schlussfolgerungen, aber die Frage ist trotzdem berechtigt, ob er nicht doch zu früh den Stecker zog.

Es wird vermutlich noch endlos darüber gestritten werden, ob seine Entscheidungsfreudigkeit während der gesamten Krise ein Vorteil oder ein Nachteil war, aber es lässt sich auch argumentieren, dass jeder andere in Paulsons Position (in der Regierung eines Präsidenten in seiner zweiten Amtszeit mit schwindender öffentlicher Unterstützung) vielleicht völlig gelähmt gewesen wäre und überhaupt nichts getan hätte. Man kann unmöglich sagen, dass Paulson nicht hart genug gearbeitet hätte. Und ein Jahr später hat es den Anschein, als habe er mit vielen Maßnahmen, die er mitten in der Krise ergriff, die Grundlage für die Stabilisierung des Marktes gelegt, die sich Obama, Geithner und Bernanke nun ans Revers heften. Bis jetzt haben viele der größten Banken, die TARP-Mittel annahmen, diese zurückgezahlt, und der Steuerzahler hat einen Gewinn von 4 Milliarden Dollar gemacht. Dies gilt allerdings nicht für die Hunderte Millionen Dollar, die an Firmen wie AIG, Citigroup und andere geflossen sind und vielleicht nie zurückgezahlt werden.

Barney Frank brachte das Problem auf den Punkt, das beim Urteil der Historiker über Paulson vermutlich eine große Rolle spielen wird. »Das Problem der Politik ist Folgendes«, sagte er. »Wer zum Wähler geht und sagt: ›Mann, es sieht wirklich schlecht aus, aber weißt du was? Ohne mich würde es noch schlechter aussehen‹, hat in dieser Welt noch nie einen Wahlkampf gewonnen.«[16]

Verstehen zu wollen, wie es zu den Ereignissen im September 2008 kam, ist zweifellos wichtig, aber nur wenn daraus die richtigen Lehren gezogen werden, um das System zu stärken und vor künftigen Krisen zu schützen. Washington hat jetzt die Gelegenheit, die grundlegende Regulierungsstruktur auf den Prüfstand zu stellen und zu reformieren, aber es besteht offenbar die Gefahr, dass diese so seltene Chance vertan wird.

Wenn der Regulierungsmechanismus nicht radikal geändert wird und Maßnahmen ergriffen werden wie: eine strikte Begrenzung der Kapitalanlage mit geborgten Mitteln; die Beschneidung von Vergütungsstrukturen, die ihre Empfänger dazu animieren, untragbare Risiken einzugehen; und eine entschlossene Bekämpfung der Tatsache, dass die Märkte von Aktien und Derivaten

durch Gerüchte manipuliert werden, dann wird es weiterhin Firmen geben, die zu groß zum Scheitern sind. Und dann wird sich der ganze Kreislauf nur wiederholen, wenn die nächste unvermeidliche Blase platzt.

Die Finanzindustrie sollte traditionell als eine Art unsichtbare Stütze der Gesamtwirtschaft funktionieren, indem sie neuen Unternehmen hilft, auf die Beine zu kommen, und älteren, sich anzupassen und zu expandieren. In den Jahren vor der Krise jedoch trat der Finanzsektor selbst in den Vordergrund. Die Wall Street machte es sich zum Ziel, Gewinne für sich selbst statt für ihre Klienten zu erwirtschaften. Als dieses Buch in Druck ging, wirkte die Handvoll Vorschläge, mit denen das Finanzsystem wieder auf den angemessenen Platz verwiesen und die Risiken begrenzt werden sollten, bestenfalls ängstlich und halbherzig. Die Regierung Obama ist offenbar erleichtert, dass wir das Schlimmste hinter uns haben, und setzt inzwischen andere Prioritäten.

Unterdessen ist die Wall Street schon wieder – angeschlagen zwar, aber ungebrochen – auf der Suche nach neuen Profiten. Das Risiko wird wieder in das System eingeführt. Die Geier kreisen wieder: Sie beschaffen sich Geld und warten auf den Zusammenbruch des Marktes für Gewerbeimmobilien, um das Geschäft ihres Lebens zu machen. Am beunruhigendsten ist vielleicht, dass das Ego an der Wall Street immer noch eine zentrale Rolle spielt. Zwar zerstörte die Finanzkrise Karrieren und ruinierte so manchen Ruf, während viele weitere Akteure mit einem blauen Auge davonkamen, doch es gibt auch Überlebende, die sich jetzt erst recht unverwundbar fühlen, weil sie den Blick in den Abgrund überlebt haben. Was im gegebenen Umfeld auch heute noch fehlt, ist ein echtes Gefühl der Demut.

Wie dieser Blick hinter die Kulissen hoffentlich gezeigt hat, liegt es nicht nur an der Politik und an schriftlich fixierten Regeln, ob eine Institution oder ein ganzes System zu groß zum Scheitern sind, sondern es hat letztlich genauso viel mit den Menschen zu tun, die die betreffenden Firmen führen, und mit den Menschen, die diese Firmen regulieren. Was während der Finanzkrise geschah, wird noch viele Jahre studiert werden, vielleicht sogar von einer neuen Generation von Bankern und

Regulierern, die mit ähnlichen Herausforderungen konfrontiert sind.

Als die Debatte im Gefolge des TARP-Rettungsplans noch auf ihrem Höhepunkt war, schickte Jamie Dimon Hank Paulson eine Notiz mit einem Zitat aus einer Rede, die Präsident Theodore Roosevelt 1910 – damals schon als ehemaliger Präsident – unter dem Titel »Citizenship in a Republic« (»Bürgerpflichten in der Republik«) an der Pariser Sorbonne gehalten hatte. Es lautet:

> Nicht der Kritiker zählt: nicht der Mann, der aufzeigt, wie der starke Mann strauchelt oder wo der Mann der Tat etwas hätte besser machen können. Anerkennung gebührt dem Mann, der tatsächlich in der Arena steht, dessen Gesicht von Staub, Schweiß und Blut bedeckt ist, der tapfer kämpft, der irrt und immer wieder fehlt, weil keine Leistung ohne Irrtum oder Schwächen erbracht wird, der aber die große Begeisterung, die totale Hingabe kennt und sich einer lohnenden Sache hingibt. Der im besten Falle am Ende den Triumph großer Leistung kennt und schlimmstenfalls scheitert, während er Großes wagt, sodass am Ende sein Platz niemals bei jenen kalten und ängstlichen Seelen sein wird, die weder Sieg noch Niederlage kannten.[17]

Es ist bemerkenswert, dass Dimon ein solches Zitat wählte. Roosevelt schildert einen Helden, aber es bleibt völlig offen, ob dieser siegt oder eine Niederlage erleidet. Genauso verhält es sich auch mit Paulson, Geithner, Bernanke und Dutzenden anderer Personen aus dem öffentlichen und privaten Sektor, die in diesem Drama eine Rolle spielten. Es bleibt der Geschichte überlassen zu beurteilen, wie sie sich während ihrer Zeit »in der Arena« geschlagen haben.

Nachwort zur deutschen Ausgabe

> Die Leute an der Wall Street haben immer noch nichts begriffen. Sie kapieren es einfach nicht. Sie wundern sich immer noch. Warum bloß ist die Wut auf die Banken so groß? Gut, überlegen wir mal. Ihr Typen kassiert Prämien in Höhe von zehn oder zwanzig Millionen Dollar, nachdem Amerika das schlimmste Wirtschaftsjahr seit Jahrzehnten durchgemacht hat und ihr daran schuld seid. Und wir haben zehn Prozent Arbeitslosigkeit. Warum, glaubt ihr wohl, sind die Leute ein kleines bisschen frustriert?
>
> *US-Präsident* BARACK OBAMA, *7. Dezember 2009*

Fast zwei Jahre sind seit dem Höhepunkt der Finanzkrise vergangen, aber die Debatte darüber, was sie letztlich verursacht hat, und darüber, ob die Entscheidungen richtig waren, die in jenen schlaflosen Tagen und Nächten im September 2008 zur Rettung des Finanzsystems getroffen wurden, tobt immer noch. Diskussionen, wie man die Bankenbranche regulieren sollte, um eine neuerliche Krise zu verhindern, sind ein fester Bestandteil des globalen Dialogs geworden. Zwar steht Präsident Obama, während ich dies schreibe, kurz davor, ein Gesetzespaket zur Reform der Finanzbranche zu unterzeichnen, aber es stellt sich die hartnäckige Frage, ob es weit genug geht. Tatsächlich wird die Wendung »zu groß zum Scheitern« vom Normalbürger heute genauso häufig verwendet wie an der Wall Street, und jeder, vom kleinen Geschäftsmann bis zum Farmer, hat inzwischen begriffen, wie gefährlich ein derart großer und eng vernetzter Finanzsektor ist.

Die Debatte wurde nicht zuletzt dadurch angeheizt, dass immer noch großes wechselseitiges Unverständnis zwischen der Öffentlichkeit und der Finanzindustrie herrscht. Der Finanzsektor ging

offenbar trotz des Schadens, den die Krise hinterließ, schnell wieder zur Tagesordnung über, während der Rest der USA und der Welt weiterhin zu kämpfen hatte.

Die Arbeitslosigkeit in den Vereinigten Staaten lag 2009 zumeist bei etwa 10 Prozent, aber die Banken an der Wall Street verdienten offensichtlich schon wieder eine Menge Geld. Goldman Sachs gab für das Jahr einen Rekordgewinn von 13,4 Milliarden Dollar bekannt, den es größtenteils mit Geschäften auf eigene Rechnung erzielt hatte. Die Firma zahlte 16,2 Milliarden an Prämien aus, was einer Summe von 498 000 Dollar pro Beschäftigtem entspricht. Selbst Firmen wie Citigroup und die Bank of America, die in Schwierigkeiten geraten waren, waren so erfolgreich, dass sie sich beeilten, ihre Kredite aus dem Bankenrettungsplan TARP wenigstens teilweise zurückzuzahlen. Nur wenn sie dem Staat kein Geld mehr schuldeten, konnten sie ihre Angestellten ebenfalls mit großen Boni beglücken.

Der Konflikt zwischen Wall Street und Öffentlichkeit verschärfte sich noch, als sich die Gesetze zur Reform der Finanzbranche in Washington durch das Repräsentantenhaus und den Senat schleppten. Trotz der Lippenbekenntnisse, die viele führende Banker zugunsten der Reform ablegten, überschwemmte die Wall Street Washington mit etwa 1400 Lobbyisten und zahlte den zehn führenden Lobbyfirmen 30 Millionen Dollar, um die wichtigsten Teile der Reform zu verhindern.

Der Präsident brachte unterdessen die Wut der Bevölkerung zum Ausdruck, indem er die Finanzindustrie öffentlich geißelte. »Ich habe nicht für dieses Amt kandidiert, um einem Haufen Bonzen an der Wall Street zu helfen«, sagte er in der Sendung *60 Minutes* auf CBS.

Obwohl viele Wall-Street-Banker wie zum Beispiel Jamie Dimon (den die *New York Times* einmal als Obamas Lieblingsbanker bezeichnete) im Wahlkampf Obama unterstützt hatten, waren Dimon und andere jetzt der Ansicht, dass der Präsident die Wall Street als bequeme Zielscheibe nutzte, um politisch zu punkten.

Im Januar 2010 verschlechterten sich die Beziehungen zwischen der Wall Street und Washington massiv, als Obama zwei

Tage, nachdem die Demokraten in Massachusetts überraschend die Nachwahl für den Senatssitz des verstorbenen Edward Kennedy verloren hatten, wie aus heiterem Himmel einen umfassenden Plan zur Umstrukturierung der Wall Street verkündete.

»Ich schlage eine einfache und vernünftige Reform vor, die wir nach diesem großen Kerl, der hinter uns steht, die ›Volcker-Regel‹ nennen wollen«, sagte Obama, womit er sich auf den früheren Chef der US-Notenbank Paul Volcker bezog. »Banken dürfen in Zukunft keine Hedgefonds, Private-Equity-Fonds und Eigenhandelstransaktionen mehr besitzen, in sie investieren oder sie sponsern, wenn diese nur ihrem eigenen Vorteil dienen und nichts mit ihrem Dienst am Kunden zu tun haben. Wenn Finanzfirmen auf eigene Rechnung handeln wollen, können sie das tun. Tatsächlich ist es eine gute Sache für die Märkte und die Wirtschaft, wenn sie es – verantwortungsbewusst – tun. Doch sie sollten diese Hedgefonds und Private-Equity-Fonds nicht betreiben dürfen, wenn sie eine vom amerikanischen Volk gestützte Bank führen.«

Der Vorschlag hätte nachhaltige Auswirkungen auf die Arbeitsweise der Finanzindustrie. Er wurde von den Kritikern des Finanzsektors bejubelt und von den Bankern selbst mit Entsetzen aufgenommen. »Viele Leute an der Wall Street haben das so empfunden: ›Okay, zuerst haust du uns ins Gesicht und dann trittst du uns in die Eier. Genug ist genug. Wir sind wirklich erledigt«, klagte der CEO eines Finanzinstituts an der Wall Street.

Dass die Wahl auf Volcker fiel, war eine besondere Überraschung, denn nachdem Obama ihn gebeten hatte, den Vorsitz des vom Präsidenten ins Leben gerufenen Economic Recovery Advisory Board zu übernehmen, war er von anderen Mitgliedern der Regierung wie etwa Finanzminister Timothy Geithner monatelang praktisch ignoriert worden.

Volcker hatte sich in Obamas innerstem Zirkel am deutlichsten für eine Reform des Finanzsystems ausgesprochen. Für ihn war die Wall Street durch ausgeklügelte neue Produkte wie Kreditverbriefungen (CDOs) viel zu kompliziert geworden und hatte sich von ihrem eigentlichen Zweck weit entfernt, nämlich die Volkswirtschaft durch verantwortungsvolle Kreditvergabe zu fördern.

Auf einer Versammlung von Bankchefs Ende 2009 hielt Volcker den Finanzleuten eine berühmte Standpauke: »Wachen Sie auf, Gentlemen«, erklärte er. »Ich wünschte, jemand würde mir auch nur den geringsten neutralen Beweis für den Zusammenhang zwischen innovativen Finanzprodukten und dem Wachstum der Volkswirtschaft liefern.« Und er fügte hinzu: »Die wichtigste Finanzinnovation, die ich in den vergangenen zwanzig Jahren erlebt habe, ist der Geldautomat, der hilft den Menschen wirklich.«

Anfang Juni 2010 wurde Warren Buffett zu einer Anhörung der Financial Crisis Inquiry Commission (FCIC) geladen. Die vom Präsidenten ernannte Kommission hatte den Auftrag, »die Ursachen der Finanzkrise zu untersuchen, die das Land heimgesucht hat, und dem Kongress, dem Präsidenten und dem amerikanischen Volk über ihre Ergebnisse zu berichten«.

Teil der Untersuchung war die Anhörung von Buffett über die Rolle von Ratingagenturen wie Moody's, deren größter Aktionär Berkshire Hathaway war.

Doch die Kommission interessierte sich weniger für Buffetts Meinung zur Rolle der Agenturen. Was ihre Mitglieder, und der größte Teil der Öffentlichkeit, eigentlich wissen wollten, war, wer genau die Schuld an der Krise trug.

Buffetts Antwort enthielt die zentrale Wahrheit, sowohl was den (von der Spekulation auf dem Häusermarkt genährten) Boom als auch was seinen Zusammenbruch betraf:

> Wenn es einen Wahn gibt, einen Massenwahn, dann kann man sagen, dass jeder schuld daran ist. Ich meine, man kann sagen, ich hätte es merken müssen, man kann sagen, die Leute von der Fed hätten es merken müssen, man kann sagen, die Hypothekenhändler hätten es merken müssen, die Wall Street hätte es merken und Alarm schlagen müssen.
> Ich bin mir nicht sicher, ob es viel Gutes bewirkt hätte, wenn sie es tatsächlich getan hätten. Die Leute hatten so viel Spaß.
> Und es ist ein bisschen wie mit Aschenputtel auf dem Ball. Die Leute haben irgendwie das Gefühl, dass sich um Mitter-

nacht alles in Kürbisse und Mäuse verwandelt, aber es macht so verdammt viel Spaß, der Wein fließt in Strömen, die Jungs sehen immer besser aus, die Musik hört sich immer besser an, und man denkt, man geht einfach fünf vor zwölf. Aber wenn man sich dann umschaut, ist plötzlich keine Uhr an der Wand und – zack, verstehen Sie. Es verwandelt sich wirklich alles in Kürbisse und Mäuse. Man kann schwerlich die Band dafür verantwortlich machen und den Kerl, mit dem man tanzt, auch nicht.

Es gibt eine Menge Schuld zu verteilen, aber es gibt keinen Bösewicht.

So richtig diese Einschätzung war, so war sie doch kaum befriedigend für jene, die immer noch gierig darauf warteten, dass eine Führungskraft, irgendeine Führungskraft, in Handschellen abgeführt würde. Trotz monatelanger Bemühungen war ein realer Schuldiger immer noch nicht gefunden.

Im März 2010 legte Anton R. Valukas, der im Auftrag der Justiz den Lehman-Bankrott untersuchen sollte, einen 2200-seitigen Bericht vor, der über 36 Millionen Dollar kostete und einer Autopsie der Bank sehr nahe kam. Der Bericht war vom Justizministerium und der Börsenaufsichtsbehörde SEC, die ihre eigenen Untersuchungen unterbrochen hatten, sehnlichst erwartet worden. Trotz seiner gewaltigen Informationsfülle ließ er jedoch nicht auf einen eindeutig kriminellen Tatbestand schließen. Er warf zwar Fragen in Bezug auf das Verhalten des Unternehmens auf, schien aber den Vorstand eher zu entlasten.

Wie Valukas schrieb, hätten die Direktoren von Lehman zwar vorsichtiger sein sollen, aber die Grenze zur »groben Fahrlässigkeit« sei nicht überschritten worden. Vielmehr kam er zu dem Schluss, dass »Lehman eher die Folge als die Ursache des sich verschlechternden wirtschaftlichen Klimas war«.

Trotzdem enthielt der Bericht ein paar neue Enthüllungen, die zu staatlichem Handeln führen konnten. Valukas' interessanteste und umstrittenste Entdeckung betraf eine als Repo 105 bezeichnete Buchhaltungsmethode, von der die Öffentlichkeit zum ersten Mal erfuhr. Sie wurde in dem Bericht folgendermaßen erklärt:

»Lehman legte nicht offen ..., dass es einen Buchhaltungstrick anwandte (den man bei Lehman als ›Repo 105‹ bezeichnete), um seine Bilanz zu manipulieren: Es entfernte am Ende des ersten und des zweiten Quartals 2008 annähernd 50 Milliarden Dollar an Vermögenswerten aus der Bilanz ... Lehmans eigene Buchhalter bezeichneten die Transaktionen im Rahmen von Repo 105 als ›Buchhaltungstrick‹ und als arbeitssparende ›Art die Bilanz zu manipulieren, anstatt die für eine Bilanz vorgeschriebenen Werte am Quartalsende ordentlich auszuweisen‹.«

Der Bericht kam zu dem Ergebnis, dass es »glaubhafte Forderungen« (juristische Grundlagen für ein Zivilverfahren) gegen bestimmte Mitglieder des Lehman-Managements (Richard Fuld, Chris O'Meara, Erin Callan und Ian Lowitt) gab, weil sie »ihre treuhänderischen Pflichten« verletzt hatten, »indem sie Lehman der potenziellen Haftung für die Einreichung irreführender periodischer Berichte ausgesetzt hatten«. Das Gleiche galt auch für die Wirtschaftsprüfer von Ernst & Young »wegen beruflicher Fahrlässigkeit, als sie diese Berichte unbeanstandet durchgehen ließen«.

Insbesondere hieß es in dem Bericht in Bezug auf Fuld, dass »ausreichend glaubwürdige Beweise für die Schlussfolgerung vorliegen, dass Fulds Versäumnis, eine bewusste Entscheidung über die Anzeigepflichten von Lehman zu treffen, entweder grob fahrlässig war oder eine bewusste Verletzung seiner Pflichten darstellte«.

Fuld (der inzwischen wieder arbeitet und einige Blocks von der alten Lehman-Zentrale entfernt eine kleine Beratungsfirma aufgemacht hat) betonte, dass er von Repo 105 nichts gewusst habe. »Ich kann mich absolut nicht daran erinnern, dass ich irgendetwas über Repo 105 gehört oder damit in Zusammenhang stehende Dokumente gesehen hätte, während ich CEO bei Lehman war.«

In einem Interview vor seinem Haus in Sun Valley sagte er eine Woche vor dem ersten Jahrestag des Lehman-Zusammenbruchs: »Ach, wissen Sie, die Leute reden allen möglichen Blödsinn, und es ist schade, dass sie die Wahrheit nicht kennen, aber von mir werden sie sie nicht erfahren.« Und er fügte hinzu: »Wissen Sie, Freud war sein ganzes Leben lang Angriffen ausgesetzt, aber er sagte immer: ›Wissen Sie was, meine Mutter liebt mich.‹ Und

wissen Sie was, meine Familie liebt mich, und ich habe ein paar enge Freunde, die verstehen, was passiert ist, und das ist alles, was ich brauche.«

Während ich dies schreibe, sind noch mehrere regierungsamtliche Untersuchungen der Lehman-Pleite in der Schwebe, und es ist unklar, wie sie ausgehen werden.

Obwohl Fuld und Lehman lange als das öffentliche Gesicht der Krise dienten, traten sie in den Hintergrund, als Goldman Sachs ins Scheinwerferlicht geriet, das die Krise erfolgreicher bewältigt hatte als viele andere Finanzinstitute. Die Bank hatte wegen dieses Erfolgs schon lange den Zorn der Öffentlichkeit auf sich gezogen, verschärfte die Situation aber noch zusätzlich, indem sie sich einige dumme Ausrutscher leistete. Der bekannteste war eine scherzhaft gemeinte Bemerkung, die Lloyd Blankfein gegenüber einem Reporter machte. Er meinte, dass er nur ein Banker sei, der »Gottes Werk verrichtet«.

Der Spruch sorgte für gewaltige Wut auf Goldman Sachs, weil er ein scharfes Licht auf die wachsende Kluft zwischen der Wall Street und dem Rest der Gesellschaft warf, und er wurde im Spätprogramm des Fernsehens zum häufig und gern zitierten Gag. Warren Buffett, ein alter Fan von Goldman Sachs, sagte über die Empörung der Öffentlichkeit: »Ich glaube, die werden die Schöpfungsgeschichte noch umschreiben, damit Goldman Sachs Eva den Apfel anbietet.«

Im April 2010 verklagte die Börsenaufsicht Goldman Sachs und einen seiner Beschäftigten, den Vizepräsidenten Fabrice Tourre; es war die einzige größere Klage, die nach der Krise gegen ein Unternehmen der Wall Street angestrengt wurde. Goldman Sachs und Tourre wurde vorgeworfen, Papiere verkauft zu haben, die ihren Wert verlieren sollten. In der Anklage hieß es, Goldman habe auf Anregung eines seiner Klienten, des Hedgefonds Paulson & Co., eine synthetische Kreditverbriefung (CDO) aus Hypotheken schlechter Qualität zusammengestellt, die Abacus genannt wurde. Paulson (nicht verwandt mit Henry M. Paulson Jr.) hatte damals schon 3,7 Milliarden Dollar verdient, indem er mit Leerverkäufen auf den Zusammenbruch des Hypothekenmarkts spekulierte, und plante, auch gegen Abacus auf diese Weise zu wetten. Laut

Börsenaufsicht hatte Goldman Sachs den Käufern von Abacus absichtlich verschwiegen, dass Paulson bei der Zusammenstellung des Portfolios half mit dem Ziel, dass es scheitern würde. Die Investoren, die mit einer Wertsteigerung von Abacus rechneten, verloren eine Milliarde Dollar.

Trotz all dieser schlagzeilenträchtigen Behauptungen bezeichneten Fachjuristen die Beweislage als »dünn« und stellten die Frage, ob die Anklage vielleicht politisch motiviert sei, um Unterstützung für Obamas Reformgesetz zur Regulierung der Finanzbranche zu mobilisieren. Die fünf Kommissare, aus denen die SEC besteht, hatten entsprechend ihrer Parteilinie nur mit drei zu zwei für die Anklage gestimmt.

Goldman Sachs, das laut eigener Aussage völlig unvorbereitet von der Klage getroffen wurde, erklärte, dass es sich verteidigen wolle und selbst Geld durch Abacus verloren habe. Es behauptete, alle wesentlichen Informationen offengelegt zu haben, die ein Investor brauchte, um das Geschäft ordentlich einzuschätzen – auch die Information, auf welche Hypotheken sich die CDO bezog.

An der Wall Street wird erwartet, dass sich Goldman in dem Zivilverfahren letztlich auf einen Vergleich einlassen wird, wobei einige Analysten voraussagen, dass es eine Strafe von einer Milliarde Dollar zahlen wird, und andere vermuten, dass Blankfein zum Rücktritt gezwungen werden könnte. Das Justizministerium hat eigene strafrechtliche Ermittlungen wegen der Praktiken der Firma aufgenommen.

Auch wenn die Klage vielleicht nicht gut begründet war, bot sie der amerikanischen Öffentlichkeit doch einen Einblick in die Funktionsweise von Investmentbanken und in die verschiedenen Interessenkonflikte, die offenbar mit ihrem Geschäftsmodell verbunden sind.

Als Senator Carl Levin David Viniar, den Finanzchef von Goldman Sachs, bei einer der vielen Anhörungen über die Finanzkrise befragte, kam es zu einem hitzigen Schlagabtausch, bei dem Viniar gefragt wurde, warum Goldman die CDO namens Timberwolf an seine Kunden verkaufte, obwohl es zugleich gegen das Finanzprodukt wettete. Levin hatte die E-Mail eines Goldman-Mitarbeiters

entdeckt, in der er an einen Kollegen schrieb: »Meine Güte, dieser Timberwof *[sic]* war vielleicht ein Scheißdeal.«

Als Viniar zu dieser Einschätzung befragt wurde, verschlimmerte er seine Lage noch, indem er antwortete: »Ich glaube, es ist sehr unglücklich, dass so etwas als E-Mail vorliegt.« (Als die Zuschauer auf der Galerie in Gelächter ausbrachen, versuchte er sich zu korrigieren: »Bitte verstehen Sie mich nicht falsch, ich finde es sehr unglücklich, dass irgendjemand das in irgendeiner Form gesagt hat.«)

Aus einer Reihe anderer E-Mails, die seit dem Höhepunkt der Krise entdeckt wurden, ging hervor, dass Kerry Killinger, der CEO von Washington Mutual, genau wegen solcher Interessenkonflikte Goldman Sachs misstraute.

»Trauen Sie Goldy in dieser Sache nicht«, schrieb er an einen Kollegen. »Sie sind schlau, aber es ist ein Sprung ins Haifischbecken. Sie haben im großen Stil gegen die Hypothek gewettet, während sie zugleich Finanzinstitute im ganzen Land berieten.«

Auch auf weitergehende Fragen in Bezug auf die Gefährlichkeit von Derivaten und deren gesellschaftlichen Nutzen warf die Goldman-Klage ein scharfes Licht. Die Öffentlichkeit erfuhr, dass viele Derivate wie etwa synthetische CDOs einfach Wetten ohne jede Verbindung zur Realwirtschaft waren. Niemand bekam eine Hypothek, weil synthetische CDOs verkauft wurden. Wer in eine synthetische CDO investiert, wettet einfach darauf, was mit einer Reihe von Hypotheken passieren wird, die ihm nicht einmal gehören.

»Die Synthetischen wurden die Jetons in einem riesigen Kasino, durch das, selbst wenn es gut lief, keinerlei wirtschaftliches Wachstum geschaffen wurde, das aber durch seinen Zusammenbruch mit dazu beitrug, die Volkswirtschaft zu ersticken«, sagte Senator Levin.

Trotz der Angriffe auf Goldman Sachs kamen viele seiner Klienten dem Finanzinstitut zu Hilfe und prangerten die Empörung in Washington und anderswo als politisch motiviert an.

»Die Leute sollten in Bezug auf die Finanzdienstleister ihre Sprache mäßigen, mit dem Populismus aufhören und sich wie Erwachsene benehmen«, sagte Jeffrey Immelt, der CEO von Gene-

ral Electric. Warren Buffett verteidigte Goldman und insbesondere den Abacus-Deal sogar noch entschiedener:

»Ich habe überhaupt kein Problem mit der Abacus-Transaktion, und ich glaube, ich verstehe sie besser als die meisten«, sagte Buffett, dessen Beteiligungsgesellschaft Berkshire Hathaway immer noch einen Anteil im Wert von 5 Milliarden Dollar an Goldman besaß. »Ich kann ums Verrecken nicht erkennen, was es für einen Unterschied macht, ob John Paulson oder Goldman Sachs auf der anderen Seite des Deals standen«, sagte er. Und er fügte hinzu: »Es ist schon seltsam, wenn man nach dem Abschluss einer Transaktion sagt, dass man betrogen wurde, wenn der Geschäftspartner schlauer war als man selbst. Mit kommt es ganz so vor, als würden sie genau das behaupten.«

Trotz aller Wut auf die Wall Street war auch noch einige Wut für die Regierung und ihre Art der Krisenbekämpfung übrig. Ein Congressional Oversight Panel kritisierte in seinem Bericht die Rolle, die Henry M. Paulson, Ben Bernanke und Timothy Geithner gespielt hatten. Insbesondere nahm der Ausschuss an dem Beschluss zur Rettung von AIG Anstoß, denn er habe, wie es in dem Bericht hieß, »gezeigt, dass das Finanzministerium und die Federal Reserve den Steuerzahler dazu verurteilen würden, jeden Preis zu zahlen und jede Last zu tragen, um den Zusammenbruch der größten Finanzinstitute Amerikas zu verhindern und dafür zu sorgen, dass ihre Gläubiger ihr Geld zurückbekommen«.

Die Federal Reserve wurde wegen ihrer großen Nähe zur Wall Street ebenfalls mit Misstrauen betrachtet. Kongressmitglieder bezweifelten, dass sie bei einigen ihrer heimlichen, mitten in der Nacht getroffenen Entscheidungen richtig gehandelt hatte, und forderten mehr Transparenz. Mehrere Kongressmitglieder unter Führung von Ron Paul traten dafür ein, die Bücher der Fed zu prüfen, ein Ansinnen, das Ben Bernanke mit dem Argument ablehnte, dass die Fed vor politischer Einmischung geschützt werden müsse. Während ich dies schreibe, hat es den Anschein, als seien die Befürworter regelmäßiger Buchprüfungen bei der Fed eingeknickt.

Paulson, der im Februar 2010 mit *On the Brink: Inside the Race to Stop the Collapse of the Global Financial System* seinen eigenen Bericht über die Finanzkrise veröffentlichte, reiste den größten Teil des Jahres durch die Welt, wobei er unter anderem seine Maßnahmen verteidigte. »Wir taten Dinge, die damals unpopulär waren und heute sogar noch unpopulärer sind, weil die Öffentlichkeit wütend geworden ist«, räumte er ein. Zur Erklärung der damals getroffenen Maßnahmen sagte er: »Ich habe mir nicht viele Gedanken über die Theorie gemacht. Ich hatte nur begriffen, wie schlimm es werden konnte. Und so hatte ich einfach das Gefühl, im Wettlauf gegen die Zeit mit unzureichenden Werkzeugen und Befugnissen die Katastrophe abwenden zu müssen.« Paulson und seine Frau haben vor kurzem ihr Haus in Washington zum Verkauf angeboten und planen, wieder nach Barrington, Illinois, zu ziehen, wo sie in den 1970er-Jahren ein Haus gekauft haben. Paulson hat noch nicht bekannt gegeben, was er nach der Veröffentlichung seines Buches tun wird.

Timothy Geithner, der im Büro des Finanzministers kaum etwas verändert hat, seit er Paulson ablöste, verbrachte das letzte Jahr mit dem Versuch, Gesetze zur Regulierung der Finanzindustrie durchzubringen. Obwohl er die CEOs der Wall Street gelegentlich als »Warlords« verspottet, wird er ständig dafür kritisiert, dass er der Finanzbranche zu nahe steht und sich nicht für eine Gesetzgebung einsetzt, die den Sektor radikal verändern würde. In Washington ging eine Zeit lang das – falsche – Gerücht, er sei bei Goldman Sachs beschäftigt gewesen. Es hielt sich so hartnäckig, dass die Frau von Rahm Emanuel, dem Stabschef im Weißen Haus, einmal bei einem Dinner zu ihm sagte: »Sie müssen sich doch darauf freuen, wieder auf den hübschen Posten zurückzukehren, der bei Goldman auf Sie wartet.«

Sind wir nun, zwei Jahre nach der größten Finanzkrise seit dem Zweiten Weltkrieg, der Lösung des Zu-groß-zum-Scheitern-Rätsels näher gekommen?

Ja und nein.

Die neuen Reformgesetze, die vermutlich bald verabschiedet werden, werden viel verbessern, was die Regulierung bestimmter

Teile der Wall Street betrifft. Die Regierung will eine Consumer Financial Protection Agency schaffen, die überwachen soll, wie Hypotheken und andere Produkte von den Banken verkauft werden. Sie stellt außerdem einen behördenübergreifenden Systemic Risk Council zusammen, in dem die notwendigen Informationen zur Verhinderung systemischer Krisen ausgetauscht werden sollen. Außerdem werden die neuen Gesetze vermutlich den Handel mit Derivaten von den großen Banken auf Tochtergesellschaften mit höherer Eigenkapitalausstattung verlagern. Und die Regierung wird endlich die Befugnis zur Auflösung von Unternehmen erhalten, damit sie eine große Investmentbank oder Versicherungsgesellschaft wie Lehman und AIG abwickeln kann, ohne dabei das Risiko eines Bankrotts einzugehen, der das gesamte System erschüttern könnte.

Doch das Gesetzespaket geht immer noch nicht weit genug. Es enthält keine Bestimmungen für den Umgang mit Fannie Mae und Freddie Mac, die die Steuerzahler etwa 130 Milliarden Dollar gekostet haben. Derivate dürfen zumindest teilweise immer noch in einer undurchsichtigen Welt gehandelt werden. Große Banken werden immer noch große Banken sein, und sie sind immer noch so eng miteinander verbunden wie zuvor.

Am Anfang des Gesetzgebungsverfahrens reagierte Senator Bernie Sanders aus Vermont auf die Mängel der Gesetzesvorschläge mit dem Vorschlag, einen »Too Big to Fail, Too Big to Exist Act« einzuführen, durch den die Regierung die Macht bekommen hätte, wichtige Institutionen systematisch aufzuspalten. Etwa zum selben Zeitpunkt brachten die Senatoren Maria Cantwell aus Washington und John McCain aus Arizona eine Gesetzesinitiative zur Wiedereinführung des Glass-Steagall Act ein. Keine der beiden Initiativen stieß auf große Begeisterung, was unter anderem auf die Argumentation der Finanzbranche zurückzuführen war, wonach ihre Umsetzung die internationale Wettbewerbsfähigkeit der USA beeinträchtigen würde.

»Tatsache ist, dass bestimmte Unternehmen groß sein müssen, um die notwendigen Investitionen zu tätigen, besondere Risiken einzugehen und rund um den Erdball den notwendigen Support anzubieten«, sagte Jamie Dimon von JP Morgan Chase. »Ame-

rikas größte Unternehmen operieren auf der ganzen Welt und haben Millionen Beschäftigte. Darunter sind Gesellschaften, die riesige Investitionen tätigen können, zehn oder zwanzig Milliarden Dollar pro Jahr, und die in fünfzig oder gar hundert Ländern im Wettbewerb stehen, um Amerikas langfristigen Erfolg zu sichern.«

Die vielleicht beunruhigendste Entwicklung des letzten Jahres fand allerdings nicht an der Wall Street oder in Washington, sondern weltweit statt. Die Wendung »zu groß zum Scheitern« wird nicht mehr ausschließlich mit Banken assoziiert, sondern wird inzwischen auch auf Kommunen und Staaten angewendet, die sich wie viele Privatleute auf dem Hypothekenmarkt bei der Kreditaufnahme übernommen haben. Am stärksten war in letzter Zeit die Sorge um Griechenland, aber Spanien, Italien, Portugal und Irland gelten ebenfalls als verwundbar. Und in den Vereinigten Staaten gibt es nach wie vor die Befürchtung, dass für Kalifornien irgendwann der Tag der Abrechnung kommen könnte.

»Wir können uns nicht selbst kontrollieren. Sie müssen eingreifen und The Street kontrollieren.«

John Mack machte diese erstaunlich offene und zutreffende Bemerkung über die Notwendigkeit staatlicher Regulierung im Herbst 2009, nur einen Monat, nachdem die englische Ausgabe von *Die Unfehlbaren* erschienen war. Mack hatte bei einer Podiumsdiskussion über die Finanzkrise, an der ich teilnahm, im Publikum gesessen. Er trug zur allgemeinen Überraschung eine Ansicht vor, die zu den Ansichten der meisten Vertreter seiner Branche, die gegen eine ernsthafte Reform Lobbyarbeit machten, in radikalem Gegensatz stand.

Mack gab eine Anekdote zum Besten, in der deutlich wurde, warum Selbstkontrolle in der Wall-Street-Kultur (und vielleicht auch in unserer globalen Risikogesellschaft) fast unmöglich ist.

Wie er erzählte, hatte er sich auf dem Höhepunkt des wirtschaftlichen Booms geweigert, einem Unternehmen einen besicherten Kredit zu gewähren, weil ihm der Verschuldungsgrad zu hoch war. Er hätte gewaltige Zinsen kassieren können, hatte aber die Befürchtung, dass der Kredit später platzen würde.

»Ich ließ mir ein Geschäft entgehen«, sagte er. »Damit kann ich leben. Aber kaum hatte ich das Gespräch beendet, bot jemand anderes den zehnfachen Kreditrahmen an.«

Es ist letztlich nicht mehr als eine Binsenweisheit: Im Wettlauf um den Gewinn an der Wall Street und anderswo (und, was vielleicht noch wichtiger ist, um seinen persönlichen Stolz zu befriedigen) ist immer jemand bereit, ein noch etwas höheres Risiko einzugehen als der andere.

Zwar hat diese Art rücksichtsloser Risikobereitschaft in den letzten Jahrzehnten vielen Finanzleuten stattliche Gewinne beschert, aber die Verwundbarkeit des Finanzsystems, die durch die Krise sichtbar geworden ist, muss irgendwann zu einer kritischen Bestandsaufnahme führen, und zwar nicht nur, was die Praktiken betrifft, die an der Wall Street üblich geworden sind, sondern auch, was die ihnen zugrundeliegenden Prinzipien anbelangt. Oder wie es die Harvard-Professorin und Vorsitzende des Congressional Oversight Panel Elizabeth Warren formuliert: »Diese Generation von Wall-Street-CEOs ist möglicherweise diejenige, die Amerikas Vertrauen verspielt. Wenn die Geschichte der Großen Rezession geschrieben wird, können sie als die Bonus-Babys dingfest gemacht werden, die so kurzsichtig waren, dass sie die gesamte Volkswirtschaft gefährdeten und zur Zerstörung ihrer eigenen Unternehmen mit beitrugen. Oder sie können sich eingestehen, wie das Vertrauen der Amerikaner verloren wurde, und die ersten Schritte machen, um es zurückzugewinnen.«

Andrew Ross Sorkin
18. Juni 2010

Dank

Dieses Buch nahm seinen Anfang am Montag, dem 15. September 2008, in den frühen Morgenstunden. Ich kam um halb drei Uhr nach Hause, nachdem ich mit meinen Kollegen von der *New York Times* vier Tage auf Hochtouren gearbeitet hatte, um über alle Einzelheiten des vielleicht ereignisreichsten Wochenendes in der amerikanischen Wirtschaftsgeschichte zu berichten. Als ich durch die Tür trat, war ich immer noch in einer Art Schockzustand, nachdem ich gerade den Leitartikel für den nächsten Morgen geschrieben hatte: Lehman Brothers hatte offiziell Gläubigerschutz beantragt, Merrill Lynch wurde an die Bank of America verkauft, und American International Group stand auf der Kippe.

Ich wollte unbedingt mit jemandem über die Ereignisse sprechen und weckte meine Frau Pilar Queen, um ihr die Neuigkeiten mitzuteilen. »Du wirst es nicht glauben«, sagte ich, als ich mir die dramatischen Details wieder vergegenwärtigte. »Es ist wie ein Film.«

Pilar sah mich eine Zehntelsekunde an, und bevor sie sich wieder in ihre Decke wickelte und weiterschlief, sagte sie: »*Nein,* es ist wie ein Buch.«

Die ganze Woche nach diesem nächtlichen Gespräch kämpfte ich vehement gegen die Vorstellung, dass ich ein Buch schreiben könnte. Ich war überwältigt von meiner Berichterstattung für die Zeitung, und der Gedanke, jemals mehr als ein paar Tausend Wörter auf einmal zu schreiben, machte mit offen gesagt Angst. Aber Pilar war hartnäckig. Sie drängte mich sanft, aber stetig und überredete mich schließlich, die Aufgabe in Angriff zu nehmen, die sie mir schon zutraute, als ich noch keineswegs sicher war, sie bewältigen zu können. Auch die darauf folgenden 365 Tage stärkte sie mir unermüdlich den Rücken, bis zum Ende des Projekts, das

sich manchmal anfühlte, als ob man einen ganzen Marathonlauf im Sprint absolvieren würde.

Besonderen Dank schulde ich auch meinen Eltern Joan und Larry Sorkin sowie meiner Schwester Suzie. Sämtliche Erfolge, die ich in meinem Leben je hatte, sind das Ergebnis ihrer Liebe und Unterstützung. Als ich auf der Highschool war, wachten sie alle besorgt über mich, wenn ich meine Hausarbeiten schrieb; für sie und für mich wäre der Gedanke, dass ich einmal ein Buch schreiben könnte, damals absolut unvorstellbar gewesen.

Ein wichtiges Mitglied der Familie hat dieses Buch nicht gelesen und auch den Höhepunkt der Finanzkrise nicht erlebt. Bis zum Freitag des »Lehman-Wochenendes«, dem 12. September 2008, hatte ich das Glück, noch alle meine vier Großeltern zu besitzen. Doch an diesem Tag starb mein Großvater Sidney Sorkin im Alter von 91 Jahren. Er war immer ein unersättlicher Leser gewesen, und als ich um ihn trauerte, hatte ich das Gefühl, er hätte mich dazu gedrängt, weiter über die Ereignisse dieses Wochenendes zu berichten.

Auch meine anderen drei Großeltern Chester und Barbara Ross und Lilly Sorkin, die alle das stolze Alter von neunzig überschritten haben, haben mich mein ganzes Leben lang ermutigt und mich im vergangenen Jahr ebenfalls enorm unterstützt.

Ein Buch zu schreiben kann eine isolierende Erfahrung sein, mir aber haben an verschiedenen Punkten des Produktionsprozesses so viele liebe Freunde geholfen, dass ich mich nie allein gefühlt habe. Besonderen Dank schulde ich Jeff Cane, meinem früheren langjährigen Redakteur bei der *New York Times.* Er verfügt über ein enzyklopädisches Wissen über die Wall Street und bot mir von Anfang an seine Unterstützung an. Mein Freund Jim Impoco, ebenfalls einer meiner früheren Lieblingsredakteure bei der *Times,* machte mir die ganze Zeit eifrig Vorschläge, und dasselbe gilt auch für Hugo Lindgren, einen brillanten Redakteur beim *New York Magazine* (der früher ebenfalls bei der *Times* gearbeitet hat). Michelle Memran, hervorragende Rechercheurin und Dokumentarin, spürte selbst die obskursten Details auf und erstellte unglaublich genaue Chronologien, die mir halfen, in einem sehr komplizierten Handlungsablauf den Überblick

zu behalten. In den letzten Wochen des Projekts machte Pam Newton, eine weitere Rechercheurin, unermüdlich Menschen auf verschiedenen Erdteilen für mich ausfindig. Diese Freunde arbeiteten zu jeder Tages- und Nachtzeit und opferten oft gemeinsame Zeit mit ihrer Familie, um mir bei der Vollendung des Projekts zu helfen.

Einer der Gründe, warum ich dieses Buch überhaupt schrieb, besteht darin, dass ich das Glück hatte, in Rick Kot von Viking einen Lektor zu haben, der auch mein Lieblingswirtschaftsbuch *Die Nabisco-Story* betreut hat. Rick war schon vor diesem Projekt ein guter Freund von mir und ist jetzt ein noch besserer. Er tat alles, um das Buch unter enormem Zeitdruck fertigzustellen, und hat durch seine kluge Redaktion jede einzelne Seite verbessert. Seine Assistentin Laura Tisdel tat sich dadurch hervor, dass sie ein ganzes Dutzend beweglicher Teile gleichzeitig jonglierte. Clare Ferraro, die Chefin von Viking, glaubte an das Projekt von dem Augenblick an, als ich durch ihre Tür hereinkam, um es vorzustellen. Auch den anderen Mitgliedern des Viking-Teams schulde ich großen Dank. Rachel Burd, Carla Bolte, Pat Lyons, Fabiana Van Arsdell, Paul Buckley, Jennifer Wang, Carolyn Coleburn, Yen Cheong, Louise Braverman, Linda Cowen, Alex Gigante, Melanie Belkin, Jane Cavolina, Norina Frabotta, Susan Johnson, John Jusino, Michael Burke, Martha Cameron, Beth Caspar, Hilary Roberts, Jackie Véissid, Christina Caruccio und Noirin Lucas arbeiteten rund um die Uhr, um dieses Buch zu realisieren.

Mein Agent David McCormick tat alles, was ein guter Agent tun muss, nur besser. Dankbar bin ich auch P. J. Mark, der den internationalen Verkauf des Buches organisierte, und Leslie Falk. Auch Matthew Snyder, meinem Filmagenten von der Creative Artists Agency, der seit 2001 mit mir zusammenarbeitet, habe ich zu danken.

Es wäre ein schweres Versäumnis, wenn ich nicht auch meinen außerordentlichen Kollegen bei der *New York Times* Anerkennung zollen würde. Viele halfen mir großzügig durch ihren redaktionellen Rat und, wichtiger noch, durch ihre emotionale Unterstützung, wenn ich wieder einmal am Rand der körperlichen und geistigen Erschöpfung war, und das kam öfter vor, als ich gerne

zugeben möchte. Besonders dankbar bin ich Jenny Anderson, Liz Alderman, Alex Berenson, Adam Bryant, Eric Dash, Charles Duhigg, Geraldine Fabrikant, Mark Getzfred, David Gillen, Diana Henriques, David Joachim, P. J. Joshi, Kevin McKenna, Dan Niemi, Joseph Nocera, Floyd Norris, Winnie O'Kelley, Cass Peterson, Tim Race und Louise Story. Außerdem möchte ich eine bestimmte Gruppe bei der *Times* besonders hervorheben, die zu einem sehr wichtigen Teil meines Lebens geworden ist: das Team von DealBook, dem Online-Finanzreport, den ich 2001 ins Leben rief. Meine guten Freunde und bewährten Partner Peter Edmonston, Michael J. de la Merced und Liza Klaussmann sind für einen großen Teil unseres frühen Erfolgs verantwortlich. Als das Team wuchs, war es mir ebenfalls ein Vergnügen, mit Zachery Kouwe, Steven M. Davidoff, Jack Lynch, Cyrus Sanati und Chris V. Nicholson zusammenzuarbeiten.

Auch meine Freunde bei CNBC möchte ich gerne erwähnen, insbesondere das Team von *Squawk Box* und die alte Crew von *Kudlow & Cramer*, die mich ins Fernsehen brachte, als ich gerade einmal 25 war und vor der Kamera nichts zu suchen hatte.

Eine Reihe von Freunden aus verschiedenen Bereichen meines Lebens, die dieses Projekt und meine Karriere unterstützt haben, verdienen ebenfalls meinen Dank: David Berenson, Dan Bigman, Graydon Carter, Cynthia Colonna, Alan Cowell, David Faber, David Goodman, Warren Hoge, Mark Hoffman, Ben Hordell, Joe Kernen, die Familie Malman, die Familie Queen, Carl Quintanilla, Anita Raghavan, Dan Richenthal, Becky Quick, Charlie Rose, Seth und Shari Saideman, die Familie Schneiderman, Alixandra Smith, Doug Stumpf, Matt und Melissa Sussberg, Jonathan Wald, die Familie Weinberg, Josh und Lauren Wolfe sowie Michael Wolff. Ich bin sicher, dass ich in dieser Auflistung mehr als nur eine Person vergessen habe und entschuldige mich im Voraus dafür. (Ganz bewusst habe ich jedoch keine Person genannt, die für eine der Quellen dieses Buches gehalten werden könnte.)

Mein vielleicht größter Dank geht an meinen Arbeitgeber, die *New York Times*. Ich begann im Frühjahr 1995 mit 18 Jahren für die Zeitung zu arbeiten, und zwar eher zufällig. Stuart Elliott, der im Blatt über die Werbebranche berichtet und dessen Kommen-

tare ich mit religiöser Inbrunst las, war verrückt genug, mich in das Gebäude zu lassen. Die Redakteurin Felicity Barringer ging (ohne mein Alter zu kennen) ein Risiko ein und ließ mich eine Story schreiben. Glenn Kramon, der Wirtschaftsredakteur, traute mir so viel zu, dass ich bleiben durfte. Er stellte mich später ein, als ich meinen College-Abschluss hatte, und schickte mich nach London. Larry Ingrassia, der heutige Wirtschaftsredakteur, behielt mich nicht nur, sondern gab mir auch eine Kolumne und tat auch sonst immer alles Menschenmögliche, um mich zu unterstützen. Und Bill Keller, der Chefredakteur des Blattes, und vor ihm Joe Lelyved, der Chef, als ich bei der Zeitung anfing, ließen das alles zu und trieben es sogar voran. Diesen Menschen verdanke ich meine berufliche Laufbahn.

Besonders dankbar bin ich Larry und Bill (und den leitenden Redakteuren John Geddes und Jill Abramson), dass sie mir so großzügig die Zeit gaben, dieses Buch zu schreiben. Auch zwei Menschen auf der anderen Seite der »Mauer« habe ich zu danken: Arthur Sulzberger jr., dem Herausgeber der *New York Times*, und Martin Nisenholtz, dem Vizepräsidenten für den digitalen Bereich im Vorstand der *New York Times.* Beide haben nicht nur meine Karriere als Journalist gefördert, sondern auch die unternehmerischen Anstrengungen unterstützt, die ich machte, um der Zeitung zu helfen.

Schließlich hätte dieses Buch ohne Hunderte von Menschen an der Wall Street und anderswo nie geschrieben werden können. Sie opferten mir großzügig ihre Zeit und teilten ihr Insiderwissen mit mir, damit ich diese wichtige Geschichte erzählen konnte. Wie versprochen, habe ich keinen von ihnen namentlich genannt, aber sie wissen, wer gemeint ist. Und sie wissen, wie dankbar ich ihnen bin.

Anmerkungen und Quellen

Als ich mit diesem Projekt begann, hätte ich mir nie vorstellen können, welche Wege und Wendungen die Recherchearbeit nehmen würde. Ich setzte auf meine vielen Beziehungen zur Wall Street und in Washington, die ich im Lauf der letzten zehn Jahre als Reporter für die *New York Times* aufgebaut hatte, und machte mich daran, den Ablauf der Ereignisse zu rekonstruieren. Dabei drängte ich meine Gewährspersonen, möglichst genau über Hunderte von Meetings und Telefongespräche zu berichten. Manche widmeten mir großzügig ihre Zeit, andere waren zögerlicher, weil die Wirtschaftskrise immer noch eine offene Wunde ist.

Aber glücklicherweise waren Hunderte Beteiligte bereit, mit mir zu sprechen, manche Interviews dauerten bis zu zehn Stunden. Ein CEO, den ich seit mehreren Jahren kenne, erschien zu unserem ersten Termin mit akribischen handschriftlichen Notizen zu dem wichtigen Wochenende in der Notenbank und mit einer Zeichnung, wo am Tisch die Teilnehmer gesessen hatten. »Ich gebe Ihnen das aus demselben Grund, aus dem ich die Aufzeichnungen gemacht habe«, sagte er zu mir. »Da wurde Geschichte geschrieben.« Eine andere Gewährsperson überließ mir Videobänder von mehreren internen Meetings, wieder andere, manche erst nach einigem Bitten, gewährten mir Einblick in ihre Kalender und elektronischen Briefkästen. Als größtes Problem erwies sich überraschenderweise, dass ich fast zu viele Informationen hatte. Manchmal lagen mir fünf verschiedene Versionen eines Meetings vor, teils von Leuten berichtet, die damals unter Schlafmangel und extremem Stress gelitten hatten, und ich ertappte mich dabei, wie ich jedes noch so kleine Detail überprüfte, um zu einer endgültigen Version zu kommen.

Wo immer möglich, glich ich meine Recherchen mit schriftlichen Aufzeichnungen ab, und ich hatte das Glück, dass viele

meiner Gewährspersonen entweder selbst Notizen gemacht hatten oder mir Zugang zu internen Dokumenten, E-Mails, Präsentationen, Skripten usw. verschafften. Außerdem verwendete ich Dokumente der Regierung, bei denen ich Einsicht nach dem Freedom of Information Act beantragte. Den Kalendern von Henry Paulson und Tim Geithner entnahm ich wichtige Schlüsseldaten. Trotzdem möchte ich betonen, dass beide Kalender – ebenso wie Tagebücher, die mir von anderen überlassen wurden – oft irrtümliche Angaben zu Daten und bestimmten Meetings enthielten.

Von Anfang an war bei diesem Projekt klar, dass ich, gleich wie sehr ich mich auch um offizielle Interviews bei den Beteiligten bemühte, nicht sehr weit kommen würde, wenn ich wirklich einfangen wollte, was in diesen dramatischen Tagen hinter den Kulissen ablief. Wie schon in der Vorbemerkung gesagt, waren die meisten nur unter der Bedingung bereit, Interviews zu geben, dass ich ihre Identität nicht preisgab; hingegen durfte ich ihre Formulierungen verwenden und zitieren, welche Empfindungen sie mir berichtet hatten.

Selbst wenn es den Anschein hat, dass an einer Unterredung nur zwei Personen beteiligt waren, ist bemerkenswert, wie viele Personen tatsächlich mithörten. Zum Beispiel wurden viele Telefongespräche zwischen CEOs und staatlichen Vertretern über Telefonanlagen mit Lautsprecher geführt, und manchmal hörten ein Dutzend Personen zu. In manchen Fällen schickte ein Beteiligter einen ausführlichen Bericht über eine Unterredung unmittelbar im Anschluss per E-Mail an einen Kollegen, und der leitete die Mail dann an andere weiter.

Ich möchte ausdrücklich darauf hinweisen, dass ein Großteil der in dem Buch zitierten Dialoge auf Erinnerungen der Beteiligten zurückgeht. Die Erinnerung ist natürlich nicht so präzise wie ein genaues Transkript. Ich habe mich stets um Verifizierung aus möglichst vielen Quellen bemüht, insbesondere bei denkwürdigen Bemerkungen, aber die Dialoge sind immer nur so exakt wie die Erinnerungen der Beteiligten.

Die Schilderungen meiner Journalistenkollegen aus der Wirtschaftspresse stellten eine wahre Fundgrube für mich dar; sie haben bei der Berichterstattung über die Ereignisse einfach groß-

artige Arbeit geleistet, und ich bemühe mich, ihre Leistung in den Anmerkungen zu würdigen. Selbst wenn ich eine Information in einer anderen Quelle bestätigt gefunden habe, habe ich versucht, den Zeitungsbericht ausfindig zu machen, in dem sie zuerst mitgeteilt wurde. Allerdings kann ich nicht ausschließen, dass ich die eine oder andere Veröffentlichung übersehen habe, die eine Information oder ein Detail enthält, worüber ich in diesem Buch berichte.

Mit Stolz kann ich sagen, dass mit die besten Reporterleistungen in dieser Zeit von meinen Kollegen bei der *New York Times* kamen. Aber ebenso möchte ich die Arbeit von Associated Press, Bloomberg, *BusinessWeek, 60 Minutes* auf CBS, CNBC, *Forbes, Fortune, Institutional Investor,* Reuters, der *Washington Post* und des *Wall Street Journal* würdigen. Zwei Reporterinnen des *Wall Street Journal,* die ich häufig zitiere, möchte ich besonders hervorheben: Susanne Craig, die für die Zeitung die Vorgänge um Lehman beobachtet hat, und Deborah Solomon, die erstklassige Berichte aus Washington lieferte.

Und schließlich noch ein Hinweis: Alle Fakten und Dialoge, zu denen es keine Anmerkungen gibt, stammen aus vertraulichen Quellen oder Dokumenten, die mir zugänglich gemacht wurden.

Prolog

1 Susanne Craig, Deborah Solomon, Carrie Mollenkamp und Matthew Karnitschnig, »Lehman Races Clock. Crisis Spreads«, *Wall Street Journal,* 13. September 2008.

Kapitel eins

1 Sein Anwesen in Greenwich – geschätzter Wert 11 Millionen Dollar – hat 20 Zimmer, acht Schlafzimmer, einen eigenen Tennisplatz, ein Squashfeld und ein Schwimmbad. Es ist eines von fünf Häusern, die Richard Fuld besitzt. Steve Fishman, »Burning Down His House«, *New York,* 8. Dezember 2008.

2 Susanne Craig, »Lehman Finds Itself in Center of a Storm«, *Wall Street Journal,* 18. März 2008.

3 Ebd. Befragt nach diesen Gerüchten, sagte eine Sprecherin von ING, das Unternehmen biete weiter Fonds an, aber »wir schauen genauer auf Risiko und Sicherheiten«.

4 Lloyd Harbor war Gregorys Hauptwohnsitz, er besaß noch mehrere andere Anwesen, unter anderem ein 10 000-Quadratmeter-Grundstück direkt am Meer in Bridgehampton und eine Wohnung an der Upper East Side, Park Avenue 610. Siehe Michael Shnayerson, »Profiles in Panic«, *Vanity Fair*, Januar 2009.

5 Ebd.

6 Craig, »Lehman Finds Itself«, *Wall Street Journal*.

7 Fuld, zitiert in der *Financial Times*: »Haben wir Zeug in den Büchern, das wir nur schwer wieder loswerden? Ja«, sagte er mit Blick auf Anlagen, die mit Hypotheken auf Gewerbe- und Wohnimmobilien besichert waren. »Mache ich mir Sorgen deswegen? Nein. Werden wir Geld verlieren, wenn dieses Zeug neu bewertet werden muss? Ja. Wird es uns umbringen? Natürlich nicht.« Ben White, »A Fighter on the Ropes«, *Financial Times*, 14. Juni 2008.

8 Wenige Tage nach dem 11. September organisierte Fuld den Umzug der Firma ins Sheraton-Hotel in Manhattan. Wo Betten gestanden hatten, wurden Schreibtische aufgestellt, weltweite Finanztransaktionen wurden von der Cocktailbar aus abgewickelt. Acht Monate später bezog Lehman die neue Firmenzentrale. Siehe Andy Serwer, »The Improbable Power Broker: How Dick Fuld Transformed Lehman from Wall Street Also-Ran to Super-Hot Machine«, *Fortune*, 17. April 2006.

9 Im Oktober 2001 verkaufte Morgan Stanley sein Bürogebäude an der Ecke Broadway und West Forty-ninth Street für 700 Millionen Dollar an Lehman Brothers. Charles V. Bagli, »Morgan Stanley Selling Nearly Completed Office Tower to Lehman for $700 Million«, *New York Times*, 9. Oktober 2001.

10 In dem Memo stand allerdings nichts darüber, dass bestehende Konten bei den beiden Firmen aufgelöst werden sollten. Patricia Kowsmann, »DBS Not Entering New Positions with Lehman – Sources«, Dow Jones Newswires, 17. März 2008.

11 Craig, »Lehman Finds Itself«, *Wall Street Journal*.

12 Fuld, zitiert bei Yalman Onaran und John Helyar, »Lehman's Last Days«, *Bloomberg Markets*, Januar 2009.

13 McCarty, zitiert bei David Cho und Neil Irwin, »Crises of Confidence in the Markets; Federal Reserve's Rescue of Bear Stearns Exposes Cracks in Financial System«, *Washington Post*, 18. März 2008.

14 Das berichtet Andrew Gowers. In der Londoner *Sunday Times* werden die Worte »dem Boss« zugeschrieben, tatsächlich ist »der Boss« am Telefon Jeremy Isaacs, Lehmans Chef für Europa und Asien, nicht Dick Fuld. Siehe Andrew Gowers, »The Man Who Brought the World to Its Knees EXPOSED«, *Sunday Times* (London), 14. Dezember 2008.

15 »Jacob W. Schwab, 89, Textile Manufacturer«, *New York Times*, 30. März 1982.

16 Justin Schack, »Restoring the House of Lehman«, *Institutional Investor – Americas,* 12. Mai 2005; Tom Bawden, »Bruiser of Wall St Dick Fuld Looked After His People, But Didn't Know When to Quit«, *The Times* (London), 16. September 2008; Annys Shin, »Capitol Grilling for Lehman CEO«, *Washington Post,* 7. Oktober 2008.
17 Schack, »Restoring the House«, *Institutional Investor.*
18 Ann Crittenden, »Lehman's Office Move Marks End of an Aura«, *New York Times,* 20. Dezember 1980.
19 Edward Robinson, »Lehman's Fuld, a Survivor, Now Eyes Investment Banking Business«, *Bloomberg Markets,* Juli 2008.
20 Diana B. Henriques, »Lewis Glucksman, Veteran of a Wall St. Battle, Dies at 80«, *New York Times,* 8. Juli 2006.
21 Charles Geisst, *The Last Partnership: Inside the Great Wall Street Dynasties,* New York: McGraw-Hill 2001, S. 49–51; Auletta, *Greed and Glory On Wall Street,* S. 27–30.
22 Keith Dovkants, »The Godfather, a Man They Call the Gorilla and How a Banking Legend Was Lost«, *Evening Standard* (London), 16. September 2008.
23 Die Anekdote wurde schon früher berichtet, aber der Dialog zwischen Kaplan und Fuld wird hier erstmals wiedergegeben. Kurz erwähnt wird der Vorfall bei Fishman, »Burning Down His House«, *New York.*
24 Susanne Craig, »Trading Up: To Crack Wall Street's Top Tier, Lehman Gambles on Going Solo«, *Wall Street Journal,* 13. Oktober 2004; Schack, »Restoring the House of Lehman«, *Institutional Investor – Americas;* Louise Story, »At Lehman, Chief Exudes Confidence«, *New York Times,* 17. Juni 2008.
25 Fishman, »Burning Down His House«, *New York.*
26 Shnayerson, »Profiles in Panic«, *Vanity Fair.*
27 Auletta, *Greed and Glory on Wall Street,* S. 118.
28 David Patrick Columbia, »Highs and Lows«, *New York Social Diary,* 27. Januar 2009.
29 Peter Truell, »Market Place: Is Lehman Ready to Take the Plunge?«, *New York Times,* 3. Juni 1997.
30 Das Zitat und Glucksmans Demonstration mit den Bleistiften stammen aus Robinson, »Lehman's Fuld«, *Bloomberg Markets.*
31 Fishman, »Burning Down His House«, *New York.*
32 Robinson, »Lehman's Fuld«, *Bloomberg Markets.*
33 Yalman Onaran, »Lehman Brothers Paid CEO Fuld $40 Million for 2007«, Bloomberg News, 5. März 2008.
34 Ebd.
35 Susanne Craig, »Lehman's Straight Shooter«, *Wall Street Journal,* 17. Mai 2008.
36 Porträt von Callan in einem Newsletter der Alumni der NYU Law School, »Erin Callan, '90: Chief Financial Officer, Lehman Brothers

Holdings Inc.«, April 2008. Siehe www.law.nyu.edu/alumni/almo/pastalmos/20072008almos/erincallanapril/index.htm

37 Pierre Paulden, »Rainmakers – Alpha Female«, *Institutional Investor,* Juni 2007.

38 Craig, »Lehman's Straight Shooter«, *Wall Street Journal.*

39 Nach Unterlagen der Stadt New York City unterzeichnete Callan den Kaufvertrag und den Vertrag über die Hypothek am 16. April 2008. Lysandra Ohrstrom, »15 CPW Alert! Lehman Lady Lands $6.5 M. Pad«, *New York Observer,* 25. April 2008.

40 James Quinn, »Sting Rubs Shoulders with Giants of Finance at $2bn Apartments«, *Daily Telegraph* (London), 2. Februar 2008; Christina S. N. Lewis, »Private Properties«, *Wall Street Journal,* 3. Oktober 2008.

41 Nach den Unterlagen nahm sie eine Hypothek über 5 Millionen Dollar auf. Siehe auch DealBook, »Lehman's C.F.O. Checks into 15 C.P.W.«, *New York Times,* 29. April 2008.

42 Finanzminister Henry Paulson im Interview mit Matt Lauer, *Today,* NBC, 18. März 2008.

43 Robin Sidel, Greg Ip, Michael M. Phillips und Kate Kelly, »The Week That Shook Wall Street«, *Wall Street Journal,* 18. März 2008.

44 Jenny Anderson, »Swinging Between Optimism and Dread on Wall Street«, *New York Times,* 19. März 2008.

45 »Lehman Lifts Mood, and So Does Goldman«, *International Herald Tribune,* 19. März 2008.

46 Susanne Craig und David Reilly, »Goldman, Lehman Earnings: Good Comes from the Bad«, *Wall Street Journal,* 19. März 2008.

47 Callan, nach den Transkripten der Telefonkonferenz: Lehman Brothers Holdings Inc. (LEH) F1Q08 Earnings Call, 18. März 2008.

48 Ebd.

49 Anderson, »Swinging Between Optimism and Dread«, *New York Times;* Rob Curran, »Lehman Surges 46% As Brokers Rally Back«, *Wall Street Journal,* 19. März 2008.

50 Curran, »Lehman Surges 46%«, *Wall Street Journal.*

51 Alejandro Lazo und David Cho, »Financial Stocks Lead Wall Street Turnabout«, *Washington Post,* 19. März 2008.

Kapitel zwei

1 Eine Version dieser Szene findet sich bei Kelly, *Street Fighters,* S. 204.

2 Kate Kelly, »The Fall of Bear Stearns: Bear Stearns Neared Collapse Twice in Frenzied Last Days«, *Wall Street Journal,* 29. Mai 2008.

3 Kelly, *Street Fighters,* S. 205.

4 Eine Woche später reduzierte die Fed ihr Angebot, um ihr Risiko zu begrenzen, auf 29 Miliarden Dollar. Siehe Robin Sidel und Kate Kelly, »J. P. Morgan Quintuples Bid to Seal Bear Deal«, *Wall Street Journal,* 25. März 2008.

5 Ebd.
6 Moldaver, zitiert von Kelly, »The Fall of Bear Stearns«, *Wall Street Journal.*
7 Maura Reynolds und Janet Hook, »Critics Say Bush Is Out of Touch on the Economy«, *Los Angeles Times,* 18. März 2008.
8 Kelly, *Street Fighters,* S. 34.
9 Ebd.
10 Siehe »The Quiet Ascendancy of Hank Paulson«, *Institutional Investor,* 1. Juli 1998.
11 David Cho, »A Skeptical Outsider Becomes Bush's ›Wartime General‹«, *Washington Post,* 19. November 2008.
12 Siehe Fred Barnes, »Bolten's White House: And Why Hank Paulson, the Former Goldman Sachs Chief, Is the New Treasury Secretary«, *International Economy.*
13 Landon Thomas Jr., »Paulson Comes Full Circle«, *New York Times,* 31. Mai 2006; Terence Hunt, »Treasury Secretary Snow Resigns, Replaced by Goldman Sachs Chairman Henry M. Paulson«, Associated Press, 30. Mai 2006.
14 Ellis, *The Partnership,* S. 662.
15 Susanne Craig, »Boss Talk: Goldman CEO Tackles Critics, Touchy Issues«, *Wall Street Journal,* 26. April 2006.
16 Eddy, *Wissenschaft und Gesundheit,* S. 391f.
17 Valerie Shanley, »Profile: Hank Paulson«, *Sunday Tribune* (Dublin), 14. September 2008.
18 Marc Gunther, »Paulson to the Rescue«, *Fortune,* 29. September 2008.
19 In einem Interview mit Scott Pelley, Korrespondent von *60 Minutes,* drückte sich Paulson später ähnlich aus: »Wissen Sie, wir müssen uns auf Turbulenzen an den Märkten einstellen. Ich habe nicht genau das erwartet, aber ich habe meinen Mitarbeitern gesagt: ›Wenn da draußen eine Menge Zunder herumliegt, weiß man nie, welcher Funke ihn in Brand setzen wird.‹« *60 Minutes,* CBS Nachrichtentranskripte, 28. September 2008.
20 Daniel Gross, »The Captain of the Street«, *Newsweek,* 29. September 2008.
21 Bei einer Anhörung im September zu den US-Kreditmärkten sagte Paulson: »Wir haben nicht die Institutionen, die wir bräuchten, um das System und den Steuerzahler zu schützen, weil wir solche Institute nicht abwickeln können, so etwas wie die Einlagensicherung – wie Sie wissen, hat in 75 Jahren kein Sparer mit Einlagensicherung Geld verloren.« Siehe »Senate Committee on Banking, Housing and Urban Affairs Holds Hearing on U. S. Credit Markets«, Transkripte der Kongressverhandlungen, 23. September 2008.
22 John Helyar und Yalman Onaran, »Fuld Sought Buffett Offer He Refused as Lehman Sank«, Bloomberg News, 10. November 2008.

Kapitel drei

1 Geithners Flugzeug startete am 2. April 2008 um 19 Uhr vom Flughafen LaGuardia und landete etwa um 20.20 Uhr in Washington. Geithners Terminkalender bei der Notenbank von New York kann online eingesehen werden auf der Website der *New York Times.* Siehe http://documents.nytimes.com/geithner-schedule-new-york-fed p=1.

2 »Testimony Before the U. S. Senate Committee on Banking, Housing, and Urban Affairs, Washington, D. C.«, 3. April 2008. Siehe www.newyorkfed.org/newsevents/speeches/2008/gei080403.html.

3 Eine Woche nach der Transaktion erklärte sich JP Morgan bereit, 1 Milliarde von Bear Stearns' Verlusten zu übernehmen, wodurch sich die Summe, die die Fed absicherte, auf 29 Milliarden verringerte. Robin Sidel und Kate Kelly, »J. P. Morgan Quintuples Bid to Seal Bear Deal«, *Wall Street Journal,* 25. März 25 2008.

4 »Ich habe nun ein Alter erreicht, in dem ich auf einige Ereignisse zurückblicke, und es gibt, so fürchte ich, Ähnlichkeiten zwischen der gegenwärtigen Situation und der Situation Anfang der 1970er-Jahre«, sagte Paul Volcker in einer Rede vor dem Economic Club of New York am 8. April 2008. Siehe http://econclubny.org/files/Transcript_Volcker_April_2008.pdf.

5 Am 30. Oktober 1975 war das die Schlagzeile der *New York Daily News,* am Tag zuvor hatte Präsident Gerald Ford öffentlich erklärt, es werde keine staatliche Rettungsaktion für die beinahe bankrotte Stadt New York geben. Ford beklagte sich später, das sei nicht seine Wortwahl gewesen. Sam Roberts, »Infamous ›Drop Dead‹ Was Never Said by Ford«, *New York Times,* 28. Dezember 2006.

6 Am Sonntag, dem 4. November 2007, hielt Citigroup eine Notfallsitzung des Verwaltungsrats ab, bei der mitgeteilt wurde, dass es bis zu 11 Milliarden Dollar weitere Abschreibungen bei Subprime-Papieren geben könnte. Später am selben Tag berief Citi Robert Rubin zum Vorsitzenden und veröffentlichte folgende Stellungnahme von Prince: »Nach meiner Einschätzung bleibt angesichts des Umfangs der jüngsten Verluste im Geschäft mit unseren hypothekenbesicherten Wertpapieren für mich nur ein ehrenhafter Weg, nämlich der Rücktritt als CEO. Das habe ich dem Verwaltungsrat vorgeschlagen.« Jonathan Stempel und Dan Wilchins, »Citigroup CEO Prince Expected to Resign«, Reuters, 4. November 2007; Tomoeh Murakami Tse, »Citigroup CEO Resigns«, *Washington Post,* 5. November 2007.

7 Jo Becker und Gretchen Morgenson, »Member and Overseer of Finance Club«, *New York Times,* 27. April 2009.

8 Geithners Gehalt soll sich im Jahr 2008 auf 411 200 Dollar belaufen haben, aber darin sind bereits die ersten beiden Wochen von 2009 enthalten. Scott Lanman, »Geithner Nomination Takes Top Fed

Wall Street Liaison«, Bloomberg News, 24. November 2008; Robert Schmidt, »Geithner Takes Salary Cut to Run Treasury, Gets Fed Severance«, Bloomberg News, 27. Januar 2008.

9 Joseph Berger, »Suddenly, There's a Celebrity Next Door«, *New York Times*, 2. Januar 2009.

10 »A Reassuring Figure for Treasury«, *The Economist*, 22. November 2008.

11 Robert Rubin erinnerte sich, dass Pete Peterson ihm das nach seiner ersten Begegnung mit Timothy Geithner sagte. Peterson wusste, als er später danach gefragt wurde, nur noch, dass er gesagt hatte, Geithner sehe jung aus. Greg Ip, »Geithner's Balancing Act – The Fed's Go-to Man for Financial Crises Takes on Hedge Funds«, *Wall Street Journal*, 20. Februar 2007.

12 Lowenstein, *When Genius Failed*, S. 216; Victoria Thieberger, »Fed's McDonough a Cool Head in Financial Storms«, Reuters, 16. Januar 2003.

13 Gary Weiss, »The Man Who Saved (or Got Suckered by) Wall Street«, *Condé Nast Portfolio*, Juni 2008; Yalman Onaran und Michael McKee, »In Geithner We Trust Eludes Treasury as Market Fails to Recover«, Bloomberg News, 25. Februar 2009; Daniel Gross, »The Un-Paulson«, *Slate*, 21. November 2008.

14 Peter S. Canellos, »Conservatives Sour on ›Rebel Media‹«, *Boston Globe*, 19. April 2007.

15 Onaran und McKee, »In Geithner We Trust«, Bloomberg News.

16 Der damalige Dekan von Johns Hopkins, George Packard, empfahl Geithner bei Brent Scowcroft, damals Vize-Vorsitzender von Kissinger Associates, woraus sich der Recherchejob ergab. Deepak Gopinath, »New York Fed's Geithner Hones Skills for Wall Street«, Bloomberg Markets, 22. April 2004.

17 »Er will nicht gleich alles erobern, wenn er einen Raum betritt«, sagte Kissinger einmal über Geithner. »Er setzt auf die Kraft seiner Worte.« Candace Taylor, »Quiet NY Fed Chief Makes Loud Moves«, *New York Sun*, 31. März 2008.

18 Schlagzeile auf dem Titelblatt von *Time* am 15. Februar 1999, abgebildet waren Finanzminister Robert Rubin, Notenbankchef Alan Greenspan und der stellvertretende Finanzminister Larry Summers.

19 Jon Hilsenrath und Deborah Solomon, »Longtime Crisis Manager Pleases Wall Street, Mystifies Some Democrats«, *Wall Street Journal*, 22. November 2008.

20 Onaran und McKee, »In Geithner We Trust«, Bloomberg News.

21 »Dem Offenmarktausschuss gehören sieben Mitglieder des Gouverneursrats und fünf Notenbankpräsidenten an. Der Präsident der Notenbank von New York ist ständiges Mitglied, die übrigen elf Mitglieder rotieren in jährlichem Turnus, beginnend jeweils am 1. Januar.« Die Notenbank im Internet: www.federalreserve.gov/FOMC/.

22 Das Gehalt des Vorsitzenden der Notenbank belief sich 2008 auf 191300 Dollar. Siehe www.federalreserve.gov/generalinfo/faq/faqbog.htm.

23 Geithner, zitiert nach »Remarks at the Global Association of Risk Professionals 7th Annual Risk Management Convention & Exhibition in New York City, February 28, 2006.« www.ny.frb.org/newsevents/speeches/2006/gei060228.html.

24 »Ich freue mich sehr, dass ich heute an dieser Stelle Minister Paulson und das US-Finanzministerium vertreten darf«, sagte Steel am 3. April 2008. »Wie Sie wissen, befindet sich Minister Paulson auf einer lange geplanten Dienstreise nach China.« Der komplette Text von Steels Rede ist zu finden auf www.ustreas.gov/press/releases/hp904.htm.

25 Bethany McLean, »Fannie Mae's Last Stand«, *Vanity Fair*, Februar 2009; Carol D. Leonnig, »How HUD Mortgage Policy Fed the Crisis«, *Washington Post*, 10. Juni 2008.

26 Justin Fox, »Hank Paulson«, *Time*, 11. August 2008.

27 Brendan Murray und John Brinsley, »Paulson's Surrogate Steel Sees ›Initial‹ Progress in Markets«, Bloomberg News, 19. März 2008.

28 Rick Rothacker, Stella M. Hopkins und Christina Rexrode, »Wachovia's New CEO Is Pro in Crisis Control«, *Charlotte Observer*, 13. Juli 2008.

29 Dodds Frage und die anschließenden Statements von Bernanke, Steel und Geithner sind den offiziellen Transkripten der ersten Hälfte der Anhörung entnommen. Siehe »Panel I of a Hearing of the Senate Banking, Housing and Urban Affairs Committee«, Federal News Service, 3. April 2008.

30 Auf die Frage, wie der Preis von 2 Dollar pro Bear-Aktie zustande gekommen sei, antwortete Dimon: »Ich sage den Leuten, dass es nicht dasselbe ist, ob man ein Haus kauft oder ob man ein brennendes Haus kauft.« Siehe Transkript, »Panel II of a Hearing of the Senate Banking, Housing and Urban Affairs Committee«, Federal News Service, 3. April 2008.

31 Dimon »will unbedingt sparen, auch bei Kleinigkeiten«. So sagte er einem Vizepräsidenten, der die von der Firma abonnierten Zeitungen las: »Sie sind Geschäftsmann, Sie können Ihr *Wall Street Journal* selbst bezahlen.« Siehe Ken Kurson, »Jamie Dimon Wants Respect«, *Money*, Februar 2002.

32 Eric Dash, »Rallying the House of Morgan«, *New York Times*, 18. März 2008.

33 Robin Sidel, »In a Crisis, It's Dimon Once Again«, *Wall Street Journal*, 17. März 2008.

34 Andrew Bary, »The Deal – Rhymes With Steal – of a Lifetime«, *Barron's*, 24. März 2008.

35 Leah Nathans Spiro, »Ticker Tape in the Genes«, *BusinessWeek*, 21. Oktober 1996.

36 Shawn Tully, »In This Corner! The Contender«, *Fortune,* 29. März 2006.

37 Leah Nathans Spiro, »Smith Barney's Whiz Kid«, *BusinessWeek,* 21. Oktober 1996.

38 Monica Langley schreibt: »Sandy gefiel die Arbeit so gut, dass er Jamie eine Nachricht schickte: ›Tolles Paper. Kann ich das Leuten hier im Haus geben?‹« Langley, *Tearing Down the Walls,* S. 50.

39 Ebd., S. 74.

40 Ebd., S. 71.

41 Ebd., S. 103.

42 Robert J. Cole, »2 Leading Financiers Will Merge Companies in $1.65 Billion Deal«, *New York Times,* 30. August 1988.

43 Dana Wechsler Linden, »Deputy Dog Becomes Top Dog«, *Forbes,* 25. Oktober 1993.

44 Langley, *Tearing Down the Walls,* S. 201.

45 Greg Steinmetz, »Primerica, Travelers Seal Merger Pact; Takeover May Speed Insurer's Recovery«, *Wall Street Journal,* 24. September 1993.

46 Langley, *Tearing Down the Walls,* S. 241.

47 Ebd., S. 254.

48 Als die Fusionspläne am Montagmorgen bekannt gegeben wurden, betrug das Volumen noch 70 Milliarden Dollar; bis zum Abend war Travelers um 18 Prozent gestiegen und Citicorp um 27 Prozent, das ergab dann ein Volumen von 83 Milliarden Dollar. Langley, *Tearing Down the Walls,* S. 289–293. Michael Siconolfi, »Citicorp, Travelers Group to Combine in Biggest-Ever Merger«, *Wall Street Journal,* 7. April 1998.

49 Langley, *Tearing Down the Walls,* S. 314.

50 Roger Lowenstein, »Alone at the Top«, *New York Times Magazine,* 27. August 2000.

51 Timothy L. O'Brien und Peter Truell, »Downfall of a Peacemaker«, *New York Times,* 3. November 1998.

52 Duff McDonald, »The Heist«, *New York,* 24. März 2008.

53 Shawn Tully, »In This Corner! The Contender«, *Fortune,* 29. März 2006.

54 Jamie Dimon vertrat JP Morgan Chase beim Investorenforum von Credit Suisse Group Financial Services, 7. Februar 2008.

55 Alistair Barr, »Dimon Steers J. P. Morgan Through Financial Storm«, MarketWatch.com, 4. Dezember 2008.

56 »Panel II of a Hearing of the Senate Banking, Housing and Urban Affairs Committee«, Federal News Service, 3. April 2008.

57 »Panel I of a Hearing of the Senate Banking, Housing and Urban Affairs Committee«, Federal News Service, 3. April 2008.

Kapitel vier

1 Das Finanzministerium übermittelte der Presse eine alphabetische Liste der an jenem Freitag Anwesenden. Dick Fuld steht zwischen Larry Fink von BlackRock und John Mack von Morgan Stanley. »Attendees for G7 Outreach Dinner with Banks«, Reuters, 11. April 2008.

2 »Trying to Quell Rumors of Trouble, Lehman Raises $4 Billion«, *New York Times*, 2. April 2008.

3 Joseph A. Giannone, »Goldman CEO Says Credit Crisis in Later Stages«, Reuters, 10. April 2008.

4 Internationaler Währungsfonds, »Global Financial Stability Report«, April 2008, S. 50.

5 »Am Ende des ersten Quartals betrugen die Verschuldungsquoten bei Morgan Stanley, Lehman Brothers, Merrill Lynch und Goldman Sachs 31,8 Prozent, 30,7 Prozent, 27,5 Prozent und 26,9 Prozent gegenüber 8,8 Prozent im Durchschnitt aller US-Geschäftsbanken und Sparinstitute.« Senate Joint Economic Committee, »Financial Meltdown and Policy Response«, September 2008.

6 »Hearing on Causes and Effects of the Lehman Brothers Bankruptcy«, House of Representatives Committee on Oversight and Government, 6. Oktober 2008. Siehe http://oversight.house.gov/story.asp?ID=2208.

7 Der Autor erhielt eine Kopie des Entwurfs aus einer vertraulichen Quelle.

8 Deborah Solomon, »U. S. News: Paulson to Tap Adviser to Run Rescue Program«, *Wall Street Journal*, 6. Oktober 2008.

9 Bernankes erster Tag im Amt war der 1. Februar, ein Mittwoch, den Amtseid leistete er am darauffolgenden Montag. »Unsere Aufgabe, wie sie uns der Kongress übertragen hat, ist von entscheidender Bedeutung«, sagte er bei der Zeremonie. Jeannine Aversa, »At Ceremonial Swearing-in, New Fed Chief Bernanke Vows to Work with Congress«, Associated Press, 6. Februar 2006.

10 John Cassidy, »Anatomy of a Meltdown«, *New Yorker*, 1. Dezember 2008; Roger Lowenstein, »The Education of Ben Bernanke«, *New York Times Magazine*, 20. Januar 2008; Larry Elliott, »Ben Bernanke«, *Guardian*, 16. Juni 2006; Mark Trumbull, »Backstory: Banking on Bernanke«, *Christian Science Monitor*, 1. Februar 2006; Ben White, »Bernanke Unwrapped«, *Washington Post*, 15. November 2005.

11 Stanley Reed, »Barclays: Anything But Stodgy President Bob Diamond has turned the once-troubled investment banking unit into a powerhouse«, *BusinessWeek*, 10. April 2006.

12 Am 1. Juni 2005 trat Robert Diamond junior, zuständig für Investmentbanking und Investmentmanagement, als Direktor mit Exekutivbefugnis in den Verwaltungsrat ein. Robert Steel, der ehemalige Vizevorsitzende von Goldman Sachs, kam als Direktor ohne Exe-

kutivbefugnis. »Barclays PLC – Directorate Change«, Regulatory News Service, 27. Mai 2005.

13 »›Coach‹ Proud of His Trading Floor Origins«, *Financial News*, 4. Dezember 2000.

14 Sieben Monate nach dem ersten Gebot für ABN AMRO und nach einem Kampf, an dem Investoren aus China, Singapur, von der Royal Bank of Scotland und sogar von Bank of America beteiligt waren, zog Barclays sein Angebot für die holländische Bank am 5. Oktober 2007 zurück. Carrick Mollenkamp, »Barclays's CEO Shifts to Plan B – U.K. Bank Pursues Emerging Markets as ABN Bid Fails«, *Wall Street Journal*, 6. Oktober 2007.

Kapitel fünf

1 Das Frühstück fand am Donnerstag, dem 2. April 2008, statt.

2 Als der Prostitutionsskandal publik wurde, sagte Cramer über seinen Kommilitonen von der Harvard Law School: »Eliot ist einer meiner ältesten Freunde, ebenso Slida. Wissen Sie, ich hoffe, dass es nicht stimmt. Ich habe es genau wie Sie in den Zeitungen gelesen – ich hoffe, dass es nicht wahr ist … Eliot ist mein Freund. Er ist mein Freund, und er wird mein Freund bleiben.« »DealBook: Wall Street on Spitzer: ›There Is a God‹«, *New York Times*, 10. März 2008.

3 Cramer beklagte die Aufhebung der Regel am 6. Juli 2007 wiederholt in seiner Show *Mad Money*. »Cramer Is Uptick'd Off« und »Out with Cox, in with Uptick Rule«, *Mad Money*, CNBC, 4. Mai 2009, 21. November 2008.

4 Der Hedgefonds Peloton Partners wurde 2005 von Ron Beller und Geoffrey Grant in London gegründet und war im Februar 2008 zum Ausverkauf gezwungen. Cassell Bryan-Low, Carrick Mollenkamp und Gregory Zuckerman, »Peloton Flew High, Fell Fast«, *Wall Street Journal*, 12. Mai 2008.

5 Hugo Lindgren, »The Confidence Man«, *New York*, 23. Juni 2008.

6 Die Einnahmen der Ira-W.-Sohn-Konferenz gehen an diesen Fonds, der Kinder mit schweren Blutkrankheiten und Krebs unterstützt. (Sohn, ein Börsenhändler, starb mit neunundzwanzig an Krebs.) Siehe www.atcfkid.com/.

7 Einhorn, *Fooling Some of the People All of the Time*, S. 14.

8 Jesse Eisinger, »Diary of a Short-Seller«, *Condé Nast Portfolio*, 12. Mai 2008.

9 Am 9. August um 2.30 Uhr brachte Dow Jones eine Pressemitteilung von BNP Paribas: »In bestimmten Segmenten des amerikanischen Verbriefungsmarkts besteht keine Liquidität mehr, weshalb es unmöglich ist, bestimmte Anlagen fair zu bewerten, unabhängig von ihrer Qualität oder ihrem Kreditrating. Die Situation ist so, dass die zugrunde liegenden Werte der ABS [asset backed securities, for-

derungsbesicherte Wertpapiere] in den drei oben genannten Fonds nicht mehr bewertet werden können. Wir können deshalb für diese Fonds keinen Nettoinventarwert (NAV) mehr errechnen.« Siehe »BNP Paribas Unit to Suspend NAV Calculation of Some Funds«, Dow Jones, 9. August 2007.

10 Lindgren, »The Confidence Man«, *New York.*

11 Chris O'Meara, bis Ende November 2007 Finanzchef von Lehman, in der Telefonkonferenz zur Bekanntgabe der Zahlen für das dritte Quartal, »Q3 2007 Lehman Brothers Holdings Inc. Earnings Conference Call«, 18. September 2007.

12 Lindgren, »The Confidence Man«, *New York.*

13 David Einhorn, »Private Profits and Socialized Risk«, Grant's Spring Investment Conference, 8. April 2008.

14 Die Mails von Einhorn und Callan zitiert Susanne Craig, »Finance Chief Is Demoted«, *Wall Street Journal,* 13. Juni 2008.

15 »Stock Picks from Sohn Investment Conference«, Reuters, 23. Mai 2008.

16 Stephen Taub, »Speaking Candidly«, *Alpha,* Mai 2005.

17 Lindgren, »The Confidence Man«, *New York.*

18 Dieses und alle anderen Zitate von David Einhorn stammen aus seinem Vortrag mit dem Titel »Accounting Ingenuity« bei der Ira W. Sohn Investment Research Conference am 21. Mai 2008.

Kapitel sechs

1 Susanne Craig, »Lehman Struggles to Shore Up Confidence«, *Wall Street Journal,* 11. September 2008.

2 Susanne Craig, »Lehman Is Seeking Overseas Capital – As Its Stock Declines, Wall Street Firm Expands Search for Cash, May Tap Korea«, *Wall Street Journal,* 4. Juni 2008.

3 Lehman bestritt die Gerüchte am 3. Juni 2008 entschieden und verwies auf das vorangehende Quartal, das mit einer Liquidität von über 40 Milliarden Dollar abgeschlossen worden war. Joe Bel Bruno, »Lehman Brothers Treasurer: Firm Did Not Tap Fed Discount Window to Avert Cash Problems«, Associated Press, 3. Juni 2008.

4 Ebenda. Die Lehman-Aktie fiel am Nachmittag von Dienstag, dem 3. Juni, nachdem die Gerüchte um die Liquidität aufgetaucht waren, um 15 Prozent.

5 Susanne Craig, »Lehman's Straight Shooter«, *Wall Street Journal,* 17. Mai 2008.

6 Jesse Eisinger, »Diary of a Short-Seller«, Condé Nast Portfolio, April 2008.

7 Hae Won Choi, »Woori Sets Pact with Lehman to Cut Bad Debt«, *Wall Street Journal Asia,* 6. September 2002; Donald Kirk, »No Pause for Woori«, *Institutional Investor,* 1. Juli 2002.

8 Song Jung-A, »Man Behind Doubts Rise over KDB's Push for Global Status«, *Financial Times*, 2. September 2008.

9 Kim Yeon-hee, »KDB's CEO: A Leopard on the Hunt for Lehman«, Reuters, 5. September 2008.

10 Goldfarbs E-Mail vom 26. Mai 2008 wurde im Rahmen der Untersuchung des House Oversight and Government Reform Committee zu »Ursachen und Folgen des Bankrotts von Lehman Brothers« zugänglich gemacht. Siehe »Lehman Brothers Email Regarding Punishing Short Seller«, http://oversight.house.gov/story.asp?ID =2208.

11 Das geht aus den Flugdaten hervor, die dem *Wall Street Journal* vorlagen. Siehe Craig, »Lehman Struggles to Shore Up Confidence«, *Wall Street Journal*, 11. September 2008.

12 Das Shilla: http://www.shilla.net/en/seoul/.

13 Die Hana Financial Group war eine von mehreren südkoreanischen Top-Banken (Shinhan, Woori), die angeblich ein Angebot für Lehman erwogen. Öffentlich jedoch bestritt das Unternehmen »jedes Interesse, sich an einem Bieterkonsortium für Lehman-Aktien zu beteiligen«. Kim Yeon-hee, »KDB Confirms Lehman Talks; Korea Bank Shares Fall«, Reuters, 1. September 2008.

14 Die Nettoerlöse aus Lehmans Investmentbanking-Geschäft stiegen von 3,2 Milliarden Dollar in 2006 auf 3,9 Milliarden Dollar in 2007 oder um 24 Prozent, wie aus dem 10-K-Bericht des Unternehmens für die Börsenaufsicht vom 29. Januar 2008 hervorgeht.

15 Lehman kaufte Neuberger Berman am 31. Oktober 2003 für 2,6 Milliarden Dollar.

16 Der E-Mail-Verkehr von Vale, Walker und Fuld ist zugänglich unter »Lehman Brothers Email Regarding Suspending Executive Compensation«, Untersuchung des House Oversight and Government Reform Committee, http://oversight.house.gov/story.asp?ID=2208.

17 Michael Shnayerson, »Profiles in Panic«, *Vanity Fair*, Januar 2009; Christina S. N. Lewis, »Hot Words in Finance: ›For Sale‹«, *Wall Street Journal*, 16. Januar 2009.

18 Shnayerson, »Profiles in Panic«, *Vanity Fair*; »Spelman Receives $10 Million Gift«, *Jet*, 19. November 2007.

19 Siehe »Lehman Brothers Email Regarding Lack of Accountability«, Untersuchung des House Oversight and Government Reform Committee, http://oversight.house.gov/story.asp?ID=2208.

20 Die E-Mail wurde dem Autor von einer vertraulichen Quelle vorgelesen.

21 Zuvor bereits berichtet von Steve Fishman, »Burning Down His House«, *New York*, 8. Dezember 2008, und von Susanne Craig, »Lehman Shuffles 2 Key Jobs in Bid to Restore Confidence – Finance Chief Is Demoted; ›Wall Street Wants a Head‹«, *Wall Street Journal*, 13. Juni 2008.

22 Dealbreaker.com stellte etliche Voicemail-Botschaften von Gasparino an Kerrie Cohen ins Netz. »Charlie Gasparino Leaves The Gre-

atest Voicemail(s) of All Time«, 22. September 2008. http://dealbreaker.com/2008/09/charliegasparino-leaves-the-g.php.

23 Yalman Onaran, »Lehman Drops Callan, Gregory; McDade Named President«, Bloomberg News, 12. Juni 2008.

Kapitel sieben

1 »BlackRock's Fink Says Lehman Not Another Bear – CNBC«, Reuters, 11. Juni 2008.

2 Am 15. Februar 2006 stimmte Merrill Lynch einem Verkauf seiner Vermögensverwaltung an BlackRock im Austausch gegen eine 49,8-prozentige Beteiligung an der fusionierten Firma zu. »In Anbetracht ihrer Komplexität ist die Transaktion rasch über die Bühne gegangen, wozu sicher die enge Freundschaft zwischen Mr. Fleming, der BlackRock zu einem Preis von 14 Dollar pro Aktie an die Börse gebracht hat, und Mr. Fink beigetragen hat.« Landon Thomas jr., »On the Menu for Breakfast: $1 Trillion«, *New York Times*, 16. Februar 2006.

3 Joseph A. Giannone, »Merrill CEO Wants Ongoing Fed Access, Rules Reform«, Reuters, 10. Juni 2008.

4 Joe Bel Bruno, »Merrill CEO Sees More Industry Consolidation«, Associated Press, 10. Juni 2008.

5 Tenzin Pema, »Merrill Lynch Outlook Cut at JP Morgan«, Reuters, 11. Juni 2008.

6 »Mit seiner steifen, kopflastigen und einschüchternden Art ist John Thain niemand, der ›auf Leute zugehen‹ kann. Hinter seinem Rücken nennt man ihn ›I Robot‹.« Siehe Dominic Rushe, »The IRobot Rides In to Sort Out Merrill Lynch«, *Sunday Times* (London), 18. November 2007.

7 Kate Kelly, Greg Ip und Ianthe Jeanne Dugan, »For NYSE, New CEO Could Be Just the Start«, *Wall Street Journal*, 19. Dezember 2003.

8 Auf die Frage, warum er den Friseur der Börse entlassen habe, einen freundlichen älteren Herrn, der 24 000 Dollar pro Jahr verdiente, antwortete Thain: »Der Friseur war ein sehr netter Kerl, der schon sehr lange dort gearbeitet hat … Es ist schwer zu vermitteln, dass eine Aktiengesellschaft einen eigenen Friseur braucht.« Gary Weiss, »The Taming of Merrill Lynch«, *Portfolio*, Mai 2008.

9 Justin Schack, »The Adventures of Superthain«, *Institutional Investor – Americas*, 14. Juni 2006.

10 Lisa Kassenaar und Yalman Onaran, »Merrill's Repairman«, *Bloomberg Markets*, Februar 2008.

11 Ebd.

12 Mike Mayo, Analyst bei der Deutschen Bank, fragte Thain bei einer Telefonkonferenz. »John A. Thain, Chairman and Chief Executive Officer – Merrill Lynch, to Participate in a Conference Call Hosted

by Deutsche Bank on June 11 – Final«, Fair Disclosure Wire, 11. Juni 2008.
13 Ebd.
14 Am 8. März 2008 erklärte Thain gegenüber dem französischen *Le Figaro:* »Heute kann ich sagen, dass wir kein zusätzliches Geld brauchen werden. Diese Probleme liegen hinter uns. Wir werden uns nicht noch einmal an den Markt wenden.« Gegenüber dem japanischen *Nikkei Report* sagte er am 3. April: »Wir haben genug Geld für die Zukunft und müssen uns nicht noch einmal an den Aktienmarkt wenden.« Und bei einer Pressekonferenz in Mumbai am 7. Mai ließ er verlauten: »Wir haben derzeit keine Pläne für eine weitere Kapitalbeschaffung.« Siehe Nick Antonovics, »Merrill CEO Says Won't Need More Capital«, Reuters, 8. März 2008; »Full Text of Interview with Merrill Lynch CEO John Thain«, *Nikkei Report,* 4. April 2008; John Satish Kumar, »Credit Crunch: Merrill's Thain Backs Auction-Rate Securities«, *Wall Street Journal,* 8. Mai 2008.
15 Reinhardt Krause, »Lehman Bros. Extends Slide as Wall St. Doubts Future«, *Investor's Business Daily,* 13. Juni 2008.
16 Kassenaar und Onaran, »Merrill's Repairman«, *Bloomberg Markets.* Craig Horowitz, »The Deal He Made«, *New York,* 10. Juli 2005.
17 Ellis, *The Partnership,* S. 613.
18 Ebd.
19 Ebd. Corzine war seit langem Thains Verbündeter; 1994 hatte er ihn dabei unterstützt, Finanzchef zu werden, und später hatte er ihm zu einem Platz im Vorstand verholfen. Die beiden fuhren zusammen Ski in Colorado und gingen zu viert mit ihren Ehefrauen in Manhattan aus. Thain war der designierte Treuhänder für den Fonds, den Corzine für seine Kinder eingerichtet hatte. Siehe auch Noam Scheiber, »The Brain in Thain«, *New York,* 8. Januar 2007.
20 Ebd.
21 Ebd.
22 Nach dem Börsengang von Goldman waren Thains 3,1 Millionen Aktien rund 171 Millionen Dollar wert. Kimberly Seals McDonald, »Goldman's Bounty – Top Execs Will Pocket up to $869m in IPO«, *New York Post,* 13. April 1999; Erica Copulsky, »Goldman Notifies Top Non-Partners of Payout Formulas«, *Investment Dealers Digest,* 3. Mai 1999.
23 Charlie Gasparino, »John Thain's $87,000 Rug«, *Daily Beast,* 22. Januar 2009.
24 Susanne Craig und Dan Fitzpatrick, »Merrill Architects Criticized«, *Wall Street Journal,* 20. Januar 2009.
25 Ellis, *The Partnership,* S. 660.
26 Thains Ernennung zum Chef der New Yorker Börse wurde am 18. Dezember 2003 bestätigt, er trat sein Amt aber erst am 15. Januar 2004 an. »Recap of Stories on NYSE Naming Goldman's Thain As CEO«, Dow Jones, 18. Dezember 2003.

27 Cardiff de Alejo Garcia, »Financial News: Thain to Get up to $11M from Restricted Shares«, Dow Jones, 16. September 2008.

28 Weitere Investoren waren die japanische Mizuho-Bankengruppe und die Korea Investment Corp. Jed Horowitz, »Merrill Seeks Intl Investments for Itself, Clients: Pres«, Dow Jones, 6. Februar 2008.

29 »The Weekend That Wall Street Died«, *Wall Street Journal*, 29. Dezember 2008.

30 Ebd.

31 Aus Unterlagen der SEC geht hervor, dass Montag zusätzlich zu seinem Jahresgehalt von 600 000 Dollar einen Bonus von 39,4 Millionen Dollar bewilligt wurde plus eine aktienbasierte Vergütung für das Fiskaljahr 2008, die er im Januar 2009 erhalten sollte. »Merrill Lynch to Pay New EVP Montag $600,000 Salary«, Dow Jones Corporate Filings Alert, 2. Mai 2008.

32 Kevin Kingsbury, »Kraus the Latest Ex-Goldman Hire at Merrill«, Dow Jones, 5. Mai 2008; Heidi N. Moore, »Merrill's Kraus Gets $25M, Then Leaves«, Dow Jones, 22. Dezember 2008.

33 Charlie Gasparino, »John Thain's $87,000 Rug«, *Daily Beast*, 22. Januar 2009.

34 Louise Story und Julie Creswell, »Love Was Blind«, *New York Times*, 8. Februar 2009.

35 Fair Disclosure Wire, 11. Juni 2008.

36 Bei dem gemeinsamen Frühstück drängte Thain, O'Neal solle ihm eine Einschätzung der Führungsmannschaft geben. O'Neal erwiderte: »Der Einzige, auf den man aufpassen muss, ist Bob McCann.« McCann war Leiter des Brokergeschäfts, und die beiden hegten seit Langem ein tiefes wechselseitiges Misstrauen.

37 Im November 2007 teilte Merrill mit, sein Risiko durch Subprime-Hypotheken und Kreditverbriefungen betrage 27,2 Milliarden Dollar. Glenn Schorr, Analyst von UBS, sagte, die Ernennung von Thain »ändert nichts daran, dass Merrill 27 Milliarden Dollar in CDOs und Subprime-Hypotheken investiert hat und im nächsten Quartel wahrscheinlich weitere Abschreibungen vornehmen muss.« »Thain to the Rescue«, *Investment Dealers Digest*, 10. November 2007.

38 John Cassidy, »Subprime Suspect: The Rise and Fall of Wall Street's First Black C.E.O«, *New Yorker*, 31. März 2008; David Rynecki, »Can Stan O'Neal Save Merrill?«, *Fortune*, 30. September 2002.

39 »Charles Merrill, Broker, Dies, Founder of Merrill Lynch Firm«, *New York Times*, 7. Oktober 1956; »Advertising: Jackpot«, *Time*, 20. August 1951; Joseph Nocera, »Charles Merrill«, *Time*, 7. Dezember 1998; Suzanne Woolley, »A New Bull at Merrill Lynch«, *Money*, 1. März 2002; Helen Avery, »Merrill Shrugs Off the Herd Mentality«, *Euromoney*, 1. August 2004.

40 Louise Story, »Bonuses Soared on Wall Street Even as Earnings Were Starting to Crumble«, *New York Times*, 19. Dezember 2008.

41 Cassidy, »Subprime Suspect«, *New Yorker*.

42 Jenny Anderson und Landon Thomas junior, »Merrill's Chief Is Said to Float a Bid to Merge«, *New York Times,* 26. Oktober 2007.
43 Cassidy, »Subprime Suspect«, *New Yorker.*

Kapitel acht

1 Über Citigroup sagte Dimon in einem Interview mit dem Magazin *New York:* »Ich bin vor zehn Jahren gegangen … Nein, ich bin nicht gegangen, ich wurde gefeuert. Ich wurde aus dem Nest gestoßen.« Duff McDonald, »The Heist«, *New York,* 24. März 2008.
2 Er kündigte im Juli sein Ausscheiden an, trat aber offiziell erst am 5. September 2005 zurück. David Enrich, »Citigroup Pres Willumstad to Step Down in Sept«, Dow Jones, 4. Juli 2005.
3 Brysam begann seine Geschäftstätigkeit Ende Januar 2007. »Willumstad and Magner Establish Private Equity Firm that Will Focus on Financial Services Investments in Emerging Markets«, Business Wire, 22. Januar 2007.
4 Magner war seit 1987 bei Citigroup, zuletzt als Vorsitzende und CEO der Global Consumer Group. Mark McSherry und Jonathan Stempel, »Citigroup's Consumer Chief Magner to Leave«, Reuters, 22. August 2005.
5 Willumstad kam Anfang 2006 als einfaches Mitglied in den Verwaltungsrat von AIG. Noch im gleichen Jahr schlug ihn der Interimsvorsitzende Frank Zarb als neuen Vorsitzenden vor. Emily Thornton und Jena McGregor, »A Tepid Welcome for AIG's New Boss«, *BusinessWeek,* 30. Juni 2008.
6 Shelp, *Fallen Giant,* S. 17–28, S. 153–160; Brian Bremner, »AIG's Asian Connection: Can It Maintain Its Strong Growth in the Region?«, *BusinessWeek,* 15. September 2003.
7 Carol J. Loomis, »AIG: Aggressive. Inscrutable. Greenberg«, *Fortune,* 27. April 1998.
8 Am Ende des zweiten Quartals (August 2008) hatte AIG über eine Billion Dollar an Vermögenswerten und über 78 Milliarden an Eigenkapital. Matthew Karnitschnig, Liam Pleven und Peter Lattman, »AIG Scrambles to Raise Cash, Talks to Fed«, *Wall Street Journal,* 15. September 2008.
9 Es gibt unterschiedliche Angaben, wie alt Greenberg war, als sein Vater starb. Ich folge Shelp, *Fallen Giant,* S. 95f.
10 »Aus einer Laune heraus spazierte er 1953 ins Büro von Continental Casualty in Manhattan und fragte sich bis zum Personalchef durch. Greenberg fand den Mann ziemlich ruppig, marschierte daraufhin ins Büro eines Vizepräsidenten und teilte ihm mit, der Personalchef von Continental sei ein ›Idiot‹. Daraufhin bekam er einen Job als Anwärter zum Versicherungsvertreter für 75 Dollar pro Woche.« Siehe Devin Leonard, »Greenberg & Sons«, *Fortune,* 21. Februar 2005.

11 Albert B. Crenshaw, »Another Son of CEO Leaves AIG«, *Washington Post,* 20. September 2000; Christopher Oster, »Uneasy Sits the Greenbergs' Insurance Crown«, *Wall Street Journal,* 18. Oktober 2004; Diane Brady, »Insurance and the Greenbergs, like Father like Sons«, *BusinessWeek,* 1. März 1999.

12 Aus einer Pressemitteilung der Börsenaufsicht: »AIG entwickelte und vertrieb ein sogenanntes ›nicht-traditionelles‹ Versicherungsprodukt zum Zweck der sogenannten ›Ergebnisglättung‹. Das Produkt ermöglichte Aktiengesellschaften, einmalige Verluste, die zu einem bestimmten Zeitpunkt angefallen waren, auf mehrere Berichtszeiträume zu verteilen … AIG stellte die fragliche Versicherungspolice für Brightpoint aus zu dem Zweck, Brightpoint zu helfen, Verluste in Höhe von 11,9 Millionen Dollar zu verschleiern, die Brightpoint 1998 verzeichnet hatte.« U.S. Securities and Exchange Commission, »AIG Agrees to Pay $10 Million Civil Penalty«, 11. September 2003. www.sec.gov/news/press/2003-111.htm.

13 »Zur Beilegung des von der SEC eingeleiteten Verfahrens und, in Verbindung damit, der strafrechtlichen Vorwürfe stimmt AIG der Abführung von Vermögensvorteilen zu plus Zinsen bis zum Zeitpunkt des Urteils plus Bußgeld, insgesamt 126 366 000 Dollar.« *Securities and Exchange Commission v. American International Group, Inc.,* Litigation Release No. 18985, 30. November 2004. Siehe www.sec.gov/litigation/litreleases/lr18985.htm.

14 Pamela H. Bucy, »Trends in Corporate Criminal Prosecutions Symposium: Corporate Criminality: Legal, Ethical, and Managerial Implications«, *American Criminal Law Review,* 22. September 2007.

15 Nach einem Bericht des *Wall Street Journal* drohte Spitzer dem Verwaltungsrat von AIG mit einer Anklage, wenn Greenberg nicht abgesetzt werde. Er wurde am 14. März 2005 als Vorsitzender und CEO entlassen. Im Mai reichte Spitzer eine Zivilklage gegen AIG ein wegen »Scheintransaktionen«. James Freeman, »Eliot Spitzer and the Decline of AIG«, *Wall Street Journal,* 16. Mai 2008; Daniel Kadlec, »Down … But Not Out«, *Time,* 20. Juni 2005.

16 James Bandler, »Hank's Last Stand«, *Fortune,* 13. Oktober 2008.

17 Theo Francis und Diya Gullapalli, »Insurance Hazard: Pricewaterhouse's Squeeze Play«, *Wall Street Journal,* 3. Mai 2005.

18 Liam Pleven, »AIG Posts Record Loss, As Crisis Continues Taking Toll«, *Wall Street Journal,* 9. Mai 2008.

19 J. Lynn Lunsford und Liam Pleven, »AIG Leasing Unit Mulls Split-Up«, *Wall Street Journal,* 12. Mai 2008.

20 Liam Pleven und Randall Smith, »Financial Rebels with a Cause: AIG – Hank Greenberg, Who Built the Giant Insurer, Steps Up His Attack«, *Wall Street Journal*, 13. Mai 2008.

21 Liam Pleven und Randall Smith, »Big Shareholders Rebel at AIG – Letter to the Board Cites Problems with Senior Management«, *Wall Street Journal,* 9. Juni 2008.

22 Ebd. Francesco Guerrera und Julie MacIntosh, »AIG removes Sullivan as chief executive«, *Financial Times,* 15. Juni 2008.

23 »Manchester United Signs Shirt Deal with American Insurance Giant«, *Associated Press,* 6. April 2006.

24 Liam Pleven und Randall Smith, »AIG Offers Empathy, Little Else – Some Shareholders Left Wanting More After Insurer's Slips«, *Wall Street Journal,* 15. Mai 2008.

25 Randall Smith, Amir Efrati und Liam Pleven, »AIG Group Tied to Swaps Draws Focus of Probes«, *Wall Street Journal,* 13. Juni 2008; Liam Pleven, »AIG's $5.4 Billion Loss Roils the Markets – Investors Impatient on New CEO's Plan as Problems Attack the Complex Insurer«, *Wall Street Journal,* 8. August 2008.

26 Liam Pleven, »Two Financial Titans Put on Best Face«, *Wall Street Journal,* 17. Juni 2008; Lilla Zuill, »New AIG Chief and Ex-CEO Greenberg Set to Meet Thursday«, Reuters, 18. Juni 2008.

Kapitel neun

1 Dieser Rekordpreis für Öloptionen in Russland sollte nach Prognosen sogar weiter steigen. Tatsächlich erreichte er im Juli die Marke von 147 Dollar pro Barrel. »Russia's Crude Money Box«, in: *International Securities Finance,* 26. Juni 2008.

2 Der Internationalen Energieagentur zufolge förderte Russland um den 11. Juni 2008 herum 9,5 Millionen Barrel Öl pro Tag. Jason Bush, »Prime Minister Putin Primes the Pump«, in: *BusinessWeek,* 30. Juni 2008.

3 Das Akronym wurde 2001 von Goldmans Chefökonom Jim O'Neill geprägt. Er leitete damals ein Team, das Prognosen zum Wirtschaftswachstum in den vier aufstrebenden Märkten erstellte. Siehe Dominic Elliott, »Fundamentals Drive the ›BRIC‹ Rebound«, in: *Wall Street Journal,* 27. Juli 2009.

4 »Am 13. August, nachdem Dollarkapital abgezogen wurde, die Währungsreserven schwanden, das Staatsbudget aus dem Ruder lief und der Preis für Öl, den wichtigsten Rohstoff, um 33 Prozent gesunken war, unterwarf die Regierung den Kurs des Rubels seiner Kontrolle.« Lowenstein, *When Genius Failed,* S. 140–145.

5 Ebenda.

6 Bethany McLean, »The Man Who Must Keep Goldman Growing«, in: *Fortune,* 17. März 2008.

7 Chris Blackhurst, »The Credit Crunch Genius Who Masterminded a £2 Billion Jackpot«, in: *Evening Standard* (London), 18. Dezember 2007.

8 Eillis, *The Partnership,* S. 37.

9 »Russia Hires Goldman Sachs as Adviser«, in: *Washington Post,* 18. Februar 1992.

10 Joseph Kahn und Timothy L. O'Brian, »For Russia and It's U.S. Bankers, Match Wasn't Made in Heaven«, in: *New York Times,* 18. Oktober 1998.

11 Jenny Anderson, »Goldman Runs Risks, Reaps Rewards«, in: *New York Times,* 10. Juni 2007.

12 Neil Weinberg, »Sachs Appeal«, in: *Forbes,* 29. Januar 2007; Eillis, *The Partnership,* S. 669; Bethany McLean, »The Man Who Must Keep Goldman Growing«, in: *Fortune,* 17. März 2008; Susanne Craig, »How One Executive Reignited Godman's Appetite for Risk«, in: *Wall Street Journal,* 5. Mai 2004.

13 Eillis, *The Partnership,* S. 707.

14 Craig, »How One Executive Reignited Godman's Appetite for Risk«, in: *Wall Street Journal,* 5. Mai 2004.

15 Ebenda.

16 Ebenda. Siehe ebenso »Laura Jacobs Engaged to Lloyd C. Blankfein«, in: *New York Times,* 15. Mai 1983.

17 Am 29. Oktober 1981 verkündete Goldman Sachs den Ankauf von J. Aron & Company für eine nicht genannte Summe (Branchenkenner bezifferten sie damals auf »etwas mehr als 100 Millionen Dollar«). H. J. Maidenberg, »Goldman Sachs Buys Big Commodity Dealer«, in: *New York Times,* 30. Oktober 1981

18 Endlich, *Goldman Sachs,* S. 96.

19 Bethany McLean, »Rising Star: Lloyd Blankfein, Goldman Sachs«, in: *Fortune,* 6. Februar 2006.

20 »How One Executive Reignited Godman's Appetite for Risk«, in: *Wall Street Journal,* 5. Mai 2004.

21 Eillis, *The Partnership,* S. 226.

22 »How One Executive Reignited Godman's Appetite for Risk«, in: *Wall Street Journal,* 5. Mai 2004.

23 Adrian Cox und George Stein, »Winkelman, Denied Top Goldman Job, Seeks to Fix Refco«, *Bloomerg News,* 24. Oktober 2005.

24 Jenny Anderson, »Blankfein Next in Line at Goldman«, *New York Post,* 19. Dezember 2003; Kate Kelly, Greg Ip und Ianthe Jeanne Dugan, »For NYSE, New CEO Could Be Just the Start«, in: *Wall Street Journal,* 19. Dezember 2003.

25 Eillis, *The Partnership,* S. 639.

26 Barbara A. Rehm, Eillis, »Commerce, a Reform Gem, in Fed's Hands«, in: *American Banker,* 9. November 2000.

27 Serena Ng, »Goldman Confirms $6 Billion AIG Bets«, in: *Wall Street Journal,* 21. März 2009.

28 Medwedew wurde am Sonntag, den 2. März 2008, zum russischen Staatspräsidenten gewählt, nachdem ihn Putin im Dezember offiziell unterstützt hatte. Peter Finn, »Putin's Chosen Successor, Medvedev, Elected in Russia; Power-Sharing is Main Focus After a Crushing Win«, in: *Washington Post,* 3. März 2008.

29 »Remarks by U.S. Teasury Secretary Henry M. Paulson, Jr. on the U.S., the World Economy and Markets before the Chatham House«, 2. Juli 2008 siehe unter http://www.treas.gov/press/releases/hp1064.htm

30 Siehe moscow.usembassy.gov/spaso.html

31 David Lawder, »Paulson in Russia to Meet with Medvedev, Putin«, Reuters, 29. Juni 2008.

32 »Putin – No Sovereign Wealth Fund in Russia Yet«, Reuters, 30. Juni 2008.

Kapitel zehn

1 Siehe Susanne Craig, »Gelband, Kirk Rejoin Lehman in Shake-Up«, *Wall Street Journal*, 25. Juni 2008; Jed Horowitz, »Lehman's New President McDade Brings in His Own Team«, Dow Jones, 25. Juni 2008.

2 Susanne Craig, »Lehman Vet Grapples with the Firm's Repair«, *Wall Street Journal*, 4. September 2008.

3 Aus Paulsons Kalender geht hervor, dass er am Freitag, dem 4. Juli 2008, um 8 Uhr vom Dulles Airport startete mit Ziel Georgia, wo er drei Nächte bleiben wollte.

4 Mary Jane Credeur, »Paulson's Georgia Investment Rises as Blind Trust Becomes Joke«, Bloomberg News, 14. Januar 2008.

5 Aus Paulsons Rede in London über die Lage in den Vereinigten Staaten, die Weltwirtschaft und die Märkte, 2. Juli 2008. Siehe www.treas.gov/press/releases/hp1064.htm.

6 Anita Raghavan, »Paulson Brothers on Either Side of Lehman Divide«, *Forbes*, 12. September 2008.

7 Nachdem Wachovia die Angaben zum ersten Quartalsverlust seit 2001 korrigiert hatte (irrtümlich war der Verlust zunächst auf 393 Millionen Dollar beziffert worden), wurde Ken Thompson als Vorsitzender des Verwaltungsrats und – einen Monat später – auch als CEO entlassen. Siehe David Mildenberg und Hugh Son, »Wachovia Ousts Thompson on Writedowns, Share Plunge«, Bloomberg News, 2. Juni 2008.

8 Seinem Kalender zufolge startete Paulson am Montag, dem 7. Juli, um 14 Uhr in Georgia und war um 15 Uhr 42 zurück in Washington.

9 Am Montag, dem 7. Juli 2008, fielen die Aktien von Fannie Mae um 3,04 Dollar oder 16,2 Prozent auf 15,74 Dollar, ihren tiefsten Stand seit 1992. Die Aktien von Freddie Mac fielen um 2,59 Dollar oder 17,9 Prozent auf 11,91 Dollar, ihren tiefsten Stand seit 1993. Siehe James R. Hagerty und Serena Ng, »Mortgage Giants Take Beating on Fears over Loan Defaults«, *Wall Street Journal*, 8. Juli 2008.

10 Ebd.

11 Hartings Bericht wurde am Montag, 7. Juli 2008, veröffentlicht. Aaron Lucchetti, »How Fannie/Freddie Selldown Went Down«, *Wall Street Journal*, 12. Juli 2008.

12 Im Februar 2007 sagte Paulson vor dem Haushaltsausschuss des Repräsentantenhauses: »Ich bin der festen Überzeugung, dass wir einen Regulierer brauchen, der unabhängig ist, mehr Macht hat, und eine Reihe anderer Veränderungen ... Ich weiß auch, dass Personen auf beiden Seiten sehr entschiedene Überzeugungen haben. Ich habe so etwas noch nicht erlebt. Nach meinem Eindruck ist es fast ein heiliger Krieg.« »US House to Have GSE Bill by End-Mar«, Reuters, 7. Februar 2007.

13 Franklin Raines, zitiert von David A. Vise, »The Financial Giant That's in Our Midst«, *Washington Post*, 15. Januar 1995.

14 Shannon D. Harrington und Dawn Kopecki, »Fannie, Freddie Downgraded by Derivatives Traders«, Bloomberg, 9. Juli 2008.

15 Steven A. Holmes, »Fannie Mae Eases Credit to Aid Mortgage Lending«, *New York Times*, 30. September 1999.

16 Mudd schrieb das in einer Notiz an Franklin Raines im November 2004. Siehe James Tyson, »Fannie, Freddie Retreat as Mortgage Bonds Mutate«, Bloomberg News, 6. September 2006.

17 Damian Paletta und James R. Hagerty, »U.S. Puts Faith in Fannie, Freddie«, *Wall Street Journal*, 20. März 2008.

18 Dawn Kopecki und Shannon D. Harrington, »Fannie, Freddie Tumble on Bailout Concern, UBS Cut«, Bloomberg, 10. Juli 2008.

19 Teile der Unterredung, auch Fulds Worte, er habe »eine Menge Lärm« gehört, wurden zuerst berichtet von Kate Kelly und Susanne Craig: »Goldman Is Queried About Bear's Fall«, *Wall Street Journal*, 16. Juli 2008.

20 Das zitiert ein ehemaliger Händler von Morgan Stanley, Frank Partnoy, in seinem Buch *F.I.A.S.C.O*, S. 124f.

21 Michael Carroll, »Morgan Stanley's Global Gamble«, *Institutional Investor*, 1. März 1995.

22 Anhörung zum Thema »Systemisches Risiko und die Finanzmärkte« am 10. Juli 2008; geladen waren Henry Paulson und Ben Bernanke. Siehe http://financialservices.house.gov/hearing110/hr071008.shtml.

23 Ebd.

24 Deborah Solomon, »The Fannie & Freddie Question – Treasury's Paulson Struggles with the Mortgage Crisis«, *Wall Street Journal*, 30. August 2008.

25 Stephen Labaton und Steven R. Weisman, »U.S. Weighs Takeover Plan for Two Mortgage Giants«, *New York Times*, 11. Juli 2008.

26 Paulsons Kalender.

27 Brendan Murray, »Paulson Backs Fannie, Freddie in Their ›Current Form‹«, Bloomberg News, 11. Juli 2008.

28 Später an diesem Morgen sagte Bush im Energieministerium: »Ich möchte den Mitgliedern meines Wirtschaftsteams danken, dass sie

sich hier im Energieministerium versammelt haben. Minister Bodman, danke, dass Sie uns hier empfangen. Zunächst einmal, Minister Paulson hat mich heute Morgen über die Situation an den Finanzmärkten informiert. Freddie Mac und Fannie Mae sind sehr wichtige Einrichtungen. Sie haben eine Menge Zeit aufgewendet, um über die beiden zu diskutieren. Er versicherte mir, dass er und Ben Bernanke sich sehr intensiv um diese Angelegenheit kümmern werden.« Office of the Press Secretary, »President Bush Meets with Economic Team«, 11. Juli 2008, 11:38 a.m. EDT.

29 Überprüft anhand seines Kalenders.

30 Am Freitag, dem 11. Juli 2008, schloss das Office of Thrift Supervision (die Behörde für Hypothekenaufsicht) die IndyMac-Bank, F.S.B, mit einer Bilanzsumme von 32,01 Milliarden Dollar, und übertrug mit sofortiger Wirkung alle Bankgeschäfte auf die FDIC. »OTS Closes IndyMac Bank and Transfers Operations to FDIC«, 11. Juli 2008. Siehe www.fdic.gov/news/news/press/2008/pr08056.html.

31 James Surowiecki, »Too Dumb to Fail«, *New Yorker*, 31. März 2008.

32 Über Fulds Bitte, eine Bank-Holding zu werden, berichteten zuerst Julie MacIntosh und Francesco Guerrera, »Lehman Failed to Convince Fed Officials over Survival Strategy«, *Financial Times*, 6. Oktober 2008, danach auch Julie Creswell und Ben White, »The Guys from ›Government Sachs‹«, *New York Times*, 19. Oktober 2008.

33 Susanne Craig, Jeffrey McCracken, Aaron Lucchetti und Kate Kelly, »The Weekend That Wall Street Died«, *Wall Street Journal*, 29. Dezember 2008.

34 Siehe Cohan, *The Last Tycoons*, S. 517–520.

35 Ebd., S. 596. Berichtet von Ken Wilson.

36 Zachary R. Mider, »Lewis Turns to Tomato-Growing ›Unknown Genius‹ on Merrill Deal«, Bloomberg News, 24. September 2008.

37 Daniel S. Morrow, »Kenneth Lewis Oral History«, Computerworld Honors Program International Archives, 3. Mai 2004. Siehe www.cwhonors.org/archives/histories/Lewis.pdf.

38 Heidi N. Moore, »Ken Lewis Tells Investment Bankers All Is Forgiven«, WSJ Blog/Deal Journal, 11. Juni 2008.

39 Über diese Szene hat zuerst Deborah Solomon berichtet, die Wilkinson mit den Worten zitiert: »Sie müssen uns in Ruhe lassen, damit wir unsere Arbeit machen können.« Recherchen des Autors ergaben einen leicht abweichenden Wortlaut. Siehe Deborah Solomon, »The Fannie & Freddie Question — Treasury's Paulson Struggles with the Mortgage Crisis«, *Wall Street Journal*, 30. August 2008.

40 Ebd.

41 »Paulson Announces GSE Initiatives«, Pressemitteilung des Finanzministeriums, 13. Juli 2008. Siehe www.treas.gov/press/releases/hp1079.htm.

42 Die SEC verbot per Eilverfügung »ungesetzliche Manipulation durch ›nackte Leerverkäufe‹«, die Verfügung sollte am Montag, 21. Juli

2008, in Kraft treten und nach 30 Tagen auslaufen. Kara Scannell und Jenny Strasburg, »SEC Moves to Curb Short-Selling«, *Wall Street Journal*, 16. Juli 2008.

43 Dennis K. Berman, »Where Was Lehman's Board?" WSJ Blog/Deal Journal, 15. September 2008.

44 Susanne Craig, »In Ken Wilson, Paulson Gets Direction from the Go-To Banker of Wall Street«, *Wall Street Journal*, 22. Juli 2008.

45 In Paulsons Kalender ist das Abendessen von 18.45 Uhr bis 20.30 Uhr eingetragen.

Kapitel elf

1 »American International Group Names Robert B. Willumstad Chief Executive Officer«, Transkript einer Telefonkonferenz des Verwaltungsrats am 16. Juni 2008.

2 Nach Geithners Kalender waren sie am Dienstag, dem 29. Juli 2008, von 9.30 Uhr bis 10.30 Uhr verabredet.

3 Aaron Lucchetti, »The Fannie-Freddie Takeover: Two Veterans Led Task for Morgan Stanley«, *Wall Street Journal*, 8. September 2008.

4 Ebd.

5 »Lehman Brothers CEO Is Local Land Baron«, *Idaho Mountain Express*, 24. September 2008.

6 Ben Bernanke und Mark Gertler, »Monetary Policy and Asset Price Volatility«, Federal Reserve Bank of Kansas City's Economic Symposium, Jackson Hole, Wyoming, 1999. Siehe www.kc.frb.org/Publicat/sympos/1999/S99gert.pdf.

7 John Cassidy, »Anatomy of a Meltdown«, *New Yorker*, 1. Dezember 2008.

8 Ben Bernanke, »Housing, Housing Finance, and Monetary Policy«, Federal Reserve Bank of Kansas City's Economic Symposium, Jackson Hole, Wyoming, 31. August 2007. Siehe www.federalreserve.gov/newsevents/speech/bernanke20070831a.htm.

9 Alan S. Blinder, »Discussion of Willem Buiter's, ›Central Banks and Financial Crises‹«, Federal Reserve Bank of Kansas City's Annual Economic Symposium, Jackson Hole, Wyoming, 23. August 2008. Siehe www.kc.frb.org/publicat/sympos/2008/blinder.08.25.08.pdf.

10 Ben Bernanke, »Reducing Systemic Risk«, Federal Reserve Bank of Kansas City's Annual Economic Symposium, Jackson Hole, Wyoming, 22. August 2008.

11 Jody Shenn, »Fannie, Freddie Preferred Stock Downgraded by Moody's«, Bloomberg News, 22. August 2008.

12 Andy Kessler, »The Paulson Plan Will Make Money for Taxpayers«, *Wall Street Journal*, 25. September 2008.

13 Hugh Son, »AIG Falls as Goldman Says a Capital Raise Is ›Likely‹«, Bloomberg News, 19. August 2008.

14 Zahlen nach dem 10-Q-Bericht von AIG vom 6. August 2008.
15 In einer Presseerklärung vom 18. September 2008 versicherte AIG den Inhabern von Policen, dass ihr Schutz oberste Priorität habe. »Die 71 Versicherungsunternehmen, die zu AIG gehören und unter bundesstaatlicher Aufsicht stehen, haben keine staatlichen Gelder erhalten; sie sind solvent«, hieß es darin. »Die staatlichen Hilfen für die Teile von AIG, die nicht zum Versicherungsbereich gehören, beeinträchtigen die Finanzkraft der Versicherungstochterunternehmen nicht.« www.aig.com.
16 »Die Folge war, dass sie die Stabilität nicht mehr gewährleisten können, die der Markt braucht. Außerdem können sie ihre Aufgabe, Immobilienbesitz zu ermöglichen, nicht mehr erfüllen. Wir können nicht zusehen, wie dieses Problem weiterschwelt, schlimmer wird und unsere Märkte in Gefahr bringt. Deshalb hat die FHFA nach sehr gründlicher Prüfung beschlossen, jetzt zu handeln.« »Fhfa Director Lockhart Issues Statement on Safety and Soundness Concerns«, Mitteilung der Notenbank vom 7. September 2008.
17 Rebecca Christie und John Brinsley, »U.S. Takeover of Fannie, Freddie Offers ›Stopgap‹«, Bloomberg News, 8. September 2008.
18 Obama zu Reportern in Indiana am 6. September 2008. Siehe www.msnbc.msn.com/id/26577811/.

Kapitel zwölf

1 Kim Yeon-hee and Chris Wickham, »Eyes on Lehman Rescue as Korea Lifeline Drifts«, Reuters, 8. September 2008.
2 Ebd.; Susanne Craig, Diya Gullapali und Jin-Young Yook, »Korean Remarks Hit Lehman«, *Wall Street Journal*, 9. September 2008.
3 Joe Bel Bruno, »Lehman Shares Plunge 30 percent on Report that Talks with Korea Development Bank Ended«, Associated Press, 9. September 2008.
4 Die Global Finance Services Conference von Lehman Brothers fand vom 8. bis 10. September 2008 im Hilton statt. Nach der Presseinformation sprach Robert Steel von Wachovia am Dienstag, dem 9. September: »Wachovia CEO Robert K. Steel to Present at Lehman Conference«, PR Newswire, 3. September 2008.
5 Fuld, zitiert in einem Artikel von John Helyar und Yalman Onaran, »Fuld Sought Buffett Offer He Refused as Lehman Sank«, Bloomberg News, 10. November 2008.
6 »Stocks to Watch«, CNBC, 9. September 2008.
7 Helyar und Onaran, »Fuld Sought Buffett Offer He Refused as Lehman Sank«, Bloomberg News.
8 Nach dem offiziellen Kalender aus dem Finanzministerium war das Treffen um 8 Uhr 30 am 9. September 2008 angesetzt, es war eines von mehreren in Paulsons Kalender.

9 Alison Vekshin, »Dodd Plans Senate Hearing on Fannie, Freddie Takeover«, Bloomberg News, 8. September 2008.

10 Erklärung von Bunning am 8. September 2008, überschrieben »Bunning Rips Bailout of Fannie and Freddie.«

11 Greg Farrell und Stephanie Kirchgaessner, »Goldman links to US Treasury Raise Questions«, *Financial Times*, 12. Oktober 2008.

12 Am Morgen des 10. September gab Lehman seine vorläufigen Zahlen für das dritte Quartal bekannt. Siehe »Lehman Brothers Announces Preliminary Third Quarter Results and Strategic Restructuring«, PR Newswire, 10. September 2008.

13 Pete Briger bestätigte auf Nachfrage zwar, dass das Gespräch stattgefunden hatte und dies der Tenor gewesen war, aber er bestritt, das Wort »Mistkerle« (»motherfuckers«) verwendet zu haben. Nach Auskunft von Quellen verwendete Alex Kirk, als er Bart McDade von dem Gespräch erzählte, dieses Wort.

14 Dick Bove zu Erin Burnett, *Street Signs*, »LEH Shares Down«, CNBC, 9. September 2008.

15 Dieses Zitat ist eines der wenigen, über das in den verschiedenen Quellen Verwirrung und Verblüffung herrschte. Alle Quellen stimmen darin überein, dass McDade dies nach seiner Unterredung mit Fuld sagte. Es ist auch eindeutig, dass Paulson sowohl Blankfein wie Fuld sagte, ihre beiden Unternehmen sollten miteinander sowie über einen möglichen Verkauf von Lehmans Immobilienanlagen sprechen. Weiter ist eindeutig, dass David Viniar, der Finanzchef von Goldman, vorher an jenem Tag Dan Jester angerufen und um Hilfe bei der Einleitung von Verhandlungen gebeten hatte; das wird in einer früheren Szene geschildert. In Paulsons Kalender sind an jenem Tag eine Reihe von Telefongesprächen zwischen ihm und Fuld sowie zwischen ihm und Blankfein notiert, mindestens einmal Anrufe an die beiden direkt nacheinander. Außerdem berichten mehrere Quellen, die über die beiden Unterredungen informiert waren, Paulson habe angeregt, Fuld solle als eine von mehreren Optionen Gespräche mit Goldman führen. So weit herrscht Einigkeit. Unklar ist, warum Fuld den Eindruck hatte, Goldman arbeite für die Regierung. Es gibt keinen Anhaltspunkt, dass das der Fall war, und auch nicht, dass Paulson etwas Derartiges gesagt hätte. Am wahrscheinlichsten ist ein Missverständnis: Fuld stellte verschiedene Vermutungen an, und die Goldman-Leute unterließen es in den Telefongesprächen mit McDade und Kirk, die Vermutungen zu korrigieren, bis am Mittwochmorgen Klarheit nötig war, um die Vertraulichkeitsvereinbarung zu schließen und mit der Unternehmensprüfung zu beginnen.

16 Shawn Tully, »Meanwhile, Down in Charlotte …«, *Fortune*, 13. Oktober 2008.

Kapitel dreizehn

1 Jenny Anderson und Ben White, »Wall Street's Fears on Lehman Bros. Batter Markets«, *New York Times*, 10. September 2008.

2 Ebd.

3 »Die Situation der Firma unterscheidet sich deutlich von der von Bear Stearns, die im März übernommen wurde, nachdem sie in eine Liquiditätskrise geraten war. Anders als Bear Stearns hat Lehman Zugang zu Notfallkrediten der Notenbank und kann sich auf diese Weise kurzfristig Geld beschaffen, wenn die Märkte kein Geld geben. Außerdem kann Lehman illiquide Anlagen gegen solide Sicherheiten wie Staatsanleihen tauschen.« Susanne Craig, Randall Smith, Serena Ng und Matthew Karnitschnig, *Wall Street Journal*, 10. September 2008.

4 Am 16. September 2008 veröffentlichte die Fondsgesellschaft GLG Partners folgende Einschätzung zu Lehman Brothers: »Was Lehman anbetrifft, so hat GLG letzte Woche praktisch alle verbleibenden Positionen von GLG-Fonds auf andere Primebroker übertragen. Die meisten Transfers sind bereits abgerechnet, die restlichen werden in Kürze abgerechnet. Nach unserer Einschätzung bleibt für GLG-Fonds nur ein nicht nennenswertes Risiko bei Lehman. Lehman ist außerdem Anteilseigner bei GLG mit rund 33,7 Millionen Aktien, die sich im Besitz von Lehman (Cayman-Inseln) befinden, einer Cayman Islands Company; das sind rund 13,7 Prozent aller umlaufenden GLG-Aktien.«

5 Siehe Anm. 15 in Kap. 10.

6 McDonald und Robinson, *A Colossal Failure of Common Sense*, S. 314.

7 Ben White, »With Big Loss Forecast, Lehman to Spin Off Assets«, *New York Times*, 11. September 2008.

8 Transkript der Telefonkonferenz zur Vorabbekanntgabe der Ergebnisse im 3. Quartal, 10. September 2008.

9 Ebd.

10 Eintrag in Geithners Kalender für Mittwoch, den 10. September 2008.

11 Brian Blackstone, »Ex-Fed Official Poole: Fed Not Defining Post-Bailout World«, Dow Jones, 10. September 2008.

12 Susanne Craig, Randall Smith, Serena Ng und Matthew Karnitschnig, »Lehman Faces Mounting Pressures«, *Wall Street Journal*, 10. September 2008.

13 Mark Kleinman, »Jeremy Isaacs to Step Down at Lehman«, *Daily Telegraph*, 7. September 2008.

14 Danny Fortson, »Five Lehman Chiefs Coop $100m Days Before Collapse«, *Sunday Times* (London), 12. Oktober 2008.

15 Nach Anlage A zu Lehmans »Vereinbarung über die Beendigung der Zusammenarbeit mit leitenden Angestellten«. Das Dokument wurde vom Kontrollausschuss des Repräsentantenhauses (House Oversight and Government Reform Committee) veröffentlicht und ist ein-

zusehen unter »Materials for Lehman Brothers Compensation Meeting«, http://oversight.house.gov/story.asp?ID=2208.

16 Matthew Miller, »Cash Kings«, *Forbes*, 9. Oktober 2006.

17 Zachery Kouwe, »Sallie's Suitor – Flowers' Power: Art of the Deal«, *New York Post*, 7. Oktober 2007.

18 Goldfield war zufällig der Banker, den Roger Lowenstein in *When Genius Failed* beschrieben hat, wie er während Goldmans Versuch, der vom Zusammenbruch bedrohten Firma zu helfen, heimlich alle Informationen von Long-Term Capital Management auf einen Laptop übertrug; an Goldfield hatte Alex Kirk von Lehman gedacht bei seiner Bemerkung gegenüber Fuld einen Tag zuvor, dass man Goldman Sachs nicht zu viele Informationen geben solle. Siehe Roger Lowenstein, *When Genius Failed*, S. 170–185.

19 Im Juni 2008 verkaufte Lehman Stamm- und Vorzugsaktien im Wert von 6 Milliarden Dollar an eine Investorengruppe, zu der auch Hank Greenberg gehörte. Greenberg wollte sich nicht zum Umfang seines Anteils äußern. Lavonne Kuykendall, »Greenberg: Lehman ›A Great Franchise‹, Now Has Enough Capital«, Dow Jones, 10. Juni 2008.

20 Patrick M. Fitzgibbons, »Lehman in Sale Talks as Survival Questioned – Sources«, Reuters, 11. September 2008.

21 Alistair Barr, »Treasury, Fed Reportedly Helping as Deal Sought by This Weekend«, MarketWatch.com, 11. September 2008.

22 Louise Story, »Tough Fight for Chief at Lehman«, *New York Times*, 11. September 2008.

23 »ABN AMRO Shareholders Vote in Favor of Sale, Breakup«, Dow Jones, 26. April 2007.

24 Das Schreiben lag dem Autor vor.

25 Das *Wall Street Journal* meldete, Willumstad habe Geithner erstmals am Donnerstag angerufen, aber sie hätten erst am Freitagmorgen miteinander gesprochen. Recherchen des Autors ergaben, dass die Unterredung am Donnerstagmorgen stattfand. Siehe Monica Langley, Deborah Solomon und Matthew Karnitschnig, »Bad Bets and Cash Crunch Pushed Ailing AIG to Brink«, *Wall Street Journal*, 18. September 2008.

26 Greg Farrell, Aline van Duyn und Nicole Bullock, »S&P in Warning after AIG Shares Plunge«, *Financial Times*, 12. September 2008.

27 Lilla Zuill, »AIG Woes Knock Its Market Value Below Peers«, Reuters, 11. September 2008.

28 Während in Delaware noch über einen Vergleich verhandelt wurde, eine Klage von Aktionären gegen Zahlung von 115 Millionen Dollar beizulegen, begann Greenberg seine mehrtägige Aussage vor dem New Yorker Generalstaatsanwalt Andrew Cuomo in einem Betrugsverfahren. Amir Efrati, »Greenberg Settles AIG Shareholder Case«, *Wall Street Journal*, 12. September 2008.

29 James Bandler, »Hank's Last Stand«, *Fortune*, 7. Oktober 2008.

30 Mary Williams Walsh und Jonathan D. Glater, »Investors Turn Gaze to A.I.G.«, *New York Times*, 12. September 2008.
31 Stephen Labaton, »Bankruptcy Bar: Never So Solvent«, *New York Times*, 1. April 1990.
32 Jonathan D. Glater, »The Man Who Is Unwinding Lehman Brothers«, *New York Times*, 14. Dezember 2008.
33 Ebd.; Labaton, »Bankruptcy Bar«, *New York Times*.
34 Ebd.
35 Jessica Papini, »Possible Govt Backstop for Lehman Buy Has Two Prior Models«, Dow Jones, 11. September 2008.
36 Efrati, »Greenberg Settles«, *Wall Street Journal*.
37 Walsh und Glater, »Investors Turn Gaze to A.I.G.«, *New York Times*.
38 »Lehman's Fate«, *Wall Street Journal*, 12. September 2008.
39 Steve Liesman gegenüber David Faber, *Faber Report*, CNBC, 12. September 2008.
40 Susanne Craig, Jeffrey McCracken, Aaron Lucchetti und Kate Kelly, »The Weekend that Wall Street Died«, *Wall Street Journal*, 29. Dezember 2008.
41 Ebd.

Kapitel vierzehn

1 Am 21. Februar 2007 unterstützte Lloyd Blankfein Hillary Clintons Präsidentschaftswahlkampf mit zwei Spenden à 2300 Dollar. Siehe hierzu www. opensecrets.org.
2 »Summit to Consider How to Achieve a More Secure, Reliable, Sustainable, and Affordable Energy Future for the American People«, Freitag, 12. September 2008.
3 Am Freitag, dem 12. September, stiegen die Aktien um 68 Cents oder 1,2 Prozent auf 33,74 Dollar. »Finance Companies Shares Mixed at the Close of Trading«, Associated Press, 12. September 2008.
4 Evan Thomas und Michael Hirsch, »Paulson's Complaint«, *Newsweek*, 16. Mai 2009.
5 Dazu liegen dem Autor Aufzeichungen von der Dringlichkeitssitzung der New York Federal Reserve vor.
6 Deborah Solomon, Dennis K. Berman, Susanne Craig und Carrick Mollenkampf, »Ultimatum by Paulson Sparked Frantic End«, in: *Wall Street Journal*, 15. September 2008.
7 Tett, *Fool's Gold*, S. 233.
8 »The Fall of Bear Stearns«, *Wall Street Journal*, 29. Mai 2008.
9 Dem *Wall Street Journal* zufolge rief Fuld Lewis am Sonntagnachmittag, dem 14. September 2008, an. Recherchen des Autors ergaben, dass dieser Anruf bereits am Freitagabend, dem 12. September 2008 erfolgt war. Siehe hierzu Susanne Craig, Jeffrey McCracken, Aaron

Lucchetti und Kate Kelly, »The Weekend That Wall Street Died«, *Wall Street Journal*, 29. Dezember 2008.

10 Roger Lowenstein, »King Midas – Warren Buffett«, *Independent on Sunday*, 18. Februar 1996.

11 Riva D. Atlas und Edward Wong, »Texas Pacific Goes Where Others Fear to Spend«, *New York Times*, 25. August 2002.

12 Peter Lattman, »WaMu Fall Crushes TPG«, *Wall Street Journal*, 27. September 2008; Geraldine Fabrikant, »WaMu Tarnishes Star Equity Firm«, *New York Times*, 27. September 2008.

13 Peter Truell und Joseph Kahn, »Goldman Sachs Nears Decisive Talks on Going Public«, *New York Times*, 2. Juni 1998.

14 Craig, McCracken, Lucchetti und Kelly, »The Weekend That Wall Street Died«, *Wall Street Journal*. Näheres zu Weil Gotshals Bewältigung der Lehman-Pleite bei Ben Hallman, »A Moment's Notice; Weil Gotshal Put Together the Largest Bankruptcy in U.S. History in Record Time«, *American Lawyer*, 1. Dezember 2008.

15 Cohan, *House of Cards*.

16 Ebd., S. 445.

17 Die erste Schilderung des Schlagabtauschs zwischen Gary Shedlin und Michael Klein findet sich in William D. Cohans Artikel im Magazin *Fortune*. Cohan griff die Episode bald darauf in seinem Buch *House of Cards* erneut auf. Ihm zufolge »bestätigte Sheldin den Schlagabtausch gegenüber *Fortune*; Klein reagierte nicht auf die Bitte um ein Interview«. Siehe William D. Cohan, »Three Days That Shook the World«, *Fortune*, 16. Dezember 2008.

18 Eric Dash und Andrew Ross Sorkin, »Throwing a Lifeline to a Troubled Giant«, *New York Times*, 18. September 2008.

Kapitel fünfzehn

1 Im *Wall Street Journal* ist von einem »Goldman aide«, die Rede, bei dem es sich um Blankfeins Personalchef Russell Horwitz handelt. Siehe hierzu Susanne Craig, Jeffrey McCracken, Aaron Lucchetti und Kate Kelly, »The Weekend That Wall Street Died«, *Wall Street Journal*, 29. Dezember 2008.

2 Dem Autor liegt eine Kopie des Dokuments vor.

3 »Mr. Allison von Merrill Lynch las von einem handbeschriebenen Zettel ab und nannte die Klauseln: ›Wir denken, dass wir 4 Milliarden Dollar benötigen, um sicherzustellen, dass der Fonds jedem konzertierten Angriff durch andere gegen seine Positionen standhalten kann.‹ Sechzehn Unternehmen wurden gebeten, je 250 Millionen einzubringen.‹« Michael Siconolfi, Anita Raghavan und Mitchell Pacelle, »All Bets Are Off: How the Salesmanship and Brainpower Failed at Long-term Capital«, *Wall Street Journal*, 16. November 1998.

4 Lowenstein, *When Genius Failed*, S. 203.

5 *Wall Street Journal,* 16. November 1998.
6 William D. Cohan, »Three Days That Shook the World«, *Fortune,* 16. Dezember 2008.
7 Für eine Version dieser Anekdote siehe Steve Fishman, »Burning Down His House«, *New York,* 8. Dezember 2008.
8 Nick Mathiason, »Three Weeks That Changed the World«, *The Observer,* 28. Dezember 2008.
9 Nach einem Bericht im Fernsehsender Bloomberg sagte Barclays Sprecher Leigh Bruce zur Weigerung der FSA, auf die Aktionärsabstimmung zu verzichten: »Der einzige Grund, warum es nicht geklappt hat, war die fehlende Bürgschaft der US-Regierung, und eine technische Börsenregel verlangte von uns, dass wir zunächst die Zustimmung der Aktionäre einholen, um unsererseits eine solche Garantie zu geben. Wir hatten die Zustimmung nicht, also konnten wir den Deal nicht abschließen. Das hätte keine britische Bank getan. An dieser technischen Regel kam man nicht vorbei.« John Helyar und Yalman Onaran, »Fuld Sought Buffett Offer He Refused as Lehman Sank«, Bloomberg, 10. November 2008.
10 Mark Keinman, »Barclays Should Be Wary oft he Gorilla in Its Midst«, *Sunday Telegraph* (London), 14. September 2008.
11 Dem Autor liegen Aufzeichnungen von der Sitzung vor – mit den von Paulson diktierten Hinweisen und Geithners Vorschlag, einen 100 Millionen Dollar umfassenden Notfallfonds für die drei verbleibenden Investmentbanken einzurichten.
12 Siehe hierzu Craig, McCracken, Lucchetti und Kelly, »The Weekend That Wall Street Died«, *Wall Street Journal.*
13 Dem Autor wurde Diamonds E-Mail-Verkehr vorgelesen.
14 Greg Flemings Zitat aus dem Gespräch mit Peter Kraus tauchte zuerst im *Wall Street Journal* auf und weicht im Wortlaut leicht von den Rechercheergebnissen des Autors ab. Dem *WSJ* zufolge sagte Fleming: »Wir haben einen großartigen Deal in greifbarer Nähe und müssen ihn zu Ende bringen.« Craig, McCracken, Lucchetti und Kelly, »The Weekend That Wall Street Died«, *Wall Street Journal.*
15 Zachary R. Mider und Erik Holm, »Allianz, Flowers Said to Have Bid for AIG Before Fed Takeover«, Bloomberg, 17. September 2008.
16 »Mit einem Marktwert von 31 Milliarden Dollar am Freitag, basierend auf einem Zwischentagestief von 11,49 Dollar, zieht das Unternehmen jetzt andere Versicherer mit, darunter AXA SA. Nach der Schlussglocke sackte der Kurs der Aktien weiter ab, nachdem Standard & Poor's angekündigt hatte, AIGs Kreditwürdigkeit möglicherweise herabzustufen.« Lilla Zuill, »AIG Could Hold Investor Call as Soon as Mon.«, Reuters, 12. September 2008.
17 Dr. Paul Achleitner von der Allianz dementiert den Wortlaut des Kommentars, der aber von mehreren damals anwesenden Zeugen bestätigt wird.

18 Dem Autor liegt eine Kopie der Mitteilung der Fed vor.

19 Jennifer Ablan, »Pimco's Gross Sees Tsunami of Risk if Lehman Fails«, Reuters, 14. September 2008.

20 Aus der Pressemitteilung von Morgan Stanley vom 14. September 2008.

21 Christine Williamson, »Walker Rises from Ashes of Lehman Brothers Firestorm«, *Pensions & Investments*, 13. Oktober 2008.

22 Den ersten Bericht dazu lieferte Aleksandrs Rozens, »Who Dares Wins; Barclays' Diamond Leads Team to Snare One of Wall Street's Most Storied Investment Banks«, *Investment Dealers Digest*, 19. Januar 2009.

23 Cruikshank diente dem in Houston ansässigen Konzern Halliburton von 1989 bis 1995 als Vorsitzender und CEO – bis Dick Cheney seine Position übernahm. Als Lehman Konkurs anmeldete, hatte er zwölf Jahre lang dessen Verwaltungsrat angehört. Hillary Durgin, »Halliburton – On the Offensive«, *Houston Chronicle*, 5. Oktober 1997.

24 Karen Pennar, »Dr. Doom and Dr. Gloom Are Still Prescribing Caution«, *BusinessWeek*, 17. Oktober 1988.

25 Aus einer Rede Kaufmans während einer Konferenz in Philadelphia im April 2008. »Credit Crisis as ›Global Calamity‹ – Kaufman«, Reuters, 18. April 2008.

26 Azi Paybarah, »Bloomberg and Schwarzenegger (and Sheekey?) Together again«, *New York Observer*, 16. Januar 2008.

27 Andrew Ross Sorkin, Jenny Anderson und Eric Dash, »A Buyer for Merrill«, *New York Times*, 16. September 2008.

28 Carrick Mollenkamp, Susanne Craig, Jeffrey McCracken und Jon Hilsenrath, »The Two Faces of Lehman's Fall«, *Wall Street Journal*, 6. Oktober 2008.

29 Eine spätere Klage der SEC gegen die Bank of America offenbarte, dass die Bank Merrill »vertraglich ermächtigt« hatte, an Mitarbeiter nach Ermessen bis maximal 5,8 Milliarden Dollar an Boni auszuschütten. Pressemitteilung der SEC, »Charges Bank of America for Failing to Disclose Merrill Lynch Bonus Payments«, Washington, D.C., 3. August 2009. Siehe www.sec.gov/news/press/2009/2009-177.htm.

30 Siehe http://online.wsj.com/public/resources/documents/ Fedbofa-Docs.pdf.

31 Zachary R. Mider, »Lewis Turns to Tomato-Growing ›Unknown Genius‹ on Merrill Deal«, Bloomberg, 24. September 2008.

32 Aus den Akten der Börsenaufsichtsbehörde SEC zur Bank of America.

Kapitel sechzehn

1 Carrick Mollenkamp, Susanne Craig, Serena Ng und Aaron Lucchetti, »Crisis on Wall Street as Lehman Totters, Merrill Is Sold, AIG Seeks to Raise Cash«, *Wall Street Journal,* 15. September 2008.

2 Den Akten zufolge reichte Lehman dem Antrag auf Gläubigerschutz nach Kapitel 11 am Montagmorgen um 1.45 Uhr beim US-Insolvenzgericht für den Süddistrikt von New York ein. Siehe hierzu www.lehmandocket.com; Peg Brickley, »Lehman Makes It Official in Overnight Chapter 11 Filing», *Wall Street Journal,* 15. September 2008.

3 Annelena Lobb, »A Chaotic Sunday Opens Wall Street's Week«, *Wall Street Journal,* 15. September 2008.

4 »Analysts' View 3 – Lehman Files for Bankruptcy, Merrill to be Sold«, Reuters, 15. September 2008.

5 Landon Thomas Jr., »Banker, Loan Maestro Jimmy Lee Switched Suspenders for Sweaters«, *New York Observer,* 24. Dezember 2001.

6 Ebd. Lee trieb ab Ende der 1970er Jahre, damals bei Chemical Bank, Hunderte von Milliarden Dollar auf, um Konzerne wie IBM, General Motors, Seagram, Nextel und AT&T – um nur einige zu nennen – vor dem Abgrund zu retten. Robert Lenzner, »Jimmy's List«, *Forbes,* 17. April 2000.

7 Aleksandrs Rozens, »Death of an Era: Within the Span of Several Days, Wall Street Loses Two Titans«, *Investment Dealers Digest,* 22. September 2008.

8 Ebd.; McDonald und Robinson, *A Colossal Failure of Common Sense,* S. 317.

9 Ebd.

10 Eine Pressemitteilung auf der Website der Bank of America am Montagmorgen kündigte die Fusion mit Merrill Lynch und eine Pressekonferenz von Lewis und Thain für zehn Uhr im Auditorium der BofA-Zentrale in New York an. Siehe www.bankofamerica.com/merrill/.

11 Auf einer Pressekonferenz um die Mittagszeit am Montag, dem 15. September, teilte der New Yorker Gouverneur Paterson mit, er habe Eric Dinallo die »Ermächtigung« erteilt, »dass AIG über seine Tochtergesellschaften auf seine Vermögenswerte in Höhe von 20 Milliarden Dollar zugreifen und diese zum Erwerb von Liquidität als Sicherheit hinterlegen könne, um das Tagesgeschäft der Muttergesellschaft weiterzuführen«. States News Service, »Transcript: Governor Paterson Press Conference on AIG – September 15, 2008«, 15. September 2008.

12 Paterson dankte in seiner Rede Dinallo dafür, dass er an der Konferenz mit den Vertretern der Notenbank teilnahm.

13 Susanne Craig and Liam Pleven, »Credit Crunch: Good Plan, but Who Will Pay?«, *Wall Street Journal,* 30. Januar 2008.

14 Paulsons Kommentare gegenüber der Presse und deren Fragen stammen aus einer vom Weißen Haus herausgegebenen Niederschrift. »White House Conducts Press Briefing, Sept. 15.« 13:42 Uhr Eastern Daylight Time. US Fed News, 15. September 2008.
15 »Wall Street Casualties«, *New York Times,* 16. September 2008.
16 Glenn Kessler und David S. Hilzenrath, »Stocks Plunge as Crisis Intensifies; AIG at Risk; $700 Billion in Shareholder Value Vanishes«, *Washington Post,* 16. September 2008.
17 Alex Berenson, »Wall St.'s Turmoil Sends Stocks Reeling«, *New York Times,* 16. September 2008.
18 Nach der offiziellen Pressemitteilung von Lehman Brothers, die an diesem Montag herausgegeben wurde, lotete der Konzern »den Verkauf seiner Broker-Dealer-Geschäfte aus«. Seine Tochtergesellschaften, darunter Neuberger Berman, LLC und Lehman Brothers Asset Management, seien »vom Konkurs des Mutterkonzerns nicht betroffen«. Siehe hierzu www.lehman.com/press/pdf_2008/091508_lbhi_Chapter11_announce.pdf.
19 Cassell Bryan-Low, »Crisis on Wall Street: Funds Assess Lehman (Gulp!) Exposure«, *Wall Street Journal,* 26. September 2008.
20 Die Sitzung fand am Dienstag, dem 16. September 2008, um 8.30 Uhr in den Büros des Board of Governors im Federal Reserve System in Washington, D. C., statt. Siehe www.federalreserve.gov/FOMC.
21 Siehe unter www.federalreserve.gov/aboutthefed/section13.
22 Im Quartalsbericht an die SEC vom 6. August 2008 heißt es: »Ungefähr 307 der 441 Milliarden Dollar an mutmaßlichen Risiken im Portfolio von AIGFP an Credit Default Swaps [Kreditderivaten zum Handel mit Ausfallversicherungen] mit Super-Senior-Status, wie sie am 30. Juni 2008 vorlagen, dienten dazu, eine Mindesteigenkapitalentlastung hauptsächlich für Finanzinstitute in Europa zu unterstützen.«
23 In einem »streng vertraulichen« Entwurf von AIG für eine Präsentation mit dem Datum 26. Januar 2009 und dem Titel ›AIG: Ist das Risiko systemisch?‹ heißt es: ›AIG hat weltweit über 81 Millionen Lebensversicherungspolicen an Einzelpersonen ausgestellt« – mit einem Nominalwert von 1,9 Billionen Dollar. 2008 wurden Forderungen im Wert von über 12 Milliarden Dollar bedient.
24 Susanne Craig, »In Ken Wilson, Paulson Gets Direction From the Go-To Banker of Wall Street«, in: *Wall Street Journal,* 22. Juli 2008.
25 Dem *Wall Street Journal* zufolge fand das Treffen um 15.30 Uhr statt. Siehe Monica Langley, Deborah Solomon und Matthew Karnitschnig, »Bad Bets and Cash Crunch Pushed Ailing AIG to Brink«, *Wall Street Journal,* 18. September 2008.
26 Richard Beatties Bemerkung gegenüber Robert Willumstad wurde erstmals im Magazin *Fortune* zitiert: James Bandler »Hank's Last Stand«, *Fortune,* 7. Oktober 2008.

27 Matthew Karnitschnig, Deborah Solomon, Liam Pleven und Jon E. Hilsenrath, »U.S. to Take Over AIG in $85 Billion Bailout«, *Wall Street Journal,* 16. September 2008.
28 Monica Langley, Deborah Solomon and Matthew Karnitschnig, »Bad Bets and Cash Crunch«, *Wall Street Journal,* 18. September 2008.
29 Diese LIBOR ist der durchschnittliche Zinssatz, der fällig wird, wenn sich Banken unbesichert untereinander Geld ausleihen, ganz gleich, ob es sich nun um Tagesgeld oder um längerfristige Darlehen handelt. In den USA betragen die LIBOR-Laufzeiten, die bei der Festsetzung des Zinssatzes zugrunde gelegt werden, zumeist einen, drei, sechs oder zwölf Monate. Am Mittwoch, dem 17. September 2008, schnellte der LIBOR um 19 Basispunkte auf 3,0625 Prozent nach oben, der größte Sprung seit September 1999. Lisa Twaronite, »Three-month Libor Marks Biggest Jump in Nine Years«, MarketWatch.com, 17. September 2008.
30 Zitiert nach Bandler, »Hank's Last Stand«, *Fortune.*
31 Langley, Solomon und Karnitschnig, »Bad Bets and Cash Crunch«, *Wall Street Journal.*
32 Herzogs E-Mail wurde in *Fortune* abgedruckt, wo die Episode erstmals geschildert wurde. Carol J. Loomis, »AIG's Rescue Has a Long Way to Go«, *Fortune,* 29. Dezember 2008.

Kapitel siebzehn

1 Damit fiel der Vermögenswert eines Anteils erstmals seit 14 Jahren unter einen Dollar. Besonders beunruhigend war die Tatsache, dass es sich bei diesem 1970 eingerichteten Fonds der Reserve Management Corporation um einen der ältesten der USA handelte, der bisher als besonders sicher gegolten hatte. Siehe Christopher Condon, »Reserve Primary Money Fund Falls Below $1 a Share«, Bloomberg, 16. September 2008.
2 Laut Morningstar Inc. erzielte der Reserve Primary Fund eine Rendite von 4,04 Prozent bei einer Laufzeit von 12 Monaten – gegenüber dem Durchschnitt von 2,75 Prozent bei den über 2100 Geldmarktfonds, in deren Fahrwasser er sich bewegt. Siehe Binyamin Appelbaum, »Beyond Wall St., Losses Spill Over«, *Washington Post,* 18. September 2008; Eleanor Laise, »Market Rescue: Money Funds Offer More Detail«, *Wall Street Journal,* 20. September 2008.
3 Steve Stecklow und Diya Gullapalli, »A Money-Fund Manager's Fateful Shift: Bruce Bent Shunned Corporate Debt for Years – Then Bought Some of Lehman's«, *Wall Street Journal,* 8. Dezember 2008.
4 Aaron Lucchetti und Robin Sidel, »Dow Industrials Take a 504.48-Point Dive – Goldman, Morgan Now Stand Alone; Fight On or Fold?«, *Wall Street Journal,* 16. September 2008.

5 Lewis während einer Telefonkonferenz an diesem Montag zur Besprechung der Fusion von Merrill Lynch. Joseph A. Giannone, »Goldman, Morgan Stanley Face Biggest Market Test«, Reuters, 16. September 2008.

6 Pandit trat 1983 als Gesellschafter bei Morgan Stanley ein. 17 Jahre später stieg er unter Macks Führung zum Chef der Sparte Investmentbanking auf. Joe Hagan, »The Most Powerless Powerful Man on Wall Street«, in: *New York*, 9. März 2009.

7 Am Freitag, dem 12. September 2008, hatten sich die Vermögenswerte des Primary Fund auf ungefähr 62 Milliarden belaufen. Diya Gullapalli, Shefali Anand und Daisy Maxey, »Money Fund, Hurt by Debt Tied to Lehman, Breaks the Buck«, *Wall Street Journal*, 17. September 2008.

8 Nouriel Roubini, zitiert nach Emily Kaiser, »After AIG Rescue, Fed May Find More at its Door«, Reuters, 17. September 2008.

9 Serena Saitto und Yalman Onaran, »Fuld Tells Lehman Employees He Feels ›Horrible‹ for Their Pain«, Bloomberg, 17. September 2008.

10 In der Radioansprache am Mittag des 15. August 1945 fuhr Hirohito fort: »... während sich die allgemeinen weltweiten Entwicklungen gegen [Japans] Interessen gewendet haben.« Andrew Roberts, »The Debt Japan Owes These Men«, *Daily Mail* (London), 17. September 1993.

11 Andy Serwer, »Mr. Paulson Goes to Washington«, *Fortune*, 27.November 2006.

12 Chernow, *Alexander Hamilton*, S. 293.

13 Frank auf einer Anhörung am Mittwoch, zwei Tage nach Lehmans Konkursantrag. »Barney Frank Celebrates Free Market Day«, *Wall Street Journal*, 17. September 2008.

14 Siehe www.treas.gov/offices/international-affairs/esf/.

15 Eine Kopie von Schorrs E-Mail liegt dem Autor vor.

16 Susan Pulliam, Liz Rappaport, Aaron Lucchetti, Jenny Strasburg und Tom McGinty, »Anatomy of the Morgan Stanley Panic«, *Wall Street Journal*, 24. November 2008.

17 Pressemitteilung vom 18. September 2008. Der vollständige Text findet sich in der Presserubrik unter www.morganstanley.com.

18 Peter Baker, »A Professor and a Wall Street Deal Maker Bury Old Dogma on Free Markets«, *New York Times*, 21. September 2008.

19 Lee Davidson, »The Resolution Trust Corporation and Congress, 1989–1993«, *FDIC Banking Review* 18 (2), 2006.

20 Greenspan, *The Age of Turbulence*, S. 116.

21 Auszug aus dem Leitartikel von Nicholas F. Brady, Eugene A. Ludwig und Paul A. Volcker, »Resurrect the Resolution Trust Corp.«, *Wall Street Journal*, 17. September 2008.

22 Stanley Druckenmiller war in dieser Woche von *Forbes* auf Platz 105 der Jahresliste der vierhundert reichsten Amerikaner gesetzt worden – mit einem Nettovermögen von 3,5 Milliarden Dollar.

23 Eine Kopie der Mail liegt dem Autor vor.

24 »European Shares Rise after Central Bank Plan, Asia Losses«, AFP, 18. September 2008.
25 David Prosser, »Hedge Funds' Misery as FSA Bans Short-selling on 32 Firms«, *The Independent,* 20. September 2008.
26 *New York Times,* 2. Oktober 2008.
27 Alison Vekshin, »Treasury, Fed Weighing Wider Plan to Ease Crisis, Schumer Says«, Bloomberg, 18. September 2008.
28 »Treasury Secretary Hank Paulson is working on an RTC-type solution to the financial crisis, reports CNBC's Charlie Gasparino«, CNBC, 18. September 2008.
29 Nancy Pelosi berichtete von dem Telefongespräch mit Paulson in der Sendung *60 Minutes* von CBS gegenüber dem Moderator Scott Pelley, der in der Sendung auch Paulson interviewte. »Secretary Paulson Details the Federal Bailout«, *60 Minutes,* CBS, 28. September 2008.
30 Jon Hilsenrath, Damian Paletta und Aaron Lucchetti, »Goldman, Morgan Scrap Wall Street Model, Become Banks in Bid to Ride Out Crisis«, *Wall Street Journal,* 22. September 2008.
31 Das Treffen fand im zweiten Stock des Kapitols in einem Konferenzraum neben Pelosis Räumlichkeiten statt. Carl Hulse und David M. Herszenhorn, »Behind Closed Doors, Warnings of Calamity«, in: *New York Times,* 20. September 2008.
32 Bernanke zitiert nach Wessel, *Die große Panik,* S. 244
33 Schumer äußerte gegenüber der *New York Times:* »Beim Zuhören musste man schlucken.« David M. Herszenhorn, »Congressional Leaders Stunned by Warnings«, *New York Times,* 19. September 2008.
34 Wessel, *Die große Panik*, S. 246.
35 »Wenn wir sagen: ›Was nötig ist‹, dann heißt das, es gibt einen Blankoscheck vom Finanzministerium, wonach die kommenden Generationen die Fehler vieler bezahlen müssen.«
36 Deborah Solomon, Liz Rappaport, Damian Paletta und Jon Hilsenrath, »Shock Forced Paulson's Hand«, *Wall Street Journal,* 20. September 2008.
37 *New York Times,* 20. September 2008.
38 McConnell, ein Senator der Republikaner aus Kentucky und der Senatsführer seiner Partei, der im Kapitol oft mit Reid streitet, »versicherte seinem Kollegen, dass man die Sache hinbekomme«. Ebd.
39 Die SEC gab am Freitagmorgen, dem 19. September, eine Pressemitteilung dazu heraus: »Angesichts der Bedeutung des Vertrauens in die Finanzmärkte setzt der Schritt der SEC Leerverkäufe in 799 Finanzinstituten aus. Die Notfallorder … tritt unverzüglich in Kraft und endet um 23.59 Uhr US-Ostküstenzeit am 2. Oktober 2008. Die Börsenaufsichtsbehörde kann die Order über 10 Geschäftstage hinaus verlängern, wenn sie dies im öffentlichen Interesse und zum

Schutz der Anleger für notwendig erachtet, wird sie aber nicht über eine Gesamtdauer von 30 Kalendertagen hinaus verlängern.« Siehe www.sec.gov/news/press/2008/2008.

40 Chanos zitiert nach Kara Scannell, Deborah Solomon, Craig Karmin und Gregory Zuckerman, »SEC Is Set to Issue Temporary Ban Against Short Selling», *Wall Street Journal*, 19. September 2008.

41 Am 17. September schloss Merrill Lynch eine Versicherung gegen Ausfälle bei Morgan Stanley über 106,2 Millionen Dollar ab und stockte die Summe am folgenden 18. September um 43 Millionen Dollar auf. Dies geht aus Geschäftsunterlagen hervor, die dem *Wall Street Journal* vorlagen. Pulliam, Rappaport, Lucchetti, Strasburg und McGinty, »Anatomy of the Morgan Stanley Panic«, *Wall Street Journal*.

42 Ebd.

43 Im Dezember 2007 hatte Wei Sun Christianson eine bedeutende Rolle bei dem 5,6-Milliarden-Dollar-Deal von Morgan Stanley mit China Investment Corp. gespielt. CIC erwarb dabei einen Anteil von 9,9 Prozent an dem Unternehmen. Siehe Jason Leow und Rick Carew, »Wei Sun Christianson and How Morgan Deal Got Boost in China – Longtime Mack Aide from Beijing Lends Stature, Ties to Region«, *Wall Street Journal Asia*, 21. Dezember 2007.

44 Als Morgan Stanley Ende 2007 einen Verlust von 3,59 Milliarden Dollar meldete, übernahm die staatliche China Investment Corp. mit einer Investition von 5 Milliarden Dollar 9,9 Prozent des Unternehmens. »China Fund Grabs Big Stake in Morgan Stanley«, AFP, Dezember 2007.

45 Christine Harper, »Morgan Stanley Said to Be in Talks with China's CIC«, Bloomberg, 18. September 2008.

46 Beim Börsengang von Blackstone im Juni 2007 investierte CIC 3 Milliarden Dollar in das Unternehmen – gegen einen Unternehmensanteil von 9,9 Prozent. Bis Ende August fielen die Aktien um fast 45 Prozent auf 17,13 Dollar – für CIC ein Papierverlust von über 1,3 Milliarden Dollar. Allen T. Cheng, »Inside the CIC«, *Institutional Investor – America*, 10. September 2008.

Kapitel achtzehn

1 »Text of Paulson's News Conference Friday«, Associated Press, 19. September 2008.

2 Ben White and Eric Dash, »Barclays Reaches $1.75 Billion Deal for a Lehman Unit«, *New York Times*, 18. September 2008.

3 Für das Zwiegespräch zwischen Peck und Miller siehe die Niederschrift des Verfahrens vom 19. September 2008.

4 Chernow, *The House of Morgan*, S. 591.

5 »Text of Draft Proposal for Bailout Plan«, *New York Times*, 20. September 2008.

6 *Newsweek*, 20. September 2008.

7 »Es gab kein durchgängiges Muster … Wir retten Bear Stearns, aber Lehman nicht. Der Markt wird es schwer haben, das zugrunde liegende Prinzip auszumachen.« Daniel Gross, »The Captain of the Street; Treasury Secretary Hank Paulson Has a Radical Game Plan for Beating America's Financial Crisis«, *Newsweek*, 29. September 2008.

8 Tom Brokaw, *Meet the Press*, NBC, 21. September 2008.

9 Buffett in seinem »Chairman's letter« von 2003. Der Jahresbericht findet sich unter www.berkshirehathaway.com/2003ar/2003ar.pdf.

10 Louise Story, »Morgan Stanley Secures Japan Deal; Mitsubishi UFJ to Pay $9 billion for 21% Stake in U.S. Firm«, *New York Times*, 1. Oktober 2008.

11 Am 21. September 2008 gab die Federal Reserve folgende Mitteilung heraus: »Der Verwaltungsrat der Federal Reserve stimmte vorbehaltlich der statuarischen fünftätigen Karenzzeit zur Verhinderung einer Kartellbildung den Anträgen von Goldman Sachs und Morgan Stanley zur Umwandlung in Bank-Holdinggesellschaften zu.« Siehe www.federalreserve.gov/newsevents/press/bcreg/20080921a.htm.

Kapitel neunzehn

1 Abgeordneter Barney Frank in: *Face the Nation*, CBS, 21. September 2008.

2 »Billionaire Buffett and the Only Banker He Trusts«, *Evening Standard* (London), 25. September 2008.

3 Susanne Craig, Matthew Karnitschnig und Aaron Lucchetti, »Buffett to Invest $5 Billion in Goldman«, *Wall Street Journal*, 24. September 2008.

4 Joseph McCafferty, »Goldman Execs Earn $70M Plus«, Directorship.com; Joseph A. Giannone, »Goldman buys $58 mln Winkelried, Palm Fund Stakes«, Reuters, 30. März 2009.

5 Laut Steuerkasse der Stadt Nantucket kaufte Winkelried im Januar 1999 1,67 Hektar für 5 Millionen Dollar und im September desselben Jahres noch einmal 0,68 Hektar für 1,95 Millionen. Peter B. Brace, »Goldman-Sachs Executive Selling 5.9 Acres on Nantucket for $55 million«, *Daily News Tribune*, 10. Oktober 2008; Christine Harper und Sharon L. Lynch, »Goldman's Winkelried Lists Nantucket Estate for $55 Million«, Bloomberg, 10. Oktober 2008.

6 Andrew Ross Sorkin, »DealBook: Power Grab and a Roll of the Dice«, *New York Times*, 24. September 2008.

7 »U.S. Lawmaker Dodd Says Treasury Plan ›Unacceptable‹«, Reuters, 23. September 2008.

8 Charles Babington und Julie Hirschfeld Davis, »Simmering GOP Upset They Were Kept in the Dark; Political Meltdown Came on the Heels of Financial One«, Associated Press, 27. September 2008.

9 Presseerklärungen und Dokumente, »Bush Pushes Financial Plan with Congressional Leaders, Candidates«, Voice of America, 26. September, 2008.

10 David M. Herszenhorn, Carl Hulse und Sheryl Gay Stolberg, »Talks Implode During a Day of Chaos; Fate of Bailout Plan Remains Unresolved«, *New York Times*, 25. September 2008.

11 »Well, do we need to start from scratch«: Nedra Pickler, »Obama Says More Work Needed for Deal«, Associated Press, 25. September 2008.

12 David M. Herszenhorn, Carl Hulse und Sheryl Gay Stolberg, »Crunch Time as Washington Battles Impasse«, *New York Times*, 27. September 2008.

13 »›In the Eye of the Storm‹: Citi CEO Vikram Pandit Sees a Difficult Recovery Ahead«, Knowledge@Wharton, 2. Oktober 2008. Siehe http://knowledge.wharton.upenn.edu/article.cfm?articleid=2068.

14 Presseerklärung der FDIC, »JPMorgan Chase Acquires Banking Operations of Washington Mutual«, 25. September 2008. www.fdic.gov/news/news/press/2008/pr08085.html.

15 Deborah Solomon, Damian Paletta und Greg Hitt, »US Seals Bailout Deal«, *Wall Street Journal*, 29. September 2008.

16 Ebd.

17 Ebd.

18 Ebd.

19 David Enrich und Matthew Karnitschnig, »Citi, U.S. Rescue Wachovia – Latest Shotgun Deal Creates Nation's Third-Largest Bank«, *Wall Street Journal*, 30. September 2008.

20 Ebd. Siehe auch Eric Dash und Andrew Ross Sorkin, »Citigroup to Acquire Banking Operations of Wachovia; Crisis on Wall Street«, *New York Times*, 30. September 2008.

21 Pelosi hielt die Rede am 29. September 2008 im Repräsentantenhaus. »Speaker Pelosi Speaks in Support of Emergency Economic Stabilization Act of 2008«, US Fed News, 30. September 2008.

22 Michele Davis am 9. April 2009 in *Frontline* von PBS.

23 »US Bailout Plan Rejected«, *The Nation*, 29. September 2008.

24 Aus einer Anzeige, die *USA Today* an diesem Freitag brachte, zitiert nach David Enrich und Dan Fitzpatrick, »Wachovia Chooses Wells Fargo, Spurns Citi«, *Wall Street Journal*, 4. Oktober 2008.

25 Meena Thiruvengadam, »Some Ex-FDIC Officials See No Reason to Hike Insurance Limit«, Dow Jones Newswires, 3. Oktober 2008.

26 »Diese Kreditkrise könnte uns schwer zu schaffen machen«, schrieb Gouverneur Schwarzenegger am 2. Oktober 2008 an Paulson. »California letter asking for U.S. Treasury help«, Reuters, 3. Oktober 2008.

27 David M. Herszenhorn, »Bailout Plan Wins Approval; Democrats Vow Tighter Rules«, *New York Times*, 3. Oktober 2008.

28 »The Guilty Men of Wall Street«, *The Economist*, 14. Oktober 2008.

29 Aus dem Protokoll von Fulds Aussage über Ursache und Auswirkungen des Bankrotts von Lehman Brothers, Anhörung des House Oversight and Government Reform Committee unter Vorsitz von Henry Waxman, Montag, 6. Oktober 2008.
30 Ebd.
31 Ebd.
32 Ebd.
33 Der Autor erhielt Buffetts Brief an Paulson aus vertraulicher Quelle.
34 »MUFG Issues Statement Regarding Transaction with Morgan Stanley«, Business Wire, 8. Oktober 2008.
35 Glenn Somerville, »Treasury Says Has Power to Inject Bank Capital«, Reuters, 9. Oktober 2008.
36 Zu den Banken, die die Voraussetzungen für eine Investition erfüllten, gehörten Abbey, Barclays Plc, HSBC Holdings Plc, Lloyds TSB Group Plc, Royal Bank of Scotland (RBS, HBOS), Nationwide Building Society und Standard Chartered Plc. Ben Livesey und Jon Menon, »U.K. to Inject About $87 Billion in Country's Banks«, Bloomberg News, 8. Oktober 2008.
37 Paul Krugman, »Gordon Does Good«, 12. Oktober 2008.
38 Der Autor erhielt aus vertraulicher Quelle eine Kopie von Kindlers E-Mail an das Team von Morgan Stanley.

Kapitel zwanzig

1 Diese und alle folgenden E-Mails bekam die Verbraucherschutzorganisation Judicial Watch in Reaktion auf einen Antrag, den sie am 16. Oktober 2008 unter Berufung auf den Freedom of Information Act (FOIA) stellte. Die erste Serie von E-Mails ist veröffentlicht unter www.judicialwatch.org/files/documents/2009/TreasuryDocsPart1.pdf.
2 Bestätigt durch Christal Wests E-Mail, Montag, 13. Oktober 2008, 10.55 Uhr: »Vor der Sitzung mit den CEOs um 15 Uhr … findet heute von 14.15 bis 15 Uhr in Hanks Büro (Raum 3330) eine Besprechung der Chefs statt.«
3 Aus dem Dokument »Talking Points«, das ebenfalls von Judicial Watch beschafft wurde.
4 Zum Hintergrund der Konferenz: Nina Easton, »How the Bailout Bashed the Banks«, *Fortune*, 22. Juni 2009.
5 Diese und alle weiteren E-Mails bis zum Ende des Kapitels stammen aus der zweiten Serie von E-Mails, die Judicial Watch dank dem Gesetz zur Informationsfreiheit erhielt. Siehe www.judicialwatch.org/files/documents/2009/ TreasuryDocsPart2.pdf.
6 Im Rahmen seiner FOIA-Anfrage erhielt Judicial Watch auch die von den Banken unterzeichneten Verträge, in denen die akzeptierten Summen von den CEOs mit Tinte eingetragen waren. Siehe www.

judicialwatch.org/files/documents/2009/ Treasury-ParticipationCommitment.pdf.

Epilog

1 In seinem 1936 publizierten Buch *Allgemeine Theorie der Beschäftigung, des Zinses und des Geldes* (10. Aufl., S. 137) schrieb John Maynard Keynes: »Auch ohne die Unbeständigkeit als Folge der Spekulation bleibt noch die Unbeständigkeit aus der Eigenheit der menschlichen Natur, die bewirkt, dass ein großer Teil unserer positiven Tätigkeiten mehr von spontanem Optimismus als von einer mathematischen Erwartung, sei sie moralisch, hedonistisch oder ökonomisch, abhängt. Wahrscheinlich können die meisten unserer Entschlüsse, etwas Positives zu tun, dessen volle Wirkungen sich über viele künftige Tage ausdehnen werden, nur auf animalische Instinkte zurückgeführt werden – auf einen plötzlichen Anstoß zur Tätigkeit statt zur Untätigkeit, und nicht auf den gewogenen Durchschnitt quantitativer Vorteile, multipliziert mit quantitativen Wahrscheinlichkeiten.«

2 Statt eine höchst umstrittene allgemeine Gehaltsdeckelung für Spitzenmanager durchzusetzen, ernannte Obama am 10. Juni Kenneth Feinberg, der Gehälter und Prämien der Spitzenmanager überwachen und begrenzen sollte. Deborah Solomon, »Pay Czar Gets Broad Authority Over Executive Compensation«, *Wall Street Journal*, 11. Juni 2009.

3 Präsident George W. Bush, »Remarks to the United States Chamber of Commerce«, Weekly Compilation of Presidential Documents, 17. Oktober 2008.

4 Eric Dash, »U.S. Agrees to Raise Its Stake in Citigroup«, *New York Times*, 28. Februar 2009.

5 Handschriftliche Notizen eines Beamten während einer Telefonkonferenz im Januar 2009. Michael R. Crittenden und Jon Hilsenrath, »Bernanke Blasted in House – Political Heat Mounts on Fed as Grilling Over BofA Shows Ire at Its Interventions«, *Wall Street Journal*, 26. Juni 2009.

6 Ieva M. Augstums und Stephen Bernard, »Merrill Lynch, Bank of America Shareholders Approve BofA's Purchase of the Investment Bank«, Associated Press, 5. Dezember 2008.

7 Michael D. Shear und Paul Kane, »Anger Over Firm Depletes Obama's Political Capital«, *Washington Post*, 17. März 2009.

8 Ein paar Tage nach dieser Tirade forderte Edward Liddy, der neue Chef von AIG, Cramer in einem Brief auf, seine Äußerung zurückzunehmen und sich bei den Angestellten von AIG zu entschuldigen. »Es ist eine Sache, die verantwortliche AIG-Führung zu kritisieren, das ist durchaus fair« schrieb er. »Aber es sprengt jeden zulässigen

Rahmen, wenn man dazu auffordert, andere Angestellte von AIG zu stellen und zu belästigen.« Kurz darauf entschuldigte sich Cramer in seiner Sendung: »Tut mir leid, ihr normalen Angestellten von AIG, euch habe ich nicht gemeint.« Heidi N. Moore, »AIG CEO Demands Apology from Mad Money's Jim Cramer«, WSJ/Deal Journal, 20. Oktober 2008.

9 Joe Hagen, »Is Goldman Sachs Evil? Or Just too Good?«, *New York Magazine,* 26. Juli, 2009.

10 Matt Taibbi, »The Great American Bubble Machine«, *Rolling Stone,* 13. Juli 2009.

11 Am 13. April meldete Goldman Sachs einen Nettogewinn von 1,81 Milliarden Dollar für das erste Quartal. Drei Monate später, im zweiten Quartal, war er rasant auf 3,44 Milliarden Dollar gestiegen. Siehe www2.goldmansachs.com.

12 Christine Harper, »Goldman Sachs VaR Reaches Record on Risks Led by Equity Trading«, Bloomberg, 15. Juli 2009.

13 Presseerklärung des US-Finanzministeriums, »Secretary Geithner Introduces Financial Stability Plan«, 10. Februar 2009. Siehe www.treasury.gov/press/releases/tg18.htm.

14 Simon Johnson, »Systemic Risk: Are Some Institutions Too Big to Fail and If So, What Should We Do About It?«, Aussage vor dem Finanzdienstleistungsausschuss des Repräsentantenhauses bei der Anhörung am 21. Juli 2009.

15 Michael Lewis und David Einhorn, »The End of the Financial World as We Know It«, *New York Times,* 4. Januar 2009.

16 Aus einem Interview mit Barney Frank in *60 Minutes* von CBS, erstmals ausgestrahlt am 11. Dezember 2008.

17 Theodore Roosevelt, »Citizenship in a Republic: ›Man in the Arena‹«, Rede an der Sorbonne, Paris, 23. April 1910.

Bibliografie

Auletta, Ken, *Greed and Glory on Wall Street: The Fall of the House of Lehman,* New York 1986.

Bagehot, Walter, *Lombard Street: A Description of the Money Market,* New York 1897 (deutsche Ausgabe: *Das Herz der Weltwirtschaft. Die Lombarden-Straße,* Essen 1920).

Chernow, Ron, *Alexander Hamilton,* New York 2004.

–, *The House of Morgan: An American Banking Dynasty and the Rise of Modern Finance,* New York 2001.

Cohan, William D., *House of Cards: A Tale of Hubris and Wretched Excess,* New York 2009.

–, *The Last Tycoons: The Secret History of Lazard Frères & Co,* New York 2007.

Crisafulli, Patricia, *The House of Dimon: How Jamie Dimon Rose to the Top of the Financial World,* New York 2009.

Eddy, Mary Baker, *Science and Health with Key to the Scriptures,* Boston 2000 (deutsche Ausgabe: *Wissenschaft und Gesundheit mit Schlüssel zur Heiligen Schrift,* Boston 2000).

Einhorn, David, *Fooling Some of the People All of the Time: A Long Short Story,* New York 2008.

Ellis, Charles D., *The Partnership: The Making of Goldman Sachs,* New York 2008.

Endlich, Lisa, *Goldman Sachs: The Culture of Success,* New York 1999 (deutsche Ausgabe: *Goldman Sachs. Erfolg als Unternehmenskultur,* München 2000).

Faber, David, *And Then the Roof Caved In: How Wall Street's Greed and Stupidity Brought Capitalism to Its Knees,* New York 2009.

Friedman, Milton und Anna Jacobson Schwartz, *A Monetary History of the United States, 1867–1960,* Princeton 1963.

Greenspan, Alan, *The Age of Turbulence: Adventures in a New World,* New York 2007 (deutsche Ausgabe: *Mein Leben für die Wirtschaft,* Frankfurt/M., 2007).

Kelly, Kate, *Street Fighters: The Last 72 Hours of Bear Stearns, the Toughest Firm on Wall Street,* New York 2009.

John Maynard Keynes, *The General Theory of Employment, Interest and Money,* London 1936 (deutsche Ausgabe: *Allgemeine Theorie der Beschäftigung, des Zinses und des Geldes,* München/Leipzig, 10. verbesserte Auflage, Berlin 2006).

Langley, Monica, *Tearing Down the Walls: How Sandy Weill Fought His Way to the Top of the Financial World … and Then Nearly Lost It All*, New York 2003 (deutsche Ausgabe: *Der Wall Street Fighter. Sandy Weills Weg an die Spitze der Finanzwelt*, Kulmbach 2006).
Lowenstein, Roger, *When Genius Failed: The Rise and Fall of Long-Term Capital Management*, New York 2000 (deutsche Ausgabe: *Der große Irrtum. Die spektakuläre Geschichte vom Aufstieg und Untergang des raffiniertesten Investmentfonds aller Zeiten*, Stuttgart 2001).
McDonald, Lawrence G., und Patrick Robinson, *A Colossal Failure of Common Sense: The Inside Story of the Collapse of Lehman Brothers*, New York 2009 (deutsche Ausgabe: *Dead Bank Walking. Wie Lehman Brothers zusammenbrach*, Hamburg 2010).
Partnoy, Frank, *Fiasco: The Inside Story of a Wall Street Trader. New York 1999* (deutsche Ausgabe: *F.I.A.S.C.O. Blut an den weißen Westen der Wall Street Broker*, Wien und Frankfurt/M. 1999).
Schroeder, Alice, *The Snowball: Warren Buffett and the Business of Life*, New York 2008 (deutsche Ausgabe: *Warren Buffett. Das Leben ist wie ein Schneeball*, München 2009).
Shelp, Ronald, *Fallen Giant: The Amazing Story of Hank Greenberg and the History of* AIG, New York 2006.
Strauss, Barry, *The Battle of Salamis: The Naval Encounter That Saved Greece - and Western Civilization*, New York 2004
Tett, Gillian, *Fool's Gold: How the Bold Dream of a Small Tribe at J.P. Morgan Was Corrupted by Wall Street Greed and Unleashed a Catastrophe*, New York 2009.
Wessel, David, *In FED We Trust: Ben Bernanke's War on the Great Panic*, New York 2009 (deutsche Ausgabe: *Die große Panik. Das Wettrennen zur Rettung der Weltwirtschaft*, München 2010).
Whitehead, John C., *A Life in Leadership: From D-Day to Ground Zero: An Autobiography*, New York 2005.
Woodward, Bob, *Maestro: Greenspan's Fed and the American Boom*, New York 2001 (deutsche Ausgabe: *Dirigent der Weltwirtschaft*, Hamburg 2001).

Personen- und Firmenverzeichnis

A

A. G. Becker 36
ABN AMRO 109, 282, 397
Ace Ltd. 170
Achleitner, Paul 328, 360 ff., 387 f.
Ackman, Bill 121
Akers, John 218, 373
Akin Gump Strauss Hauer & Feld 447
Alliance-Bernstein 439
Allianz 328, 361
Allied Capital 122
Allison, Herbert 241, 347
Allstate 187, 403, 408
Altman, Roger C. 34, 233
Amazon 91
Ambac 389
American Express 40, 88 f., 91, 131
American International Group (AIG) 20 f., 131, 166–175, 186 ff., 223 f., 238 ff., 284 ff., 290 f., 295 f., 304–307, 316 f., 320, 322, 327 f., 331, 333, 335 f., 340, 343 f., 360 f., 370 f., 378 ff., 382 ff., 387–398, 400–403, 405–409, 411, 418 ff., 466, 482, 527 ff., 531, 535
Ameriprise 415
Ameritrade 162
Apple 35
Archstone-Smith 269
Arthur Anderson 170
Avenue Capital 446
Awad, Jim 380
Axa 328

B

Bain Capital 366
Bair, Sheila C. 205, 249, 254, 442, 484 ff., 490–493, 501, 503, 506, 508 f., 514 f., 517 ff., 522
Baker, James 55 f.
Bank of America (BofA) 47, 88, 210 ff., 214, 221 f., 244, 252 f., 257, 259, 262 f., 272, 275, 278 f., 282, 288 ff., 292 f., 295 f., 299 ff., 303, 308 f., 312– 315, 318, 321 ff., 329 ff., 333 f., 338, 344 f., 353, 357, 359 f., 364 ff., 376 ff., 382, 387, 392, 394 f., 414, 418, 518, 526 f., 539
Bank of England 97, 303
Bank of New York Mellon 366, 415
Bank One 91
Barancik, Gary 134
Barclays 10, 96, 106–109, 245, 275, 281 f., 292, 295, 301, 303, 312, 314 f., 331, 333 ff., 338, 341 f., 348– 354, 356 f., 366, 386 f., 392, 394, 397, 416, 446 ff., 501, 532, 534
Baucus, Max 480
Baxter jr., Thomas C. 209, 283, 352, 372 f.
Bear Stearns 23, 26 f., 29, 31 f., 45 ff., 50–53, 60 ff., 64, 70 ff., 79–86, 92 ff., 105, 108, 116 f., 120, 123, 146, 150, 181, 199, 205, 209, 218 f., 224, 232, 236, 244, 265, 273, 294 f., 298 f., 306, 317, 335, 337, 347, 381, 393 f., 406, 418, 452, 466, 503, 531, 534
Beattie, Richard I. 405–408
Beller, Ron 113, 517
Bennett, Robert S. 86
Bensinger, Steven J. 174, 304 f., 410
Berkenfeld, Steven L. 134, 143, 288, 333, 367 f.
Berkshire Hathaway 66, 320, 461, 483, 499, 541, 547

Berlind, Roger S. 218
Bernanke, Ben S. 27, 61, 71ff., 79, 83f., 100–106, 117, 124, 202, 204, 230–233, 242, 249, 251f., 254, 258, 272f., 294, 296, 357, 377, 395f., 400f., 404f., 408f., 418, 424f., 433ff., 437ff., 445, 462–466, 474, 501ff., 506ff., 514–518, 520, 522, 527, 531, 533, 535, 537, 547
Berry, Steven 514
Bhattal, Jasjit S. »Jesse« 131ff., 225
Bibliowicz, Jessica 89
Birnbaum, Josh 179
Black, Steven D. 90f., 174, 241, 249, 254–257, 262, 286, 290f., 327, 343f., 382ff., 388, 429
BlackRock 150ff., 154, 159, 165, 190, 204, 245, 289, 301f., 339, 415
Blackstone Group 75, 244, 291, 328, 342, 375, 398, 421, 440
Blankfein, Lloyd C. 8f., 44, 95, 156, 163, 177–186, 191, 200, 220, 271, 274, 311f., 315f., 324, 346f., 388–392, 399f., 428, 432, 436f., 444f., 449–452, 455–458, 466f., 469ff., 473, 499, 509f., 516f., 521, 544
Blinder, Alan 232, 532
Bloomberg LP 154, 165, 220
Bloomberg, Michael 164f., 375
BNP Paribas 117, 392
Boehner, John 476
Boies, David 285
Bollettieri, Nicholas James 78
Bolten, Joshua B. 54ff., 203, 434, 460, 473, 478
Bonderman, David 327
Börsenaufsicht (SEC) 28, 65, 68, 79, 84, 95, 170, 216, 229f., 239, 270, 275, 363, 372f., 424, 428, 432, 439, 542, 545
Bosanek, Debbie 66
Boshart, James S. 38
Bostock, Roy 521f.
Bove, Dick 257, 503
Brady, Nicholas F. 425
Brandeis, Louis 15
Braunstein, Douglas J. 257, 260, 262, 320, 327, 343, 360, 369, 371, 382, 384, 388f., 391, 396, 398f., 402
Briger, Pete 250f.
Brin, Sergey 375
Brinkley, Amy 377
Broad, Eli 172f., 307
Brody, Kenneth 59
Brokaw, Tom 461
Bromley, James 319
Brookings Institution 154
Brown, Gordon 113, 194, 352ff., 502
Bryan, John H. 56, 187
Brysam Global Partners 166, 171f.
Buffet, Warren E. 65–69, 101, 171, 186, 222, 306f., 320, 336, 375, 445, 461ff., 470–473, 483f., 498f., 507, 541, 544, 547
Bullard, James 273
Bunning, Jim 82f., 94, 248
Burnett, Erin 257
Bush, George H. Walker 55, 159
Bush, George W. 52–57, 60, 82, 138, 204f., 220, 227, 237f., 354, 367, 380ff., 405, 408, 419, 434f., 441, 443, 460f., 471, 475f., 488, 494, 502, 519, 524f., 535
Bush, John Ellis »Jeb« 297
Butler, Shaun 268
BZW 108

C

Calio, Nick 512
Callan, Erin M. 42ff., 46–49, 62, 66, 68f., 110, 113f., 118ff., 123f., 129f., 136, 140f., 143f., 147ff., 543
Calyon 397
Cantwell, Maria 549
Carroll, David M. 482
Cassano, Joseph J. 193
Cavanagh, Michael J. 249, 254
Cayne, Jimmy 347
Celanese 308
Chammah, Walid A. 206, 208, 272, 276f., 339, 412ff., 503ff.

Chanos, James S. 423, 439
Chatham House 189
Checki, Terrence J. 462f.
Cheney, Dick 373, 434, 475f.
China Investment Corporation (CIC) 440, 449, 454, 465, 467, 500
Chiquita 128
Cho, Kunho 126, 130–133, 225
Christianson, Wei Sun 440
Chrysler 227, 273, 525
Chubb 301
Citadel Investment Group 43, 114
Citibank 452, 490
Citicorp 90
Citigroup 13, 44, 48, 59, 61, 73f., 90, 92, 121, 156, 166, 168, 174, 178, 181, 208, 218, 221, 256ff., 260, 263f., 267, 269, 285, 289, 295, 316f., 324, 335ff., 341f., 347, 366, 392, 414, 418, 436, 439, 449f., 459, 464, 477f., 482ff., 486, 490–493, 495, 501, 507, 512ff., 518, 526, 535, 539
Clayton, Jay 132, 386f.
Cleary Gottlieb Steen & Hamilton 319
Clinton, Bill 59, 78, 185
Clinton, Chelsea 446
Clinton, Hillary 52, 58, 311f.
Cohen, Kerrie 129, 141, 148
Cohen, Peter A. 400
Cohen, H. Rodgin 208–211, 213f., 242f., 253, 290, 293f., 308f., 318, 338, 355f., 387, 406ff., 436, 445, 458, 486, 491
Cohen, Steven A. 114, 200, 427
Cohn, Gary D. 177, 187, 311f., 390, 426f., 436, 449, 455f., 458, 462ff., 466f., 472, 510
Cohn-Hall-Marx Company 32
Cole, Christopher A. 328, 387f., 403, 458
Commercial Credit 88f.
Commercial Investment Trust (CIT) 238
Continental Airlines 327
Continental Casualty 169
Continental Illinois National Bank and Trust 209
Corzine, Jon 55, 59, 155, 183f., 249, 336, 461
Countrywide 262f., 272
Cox jr., Archibald 335, 342, 387
Cox, Charles Christopher 65, 79, 83, 110, 124, 216, 275, 294, 311, 314, 316, 337f., 346, 351f., 355f., 362f., 371–374, 428, 432, 437, 443
Cracchiolo, Jim 415
Craig, Susanne 126–130
Cramer, Jim 110–115, 528
Cravath, Swaine & Moore 243, 459
Credit Suisse 107f., 200f., 324, 326, 341, 366
Cruikshank, Thomas 373
Cumming, Christine M. 396
Cuomo, Andrew 424
Curl, Gregory L. 211, 213ff., 222, 253f., 262f., 278–301, 308, 312f., 329f., 338, 345, 359, 363f., 376f.
Cutler, Stephen M. 368, 495

D

D'Angelin, Benoît 141
D'Souza, Dinesh 76
Dannhauser, Stephen J. 287f., 367f.
Darling, Alistair M. 97, 303, 351–354
Davis Polk & Wardwell 404
Davis Selected Advisers 172
Davis, Chris 173
Davis, Michele A. 60, 81f., 215, 296f., 299, 460, 487f., 502, 506
Davis, Shelby 172f.
DBS Group Holdings 29
Dean Witter 181f., 414
Del Missier, Jerry 335f.
deRegt, Kenneth M. 454
Deutsche Bank 32, 153, 291, 324, 366, 392, 439, 528
Diamond jr., Robert E. 96f., 106–109, 245, 275, 281ff., 292, 296, 302, 304, 334ff., 341, 349, 353, 357f., 368f., 386

Dimon, Jamie 19ff., 26, 50ff., 66, 71, 73, 79, 81f., 85–94, 166ff., 220, 235, 238–241, 247ff., 251f., 254, 256, 262, 285, 290, 293f., 305f., 315, 317, 322, 327, 338, 340f., 343, 346ff., 356, 360, 368, 371, 378, 382f., 390, 392, 396, 409, 417, 428f., 431f., 452ff., 464ff., 468, 478, 516f., 519, 521f., 537, 539, 549
Dimon, Theodore 87
Dinallo, Eric R. 389
Dodd, Christopher J. 83, 247f., 438, 474, 479
Donini, Gerald A. 110, 113, 142, 264
Donovan, Leisure, Newton & Irvine 182
Dooley, William N. 410
Draghi, Mario 99
Drexel Burnham Lambert 157, 287
Druckenmiller, Stanley 427
Dudley, William C. 231, 462f.
Duer, William 417
Dugan, John 506, 519

E

E*Trade 162
Eastern Airlines 287
Economic Club of New York 53
Eddy, Mary Baker 56
Edens, Wesley R. 251
Ehrlichmann, John 58
Einhorn, David M. 49, 115–118, 120–125, 127, 132, 270, 534
Einlagensicherung der Vereinigten Staaten (FDIC) 60, 205f., 442, 463, 477, 484, 486, 493, 503, 506, 508, 514, 516, 518f., 541
Eisenhower, Dwight D. 76
El-Erian, Mohamed 451, 499
Emanuel, Rahm Israel 198, 479
Enron 170, 287, 367, 423
Ernst & Young 543
Eton Park Capital 220
Euro Pacific Capital 49
Europäische Zentralbank 95
Evangelisti, Joseph 85
Evans, Marsha Johnson 218

F

Faber, David 299
Fakahany, Ahmass 163
Fannie Mae (Federal National Mortgage Association) 80, 82, 195–200, 202–207, 212, 215f., 226f., 230, 233–238, 241–244, 247f., 252, 273, 292, 298f., 301, 379, 393, 406, 531, 549
Federal Housing Finance Agency (FHFA) 105, 237, 241ff.
Federal Open Market Committee (FOMC) 395f., 400
Federal Reserve System (Fed) s. US-Notenbank
Felder, Eric 267, 366f.
Feldman, Mark 343f., 384, 388f.
Fidelity 162, 338
Fife, Lori R. 333f., 374
Financial Services Authority (FSA) 348, 350–353, 386, 432
Finanzministerium 7, 55, 60f., 63, 66, 74, 77ff., 81–85, 93, 95f., 100f., 103–108, 110, 190, 205, 212, 216, 220, 226–230, 233–239, 241ff., 247, 249ff., 258, 265, 270, 273, 298, 300f., 348, 370, 381, 390, 393, 395, 399, 402f., 407, 417, 419, 421, 424, 433f., 442, 446, 452, 457, 462f., 476, 479–482, 485, 488f., 494, 498f., 501, 506, 510, 512f., 516f., 520, 524, 526, 528f., 533f.
Fink, Larry 150–153, 159f., 165, 190, 204, 245, 339, 415
Finnegan, John 289, 301, 321, 527
First Church of Christ, Scientist 56
First National Bank of Chicago 75
Fisher, Richard 72
Fleming, Gregory J. 150–153, 163, 165, 289f., 321ff., 325, 330, 339, 344f., 363, 376f.

Flowers, J. Christopher 278f., 296, 304–307, 312, 328–332, 360f., 369, 377f., 387f.
Ford Foundation 76
Forstmann, Teddy 440, 451
Fortress Investment Group 43, 342
Fortress Partners 250f.
Fox-Pitt Kelton 378
Frank, Barnett »Barney« 52, 202, 249, 408f., 418, 438, 470, 479, 501, 535
Frank, Joele 127
Frankel, Steve 127
Freddie Mac (Federal Home Loan Mortgage Corporation) 80, 82, 195–200, 202–207, 212, 215f., 226ff., 230, 233–238, 241–244, 247f., 252, 273, 292, 300, 379, 393, 406, 531, 549
Freidheim, Scott J. 127–130, 141, 148f., 199f.
Friedman, Milton 102
Friedman, Richard 328
Friedman, Stephen 184, 283f.
Fromer, Kevin I. 212f., 430, 443, 456, 488, 506
Fuld jr., Richard S. 10f., 21, 25–42, 45f., 62–69, 95–99, 109–115, 126–130, 132–149, 192–195, 199–202, 204, 206–215, 218f., 221f., 224ff., 229f., 244–247, 250, 252–259, 263, 265f., 268f., 271f., 274f., 277, 280–284, 288f., 293f., 302, 304, 307f., 314f., 317f., 329f., 338f., 347f., 358ff., 362, 372, 374f., 379, 385f., 413, 416, 471, 495–498, 532, 543f.
Fuld, Richard (Sohn) 200

G

Galilei, Galileo 18
Gamble, James G. 285, 399, 402
Gasparino, Charlie 141, 148, 433, 444, 467
Gates, Bill 66, 336
Gates, Melinda 336
Geithner, Peter 76
Geithner, Timothy F. 70–79, 83, 85, 93ff., 110, 156, 204, 208ff., 213, 220f., 223ff., 231, 250, 258, 272ff., 281–284, 292–296, 301, 309, 311, 314–317, 324, 329, 331f., 335, 337f., 346, 349–352, 354–358, 362, 369f., 377, 382f., 385, 389ff., 395–402, 404, 406f., 411f., 420, 424, 431, 433f., 436, 444f., 448ff., 452f., 459, 462–468, 483–486, 506–509, 514f., 517f., 520ff., 529, 531, 533ff., 537, 540, 547
Gelband, Michael 192ff., 348
Gender, Robert 285
General Electric (GE) 66, 131, 201, 417f., 454, 546f.
General Mills 43
General Motors (GM) 12, 161, 525
General Re 171
Gent, Sir Christopher 218
George, Bill 187
Gertler, Mark 230
Gingrich, Newton Leroy »Newt« 198
Gladwell, Malcolm 139
GLG Partners 265
Glucksman, Lewis L. 33–36, 38f., 41, 375
Golden, Daniel H. 447
Goldfarb, David 131
Goldfield, Jacob 279
Goldman Sachs 8f., 11, 21, 28, 35f., 41, 44, 46f., 49, 54ff., 58ff., 62–65, 68, 80f., 87f., 95, 98ff., 107, 111, 113f., 152–158, 162f., 174, 178–188, 190f., 200f., 217, 220, 222, 224, 226, 229, 239, 241, 243, 248ff., 253, 257ff., 266, 270, 274f., 278ff., 311ff., 322, 324, 328f., 336f., 340f., 357, 359, 361, 366, 382, 385, 387, 389ff., 392, 396ff., 400, 402f., 406, 412f., 415f., 418f., 421f., 426–429, 432, 434, 436f., 444ff., 448–452, 454f., 458–464, 466, 468–473, 478, 492, 495, 499, 507f., 518, 528ff., 539, 544ff.

Goldman, Marcus 181
Golub, Harvey 40
Golub, Steven 210
Google 12, 35, 375
Goolsbee, Austan 233
Gorbatschow, Michail 188ff.
Gorman, James P. 206, 208, 276, 278, 339f., 412, 414, 431
Gorman, Nick 339
Gowers, Andrew 128
Graham Fisher & Company 474
Gramm, William Philip »Phil« 90
Grasso, Richard 63, 152
Greenberg, Evan 169f.
Greenberg, Jacob 169
Greenberg, Jeffrey 169f.
Greenberg, Maurice Raymond »Hank« 131, 168–172, 175f., 186f., 279, 285, 307
Greenlight Capital 116f.
Greenspan, Alan 22, 45, 72, 75, 79, 101f., 189, 203, 231, 451
Gregg, Judd 97, 408
Gregory, Joseph M. 28–31, 37–43, 49, 128ff., 132, 136–149, 192, 386
Grieb, Ed 48
Griffin, Kenneth C. 43, 114
Grimeh, Mohammed 267
Gross, Bill 365, 499
Gupta, Rajat K. 186
Gutfreund, John 67, 69

H

Hadley, Stephen 460
Halliburton 373
Hamilton, Alexander 417
Hana Financial 132
Harding, Mark 334
Harrison, Nathan T. 329
Harrison, William 91
Harting, Bruce 196
Hayden Stone 87
HBOS 353
Heartland Advisors 432
Hecht, Michael 47
Herlihy, Edward D. 236f., 289, 299ff., 329f., 376
Herzog, David 409f.
Hill, J. Tomilson 40
Hirohito 416
Hoffman, Dustin 158
Hogan, John 255, 257, 260ff., 454
Hole, Jackson 233
Holland & Company 47
Holland, Michael 47
Hoover, Herbert 102
Hornick, Peter 49
Horwitz, Russell 346
Hoyt, Robert F. 190, 247, 250, 456, 494, 506, 516, 520, 522
HSBC 32, 201, 392, 449
Huebner, Marshall S. 404
Humphrey, Tom 267
Hurst, Robert 155

I

IBM 218, 373
Icahn, Carl 121
Immelt, Jeffrey 66, 418, 454f., 546
Industrial and Commercial Bank of China (ICBC) 449, 460
IndyMac Bancorp 206
ING 27, 392
Ingraham, Laura 76
Intel 35, 414
Internationaler Währungsfonds 78, 95
Ira W. Sohn Investment Research Conference Foundation 115f., 120
Isaacs, Jeremy 32, 275
Italienische Zentralbank 99

J

J. Aron & Company 182f.
Jelzin, Boris 179
Jester, Dan 217, 220, 236f., 249f., 309, 312f., 329, 331, 369f., 378f., 390f., 395f., 404, 419, 457, 462, 488f., 494f., 506, 529
Jintao, Hu 55, 441

Joffe, Robert D. 243
Johns Hopkins University 76
Johnson, Lyndon B. 198
Johnson, Matt 264
Johnson, Simon H. 533
JP Morgan Chase 11, 13, 19f., 23, 26f., 50, 52, 66, 71, 79, 81, 86, 91–94, 105, 166, 174f., 181, 185, 208f., 215, 221, 236, 238f., 247ff., 251f., 254–258, 260f., 263f., 267, 269, 286, 289ff., 293f., 317, 320, 322, 327, 335, 337, 340, 343f., 360, 366, 368f., 371, 382f., 388f., 392, 396, 398, 402, 404, 406, 409, 414, 418, 428, 436, 449, 453f., 458f., 464f., 468, 486, 495, 519, 522, 534, 549
Judd, Angela 29

K

Kaden, Lewis B. 512
Kaplan, Allan S. 36f.
Kaplan, Joel 506, 513, 519, 521f.
Kashkari, Neel 60, 64, 100f., 103–106, 204, 419f., 430, 433ff., 443f., 456, 479, 481, 499, 506
Kaslow, Andrew J. 410
Kaufman, Henry 218, 374
Kelleher, Colm 337, 346, 385, 423f., 431, 454
Kelly, Bob 415
Kelly, Edward "Ned" 486, 493, 495, 517
Kelly, Peter 321, 324, 345, 363, 410
Keynes, John Maynard 524
Killinger, Kerry 546
Kindler, Robert A. 467, 504f., 510f.
King, Mervyn 97
Kingston, Jack 474f.
Kirk, Alex 140, 192, 250f., 259, 265f., 275f., 325, 358, 386
Kissinger, Henry 76f.
Klein, Michael 335f., 341f., 387
Kohlberg Kravis Roberts & Co. (KKR) 327
Kohn, Donald 231, 395
Komansky, David 63, 347
Kongress der Vereinigten Staaten 14, 86, 104, 185, 197, 203, 212f., 233, 238, 247, 249, 408, 424, 429ff., 434f., 437f., 443, 456, 479, 481, 494, 496ff., 520, 531
Korea Development Bank (KDB) 126, 130, 132ff., 201, 225, 245
Koreanische Finanzdienstleistungskommission (FSC) 245
Kovacevich, Richard M. »Dick« 451, 478, 482–486, 490ff., 516, 519f., 522
Kraus, Peter S. 158, 180, 324ff., 337, 339f., 359, 495
Krawcheck, Sallie 486
Krugman, Paul 502
Kruk, Stacie 465
Kucinich, Dennis 14
Kudlow, Larry 451
Kudrin, Alexej 190
Kuroyanagi, Nobuo 467
Kuwait Investment Authority (KIA) 157, 159
Kwang-woo, Jun 245

L

Lacker, Jeff 262f., 484
Ladenburg Thalmann 257, 503
Lampert, Eddie 128
Langan, Jim 459
Langone, Ken 63
LaSalle Bank 282
Lauer, Matt 45f.
Lawless, Christian 376
Lazard 210, 217ff.
Lazard Asset Management 93
Lazio, Rick 247
Leach, Jim 90
Lease Finance Corp. 172
Lee jr., James B. 383f., 388f., 391f., 396f., 409, 468
Lee, Ji-Yeun 468, 505
Lee, May 159

Legg Mason Capital Management 172
Lehman Brothers 7, 10, 13, 19 ff., 25–45, 47 ff., 60, 62, 64–69, 75, 88, 94–98, 108–113, 116–142, 144–147, 149 f., 152, 154, 178, 180 f., 189, 191–196, 199 ff., 207–212, 214, 216, 218, 220 ff., 224 ff., 228 ff., 244 ff., 249–263, 265, 267–280, 282 ff., 286–290, 292–303, 307 ff., 311–319, 322–327, 329 f., 332–337, 340 f., 346–351, 353 f., 356 f., 360, 362–368, 370–375, 377–388, 393 ff., 399, 411 ff., 415, 418, 422, 436, 444, 446 ff., 454, 460, 466, 495 ff., 502 f., 529, 531–534, 542 ff.
Lehman, Emanuel 35
Lehman, Henry 35
Lehman, Mayer 35
Lehman, Robert 35
Levin, Carl 545 f.
Levy, Gus 59
Lewis, Kenneth D. 211 f., 214 f., 221 f., 259, 263, 271–275, 288 f., 292 f., 296, 315, 318, 321, 325, 329 f., 338, 357, 365, 376, 414, 510, 513 f., 516 f., 519 f., 527
Lewis, Michael 534
Lewis, Robert E. 410
Liddy, Edward 187, 403 f., 408 ff., 528
Liesman, Steve 299 ff.
Lipin, Steven 127
Lipton, Martin 236
Lloyds 353
Lockhard III., James B. 196, 237, 242, 249, 254
Loeb, Daniel 44
London Clearing House 349 f.
Long-Term Capital Management (LTCM) 75, 90, 110, 178, 231, 256, 266, 336, 347
Loomis, William R. 210
Lowenstein, Roger 266
Lowitt, Ian T. 246, 258, 263, 269, 293, 325, 362, 543
Ludwig, Eugene A. 425 f.
Lusk, Peter 39
Lynch, Gary G. 365, 458

M

Mack, John J. 32, 96, 108, 201 f., 206 ff., 220, 226 f., 271 f., 280, 324, 326, 337–340, 346, 360, 369, 384 f., 412 ff., 423 f., 428, 431 f., 439 ff., 444, 448, 452 ff., 458 f., 465–468, 500 f., 504, 508, 510 f., 516 f., 520 f., 550 f.
Mackay, Charles 23
Macomber, John D. 308
Macy's Inc. 35
Madigan, Brian 231
Magner, Marge 166
Main, Tim 238 ff., 290 f., 495
Marsh & McLennan 170
Marubeni 69
Mason, Jeb 247
Maughan, Deryck Sir 90 f., 327
Mayo, Michael 154, 160, 280
MBIA 218, 389
McCain, John 159, 473–476, 522, 549
McCann, Robert 159
McCarthy, Sir Callum 348–352, 356
McCarty, Michael 32
McConnell, Mitch "Harry" 439
McDade, Herbert H. "Bart" 42, 140, 143, 146 f., 149, 192 ff., 206 f., 210, 222, 225 f., 246 f., 250 f., 258 f., 263–267, 275–278, 293 f., 317 f., 325 f., 338, 348, 355, 357 ff., 366, 368 f., 372, 386, 416 f.
McDonald´s 418
McDonnell, Meg 462
McDonough, William 75
McFadden, Jeanmarie 366
McGee, Hugh E. „Skip“ 66, 134–137, 141–145, 147 f., 201, 206 f., 225, 260, 276, 293 f., 386, 416 f.
McGinn, Kevin 410
McKinney, Stewart 209
McKinsey & Company 186
McLaughlin, Brookly 516

Medtronic 187
Medwedew, Dimitri 188, 190
Menks, Astrid 336
Meridian Equity Partners 32
Merril, Charles 162
Merril, Dina 218
Merrill Lynch 20 f., 60, 62, 94, 98 f., 150 ff., 154, 156–165, 178, 215, 220, 224, 226, 241, 257, 280, 289 f., 295, 298, 301 f., 321 f., 324, 333, 337–340, 344 f., 347, 355, 357, 359, 364 ff., 370, 376 ff., 380, 382, 384, 387, 414, 439, 495, 512, 514, 526 ff.
MetLife 508
Mica, John 496
Microsoft 35, 414
MidAmerican Energy Holdings 66
Milken, Michael 157
Miller, Bill 121, 172 f.
Miller, Harvey R. 287 f., 319, 333 f., 367, 375, 386 f., 447 f.
Miller, Heidi 90
Millstein, Ira 287
Mindich, Eric 180, 220
MIT Sloan School of Management 533
Mitchell, Andrea 451
Mitchell III., Calvin A. 70, 73, 363, 514
Mitsubishi UFJ Financial Group (MUFG) 449, 467, 500 f., 504 f., 508, 510 f.
Moldaver, Ed 52
Montag, Thomas K. 158 f., 339
Moody's Investors Service 30, 233, 239, 271, 286, 305, 391, 482, 541
Moore, Charles 76
Moore, Dennis 203
Moore, Jonathan 76
Morgan Stanley 11, 13, 21, 29, 32, 40, 60, 62, 88, 96, 107 f., 162, 178, 181 f., 201 f., 206 ff., 218, 224, 226 f., 234 f., 271 f., 276 f., 281, 298, 322, 324, 337, 339 f., 361, 365 f., 378 f., 384, 389, 391, 396 ff., 400, 404, 412–415, 418, 421–424, 427, 429, 431, 436, 439 ff., 444 ff., 448 f., 452–455, 458 ff., 464 f., 467 ff., 478, 495, 500 f., 503 ff., 508, 511, 519, 521
Morgan, John Pierpont 86, 347
Morgan, Shelby 29
Moszkowski, Guy 280
Mudd, Daniel H. 199, 241 f.
Murdoch, Rupert 383

N

Nakajima, Takaaki 511
Nason, David G. 60 f., 81 f., 189, 212 f., 215, 420, 485, 488 f., 494 f., 506, 508 f., 516, 523
Nature Conservancy 57
Neuberger Berman 137 f., 207, 269
New York State Insurance Departement 389
New Yorker Börse (NYSE) 152, 258
Nides, Thomas R. 439 ff.
Nixon, Richard 54, 59
Northern Rock 303
Northern Trust 415
Norton, Jeremiah O. 236, 247, 390, 396, 404, 457, 462, 489, 494 f., 506
Notenbank von Dallas 72
Notenbank von Kansas City 230
Notenbank von New York 70, 72–75, 78, 95, 104, 115, 208 f., 220 f., 223 f., 231, 258, 270, 283 f., 295, 309, 313, 319, 323, 333 f., 337 f., 341, 346, 348, 350, 352, 355, 363 ff., 372 f., 377, 379, 382 ff., 389, 396 ff., 402 ff., 411, 426, 445, 448, 450, 452, 462, 531, 533
Notenbank von Richmond 262 f., 377, 484
Notenbank von St. Louis 199, 272 f.
Nueger, Win J. 410

O

O'Meara, Chris 118, 120, 543
O'Neal, E. Stanley 152, 157 f., 160–164, 376
O'Neill, Paul 54
O'Neill, Tim 180 f., 185 f.

Obama, Barack 11 f., 57, 106, 164, 233, 243, 311, 475, 522, 528 f., 535, 539
Och-Ziff Capital Management Group 43
Office of Federal Housing Enterprise Oversight 196
Offit, Morris 173
Oppenheimer & Co. 48

P

Pacific Investment Management Company (PIMCO) 200, 365, 451, 499
Page, Jimmy 234
Pandit, Vikram 74, 256, 295, 316 f., 324, 326, 333, 335, 414 f., 450, 477 f., 482, 486, 490, 492 f., 512, 516 f., 521
Parker, Paul 144
Parr, Gary 93, 218 f.
Paterson, David 389
Paul, Ron 547
Paulson & Co. 544
Paulson jr., Henry M. „Hank" 8, 11, 26, 29 f., 45 f., 50–65, 68, 79–84, 95–101, 103, 106 f., 110, 124, 152, 154 ff., 177, 184 f., 187 f., 190 f., 194–197, 202–207, 212 f., 215 ff., 220 ff., 226–230, 234–237, 241–244, 247 ff., 251 f., 257 ff., 263, 266, 270, 272, 275, 282 f., 292–300, 303, 309–317, 322, 325, 329–335, 337 f., 340, 346, 351–359, 362 f., 369–372, 375, 380 ff., 390, 393 ff., 399 f., 402–408, 415–425, 429 ff., 433 ff., 437–443, 446, 448, 450, 452, 455 ff., 459 ff., 463 ff., 467 f., 470, 473–476, 478–482, 484 f., 487 ff., 496, 498–503, 506–510, 512–520, 522 f., 525–535, 537, 547 f.
Paulson, John Alfred 235, 544, 547
Paulson, Richard 195, 297
Paulson, Wendy 50, 55, 57, 60, 194 f., 310
Peck, James 446 ff.
Pelosi, Nancy 296, 314 f., 434, 437, 477, 479, 481, 487
Peloton 113
Perella Weinberg Partners 134, 492
Perella, Joseph R. 13, 134
Peterson, Peter G. 75, 78, 375 f.
Petrick, Mitch 206
Petroff, Michael 432
Pettit, T. Christopher 40
Phi Beta Kappa 58
PNC Financial Services 170
Polley, Malcolm 301
Poole, William 199, 273
Porat, Ruth 227, 365, 378 f., 389, 398, 495
Price, Charles 327
Price, Joe L. 329
PricewaterhouseCoopers (PWC) 171 f., 187 f.
Primerica 89
Prince III., Charles O. »Chuck« 73
Procter & Gamble 153
Pruzan, Jonathan 365
Purcell, Philip 207
Putin, Wladimir 178, 188, 190
Pzena, Richard S. 121

Q

Qishan, Wang 459 f.

R

Ramius Capital 399
RBS Greenwich Capital 381
RCA 35
Reagan, Ronald Wilson 55, 102, 106
Reed, John 91
Reed, Ralph 198
REI Global 269 f., 325
Reid, Harry 408, 438, 479, 482
Repräsentantenhaus der Vereinigten Staaten 52, 202, 296, 475 ff., 487 f., 493 f., 496
Resolution Trust Corporation (RTC) 425 f., 433, 447

Ricci, Rich 335
Rice, Condoleezza 54
Rieder, Rick 97
RJR Nabisco 440
Robertson jr., Julian H. 423
Robinson, James 88
Rodham, Hillary s. Clinton, Hillary
Rogers, John F. W. 55 f., 178, 190, 436, 450
Rogoff, Kenneth 12
Roosevelt, Franklin D. 179, 197
Roosevelt, Theodore 537
Rose, Charlie 451
Rosner, Joshua 474
Rotes Kreuz 218
Roubini, Nouriel 416
Royal Bank of Canada 201, 439
Royal Bank of Scotland (RBS) 282, 397, 501
Rubin, Robert 59, 62 f., 66, 74, 77, 184
Ruskin, Alan 381
Russert, Tim 461
Russo, Jane Byers 293
Russo, Thomas A. 30 f., 97, 99, 132 ff., 143, 146 f., 283, 288, 302, 318, 338, 374
Ryan, Anthony W. 227, 239, 247, 506

S

SAC Capital Advisors 114, 200, 427
Sachs, Lee 78
Saeed, Faiza J. 459
Sallie Mae 279
Salomon Brothers 59, 67, 69, 90, 164, 183, 218, 233, 327, 374
Salomon Smith Barney 90, 181
Sanders, Bernie 549
Sanio, Jochen 14
Santander 392
Sants, Hector 348 f.
Sara Lee 56, 187
Scharf, Charlie 249
Schiff, Peter 49
Schorr, Glenn 421
Schreiber, Brian T. 238 f., 290 f., 295 f., 304 f., 343 f., 360, 362, 410
Schroder-Bank 233
Schumer, Charles 85, 433, 438, 479 ff., 501
Schwab, Jacob 32 f.
Schwartz, Alan 79, 81, 83, 86, 93
Schwartz, Anna J. 102
Schwartz, Harvey M. 258 f., 265, 275, 426
Schwarzenegger, Arnold 311, 375
Schwarzman, Stephen A. 244, 421 ff., 475
Scogin, Matthew 79, 81
Scott, Richard Waldo 410
Scully, Robert W. 227 f., 389, 391, 397 f., 404
Sears 35
Securities Industry and Financial Markets Association (SIFMA) 276
Seidman, L. William 425
Seligson & Morris 287
Senat der Vereinigten Staaten 70 ff., 79, 82–85, 94, 101, 248, 408, 480, 493
Shafir, Mark 132, 144 f., 225, 276 f., 386, 416 f.
Shafir, Robert 132 f., 136, 358
Shafran, Steve 228 ff., 270, 325, 348, 419
Shearson 40, 87 ff.
Shearson Lehman Brothers Holding 40, 400
Shedlin, Gary 260 f., 324, 342
Sheekey, Kevin 375
Shelby, Richard 82, 438
Sherburne, Jane 490 ff.
Shinsei Bank 278 f.
Shoron, Keith 454
Simkowitz, Daniel A. 227, 235
Simpson Thacher & Bartlett 42, 175, 258, 260, 285, 304, 348

Sirri, Erik R. 95f., 363
Smith Barney 89f., 201
Smith, Michael S. 158
Snow, John 54
Sokol, David L. 66
Solomon, David 436, 454f., 472
Sonnenfeld, Carole 76
Soros, George 427
Spielberg, Steven 158
SpinCo 246, 264, 267, 274, 280, 316, 342
Spitzer, Eliot 63, 111, 171
Standard & Poor's (S&P) 172, 184, 239, 286, 482, 495
Starr, Cornelius Vander 169
State Street 519, 522
Steel, Robert K. "Bob" 60, 64, 79–85, 97, 100, 107ff., 195ff., 216f., 245, 358, 431, 446, 451f., 455–458, 462ff., 478, 482–486, 489–493
Stephenson, Ros 42, 144
Stern School of Business 416
Stern, Robert A. M. 44
Stewart Capital Advisors 301
Sting 44
Stoltzfoos, Jeffrey 512
Stone, Oliver 7
Studzinski, John 328, 398
Stumpf, John 484
Sullivan & Cromwell 132, 208, 212f., 242, 253, 278f., 288, 293, 296, 308f., 318, 360, 387, 485
Sullivan, Martin J. 167f., 171, 173ff.
Sumitomo 449
Summers, Lawrence 74f., 77f., 233, 451
SunAmerica 172
Sunbeam 287
SunCal 269
Sung, Min Euoo 130f., 133f., 201, 225
Swagel, Phillip 60, 64, 100, 103f., 419, 430
Swenson, Michael 179
Syron, Richard F. 241f.

T

Taibbi, Matt 529
Tanona, William 49, 280
Taubman, Paul J. 206, 208, 467, 504ff.
Temasek Holdings 157, 159
Texaco 287
Texas Pacific Group 327
Thain, John A. 98, 151–161, 164f., 185, 220, 289f., 295, 301, 313f., 317, 321–326, 330, 333, 337–340, 357, 363, 514, 519, 527
Thompson, Michael 140
Thornton, John 154ff.
TIAA-CREF 241
Tiger Management 423
Tonucci, Paolo 293f.
Tourre, Fabrice 544
TPG 366
Travelers 89f.
Trichet, Jean-Claude 95
Trone, David 265
Trott, Byron 461f., 470ff.
Tutwiler, Margaret 159

U

UBS 109, 366, 392, 421, 439, 449
Union Carbide 166
United Merchants & Manufacturers 32
United States Agency for International Development 76
US-Bankenaufsicht 506, 519
US-Botschaft Tokio 77
US-Notenbank 7, 26ff., 45, 60, 72, 78, 82, 84f., 93f., 102–105, 198, 229–232, 237, 249, 251f., 254, 256, 263, 265, 270, 273f., 294, 297f., 300, 311, 317f., 361f., 366, 370, 374, 381, 391, 394f., 398–401, 405f., 424f., 433f., 436f., 444f., 449, 452f., 455, 466f., 469, 497, 501, 506, 508, 516, 532ff., 547

V

Vale, Judith 138
Valukas, Anton R. 542

Varley, John S. 295, 353
Vazquez, Steve 153
Vergütungsausschuss der New Yorker Börse 63
Via, Stafford 513
Viniar, David A. 179, 249 f., 436, 472, 545 f.
Vodafone PLC 218
Volcker, Paul A. 66, 72, 425, 540
Volk, Stephen R. 414

W

Wachovia 195, 245, 431, 445 f., 449, 451 f., 455, 458 f., 462 f., 467, 478, 482–486, 489–492, 494 f., 501
Wachtell, Lipton, Rosen & Katz 51, 236, 344, 376, 510 f.
Wadell, Rick 415
Walker IV., George H. 138, 297, 366 f.
Walsh, Mark 275
Warsh, Kevin M. 231, 252, 395, 400 f., 431, 436, 445, 449, 451 f., 455, 462 f., 478, 484 f., 507
Washington Mutual 328, 477 ff., 485 f., 494, 546
Wasserstein, Bruce 210 f., 218
Waxman, Henry 496
Weil, Gotshal & Manges 287 f., 319, 367, 372, 446 f.
Weill, Sanford 44, 73, 87–91, 166, 306, 327
Weinberg, John 186, 454 f.
Weinberg, Peter A. 483
Weinberg, Sidney 179, 181
Weiss, Jeffrey 142, 144 f., 147
Weißes Haus 7, 54 f., 57–60, 101, 203, 205, 254, 367, 393, 405, 434, 473, 475 f., 478, 488, 506, 513, 522
Wells Fargo 221, 449, 451, 478, 482 ff., 490 ff., 495, 516, 519, 521
Weltbank 95
West, Christal 64, 259, 303, 309, 512 ff., 517
White, Lisa A. 377
Whitehead, John 55, 59, 186
Whitman, Bradley 132, 136, 225, 258, 260 f., 263 f.
Whitney, Meredith 48 f.
Wieseneck, Larry 132 f., 258, 260 f., 263 f.
Wildlife Conservation Society 58
Wilkinson, Beth 243
Wilkinson, James R. »Jim« 60, 81, 106, 190, 204, 215, 247, 309, 363, 370 f., 393, 403, 437, 475, 479, 506, 513 f., 519, 521
Williams, Hilda 350
Willumstad, Robert B. 166 ff., 171 ff., 175 f., 223 ff., 238–241, 284 ff., 291 f., 304–307, 320 f., 327 f., 331 f., 344, 360 ff., 369 f., 378, 388, 398 f., 405–410, 482
Wilson III., Kendrick R. 217, 220, 229, 235 f., 239, 241 f., 244, 252 f., 259, 262 f., 403 f., 415, 506
Wingate, Heather 512
Winkelman, Mark 183 f.
Winkelried, Jon 188, 390, 392, 397, 432, 436, 458, 470–473
Winters, Bill 13, 429
Wiseman, Michael M. 360, 399, 402
Wolfensohn, James 233 f.
Wong, David 454
Woodward, Bob 101
Woolworth 35
Woori Financial Group 130

X

Xiqing, Gao 440, 465

Z

Zarb, Frank 167
Zephyr Management 380
Zubrow, Barry L. 249, 251, 254 ff.

Die beteiligten Personen und ihre Zuständigkeiten

Amerikanische Unternehmen sind anders organisiert als deutsche, dementsprechend unterscheiden sich Zuständigkeiten und Titel. Obwohl mittlerweile auch in deutschen Unternehmen viele englische Titel verwendet werden, haben wir uns um der besseren Lesbarkeit willen entschieden, in den meisten Fällen nicht die englischen Titel stehen zu lassen, sondern Übersetzungen der Funktionen zu geben. Zur Erläuterung:

Vorsitzender *(chairman)* des Verwaltungsrats *(board):* Der Verwaltungsrat ist eine Kombination aus Aufsichtsrat und Vorstand. Es gibt Mitglieder mit und solche ohne exekutive Funktionen.

Executive committee: Die Funktionen entsprechen unserem Vorstand.

Präsident *(president),* Direktor *(director):* Zwei Titel für leitende Positionen, oft ergänzt durch Zusätze wie »senior«, »managing«. Der Präsident ist oft der Stellvertreter des Vorsitzenden.

Mittlerweile auch im Deutschen geläufig sind die Titel:

CEO, Chief Executive Officer: Der »Chef« eines Unternehmens, zuständig für Außenbeziehungen und Strategie.

COO, Chief Operating Officer: In der Regel die »Nummer zwei«, zuständig für das alltägliche Geschäft und die inneren Abläufe.

Finanzinstitute

American International Group (AIG)
Steven J. Bensinger, Finanzchef und Vize-präsident mit exekutiver Funktion
Joseph J. Cassano, Leiter von AIG Financial Products mit Sitz in London, ehemaliger COO
David Herzog, Controller
Brian T. Schreiber, Vizepräsident, zuständig für strategische Planung
Martin J. Sullivan, ehemaliger Präsident und CEO
Robert B. Willumstad, CEO, ehemaliger Vorsitzender

Bank of America
Gregory L. Curl, Direktor für Unternehmensplanung
Kenneth D. Lewis, Präsident, Vorsitzender und CEO
Brian T. Moynihan, Präsident, zuständig für Geschäftsbanken und Investmentbanking weltweit
Joe L. Price, Finanzchef

Barclays
Archibald Cox junior, Vorsitzender von Barclays Americas
Jerry del Missier, Präsident, Barclays Capital
Robert E. Diamond junior, Präsident von Barclays Plc, CEO von Barclays Capital
Michael Klein, unabhängiger Berater
John S. Varley, CEO

Berkshire Hathaway
Warren E. Buffett, Vorsitzender und CEO

BlackRock
Larry Fink, CEO

Blackstone Group
Peter G. Peterson, Mitbegründer
Stephen A. Schwarzman, Vorsitzender, CEO und Mitbegründer
John Studzinski, Leitender Direktor
China Investment Corporation
Gao Xiqing, Präsident

Citigroup
Edward »Ned« Kelly, Leiter des Bereichs weltweite Bankgeschäfte für institutionelle Kunden
Vikram S. Pandit, CEO
Stephen R. Volk, Vizevorsitzender

Evercore Partners
Roger C. Altman, Gründer und Vorsitzender

Fannie Mae
Daniel H. Mudd, Präsident und CEO

Freddie Mac
Richard F. Syron, CEO

Goldman Sachs
Lloyd C. Blankfein, Vorsitzender und CEO
Gary D. Cohn, Co-Präsident und Co-COO
Christopher A. Cole, Vorsitzender, zuständig für Investmentbanking
John F. W. Rogers, Sekretär des Verwaltungsrats
Harvey M. Schwartz, Leiter des Bereichs weltweite Wertpapierverkäufe

David Solomon, Leitender Direktor und Co-Chef des Investmentbanking
Byron Trott, Vizevorsitzender, Geschäftsbereich Investmentbanking
David A. Viniar, Finanzchef
Jon Winkelried, Co-Präsident und Co-COO

Greenlight Capital
David M. Einhorn, Vorsitzender und Mitbegründer

J. C. Flowers & Company
J. Christopher Flowers, Vorsitzender und Gründer

JP Morgan Chase
Steven D. Black, Co-CEO der Investmentbank JP Morgan
Douglas J. Braunstein, Leiter Investmentbanking
Michael J. Cavanagh, Finanzchef
Stephen M. Cutler, Justiziar
Jamie Dimon, Vorsitzender und CEO
Mark Feldman, Geschäftsführender Direktor
John Hogan, Leiter Risikomanagement
James B. Lee junior, Vizevorsitzender
Timothy Main, Leiter Finanzinstitute, Investmentbanking
William T. Winters, Co-CEO der Investmentbank JP Morgan
Barry L. Zubrow, Leiter Risikomanagement

Korea Development Bank
Min Euoo Sung, CEO

Lazard Frères
Gary Parr, stellvertretender Vorsitzender

Lehman Brothers
Steven L. Berkenfeld, Geschäftsführender Direktor
Jasjit S. (»Jesse«) Bhattal, CEO von Lehman Brothers Asia-Pacific
Erin M. Callan, Finanzchefin
Kunho Cho, Vizevorsitzender
Gerald A. Donini, Leiter Aktienabteilung
Scott J. Freidheim, Leiter interne Aufgabenbereiche
Richard S. Fuld junior, CEO
Michael Gelband, Leiter globale Kapitalmärkte
Andrew Gowers, Leiter Kommunikation
Joseph M. Gregory, Präsident und COO
Alex Kirk, Leiter Eigenhandel
Ian T. Lowitt, Finanzchef und Co-Verwaltungschef
Herbert H. (»Bart«) McDade, Präsident und COO
Hugh E. (»Skip«) McGee, Leiter Investmentbanking
Thomas A. Russo, Vizevorsitzender und Leiter der Rechtsabteilung
Zark Shafir, Co-Leiter Fusionen und Akquisitionen (M&A)
Paolo Tonucci, Finanzabteilung
Bradley Whitman, Co-Leiter Finanzinstitute, Fusionen und Akquisitionen (M&A)
Larry Wieseneck, Co-Leiter weltweite Finanzgeschäfte

Merrill Lynch
John Finnegan, Mitglied des Verwaltungsrats
Gregory J. Fleming, Präsident und COO
Peter Kelly, Anwalt
Peter S. Kraus, Vizepräsident mit exekutiver Funktion und Mitglied der Geschäftsführung

Thomas K. Montag, Vizepräsident mit exekutiver Funktion und Leiter globaler Handel
E. Stanley O'Neal, ehemaliger Vorsitzender und CEO
John A. Thain, Vorsitzender und CEO

Mitsubishi UFJ Financial Group
Nobuo Kuroyanagi, Präsident und CEO

Morgan Stanley
Walid A. Chammah, Co-Präsident
Kenneth M. deRegt, Leiter Risikoabteilung
James P. Gorman, Co-Präsident
Colm Kelleher, Vizepräsident mit exekutiver Funktion, Finanzchef, Co-Leiter strategische Planung
Robert A. Kindler, Vizevorsitzender, Bereich Investmentbanking
Jonathan Kindred, Präsident von Morgan Stanley Japan Securities
Gary G. Lynch, Leiter der Rechtsabteilung
John J. Mack, Vorsitzender und CEO
Thomas R. Nides, Leiter der Verwaltung und Sekretär
Ruth Porat, Leiterin Finanzinstitute
Robert W. Scully, Mitarbeiter im Büro des Vorsitzenden
Daniel A. Simkowitz, Vizevorsitzender, Bereich globale Kapitalmärkte
Paul J. Taubman, Leiter Investmentbanking
Perella Weinberg Partners
Joseph R. Perella, Vorsitzender und CEO
Peter A. Weinberg, Partner

Wachovia
David M. Carroll, Präsident, Bereich Kapitalmanagement
Jane Sherburne, Justiziarin
Robert K. Steel, Präsident und CEO

Wells Fargo
Richard Kovacevich, Vorsitzender

Die Anwälte

Cravath, Swaine & Moore
Robert D. Joffe, Partner
Faiza J. Saeed, Partnerin

Davis Polk and Wardwell
Marshall S. Huebner, Partner

Simpson Thacher & Bartlett
Richard I. Beattie, Vorsitzender
James G. Gamble, Partner

Sullivan & Cromwell
Jay Clayton, Partner
H. Rodgin Cohen, Vorsitzender
Michael M. Wiseman, Partner

Wachtell, Lipton, Rosen & Katz
Edward D. Herlihy, Partner

Weil, Gotshal & Manges
Lori R. Fife, Partnerin, Unternehmensfinanzen und Reorganisation
Harvey R. Miller, Partner, Unternehmensfinanzen und Reorganisation

New York City

Michael Bloomberg, Bürgermeister

Versicherungsaufsicht des Bundesstaats New York
Eric R. Dinallo, Leiter

Großbritannien

Finanzaufsicht (FSA)
Callum McCarthy, Vorsitzender
Hector Sants, CEO

Regierung
James Gordon Brown, Premierminister
Alistair M. Darling, Finanzminister

Vereinigte Staaten

Kongress
Hillary Clinton, Senatorin (Demokraten, New York)
Christopher J. Dodd, Senator (Demokraten, Connecticut), Vorsitzender des Bankenausschusses
Barnett »Barney« Frank, Abgeordneter (Demokraten, Massachusetts), Vorsitzender des Finanzdienstleistungsausschusses
Mitch McConnell, Senator (Republikaner, Kentucky), republikanischer Sprecher im Senat
Nancy Pelosi, Abgeordnete (Demokraten, Kalifornien), Sprecherin des Repräsentantenhauses

Finanzministerium
Michele A. Davis, Abteilungsleiterin Öffentlichkeitsarbeit, Leiterin Planung
Kevin I. Fromer, Abteilungsleiter Gesetzgebung
Robert F. Hoyt, Justiziar
Dan Jester, Berater des Finanzministers
Neel Kashkari, Abteilungsleiter internationale Angelegenheiten
David H. McCormick, Staatssekretär internationale Angelegenheiten
David G. Nason, Abteilungsleiter Finanzinstitute
Jeremiah O. Norton, stellvertretender Abteilungsleiter Finanzinstitute
Henry M. »Hank« Paulson junior, Finanzminister
Anthony W. Ryan, Abteilungsleiter Finanzmärkte
Matthew Scogin, Berater des Staatssekretärs für inländische Finanzen
Steven Shafran, Berater von Hank Paulson
Robert K. Steel, Staatssekretär für inländische Finanzen
Phillip Swagel, Abteilungsleiter Wirtschaftspolitik
James R. »Jim« Wilkinson, Stabschef
Kendrick R. Wilson III., Berater des Finanzministeriums

Staatliche Einlagensicherung (FDIC)
Sheila C. Bair, Vorsitzende

Notenbank

Ben S. Bernanke, Vorsitzender
Donald Kohn, Vizevorsitzender
Kevin M. Warsh, Gouverneur

Notenbank von New York

Thomas C. Baxter junior, Justiziar
Terrence J. Checki, Vizepräsident mit exekutiver Funktion
Christine M. Cumming, erste Vizepräsidentin
William C. Dudley, Vizepräsident mit exekutiver Funktion, Abteilung Märkte
Timothy F. Geithner, Präsident
Calvin A. Mitchell III., Vizepräsident mit exekutiver Funktion, Kommunikation

Börsenaufsicht (SEC)

Charles Christopher Cox, Vorsitzender
Erik R. Sirri, Direktor, Abteilung Marktregulierung

Weißes Haus

Joshua B. Bolten, Stabschef, Büro des Präsidenten
George W. Bush, Präsident der Vereinigten Staaten

Um die ganze Welt des
GOLDMANN-*Sachbuch*-Programm
kennenzulernen, besuchen Sie uns doch
im **Internet** unter:

www.goldmann-verlag.de

Dort können Sie
nach weiteren interessanten Büchern ***stöbern***,
Näheres über unsere ***Autoren*** erfahren,
in ***Leseproben*** blättern, alle ***Termine*** zu Lesungen und Events finden und den ***Newsletter*** mit interessanten Neuigkeiten, Gewinnspielen etc. abonnieren.

Ein ***Gesamtverzeichnis*** aller Goldmann Bücher finden Sie dort ebenfalls.

Sehen Sie sich auch unsere ***Videos*** auf YouTube an und werden Sie ein ***Facebook***-Fan des Goldmann Verlags!

www.goldmann-verlag.de
www.facebook.com/goldmannverlag

GOLDMA
Les